1 MONTH OF
FREE
READING

at

www.ForgottenBooks.com

By purchasing this book you are
eligible for one month membership to
ForgottenBooks.com, giving you
unlimited access to our entire
collection of over 1,000,000 titles via
our web site and mobile apps.

To claim your free month visit:

www.forgottenbooks.com/free654528

ISBN 978-0-656-81698-9
PIBN 10654528

This book is a reproduction of an important historical work. Forgotten Books uses
state-of-the-art technology to digitally reconstruct the work, preserving the original format
whilst repairing imperfections present in the aged copy. In rare cases, an imperfection in
the original, such as a blemish or missing page, may be replicated in our edition. We do,
however, repair the vast majority of imperfections successfully; any imperfections that
remain are intentionally left to preserve the state of such historical works.

Briefe

Friedrich Leopolds Grafen zu Stolberg

und der Seinigen

an

Johann Heinrich Voß.

~~~~~~~~~

Nach den Originalen der Münchener Hof- und Staatsbibliothek

mit Einleitung, Beilagen und Anmerkungen

herausgegeben von

Otto Hellinghaus.

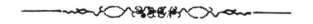

Münster i. W. 1891.

Druck und Verlag der Aschendorffschen Buchhandlung.

Herrn

Geh. Regierungsrat Realgymnasial-Direktor

Dr. Peter Münch

zum Jahresgedächtnis der Feier seines goldenen
Amtsjubiläums

in besonderer Verehrung

gewidmet.

Vorwort.

Bruchstücke aus den Briefen Stolbergs und der Seinigen an Voß waren bereits von dem Empfänger selbst gelegentlich veröffentlicht worden, besonders im „Sophronizon" und in der „Bestätigung". Nachdem sodann die Originale aus den Händen der Voßschen Erben durch die Vermittlung Karl Halms in den Besitz der Königl. Bayrischen Hof= und Staatsbibliothek in München übergegangen waren, hat sie Wilhelm Herbst für den zweiten Band seiner Voß=Biographie verwerten können; eine Reihe von ihnen sind in dieselbe, meist in sehr abgekürzter Form, eingeflochten. Endlich sind Briefe aus den Jahren 1775 und 1786—1787 von Wilhelm Arndt in den „Grenzboten" (1881 S. 201 ff und S. 94 ff. 196 ff) veröffentlicht worden.

Hier erscheint nun zum ersten Male eine **vollständige Ausgabe** der Briefe, soweit sie eben noch vorhanden sind[1]). Sie bedarf bei dem anerkannt hohen, nicht nur psycholo=

---

[1]) Einzelne Briefe, welche unter den Münchener Originalen fehlen — die Angabe Herbsts (II, 1, S. 257) über die „lücken= lose Vollständigkeit" der letzteren ist nicht ganz richtig — habe ich nach der „Bestätigung" wiedergegeben, bei deren Druck sie wahr= scheinlich abhanden gekommen sind. Nur etwa zwei oder drei Briefe Stolbergs an Voß sind spurlos verschwunden. Das Nä= here bringen die Anmerkungen.

gischen, sondern auch litterar= und kulturgeschichtlichen Werte
derselben keiner weiteren Rechtfertigung, um so weniger, als
sie einem schon wiederholt von den berufensten Seiten
geäußerten Wunsche entspricht.

Was die bei der Ausgabe befolgten Grundsätze betrifft,
so sind die Münchener Originale mit diplomatischer, auf alle
Einzelheiten der Orthographie, Interpunktion ꝛc. sich erstrecken=
der Treue wiedergegeben, bis auf folgende geringfügige Aus=
nahmen:

1) m̄ und n̄ der Handschrift sind durch mm und nn
   erset;

2) in den Originalen steht beim Datum die Jahreszahl zu=
   weilen unter dem Monatsnamen;

3) im Original vom Schreiber durchstrichene und durch an=
   dere ersetzte Buchstaben oder Wörter sind nur in beson=
   deren Fällen vermerkt;

4) zwei allzu vertraulich=derbe, für den Zusammenhang ꝛc.
   durchaus bedeutungslose Sätzchen sind unterdrückt worden;

5) die einzelnen Briefen Stolbergs beiliegenden (meist auf
   denselben Bogen geschriebenen) Briefe anderer Verfasser
   sind außer denen seiner Gattinnen in die „Beilagen" ver=
   wiesen worden;

6) „äii" und „eü" in den Briefen der Gräfin Agnes sind
   aus Versehen meistens durch „äu" und „eu" wiedergegeben.

Auch die Eigennamen erscheinen mit allen Fehlern der
Originale; die richtige Form bringen die Anmerkungen und das
Personenverzeichnis.

Die der „Bestätigung" entnommenen Briefe sind genau in
der dort erhaltenen Form abgedruckt.

Die Einleitung verbreitet sich über Entstehung, Entwickelung und Charakter des Verhältnisses Stolbergs zu Voß. Eine Berücksichtigung auch der Zeit nach der Trennung (1800) verbot der zugemessene Raum; bei jeiner anderen Gelegenheit hoffe ich darauf zurückzukommen.

Die Anmerkungen bringen alles, was zum Verständnis der Briefe und überhaupt der Weiterentwicklung des Verhältnisses notwendig war. Wenn einzelne dem Fachmanne vielleicht zu ausführlich erscheinen sollten, so möge er es mit der gebotenen Rücksicht auch auf weitere Kreise entschuldigen.

Die Briefe Vossens an Stolberg scheinen leider verloren gegangen zu sein. Um trotzdem einigermaßen den Dialog herzustellen, habe ich zur Erklärung mit Vorliebe Stellen aus andern Briefen Vossens herangezogen, besonders ungedruckte aus seinem ebenfalls in den Besitz der Münchener Hof- und Staatsbibliothek übergegangenen Briefwechsel mit J. M. Miller.

Schließlich ist es mir eine angenehme Pflicht, auch an dieser Stelle allen meinen herzlichsten Dank auszusprechen, die meine Arbeit in der einen oder andern Weise gefördert haben: besonders der Direktion der Königl. Bayrischen Hof- und Staatsbibliothek zu München für die wiederholte, längere Darleihung der Originale und die Erlaubnis zur Herausgabe derselben, dem Vorstand des Großherzogl. Haus- und Centralarchivs zu Oldenburg, den Vorständen der Königl. Bibliotheken in Göttingen und Münster i. W., Herrn Universitätsprofessor Dr. August Sauer in Prag, Herrn Gymnasiallehrer Dr. Joseph Werra hierselbst, Herrn Dr. Robert Kuklinski in Berlin, Herrn Bibliothekar Ernst Sartorius auf Schloß Darfeld. In ganz

hervorragender Weise endlich hat mich zur Dankbarkeit ver=
pflichtet Herr Direktor Dr. Carl Christian Redlich in
Hamburg, der mit seinem geradezu staunenswerten Wissen, wie
soviele andere schon, so auch mich in der selbstlosesten und
liebenswürdigsten Weise unterstützt hat.

Auch der verehrlichen Verlagshandlung gebührt für das in
jeder Beziehung bewiesene Entgegenkommen mein wärmster
Dank.

Münster i. W., 15. Juli 1891.

Dr. Otto Hellinghaus,
Realgymnasial=Oberlehrer.

Inhalt.

¹) Hierzu Beilage Nr. 1. — ²) Hierzu Beilage Nr. 2.
*) Nebst einigen Zeilen von Gräfin Auguste Stolberg.

³) Hierzu Beilage Nr. 3. —
*) Nebst einem Briefe der Gräfin Agnes. — †) Gehört hinter Nr. 64.
**) Aus Boß' „Bestätigung".

*) Nebst einem Briefe der Gräfin Agnes. — **) Auf Voß' „Bestätigung."
***) Nebst einem Voß' „Bestätigung" entnommenen (vollständigen?)
Briefe der Gräfin Agnes.
⁴) Hierzu Beilage Nr. 4.

**) Nebst einem Brief der Gräfin Sophie.
⁵) Hierzu Beilage Nr. 5. — ⁶) Gehört hinter Nr. 163.

Verzeichnis der in der Einleitung und in den Anmerkungen öfters und deshalb abgekürzt citierten Schriften.

[Arndt, W.] Goethe's Briefe an die Gräfin Auguste zu Stolberg, verwitwete Gräfin von Bernstorff. Zweite Auflage mit Einleitung und Anmerkungen. Leipzig, 1881.

Bernays, Michael, Homers Odyssee von Joh. Heinr. Voß. Abdruck der ersten Ausgabe vom Jahre 1781 mit einer Einleitung von M. B. Stuttgart, 1881

Bippen, Wilhelm v., Eutiner Skizzen. Zur Cultur= u. Literaturgeschichte des achtzehnten Jahrhunderts. Weimar 1859.

Galland, Joseph, Die Fürstin Amalie von Gallitzin und ihre Freunde. Köln, 1880.

Gerhard Anton von Halem's ... Selbstbiographie nebst einer Sammlung von Briefen an ihn von ... zum Druck bearbeitet von seinem Bruder Ludwig Wilhelm Christian v. Halem ... und herausgegeben von C. F. Strackerjan. Oldenburg, 1840.

Halm, Karl, Gedichte von Ludewig Heinrich Christoph Hölty. Nebst Briefen des Dichters. Leipzig, 1869.

Halm, Karl, Gedichte von Ludw. Heinr. Christoph Hölty. Mit Einleitung u. Anmerkungen hg. von K. H. Leipzig, 1870.

[Hennes I] Hennes J. H., Aus Friedrich Leopold v. Stolberg's Jugendjahren. Nach Briefen der Familie und andern handschriftlichen Nachrichten. Frankfurt a. M. 1876.

[Hennes, Herzog Peter] Hennes, J. H., Friedr. Leopold Graf zu Stolberg und Herzog Peter Friedrich Ludwig von Oldenburg. Aus ihren Briefen und andern archivalischen Quellen. Mainz, 1870.

Herbst, Wilhelm, Matthias Claudius der Wandsbecker Bote. Ein deutsches Stillleben von W. H. Vierte vielfach veränderte Aufl. Gotha, 1878.

Herbst, Wilh., Johann Heinrich Voß. 2 Bde. Leipzig 1872 ff.

[Janssen I] Janssen, Johannes, Friedrich Leopold Graf zu Stolberg bis zu seiner Rückkehr zur katholischen Kirche. 1750—1800. .... Freiburg i. B. 1877.

[Janssen II] Janssen, Joh., Friedrich Leopold Graf zu Stolberg seit seiner Rückkehr zur katholischen Kirche. 1800—1819.... Freiburg i. B. 1877.

[Janſſen III] Janſſen, Joh., Friedrich Leopold Graf zu Stol= berg. Sein Entwicklungsgang und sein Wirken im Geiste der Kirche. Freiburg i. B. 1882.

Lappenberg, J. M., Briefe von und an Klopſtock. Ein Beitrag zur Literaturgeſchichte ſeiner Zeit. Mit erl. Anmerk. hg. von J. M. L. Braunſchweig. 1867.

Menge, Theod. Dr., Der Graf Friedrich Leopold Stolberg und ſeine Zeitgenoſſen. 2 Bde. Gotha, 1862.

Muncker, Franz, Friedrich Gottlieb Klopſtock. Geſchichte ſei= nes Lebens und ſeiner Schriften. Stuttgart, 1888.

Perthes, Clemens Theodor, Friedrich Perthes Leben. Nach deſſen ſchriftlichen und mündlichen Mittheilungen aufgezeichnet von C. Th. P. Dritte Auflage. Gotha, 1855.

Prutz, R. E., Der Göttinger Dichterbund. Zur Geſchichte der deutſchen Literatur. Leipzig, 1841.

[Redlich, Hahn] Redlich, Carl Chriſtian, Gedichte und Briefe von Johann Friedrich Hahn. Geſammelt von ꝛc. Beiträge zur deutſchen Philologie. Julius Zacher dargebracht als Feſtgabe zum 28. Oktober 1879. Halle a. S. 1880.

Redlich, Verſuch eines Chiffernlexikons zu den Göttinger, Boßiſchen, Schillerſchen und Schlegel=Tieckſchen Muſenalmanachen von Direktor Dr. R. Programm der höheren Bürgerſchule zu Ham= burg. Hamburg, 1875.

R [iſt], J., Schönborn und ſeine Zeitgenoſſen. Drei Briefe an ihn nebſt einigen Zugaben aus ſeinem Nachlaß und einer biogra= phiſchen Skizze als Einleitung. Hamburg, 1836.

Sauer, Auguſt, Prof. Dr., Der Göttinger Dichterbund. Erſter Teil. Johann Heinrich Voß. Berlin u. Stuttgart. (Kürſchner deutſche Nat.=Lit. 49. Bd.) — Die Gedichte Voſſens ſind in den Anm. lediglich nach dieſer Ausgabe citiert, und nur wenn ſie hier fehlen nach den „Werken“ 1835.

Schroeter, Adalbert Dr., Geſchichte der deutſchen Homer=Über= ſetzung im XVIII. Jahrhundert. Jena, 1882.

Schüddekopf, Carl, Zu Chriſtian und Friedrich Leopold von Stolbergs Jugendgedichten (Ztſchr. f. deutſche Phil. 18. Bd. (1886) S. 477 ff.)

Sophronizon ſiehe unter Voß.

Steinhauſen, Dr. Georg, Geſchichte des deutſchen Briefes. Zur Kulturgeſchichte des deutſchen Volkes. 2 Bde. Berlin, 1889—1891

[Gedichte] Gedichte der Brüder Chriſtian und Friedrich Leopold Grafen zu Stolberg hg. von Heinrich Chriſtian Boie. Mit Kupfern. Leipzig, 1779.

[Gef. W.] Gefammelte Werke der Brüder Chriftian und Frie=
drich Leopold Grafen zu Stolberg. Hamburg, 1820 ff.

Stolberg, Friedrich Leopold Grafen zu, Kurze Abfertigung der
langen Schmähfchrift des Herrn Hofraths Boß wider ihn. .... Ham=
burg, 1820.

Strodtmann, Adolf, Briefe von und an Gottfried Auguft
Bürger. Ein Beitrag zur Literaturgefchichte feiner Zeit. Aus dem
Nachlaffe Bürger's und anderen, meift handfchriftlichen Quellen hg.
von A. St. 4 Bde. Berlin, 1874.

Boß, Johann Heinrich, Beftätigung der Stolbergifchen
Umtriebe, nebft einem Anhang über perfönliche Verhältniffe. Stutt=
gart, 1820.

[Boß' Briefe] Briefe von Johann Heinrich Boß nebft erläu=
ternden Beilagen hg. von Abraham Boß. 3 Bde. Halberftadt,
1829 ff. (Diefelben enthalten auch die anmutigen Berichte von Erne=
ftine Boß).

[Boß, Sophronizon] Sophronizon oder unpartheyifch=frey=
müthige Beyträge zur neueren Gefchichte, Gefetzgebung und Statiftik
der Staaten und Kirchen. Hg. von Dr. H. E. G. Paulus. Drittes
Heft. Frankfurt a. M., 1819. — S. 1 ff: Wie ward Friz Stol=
berg ein Unfreier? beantwortet von Johann Heinrich Boß.

[Boß' Werke 1835] Sämmtliche poetifche Werke von Johann
Heinrich Boß. Hg. von Abraham Boß, Profeffor in Kreuznach.
Nebft einer Lebensbefchreibung und Charakteriftik von Dr. Frdr. E.
Theod. Schmid, Oberlehrer am Gymnafium zu Halberftadt. Einzig
rechtmäßige Original=Ausgabe in einem Bande. Leipzig, 1835.

Weinhold, Karl, Heinrich Chriftian Boie. Beitrag zur
Gefchichte der deutfchen Literatur im achtzehnten Jahrhundert. Halle 1868.

Druckfehlerverzeichnis (vgl. S. 500).

Seite 3 Zeile 13 v. o. lies Harz   statt Horaz,
  „ 6 „ 1 „ „ „ Barkhausen „ Berkhausen,
  „ 7 „ 7 „ u. „ den Kerlchen „ dem K.,
  „ 24 „ 8 „ o. „ Schiffenbe „ —rode,
  „ 28 „ 13 „ „ „ füßen   „ füffen,
  „ 84 „ 14 „ „ „ Tangstädt „ Trystädt
  „122 „ 14 „ u. „ Sofoshospollaetdosphüa statt
                              —stüa,
  „170 „ 13 „ „ „ Virgils statt Virgels.

Außerdem ist S. 83 im Datum „Nov." statt „May" zu lesen; Nr. 54 hätte also hinter Nr. 64 gestellt werden müssen. Ebenso gehört Nr. 162 (S. 295) hinter Nr. 163.

Einleitung.

1.

Am 20. Oktober 1772 waren die Brüder Christian und
Friedrich Leopold Grafen zu Stolberg nebst ihrem Hofmeister
Karl Christian Clauswitz in Göttingen als Studierende der
Rechte immatrikuliert worden. Ein Empfehlungsschreiben Joh.
Arnold Eberts [1]) führte sie bei Heinrich Christian Boie [2]) ein,
aus dessen „Parnaß," wie sich der um ihn versammelte Kreis
junger Dichter wohl genannt hatte, jüngst der Dichterbund
des „Haines" hervorgegangen war. Boie wiederum, welcher bei

---

[1]) Vgl. Schüddekopf S. 478. Über die Beziehungen Eberts
zu der Familie Stolberg vgl. unten S. 355 und 404.

[2]) Boie (1744—1806), schon seit Ostern 1769 als Studieren-
der der Rechte in Göttingen, stand zudem sowohl zu ihrem väterlichen Freunde Klopstock, als auch zu den Brüdern Cajus und
Friedrich Grafen von Reventlow, welche bald zu ihrem vertrautesten Umgang gehörten, in nahen Beziehungen. Letztere, bereits
am 16. Okt. 1769 in Göttingen immatrikuliert, schenkten bei
ihrem Abgange, Ostern 1773, Voß ihr Klavier, welches dieser
aber, als er 1775 nach Wandsbeck zog, seinem Wirte Frankenfeld
(vgl. S. XIX) an Zahlungsstatt zurücklassen mußte. Christian
Stolberg widmete ihnen bei ihrem Scheiden seine „Elegie. An die
Grafen Reventlow" (zuerst veröffentlicht von Schüddekopf S. 483),
während Friedrich Leopold an den älteren „einige" dichterische
„Zeilen" richtete (zuerst veröffentlicht von Janssen I, S. 26).

ihnen „im Werte stieg," je mehr sie ihn kennen lernten,[1]) machte sie mit anderen Mitgliedern des Bundes bekannt[2]). Unter diesen fühlte sich niemand mehr zu ihnen hingezogen als Johann Heinrich Voß. Nachdem er bereits am 3. November seinem Freunde, dem Prediger Ernst Theodor Johann Brückner (1746—1805) in Großen-Vielen, einem Kirchdorfe Mecklenburgs, mitgeteilt hatte, daß die Grafen Stolberg, „Klopstocks Freunde," ihm einige „ganz göttlich schöne Stellen" aus den letzten Gesängen des „Messias" vorgelesen hätten[3]), berichtet er ihm am 6. December[4]): „Ich kann meine Freude nicht so lange bei mir behalten, bis ich eine Antwort auf den letzten Brief habe; ich muß, ich muß sie Ihnen vorher mitteilen. Die Grafen Stolberg — aus dem vorigen Briefe kennen Sie sie etwas — ach! welche Leute sind das! Es ist an sich ungewöhnlich, Leute von mittelmäßigem Geschmacke nur unter den französierenden Großen und Landsassen zu finden; aber Leute von der feinsten Empfindung, dem edelsten Herzen, voll Vaterland und Gott, den vortrefflichsten Talenten zur Dichtkunst, und — ohne den kleinen Stolz — kurz! Leute, die Klopstock schätzt und liebt, in diesem Stande zu finden, das ist ein großer Fund, denk' ich! Und [den hab' ich gemacht!" Nach Wiedergabe der feurigen Ode Friedrich Leopolds „Die Freiheit"[5]) fährt er fort: „Nun? was sagen Sie zu einem deutschen Grafen, der so ein Gedicht singt? . . . Und sein Bruder singt

---

[1]) So schreibt Friedrich Leopold am 9. Nov. 1772 an seine Schwester Henriette (Janssen I, S. 22).

[2]) Voß, Bestätigung S. 133.

[3]) Voß' Briefe, I, S. 97 f. — [4]) A. a. O. S. 112 ff.

[5]) Vgl. unten S. 328.

ebenso. Gestern war der Bund bei Boie [1] versammelt, und
sie waren auch gegenwärtig. Miller, Hahn [2]) und ich hatten was
gemacht, das wir vorlesen wollten. Aber da führte der Henker
[Karl Friedrich] Cramern [3]) daher, der nicht zum Bunde ge=
hört . . . Es verzögerte sich also bis sieben Uhr. Da forderte
Boie feierlich mein Gedicht, um es in einem andern Zimmer
dem zweiten Stolberg, der die Freiheit gemacht hat, vorzulesen.
Er wußt' es schon vorher, daß ich's auf ihn gemacht hätte.
Hier haben Sie's." Es folgt das Gedicht „An Teuthart" [4]),
mit den Schlußstrophen:

---

[1]) Da von den Wohnungen einzelner Haingenossen auch in
Stolbergs Briefen öfter die Rede ist, so mag hier bemerkt wer=
den, daß Boie seit Michaelis 1772 bis Ostern 1776 und Voß
während seines ganzen Aufenthaltes in Göttingen in dem 1771
—1772 neugebauten Hause des Bier= und Branntweinschenken
Philipp Frankenfeld, Barfüßerstraße Nr. 16, der „Bardei," wie
es seit dem Besuche Klopstocks (vgl. S. 326) genannt wurde,
die Brüder Stolberg mit Clauswitz beim Restaurateur Brandt,
Gothmarstraße Nr. 1 (1797—98 Wohnung Herders), Hölty von
Ostern 1769 bis Ostern 1770 auf der Kupferstraße Nr. 7, dann
Nicolaistraße Nr. 17, J. M. Miller auf der oberen Masch Nr. 8,
Cramer seit Ostern 1772 auf der Rothenstraße Nr. 2 wohnten
(O. Mejer, Kulturgeschichtliche Bilder aus Göttingen. Linden=
Hannover 1881. S. 141. 146. 142. 145. 149).

[2]) Siehe S. L. — [3]) Vgl. unten S. 312 f.

[4]) Im Bundesbuche (vgl. unten S. 307) mit der Überschrift
„An Hahn [dessen Bundesname Teuthard war], den 4. Dec.
1772" (Redlich, Hahn S. 264), zuerst (stark verändert) gedruckt
mit der Überschrift „Stolberg, der Freiheitsänger" in Voß'
Gedichten 1802 III, S. 26, bei Sauer S. 175 bez. 176. — An
demselben 5. December las Voß die dem jüngern Stolberg ge=
widmete Ode „Mein Vaterland" vor (Briefe I, S. 120, Musenalm.
1774 S. 185 mit der Überschrift „Deutschland," bei Sauer S. 177).

„Ach! Nah' ich mich dem edlen Mann?
Ich zittr'! Umarm' ich ihn,
Den Freiheitsrufer? Ich? den Mann,
Den Klopstock liebt?

Ich thu's, und sag's umarmend ihm,
Nicht fein, nach Franzenbrauch,
Nein, frei und deutsch: Dich liebt mein Herz,
Und ist dein wert!“

„Sie kamen beide zurück,“ fährt Voß in seinem Berichte fort, „und Stolberg war ganz stille. Endlich bracht' ich Cramern glücklich weg ... Nun kam der Graf auf mich zu, und umarmte mich, und da schlossen wir mit einem Handschlage den Bund ewiger Freundschaft... O wie belohnt, mein trauter Brückner, wie belohnt die Liebe eines Edlen! Beide Grafen haben um die Aufnahme in den Bund angehalten, und nächstens soll es feierlich geschehn .... O sähen Sie mal diese teuren Jünglinge, daß Sie eben die Freude empfänden!“

Schon am 6. December antwortete Stolberg auf Vossens Gedicht mit einem Liede[1]), welches also schließt:

„. . . . teuer ist
Mir, Freund, dein deutscher Sinn.
Dich liebt mein ganzes warmes Herz,
Und ist dein wert!“

So ward der Grund gelegt zu einer, wie beide fest überzeugt waren, „ewigen Freundschaft.“ Eine verhängnisvolle Täuschung! Zwischen zwei so grundverschiedenen Persönlichkeiten konnte unmöglich wahre Freundschaft bestehen.

---

[1]) Mitgeteilt von Voß in der „Bestätigung“ S. 184 f; in der Brüder Stolberg „Gedichten“ (1779) fehlt es, aber nicht, weil es in das „Kränzchen,“ welches hier „Empfindungen für Fa=

2.

Friedrich Leopold Graf zu Stolberg=Stolberg war am 7. November 1750 als der Sproß eines der edelsten Reichsgrafengeschlechter des Sachsenlandes zu Bramstedt in Hol=stein geboren. Seit dem Jahre 1756 lebte die Familie in Kopenhagen, wo seinem Vater, dem Grafen Christian Günther (geb. 9. Juli 1714, gest. 22. Juni 1765), „welcher zuerst in Holstein, und zuerst in Dänemark, das Joch der Leibeigenschaft zerbrach" [1]), — die Würde eines Oberhofmeisters der Königin Sophia Magdalena, der Witwe Christians VI, übertragen wor=den war. Seine Gemahlin, Charlotte Friederike Christiane geb. Gräfin zu Castell=Remlingen (geb. 5. Sept. 1722, gest. 20. Dec. 1773), eine Verwandte der Königin=Witwe, entstammte einem uralten fränkischen Grafengeschlechte.

Dem Geburtsadel der Eltern Friedrich Leopolds entsprach der Adel ihrer Gesinnung und ihrer Herzen.

„Unsrer Eltern Denkungsart," sagt seine Schwester Ka=tharina in den für ihre Verwandten niedergeschriebenen Jugend=erinnerungen [2]), „stimmte vollkommen miteinander überein. Ihrer beider natürlicher, schöner und edler Charakter, ihre ern=sten Grundsätze und frommen Gesinnungen machten, daß sie sich

---

millienbund, Seelenfreundschaft und Rittergeist bildeten," nicht „paßte," wie Voß (Bestätigung S. 144) meint (vgl. unten S. 372), sondern wohl weil es der Herausgeber der „Gedichte," Boie, mit Recht für poetisch wertlos hielt; auch in die „Ges. W." ist es nicht aufgenommen.

[1]) Worte Friedrich Leopolds, bei Janssen I, S. 390. — Vgl. Stolberg, Abfertigung S. 50.

[2]) Hennes, Herzog Peter S. 9.

gegenseitig aufs innigste ehrten und liebten, und daß zwischen ihnen das Vertrauen entstand, welches von dieser Ehrfurcht und Liebe unzertrennlich war."

Beide zeichnete eine tiefe Frömmigkeit aus; die religiöse Erziehung der Kinder galt daher dem „treuesten der Väter," wie der „zärtlichsten" [1]) Mutter als die wichtigste Lebensaufgabe. Wie es des „allgemein verehrten, von den Guten geliebten, von Tausenden gesegneten" Vaters „Verlangen, das letzte Flehen seines Herzens" war, daß „seine Kinder den Weg des Herrn wandeln möchten," so war es der frommen Mutter „einziger Wunsch, ihr Streben, ihr Gebet, die Seele ihrer Erziehung, einst sagen zu können : Herr, hier sind wir und die Kinder, die du uns gegeben hast,"[2]) und als wahrhaft christliches Vermächtnis fand man nach ihrem Tode in ihrem Schreibtische ein Blatt mit den Worten: „An meine Kinder! — Liebe Kinder, haltet euch an den Heiland, an sein Verdienst, an sein treues Herz ; und habt nicht lieb die Welt, noch was in der Welt ist. Denn alles dies vergeht und ist wie Staub. Nichts hält im Leben und im Sterben mit uns aus als Jesu Blut, Gottes Gnade, die Bekanntschaft und Freundschaft mit ihm. Diese suchet; und ruhet nicht, bis ihr diese habt; und dann haltet euch fest daran; sie hilft durch, bis wir bei ihm sind; o bleibe keines, keines zurück. Ich werde mich stets nach euch umsehen, und euch entgegeneilen mit offenen Armen, wenn ihr mir nachkommt. O wachet und betet!"[3])

---

[1]) Worte Friedrich Leopolds, Ges. W. I, S. 326.
[2]) Aus den erwähnten Aufzeichnungen der Gräfin Katharina (Hennes, Herzog Peter S. 4. 3).
[3]) Ebenda S. 10.

Das waren die Eltern Friedrich Leopolds. Wie seine Schwester Katharina mit berechtigtem Stolze ausruft: „Mir glüht das Herz, wenn ich denke, daß .. wir so einen Vater, so eine Mutter hatten!"[1]), so schreibt er selbst: „Das Andenken der Eltern, ihres demütigen, aufrichtigen Glaubens an unsern Herrn und Heiland, ihrer lautern Frömmigkeit, ihrer unbestochenen Wahrheitsliebe bleibt bei mir und allen Geschwistern in unvergänglichem Segen."[2]) Neben ihnen übte die ältere Schwester Henriette Friederike den wohlthuendsten Einfluß auf die Entwicklung der Brüder aus, indem sie wie ein wahrer Familienengel mit ihrem kindlichen Glauben, ihrem zarten Gemütsleben, ihrer geistigen Energie Segen und Freude spendete und der Liebling der ganzen Familie war.[3])

Als Graf Christian Günther am 22. Juni 1765 zu Aachen, wohin er sich zum Gebrauche der Bäder begeben hatte, infolge eines Schlaganfalles eines frommen Todes gestorben war, zog sich seine Gemahlin auf das ihr von der oben genannten Königin-Witwe geschenkte, am Sunde gelegene Gut Rondstedt zurück. Hier standen ihr Männer, wie der berühmte, edle dänische Staatsmann Johann Hartwig Ernst Graf von Bernstorff (1712—1772), welcher nach dem Zeugnisse Friedrich Leopolds[4]) „nie ohne Bedacht den Namen Gottes oder Jesu Christi nannte, und dessen Mienen jedesmal, daß diese heiligen Namen mit Leichtsinn genannt wurden, von einem traurigen Gefühl zeugten und unwillkürlich das Vergehen des Leichtsinnigen

---

[1]) Ebenda S. 9. — [2]) Janssen III, S. 2.
[3]) Janssen I, S. 9. — Vgl. unten S. 322.
[4]) Betrachtungen und Beherzigungen der heiligen Schrift. (Hamburg 1819 ff) I, S. 451.

rügten," der Messiassänger Klopstock und der Odendichter Johann Andreas Cramer (1723—1788) in der Erziehung der Kinder treu zur Seite.

Unter den Augen solcher Menschen war die Jugendzeit Friedrich Leopolds sorglos und heiter dahingeflossen. „Ach, .. die goldne Zeit der Kindheit!" ruft er im Jahre 1775 aus[1]), „welche Rosen noch selbst auf die späte Nacherinnerung streut!" „Es übermannt mich," schreibt er im Jahre 1784[2]), am Geburtstage seines verstorbenen Vaters, „die süße Erinnerung. Dank, ewiger Dank unsern lieben Eltern, daß sie uns so ohne daß wir es wußten, mit starkem Arm aus allem, was Welt heißt, was die Franzosen monde und siècle nennen, herausrissen, und uns frei laufen und kindern ließen in den Gefilden besserer Freuden, deren Andenken uns immer bleibt, die uns früh ein Gefühl gaben, das uns über alles, was von der fortune und vom Wahn abhängt, unendlich erhebt, und nie versiegende Quellen der Freuden und schöner Empfindung uns entspringen ließen." Noch im Jahre 1811 schrieb er[3]) an seinen Bruder Christian: „Unsere Jugend war eine schöne, frohe Jugend! In welcher goldenen Unbefangenheit blüheten wir auf! Stille, ernste, liebevolle Zucht, Entäußerung von allem Tande, Denkart der Eltern lehrten uns früh das Große groß achten und das Kleine klein. In welchem Einklang waren wir mit der holden Natur der schönen Insel, die uns aufnahm! Wie rein erklangen alle Töne der Muse! Wir trieben noch Kinderspiel und wurden schon entzückt von Klopstock, von Cramer, von Geßner und an-

---

[1]) Hennes I, S. 56.
[2]) Hennes, Herzog Peter S. 246.
[3]) Janssen I, S. 8.

deren. Und Ehrfurcht und Liebe für das Heilige und Ewige
bewahrten uns von Kindheit an."

Nachdem Christian[1]) und Friedrich Leopold seit 1756 den
Unterricht ihres bereits erwähnten Hofmeisters Clauswitz[2]) ge-
nossen hatten, begaben sie sich mit ihm Michaelis 1770 zum
Studium der Rechte nach der Universität Halle und von dort
Michaelis 1772 nach Göttingen, wo sie sich allmählich mit
Aufgabe des Fachstudiums den schönen Wissenschaften zuwandten.[3])

Eine ungleich düsterere Jugendzeit war Voß beschieden gewesen.

Johann Heinrich Voß war am 20. Februar 1751, als
der voreheliche Sohn des ehemaligen Kammerdieners, späteren

---

[1]) Das überaus innige Verhältnis zwischen Friedrich Leopold und seinem älteren Bruder Christian (geb. am 15. Okt.
1748 zu Hamburg, gest. am 18. Jan. 1821 auf seinem Gute
Windebye bei Eckernförde) ist bekannt.

[2]) Vgl. S. 316. Wegen seines edlen Charakters und seiner
gediegenen Kenntnisse stand er bei der ganzen Familie Stolberg
in verdientem Ansehen. Vgl. Hennes I, S. 5, 6, 18, 34 u. a.
und Christian Stolbergs Ode „An Clauswitz" (bei Schüddekopf
S. 482). Voß schrieb über ihn am 24. Febr. 1773 an Brückner:
„Ihr Hofmeister Clausewitz ist recht so, wie er bei den Stolbergen sein muß. Mit der übrigen Biederkeit verbindet er das
feinste Gefühl, das sehr oft mein Wegweiser ist" (Voß' Briefe I,
S. 123). Auch sonst spricht er von dem „vortrefflichen Hofmeister"
(ebenda S. 221). Im „Sophronizon" (S. 6) hingegen nennt er ihn
einen „gutherzigen, schwachen Mann."

[3]) Voß schreibt am 24. Febr. 1773 an Brückner: „Sie [die
Grafen Stolberg] haben jetzt beide ihre juristischen Collegia aufgegeben, und lesen — den Homer für sich. Nicht wahr? Ein
neues Phänomen. Sie haben für sich selber im Homer lesen
gelernt, und durch Hülfe bloß der Grammatik und des Lexikons
versteht jetzt der ältere über 300 Verse in der Ilias, und der
jüngere ebenso viele in der Odyssee" (Voß' Briefe I, S. 123).
Vgl. Janssen I, S. 23 f.

Pächters Johann Heinrich Voß (1714—1778), in Sommersdorf, einem Dorfe Mecklenburgs, geboren. Seine Mutter, Catharine Dorothee (1718—1798), war die Tochter des Küsters Joh. Carstens. Noch sein Großvater, der Rademacher Johann Voß, war Leibeigener gewesen und erst später freigelassen worden. Die Eltern, welche bereits im Sommer 1751 nach Penzlin gezogen waren, hatten anfangs in nicht ungünstigen Verhältnissen gelebt, waren aber infolge des siebenjährigen Krieges allmählich so verarmt, daß sie im Jahre 1770 Haus und Hof verkaufen mußten.

Von einem innigen, religiösen Familienleben, von einem tiefern Einflusse der Eltern auf die religiöse und gemütliche Entwickelung des Knaben findet sich keine Spur[1]. Unter Darben und Entbehrungen aller Art empfing der strebsame, lernbegierige Jüngling auf dem Gymnasium zu Neubrandenburg seine Vorbildung für die Universität. Um aber zu den für den Besuch einer Hochschule erforderlichen Geldmitteln zu gelangen, sah er sich gezwungen, eine Hauslehrerstelle anzunehmen. Daher finden wir ihn in den Jahren 1769—1772, mithin zu derselben Zeit, in welcher die fast gleichalterigen Grafen Stolberg bereits in vollen Zügen die akademische Freiheit genossen, als Erzieher bei dem Klosterhauptmann von Oertzen in Ankershagen, in dem „Ankershagener Diensthaus," auf der „ehemaligen Raubburg," wie er sich später in seinem Grimme ausdrückt; die „kleinen und großen Demütigungen," welche er hier seitens seiner Herrin, der „gnädigen Furie," erlitt, zogen ihm einmal ein nicht ungefährliches Gallenfieber mit Blutauswurf und dem Anfange der Gelbsucht zu; ein anderes Mal

[1] Vgl. Herbst I, S. 20.

ergriff er die Flucht zum Elternhaus, um nicht „an Leib und Seele zu Grunde zu gehen," und nur mit Mühe gelang es den Bitten der Mutter, ihn zur Rückkehr zu bewegen.[1])

Endlich, zu Ostern 1772, wurde ihm durch die thatkräftige Unterstützung Boies der Besuch der Universität Göttingen ermöglicht; Freitische, Stipendien, Privatstunden, sowie auf Bestellung gemachte Gelegenheitsgedichte verschafften ihm hier ein notdürftiges Auskommen.

Gefühle der süßesten Freude bewegten das Herz Stolbergs, so oft er der Stätten seiner ersten Jugend gedachte; mit ganz anderen Empfindungen schaute Voß auf sein Heimatland zurück. „Was geht mich Mecklenburg an!" schreibt er voll tiefen Grolls am 18. August 1774 an Brückner, und fünf Jahre später, in einem Briefe vom 19. April 1779 an denselben Freund, heißt es: „Es ist ein schnödes, verächtliches Land das Mecklenburg, ohne alles Gefühl von Adel, als dem, den man erbt, dem lumpichten, abgebleichten und stinkenden Ehrenkleide aus der Lade der Ahnen, deren Hauptverdienst war Saufen und Rauben. Und unter diesem das Pfaffengezücht mit dem Basilistenauge, das alles, was nicht giftig ist, wie sie, zu töten umherblickt."[2])

Noch verschiedener fast, als die bisherigen Lebenswege der beiden Freunde, waren ihre angeborenen Charakteranlagen.

Das „eigentliche Wesen" Stolbergs findet Goethe mit Recht in den „Physiognomischen Fragmenten" des „durchdringenden"[3]) Lavater wiedergegeben, welchem die gräflichen

---

[1]) Voß' Briefe I, S. 44 ff. — [2]) Herbst I, S. 57.

[3]) So nennt Goethe den Lavater gerade in Bezug auf die in den „Physiognomischen Fragmenten zur Beförderung der

Brüder im Jahre 1775 nach seinen eigenen Worten „zur phy=
siognomischen Beschreibung saßen und standen, wie, wer sich
malen läßt, dem Maler sitzt." Dort heißt es: „Siehe den
blühenden Jüngling von 25 Jahren! .... Immer der innige
Empfinder; nie der tiefe Ausdenker... Ewiger Schweber! Seher!
Idealisierer! Verschönerer! — ... Immer halbtrunkener Dichter,
der sieht, was er sehen will ... Die Mittellinie des Mundes
ist in seiner Ruhe eines geraden, planlosen, weichgeschaffenen,
guten; in seiner Bewegung eines zärtlichen, feinfühlenden,
äußerst reizbaren, gütigen, edlen Menschen. — Die halbsicht=
baren Augenlider von einem solchen Bogen sind immer mehr
feinfühlender Dichter, als nach Plan schaffender, als langsam
arbeitender Künstler .... Eine gewisse Weiblichkeit, wodurch
die innere Schnellkraft gemäßigt, und dem Herzen jede vorsätz=
liche Beleidigung und Niederträchtigkeit ewig unmöglich gemacht
wird ... Und nun erst am Ende merk' ich, daß ich von dem
Auffallendsten noch nichts gesagt; nichts von der edlen, von
aller Affektation reinen Simplicität! Nichts von der Kindheit
des Herzens! Nichts von dem gänzlichen Nichtgefühle seines
äußerlichen Adels! Nichts von der unaussprechlichen Bon=
hommie, mit welcher er Warnung und Tadel, sogar Vorwürfe
und Unrecht, annimmt und duldet[1]). — Doch wer will ein

Menschenkenntniß und Menschenliebe" (Zweiter Versuch [Band],
Leipzig und Winterthur 1776 S. 244 ff) gegebene, von ihm
selbst bekanntlich in „Aus meinem Leben" (IV, 19) aufgenommene
Charakteristik der Brüder Stolberg.

[1]) „Eine schönere Großmut," schreibt F. H. Jacobi, „ein
reineres Sich=Selbst=Vergessen bei jeder persönlichen Beleidigung,
auch der empfindlichsten, mehr Zartheit und Adel fand ich in

Ende finden, von einem guten Menschen, in dem so viele reine Menschheit [1]) ist, alles zu sagen, was an ihm wahrgenommen oder empfunden wird!"

Während in Stolberg also das Gefühl vorwaltete, besaß bei Voß der Verstand die Herrschaft. Auch bei ihm hatte Lavater „zum Erstaunen" Stolbergs das Richtige getroffen, wenn er schon aus der Handschrift des Fünfundzwanzigjährigen schloß: „Kalt, geregelt, ein Vernunftmensch." [2]) Nun hatten die harten Erfahrungen der Jugend seinem von Hause aus schon spröden Charakter etwas außerordentlich Herbes und Herrisches, Abgeschlossenes und Mißtrauisches gegeben. „In der Geschichte unserer Litteratur," sagt sein Biograph Herbst [3]), „finden wir kaum eine gleich markierte und schroffe Selbstheit wieder, für die es fast nur das Entweder-Oder des Herrschens in ihrer Umgebung, oder monologische Abschließung gab. Anhänger der Toleranz dem Buchstaben nach, war er seiner Natur nach durch und durch intolerant, und das Leben und Lebenlassen hat

---

keines andern Menschen Herz. Und, o des Himmels voll Liebe hinter seinem biedern Auge!" Über drei bei Gelegenheit des Stolbergischen Übertritts zur röm.-kathol. Kirche geschriebene Briefe und die unverantwortliche Gemeinmachung derselben in den Neuen Theologischen Annalen. Hamburg 1802, S. 11.

[1]) Zu derselben Zeit äußerte Lavater in einem Briefe an Herder: „Die Stolberge sind unbeschreibliche Menschen. So viel poetisches Gefühl, Genie, Geschmack, und so viel simple, naive Menschlichkeit!" Aus Herders Nachlaß .. Herausg. von H. Dünzer und F. G. v. Herder. Frankfurt a. M. 1856 f, II, S. 150. — Bekannt ist jenes Goethesche Wort: „In Stolberg war die Fülle der Menschheit, das Gemüt des Großen."

[2]) Voß, Bestätigung S. 138. Vgl. Sophronizon S. 9.

[3]) Herbst II, 1, S. 17.

er nie geübt." Gewiß hatte er viele überaus achtungs=
werte Seiten; zu rühmen sind vor allem seine Einfachheit und
Anspruchslosigkeit im Privatleben, sein unermüdlicher Fleiß
und seine gewissenhafte Pflichttreue, seine Wohlthätigkeit und
Gastlichkeit, endlich seine über alles Lob erhabene Sittlichkeit.
Aber der ursprüngliche schroffe Gegensatz zwischen seinem inner=
sten Wesen und dem Stolbergs wird hierdurch nicht aufgehoben.

Dieser Gegensatz und zugleich die Verschiedenartigkeit ihrer
ersten Lebenswege spiegelt sich auf das schärffte wieder in ihrer
Stellung zum Christentum.

Bei Stolberg waren der Eltern Lehre und Beispiel nicht
ohne Frucht geblieben: mit der ganzen Kraft seines Gemütes,
mit kindlicher Frömmigkeit umfaßte er die Heilslehren der christ=
lichen Religion. „Das Christentum," schreibt er schon mit
zwanzig Jahren, „ist die Fülle der Wahrheit und der Liebe,
selig, wer schon hienieden die volle Kraft der Religion des gött=
lichen Meisters empfindet und den Frieden kostet, den sie dem
Herzen gewährt." ¹) Daher „ergriff" den Fünfundzwanzigjährigen
ein „Grausen," als Goethe einst in seiner Gegenwart „von
Riesengeistern sprach, die sich auch den ewigen geoffenbarten
Wahrheiten nicht beugen." „Dieser unbeugsame Trotz," ruft er
aus, „wird, wenn er in ihm weiter wuchert, auch sein Herz kalt
machen. Armer Erdenwurm! Sich den ewigen geoffenbarten
Wahrheiten nicht beugen, gleichsam rechten wollen mit Gott!
Da fielen mir die Worte von Klopstock ein:

> Ihr rechtet mit dem,
> Des großen Namen
> Der sterbliche Weise

---

¹) Janssen I, S. 27.

Kaum waget auszusprechen,
Mit dem, des großen schrecklichen Namen
Der hohe Engel
Staunend nennet,
Mit Gott, mit Gott!"[1]

„Auch mir," schreibt der Dreißigjährige am 23. Januar 1781 an den gleichgesinnten Bruder, „scheint in unseren verderbten Zeiten nichts verderblicher, als die Bemühungen unserer Theologen, den heiligen Schleier zu heben, den Gott über sich und über vieles in der Religion verbreitet hat. Wenn sie vollends, wie jetzt viele der angesehensten unter ihnen, die Hauptlehren, das angeborene Verderben, die Gottheit Christi und seine Versöhnung leugnen, so halte ich's für Frevel, sie Christen zu nennen, und begreife nicht, warum ich nicht viel lieber mich mit unsern Brüdern, den Katholiken, verbinden, als mit diesen Kirchenräubern eine Gemeine ausmachen sollte?"[2]. In demselben Jahre schließt er die schöne Abhandlung „Über die Sitte der Weihnachtsgeschenke" mit den Worten[3]: „Ich schäme mich dessen, [es für mein höchstes Glück zu halten, mich zugleich der Wonne der ganzen Christenheit am heiligen Abend überlassen zu können] nicht, auf daß nicht einst das göttliche Kind, welches in der Krippe weinte, sich mein schäme, wenn es wieder kommt mit vielen tausend Engeln, in der Herrlichkeit seines Vaters, zu richten die Lebendigen und die Toten." Mit den Jahren wuchs auch die Innigkeit des Glaubens.

Anders bei Voß. Er hatte in seiner Kindheit und ersten Jugend von keiner Seite tiefere religiöse Eindrücke empfangen[4].

---

[1] Janssen I, S. 70 f. — [2] Janssen I, S. 121 f.
[3] Ges. W. X, S. 396. — [4] Herbst I, S. 20. 33.

Die Geistlichen, mit denen er in seiner Heimat in Berührung gekommen war, huldigten mehr oder weniger dem Rationalismus. Auch Brückner, sein erster Freund[1]) und sein einziger Vertrauter während der harten Ankershagener „Dienstjahre," zu dem er, der viel jüngere, mit unbegrenztem Vertrauen emporblickte, war ein entschiedener Anhänger des „vernünftigen Christentums."

Durch ihn war denn auch der schon von Natur rationalistisch angelegte Voß, welchem das Christentum niemals Sache des Gemütes gewesen war, für immer dem dürrsten Rationalismus in die Arme geführt worden. Zugleich warf er, erbittert zumal über den Superintendenten Keßler in Güstrow, welcher sein Versprechen, ihm den Besuch einer Universität zu ermöglichen, nicht gehalten hatte[2]), und gereizt durch die Anfeindungen, welchen Brückner wegen seines Standpunktes ausgesetzt war[3]), einen ebenso unversöhnlichen Haß auf die orthodoxen Geistlichen, die „Pietisten", „Heuchler", „Bauchpfaffen", „Eiferer", „das Pfaffengezücht mit dem Basiliskenauge, das alles, was nicht giftig ist, wie sie, zu töten umherblickt"[4]), wie er ihn seit den Ankershagener Jahren zeitlebens gegen den Adel hegte.

---

[1]) „Du warst mein erster Freund! Mein ganzes vorhergehendes Leben hab' ich nicht gelebt," schreibt Voß am 24. Februar 1773 an ihn (Voß' Briefe I, 124)

[2]) Vgl. Herbst I, S. 53 f.

[3]) Vgl. unten S. 30 und 335.

[4]) Vgl. Herbst I, S. 51 f. 57 2c. Auch Stolberg ergeht sich zuweilen sehr derb über die „Pfaffen", so besonders in der 9. Jambe „die Schaafpelze"; ihm aber war ein „Pfaff" nach seiner eigenen Erklärung „jeder unwürdige Geistliche — sei er Katholik oder Protestant — der sich von der Kirche nährt und gegen ihre Grundsätze lebt und redet" (Janssen I, S. 283).

Sein Standpunkt zum positiven Christentum war denn auch für seine ehrliche Natur die Ursache gewesen, dem Studium der Theologie, zu welchem er sich bei seiner Immatrikulation in Göttingen am 5. Mai 1772 bekannt hatte, schon nach zwei Semestern völlig zu entsagen. Dem vermeintlichen Los eines Theologen, „vieles behaupten" zu müssen, „was er als Papagei auswendig gelernt hat, und was ihm selbst lächerlich vorkommt, um nur sein Amt zu behalten," wollte er sich nicht aussetzen [1]).

„Gut handeln ist schlechterdings die einzige Religion, und die wahren Antriebe, gut zu handeln, finden sich, wenn wir nicht frömmelnd sophistisieren wollen, in unserer Glaubenslehre nur insofern, als sie Lehre der gesunden Vernunft ist" [2]). So lautet sein mageres, in allen Tonarten variiertes, mit immer wachsender Intoleranz verteidigtes Glaubensbekenntnis.

Nun hätte vielleicht zu einer andern Zeit dieser Gegensatz in der wichtigsten Lebensfrage, der religiösen, immerhin in den Hintergrund treten können. Aber bei dem gewaltigen Kampfe zwischen dem positiven Christentum und dem Rationalismus, welcher besonders gerade im letzten Viertel des vorigen Jahrhunderts das protestantische Deutschland durchtoste, war das bei Männern, welche so in der Öffentlichkeit standen, wie Stolberg und Voß, nicht möglich. Wie sich jener mit vollster Überzeugung den Verteidigern des bedrohten Christusglaubens zugesellte, so stellte sich dieser mit nicht geringerer Entschiedenheit in die Reihen ihrer erbittertsten Gegner.

Die gemeinsame Liebe zu den Musen hatte die beiden Dichter einander zugeführt. Aber auch in ihrem Verhältnisse zur

---

[1]) Voß' Briefe I, S. 142. — [2]) Ebenda S. 207 f.

Poeſie trat ihre grundverſchiedene Naturanlage ſcharf zu Tage.
Bei der Fülle ſeines inneren Lebens, der Unerſchöpflichkeit ſei=
ner Phantaſie, dem ihm in jedem Augenblick zu Gebote ſtehen=
den Reichtum der Sprache faßte Stolberg ſelbſt theoretiſch das
Dichten lediglich als Genuß auf. „Der Dichter hat, als Dichter,
keine eigentliche Arbeit," ſchreibt er[1]). „Es ſcheint, daß er von
der allgemeinen Strafe: „„Du ſollſt im Schweiße deines Ange=
ſichts dein Brod eſſen!"" eine Ausnahme ſein ſoll. Er hat kein
Tagewerk. Was er hervorbringt, das bringt er hervor in den
ſüßeſten Stunden ſeines Lebens, und die Flut des Geſanges,
die ihm entſtrömt, ſcheinet ihm aus der Urne einer Muſe zu
fließen, um ihn zu beglücken." Dieſer Anſchauung entſprach
ſeine eigene dichteriſche Thätigkeit. „Immer halbtrunkener Dichter,"
wie ihn Lavater nennt, vollendete er „Timoleon" in etwa acht,
„Theſeus" und „Servius" in je dreizehn Tagen — Dramen,
welche er für das beſte erklärte, was er je gedichtet habe[2]).
„Ich arbeite," geſteht er offenherzig, — „oder vielmehr, es ar=
beitet in mir und gewinnt Geſtalt qualemcunque."[3]) Und wie
ihm ein planmäßiges[4]), auf ſorgfältigem Studium beruhendes
Schaffen unmöglich war, ſo verſchmähte er es auch, die im
Feuer der Begeiſterung entſtandenen Schöpfungen nachträglich
mit der unermüdlichen Ausdauer eines wahren Künſtlers der
Vollendung entgegenzuführen. „Hat mir Vulkan ſeine Feile

---

[1]) „Über die Ruhe nach dem Genuß und über den Zuſtand
des Dichters nach der Ruhe." 1780 (Geſ. W. X, S. 388).

[2]) Siehe unten S. 126.

[3]) S. 122.

[4]) „Plane machen iſt mir unmöglich" ſagt er ſelbſt (unten
S. 123).

verſagt, ſo läßt er mir doch ſeine Flamme." [1] Mit dieſem
Troſte begnügte er ſich.

Voß „entſtrömte" nicht „die Flut des Geſanges mühelos."
Ihm war das Dichten eine Arbeit, eine oft recht ſaure Arbeit,
denn es gebrach ihm ſowohl der Reichtum des Seelenlebens,
als auch die Phantaſie Stolbergs.

Deshalb war er ſelbſt in den Göttinger Jahren, als ihm
noch „zu gewiſſen Stunden" ſein „Stolz ein Genie zu einem
künftigen großen Dichter zugeeignet" [2] hatte, und er ſich bald mit
der Hoffnung trug, ſich einſt als lyriſchen Dichter „noch zwiſchen
Klopſtock und Ramler hineinzuſchieben" [3], bald noch „unent=
ſchieden" war, „in welcher Dichtungsart" er „dereinſt den Enkeln
glänzen" [4] werde, in anderen Momenten einſichtig genug, zu
erkennen und in vertrauten Briefen zu geſtehen: „Ein großer
Dichter muß mehr Außerordentliches an ſich haben, als ich von
mir weiß. Ich finde mich, außer in den ſehr ſeltenen Stun=
den der Begeiſterung, gerade wie einen andern Menſchen." [5]
—„Was du [Brückner] von der wenigen Phantaſie in meinen
Gedichten ſagſt, iſt richtig." [6] — „Mit vieler Mühe erreicht
man endlich eine mäßige Höhe in der Dichtkunſt, und zugleich
ſeine Belehrung, finſtre Stunden." [7]

Statt der „ſehr ſelten" an ihn herantretenden inneren Be=
geiſterung, waren es vielmehr meiſt rein äußerliche Veran=
laſſungen und — beſonders ſpäter — didaktiſche oder gar ten=

---

[1] S. 123.
[2] Voß' Briefe I, 151. — [3] Ebenda S. 88.
[4] Ebenda S. 89. — [5] Ebenda S. 151.
[6] Ebenda S. 153. — [7] Ebenda S. 232.

dentiöſe Zwecke, welche ihn die Leier ergreifen ließen.[1]) Weil er aber allmählich zu einer klaren Erkenntnis der Art und der Grenzen ſeines dichteriſchen Könnens gelangte, weil er, geſchult durch eifriges Studium der Dichter des Altertums, mit raſtloſem Eifer an den Erzeugniſſen ſeiner Muſe die „Feile" handhabte — oft freilich bis zur Künſtelei — ſo hat er ſich nichtsdeſtoweniger in unſerer Litteratur eine ehrenvolle Stellung errungen.

Wie er nun ſelbſt unaufhörlich an ſeinen Dichtungen feilte, ſo wünſchte er ein Gleiches auch vom Freunde. Mit kaltem Schweigen oder kaum verhehltem Spotte ſchaute er auf den „ungeregelten Geniusſchwung," die „Wildheit des ritterlichen Saitenſturms," die „zu trunkenen Griffe," die in erkünſtelter Lumpentracht mit Gekreiſch taumelnden Gedanken," die „ſtruppige Natürlichkeit" des „gräflichen Poeten"[2]) herab. Oft tadelte er „mit Bundestreue," oder aber als „Erzfeiler raſpelte" er an des Freundes Erzeugniſſen, „ohne daran zu denken, daß es fremdes Eigentum"[3]) ſei. Nun hatte ihm jener anfangs freilich ein Recht über alle ſeine „Geburten" eingeräumt[4]). Je mehr er aber nicht nur von ſeinen zahlreichen Verwandten und Freunden als Dichter vergöttert, ſondern auch in weiteren Kreiſen als größter Lyriker nach Klopſtock gefeiert wurde, je mehr er ſelbſt den Un=

[1]) Aus alledem erklärt ſich jener ſonderbare Brief vom 20. Dec. 1775 an den Markgrafen Karl Friedrich von Baden, den Gönner Klopſtocks (vgl. unten S. 326), in welchem er ſich allen Ernſtes als „Landdichter" anbot. Vgl. unten S. 353.

[2]) Voß, Beſtätigung S. 168. 139. 157. 138

[3]) So ſchreibt Voß ſelbſt über ſeine Verbeſſerungen an den Gedichten v. Halems (v. Halems Selbſtbiographie. Briefe S. 22).

[4]) Siehe unten S. 14.

terschied zwischen seiner Schaffungsart und der Vossens erken=
nen [1]) und die Überlegenheit seines Genius über den des Freun=
des empfinden mochte, um so weniger blieb er geneigt, sich die
Freude an seinen Schöpfungen durch die kalte und oft recht
pedantische Kritik Vossens verkümmern zu lassen, und selbst wenn
er „viele Unvollkommenheiten" zugeben mußte, wie in seiner
„Ilias-Übersetzung," so mochte er sie doch nicht immer geän=
dert wissen, um nicht „der Originalität zu schaden" [2]), und
Vossens „aristarchische Einlagen" wurden dann, wie dieser
klagt, „zu Fibibus" [3]).

So war also auch das Verhältnis beider zur Poesie keines=
wegs ein Band der Einigung, sondern eine Quelle steter Ver=
stimmungen und Reibungen.

Verhältnismäßig spät, dann aber um so schärfer trat der
Gegensatz zwischen den Lebenswegen und angeborenen Eigenheiten
Stolbergs und Vossens noch auf einem anderen Gebiete hervor, dem
der Politik. Lange allerdings fühlten sich beide einig in einer
freilich in ihrem Ursprung und in ihrem Wesen wieder sehr
verschiedenartigen [4]) Freiheitsschwärmerei nnd Deutschtümelei.
Zuerst verschwand bei Voß die letztere, um, wie bei den meisten
Jüngern der „Aufklärung", der Liebe zu einem wesenlosen Welt=
bürgertum zu weichen. Nun war ihm das Vaterland, außer der
Scholle, an welcher er gerade haftete, gleichgültig [5]). Zwar dichtete

---

[1]) „Überhaupt ist der Charakter unsrer Poesie, und selbst
unser Urteil über dergl. zu verschieden" schreibt er einmal (S. 161).
[2]) S. 51.
[3]) Voß, Bestätigung S. 143.
[4]) Vgl. unten S. 320.
[5]) Vgl. die Ausführungen bei Herbst II, 1. S. 112 ff.

er noch im Jahre 1794 ein Lied „Vaterlandsliebe"[1]), aber schon die erste Strophe kennzeichnet dieselbe zur Genüge:

> „Ein edler Geist klebt nicht am Staube;
> Er raget über Zeit und Stand:
> Ihn engt nicht Volksgebrauch, noch Glaube,
> Ihn nicht Geschlecht, noch Vaterland.;
> Die Sonne steig' und tauche nieder;
> Sie sah und sieht ringsum nur Brüder:
> Der Celt und Griech' und Hottentott
> Verehren kindlich Einen Gott."

Und von der Freiheitsschwärmerei blieb nur der dem Enkel des Leibeigenen seit den Ankershagener „Dienstjahren" tief in der Seele wurzelnde und stets genährte Haß wider alle „vom Frevel bevorrechtete Volksdränger"[2]). Als nun die französische Revolution heranbrach, da ließ er sich zu einer so anhaltenden, blinden und leidenschaftlichen Parteinahme für dieselbe hinreißen, daß in dem Kriege, welchen das monarchische Deutschland gegen das revolutionäre Frankreich führte, er, der einst die Franzosen so glühend gehaßt hatte[3]), mit seinen Wünschen voll und ganz auf die Seite des Nationalfeindes trat. „Es wird doch ein er= wünschtes Ende nehmen, doch!" schreibt er am 18. Sept. 1792 an v. Halem[4]). „Und wenn die Welt voll Preußen wär', und wollten sie [die Franzosen] verschlingen"[5]).

---

[1]) Zuerst erschienen in Hennings „Genius der Zeit" 1795, IV, S. 393, „Werke" 1835 S. 202.

[2]) Bestätigung S. 17. Sein fanatischer Adelshaß spricht sich besonders hier ff und in seinen Idyllen „Junker Kord", „Die Leibeigenen" 2c. aus. — [3]) Vgl. Voß' Briefe I, S. 125 u. a.

[4]) v. Halems Selbstbiographie. Briefe S. 148.

[5]) Wie er schon damals „die deutschen Jünglinge gegen die deutschen Heere zu erbittern suchte" (Stolberg, Abfertigung

XXXIX

Wie Stolberg das Christentum heiliger war, als die Vernunftreligion, so stand ihm das Vaterland höher, als das Weltbürgerthum. Schon in seinen Poesieen gedenkt er des Vaterlandes mit überquellendem Herzen:

„Ich bin ein Deutscher! (Stürzet herab
Der Freude Thränen, daß ich es bin!)
Fühlte die erbliche Tugend
In den Jahren des Kindes schon.
. . . . . .
Ich höre schon der Reisigen Huf
Und Kriegsdrommeten! sehe mich schon
Liegend im blutigen Staube,
Rühmlich sterben fürs Vaterland."¹)
. . . . . .

„Deutschland, heiliges Land, dir wallt im klopfenden Herzen
Heiß mein Blut! Ich freue mich dein, wie des Sieges der Held sich
Freut! Ich liebe, Vaterland, dich und werde die Braut nicht
Höher lieben, ehrte den Vater nicht mehr und die Mutter!
Viel sind deiner Ehren, und tausendjährig, und immer
Wieder neu! Du Land der rosigen Keuschheit, des alten
Eisernen Muts, der Treue, des freien Sinnes, der Einfalt!"²)

S. 18f), so schreibt er sogar noch am 16. Okt. 1805 behaglich an seinen vom edelsten Patriotismus durchglühten Freund Overbeck in Lübeck: „Keine Sorge um uns! ... Unser Bundesgenoß Napoleon hat dem Planmacher Mack sein Spielchen schon sehr verwirrt und scheint auf der Siegesbahn zum Frieden zu gehn" (Herbst II, 2, S. 132), und im December 1806, nach der Schlacht bei Jena, läßt er seinen Sohn Heinrich der Gattin Schillers bekennen: „Da es einmal so steht, so wünsche ich von ganzem Herzen den Franzosen ferneren Sieg und baldigen Frieden; ein preußischer Patriot bin ich nie gewesen, wer kann es in diesem Jahrhundert sein?" (Herbst a. o. O.). Der nationalen Erhebung in den Freiheitskriegen endlich stand er durchaus kühl gegenüber.

¹) Aus „Mein Vaterland. An Klopstock." Musenalm. 1775 S. 100 (Ges. W. I, S. 53 ff).

²) „Die Zukunft" (vgl. unten S. 370) III, 684 ff.

Solchen Herzensklängen tiefster Empfindung entsprach die ganze Denkungsart des Dichters. „Ich kenne und kannte in meinem langen Leben viele der Edelsten der Nation," sagt der große Münsterische Staatsmann Franz Freiherr von Fürstenberg, „keinen aber sah ich Stolberg an echter Vaterlandsliebe übertreffen" [1]).

Den Ausbruch der französischen Revolution hatte auch er, mit den besten seiner Zeitgenossen, anfangs als die Morgenröte eines neuen, goldenen Zeitalters begrüßt [2]). Ja, als in Frankreich alle Wappen und Titel aufgehoben wurden, war er sogar „gern" bereit, auch der Reichsgrafen Stolberg „alten Schild der Freiheit zum Opfer zu bringen" [3]). Je mehr er aber in Paris die finstern Mächte des Unglaubens und der Zügellosigkeit die Oberhand gewinnen sah, desto mehr schwanden seine Sympathieen. Schon am 5. Jan. 1790 ruft er den Revolutionsmännern mit dem Psalmisten mahnend zu: „Wo der Herr nicht das Haus baut, arbeiten umsonst, die daran bauen, wo der Herr nicht die Stadt behütet, wachet der Wächter umsonst!" [4]) — „Ich war," schrieb er am 20. Jan. 1791 an v. Halem, „so enthusiasmiert für Frankreichs Revolution, als man es sein kann.

---

[1]) Janssen II, S. 229.

[2]) Vgl. Janssen I, S. 224 ff und die oben folgenden Briefstellen.

[3]) Janssen I, S. 259. Aus dieser und zahlreichen anderen Briefstellen ersieht man, daß es wahrlich nicht die Aufhebung der Adelsvorrechte war, welche, wie Voß („Sophronizon" S. 12, „Bestätigung" S. 11 ff) glauben machen will, seine Sinnesänderung in Bezug auf die französische Revolution hervorrief. Vgl. auch Herbst II, 1, S. 117.

[4]) Janssen I, S. 230.

. . . Ich ehre, ich liebe — Sie wissen, wie sehr! — die Frei=
heit! Aber ebendeswegen glaube ich, daß sie sich auf Tugend
gründen müsse. Und diesen Grund hat Frankreich nicht gelegt,
Frankreich, welches ganz Europa mit dem Gifte seiner Im=
moralität und Irreligion getränkt hat." [1]) Er konnte, wie er am
11. Jan. 1792 demselben Freunde schrieb, „nie einer Ver=
fassung trauen, deren Legislatoren Religion und Sitten mit
Füßen treten . . . Freiheit muß auf Gesetze ruhen, Gesetze auf
Sitten, Sitten auf Religion" [2]).

Wie sehr er mit ganzer Seele auf der Seite des Vater=
landes stand, als dieses gegen die „Westhunnen", wie er in
seiner Entrüstung die Franzosen nannte [3]), Krieg führte, hat
ihm Voß noch im „Sophronizon" [4]) vorgehalten.

---

[1]) v. Halems Selbstbiographie. Briefe S. 117.
[2]) Ebenda S. 138. Vgl. auch S 158.
[3]) Vgl. seine Ode „Die Westhunnen" (1794).
[4]) S. 30 u. a. — Vgl. Stolbergs „Abfertigung" S. 18. Als
dann später Napoleon sich anschickte, auch Deutschland in Ketten zu
schlagen, da schrieb er (im Juni 1800) voll tiefen Schmerzes an
die Fürstin von Gallitzin: „Die wahre Vaterlandsliebe faßt in
allem das höhere Wohl des Volkes, dem man angehört, ins
Auge: die Güter des Glaubens, die des Rechtes, der Freiheit,
und Sitte. Sie kann nie wandeln auf den Wegen des gewalt=
samen Umsturzes und der Revolution, nie paktieren mit einem
äußeren Feind und nie sich in den Dienst des Unrechts begeben,
auch wenn scheinbar ein augenblicklicher Vorteil sich aus diesem
Dienste ergeben sollte. Welch eine Schmach für uns
Deutsche ist der unter uns herrschende Franzosengeist,
die Dienstbeflissenheit gegen den gewaltsamen kor=
sischen Abenteurer, der mit seinen Horden Schrecken und
Verheerung verbreitet und kein anders Recht kennt, als das der

Wenn nun, um aus dem Gesagten den Schluß zu ziehen, zwischen Stolberg und Voß wahre dauernde Freundschaft geradezu unmöglich war, wie ist es zu erklären, daß sie selbst einer so schweren Täuschung sich hingeben konnten?

Die Antwort finden wir bei Goethe. „In der damaligen Zeit," sagt er, „hatte man sich ziemlich wunderliche Begriffe von Freundschaft und Liebe gemacht. Eigentlich war es eine lebhafte Jugend, die sich gegeneinander aufknöpfte und ein talentvolles, aber ungebildetes Innere hervorkehrte. Einen solchen Bezug gegeneinander, der freilich wie Vertrauen aussah,

---

Macht und des Schwertes" (Janssen II, S. 230). — Nach der Schlacht bei Jena fühlte er „alle seine irdischen Wünsche wie Schmetterlinge niedergeschmettert" (Janssen II, 271). Kaum einer in Deutschland litt so sehr in seinem innersten Herzen mit dem geknechteten Vaterlande, wie er (vgl. seine ergreifenden „Briefe aus der Zeit der Knechtschaft" bei Janssen II, S. 230—298). Mit hellem Jubel griff daher der Hochbetagte in die Saiten, als endlich der Tag der Freiheit für Deutschland anbrach, und „mit neuem dichterischen Jugendfeuer" (seine eigenen Worte, Janssen II, S. 301) schuf er Vaterlandsgesänge, welche zu dem Schönsten gehören, was deutsche Begeisterung damals hervorgebracht hat („Vaterländische Gedichte von Christian und Friedrich Leopold Grafen zu Stolberg." Hamburg 1815. Bekannt sind des letzteren Oden: „Napoleon", „Die Grenze", „Blücher", „Das befreite Deutschland", „Deutschlands Beruf" u. a.). Aber nicht genügte es ihm, die Gaben der Muse auf den Altar des Vaterlandes zu legen; vier Söhne und zwei Schwiegersöhne sandte er in den heiligen Krieg. Und als sein Sohn Christian am 16. Juni 1815 in der Schlacht bei Ligny den Heldentod gestorben war, da pries er Gott, daß er ihn „im heiligen Kampfe für das Vaterland und für seine Sache zu sich genommen" habe (Janssen II, S. 381 f). So war an seinem Sohne in Erfüllung gegangen, was er selbst als Jüngling so oft sich ersehnt hatte.

hielt man für Liebe, für wahrhafte Neigung."[1] Ein derar-
tiger „höchst loser Bezug" bestand nun, wie er an einer andern
Stelle[2]) mit Recht bemerkt, zwischen Stolberg und Voß. „Eine
gewisse jugendliche liberale Gutmütigkeit, bei obwaltender
ästhetischer Tendenz, versammelt sie, ohne sie zu vereinigen; denn
was will ein bißchen Meinen und Dichten gegen angeborene
Eigenheiten, Lebenswege und Zustände!" Indem man sich aber
einmal „in ersten hoffnungsreich sich entwickelnden Tagen einer
solchen Verbindung hingiebt, geschieht es ganz unbedingt; an
einen Zwiespalt ist jetzt und in alle Ewigkeit nicht zu denken.
Dieses erste Hingeben steht viel höher, als das von leidenschaftlich
Liebenden am Altare ausgesprochene Bündnis: denn es ist ganz
rein." Zudem war damals mit der empfindsamen Werther- und
Siegwartperiode zugleich die Zeit des überschwenglichsten Freund-
schaftskultus angebrochen. Auch in dem Verhältnisse zwischen
Stolberg und Voß tritt anfänglich eine Überschwenglichkeit zum
Vorschein, welche bei der nüchternen Natur des letzteren auf
das höchste befremdet. Aber in jenen Jahren hat selbst er dem
Geiste der Zeit seinen Tribut gezollt.

Seltsamer allerdings möchte es erscheinen, daß Stolberg und
Voß, auch nachdem sie erkannt haben mußten, wie sehr ihrem
Verhältnis die einzige „Basis der Freundschaft unter Män-
nern," nämlich[3]) „gleiche Denkart in den wichtigsten Dingen ...

---

[1]) „Ich," fährt Goethe fort, „betrog mich darin so gut wie
die andern, und habe daran viele Jahre auf mehr als eine Weise
gelitten." Aus meinem Leben. IV, 18.

[2]) „Annalen oder Tag- und Jahreshefte." Zum Jahre 1820.

[3]) Definition Stolbergs seinem ehemaligen Freunde v. Halem
gegenüber, dem er „durch die Totalverschiedenheit der Denk-

in Verbindung mit dem ernsten Bestreben, dieser Denkart gemäß
zu wirken," fehlte, und „der jugendlichen Erwartung, den an=
dern zur seinigen herumzubringen, entsagt" hatten, trotzdem
so lange noch „sich", mit Goethe[1]) zu reden, „an elastischen
Banden hin und wieder zerren" konnten. „Die Möglichkeit,"
so antwortet er selbst, „daß eine solche Quälerei so lange ge=
duldet, eine solche Verzweiflung perennierend werden konnte, ist
nicht jedem erklärbar; ich aber bin fest überzeugt, daß die
liebenswürdig vermittelnde Einwirkung der Gräfin Agnes
dieses Wunder geleistet" [2]).

Es unterliegt in der That keinem Zweifel, daß dem be=
zaubernden Einfluß der lieblichen Agnes nicht nur auf den
Gatten, sondern auch auf Voß die lange Dauer des Verhält=
nisses zum größten Teile zuzuschreiben ist [3]). Selbst als die
„Engelseele" [4]) der Erde entschwebt war, hielten die gemeinsamen
„Agnes=Empfindungen" [5]) und Erinnerungen an die „Agnes=
Tage" [6]) noch geraume Zeit eine gewisse Freundschaft aufrecht.

Auf der andern Seite hat sicherlich auch Ernestine Voß[7])

---

art" entfremdet worden war (v. Halems Selbstbiographie. Briefe
S. 212). Vgl. unten S. 458.

[1]) „Annalen" a. o. O.

[2]) Siehe die Fortsetzung dieser Stelle unten S. 404 f.

[3]) Beweise dafür werden uns noch öfters entgegentreten.

[4]) „Bestätigung" S. 182.

[5]) Ebenda S. 183. — [6]) Ebenda S. 189.

[7]) Marie Christine Ernestine Voß geb. Boie (geb. am 31.
Jan. 1756 zu Meldorf, seit dem 15. Juli 1771 in glücklichster
Ehe mit Voß vermählt, gest. am 10. März 1834 zu Heidelberg)
wird uns noch öfter begegnen. Mit vollem Rechte nennt Stol=
berg sie noch in der „Abfertigung" eine „von Natur edle, reine,
liebevolle Seele" (S. 18), eine „rein und zart empfindende Frau"

wiederholt den Friedensengel gespielt. Ihre überlegene Besonnenheit und Zartheit hatte ja öfters die nicht immer leichte Pflicht zu erfüllen, die Seltsamkeiten und Schroffheiten des reizbaren Gatten andern gegenüber zu zügeln und zu mildern, oder doch nachträglich zu entschuldigen[1]). Und wem gegenüber hätte sie das lieber gethan, als Stolberg, den sie noch in ihrem rührenden Abschiedsbriefe der innigsten Anhänglichkeit versichert[2])!

Zu vergessen ist ferner nicht die bereits von Lavater hervorgehobene „unaussprechliche Bonhommie" Stolbergs. Gerade er vermied es, soweit es ihm eben möglich war, auf das peinlichste, die Gegensätze hervorzukehren, und bei allen Reibungen und Zwisten war er trotz anfänglichen Aufbrausens doch fast stets der nachgebende, einlenkende Teil[3]).

(S. 29); wenn er hier hinzufügt, „wenn nicht [von Voß] mißleitet," so hat er allerdings insofern recht, als sie allmählich „in ganz eigener Assimilation mehr und mehr Züge ihres Gatten annahm, sich an ihm und durch ihn bis zu wunderbarer Gleichartigkeit bildete, — ein Echo seiner Gedanken, Grundsätze, Stimmungen" (Herbst I, S. 131). Auch Stolberg gegenüber tritt das zum Vorschein (vgl. unten S. 496). Von ihrem innigen Verhältnis zur Gräfin Agnes zeugen die Briefe der letzteren. Die Gräfin Sophie Stolberg schreibt am 10. März 1793 an ihre Schwägerin Gräfin Luise Stolberg: „Die Voß ist eine der besten Frauen, die ich kenne und wird mir als Hausmutter jedesmal daß ich sie sehe, ehrwürdiger" (Janssen I, S. 316).

[1]) Vgl. Herbst II, 1, S. 15.

[2]) Siehe unten S. 495 f. — „Stolberg gehört zu denen, die man immer lieber gewinnt," hatte sie am 9. Febr. 1785 an ihren Bruder Rudolf geschrieben (vgl. unten S. 402).

[3]) So noch im Herbst 1798, vgl. unten S. 492. — Voß selbst höhnt in dem Briefe vom 22. Aug. 1796 an Gleim, daß Stolberg „immer nach einem Strauße sehr weichherzig

Endlich verhinderte auch noch der Umstand einen früheren Bruch, daß sie örtlich meist voneinander getrennt waren[1]). Das erste Zusammenleben zu Eutin dauerte nur von Mitte Oktober 1782[2]) bis gegen Juni 1783[3]), und selbst da verbrachte Stolberg den Winter teils auf Borstel, teils auf Tremsbüttel[4]). In jenen Eutiner Tagen aber waren es eben Agnes und Ernestine, welche nach Vossens Worten „den Göttingischen Bund neu knüpften und mit Blumen der Grazien verschönerten"[5]). Die örtliche Trennung währte sodann, abgesehen von mehr oder minder kurzen Besuchen, bis zur Rückkehr Stolbergs aus Italien, Januar 1792[6]). Mit diesem zweiten Zusammenleben begann aber auch für die ohnehin schon stark erschütterte Freundschaft[7]) die Zeit der schmerzlichsten Kämpfe, welche auch ohne die Konversion Stolbergs zum Bruche würden geführt haben.

---

ward" (Voß' Briefe II, S. 327). Freilich schreibt er in der „Bestätigung" (S. 195): „Unmöglich vergaß Stolberg, wer von uns beiden seit 1786 so oft, so ungereizt und so herbe beleidigte, und wer dem Reuigen stets willig die Hand zur Versöhnung bot; auch die linke nach dem Todesschlummer, da die rechte noch gelähmt war." Eine seltsame Verkennung der Thatsachen, wie wir sehen werden (vgl. besonders S. 489).

[1]) Mit Recht bemerkt Goethe in den „Annalen" a. o. O: „Hätten sie sich . . von der Akademie nach Norden und Süden getrennt, so wäre ein gewisses Verhältnis in Briefen und Schriften noch allenfalls fortzuhalten gewesen."

[2]) Siehe unten S. 388. — [3]) S. 396. — [4]) S. 391.

[5]) „Bestätigung" S. 158 (siehe unten S. 391).

[6]) Siehe S. 483.

[7]) S. 484. — Vgl. Vossens drastisch=gefärbte Darstellung („Bestätigung" S. 189): „Sagt euch selbst, Leser, wie lange Stolbergs Freundschaft für Voß, die Blume der heitern

3.

Wir kehren nun zu den Göttinger Tagen zurück.

Seit dem 6. December 1772 hatten die Grafen Stolberg „Zutritt" zu den Versammlungen des Haines [1]). Das Verhältnis zwischen dem jüngern Brudern und Voß wurde immer wärmer. „Nicht darauf bin ich stolz," schreibt dieser [2]) am 14. December an Brückner, „daß ein Graf mich liebt, nein, darauf, daß ein Deutscher, ein Biedermann, ein Dichter, ein Freund Klopstocks, mein Herz wert achtet."

Auch die Grafen Stolberg fühlten sich ihrerseits zu den Jünglingen hingezogen, welche mit so lauterem Ernste den Musen huldigten; des gewaltigen Standesunterschiedes zwischen ihnen und den meist ärmlichen Verhältnissen entsprossenen Haingenossen achteten sie nicht, obwohl sogar noch in den Hörsälen Göttingens, der damals vornehmsten Universität, die gräflichen Studenten auf ihren „Grafenbänken" streng gesondert saßen von den bürgerlichen Kommilitonen, und in allen Einladungen zu den akademischen Festlichkeiten die comites illustrissimi, die barones nobilesque illustres generosissimi von den einfachen cives streng geschieden wurden [3]). Während sogar Karl Friedrich Cramer

_____

Agnestage, geblühet habe. Früh verwelkt durch unmilde Lüftchen der Eigensucht neigte sie sich in den dumpfbrütenden Nebeln Berlins und Emkendorfs, ward im Münsterschen Qualme welk, und kam aus Italiens und Wiens Stickluft völlig verdorrt, nur noch vorige Gestalt und Farbe zeigend, wie ein getrockneter Amarant."

[1]) „Bestätigung" S. 135. — [2]) Ebenda.
[3]) Vgl. Herbst I, 100 f. — Anderseits ist wohl zu beachten, daß bereits der Vorabend der französischen Revolution angebrochen war.

sich anfänglich für zu vornehm dünkte, dem Dichterbunde bei=
zutreten[1]), schreibt Friedrich Leopold ein Jahr nach seinem Bei=
tritt in seiner bescheidenen Weise an Voß: „Gott, wie brannte
mir das Herz vor Verlangen, eh' ich aufgenommen ward! Aber
ich hätte noch das Herz nicht gehabt, um die Aufnahme zu
bitten, wenn ihr, meine Brüder, mir nicht zuvorgekommen
wäret!"[2])

Am Sonnabend, dem 19. December, wurden die Grafen nebst
Clauswitz auf Vossens bescheidenem Stübchen aufgenommen.[3])
„O, das sind ganz vortreffliche Leute!" schreibt dieser wieder
an Brückner. „So voller Feuer, Tugend und Deutschland,
daß Eifersucht bei einem entsteht. Ich habe ihnen deinen Brief
gezeigt, und mit der größten Freundschaft umarmen sie ihren
Bundesbruder."[4])

Ihr Eintritt war für den Bund kein geringer Gewinn.
Denn abgesehen von dem Ansehen, welches ihm äußerlich der
Glanz ihres Namens verlieh[5]), überragten sie alle Genossen
weit an dichterischer Kraft. Ihr größtes Verdienst aber war,
daß sie seine heißersehnte Verbindung mit dem schwärmerisch ver=
ehrten. Altmeister Klopstock vermittelten.[6])

---

[1]) Vgl. unten S. 312 f. — [2]) S. 5.
[3]) Bestätigung S. 135. — [4]) Voß' Briefe I, S. 123.
[5]) Voß selbst spricht (Hölty=Ausgabe 1802 S. XXXI) von
dem Aufsehen, welches es in Göttingen erregt habe, daß „Grafen,
welche griechisch lernten und Oden dichteten" mit den Hain=
genossen Umgang pflegten.
[6]) „Die Grafen haben Klopstock etwas von uns geschrieben,
und uns zu erfreuen, hat Kl. seinem Buchhändler geschrieben,
uns die Bogen seiner neuen Gesänge des Messias gleich nach
dem Drucke zu schicken," schrieb Voß am 24. Febr. 1773 an
Brückner (Briefe I, S. 124). Vgl. unten S. 307 f. 310. 319. 321.

Das persönliche Verhältnis der Grafen und insbesondere Friedrich Leopolds zu den Bundesbrüdern war ein herzliches. Wie die andern Genossen, unterwarfen auch sie, nach dem Geständnisse Vossens, ihre Gedichte der „scharfen Zucht" des Bundes und „empfingen mit Bescheidenheit und herzlichem Dank."[1])

Allerdings will Voß, wie er wenigstens später in der „Bestätigung"[2]) behauptet, „leise Spuren von Gräflichkeit" wahrgenommen haben. „Nie," so berichtet er, „war bei den Stolbergen Bundesversammlung, nur einmal Thee; nie begleiteten sie uns über Feld, auch nicht zur Bundeseiche; selten besuchten sie einzelne, den unscheinbaren Hölty niemal, und wurden von uns nicht besucht; ein trauliches Du wechselten sie nur mit den Grafen Reventlow und dem Baron Haugwitz[3]), die sie uns zuführten, und mit Cramer, dem Jugendfreund: wodurch der brüderlich lebhafte Ton unserer Versammlung oft in Stocken geriet. Unser Verkehr mit den Stolbergen bis zu ihrem Abgang am 12. Sept. 1773 begriff etwa vierzig Zusammenkünfte, die noch durch Reisen und Spazierritte verkürzt wurden." Indessen mochten auch immerhin die socialen Schranken sich zuweilen bemerkbar machen, alle gleichzeitigen Zeugnisse bekunden, daß die gräflichen Brüder über jeden „kleinen Stolz," um Vossens eigene Worte[4]) zu gebrauchen, erhaben waren, wie ja auch schon Lavater an Friedrich Leopold das „gänzliche Nichtgefühl des äußeren Adels" hervorgehoben hatte.

In wie hohem Grade die beiden Grafen in der That die

---

[1]) „Bestätigung" S. 136. — [2]) S. 185 f.
[3]) Siehe unten S. 335 f. — [4]) oben S. XVIII.

Herzen ihrer Bundesbrüder gewonnen hatten [1]), ersieht man besonders aus jener berühmten Abschiedsscene, die sich bei ihrem Scheiden von Göttingen abspielte. Voß selbst berichtet darüber in dem bekannten Briefe vom 18. Sept. 1773 an seine spätere Gemahlin, Ernestine Boie, wie folgt: [2])

„Der zwölfte September wird mir auch noch oft Thränen kosten. Er war der Trennungstag von den Grafen Stolberg und ihrem vortrefflichen Hofmeister Clauswitz. Den Sonnabend waren wir bei Ihrem Bruder [Heinrich Christian] versammelt. [3]) Esmarch [4]) und Closen waren dabei. Der ganze Nachmittag und der Abend waren noch so ziemlich heiter, bisweilen etwas stiller als gewöhnlich; einigen sah man geheime Thränen des Herzens an. Dies sind die bittersten, Ernestinchen; bitterer als die über die Wange strömen. Des jüngsten Grafen Gesicht war fürchterlich. Er wollte heiter sein, und jede Miene, jeder Ausdruck war Melancholie. Wir sprachen indes noch vieles von unserm künftigen Briefwechsel, von jedes vermutlicher Bestimmung, von Mitteln, wie wir einmal wieder zusammenkommen könnten, und dergleichen bittersüße Gespräche mehr. Unser Trost war noch immer der folgende Abend; aber bloß die

---

[1]) Vgl. u. a. die Worte Hahns, unten S. 327 und Höltys, unten S. 340.

[2]) Voß' Briefe I, S. 221 ff.

[3]) Cramer las hier seine Elegie vor: „Beym Abschiede von C. und F. L. Gr. zu St." (nach dem Sonderdruck wiederholt im „Wandsbecker Bothen" 1773 Nr. 158.)

[4]) Die Haingenossen Christian Hieronymus Esmarch (1752—1820), Closen (vgl. unten S. 341), Johann Martin Miller (1750—1814, der ältere genannt im Gegensatz zu seinem Vetter Gottlob Dietrich Miller, 1753—c. 1808), Johann Friedrich Hahn (c. 1753—1779) werden uns noch öfter begegnen.

Nacht blieb ihnen [1]) und uns übrig. Wir waren schon um 10 Uhr auf meiner Stube versammelt und warteten. Ich wurde genötigt, auf dem Klavier zu spielen. Vielleicht verschaffte die Musik den andern einige Linderung, mir selbst, der jeden schmelzenden Affekt ganz annehmen mußte, um ihn wieder aus= zudrücken, schlug sie nur tiefere Wunden. Es war schon Mit= ternacht, als die Stolberge kamen. Aber die schrecklichen drei Stunden, die wir noch in der Nacht zusammen waren, wer kann die beschreiben? Jeder wollte den andern aufheitern, und daraus entstand eine solche Mischung von Trauer und ver= stellter Freude, die dem Unsinn nahe kam. Der älteste Miller und Hahn (von mir weiß ich's nicht) fanden in jedem Worte etwas Komisches, man lachte, und die Thräne stand im Auge. Wir hatten Punsch machen lassen, denn die Nacht war kalt. Jetzt wollten wir durch Gesang die Traurigkeit zerstreun; wir wählten Millers Abschiedslied [2]) auf Esmarchs Abreise, das wir auf die Grafen verändert hatten. Ihr Bruder konnt's nicht aushalten, und ging unter dem Vorwande von Kopfweh zu Bette, hat auch nachher nicht Abschied genommen. Hier war nun alle Verstellung, alles Zurückhalten vergebens; die Thrä= nen strömten, und die Stimmen blieben nach und nach aus. Millers deutsches Trinklied [3]) machte uns darauf ein wenig

---

[1]) Sie waren bei dem Buchhändler Dieterich (vgl. S. 330. 334) eingeladen gewesen.

[2]) J. M. Millers „Abschiedslied. An Esmarch. 1773" („Traurig sehen wir uns an, Achten nicht des Weines") erschien im Musen= alm. 1776 S. 18).

[3]) J. M. Millers „Deutsches Trinklied" („Auf, ihr meine deutschen Brüder! Feiern wollen wir die Nacht") erschien im Musenalm. 1774, S. 157.

ruhiger, und dann ward noch ein Trinklied[1]) von mir gesungen.
Das Gespräch fing wieder an. Wir fragten zehnmal gefragte
Dinge, wir schwuren uns ewige Freundschaft, umarmten uns,
gaben Aufträge an Klopstock. Jetzt schlug es 3 Uhr. Nun
wollten wir den Schmerz nicht länger verhalten, wir suchten
uns wehmütiger zu machen, und sangen von neuem das · Ab=
schiedslied, und sangen's mit Mühe zu Ende. Es ward ein
lautes Weinen —. Nach einer fürchterlichen Stille stand Claus=
witz auf: Nun, meine Kinder, es ist Zeit! — Ich flog auf
ihn zu, und weiß nicht mehr, was ich that. Miller riß den
Grafen ans Fenster und zeigte ihm einen Stern. — Ich kann
nicht mehr; die Thränen kommen von neuem. — Wie ich
Clauswitz losließ, waren die Grafen weg. Einige waren mit
ihnen die Treppe hinuntergelaufen. Sie hatten sich aber los=
gerissen. Wir blieben auf meiner Stube. Es war die schreck=
·lichste Nacht, die ich erlebt habe. Den Vormittag schliefen wir,
ich sehr unruhig. Den Nachmittag waren wir auf Esmarchs
Garten und spielten Kegel. Jedem standen noch Thränen im
Auge. Die ganze Woche sind wir melancholisch . . . Ach, der
Tod einer Schwester kann nicht trauriger sein, als der Abschied
von Freunden, die man vielleicht nicht ·wiedersieht." [2])

Die Scheidenden begaben sich nach Altona, wo sich ihre
Mutter nach der am 9. Sept. 1770 erfolgten Entlassung des
Grafen J. H. E. von Bernstorff[3]) aus dem dänischen Staats=

---

[1]) „Trinklied", Musenalm. 1774, S. 116, bei Sauer S. 280.
[2]) Vgl. über Bossens „Elegie am Abend nach der zwölften Sep=
tembernacht" unten S. 4 und 310 f. — In den Romanen
Millers ist diese Abschiedscene wiederholt kopiert worden.
[3]) Vgl. unten S. 310.

dienste und seiner, sowie seines Neffen A. P. Bernstorff[1]) und Klopstocks Übersiedelung nach Hamburg, niedergelassen hatte.

4.

Die ersten Briefe Stolbergs atmen die ganze thränenvolle Empfindsamkeit des Abschiedsabends, und auch noch manche der späteren sind von den zärtlichsten Herzensergießungen geradezu gesättigt. Aber auch das entsprach der ganzen Zeit, deren Sentimentalität ja nirgends mehr zur Erscheinung gelangt, als gerade in den zahllosen uns erhaltenen Freundesbriefen, von denen viele die Stolbergschen noch weit an Überschwenglichkeit überbieten. „Die empfindungsvolle Sprache," bemerkt Georg Steinhausen in seiner „Geschichte des deutschen Briefes"[2]) mit Recht, „war nun einmal Mode. Man gefiel sich darin. Vieles war Phrase, der freundschaftliche Kuß wie die Thränen aus Rührung, und vieles war rhetorisch, wie die Ausrufe und die Fragen. Die Überschwenglichkeit birgt nun einmal die Unnatürlichkeit in sich." Mochte Stolberg persönlich noch so sehr von der Wahrheit der in den Briefen an Voß ausgesprochenen Empfindungen überzeugt sein: er irrte sich hierin, wie in dem ganzen Verhältnisse. Überaus lehrreich in dieser Beziehung ist ein Vergleich seiner Briefe an Voß mit denen an seine Geschwister, die beiden Gattinnen, die Reventlow, Schimmelmann 2c. Wie ungleich wahrer und tiefer sind die Empfindungen, welche hier so ungekünstelt zum Ausdruck gelangen! Wie ganz anders enthüllt er hier seine innersten Gedanken über die höchsten Fragen der Menschheit, als Voß

---

[1]) Vgl. unten S. 310.
[2]) II, S. 290.

gegenüber, von dem er sich in denselben immer mehr durch eine unüberbrückbare Kluft geschieden fühlte. [1)]

Überraschen könnte ferner die große Zahl der vorliegenden Briefe. Aber in jener schreibseligen Zeit, wo „ein Drittteil des Lebens mit Briefschreiben verging" [2)], „lagen" gerade auch die Geschwister Stolberg „am Briefschreiben recht krank darnieder," wie Altmeister Klopstock spottete [3)], der, selbst eine Ausnahme bildend, „nichts so sehr haßte, als das Briefschreiben" [4)]. Auch für Friedrich Leopold war, wie für so viele seiner Zeitgenossen [5)],

---

[1)] Deshalb hat Voß in gewissem Sinne Recht, wenn er behauptet, Stolberg habe „von jeher" ihm gegenüber „in seinem Herzen ein geheimes Verschloß" gehabt (Sophronizon S. 14) und sei nach dem 4. August 1789 (vgl. unten S. 465) gegen ihn „immer verschlossener" geworden („Bestätigung" S. 11).

[2)] R. Haym, Wilhelm von Humboldt, Lebensbild und Charakteristik (Berlin, 1856) S. 15. — Vgl. Steinhausen II, S. 302 ff.

[3)] K. F. Cramer, Klopstock. (In Fragmenten aus Briefen von Tellow an Elisa) Hamburg 1777. S. 54 — „Die Materie des Briefschreibens," heißt es hier ferner, „ist eine der gewöhnlichsten seines [Klopstocks] Scherzes. Besonders müssen die Stolberge viel drüber herhalten. Das Briefschreiben ist der ganzen Familie wie angebohren, besonders aber dem ältesten, und Augusta. Feder und Dinte! ist das erste, wornach der ruft, sobald er in ein Wirthshaus tritt. Zuhause, auf Reisen, wo es auch sey! Schreib ihnen, und du hast den ersten Posttag Antwort. Augusta — von Morgen bis in Abend laufen die Depeschen bey ihr ein, wie bey einem Staatsminister, und werden sorgfältiger abgefertigt, als in einer Canzelley."

[4)] Ebenda S. 53. Vgl. unten S. 314. — Auch Voß litt später so sehr an „Briefscheu" (A. Eschen, Briefe v. J. H. Voß, Archiv f. Litt.-Gesch. 1887, S. 372), daß Frau Ernestine fast die ganze Korrespondenz für ihn führen mußte.

[5)] Vgl. Steinhausen II, S. 307 ff.

häufiger Briefwechsel wahrhaftes Lebensbedürfnis. Übrigens hat er mit Voß bei weitem nicht soviele Briefe gewechselt, wie etwa mit seinen Geschwistern oder auch anderen Freunden.

Was endlich das Äußere der vorliegenden Briefe betrifft, so können wir uns hier damit begnügen, auf die genauen einschlägigen Ausführungen Steinhausens [1]) über die Briefe jener Zeit zu verweisen. Datierung, Anrede, Unterschrift sind zudem bei jedem Briefe in genauer Übereinstimmung mit dem Originale wiedergegeben [2]), während die Angabe über die Adresse in den seltenen Fällen, wo sie noch vorhanden ist, in den Anmerkungen folgt.

---

[1]) II, S. 338 ff. Wenn es hier übrigens heißt: „Das Format war in der Regel Quart," so stimmt das bei den vorliegenden Briefen, soweit sie in der Münchener Sammlung enthalten sind, insofern nicht, als etwas über zwei Fünftel derselben in 8° geschrieben sind, und zwar ohne daß sich dabei ein Unterschied der Jahre bemerkbar machte.

[2]) Vgl. übrigens oben S. VI, 2).

1.

Wenn ich euch meine Geliebtesten edelsten Freunde schreiben wolte was ich beym Abschiede empfand u: was ich nun in der Trennung empfinde, so würde mein Brief eine lange Klage sein. Nur etwas davon muß ich sagen, mein Herz ist zu voll. Ohngefehr $\frac{3}{4}$ tel Stunden blieb ich nach dem traurigen Augenblicke ungestört. Abwechselnd weinte ich und war Thränenlos. Das erste wenn ich mir die genoßene Glückseeligkeit vorstellte, das lezte wenn ich mich dem Gedanken überließ: Hin ist hin! Aber auch in der tiefsten Traurigkeit rief mir mein Herz oft den Trost zu: Der Bund ist ewig! Er und die Hoffnung des Wiedersehens sind allein vermögend mich zu trösten. Wiedersehen werde ich, will ich, muß ich einen jeden unter euch. Solte ich Euch alle vereint wiedersehen, solte ich einem Landtage des Bundes noch beywohnen können, o dann würde der Wunsch meines Herzens ganz erfüllt!

Vater Klopstock haben wir einen ganzen Vormittag gesprochen. Euch nennt er immer seine lieben Freunde. Wir machten ihm Hoffnung zu der Bundes=Wallfahrt, mit einem frohen Lächeln sagte er: Das wäre charmant! Er verfolgte diesen Gedanken u: sagte weiter: da sie zusammen reisen würde ihnen die Reise desto angenehmer sein. Das sagte er mit einer Miene in welcher ich den Wunsch- Euch zu sehen laß. O meine Liebsten! solte ich Euch so bald wiedersehen? Ich will nichts von mir u: meinem Bruder sagen, aber was will jede Schwierigkeit gegen den Gedanken sagen: Klopstock ist der Zweck der Wallfahrt!

Er entschuldigte sich nicht geschrieben zu haben, er hätte immer schreiben wollen. Ich sagte ihm wir hätten gefürchtet er hätte uns mißverstanden, unsere Meynung sey keine specielle Kritik jedes Stückes gewesen, er hätte nur im ganzen urtheilen sollen. Um vom gantzen zu urtheilen, sagte er muß ich Stück für Stück untersuchen. Nach Eurem Verlangen that ich in Eurem Namen die Bitte an ihn über jeden gleich das Urtheil, ob viel von ihm zu erwarten sey? zu fällen. Jeder, sagte er, ist gut, und wird gewiß sehr gut werden, aber keinem will ich seinen dichterischen Charakter sagen biß ich die Stücke des schwarzen Buchs geprüft, sorgfältiger geprüft habe. Ohne unsere Bitte sagt er er wolte zum Bunde eine Vorrede machen. Ungern, sagte er, würde ich sonst jede andere Vorrede machen, Ich gebe mir nicht gern ein wichtiges Ansehen, aber diese Vorrede würde ich so einzurichten suchen daß mich niemand würde eines gegebnen Ansehens beschuldigen können. Ist dieses Anerbieten nicht göttlich? Muß es aber nicht auch die Herausgabe des Bundes beschleunigen?

Neulich, sagte er, sind Epigramme aus Göttingen hergeschickt worden, man sagte sie wären von Kästner, aber ich erkante nicht Kästners Ton, auch kam es mir nicht warscheinlich vor daß Kästner bloß um Wieland zu kränken mich solte so erhoben haben. Wir sagten

ihm von wem sie wären. Er freute sich. Sie sind
sehr gut! sagte er, aber einige zu bitter. Dein Lied
ist Morgenthau hatte er auch mit der Ueberschrift: An
Jakobi, gelesen. Dieses, das lange Da steht er hoch —
u: Die Muse Sions stieß ihn aus — haben ihm am
besten gefallen.

Wir sagten ihm, mein Liebster Hahn! Sie verwür=
fen ihre Stücke welche er gesehen hätte, u: nach Anhö=
rung Ihrer Gründe sagte er: Hahn geht viel zu weit,
er ist ungerecht gegen sich, die Sehnsucht besonders ist
ein sehr braves Stück. Er ist sehr begierig, die Ode
an die Könige zu sehen.

Er wolte die Aenderungen im Horaz hören. Ich
muste ihm den Horaz nach der neuen Lesart langsam
vorsagen, er laß im schwarzen Buch die alte. Da wir
zu der Stelle kamen wo er sonst über Heermann erho=
ben ward, sagte ich ihm ganz naiv es schiene mir
nicht erlaubt, u: der Sprache dieses Stücks zuwieder zu
sein, jemanden, selbst ihn, über Hermann zu setzen. Er
gab mir ganz recht, aber das Herz schlug mir laut.

Ich sagte ihm mein Frauenlob. Er billigte sänf=
tigt, tabelte streut statt bestreut.

Da wir ihm dankten daß er die Weissagung in dem
M. A. drucken liesse, sagte er: Es war ehedem nicht
meine Absicht, nun mag es geschehen weil sie es so
wollen. Mancher Klügling, fuhr er fort, wird sagen,
was meint der Mann? will er in seiner Ode ein neues
jus naturae ankündigen?

Lebet wohl Lieben Männer u: Brüder. Mit der
feurigsten Freundschaft, mit der zärtlichsten Sehnsucht
küsse ich jeden insbesondere in Gedanken. Soll ich noch
einige unter Euch hier an mein Herz drücken? In 14
Tagen bin ich entweder nicht mehr hier oder im Begrif

1*

zu reisen, denn meine Mutter ist entschlossen mit uns zu gehen. Was ihr thut das thut bald!

   Friedrich Leopold Stolberg.

Am linken Rand der vierten Seite:

Dieser Brief wird alt ehe ihr ihn bekomt. Ich muste ihn heute schreiben, ob er gleich erst übermorgen weggeht, weil wir morgen früh auf einige Tage eine kleine Reise zu einer Tante machen.

2.

     Kopenhagen d: 16ten Nov. 1773.

Wie hat mich Ihre Elegie mit den zärtlichsten wehmüthigsten Empfindungen des Schmerzes u: der Dankbarkeit, und der weinenden Freude durchdrungen! O mein Voß! mein Voß! ich empfinde zu viel, ich kann es nicht aussprechen wie lieb mir diese Elegie ist. Welche Thränen hat sie mich vergiessen machen! Welche Thränen wird sie mich noch vergießen machen! Wie lebhaft hat sie mich in die Empfindungen der 12ten SeptemberNacht zurückgebracht, aufs neue nehmlich und noch lebhafter, denn verlassen hatten diese Empfindungen mich nicht einen Tag. Kein Tag, seit unserer Trennung, ist vorbeygegangen da nicht mein Herz geweint hätte, und oft auch das Auge. Ach die Minute wie

  — Dein Stolberg Dir um den Hals fiel —

o mein Voß! die ist mir ewig unvergeßlich! und wie Miller mir den Mond zeigte, und — aber warum wiederhohle ich alles? Lassen Sie mich nur an die Empfindungen der Hermanns-Nacht Sie einen Augenblick erinnern. Es ist Tröstung drin! Ich lasse mir's nicht ausreden mein Voß daß. heilige Schauer uns umschauerten! Wer der Tugend schwört, der schwört Gott! wir waren heiß entbrant! Gott hatte sein Wohlgefallen an uns. Da zu hatte er uns zusammengebracht. Er mag uns wohl wieder zusammenführen, wo nicht zum mitein= ander leben, doch zum wiedersehen. Sie machen mich zu traurig wenn Sie diese Hofnung weggeben. Diese Hofnung labt meine Seele!

Ich glaube fast das Sie in der Elegie sich selbst wieder übertroffen haben. Vielleicht bin ich partheyisch, aber daß sie unaussprechlich schön ist, das empfinde ich als wahr, als gewiß wahr. Ihre Ode an Göthe gefällt mir auch außerordentlich, u: das Odarion ist allerliebst.

Wie freut es mich daß Sie Schönborn so haben kennen gelernt! Solten wir den nicht in den Bund kriegen können? Von keinem wünsche ich es so lebhaft. Denn wir alle kennen ihn persönlich; das blosse poetische Verdienst muß uns keinen aufnehmen machen. Das Herz eines Mannes muß man ganz kennen ehe er des Bundes werth gehalten wird. Hat Schönborn keine Lust zur Aufnahme gezeigt. Gott wie brannte mir das Herz vor Verlangen eh' ich aufgenommen ward. Aber ich hätte noch das Herz nicht gehabt um die Aufnahme zu bitten, wenn ihr meine Brüder! mir nicht zuvorge= kommen wäret! Von Bürgern wünsche ich daß er möge Lust bekommen, daß er ansuchen möge, daß er mit gan= zer Empfindung der Grösse unsers Bundes bitten möge aufgenommen zu werden, und daß er aufgenommen werde. Der Grund seines Herzens ist warlich sehr gut. Er hätte können verdorben werden, aber er wird immer besser, u: die Verbindung mit dem Bunde kann ihm sehr heilsam sein. Als Dichter ist er des Bundes werth. Er wird immer origineller.

Ift Berkhaufen in Göttingen? Cramer hätte aus
feiner Nafen=Gefahr in Caffel lernen follen wie gefähr=
lich denen kurzfichtigen der Umgang mit Adlern ift! Der
gute Cramer; ich liebe ihn fehr, aber für den Bund ift
er warlich zu klein! Nun er drinnen ift muß er frey=
lich wohl drinnen bleiben, aber er muß fich noch fehr
bilden um es zu verdienen der kleinfte fein zu dürfen.
Ich fchreibe nach der Empfindung meines Herzens.
Dafür foll Gott mich behüten daß ich meines Freundes
fpotten folte! Hölty's Wegreife betrübt mich fehr. Gott
fey mit ihm! Ich bin feinetwegen oft beforgt. Gott
wird fich feiner aber gewiß annehmen. Ich fürchte daß
ihm die Entfernung vom Bunde fchade. Ach und mir
wird fie fchaden! Ich fühle keinen dichterifchen Muth
mehr. Er wird gewiß kommen, aber auch als Dichter
habe ich durch die Abwefenheit des Bundes viel! viel!
viel verloren! Ich umarme fie millionen u: millionen mal.

F. L. Stolberg.

Am linken Rand der 4. Seite:

Küffen Sie meinen Lieben Hahn. Grüßen Sie
fchriftlich Hölty, an Miller fchliefe ich Brief ein.

2.

Kopenhagen d: 11. Dec. 1773.

Ich umarme Sie, mein Allerliebfter Voß! mit der
größten Zärtlichkeit für Ihren lieben Brief. Sie fagen
Sie hätten geweint, da Sie die Elegie machten, das fieht
man daß fie aus dem innerften des Herzens komt. O
wie lieb, wie unfchäzbar ift mir diefe Elegie! Von
Ihren andern gefchickten Stücken habe ich Ihnen noch

nichts geschrieben. Die Ode an Göthe gefällt mir vorzüglich. Ich bin kein Antischurkianer. Ich sehe zwar wohl das Nasengerümpf des Publici, aber das Publikum muß sich zu unserm Tone gewöhnen, ist er doch der Ton der Natur! Wir wollen dem vielöhrigten vielzüngigten Ungeheuer nicht opfern. Es erhebe sich bis zu uns! oder wir wollen lieber von niemand als Bundesbrüdern gelesen werden. Aber wir können uns vielmehr auf die Wagschale der Nachwelt verlassen. Die Nachwelt ist immer gerecht. An S e l m a gefällt mir sehr bis auf die lezte Strophe — s c h n e l l e B e r g e s s e n h e i t d e i n e r l e i c h t e r e n T r a c h t. Die Stelle verstehe ich nicht. Ein wenig dunkel scheint mir die ganze Ode. Das Odarion gefällt mir ganz. Es ist voller Gefühl, und sehr originell. Es bedarf aber einer Note, nicht jedermann kennt die Composition von Gluck. Klopstock, ich kann es mir selbst nicht verhehlen, Klopstock hat Unrecht Gluck nicht geschrieben zu haben. O des schnöden Schönborns daß er die FreiheitsOde nicht aufgeschrieben hat! wie wünschte ich daß er in dem Bunde wäre! Auch als philosophischer Kopf kann er dem Vaterlande nutzen, über Freiheit u: Geschmack in Prosa schreiben p. p. Und als Dichter wäre viel von ihm zu hoffen! Sonst wünsche ich keine Erweiterung des Bundes. Daß ich Brückner zum Kern des Bundes mitrechne sehen Sie aus meinem mitfolgenden Briefe an ihn. Dem Kerlchen in Hanover gehört ein Nasenschnipschen. Hinkend Ihre Ode an die Hh. Franzosen? Diese Ode gefällt mir immer besser, aber freylich aus eben denen Ursachen welche sie dem Publico anstößig machen. — Sie mustern also nun das alte B. Buch? O schonen sie meiner ja nicht! Doch Sie alle lieben mich zu sehr als daß Sie meiner schonen wollten. Ich

selbst bin nun auch zum feilen ganz untüchtig. Schwer=
lich werde ich diesen Winter etwas machen. Neulich
wolte ich die Ode über meinen seel: Vater feilen, aber
ich konnte nicht. Ich habe nie weniger poetische Fähig=
keit gehabt, aber mein Enthusiasmus nimt eher zu als
ab. Besonders der Enthusiasmuß für den Bund und
das Vaterland. Die Abwesenheit entflamt ihn nur.
Ich bin es ganz zufrieden eine Zeit lang nichts zu
machen. Solche Pausen geben oft einen neuen Schwung.
Dem Homer widme ich meine Morgenstunden, das
Griechische geht gut, Homer und diese Sprache werden
mir immer theurer — Gerstenberg glaubt (und
Schönborn sagt dasselbige) das hiesige Klima sey dem
Denken zuwieder, die Nation ist eine Menge lebendiger
Zeugen dieser Wahrheit.

Das fehlt nur noch daß man auch stumpf in diesem
Lande würde! Einigen Einfluß hat die Luft ganz gewiß.
Das beweisen die Griechen. Claudius Recension hab
ich nicht gelesen, ich kenne hier niemand der den W. B.
hätte. Seien Sie so gut mein Liebster mir die Recen=
sion zu schicken.

Hahn hat nicht geschrieben ob er sichs gleich vor=
genommen hatte. Der böse Hahn! Umarmen Sie ihn
und alle B. B. mit dem Kusse des Bundes. Ich bin
unaussprechlich neugierig Hahns Gesänge aus dem Her=
mann zu sehen. Und seine Ode an die Könige muß
ich haben, sie ist mir gar zu lieb.

Sein Vater muß auch ein braver Mann sein!

Sie fragen mich was ich als Däne thue. Als
Däne schmause ich viel u: spiele oft bis in die Nacht,
gehe nach Hofe u: beuge meinen freygebohrenen (nicht
freyen) Rücken. Ich wolte daß ich mehr Anlage zum
satyrischen Dichter hätte. Doch nein! für einen Juvenal

gehörten entartete Römer. Diese hatten noch immer
grosse Züge, aber der Dänen Hauptkarakter ist das
Kleine. Lassen Sie sich hiervon von Cramern erzählen.
An Cramern habe ich mit der heutigen fahrenden Post
ein Paquet geschickt, wo auch Briefe für den Bund in
sind. Bitten sie Cramer in meinem Namen mir von
der Aufführung des jungen Bernstorff zu schreiben.
Seltsames Zeug habe ich von ihm gehört. Eben sind
Briefe von Miller u: Hölty gekommen. Sagen Sie
ihnen beyden den zärtlichsten Dank. BundesBriefe machen
mir immer die gröste Freude. Grüßen Sie Bojen auch
sehr zärtlich von mir. Sie mein Liebster Voß! umarme
ich mit der ganzen Zärtlichkeit meines Herzens.

F. L. St.

Clauswitz umarmt Sie. Er ist bey meiner Mutter.
Von meiner Mutter Befinden möchte ich Ihnen lieber
nichts sagen. Sie ist äusserst schwach, und wir erwarten
nun ihr nahes Ende. Wie viel wir leiden, das kann
nicht beschrieben werden. Ach wenn Sie die Mutter
kennten! Mein Schmerz erlaubt mir nicht mehr zu
sagen. —

4.

Kop: d: 18ten Jan: 1774.

Ein süsser Tag würde mir der 29ste Xbr. gewesen
sein hätte ich gewust, daß es der JonathansTag wäre
und daß Sie, mein Voß! mir an diesem Tage einen
Brief schrieben, und darum weil es der JonathansTag
ist, schrieben! Ja mein theurer theurer Freund! wie
David und Jonathan sich liebten, liebe ich Sie und unsere Brüder, meine ganze Seele fühlt nichts so heftig

und ununterbrochen als diese Liebe, Sie ist meines Her=
zens Freude, Wehmuth, Stolz, Beschämung, sie ist fast
mein ganzes selbst.   Seitdem ich Euch BundesBrüder
kenne hat sich mein ganzes Dasein erweitert, verzeihen
Sie mir diesen methaphysischen Ausdruck!

Meine Seele stimmet darin ein was Sie von unserm
grossen furchtbaren Ziele sagen.   Von dem Ziele nach
weldem Homer u: Klopstock liefen.   Ja wehe uns wo
wir uns einen höheren Grad der Ewigkeit träumen als wir
ersingen werden.   Wehe uns wo ein Dichter Deutsch=
lands sich zwischen uns u: Klopstock einschiebt!   Wehe
uns wo wir sogar Klopstock oder Homer nach=
ahmen, sie sind unsere Vorläufer, nicht unsere Leh=
rer; Wir sind auch ächte Söhne der Natur und
schöpfen aus ihrer Fülle.   Wie heist der Mensch der
mich einen Zögling Klopstocks genannt hat? wie heist
der Esel?   Ich will selbst eben so gerne ein Esel, ein
Journaliste sein als der Zögling eines Menschen!   Der
BierSänger eines platten originellen Gassenliedchens
ist mir lieber als der Nachahmer, wenn er auch der
Liebling der Kunst wäre, der Kunst welcher man wohl
eine Wendung ablernen darf wie man sie einem Tanz=
meister ablernt, aber die niemals unsre kindliche Ehr=
furcht, unsre Kindliche Liebe verdient, welche der Natur
allein gehört.   Ich ereifre mich.   Mein Eifer komt
aus der Furcht so mancher Esel werde es in die Welt
hineinschreien daß wir Zöglinge Klopstocks sind, und dem
helfe Gott von welchem unser liebes denen Urtheilen
der Journalisten nacheselndes Vaterland eine Meinung
gefaßt hat.   In Deutschland fängt die Nachwelt welche
ofnes Auges urtheilt immer 4 generationen später
an als anderswo.   Der Uhrenkel wird noch so urtheilen
wie man nun von uns urtheilen wird!

Ich bin ganz warm geworden!

Selma verstehe ich nun ganz, ich küsse Sie für die 3 neuen Stücke. Von jedem will ich Ihnen en détail! sagen, was ich dabey fühle. Das Stück an die Boje liebe ich immer mehr je öfter ich es lese. Die Erfindung ist so schön! und so schön die Sprache! Ich bin ganz verliebt in das abendliche Espengrab! Da möchte ich einst mit allen B.Brüdern begraben seyn! Sie haben mich ganz vertraut gemacht mit dem Hosanna-Getön, u: gern folge ich Ihnen in die PalmenNacht am kryſtallenen Wasserfall! Und die Strophe: Deine Schwester im Arm p. p. o die ist vortreflich!

Und doch glaube ich würde mir die Ode an die Nachtigall noch besser gefallen als die an die Boje, wenn ich die 2te Strophe verstände. Ist die Gestalt eine Erscheinung? Lebt das Mädchen warum ist sie denn unsichtbar? Ist sie todt so hört sie des nahen Dichters Klage ohne daß der Seraph ihr erscheint, und so ist auch der Ausdruck, deucht mich, zu schwach die das Schicksal mir verbirgt. Die an Brückner ist mir noch dunkler. Was ich davon verstehe scheint mir sehr schön, aber als ein ganzes kann ich es nicht beurtheilen. Ich kann mir nicht vorstellen daß in der 3ten Strophe die Construction richtig ist Weß keuschen Jünglings Harfe den Wiederhall Du nächtlich einströmst; träumt wie auf fremden Stern. Die 4te Strophe muß sich auf eine Idylle beziehen welche ich nicht kenne. Die 3 lezten Zeilen der lezten Strophe verstehe ich auch nicht.

Nun mein Liebſter Voß glaube ich doch gewiß daß eine Ode sehr dunkel sein muß, wenn ich nach wiederholter Durchlesung derselben noch so wenig davon verstehe. Einige Leser würden vielleicht die Ode ganz u:

gleich verstehen, aber wie wenige? Lassen Sie es mich mit dem Freimuth sagen welchen ein Freund dem Freunde, ein Bruder dem Bruder schuldig ist, welchen Stolberg seinem Voß schuldig ist. — Sie wären nach meinem Gefühl ein vollkommener Dichter (u: warlich ein Stern der ersten Größe sind Sie schon!) aber noch vollkommener wären Sie wenn Sie deutlicher wären. Mich deucht ein Ode solte gleich das erste mal daß man sie liest ganz verstanden werden, denn es ist nicht gut das Gefühl der Ueberraschung vom Gefühle der ganzen Schönheit zu trennen. Ich liebe diejenigen von Klopstocks Oden am meisten welche am leichtesten sind. Ich glaube daß Kl. selbst nicht immer deutlich genug ist. Das Erhabne scheint mir in der simplen Sprache am erhabensten. Folgende 3 Verse scheinen mir erhabner als viele derer erhabensten Stellen Klopstocks. sie sind in der Odyssee. Homer sagt von den Riesen:

Οσσαν επ᾽ Ολυμπω μεμασαν θεμεν, αυταρ επ᾽ Οσση
Πηλιον εινοσιφυλλον ἱν᾽ ὀυρανος αμβατος ειη
Και ῥυ κεν εξετελεσσαν, ει ἡβης μετρον ἱκοντο.

Nichts was ich gelesen habe scheint mir so groß als diese Verse, selbst nichts in Klopstock.

Und ich gestehe daß ich glaube Homer übertreffe Kl. im erhabnen, Klopstock Homer aber im Schönen. Kein Leser klagt über Homers Dunkelheit, u: gleichwohl viele über Kl. Ich glaube nicht daß Kl. in dem Meß: jemals dunkel ist, aber könnte er vielleicht nicht zuweilen einfältiger sein?

Sie mein theuerster Voß werden mich, das weiß ich, in Gedanken für meinen Freimuth (doch es ist ja nur schuldige Aufrichtigkeit) umarmen. Vielleicht würden Sie mich wiederlegen wenn ich über diese Sache mit Ihnen ausreden könnte. Schreiben Sie mir weitläuftig über

sich, über Homer, über Klopstock — Ihre Ode an
Klopstock scheint mir auch darum so vollkommen weil sie
so deutlich ist. Eben überlese ich was ich geschrieben
habe. Ich habe das deutliche des Plans u: das simple
der Sprache unter einander geworren. Von beyden habe
ich sprechen wollen.

Von Brückner habe ich an den kleinen Miller geschrieben. Sagen Sie mir auch darüber Ihre Meinung.
Ich drücke Sie an mein Herz.

F. L. Stolberg.

5.

Kop: d: 29/t. März 1774.

Ihr froher, stolzer, schöner Brief ist gewiß in einer
Stunde der Begeisterung geschrieben worden, vielleicht
ist ihm eine Ode gefolgt. Und warlich die grossen Auf-
sichten unseres Bundes müssen entflammen man mag sie
besingen, oder davon schreiben. Unsrer eignen Grösse
und der Unsterblichkeit unsers Namens völlig überzeugt,
kann mein Herz sich damit noch nicht begnügen. Es
dürstet nach That, und That wird gewiß immer der
Hauptzweck des Bundes sein.

Die That des Urenkels, welchen wir zum natürlichen
Gefühle des Vaterlandes u: der Freiheit zurück werden
gebracht haben, diese That ist unsre That! Durch den
Hall unseres Liedes stürzen die Vesten der Tirannen.
Welche Wonne wird unser sein, mein Voß! wenn wir
vom Sternenhimmel unsere deutscheren Enkel die Freiheit
erfechten sehen! Und zur Belohnung unserer Lieder
werden wir die ganze Folge unserer Bemühungen, jedes
kleinste Geäder der kleinsten Folge übersehen. Und wenn
wir gar noch selbst handeln könnten! o mein Voß wenn

einer den andern mit blutigem Eichenlaube kränzen
könnte!

Miller wird Ihnen eine Ode von mir zeigen.
Sehr plötzlich kam mir die Idee dazu. Ich schlug
gleich meinen Xenophon zu, und that das Gelübde ihn
nicht anzusehen bis ich die Ode gemacht hätte. Kaum
war die erste Strophe fertig, so ward ich abgerufen u:
hatte den ganzen Tag keine Zeit. Den zweiten Tag fühlte
ich keine Begeisterung. Ich las einer meiner Schwestern
Brückners Brief, er entflammte mich, und gleich machte ich
weiter. Bedienen Sie sich ja des Rechtes, welches Sie über
alle meine Geburten haben.

Dem lieben Brückner werde ich bald sein trefliches
Schreiben beantworten. Es muß ein gar zu lieber
deutscher Mann sein. Ich erwarte mit Ungebuld Ihre
neue Ode. Böser Obotrite! warum haben Sie diese
nicht gleich mit geschickt?

Ueber das Erhabene was aus der Größe des Geistes entstehet, u: dasjenige was aus der körperlichen
Größe entstehet, denken Sie mit Klopstock ganz gleich.
Ich habe aus seinem Munde gehört, daß er keine Stelle
der Aeneis so liebt als diese Worte wo vom Turnus:

> Ille caput quassans: non me tua fervida terrent
> Dicta, ferox! Dî me terrent et Jupiter hostis!

Ich liebe die homerische Zeile Οσσαν επ' Ολυμπῳ
— darum so vorzüglich, weil mit der körperlichen Größe
die Größe des Geistes dieser kühnen Himmelsstürmer
verbunden ist. Die Stelle des Mess(ias):

> Aeusserliches Geräusch u: Lerm süßtönend dem Eitlen
> War nicht um den ewigen Sohn; war nicht um den Vater
> Als er vordem die kommenden Welten dem Unding entwinkte,

ist auch eine meiner Lieblingsstellen. Da wir einmal
von LieblingsStellen reden — Ich wüßte fast keine im

Meß: welche mir so lieb wäre als die vorlezten Zeilen des 10ten Gesanges:

Drauf (Gott Mitler erbarme dich unser!) es ist vollendet
Und er neigte sein Haupt u: starb —

Der französische Uebersetzer, der Franzose! hat hiebey nichts gedacht, u: die Parenthese ausgelassen.

Glücklicher Mann der Ostern Klopstock sieht! Wie gönne ich Ihnen dieses Glück! Wie wird auch er sich freuen!

O wie viel werden Sie vom Vaterlande, von der Freiheit sprechen! Ich möchte Sie schon in Hamburg wissen. O wie glücklich wäre ich wenn ich hinreisen könnte!

Klopstock wird Sie mit einigen braven Männern bekant machen. Meine Schwester müssen Sie kennen lernen, das gute Mädchen wird sich innig freuen Sie zu sehen. Sie hat mir schon davon geschrieben.

Ist bey Ihnen der Frühling auch so schön wie hier. Noch schöner muß er sein, wenn das Wetter so hell ist, denn Sie sind ja im Vaterlande! und der Sonne näher. Welche Frühlings=, welche Sommerfreuden harren Ihrer! Ich hoffe auch im Sommer mich zu freuen, ich werde den Sommer auf dem Lande in einer allerliebsten Gegend zubringen, ich will wenig lesen, die Iliade soll mich beschäftigen wenn ich in der Stube bin, und der göttlichen Natur will ich mich ganz hingeben. Homer verdient es auf dem Lande gelesen zu werden. Den Xenophon will ich auf den Winter versparen. Auch dem süssen Anacreon will ich einige Stunden der Woche weihen. Ueber Anacreon fällt mir Horaz ein. Wenn ich Ihnen wieder schreibe, so will ich mit Ihnen zanken.

Sie lieben Horaz nicht genug. Davon ein andermal
— ich küsse Sie millionen mal.

F. L. Stolberg.

Am linken Rand der 4. Seite:

Hier schliesse ich den Brief an Miller u: die Ode
ein. Eben besinne ich mich daß ich lieber die Briefe
an Miller adressire, vielleicht sind Sie auf der Reise
nach Hamburg.

6.

Lübeck d: 17ten May 1774.

Ach so bin ich nun aus Hamburg ohne meinen Voß
umarmt zu haben! Wie traurig macht mich dieser Gedanke! die Ursache warum ich Sie nicht gesehen noch
trauriger! Wie erschrack ich da mir Klopstock sagte
Sie hätten Blutspeyen gehabt! Ach mein Liebster Voß,
zwar schrieben Sie an Kl. Sie wären besser, u: Hahn
bestätigte dieses mündlich, aber ich kann nicht ruhig, ich
kann nicht ohne die gröste Sorge sein. Um Gottes
Willen schonen Sie nur recht Ihrer Gesundheit. Legen
Sie sich früh, hüten Sie sich für Erhitzung, lesen Sie
nicht zu viel, machen Sie sich nicht zu früh auf die
Reise. Sie sind es sich selbst, dem Bunde, Ihren Freunden, dem Vaterlande schuldig sich zu schonen.

Consultiren Sie ja Hensler in Altona u: Jänisch
in Hamburg. O mein bester, bey meiner Bruderliebe
für Sie beschwöre ich Sie, Ihre Gesundheit sich angelegen sein zu lassen! Besuchen Sie ja in Hamburg
meinen Freund, den Doctor Jacob Mumssen, er wohnt
in der A. B. C. Straße, nicht weit von Kl(opstock).
Er wird Ihnen etwas sagen, daß Sie interessiren wird,

welches ich aber dem Papier nicht anvertrauen darf.
Grüssen Sie ihn herzlich von mir, u: sagen Sie ich
hätte Sie an ihn gewiesen. Ich habe Hahn nur einen
Nachmittag allein gesehen, die übrige Zeit waren wir
immer in Gesellschaft. Der gute Hahn, wie wehe that
mir der Abschied von ihm! Der Nachmittag welchen
ich mit ihm zubrachte wird mir unvergeßlich sein. Ich
verspreche mir sehr viel von seinem Hermann, der Ent-
wurf welchen er im Kopfe sich davon gemacht hat, gefällt mir außerordentlich. Hier sind wir seit vorgestern.
heute werden wir hoffe ich zu Schiffe gehen.

Kl(opstock) ist mit uns gereist um Cramer zu besuchen, in der Mitte des künftigen Monats denkt er
seine Reise nach Dänemarck anzutreten. Wie freue ich
mich darauf ihn diesen Sommer so viel zu sehen! In
Hamburg habe ich ihn auch nach Herzenslust gesehen.
Sagen Sie mein Voß! ist er nicht völlig der Mann
wie wir ihn beschrieben hatten? Ich denke viel an die
FreiheitsGesänge. Groß sind die Schwierigkeiten aber
fest mein Entschluß. Kl. hat mir gerathen nicht ein
ganzes daraus zu machen, sondern einzelne Gesänge
deren jeder ein ganzes ist. Ich werde also wohl keine
Chöre haben. Aber alle diese Gesänge sollen aus dem
20sten Jahrhundert sein, u: verschiedene Situationen,
aber lauter FreiheitsSituationen darstellen.

Kl. Gel. Republ. ist ein göttliches Buch, voll Tief-
sinns, voll Scharfsinns, voll Genies, voll Salzes. So
ein Mann wie der Klopstock — Man müßte ihm seine
Größe misgönnen wenn er nicht so gut wäre. Haben
Sie Claudius' allerliebste Recension im W. B. gelesen? Ich liebe Claudius herzlich. Das schwäbische
Ritterlied im W. B. ist von mir. Cura ut valeas! ich
küsse Sie tausendmal.

Am linken Rand der vierten Seite:

Grüßen Sie Pastor Boje u: sein Hauß. Es muß ein ganz vortreflicher Mann sein! Hahn hat mir so viel von ihm gesagt. Meine Schwester läst Sie grüßen.

7.

(Ohne Ort) d: 9ten July 1774.

Nehmen Sie mein allerliebster Voß! meinen wärmsten herzlichsten Dank für Ihr liebes Schreiben, welches ich so lange unbeantwortet gelassen habe. Ich bin zum schreiben diesen Sommer faul, aber mein Geist ist täglich mit Ihnen sehr viel beschäftigt. Henslers Hoffnungen wegen Ihrer Besserung freuen mich unaussprechlich. Gott wolle Sie bald u: völlig wiederherstellen, mit aller Lebhaftigkeit deren ich fähig bin thue ich diesen Wunsch. Hüten Sie sich ja liebster bester Voß für alle Affecten, u: fürs starke gehen, kurtz für alles so Ihnen gefährlich.

Täglich bedaure ich es noch daß ich meinen Voß nicht in Hamburg gesehen, die Hofnung war meinem Herzen so lieb, und — aber ich will nicht klagen, ich könnte sonst nicht aufhören.

Aber warum schicken Sie uns nicht Ihre Ode an Selma? O schicken Sie sie ja bald!

Ich lese nur wenig. Mit sehnendem Herzen denke ich an Homer zurück, welchen ich nun gelesen habe. Ich lese izt Anakreon. Wie süße u: frohe Stunden giebt mir Anakreon!

Der Bote welcher nach der Stadt die Briefe bringt, ist da. Leben Sie wohl, ich drücke Sie an mein Herz. Grüssen Sie die Brüder herzlich.

F. L. Stolberg.

8.

Lange mein allerliebſter Voß! habe ich mir vorgenommen an Sie zu ſchreiben, immer würde ich es ſehr gern
gethan haben, heute vorzüglich gern, mein Herz iſt heute
voll, ich habe den Nachmittag ſehr vergnügt mit meinem
Bruder u: Schweſter, bey einem allerliebſten Mädchen
zugebracht, In der Kühle des Abends u: beym Mond-
ſchein fuhren wir zurück in einem offnen Wagen u:
ſprachen unter andern auch viel vom Bunde. Oſſian
vergleicht die Erinnerung genoſſener Freuden mit einer
ſüßtraurigen Muſik, wie ſchön, wie wahr iſt nicht dieſer Vergleich! In dieſem Augenblicke empfinde ich es ganz!
Gott weiß wie oft u: wie lebhaft meine Seele ſich dieſer ſchönen Zeit erinnert, aber vielleicht hab ich ſeit der
Trennung mir ſo viele ſüſſe Erinnerungen ſo vieler ſüſſer
Stunden nicht zurückgerufen als heute! O mein Liebſter Freund! wenn dieſe Erinnerung nicht mit Wemuth
vermiſcht wäre, welch eine Quinteſſenz Freude hätte ich
heute genoſſen! Mit neuer Lebhaftigkeit habe ich es
mir heute ſelbſt verſprochen meine Brüder alle wiederzuſehen, freilich werdet ihr dann zerſtreut ſein, u: ich
werde noch den Abſchied vom einen in ſeiner ganzen
Bitterkeit fühlen wenn ich den andern wiederſehe —

Und Sie werden nun bald Kl(opſtock) wiederſehen?
Miller ſchreibt mir er würde durch Göttingen gehn.
Von Kl. habe ich ſeit ziemlich langer Zeit keinen Brief
gehabt, im lezten ſchlug er mir vor, ich ſolte mit ihm
die Reiſe thun. Ich habe nicht nöthig Ihnen zu ſagen
wie ungern ich es ausſchlagen muſte.

Eine Reiſe mit Kl! in mein Vaterland! den
Bund wiederzuſehen! glauben Sie mir's mein allerlieb-

2*

ſter Bruder! nichts als unüberſteigliche Schwierigkeiten konnten mich abhalten —

Ich ſchicke Ihnen hier ein Lied von Claudius für den M. A. Er hat dieſes Frühjahr meiner Schweſter geſagt, er wolle es in den M. A. ſetzen laſſen, Sie können es auf meine Verantwortung mit ſeinem u: meiner Schweſter Nahmen in dem M. A. drucken laſſen.

Schicken Sie uns doch Ihre Ode Selma. Lange haben Sie es uns verſprochen! Gerſtenberg hat nichts. Er ſagt er hätte es ſchon an Boje geſchrieben, vielleicht wäre der Brief verloren gegangen, er wolle ihn wieder ſchreiben. Wann komt Boje wieder. Wie ſoll ich es anfangen an Ihn zu ſchreiben? Wohnen Sie noch oben in dem Hauſe? Wie heißt doch noch der Wirth, ich muß Ihre adreſſe haben, es möchten mehrere Ihres Nahmens in Göttingen ſein obgleich für mich nur ein Voß den ich mit unausſprechlicher Zärtlichkeit liebe. Schreiben Sie mir umſtändlich wie Sie ſich befinden. Mein Br. u: Cl(auswitz) umarmen Sie mit mir 1000000 mal.

F. L. Stolberg.

9.

Bernſtorff d: 17ten 7br. 1774.

Die zärtlichſte brüderlichſte Umarmung für Ihren lieben Brief. Wie hat er mich gefreut! Aber böſer Voß warum ſchreiben Sie mir nichts von Ihrer Geſundheit? Daß Sie nichts davon ſchreiben ſähe ich gern als ein gutes Zeichen an, aber ich bin nicht ruhig. Laſſen Sie mich, wenigſtens durch ein paar Zeilen, wiſ-

sen wie Sie sich befinden. Wir haben hier einen vor=
treflichen Doctor in Kopenhagen. Wie wäre es wenn
Sie mir umständlich die Erzählung u: genaue Beschrei=
bung Ihrer Krankheit schickten? Ich wolte ihn con=
sultiren, es ist ein überaus grosser Arzt, selbst Werlhoff
consultirte ihn, Zimmermann thut es glaub ich noch.
Mein Freund, mein Bruder! thun Sie es um meiner
Ruhe willen! Mein Bruder ist nun in Holstein. Mit
meiner Schwester von Uetersen ist er zurück gereist. Er
wird in einigen Wochen wieder hier sein. Ihren Brief
schicke ich ihm heute. Es freut mich sehr daß Sie mit
meiner Vaterlandsode so zufrieden sind. Ich liebe Sie
von allen meinen Kindern am meisten. Über die Zeilen
in den Träumen: „Ein andrer schlüpft ins horchende
Ohr, So schlüpft die SchwalbenM. ins Nest" denke ich
nicht wie Sie. Mich deucht sie sind dem Tone des
Stückes, welcher anacreontisch ist, angemessen. Meinem
Bruder u: meiner Schwester Bernstorff (deren Empfin=
dung ich sehr traue) gefielen sie am besten im Stück.
Fragen Sie Kl. um seine Meinung, Sie werden ihn
bald sehn. Lassen Sie, da sub judice lis est dieses
Stück lieber aus u: nehmen Sie dafür beyfolgende Ro=
manze. Bedienen Sie sich bey der F r e i h e i t Ihres
Rechtes über meine Stücke. Wenn Sie oder Hahn
einige Aenderungen machen wolten! Ich habe es oft
u: vergeblich versucht. Ich widme sie Hahn. Lange
gehe ich schwanger mit einer Ode an Sie, eine Vater=
landsOde muß es sein, oder eine ganz freundschaftliche.

Klopstock hat mir vorgeschlagen ihn nach Carls=:)uh
zu begleiten, ich muste es ihm abschlagen, durch die
Seele gieng es mir.

Ach wie leide ich mit Ihnen bald vom Bunde ganz
verlassen zu sein!

Edles Häuflein wie zerstreut wirst du!

Laffen Sie mich Millers, Hahns u: Höltys Adref-
fen kriegen. Ich drücke Sie an mein Herz.

F. L. Stolberg.

Kl. hat 1000 Rth: vom Großfürften bekommen.

10.

(Ohne Ort und Datum.)

Gott tröste Sie! Gott heile die Wunde Ihrer
Seele! Auch ich habe unglücklich geliebt, aber ohne geliebt zu sein, ohne dem edlen Weibe gesagt zu haben
daß ich sie liebe. Ihre Wunde ist grösser weil Sie
wissen, daß auch Sie leidet, u: weil durch Gegenliebe
Ihre Liebe noch entflamter ist. Liebster bester Voß!
mein Freund! mein Bruder! ich weine Ihnen eine heisse
Thräne der Seele. Ergeben Sie sich in Gottes Willen!
Hoffen Sie alles von ihm! vielleicht will er hier schon
Sie vereinigen, aber durchsehen können wir seine Rath-
schlüsse nicht.

Sein Wille ist der beste!

Einst wird ein Tag sein den wirst Du auferstehn
Einst wird ein Tag sein den wird sie auferstehn
Dann trennt kein Schicksal mehr die Seelen
Die Du einander Natur bestimmtest! p. p.

O mein Voß richten Sie dorthin Ihren Blick!
Sinken Sie nicht unter der Last Ihrer Leiden!

Gott tröste Sie! Gott heile die Wunde Ihrer
Seele!

Schreiben Sie mir oft von Ihrem Herzen. Ich
will immer auf einem aparten Zettel antworten.

(Ohne Unterschrift.)

11.

Es ist gewaltig lang her daß ich nicht an Sie ge=
schrieben habe, mein herzliebster Voß! Und seit langer
Zeit habe ich nichts von Ihnen u: unsern Bundes
Brüdern gehört, ich kans nicht länger aushalten, aber
die Ursache meines Stilschweigens müssen Sie wissen.
Von Tag zu Tag erwartete ich die Ankunft eines flens=
burgischen Schiffes, welches wie ich durch Esmarch ge=
hört hatte uns Briefe aus Göttingen bringen solte. Noch
ist dieses Schiff nicht angekommen, u: da 3 Schiffe aus
Flensburg untergegangen sind, so ist es nur zu warschein=
lich daß die geliebten Briefe umsonst geschrieben worden.
Diese Furcht, welche beynah Gewisheit ist, macht mich
desto trauriger da ich mich so sehr auf diese Briefe ge=
freut hatte. Ersetzen Sie liebster Voß! Ersetzet, alle
Brüder welche uns Briefe mit diesem verlorenen Packete
zugedacht hatten, doch bald diesen Verlust! Wir schrei=
ben uns nicht genug. Ach ist nicht das schreiben un=
sere einzige Zuflucht? Ich sänke wenn ich nicht wie
πολυμητις Οδυσσευς an diesem Weidenstrauch mich
fest hielt.

Nun ein wenig vom M. Almanach. Es freut mich
daß fast alles schöne von BundesBrüdern ist. Sie,
edler braver lieber Mann haben trefliche Stücke ge=
liefert. Die künftige Geliebte gefällt mir*) (pfuy
Teufel bald hätte ich gesagt wie sie mir gefiele, Die
Kälte und Schwäche dieses Ausdrucks hat Werther mich
empfinden gelehrt) Die künftige Geliebte ist eine gött=
liche Ode. Selma ist auch göttlich, aber hie u: da

---

*) „gefällt mir" ist durchstrichen.

dunckel, eigentlich bin ich mit der erſten Strophe nicht zufrieden, das Ende iſt auſſerordentlich ſchön.

Die 3 Strophen **Flamme Gottes** u: die bey=den folgenden ſind unausſprechlich ſchön. **Michaelis** bravo! bravo!

Von Hölty ſind herrliche Stücke drinnen welche ich noch nicht kannte. Wie herzlich iſt ſeine LandElegie! Das Traumbild kannte ich, nicht aber die Schifferode. Ich wolte er hätte ſich auch bey denen genannt wo T unter ſteht. Iſt Hölty nun in Göttingen? Schreiben Sie mir ja bald wo er nun iſt, ich muß an ihn ſchrei=ben. Bitten Sie ihn daß er mir mit der erſten Poſt ſchreibt, und thun Sie es auch beſter Voß! Ich glaube daß er noch in Göttingen iſt, aber ich muß auch wiſſen wo er wohnt. Und Bruder Hahn iſt der wieder in Göttingen? Kinder ihr müſt ſchreiben damit man wiſſe wo ihr ſeid! Ich bin nicht mit allen Stücken von Brückner zufrieden. Aber das Engelthal u: die Fiſcher ſind göttlich. Küſſen Sie den lieben braven Mann in meinem Namen, wenn Sie an ihn ſchreiben. Bald will ich wieder einmal an ihn ſchreiben. Die Dithy=rambe vom Zweibrücker Müller iſt herrlich! Welches Feuer! Heil Dir edler Müller Du muſt in den Bund!

Dank für die Freiheit! Sie haben mir dieſes ver=lorne Kind ſo ſchön wieder gebracht daß es nun eins meiner beſten Kinder worden iſt. Will es auch herzlich lieb haben. Die Pfändung, ſie iſt ja von Leiſewitz, nicht wahr? iſt treflich. Aber ich kann und mag nicht glau=ben daß der Beſuch um Mitternacht auch von ihm ſey. So einem ganz gewöhnlichen Fürſten warum erſcheint dem Hermann? Und wie unnatürlich iſt der Ton des Fürſten u: des Kammerherren. Der lezte Zug vom Ungariſchen Waſſer, wie unnatürlich wenn an der Stelle

Ironie sein soll u: wie unnatürlich wenn der Fürst im Ernste so spricht?

Ich habe von Miller einen Brief aus Leipzig gehabt. Er ist traurig so von allen Brüdern getrennt zu sein. Wenn Cramer zurück reist wird er ganz verlassen sein. Gott gebe ihm einen Freund dort!

Was sagen Sie zum Anfang meiner FreiheitsGesänge? Nun ist mirs aber gar nicht dichterisch zu Muthe.

Werther! Werther! Werther! O welch ein Büchlein. So hat noch kein Roman mein Herz gerührt! Der Göthe ist ein gar zu braver Mann, ich hätte ihn so gern mitten im Lesen umarmen mögen.

Warum ist Bürger so faul gewesen? Es ist doch gar nicht erlaubt in einem ganzen Jahre nichts zu machen!

Schreiben Sie ja recht umständlich wie Sie sich befinden. Aber schonen Sie auch im Schreiben Ihrer Gesundheit. Um Gottes willen nehmen Sie sich recht in Acht! Grüßen Sie alle Brüder u: unsern Boje herzlich. Ich küsse Sie 1000 mal in Gedanken.

F. L. Stolberg.

Mein Bruder hatte schreiben wollen. es ward zu spät. Er küst Sie herzlich.

12.

Kopenhagen d: 31sten Xber 1774.

Erst vor ungefehr 10 Tagen habe ich Ihren lieben Brief mit dem Allmanache welchen Sie mir schicken erhalten. Schon glaubte ich das Schiff wäre verloren welches ich so sehnlich erwartete. Wie wohl that mirs,

mein Liebster Voß! Ihre Hand wieder zu sehen! Das
Ende Ihres Briefes hat mich mehr gefreut als ich Ihnen sagen kann. Gott gebe daß Richters Hoffnungen
gegründet sein mögen! Nun darf ich's Ihnen sagen
daß mir Ihre Krankheit vielen schweren Kummer
verursacht hat. O daß ich mich der süssen Hoffnung
überlassen könnte, Sie bald nicht nur in völliger Gesundheit, sondern so seelig als ein Mensch hienieden es
sein kann (u: wäre nicht jedes geringere Glück izt für
Sie Elend?) in den Armen des Mädchens welches allein
Sie beglücken kann, zu sehen! Sie wissen, wie feurig
u: zärtlich ich Sie liebe, mein Voß! Sagen Sie sich
selbst alles was ich für Sie wünsche, mit Ihnen leide,
von Gott für Sie bitte — Eben fällt mirs ein daß
morgen Neujahr ist, sehen Sie ja nicht diesen Brief für
einen Jahrwunsch an! Doch das würden Sie nicht!

Ueber den M. A. habe ich Ihnen schon geschrieben.
Es sind viele trefliche Stücke drinnen. Schonen Sie
sich ja u: arbeiten Sie nun nicht. Für die Unsterblichkeit, für den ewigen Ruhm haben Sie genug gethan
um mit Ruhe die Zeit erwarten zu können da das arbeiten Ihrer Gesundheit nicht schaden wird; So lange
Sie noch Herzklopfen haben ist diese Zeit gewiß nicht
gekommen. Ich fürchte zuweilen daß Sie sich nicht genug schonen, auch in heftiger Antheilnehmung bey feurigen Gesprächen p. p. Denken Sie welches Recht das
Vaterland auf Sie hat! Wär ich Ihr Arzt, ich er-
laubte Ihnen nicht einmal so lange Sie Herzklopfen
haben, Wieland mit der lauten Lache heimzusuchen, ehe
man sichs versieht läuft die Galle auch über die laute
Lache.

Ich habe lange lange nichts gemacht, u: fühle auch
noch gar keine Lust dazu. Ich will eine Weile bloß

genießen, u: mich an Homers Brüste legen wie ein Kind an die Brüste der Amme.

Ich kann, ich werde nie können Homers satt werden. Ich kann mir u: Ihnen nicht verhalten daß ich keinen Dichter so ganz liebe. Es ist mir so wohl wenn ich nur einige Verse in ihm gelesen habe. Man will er soll Fehler haben. Sind die nicht vielleicht relatif auf den Leser? Wenn er grosse Fehler hat so hat er sie nicht für mich, u: die kleinen Fehler, denn zuweilen glaube ich ein Fehlerchen zu sehen, nun die kleinen Fehler sehe ich an wie ein Sommerfleckchen auf dem Gesichte meines Mädchens. Es ist nicht hübsch, aber ich sah es zum ersten mal da sie mir so freundlich einen Kranz wand, seitdem ist mir das Sommerfleckchen lieb, es erhöhte ihre Schönheiten.

Pindar ist in einzelnen Stellen göttlich, ich bewundere oft seinen Schwung, seine Kühnheit, sein Feuer, ich sehe die erste Pythische u: 9te Nemeische als die schönsten lyrischen Stücke an welche je gemacht worden, aber sehr oft gefällt Pindar mir nicht, mich deucht er verirrt sich oft in Labyrinthe, wo kein Faden den Leser heraushilft.

Eben ist Gerstenberg bey uns gewesen. Durch ihn erfuhren wir daß Sie in Wansbeck sind. Kaum glaubte ich es, so unerwartet ist mirs. Daß Sie u: Hölty da bleiben wollen! O daß ich Sie diesen Sommer dort sähe, denn entweder im Frühling oder im Sommer komme ich gewiß hin. Aber sind Sie auch würklich da? ist Hölty auch schon da? Kaum glaube ichs genug um diesen Brief dorthin zu schicken! Küssen Sie den Lieben Bruder Claudius! Ich muß Mangels der Zeit wegen schließen. Schreiben Sie mir ja bald! Ich küsse Sie tausend mal!   F. L. Stolberg.

13.

Jeder Ausbruck wäre zu schwach Ihnen zu sagen
wie sehr mich Ihr Brief vom 29ften Dec, welchen ich
vor ein paar Tagen in Bojens Packet erhielt, erfreut
und gerührt hat. Ihr Stillschweigen hab ich so ausgelegt wie ich solte, herzlich von Ihrer Wunde geblutet
u: die heissesten Wünsche für meinen Voß gethan. Ich
habe auch geliebt. Daß die Mutter ruhiger ist, der
Vater gesunder u: Sie sich schreiben dürfen was Sie
wollen liebster Voß wie fühle ich darüber Ihre Freude
wie theile ich sie! O Gott seegne Sie mit dem grösten
seiner Seegen, er gebe Ihnen dieses edle zärtliche Mädchen zur Frau! Meine Seele wird so ganz heiter
wenn ich mich dieser süssen Hofnung überlasse u: ich
glaube mich ihr überlassen zu dürfen. Ich glaube daß
Gott darum sie beyde zu einander geführt hat, Er
vollende sein Werk!

Schonen Sie um Gottes u: Ihres Mädchens u:
Vaterlandes u: Freunde willen, schonen Sie Ihrer Gesundheit! Hüten Sie sich vor allem Affect, besonders
auch vor der zu grossen Freude die etwa ein Brief Ihres Mädchens Ihnen geben könnte. Nichts ist bey Ihrer
Krankheit gefährlicher. Mässigen Sie sich in allen Stücken,
denken Sie nicht an Fürsten, wer kann ohne Erguß der Galle
an sie denken? Arbeiten Sie ja nicht viel! Ihre Stücke
sind ganz vortreflich! Die Idylle hat meinen Schwestern
Thränen aus den Augen gelockt, Mein Bruder findet sie
so göttlich daß er sie allen Ihren andern Stücken vorzieht,
u: ich liebe keins von Ihren andern Stücken mehr.
Keine einzelne Stelle kann ich anführen, das ganze ist

so voll edlen sanften Gefühls! Dem Herzen das die
Liebe kennt so süß! Der Ton so edel u: so leicht!
Selma ist ein süsses Liedchen. Das Trinklied für Freye
ist herrlich. Die Zeile: „Und puze seinem Herrn die
Schuh'" gefällt mir nicht. Sie scheint mir zu unedel,
zumal da die 3 folgenden so stark sind, u: sich der Ton
des Liedes so sehr in den lezten Strophen hebt. Die
Strophe: „Der Freiheit Engel schwebt daher," u: die
3 folgenden, wie göttlich! Das Bild des schwebenden
Engels! Der verfolgende Fluch der Länder! Der
Rhein mit rothen Wogen! Die Rebenberge welche Ti=
rannenBlut trinken! O ein herrliches Lied!

Von dem was Sie mit Klopstock von der Bundes
Absicht gesprochen hat uns Miller viel, vielleicht alles
geschrieben. Ungern lasse ich die Jdee des Zusammen=
druckens fahren. Wegen des Herumschickens bin ich ganz
Jhrer Meinung.

Was Sie mir von meinen FreiheitsGesängen
sagen macht mich in der That stolz, seit dem sage
ich sie öfter u: mit mehr Selbstgefälligkeit laut her.
Die Ueberschrift? Jch will Jhnen ein Jahrhundert
schenken. Aus dem 20sten Jahrh. Für unsre En=
kel meinten Sie. Aber da ich wie ein Prophet die
Zukunft als vergangene Zeit vorstelle, so scheint mir die
Ueberschrift: „für unsere Enkel" der Jllusion zu schaden.
Sie haben mich fast überzeugt daß ich zu viel mit den
Wellen gespielt habe. Und gleichwol war es diese Stelle
welche ich mir oft mit väterlicher Zärtlichkeit hersagte.
Jch will Klopstock meine alte u: Jhre Lesarten schicken.
Sie haben mich so angefeuert daß ich seit ich Jhrem
Brief habe fast nichts anders denke als FreiheitsGe=
sänge. Denken Sie viel dran, u: rathen Sie mir. Jch
bin so unschlüssig. Bald will ich in Hexametern dazwi=

ichen reden u: ein Präludium in Hexametern machen,
bald gleich mit dem Gesang unserer freien Enkel anfangen u: bis zum Ende nur sie singen laffen. So scheints
mir am lyrischsten, auf die andere Art könnte ich aber
meine Freunde in den Hexametern, mich, u: das ißige
Deutschland anreden. Was meinen Sie? Gerstenberg
meint ich müßte entweder ein Präludium machen oder
dazwischen reden um die Dunkelheit zu vermeiden; das
sehe ich eben nicht ein.

Der Allm: auf Subscribtion? Die Idee gefällt
mir nicht. Wäre nicht die gewöhnliche Art sicherer?
Uns können Sie, das versteht sich, in der Ankündigung
nennen.

Gerstenberg schreckt der Titel Allmanach ab. Er
hält die Idee eines Calenders für unschicklich, könnte
man dem nicht abhelfen? Um des Kalenders willen
kauft ihn ja doch wohl fast niemand. Wenn er diesen
Namen nicht führte, so würde, glaub ich, Gerstenberg
gern sich nennen laffen. Gleim ist ein — mit seinem
Epigram. Schmidt ist ein Esel mit seinen rühmlichen
Bemühungen.

Brückners Gefahr abgesezt zu werden kränkt mich.
Laffen Sie mich bald wiffen wie es dem edlen Manne
geht! Ich lieb ihn herzlich! für den Bund hoffe ich
sehr viel von ihm.

Ist unser lieber Hahn wieder in Göttingen? Es
war ja sein Plan wiederzukommen? Arbeitet er am
Hermann? Dieses Gedicht wird gar herrlich werden!
Was er in Hamburg mir vom Plane gesagt, hat mir
aufserordentlich gefallen. Ich schicke Ihnen hier Höltys
Kreuzzugslied.

Ihr Herzklopfen beunruhigt mich. Wenn Sie mich
lieb haben, Voß! so schicken Sie mir einen kleinen Auf-

satz von Ihrer Krankheit, wie sie angefangen, sich im Fortgange geäussert, wie Sie sich nun befinden. Hier ist ein treflicher Arzt, ein braver Mann, ein Deutscher, ein Freund Klopstocks, ich muß ihn Ihrentwegen consultiren, selbst Zimmermann erholt sich Raths bey ihm.

Und nun leben Sie wohl mein Liebster Voß! Ich drücke Sie in Gedanken fest fest an mein Herz!

Wie gefällt Ihnen mein SoldatenLied?

F. L. Stolberg.

Mein Bruder küst Sie mit inniger Zärtlichkeit, er wird Ihnen bald schreiben. Clauswitz läst Sie auch herzlich grüssen.

14.

Kopenh. d: 18ten März 1775.

Ihr Brief vom 20sten Febr ist erst d: 13. März hier angekommen. Eine Reise zu meiner Schwester ins Stift Walloe hat mich abgehalten Ihnen d: 14ten zu antworten. Mit warmem Gefühl des Herzens, mit unaussprechlicher Freude sage ich meinem Voß daß ich ihn in etwa 4 bis 5 Wochen in Göttingen zu sehen hoffe, Mein Bruder u: ich machen eine Reise. Dies ist der Anlaß: Haugwitz schreibt uns aus Paris u: schlägt uns vor mit ihm durch das südliche Deutschland u: die Schweiz zu reisen. Jm Fall wir könnten müsten wir am Ende vom April in Franckfurt am Mayn sein, wo er auch sein will. Mit unaussprechlicher Freude nehmen wir seinen Antrag an, Wir reisen mit Haugwitz, sehen Freunde unsrer Seele, sehen die schönsten Gegenden Deutschlands, den heiligen Rhein, die freye Schweiz, die Alpen, Göthe, Lavater, Geßner pp.

Dazu komt, daß wir blos vor uns, um der Kosten willen, die Reise nicht hätten thun können. Nun liebe Herzensbrüder! sehen wir euch noch in Göt=tingen, oder seid ihr, Sie u: Hölty denn in Wansbeck? Schreiben Sie mit der ersten Post wo wir Sie sehen werden, so ohngefehr d: 20sten April denken wir nach Gött: zu komen. Wie viel wollen wir schwazen! Bund Bund Bund halten, so herzlich soll unser Wieder-sehen sein wie das Scheiden. Sagen Sie das gleich unsern Freunden, entschuldigen Sie mich bei userm lieben Boje daß ich ihm heute nicht schreibe, ich will es mit künftiger Post thun. Mündlich wollen wir vom Allmanach ausreden, Sie wissen welches Recht Sie über meine Stücke ausüben können. Meine Ode an Sie bring ich Ihnen mit. Ich könte sie schicken, aber lassen Sie mir die Freude mir selbst zu sagen: ich bringe sie mit! es lautet gar zu hübsch. Ich habe keine Zeit heute.

Herzlich küsse ich Sie

F. L. Stolberg.

Was Sie uns von Hahn schreiben betrübt uns mehr als ich sagen kan. Bey solchen Gelegenheiten ist es traurig kein Vermögen zu haben.

Geholfen muß ihm werden, Wir bringen ihm 100 rth: mit, das Herz aber blutet uns daß wir nicht mehr thun können. Die Bürgschaft für 200 rth: jährlich können wir nicht übernehmen, denn wir können nicht wissen ob wir wenn es zum bezahlen komt das Geld haben. Ausserdem daß unsere Einkünfte sehr einge=schränkt sind, laufen sie nicht ordentlich ein.

Mit Mumßen wollen wir seinetwegen sprechen.

15.

Kopenh. d: 21. Mirtz 1775.

Einen Brief kriegen Sie heute nicht, nur ein paar fliegende Worte. Ihre letzten Verse sind ganz vortreflich. Die Idille die Pferdeknechte wird unserm feinen zu Geripp gefeilten Publiko nicht behagen, desto besser! Sie ist ganz Natur, schöne wahre Natur! Selma's Geburtstag ist auch treflich, aber die lezte Idille Henning und Sabine ist göttlich!!! Von Anfang bis zu Ende, jedes Wort! Glück zu lieber braver Mann! Die Liebe hat Ihr Genie auf eine neue herrliche Bahn geführt! Mündlich mehr! Wie klopft mir das Herz daß ich sagen kann: mündlich, bald mündlich mehr!

F. L. Stolberg.

16.

Hamburg d: 13ten April 1775.

Seit 3 Tagen sind wir hier, mein allerliebster Voß! Unsre Seereise ist überaus glücklich gewesen, nur 20 Stunden zwischen Kopenhagen u: Lübeck.

Ich höre daß Sie u: Hölty nun bald kommen. Um Gottes willen so bald als möglich, wir können nicht länger als höchstens 10 Tage noch hier sein, weil Haugwitz sonst zu lang auf uns warten würde. Heute erwarten wir Klopstock. Er hat an seine Niece geschrieben er brächte einen von den Millern mit, ach es kann nur der kleine sein! Ich freue mich unaussprechlich drauf nun bald Sie u: Hölty zu umarmen. Ach warum muß es auf so kurze Zeit sein! Hölty wird ja Hofmeister hier. Gott gebe daß er glücklich sein möge!

Für Sie hab ich hier eine Hofnung die mir sehr
lieb ist. Mündlich mehr. Mit dem M. A. wirds
nicht gehn, mein liebster Voß! Ueberall sind privilegia,
Und privilegia ohne Schaden, geschweige mit Nutzen abzukaufen, ist eine mißliche Sache. Die Sache beküm-
mert mich.

Hab ich Ihnen schon geschrieben wie sich Gerstenberg freute da ich ihm vom Bunde sagte, u: ihm im
Namen des ganzen Bundes antrug unser einer zu werden? Es ist ein herrlicher Mann! Des Bundes werth!
Bürger müssen wir genauer unter uns haben. Ach wie
viel hab ich mit Ihnen zu reden, u: wie wenig werd
ich mit Ihnen reden können!

Grüssen Sie Boje, Closen u: Bürger falls Sie
diesen noch sehn ehe Sie komen. Sagen Sie ihnen
ich freute mich herzlich sie bald zu sehen. Mein Bruder
umarmt Sie 1000 mal mit mir.

F. L. Stolberg.

17.

Bey Zürich d: 1sten July 1775.

Eine herzliche Umarmung zuvor! Sehen Sie dieß
nicht als einen Brief an mein liebster Voß! Ich möchte
Ihnen gern so viel, so sehr viel sagen, u: kann heut
nicht viel schreiben. Ich sage Ihnen nicht wie es mir
ergangen ist, ich weiß daß Sie das alles durch unsern
Mumssen erfahren haben. O des süssen Traumes! Ich
war im Himmel! Aber welche Hölle war das Er-
wachen! Aber nicht mehr hiervon — Gottlob daß ich
genesen, daß ich mich der Freude wieder öfnen kann,
welche durch verschiedene Wege in mein Herz komt. —
Ueber unsern Auffenthalt hier könnte ich Ihnen ein Buch

schreiben. Ich berufe mich auf meine Briefe an
Mumſſen. Die Natur iſt hier herrlich, die Menſchen
edel u: frey, ich lebe unter Freunden. Uebermorgen
treten wir unſere Reiſe in die kleinen Kantons an.
Darum ſchreibe ich heute ſchon, ob gleich dieſer Brief
erſt den 5ten abgeht. Göthe verläſt Zürich zwei Tage
nach uns, wir werden ihn ſehr vermiſſen, es iſt ein
herrlicher Junge, wir ſind ihm u: er uns herzlich
gut geworden. Von Klinger wird Ihnen Mumſſen geſagt haben daß wir ihn in Frankfurt geſehn haben.
Es iſt ein ſehr guter Menſch, voll Herz. Mit ſeinen
Gedichten bin ich zum Theil nicht zufrieden. Seinen
Otto u: das leidende Weib hab ich noch nicht geleſen,
aber ein Trauerſpiel im Manuſkript, Donna Viola,
welches mir ſehr mißfallen. Ich hab ihm freymüthig
meine ganze Meinung drüber geſchrieben. Nun ſchickt
er mir Lieder u: bittet mich ſie Ihnen zu ſchicken für
den Allmanach, die beiden gereimten gefallen mir ſehr,
beſonders das: Nie ſah ich was das dieſem glich
pp. Die andern ſcheinen wir voll Schwulſtes. Noch
eins hat er mir geſchickt, ich hab ihm aber geſchrieben
das könnte nicht in den Allmanach. Es war ſchwülſtig,
und unintereſſantlocal. Er hat mir ausdrücklich aufgetragen Sie zu bitten nichts zu ändern, ich raune Ihnen
ins Ohr mein Liebſter Voß daß man überall unzufrieden iſt, daß Boje ſo viel geändert hat. Im Fall Sie,
wie ich vermuthe, einige Stücke von Klinger nicht annehmen, ſo ſchreiben Sie doch die Urſache ſo daß ich
es ihm ſagen darf. Einen jungen Menſchen haben
wir hier kennen gelernt welcher Kaiſer heiſt. Von ihm
ſchicke ich Ihnen auch Gedichte für den MuſenAll. welche
Ihnen gewiß gefallen. Von ihm hoffe ich viel! Er
ſoll vortreflich in der Muſick componiren, Heut hab ich

3*

seine Composition von Ihrem Liede: Eingewiegt von Nachtigallen pp. gehört, welche mir sehr gefiel.

Meine fertigen FreiheitsGesänge hab ich heut be=schlossen als Manuskript für Freunde drucken zu lassen. Sie sollen hier gedruckt werden, ich schicke Ihnen ein Exemplar, das versteht sich, aber in den M. Allm. kann ich sie nicht geben, wohl aber ein Lied welches Kaiser componiren will. Meine FreiheitsGesänge ist eigentlich nur ein dithyrambischer Gesang, aber im Ver=trauen gesagt, ich glaub er ist gut. Ich hoffe das Ende soll Ihnen ganz gefallen. Ich kann den Brief nicht schliessen ohne Ihnen etwas von Lavater zu sagen. Es ist ein herrlicher gar zu lieber Mann. Um=armen Sie meinen lieben Claudius herzlich, ich drücke Sie an mein Herz

F. L. Stolberg.

Klinger will seine Stücke mit M. bezeichnet haben.

Verte

Hier haben Sie ein klein LandLied welches hier jedes Mädel singt.

> 'Sis nit lang daß gregnet hat,
> Die Läubli tröpfeln noch,   (dimin: von Laub
> Ich hab emal a Schätzel ghat,   im plur.)
> Ich wolt ich hätt es noch!

Ich meine ein Jüngling mag das Ding auch sin=gen, fühlen mag ers gewiß!

Courage Voß, in den Allmanach damit!

Hier haben Sie eine herrliche Romanze von Merk, Die Geschichte der Leiden Werthers, für den Allmanach. Aber Sie müssen weder Mercken nennen, noch auch das Stück mit R. M. bezeichnen. Merck ist ein braver Mann, wir haben ihn in Darmstadt kennen gelernt.

18.

Lieber Bruder Voß meine herzliche Umarmung zuvor! Sind Sie noch in Mecklenburg beim edlen Brückner? irren Sie noch Hand in Hand mit ihm herum in herrlichen Gegenden, von Ihrer Ernestine sprechend, lallend von dem was Ihr volles Herz empfindet? O Lieber Glücklicher Voß! Ich kann Ihnen ganz nachempfinden —.

Ich wolte Sie hätten mir einmal von Mecklenburg aus geschrieben u: recht viel von unserm Brückner u: seinem lieben Weibe gesagt. Nun sind Sie wol gewiß wieder in Wansbeck bey unserm lieben lieben lieben Claudius!

Hier schick ich Ihnen einige Lieder für den Musen Allmanach, von meinen alten Sachen nehmen Sie nichts als die Idille (wenn sie für ein Stück in Prosa nicht etwa zu lang ist) u: das Odarion bey der Weende in Göttingen, mit der Ueberschrift: Die Quelle. Ich schicke Ihnen hier auch das Kainlied für den M. A. weil ich nicht glaube daß Sie eine Abschrift davon haben. Ich will sehen ob ich noch eine Ode machen kann.

Hier ist auch etwas von Göthe u: etwas von Lenz.

Lavater trägt mir auf Ihnen zu sagen, durch ein Mißverständniß habe er Gedichte an Dietrich geschickt, es thäte ihm sehr leid daß er sie nicht an Sie geschickt hätte. Hier schicke ich Ihnen meinen FreiheitsGesang, aber nicht für den M. Allmanach. Claudius bring ich ein Exemplar mit, ich würde diesen Brief zu dick machen.

Vor einigen Tagen sind wir von einer 11tägigen

Pilgerschaft nach dem Gotthard u: in die ganz freien kleinen katholischen Kantons, zurückgekommen. Wer kann all das herrliche Wesen beschreiben? Die unendlichen Ströme vom Felsen herab! Die Thale! die Berge! Felsen! Und den Geist der Freiheit! Den Muth! Die patriarchalische Einfalt der Menschen. Und wie schattiret! So wie die Natur in einem Kanton grösser ist so auch die Freiheit, wie die Freiheit so der Muth u: die redliche Einfalt, immer in gleichem Verhältniß. In einigen Tagen treten wir auch zu Fuß unsre grössere Pilgerschaft an. Durch Appenzell, Bündten u: Wallis (drey ganz demokratische Länder) nach Genf. Wie viel werden wir zu reden haben — wenn wir uns wieder= sehn! Und Gott wie verändert sehn Sie mich wieder! Den Liebetruncknen Seeligkeit träumend aus seinem Him- mel gefallenen!

Leben Sie wohl. Umarmen Sie Claudius brüder= lich in meinem Namen. Ich drück Sie an mein Herz.

F. L. Stolberg.

Weil der Brief an Mumssen sonst so énorm dick werden würde, schicke ich an Sie u: Klopstock kein Exemplar des FreiheitsGesanges. Eins an Mumssen, der es Ihnen zeigen wird.

19.

Marschlins (Gut des H: von Salis in Bündten) d: 29sten July 1775.

Mich verlangt herzlich zu wissen, wie mein Voß sich befindet, ob er gesund ist, ob er frohes Muthes ist. Wer solte es nicht sein wenn man glücklich in der Liebe ist! Tausendfache Existenz hat ja immer der glückliche u: un= glückliche Liebhaber. Wie theuer hab ich diese Wahrheit erfahren! Sie wissen alles — ich mag nun nicht mehr davon sagen. Nur die Bitte lassen Sie mich an Sie thun: Liebster Voß fühle deine ganze Seeligkeit!!!

Seit Vorgestern sind wir hier. Sie haben durch Miller, welcher den H: von Salis auf seiner Durchreise durch Leipzig als jener dort studierte gesprochen, schon vermuthlich vieles von ihm und seiner SchulAnstalt gehört. Er ist ein überaus braver, kluger, freidenckender Mann, obgleich französischer Gesandte in Bündten. Ein sehr schönes Schloß hat er zur Schule gemacht, u: wohnt in einem kleinen Hause. Seine Gärten Aecker u: vermuthlich einen grossen Theil seines Vermögens hat er der Schule gewiedmet. Schon 40 Junge Leute werden hier auf eine Art unterrichtet welche sich von der gewöhnlichen SchulArt unendlich unterscheidet. Vorzüglich gefällt mir das daß sie in allen LeibesUebungen unterrichtet werden, im schwimmen, springen, ringen u. s. w., welches gewiß mehr wesentlichen Nutzen hat für Geist, Herz u: Arm als manche Wissenschaft. Nur gefält mir das nicht daß das Griechische versäumt wird, ich kann keine Schule ganz lieben wo Homer u: Plutarch nicht gelesen werden.

Der H: von Salis wünscht mit uns einen Theil der Reise, bis zum Comer See, zu thun, das hält uns hier auf bis zum 2ten Aug: Die Gegend hier ist herrlich, die Einwohner so frey wie die ganz demokratische Schweizer Kantons. Eine Vierthelstunde von hier fliest der Rhein an einer Felsenwand, das Gut liegt in einem Thale welches rund mit Felsen umschlossen ist. In Appenzell u: Glarus haben wir trefliche Gegenden u: Menschen gefunden. Der Wallenstadter See ist noch schöner denn der 4 Waldstädter. Er liegt tief u: wird von

ungeheuren Gebürgen rings umschlossen. Göttliche Felsen=
ströme stürzen sich aus dem Himmel in den See. Hie
u: da sind Weinberge u: glückliche Wohnungen.

Ich schicke Ihnen hier 2 Gedichte für den Musen
Almanach. Beide sind mir von Herzen gegangen. Das
Lied bey Tells GeburtsStädte lassen Sie ja nicht
drucken Lavater hat es adoptirt für seine Schweizer=
lieder, u: für ihn u: mich wäre es also schlim wenn es
in dem Almanach unter meinem Namen erschiene. Erzählen
Sie mir viel vom lieben Brückner. Grüssen, küssen Sie
Klaudius herzlich. Mein Bruder umarmt Sie 1000mal.
Haugwiz läst Sie herzlich grüssen. Ich drücke Sie an
mein Herz.

F. L. Stolberg.

Solte wieder mein Vermuthen bey Ankunft dieses
Briefs mein Tellen=Lied schon gedruckt sein, so bitte ich
Sie den Bogen umdrucken zu lassen u: die Unkosten
zu notiren.

Am linken Rande d.r vierten Seite:

Wo ist Miller? Wie befindet sich Hölty?

Am linken Rande der ersten Seite:

Ich schicke die Gedichte offen an Mummssen, damit
er sie lesen könne.

20.

Kopenh: d: 28sten März 1776.

Seit 8 Wochen hab ich an Sie schreiben wollen,
mein allerliebster Voß, u: gleichwol ist's beim Wollen
geblieben. Heut geh ich zum Werck u: habe Lust recht
herzlich mit Ihnen zu schwatzen. Die Post geht erst
Übermorgen, ich fühle mich aber nun just so wie ich gern

bin wenn ich an meine lieben Abwesenden schreibe, u:
darum schreib ich nun schon.

Glücklicher Voß von Ihrer Ernestine muß ich gleich
sprechen! Wie freue ich mich Ihres Glücks eine solche
Geliebte zu haben! Mit ihr werden Sie einer der
glücklichsten Männer auf Erden sein! Ich kann u: mag
nicht viel loben wo das Lob so überflüssig ist, aber das
kann ich Ihnen sagen daß Ernestine nicht blos in den
Augen eines Liebhabers ein Engel ist.

Wohl dem der ein tugendsam Weib hat des lebet
er noch eins so lang!!!

Haben Sie Antwort von CarlsRuh? Lassen Sie
mich ja so bald als möglich den Ausgang dieser Sache
wissen! O daß doch diese Sache zu Stand käme!
Ohne Antwort wird Sie ja doch der Markgraf nicht
gelassen haben? Von Weimar hab ich noch keinen
weitern Bescheid, ich gestehe daß ich das nicht begreiffe.
Es solte mich sehr kränken wenn ich diesen Sommer nicht
noch hier bleiben könnte. Ich freue mich so sehr drauf
mit meinen Geschwistern noch einen Sommer auf dem
Lande zu leben, dieser Hofnung werde ich nicht entsagen
können. Ist unser lieber Claudius schon abgereist? Mich
deucht er hatte sich vorgenommen am Ende des März
zu reisen.

Liebster Voß Ihr Herz hat gewiß mit den unsrigen
gelitten über die TodesGefahr unsers geliebten Gustchen!
Gott sey gepriesen daß er uns das süsse Kind wieder-
geschenkt hat, aber wie langsam ist ihre Genesung! Wir
haben schreckliche Tage ihrentwegen gehabt.

Ich habe nie so erfahren was es sey zwischen Furcht
u: Hofnung zu schweben; u: ohne Unruhe kann ich noch
nicht sein. Sonst bin ich nun sehr glücklich unter den
lieben Geschwistern u: einigen ächten Freunden u: Freun-

dinnen, es versteht sich daß kein Däne drunter ist. Ge=
dichtet hab ich seit Schleswig nicht, wo ich die Ode an
die Grazien machte, ausser daß ich angefangen das 20ste
Buch der Ilias in Hexametern zu übersetzen u: mit
dem Anfang von 170 Versen zufrieden bin. Zum we=
nigsten laß ich Bürgern hinter mir, u: für Popen läst
Teutonia mich nicht bang sein. Wenn das 20ste Buch
fertig ist will ichs ins Musäum rücken lassen.

Ich höre daß Wieland im Merkur vorn leckt und
hinten krazt, ich bin neugierig das Stück zu sehn. Ich
gäbe viel darum, daß er nicht in Weimar wäre, ich
fürchte er wird mir viel meine Menschheit in der Ge=
gend verwielandisirt haben.

Haben Sie schon einige Beyträgen zum M. All.?
Klopstock muß ja wieder etwas geben; auf Gerstenberg
können wir ja auch rechnen. Ist Ihre Harfe noch still?
Daß ich ja alle Ihre Gedichte sehe, alle Kinder der
Muse adhuc a matre rubentes.

Ich hab einen herrlichen Gaul u: reite nach Her=
zenslust, auch lerne ich fahren mit homerischen Rossen,
schönen weissen Hengsten des Königs. Oft stelle ich mir
vor daß ich Achill oder Hector bin u: Laomedontische
Hengste regiere oder Kinder des Boreas. So legt die
Muse Poesie in alles, u: bey allem gilt das pindarische
ὅσσα δε μη πεφιληκε Ζευς p. p.

Ich lese Young, das ist doch ein herrliches Buch!
Auch les ich den Horaz u: dencke über die Oden mehr
mit Ihnen überein, doch lange nicht ganz. Die Ser=
monen lieb ich weit mehr. Eigentliche GötterKraft hatte
Horaz gewiß nicht.

Auch les ich des Plato συμποσιον. Liebster Voß
warum waren die Griechischen Dichter der Natur so treu
u: die Philosophen so wenig. Genie ist viel im Plato

aber oft entfernt er ſich von Mutter Natur, ſo oft er ihr treu bleibt iſt er göttlich. Mein Bruder umarmt Sie herzlich. Grüſſen Sie alle Freunde herzlich. Ich küſſe Sie in Gedanken.

F. L. Stolberg.

21.

Bernſtorff d: 15ten Juny 1776.

Ich wünſche dieſer Brief möge Sie finden wie ich Sie neulich fand, in der lieben LindenLaub, Ihre Erneſtine zu ihrer Seite! Liebſter Voß ich ſehe Sie beide noch immer u: freue mich des Anblicks herzlich.

Es war an einem Sontag, den Donnerstag der Woche kamen wir hier an. Meine Schweſter ertrug die Reiſe gut, iſt nun abwechſelnd oft ſehr ſchwach.

Lieber ich bin oft des Lebens müde, nicht aus Un= zufriedenheit, ſondern aus Sehnſucht nach dem beſſern. Ich würde mit einer Erneſtine in der Lindenlaube auch ſo denken. Ach daß ſo alles u: alles vergeht! Aber dort wird Ihre Erneſtine Sie ewig lieben u: ewig ge= nieſſen u: in beſſeren Lauben. Umarmen Sie ſie in meinem Namen herzlich.

Ich bin nie ſo faul geweſen als nun. Nichts ge= macht. Keine Zeile am Homer. Eine Strophe am RundGeſang, noch auf der Reiſe, Sie können ſie zur 2ten oder 3ten machen, wie Sie wollen.

Winde dieſe Blumen mir
In das Haar, ich winde
Epheu um den Becher Dir
Freundliche Selinde!

Laß den Becher rauſchen
Wenn die Mägdlein lauſchen
Ob wir Küſſe tauſchen!
Traute Brüder p. p.

Bester liebster Voß leben Sie wohl! Das werden Sie!
Mein Bruder umarmt Sie. Ich küsse Sie brü=
derlich in Gedanken.

F. L. Stolberg.

Mit dieser Post haben wir einen lieben Brief von
Miller gekriegt. Er macht uns aber Vorwürfe wegen
des Merkurs. Ich habe mir schon selbst welche gemacht.
Es soll warlich nicht wieder geschehn, keine Zeile von
mir soll mehr hinein kommen. Er sagt im 2ten Stück
wäre auch ein Lied von mir, das kann nicht sein. Im
ersten ist mein Homer u: das Lied über die Mädgen
u: meines Bruders an die Unbekante.

Die Ballade von Bürger ist herrlich.

22.

Kopenh: d: 14ten Jan: 1777.

Freude zuvor, mein liebster Voß! Was machen
Sie, denken Sie noch oft an Ihren Stolberg? Seit
langer Zeit hab ich an Sie schreiben wollen u: hab
doch nicht dazu kommen können, denn wie kann man an
einen Freund anders als aus Antrieb des Augenblicks
schreiben, u: den Antrieb hab ich heute erst gefühlt,
warum nicht eher das weiß ich nicht, das weiß ich daß
ich Sie immer herzlich u: aber herzlich lieb habe.
Ich schicke Ihnen hier Bürgers Brief den Sie mir durch
Toby geschickt haben. Es thut mir leid daß er böse ist,
es thut mir für ihn leid daß er noch immer seine
Uebersetzung vollenden will, ich finde viel Geist drinnen,
aber nur nicht — — Homers Geist.

Die meinige geht gut von Statten, ich arbeite am
6ten Gesang. Aber ich rechne auf Sie u: hoffe Sie

wollen das Mſkt. annehmen, ich kann es warlich ſonſt nicht herausgeben, u: mich verlanget herzlich darnach es der Welt zu präſentiren.

Zum überſetzen tauge ich nun, zum ſchaffen nicht. Stimme eine Leyer in der Judenſchul, dichte im Getöſe das mich umſauſt. Haben Sie lange nichts von Clau‐ dius gehört?

Wolte Gott daß Sie in Hamburg Rektor würden! Bernſtorff kann ſich nicht für ſie anders intereſſiren als daß er mit dem alten Schimmelmann ſpricht u: dieſer vielleicht (aber vermuthlich kann er, u: gewiß will er nicht) ein Wort Jhrenthalben anbringt. O müſt ich Sie doch ſchon in Hamburg établirt u: in Erneſtinens Ar‐ men! Grüſſen Sie das liebe Mädgen. Wenn Sie über mich urtheilen hören, oder leſen was Männer von mei‐ ner Jlias ſagen ſo theilen Sie mirs mit. Jch lebe hier abgeſchnitten u: muß immer der Ariſtarch meiner eignen Muſe ſein, das will nicht frommen.

Schicken Sie mir Gedichte wenn Sie welche ge‐ macht haben.

Mein Bruder umarmt Sie. Lieben Sie mich im‐ mer, ich umarme Sie von ganzem Herzen.

F. L. Stolberg.

Schreiben Sie mir bald! bitte! bitte!

23.

Jch umarme Sie herzlich für Jhren lieben Brief, mein beſter Voß! O laſſen Sie uns öfter ſchreiben, ich bitte Sie, mein Liebſter!

Daß die Scholarchen Ochſenköpfe ſind wundert mich nicht, aber daß ſie es bey dieſer Gelegenheit gezeigt

haben kränket mich. O daß ich Sie mit Erneſtinen doch
ſchon in einem ruhigen glücklichen Winkel der Erde wüſte,
u: nicht fern von mir! In biſchöflichen Dienſten? o
mein liebſter da hab ich auch ſchon an gedacht, zum
Unglück ſtudieren die Oldenburger ſo häufig, ſind der
Kandidaten ſo viel, u: der Herzog ſieht ſehr drauf
LandesKinder zu haben. Aber ganz verzweifle ich doch
nicht an der Möglichkeit der Sache.

Von Homer ſind die 6 erſten Geſänge fertig, ich
ſchicke ſie Ihnen mit der erſten fahrenden Poſt.

Wenns für den Oſterverlag nicht zu ſpät wird kann
der erſte Band aus 8 Geſängen beſtehen, vor Ausgang
des März können u: ſollen Sie den 7ten u: 8ten Geſang haben. Den Kupfern entſag ich gern.

Bürgers Aufforderung an mich iſt ſehr gut, im März
werden Sie meine Antwort im Deutſchen Muſäo leſen.
Ich ſchreibe ſie nicht ab, weil's mir nun an Zeit fehlt,
u: ich den Brief nicht will liegen laſſen.

Für den M. A. hab ich 4 Gedichte, u: mehrere
werden ſchon kommen. Rechnen Sie drauf daß ich ins
D. M. nichts gebe was Sie brauchen können.

Ich bin neugierig Lenzens Brief im (Merkur *)
zu ſehen, (ach ich . irre mich er ſoll ja im Muſäo
ſein!) es thut mir leid wenn Lenz dumme Streiche
macht, denn ich hab ihn lieb. Bürgers Brief über den
Hexameter hab ich noch nicht geſehn, ich kriege alles hier
ſo verhenkert ſpät. Millers Stillſchweigen kann nicht
aus unedlern Urſachen als aus Faulheit kommen, u:
doch wundert's mich. Liebte er noch ſein Mädgen ſo
würde er Seiten lang von ſeiner Glückſeeligkeit ſchreiben,
wäre ſie ihm untreu ſo würde er jammern, u: machte

---

*) Statt dieſes Wortes ſteht im Original ein Hermesſtab.

Lieder eines Verlaſſenen. Ich hab ihm aus Oldenburg geſchrieben, aber habe keine Antwort.

Aber mein Liebſter was ſagt Klopſtock daß Sie den Homer nicht auf Subscription herausgeben? Machen Sie ihn ja nicht böſe auf ſich, es würde Sie tief ſchmerzen ' den herrlichen göttlichen Adler gegen ſich zürnen zu ſehen.

Seine Erſcheinung iſt herrlich! Ich leſe nun den Meſſias 2 Frauen u: zwey Mädgen vor.

Mit den 6 Geſängen ſchick ich Ihnen auch die Zuſchrift an Emilia Schimmelmann; u: eine Abſchrift meiner Dithürambe H o m e r, welche vor dem erſten Geſang u: nach der Zuſchrift gedruckt werden muß.

Ich ſchlage oft mit Fittigen, aber StadtLeben u: Zwang hemmen meine Kraft. Es macht mich oft der Gedanke traurig daß ich bey der LebensArt KrebsGang gehen muß. Es iſt hündiſch!

O wie klein iſt mir alles in der Welt nun da ich lebe u: webe in homeriſchen Ideen! Wie eckelt mir für faſt alles was ich ſehe. O lieber ich möchte Aräithoos ſein!

Nicht mit Bogen zog er in Streit u: nicht mit der Lanze,
Sondern trennte mit eiſerner Keule die Reihen der Krieger!

Das war eine Exiſtenz! O Voß auch vor der Feder eckelt mir in gewiſſen Augenblicken. Dann wäre mir die eiſerne Keule herzlich willkommen!

Was der Bund heiſſe? Würden auch die andern kraftlos oder träge, ſo wollen wir, Sie Voß u: ich doch beyde laut ſagen:

Νωι δ' εγω Σθενελοςτε μαχησομεθ' εισοκε τεκμωρ
Ιλιου ευρωμεν. Συν γαρ θεω ειληλουθμεν.

Grüſſen Sie mir herzlich die liebe Erneſtine in ihrem

erften Briefe. Schreiben Sie mir fein oft!!! Ich küffe
Sie mit warmem Herzen. Mein Bruder umarmt Sie.

F. L. Stolberg.

24.

Kop: d: 15ten Febr. 1777.

Heute hab ich die 6 erften Gefänge meiner Ilias,
nebft der Zuschrift u: Ode auf die Poft gegeben u: an
Toby Mumfen adreffiert.

Die zween folgenden Gefänge kann ich nicht eher
als in der Mitte des Märzes fertig haben, u: d: 15ten
März auf die Poft geben. Rechnen Sie nun nach ob
das nicht zu spät ift; wenn Sie den erften Band aus
6 Gefängen beftehen laffen, fo verfprech ich Ihnen Michaelis den 2ten Band, laffen Sie ihn aus 8 Gefängen
beftehen, fo verfprech ich auf Oftern 1778 den 2ten
Band. Ich bitte Sie, mein Liebfter, mich bald Ihren
Sinn wiffen zu laffen. Ich fage kein Wort mehr, denn
mir ekelt vor dem Gedanken daß des Beltes wegen
diefer Brief vielleicht 3 Wochen unterweges fein wird.
Ich umarme Sie herzlich.

F. L. Stolberg.

25.

Kopenh: d: 18ten März 1777.

Ich umarme Sie herzlich für Ihren Brief. Ob ich
gleich gewünscht hätte daß ein Theil von meiner Ueber-
fetzung diefe Meffe heraus käme, fo laß ich mich doch
gern tröften wenn es nicht angeht.

Der 7te u: 8te Gefang find nun auch fertig. Sa-

gen Sie mir bald, mein Liebster, ob Sie mit der Mi-
chaelisMeſſe lieber 8 oder 12 Geſänge zugleich heraus
geben möchten? Im erſten Falle könte ich Ihnen das
halbe Jahr brauf, d. i. Oſtern 78 wieder 8 Geſänge
liefern, im zweiten Falle aber nur Oſtern 79 die 12
lezten Geſänge. Zum wenigſten könnte ich ſie nicht
eher verſprechen.

Ihr Plan auf den M. A. zu heirathen würde mir
ſcheinen auf einen Felſen gegründet zu ſein wenn ich es
für gewiß annehmen könte daß der M. A. noch lange
beſtehen wird. Sie müſſen Klopſtocks Erſcheinung kriegen.
Auf Gerſtenberg u: Claudius kann man nicht immer
rechnen, Hölty, ach Hölty! Ich will was ich kann, aber
ich ſchlafe nachtnächtlich bey Homers Muſe u: zeuge daher wenig andre Kinder.

Beſter ich wolte Sie wären ſchon Erneſtinens glück=
licher Mann, u: ich beſuchte Sie beyde in Wandsbeck
in der Laube wo wir Spinnen fiengen und gegenein=
ander hezten.

Ich leſe nun eben die Apologie des Sokrates im
Original u: vergleiche ſie mit Ihrer Ueberſetzung welche
mir baß gefällt. So treu u: ſo frey. Ihr* püthiſcher
Chor gefällt mir an einigen Stellen ſehr, an andern
ſcheinen Sie mir der deutſchen Sprache viel Zwang an=
zuthun. z. E. gleich der Anfang.

Halten Sie es für möglich die Odüſſeia zu über=
ſetzen? Ich dencke oft bran, aber ich glaube nicht daß
es angeht. Wie könnte man die göttliche Einfalt, den
Adel in kleinen Dingen behalten. Wer möchte verlieren, u: wer könnte behalten den διον ὑφορβον,
die χαμαιευναδας συας, u: die ganze Titulatur des
Irus? Ich lieb die Odüſſeia ſo ſehr wie die Ilias,
zum wenigſten faſt eben ſo ſehr, kaum bewegt ſich das

Zünglein in der Wage wenn es sich bewegt. Bester
Voß ich muß Sie bitten um eine Abschrift der ersten
Hälfte des 2ten Gesangs bis zum Schiff-Verzeichniß.
Vom übrigen Manuskript hab ich noch meine erste
Handschrift, nur diesen hab ich verloren. Meine Lieder
für den Allm: kann ich Ihnen heut nicht schicken, aber
bald. Grüssen Sie Ernestine, dencken Sie oft u: herz=
lich an mich. Ich umarme Sie 1000 mal mit warmer
Bruderliebe.

Mein Bruder umarmt Sie.

F. L. Stolberg.

26.

Kopenh: d: 3ten May 77.

Ich umarme meinen lieben Voß für seinen lieben
Brief vom 27sten April. Wohl Ihnen Bester bey Ihrer
lieben Ernestine! Ich sehe Sie sitzen an ihrer Seite
u: schreiben u: küssen u: küssen u: schreiben. Gott weiß
wie gern ich Sie beyde einmal wieder überfiele, wer
weiß ob ichs nicht thue? Ich reise bald nach Loitmark,
komme von Laland zu Wasser nach Cappel, aber im
Rückwege schlüpf ich vielleicht einen Augenblick in
Ihre Laube.

Bravo bravo! Heil dem Uebersetzer der Odüssee!
Die Stelle von Sisüfos ist herrlich, aber nicht solche
Stellen sind Ihnen furchtbar, doch ich hoffe Sie wer=
den sich (bester Freund verzeihn Sie den Vergleich)
auch durch die dicken trüben Stellen mit dem Musen
Rüssel heraus arbeiten wie die Erd aufwühlenden Säue
des treflichen Sauhirten. Ihr Unternehmen ist noch
schwerer als das meinige, aber Sie führen es aus,

deſſen bin ich gewiß überzeugt. Nur ſolten Sie es in einem Format mit der Iliade herausgeben, ſo träten wir beide edle ſtarcke Ritter in einem Buche auf, in die Hümnen könnten wir uns theilen, wie gefällt Ihnen der Vorſchlag?

Den 7ten u: 8ten Geſang bring ich Ihnen viel=leicht, wo nicht ſo ſchicke ich ſie im Juny. Ich bin auch ſchon mit dem 9ten fertig, u: arbeite ſtarck am 10ten.

Ich geſteh Ihnen beſter Voß daß ich ein wenig bang vor Ihrer Feile geweſen bin. Ich ſehe ſehr wohl ein, daß viele Unvollkommenheiten in meinen Geſängen übrig ſind; aber ich fürchtete, ſie ſtäcken ſo tief, daß man ſelten daran ändern könnte, ohne meinen Hauptton zu ändern u: alſo der Originalität zu ſchaden.

Beſter Voß es iſt mir heut unmöglich Ihnen die Beiträge zum Allmanach zu ſchicken. Vielleicht bring ich auch dieſe in die Laube. Mein Bruder lebt u: webt in ſeiner Liebe, er läſt Sie herzlich grüſſen. Grüſſen Sie Ihr liebes Mädgen. Ich umarme Sie mit brü=derlicher Zärtlichkeit.

Für Pfenninger hab ich nichts.

F. L. Stolberg.

27.

(o. O.) d: 2lten Juny 1777.

Ich fand bey meiner Ankunft Ihren Brief mein liebſter Voß, die Beantwortung geſchah ſchon mündlich eh ich ihn empfangen hatte. Hier haben Sie den Dank. Ich wolte daß dieſer Brief Sie ſchon in Erne=ſtinens Armen, als glücklichen Ehmann fände, beſter Voß wie freue ich mich mit Ihnen über Ihr Glück! Ein

4*

liebes Weib ist u: bleibt doch das α u: ω alles Wohl=
seins.

Mein Bruder ist schon seit dem 15ten einer der
glücklichsten Männer, ich weiß Sie freuen sich deß herz=
lich mit uns.

Da die Ilias doch erst Ostern würde auf die Messe
kommen, so bitte ich Sie die 8 ersten Gesänge noch
nicht drucken zu lassen, als dann kann ich Ostern mit
16 Gesängen auf einmal erscheinen. Liebster bester
Voß die Nothwendigkeit der Anmerkungen seh ich nicht
ein, ich habe Weiblein meinen Homer gelesen, u: nie
etwas zu erklären gehabt. Wo Sie es schlechterdings
nothwendig finden, da machen Sie eine, so auch wo
Sie in den 8 Gesängen etwas finden, wie zum Exem=
pel die wo ich ερυσαντο δε παντα nicht recht übersetzt
hatte, da ändern Sie. Es ist mir würcklich unmöglich
an das alte wieder zu rühren, ins künftige will ich mich für
dergleichen hüten. Diesen Sommer werde ich am Homer
so viel als nichts arbeiten, ich müste ja ein Esel sein
wenn ich mir den reinen NaturGenuß verdürbe, ich will
harren auf die Erscheinung der Muse, wer weiß ob sie
mich nicht oft besucht. Hier schicke ich Ihnen eine
Ballade, was wird Bürger sagen daß ich auch hier in
sein Feld komme. Sagen Sie mir ob sie nicht für den
M. A. zu lang ist, in dem Fall würde ich sie an Boje
fürs Museum schicken, lieber hätt ich sie aber in dem
M. A.

Mein Bruder und Schwester grüssen Sie u: Erne=
stine herzlich.

Umarmen Sie Ernestine in meinem Namen u: las=
sen Sie sich wieder von ihr auch in meinem Namen
herzlich umarmen.

F. L. Stolberg.

28.

Ich umarme Sie herzlich, mein beſter Voß für Ih=
ren lieben Brief. Ich werde herzlich den 15ten mit
Ihnen feyern u: frölich ſein. Wohl Ihnen u: Ihrer Erne=
ſtine! Es verlangt mich ſehr nach einem Weibe, u:
doch — o beſter Voß es giebt Augenblicke da ich mit
der lieben GottesWelt ſo zufrieden bin, da ich möchte
tiefe Wurzeln drinnen ſchlagen wie Gottes Eichen, u:
meine Aeſte weit ausbreiten, u: trincken Sonnenſchein,
Regen u: Thau, in ſolchen Augenblicken wenn die Herr=
lichkeit und Lieblichkeit der Natur mich tränckt aus ihrer
Fülle, u: ich lieg an den Brüſten der guten Mutter
unſer aller, o dann iſt mir ſo innig wohl, u: da möcht
ich gleich freyen und zeugen Söhne u: Töchter wie die
heiligen Erzväter, — aber in andern Augenblicken wenn
der unendliche nie gelöſchte Durſt nach Freiheit, Sehn=
ſucht nach dem was unbekannt u: deſto reizender iſt,
Gefühl des Zwangs u: der Unbehäglichkeit im engen
Kercker dieſes Lebens, — o wenn alle das mich ſo recht in
ſeiner ganzen Schweere drückt, Voß dann möcht ich wie
Simſon die Welt aus ihren Angeln heben u: allen Welt=
eingekerkerten auf einmal Freiheit geben, Freiheit, mehr als
Griechenfreiheit! O der ruhigen Menſchen die das nicht
begreifen! Die nie in Bewegung ſind als wenn ſie
von auſſen Strom oder Wind treibt! Gottes Ocean u:
Gottes Menſchen haben eigne Bewegung, eigne Ebbe u:
Fluth, u: da ſtehen die Maulaffen u: wundern ſich
drüber daß das Waſſer in Bewegung iſt.

Es freut mich nicht wenig daß Ihnen u: Erneſtine
meine Ballade ſo gefällt, ſie hatte ſchon meine höchſt=

selbsteigne approbation, aber Ihr u: Ernestinens Lob ist mir sehr lieb. Ich kann Ihnen Weihnachten die 8 Gesänge vom 9 bis 16 inclus. schaffen, aber so müste ich der süssen Faulenzerey entsagen, u: auch dem gött= lichen Platon, dessen *Ιων* ich nun eben lese, er ist herrlich. Lieber Voß am liebsten erschiene ich Ostern 78 mit 12 Gesängen u: Ostern 79 wieder mit 12. O ich bitte Sie machen Sie das aus mit Jessen u: Boje! Sie thäten mir ein Werck wahrer Freundschaft wenn Sie das bewerckstelligten. Mit wenigen ganz klei= nen Noten würden 12 Gesänge nicht einen zu dicken Band machen, u: ich kriegte mehr Ruhe.

Ruhe — neque Purpurá venale neque auro. Und nun bitte! bitte! bitte! antworten Sie mir darauf gleich mit erster Post.

Das Mährgen von der Hexe ist herrlich! hinten Nacht, vorn Tag! u: die Regenbogen! u: Meer= aufsauferey! O können Sie sich nicht der zwoten Ver= wandlung auch erinnern? vielleicht könnte man das Ding mal brauchen.

Leben Sie wohl. Gottes Geist sey mit Ihnen tausendfältig. Umarmen Sie Ernestine. Mein glücklicher Bruder umarmt Sie.

F. L. Stolberg.

Am obern Rande von S. 4:

Auch ich zwey Worte herzlicher Freundschaft u: in= niges Antheils an Ihr Glück', guter Voss u: liebe Ernestine.

Gustchen.

Darunter von der Hand F. L.s:

Sie ward weggerufen bei einer Freundinn bestochen Visiten zu machen.

29.

(o. O.) d: 15ten July 1777.

Am **15**ten Julius schreib ich an Sie mein liebster
Voß, u: an Sie meine theure Freundin, freue mich
herzlich Ihrer Wonne u: bitte Gott — nein ich dancke
Gott für Sie beyde! Ihr u: Ernestinens Brief hat
uns sehr grosse Freude gemacht, ich sehe das rothwan-
gigte Mädgen heute noch erröthender.

Auch seh u: ahnde ich viel Zukunft für Sie beyde
und freue mich deß!

Nun Sie mir, mein liebster Voß, so viel Zeit zu-
gestehn, muß ich Ihnen vertrauen daß ich schon im
11ten Gesang bin; der 9te u: 10te waren schon vor
meiner Schleswigschen Reise fertig. Ich war Willens
ganz den Sommer über zu faullenzen, dem Gedancken
entsage ich nun. Weihnachten werden wohl 16 Gesänge
fertig sein, ich sähe es aber lieber daß je 12 u: 12
erschienen u: es ist mir sehr lieb daß Ihnen das Recht
ist. Sonst schalten u: walten Sie hierin wie Sie
wollen. Ich umarme Sie 1000 mal. Auch einmal
das Rosenwangigte Mädgen.

F. L. St.

30.

Kopenh: d: 1ten Nov. 1777.

Wie dieser Brief zu Ihnen komt, mein Allerliebster
Voß, möcht ich selber Sie u: Ihre liebe Ernestine besuchen, u: mich herzlich beym Anblick Ihres Glücks
freuen. O wenn ich nur alle Monat einen Tag dem
Kopenhagener Getümmel entrinnend bey Ihnen zubringen könnte! Wie reizt mich auch in dieser JahresZeit

die Vorstellung Ihrer ländlichen Wohnung in Wandsbeck, in den Armen der Natur u: der Liebe, u: im Umgang mit dem lieben Claudius u: seiner lieben Frau. Aber daß Ihr liebe Leutchen Euers Glück so ganz in der Stille genießt, u: nicht sizend in Abrahä Schooß den Finger eintauchet mich lechzenden zu laben, den eine grosse Kluft von Euch abhält, das ist nicht fein! Da Ernestine Ihnen half den Plato übersetzen, denck ich wird sie wohl auch an der Odüssee fleissig arbeiten, nicht wahr? Ich sehe nun das frische, lose, Rosenwangigte Mägdlein, als ein häußliches Weiblein marthaisiren in der kleinen ländlichen Hütte, u: Freude verbreiten über alles um sich her.

Ich bin sehr fleissig, liebster Voß, der Geist Homers waltet von oben herab über mich sterblichen, ihm opfere ich alle meine Zeit. Ich werde im März gewiß fertig. Nun bin ich's bald mit dem 16ten Gesang. Sie wissen der 20ste ist's auch schon. Ich habe also nur noch 7.

Wär's nun nicht möglich daß alle 24 zugleich künftiges Ostern herauskämen? ich möchte das gar zu gern! Sie können ja gleich mit dem Druck der ersten anfangen, u: ich schicke Ihnen die andern nach. Antworten Sie mir bald hierauf, u: suchen Sie es möglich zu machen; glauben Sie ja nicht daß ich deßwegen im Uebersetzen eile, das thu ich nicht, aber ich laufe weil ich izt im laufen bin, ich übereile mich warlich nicht. Im 7ten Gesange hab ich glaub ich v. 248 gesezt Telamoniden statt Priamiden, u: 249 Ajas statt Hektor. Sehn Sie doch in meinem Mspt: nach. Leben Sie wohl liebster Voß! Umarmen Sie Ernestine, Claudius, Rebekka.

Schönborns Gegenwart labt mich wie Nektar. F.L. Stolberg.

31.

Kopenh: d: 4ten Nov. 1777.

Ihr Brief an mich, liebste Erneſtine, u: mein Brief an Ihren lieben Mann haben ſich begegnet.

Ich danke Ihnen herzlich für den Ihrigen, Sie wiſſen wie lieb mir ein Brief von Ihnen ſein muß! Ihr Andenken iſt mir herzlich lieb u: werth; u: was Sie mir von Ihrer gegenſeitigen Glückſeeligkeit ſagen rührt u: freut mich unausſprechlich. Wohl Ihnen, edles, geliebtes Paar!

Ihren Brief an meine Schweſter ſchick ich ihr heute nach Schleswig, wo ſie nun iſt; dafür hab ich ihn auch geleſen!

Daß Ihr armer Mann mit homeriſcher Blindheit geſchlagen iſt geht mir nah; leiden Sie ja nicht, beſte Erneſtine daß er ſpät Abends viel lieſt u: kleinen Druck überall nicht! Er ſoll dem Vater Homer ſonſt nacheifern, aber nicht blind nachtappen.

Die Schweſter an welche Ihr Brief iſt, bringt Ihrem Manne 4 Geſänge meiner Ilias, von 8—12.

Sagen Sie an Voß ich möchte gar zu gern die ganze Iliade zugleich Oſtern herausgeben, daß ich fertig werde iſt gar kein Zweifel, ich werde im März fertig auch wenn ich die 12 lezten Geſänge noch zurückbehalte.

Lieber hab ich gar nicht gemacht, ich arbeite immer am Homer, immer heiſt aber freilich nur einige Morgenſtunden die Gold im Munde haben, denn Stadtgetümmel nimt mir den übrigen Tag.

O ſegnen Sie Ihre Ruhe!!!

Daß Voß ſogar den HochzeitsTag am Homer gearbeitet hat, dafür wird der blinde HalbGott ihm einſt die Hand drücken im himmliſchen Freudenſaal. Ich

habe beh Schönborn die KegelEinladung angebracht, er
freut sich herzlich drauf. Umarmen Sie Voß, Claudius
u: seine Frau, beste Ernestine, u: thun Sie nicht spröde
wenn ich Sie in Gedanken umarme?

F. L. Stolberg.

32.

Kopenh: d: 6ten Jan. 1778.

Ihr Brief, mein liebster Voß, hat mir herzliche
Freude gemacht, sehn Sie zärtlich dafür von mir um=
armt. Wie freue ich mich der Vater u: MutterFreuden
denen Sie u: Ihre Ernestine entgegen sehen!

Auch bin ich innig gerührt, daß Sie dem Knaben,
wenns einer wird, meinen Namen geben wollen, wie
werd ich ihn lieben diesen kleinen Voß! --

Es ist mir gar sehr lieb daß die ganze Ilias Ostern
erscheint. Sorgen Sie nur daß der Schniebes keine
Zaubereyen macht u: alles zur Messe fertig liefert.
Meine Schwester wird Ihnen izt die 4 Gesänge gegeben
haben. Ich habe 8 andere fertig liegen, u: will sie
Ihnen bald zusenden. Ich wälze mich mit dem gött=
lichen Päleion in den Fluthen des tiefstrudelnden Silber=
wirbelnden Xantos. Diese Stelle ist eine der schwersten
in der Ilias, aber auch eine der göttlichsten. Und solche
zu übersetzen ist HerzensFreude. Bey Ihrem Schiffbau
im 5ten Ges: mag wohl auch Ihnen der Angstschweiß
ausgebrochen sein, ich sehe Sie froh wie den πολυτροπον
Odüsseus die Stelle fertig machen

Und dann wälzen mit Hebeln den Floß in die heilige
Meersfluth.

Ich glaub ich hätte Schiff gesagt, poetischer ist es
gewiß, die Genauigkeit hätte mir nichts in diesem Falle

verschlagen denn ein Floß ist doch auch ein Schiff —
aber nun da Floß dasteht kommt mir doch vor daß Sie
recht haben weil Homer nicht *ναυς* sondern *σχεδιη*
braucht, u: Floß ist individueller.

Es freut mich daß unser Homer nur ein Werck aus=
machen soll. Ich dächte wir geben ihm zween Titel.

Erst: Homers Wercke übersezt durch St u: B.
Dann Ilias übersezt durch St. Odüssee übersezt durch B.

Schicken Sie mir doch einen gedruckten Bogen, ich
bin neugierig.

Umarmen sie Jhre Ernestine.

Leben Sie wohl bester Voß, ich umarme Sie herzlich.

Clauswiz grüßt Sie.

F. L. Stolberg.

33.

Ich freue mich aus ganzer Seele, von ganzem Her=
zen u: aus allen Kräften Jhrer grossen Freude, mein
Liebster Voß! Gott was müssen Sie gelitten! wie sich
gefreut haben! Ich weiß es daß ich Jhnen das nicht
ganz nachempfinden kann, ich bin weder Vater noch Ehe=
mann. Aber unendlich viel empfinde ich doch mit Jhnen
u: freue mich herzlich u: aber herzlich.

Müsse mein lieber kleiner Pathe Jhnen u: der lie=
ben Mutter so viel Freude machen als je ein Kind sei=
nen Eltern gemacht hat! Ich weiß ihm nichts beson=
deres anzuwünschen, aber ich möchte mit vollen Händen
aus den Strömen alles Guten schöpfen u: ihn damit
über u: über baden.

Liebster Voß das Herz ist mir sehr voll. Ich um=

arme Sie mit inniger Zärtlichkeit. Hier noch ein Wort an Ernestine.

Was kann ich Ihnen sagen, liebe Ernestine! Ich freue mich so herzlich Ihrer und Vossens Freude! Möge das liebe Kindlein Ihnen Ihren Schmerz und Vossen seine Todesangst millionenfältig durch Freude hier, durch Seeligkeit dort ersetzen! Mein Bruder und Schwestern freuen sich mit uns.

Behalten Sie mich lieb! F. L. Stolberg.

34.

Eutin d: 14ten Juny 1779.

Das dachte ich nicht, mein liebster Voß, daß ich über 2 Monate hier sein würde. Nun gehe ich von hier mit meinen Schwestern u: meiner Schwiegerin nach Mainberg*). Die Reise nach Braunschweig, ist Gott weiß auf wann, aufgeschoben. Klopstock gehet allein nach Dessau, ist glaube ich schon verreist. Ich habe nun an Gleim nicht geschrieben, also auch Ihre Commission wegen des Homer an ihn nicht ausgerichtet.

Das war ein schöner Abend den wir in Wansbeck zusammen hatten! Möchten wir dergleichen zusammen haben können!

Ich schicke Ihnen drey neue Gedichte für den Allm: Ich habe hier noch 500 Verse an der Zukunft gemacht, u: den 2ten Gesang vollendet. Sie u: Claudius mögen sagen was Sie wollen, ich habe nie etwas so gutes als dieses Gedicht gemacht, Klopstock und Gerstenberg sind ganz der Meinung.

Die Berliner sollen sich so sehr prostituiret haben daß sie Bodmers Uebersetzung der meinigen vorziehen.

*) Vgl. den folgenden Brief.

Wird denn niemand die Schreyer an den Pranger stellen? Heute reise ich von hier, u: komme Morgen Vormittag nach Tremsbüttel. In einigen Tagen reise ich weiter.

Wie geht es dieses Jahr mit dem M. A.?

Grüssen Sie herzlich Ihr liebes Weibchen u: meinen kleinen Friedrich Leopold.

Müssen auch ihn die Berliner Hunde einst anbellen u: anpissen! Leben Sie wohl! Ich umarme Sie herzlich.

F. L. Stolberg.

35.

Meinberg in Westphalen d: 13ten July 1779.

Hier bin ich seit 14 Tagen mit meinen beyden Schwestern welche Sie kennen u: mit meiner Schwiegerin. Gustchens Krankheit so wohl als meine eignen rheumatischen Beschwerden, an denen ich so viel vorigen Winter ausgestanden habe, sind die Ursache unsers Hierseins. Wir trinken Brunnen u: baden. Alle Abend steige ich in ein warmes Bad u: lasse mir Eis kaltes Wasser auf den Kopf sprützen. Lieber möchte ich ευνη και φιλοτητι μιγειν mit den Nymphen des Rheins, oder den Oceanitinnen. Das traurigste ist daß meine Hofnungen für Gustchens Genesung sinken; für mich selbst hoffe ich einige Besserung. Ihren Brief u: die Beylage hat mein Bruder mir geschickt. Ich danke Ihnen herzlich für den Brief, u: freue mich daß Sie den Berliner geisseln. Nikolai wird nicht erröthen,

> Wer sich zu keiner Pflicht
> Als nur aufs Geld versteht der schämt sich ewig nicht!

Und ein solcher scheint mir Nikolai seit der Geschichte seiner Bunkliade zu sein.

Mein Ekel für das Abschreiben hat mich allein abgehalten Jhnen den 2ten Gesang der Zukunft, an welchem ich 500 Verse die Sie nicht gesehen haben gearbeitet habe, zu schicken. Einen guten Abschreiber habe ich nicht finden können. Jch muß Jhnen doch sagen daß Klopstock, Gerstenberg u: mein Bruder meine Zukunst für meine beste Arbeit halten, u: ich selbst auch. Jch schicke Jhnen hier das Ende des 2ten Gesangs. Jch habe mehr lyrischen Flug u: Darstellung der Begebenheiten als Erzählung in den 500 Versen die Sie nicht kennen.

Winfeld, Christus, die Ausgiessung des H. G. die Zerstörung Jerus: die Märtyrer, eine Scene aus Ossians Volk u: Zeit, die Flucht der Heidnischen Götter, Eroberung Roms, Ausbreitung des Christenthums u: der Lehre Mahomeds, Eroberung Englands, KreuzZüge u: Eroberung Konstantinopels, Tell, Columbus u: siebenfältiger Fluch gegen die Negerhändler, Reformation, Holländische Freiheit, sind der Jnhalt des Gesangs bis auf die Stelle welche ich Jhnen schicke.

Jch schicke Jhnen auch eine Ode von meinem Bruder für den M. A. Sie ist eine Antwort auf die meinige, u: ich hätte gern daß sie bey einander zu stehen kämen.

Diese Oden u: meine beyden Lieder hat Weigand schon, aber was schadet das?

Haben Sie Rosalia im D. M. gelesen? Diese Erzählung, welche ich gerngemacht hätte, ist von Katrinchen. Sie hat noch einen schönen Pfeil im Köcher.

Es freut mich daß mein Frizchen so rasch u: brav ist, möchte ich doch das liebe Bübchen bey Vater u: Mutter sehen!

Jch kann nun nichts arbeiten, u: werde vielleicht nicht vor dem Winter weiter in meiner Zukunft kom-

men, das heist nicht gebären, schwanger bin ich jew.,
u: werde immer schwangerer.

Meine Schwestern grüssen herzlich u: umarmen Er=
nestine! Darf ich das auch? o ja! Nun so umarm
ich Sie beyde von Herzen.

F. L. Stolberg.

Ich hätte gern bald Antwort, mein Liebster, u:
überhaupt daß wir uns öfter schrieben. Ich weiß das
thäten Sie auch gern, aber wies denn so geht, man
thut nicht immer was man gern thäte. Da ich nicht
weiß, wie lang ich hier bin, u: die Briefe auf hiesigen
Posten langsam gehn, so bitt ich Sie die Antwort nach
Hamburg zu schicken an Toby Mumssen.

36.

Kopenhagen d: 15ten Febr. 1780.

Sie meinen ich müsse unlustig gewesen sein, mein
liebster Voß, weil ich Ihren lieben Brief, in welchem
Sie mir des zweyten Söhnleins Geburt melden nicht
beantwortet hätte. Ach mehr als unlustig! ich war u:
bin in der Seele betrübt! Meine süsse Freundin, meine
Schwester Emilia Schimmelmann ist todt! Ich kam
nach Kopenhagen d: 12ten November. Schon war die schöne
Blume minder blühend, bald ward sie kranck, bekam ein
Entzündungs=Fieber in der Brust, u: dann die Schwind=
sucht, u: starb d: 6sten Februar. Sie hat viel, beson=
ders die lezten Tage gelitten, mit himmlischer Heiterkeit.
Lächelnd litt sie, betete leise, tröstete die Weinenden. Die
lezten 11 Tage ihrer Kranckheit konnte ich sie nicht be=
suchen, weil ein Scharlachfieber, das mich noch zwingt
die Stube zu hüten, mich einkerkerte. Das war mir
sehr hart, denn ich hatte sie täglich 2 mal zum wenig=

sten besucht. Mein Bruder u: Katrinchen sind die 3 lezten Tage u: Nächte nicht von ihrem Bette gekommen, u: haben sie sterben gesehen! Den Tag vor ihrem Tode schickte sie mir eine Blume, die erhalte ich sorgfältig, sie ist mir ein Heiligthum. Der arme Witwer, den ich seit 7 Jahren von ganzem Herzen liebe, ist Trost los. Die beyden liebten sich unaussprechlich. Sie war die Freundin meines Herzens, jeden Gedanken theilte ich mit ihr. In ihrer Gegenwart habe ich manche meiner liebsten Gedichte gemacht. Ich genoß die Natur mit ihr doppelt, laß mit ihr, theilte alles mit ihr. Auch besser bin ich durch ihren Umgang geworden.

Ich danck Ihnen bestens für die Verse mit welchen Sie mir die Odüssee widmen. Sie sind Ihrer ganz werth, u: machen mir viel Freude.

Es ist unbeschreiblich eselhaft daß nur 100 Subskribenten in Deutschland sind! Das mag Millers Freude über seine vielen Leser dämpfen! Ich kann warlich seine Romane nicht lesen. Im Burgheim hat er meinen Bruder u: mich jämmerlich vorgeritten. Am dritten Gesang der Zukunft habe ich, wie Sie leicht denken können, izt nicht arbeiten können, u: werde so bald nicht im Stande sein es zu thun. Meine Seele ist tief verwundet. Ich umarme Sie herzlich liebster bester Voß, u: Ihre Ernestine u: die Buben.

F. L. Stolberg.

37.

Kopenh: d: 22sten April 1780.

Vielen herzlichen Dank, mein bester Voß, für Ihren lieben lieben Brief, u: für die schöne Idille. Es ist

doch gewiß etwas sehr schönes wenn so unverhofft der
Brief eines lieben Freundes ankomt, nur der Schlitten-
besuch des H: Pastors mit seiner jungen Frau beym
70jährigen Alten, war noch erfreulicher. Ich höre
schon die Herrchen und Wißen dieses schöne Natur-
gemälde anschnauzen, laß schnauzen an, ich habe
mich daran geweidet u: meine Freude daran gehabt. Das
alte Mütterchen ist mir so lieb u: interessant, als wäre
sie die Hausehre des göttlichen Sauhirten. Ich werde
Sie diesen Frühling nicht sehen mein liebster, so gern
ich Sie u: Ernestine umarmte, u: die lütgen Fosse auf
meinen Armen hin u: her webte. Ich komme nicht nach
Holstein, thäte ich's, so müste ich viele Wochen an meinem Hofe in Eutin zubringen, u: da hüt' ich mich vor.
In weniger als 3 Wochen geh ich aufs Land wo ich
den Sommer u: Herbst mit meinen Schwestern zubringe,
am Gestade des Meeres, in schöner Gegend von Wald
u: Wiesen, u: wo ich Freude habe an einem sehr schönen Garten von blühenden Stauden jeder Art u: von
Blumen die Fülle. Dieser Garten gehört mir, ich habe
auch Tauben u: Goldfische, Sie würden Ihre Freude
dran haben wenn Sie es sähen.

Nun Gottlob! so bin ich doch wieder einmal zum
Kinde geworden! Ich meine in der Art wie ich Ihnen
das erzähle. Es komt mir dergleichen Freude izt
selten, ich fühle mich ältern u: gräme mich oft drüber.

Lezt sah ich ein Stambuch in welches Feder, der
Erzmoderne Philosoph, geschrieben hatte: moderata du-
rant. So mag wohl auch Heyne denken. Die kaltklu-
gen u: dummkalten Kerls wissen nicht daß man um sich
schlägt wenn das Geschmeiß einem um die Ohren sum-
set. Es ist wahr Sie haben weiblich die Keule ge-

schwungen, u: ist mir darüber der Held eingefallen von
dem Nestor erzählt:

> Nicht mit Bogen zog er in Streit u: nicht mit der Lanze,
> Sondern trennte mit eherner Keule die Reihen der Krieger.

Oder soll ich sagen daß Sie wie Odüsseus die
Zunge des Lästerers geschweiget haben?

Mein Bruder verläst mich in 8 Tagen. Das ist
bitter. Ihn u: Gustchen werden Sie sehen. Kätchen
läst Sie herzlich grüssen u: Ihre Frau.

Hier schick ich Ihrer lieben Ernestine eine Ode, u:
auch Ihnen für den Muf: All.

Lieber Voß, schreiben Sie mir ja bald wieder.
Ich umarme Sie von ganzem Herzen.

F. L. Stolberg.

38.

Bernstorff d: 29sten July 1780.

Lange würde ich Ihren lieben Brief beantwortet haben,
mein bester Voß, wenn ich nicht auf Erscheinungen der
Muse gewartet hätte, deren mir keine geworden sind.
Mein Brief komt allein, wie der ehrliche Lerse im Göz
von Berlichingen, der nur sich selbst dem braven Ritter
brachte. Und doch habe ich ihm ein Mägdlein zugesellt,
das Lied an Lyda, ich wünschte daß Bach oder Schulze
es komponirten für den Allmanach. Denn ich hätte es
gern im Allm. weil es im Museum fehlerhaft ist abge=
druckt worden.

Seit 3 Wochen haben wir unsern Boje hier, ich
begegnete ihm in Fühnen wo ich hingereist war um Gust=
chen u: einer jüngern Schwester die von Holstein kamen,
entgegen zu gehen. Sie können sich meine Freude vorstellen,

izt geht sie auf die Neige, er wird schwerlich länger als
8 Tage noch bleiben, aber genossene Tage der Freundschaft sind nicht verloren, sie knüpften das Band noch
fester, u: der Duft ihrer Erinnerung bleibt zurück. Izt
diesen Augenblick erwarte ich ihn, er wird den heutigen
Tag hier zubringen. Gott sey Lob daß er Sie mit
Weib u: Kind nicht in der Elbe hat untergehen lassen,
es komt mir noch hinter her ein Grausen an wenn ich
an die Gefahr denke in welcher Sie gewesen sind. Dann
wäre die deutsche Odüssee viva voce hinüber ins Pa-
radeiß geflogen mit Ihnen, die herrliche kritisch-historisch-
geografisch-kabbalistische Erläuterung hätte wohl die Läuterung des Fegfeuers nicht ertragen, falls sie auch den
Wogen entronnen wäre.

Bester Voß, es fehlt mir ganz an Freudigkeit um
eine Umarbeitung meiner Ilias vorzunehmen.

Sie ist auch nicht so nöthig, deucht mich; Wer des
Geistes der sie beseelt gewahr wird, der achtet der kleinen Fehler nicht

quos aut incuria fudit
Aut hominum parum cavit natura —

Und für andre Leser ist sie schon viel zu gut. Ich
will noch heut an Jessen schreiben daß ich gern zugeben
wollte daß eine neue Auflage veranstaltet würde, aber
unter zwo Bedingungen, 1, daß er für den Preiß des
Einkaufs Ihnen Ihr Papier abnehmen, 2, daß er sie
in Hamburg drucken lassen müßte, damit Sie die lezte
Korrektur besorgen könnten. Daß Sie das thun' wollen,
bester Voß, ist sehr gut von Ihnen, und ich sage Ihnen
meinen herzlichsten Dank dafür. Sie können gern, nach
Belieben, das oi in ö verwandeln.

Leben Sie wohl, bester Voß, grüßen Sie herzlich
ihr süßes Weibchen. Meine Schwestern tragen mir an

5*

Sie beyde sehr viele Grüsse auf. Mich verlangt von Herzen darnach Sie mit Weib u: Kind bald einmal zu sehen. Unser Boie wird auf die 4te Seite schreiben. Ich umarme Sie von ganzem Herzen! Mein Bruder hat die Bekantschaft des jüngern Jacobi gemacht, das muß ein braver Mann sein, noch mehr als sein älterer Bruder der Jüngling, an dem ich doch auch vieles hochschätze.

F. L. Stolberg.

39.

Bernstorff d: 3ten August 80.

Hier, mein bester Voß, haben Sie eine Ballade die sich gewaschen hat, es sollte mir leid thun wenn sie für den M. A. zu spät käme, ich habe sie izt erst gemacht u: also nicht früher schicken können. Der werthe Herr Rector sieht daß ich den Weibsen Moral zu predigen nicht müde noch laß werde, ich meine ich habe ihnen einen herben Tranck eingerührt, u: desto herber für sie je mehr sie an süssen Syrop gewöhnt sind.

Die Geschichte ist wahr, so sind auch Roland u: Fancy keine erdichteten Personen. Roland ist ein grosser 3jähriger dänischer Hund der noch gestern mir als ich mit andern im Kahn war, so weit nachschwam daß sein Leben in Gefahr kam. Fancy ist ein klein braun u: weiß englisches Jagdhündchen, noch nicht ein Jahr alt.

Unser lieber Boie ist noch hier u: bleibt noch 8 Tage. Es wird mir schweer werden ihn zu verlieren, der vorige Sommer u: dieser Besuch in Dänemarck haben ihn mir noch werther gemacht als er vordem schon war.

Grüßen Sie herzlich Ernestinen u: sagen Sie ihr ich hätte eine Ballade in petto welche das Gegenstück von Incle u: Yariko zu sein verdient. Was doch von der Helena an bis zur Ernestine die Weiber vor —

Geschöpfe geweſen ſind! geliebte

Abe liebſter Voß, ich umarme Sie herzlich.

F. L. Stolberg.

Die Schweſtern ſind alle wohl u: würden mir ſehr viel Grüße auftragen wenn ſie wüſten daß ich heut an Sie ſchreibe.

40.

Kopenh: d: 6ſten März 1781.

Ich habe nichts dagegen, mein liebſter Voß, daß Jeſſen, wie u: wann er will, eine neue Auflage meiner Ilias veranſtaltet, bin aber in dieſem Augenblick nicht im Stande con amore u: wie ſichs gebührt meine Arbeit zu verbeſſern. Nur ganz groſſe Fehler muſte ich wegnehmen.

Geſ. X. v. 517

„Schlug dann mit der Geiſſel die Roſſe„ — muß heiſſen mit dem Bogen, denn Odüßeus hatte vergeſſen die Geiſſel aus dem Wagen zu nehmen, das griechiſche μαστιζεν hat mich betrogen.

Geſ. XI. v. 375.

„Nicht umſonſt; die Lanze durchdrang den Fuß Diomädäs.„ muß heiſſen der Pfeil. Dieſer Schnitzer iſt ſehr groß. Das Griechiſche βελος hat mich betrogen.

Der rechtſchaffene Bernſtorf hat Kopenh. vor 8 Tagen verlaſſen, u: iſt izt mit Weib u: Kind bey einer Freundin in Seeland, wo ich ihn noch beſuchen werde.

Noch vor Ausgang dieses Monats dencke ich nach Holstein zu reisen, wo ich zum wenigsten den Sommer, vielleicht immer, bleibe.

Sie zu sehen wird mir eine recht herzliche Freude sein, deren ich würcklich bedarf.

Ich weiß nicht ob ich Ihnen geschrieben habe daß ich im Anfang des Winters den 3ten Gesang der Zukunft gemacht habe. Seitdem hängt meine Harfe an babylonischen Weiden.

Die schöne Beckerin kann u: darf nicht von Bürgern sein.

Glück zur 1001 Nacht. Ich liebe sie sehr, es ist ein Reichthum der Phantasie drinnen den ich bewundere. Toby Mumssen sagt es sey ihm, wenn er sie gelesen habe, gewesen als ließ er sich durch ZauberGefilde in einem hohen Phaeton fahren.

Grüssen Sie von ganzem Herzen Ernestine, Friz u: Heinrich. Ich umarme Sie mit zärtlicher Freundschaft. Hier ist ein kleines Lied für den M. A.

Am linken Rand der ersten Seite:

Haben Sie des Königs von Preussen elende Schartecke u: Jerusalems kleinmüthige Antwort gelesen?

F. L. St.

41.

Kopenh: d: 20sten April 1781.

In diesen Tagen werde ich Kopenhagen verlassen, u: ich vermuthe auf immer. Ich kann zwar wiederkommen, aber kann es auch nicht thun, u: meine Wahl ift ausgemacht. Mein Plan ift bey meinem Bruder zu leben, der, Sie wiffen wie fehr, mein befter Freund ift. Vielen meiner Freunde komme ich nun auch näher, schüttle von mir das Joch des Hofes u: die Feffeln des Stadtlebens, u: werde ftatt meines minifterialifchen geschäftlofen u: geschäfteleyvollen Müffiggangs, Bäume u: Blumen im Garten meines Bruders pflegen. Auch Ihnen, mein liebfter Voß, komme ich näher, hoffe die= fen Sommer Sie zu fehen. Wie herzlich werde ich mich freuen Sie wieder zu umarmen.

Ich schicke Ihnen hier zwey Gedichtchen für den All= manach. Das Lied habe ich vorgeftern gemacht, die Ode geftern. Beyde find mir aus vollem Herzen ge= ftrömt. Aus einem Herzen das Fluthen treibt, fich zwi= fchen den Ufern eines Briefes ängftiget u: brauft, u: in der Apfellaube wo ich meinen glücklichen Voß u: feine Erneftine fand, fich frey ergieffen würde.

Leben Sie wohl, ich umarme Sie von ganzem Herzen.

F. L. Stolberg.

42.

Eutin d: 24ften Juny 81.

Ihr Brief betrübt mich, befter Voß, denn ich kann nicht kommen. Wie Carrabas feh ich auf meine Ketten u: schlucke zornigen Schaum ein; bin aber nicht fo glück= lich wie er, denn wär ich Oftern frey gegeben worden, fo würde ich Johanni mit meinem lieben Voß in Ham= burg fein.

Erneftine die Knaben = Gebährerinn ift ein liebes u: braves Weib. Aber wehe dem Herrn :Rector wenn der muthwillige Schwarm in feiner engen Stube den Kopf ihm noch heiſſer macht als die Jungen in der Schule schon gethan haben.

Die Berliner haben Sie weidlich geſtäupet. Sie ſind ein ſtreitbarer Mann, u: fällt wir ein was Homer von einem Krieger ſagt:

> Nicht mit Bogen zog er in Streit u: nicht mit der Lanze,
> Sondern trennte mit eherner Keule die Reihen der Krieger.

O weh daß ich Sie nicht ſehen und umarmen kann!

Laſſen Sie ſich von Klopſtock die 400 lezten Verſe des 2ten Geſanges u: den ganzen dritten Geſang meiner Zukunft zeigen, u: ſagen Sie mir Ihre Meinung.

Ich umarme Sie von ganzem Herzen.

F. L. Stolberg.

43.

Eutin d: 27ſten Dec. 81.

Liebſter Voß, Ihr Stolberg iſt Bräutigam! Meine Braut iſt ein Mädel von 19 Jahren. Ihr Wuchs iſt ſchön, Ihr Geſichtchen allerliebſt, ihr Haar golden, Ihre Augen groß u: ſanft u: Liebevoll ihr Blick. Ihr Herz rein u: edel u: liebend u: ſanft. Ihr Verſtand iſt ſehr ſchnell u: ſehr ſicher u: ſehr fein, läſt ſich aber doch immer von der warmen u: weichen Hand ihrer Empfin=dung leiten. O Voß unter viel Millionen Mädchen ſähen Sie ihr gleich an daß es ein deutſches Mädel iſt, u: unter allen deutſchen Mädels hätte ich ſie ausgeſucht. Sie heiſt Fräulein Wizleben u: iſt Hofdame hier am Hofe an welchem ich als Oberſchenk bleibe. Immer auf dem Lande erzogen iſt ſie ein Kind u: Säugling der Natur u: man ſieht ihr den Theelöffel der Kunſt u: des Hofdamen-Standes warlich nicht an.

Sie liebt Sie u: singt viele Ihrer Lieder. Sie singt allerliebst, u: kann so natürlich der Nachtigall nachpfeifen daß ich sie diesen Frühling habe von den Aesten herabhüpfen u: ihr nahe kommen gesehen.

Folgenden Dithüramben hat mir Bürger geschickt:

Wolkensohn!
Himmelschwebender Aar!
Willst Du Deiner ambrosischen Losung,
Köstlicher als aller Schnepfenkoth,
Nimmer ein Häuflein,
Gewunden wie ein AmmonsHorn,
Fallen lassen,
Dem zur frölichen Bescheerung,
Der mit gerösteter Sammelscheibe
Dessen am Ufer der Leine harrt?

Sie sehen daß ich ihm wohl etwas schicken (bald hätt ich geschrieben sch.....n) muß! Indessen das pictum sollen Sie haben.

Leben Sie wohl u: nehmen Sie noch einmal meinen Dank für das herrliche Gedicht an mich vor der Odüssee. Und wie viel u: oft dank ich Ihnen auch für die Odüssee selbst, mit welcher Sie unser Vaterland, dieses

Monstrum horrendum, informe, ingens, cui lumen
ademptum,

beschenkt haben.

Sie wissen wie von ganzer Seele ich ein Deutscher bin, ich möchte für eine Million Küsse meiner Braut aus keinem andern Lande sein, aber zuweilen frist mich der Eifer über den Undank unseres Publicums.

Grüssen Sie herzlich Ernestine.

Ich umarme Sie von ganzem Herzen.

F. L. Stolberg.

Ich habe diesen Sommer den 4ten Gesang der Zukunft gemacht in welchem ich Spanien mit Erdbeben,

Sturm, Seuchen, Dürre, Pestilenz, Ueberschwemmung u:
pyrenäischen Wölfen heimsuche. Das abgerechnet ver=
fahre ich säuberlich mit dem Knaben Absalom.

Adressiren Sie izt u: künftig meine Briefe an das
dänische PostAmt in Hamburg welches immer weiß
wo ich bin.

44.

Hamburg d: 26sten Jan. 1782.

Von ganzem Herzen dancke ich Ihnen, bester Voß,
für Ihren lieben Brief. Wie gern stell ich mir den
Otterndorffer Odüsseus (ist nicht der Name Voß schon
eine Uebersetzung des Namens vom schlauen Odüsseus?)
wie gern stell ich ihn mir vor, bald bey seiner liebenden
Pänelopeia u: den jungen Tälemachen, bald mit dem
mächtigen Bogen in der Hand, die falschen Bulen der
Muse, Nicolai und Lichtenberg schreckend und treffend.

Ich erinnerte mich des ganzen Zusammenhangs der
Sache mit Bürgern u: meines Versprechens nicht, weil
mir aber doch von dem allen etwas vor dem Gedächtniß
schwebte, wollte ich Bürgern nicht schreiben ehe ich Ihre
Antwort hätte, u: schicke ihm also nichts.

Eckermann soll Professor in Kiel werden. Da fiel
mir, als ichs hörte, aufs Herz, daß mein Voß Rector
in Eutin werden müßte. Otterndorff ist nicht Ithaka,
dacht ich, u: schrieb an Graf Holmer deswegen. Ich
habe auch an den alten Cramer geschrieben den vielleicht
Holmer um Rath fragen möchte. Liebster Voß wie
würde ich frohlocken Sie nach Eutin hinziehen zu kön=
nen! Sie kämen aus dem Froschpful, u: ich hätte
meinen Freund! Klopstock wünscht es sehr lebhaft.
Eutin, sagt er, ist besser als Otterndorff, und ich kann

ja nicht über die Elbe reiten. Schreiben Sie mir ob
Sie Luft haben, ich bin in 3 Tagen wieder in Eutin.

Ihre Pänelopeia ist fehr hart meinem armen Bräutlein
den Wiz abzusprechen, nichts als das Leben ihr zu laffen.
Nicht fo, Frau Erneftine! Mein Weibchen heift Wizleben! Gerftenberg fagt: nicht Wizleben, Geniusleben
foll fie heißen!

Liebfte Erneftine wie wollte ich mich freuen Sie
mit unferm Voß in Eutin zu fehen! Nehmen Sie mir
das unfern übel, Sie die meinem armen Weibe den Wiz
abfprechen? Und dadurch machen Sie mir meine Weisheit ftreitig, denn ich deute auf mich den Spruch im
Salomo: „Ich Weisheit wohne bey der Wize". Ade
liebfter Odüffeus, liebfte Pänelopeia, ade! —

F. L. Stolberg.

45.

Eutin d: 3ten Febr. 82.

Ich erwarte mit Ungebuld Ihre Antwort auf meinen lezten Brief. Man wünfcht Sie hier her zu kriegen. O befter befter Voß kommen Sie her ins Land
fchöner Natur! her zu Ihrem Stolberg!

Agnes, welche Sie lange fchon liebt, u: viele Ihrer Lieder fingt, läft Sie u: Erneftine herzlich grüffen
u: bittet auch daß Sie kommen mögen. Schreiben Sie
einen Brief an den H: von Lowzow, KammerPrä-
fidenten u: Ritter des Dannebrog, in Eutin (ich fchreibe
die Titulatur damit Sie fie ihm geben), u: halten Sie
um die Stelle an.

Eckerman foll jährlich bei 800 Reichsthaler eingenommen haben. Ich muß schliessen. O kommen Sie Freund meines Herzens!

F. L. Stolberg.

Schliessen Sie den Brief an Lowzow an mich ein.

46.

Borstel in Holstein d: 15ten März 82.

Sie sollten dennoch, deucht mich, nach Eutin kommen. Bey gleicher gewisser Einnahme, hätten Sie freilich wegen höheren Preises der Dinge, weniger, wenn nicht, wie sehr zu vermuthen steht, viele Fremde, durch Ihren Namen angelokt, hinkommen würden, u: die Fremden müsten mehr bezahlen wenn sie auch nicht mehr Stunden hätten, dächte ich. Es lautet auch köstlich in den Ohren der Mäcenaten welche Sie vielleicht einmal anderswo hin rufen könnten, wenn es heist, Voß ist schon von Otterndorff nach Eutin berufen worden.

Regenwasser ist auch nicht Nectar.

Und dann wie wollten wir uns einander ermuntern! Wir könnten vielleicht gemeinschaftlich etwas unternehmen, wozu jeder einzeln nicht Lust hat weil er einzeln ist.

Ich glaube noch dazu daß gewisse Leutchen welche mir die Stelle so gar schlecht beschreiben, einen anderen gern hier hätten. So scheint es mir, doch weiß ichs nicht gewiß, u: halte sonst Eckermann für einen braven Mann, kenne ihn aber wenig.

Schreiben Sie mir so bald als möglich Ihren lezten Entschluß. Ich umarme Sie von ganzem Herzen. Meine Braut ist mit mir hier auf einem Gute von Bernstorff wo wir alle Geschwister sind. In 8 Tagen bin ich wieder in Eutin. Schreiben Sie mir ja bald.

F. L. Stolberg.

47.

Da ich höre daß der Stallmeister von Uffeln wel=
cher in einer halben Stunde verreiset, in Jhre Gegend
tomt, so muß ich ihm einen Brief an Sie mitgeben,
liebster Voß, u: Sie nochmals bitten herzukomen.
Gestern Abend kam ich wieder her. Heut früh hab
ich mit dem Präsidenten Lowzow gesprochen.

Wenn Eckermann schrieb daß die Schüler jährlich
nur 8 rth: geben, so ist das nur von der kleinen, sich
izt auf 8, belaufenden Anzahl, einheimischer zu verstehn.
Die ausländischen, deren izt 13 sind, geben jährlich,
nach dem sie mit dem Rector übereinkommen. Sie ga=
ben Eckermann jährlich 24 rth: jeder. Auch die Ein=
heimischen gaben ihm das, weil er zu den 5 täglichen
Stunden zu welchen er verpflichtet ist, eine 6ste gab in
welcher er neue Sprachen lehrte.

Aber auch ohnedem hätten die Ausländer 24 rth:
bezahlt, oder je nachdem sie mit ihm übereingekommen
wären.

Kommen Sie! Fixum haben Sie 200 rth:, etwas
drüber, u: 7 Fuder Holz, so viel an Torf als 3 Fu=
der Holz betragen, Häusung u: Gräsung für eine Kuh.

Mich deucht Sie stehen hier doch besser als in Ot=
terndorff. Und wie werde ich mich freuen! Zusammen
werden wir oft des Lebens froh werden, mit vereinten
Kräften arbeiten, in einer schönen Gegend leben u: mit
den lieben Alten u: unsern lieben jungen Weibern um=
gehen. Schreiben Sie mir bald! Schicken Sie
mir doch auch den Aufsaz von Eckermann. Jch um=
arme Sie.

F. L. Stolberg.

48.

Jo triumphe! ich werde also mit meinem Freunde Voß in Eutin leben. Wie glücklich mich die Aufsicht macht, kann ich Ihnen nicht sagen, bedarf auch des sa= gens nicht!

Ich habe den Auftrag Ihnen zu sagen daß Sie einige Tage nach Empfang dieses Briefes eine förmliche Vocation kriegen werden.

Dasselbe Deputat von Holz welches der alte Rektor kriegt sollen Sie auch gleich haben, dazu wird das ganze Jahr hindurch Ihnen eine Kuh frey gehalten. Freye Wohnung habe ich nicht für Sie erhalten können, weil Sie 20 rth: als équivalent bekommen, indem Sie sonst nur 200 rth: kriegen würden. Statt der Extra Ausgabe eines Reisegeldes will man Ihnen die vierthel= jährlige Gage für die drei Monate von Ostern bis Johannis, also 55 rth: geben. Das ist freilich sehr wenig.

Man wünscht sehr daß Sie so kurz nach Johanni als möglich kommen mögen. Dann werde ich leider nicht in Eutin sondern mit dem Hofe in Oldenburg sein. Gegen Ende September aber kommen wir zurück. Meine Agnes, ein liebes süsses Kind der Natur, voll Herz u: Seele, werde ich in 4 bis 5 Wochen heyrathen.

Sie freut sich sehr auf Sie u: auf Ihre Erneftine, welche Sie ja herzlich von mir grüssen müssen.

Leben Sie wohl! Ich freue mich auf Ihre Idille. Ich habe noch nicht viel für den Allmanach, wir haben ja noch Zeit bis zum August. Ich umarme Sie von Herzen.

F. L. Stolberg.

49.

Ich ſuche ein Haus für Sie beſter Voß, wollte Gott daß Sie mein Nachbar würden.

Zum Glück iſt Eutin ſo klein daß wir nah bey einander wohnen müſſen.

So bald ich eines habe ſchreibe ich wieder.

Wie ſehr ich mich freue daß Sie herkommen kann ich mit Worten nicht ſagen, bedarf es auch nicht.

Hier ſchicke ich Ihnen Almanachalia. Ich wünſchte daß Schulz das Lied componieren möchte.

Ehe der Allmanach gedruckt wird ſchicke ich ja wohl mehr:

Si me
Numina laeva sinunt, auditque vocatus Apollo.

Ihr u: Erneſtinens Fieber beunruhigt mich. Nehmen Sie ſich ja recht in Acht. Meine Agnes bey welcher ich izt ſchreibe, läſt Sie u: Erneſtine herzlich grüſſen. So bald mein Hochzeittag beſtimt iſt, ſollen Sie ihn wiſſen. Ich umarme Sie von Herzen.

F. L. Stolberg.

Die Antritts-Rede iſt deutſch.

50.

Nachdem ich u: einige andere hier umſonſt ein beſſeres Haus für Sie geſucht haben, habe ich endlich die Wohnung des vorigen Rectors für Sie gemiethet. Vors

erste nur vom 1sten July bis zu Ende des Jahres, für
20 rth: Nachdem steht es bey Ihnen ob Sie es
für 40 rth: des Jahres behalten, oder ein besseres
finden können.

Sie haben unten 2 Stuben u: oben 3. In der
kleinsten oben ist kein Ofen, ich habe aber ausgemacht
daß, wofern Sie es begehren, Ihnen einer gesezt wird.
Ein kleines Häuschen für klein gehauenes Holz, u: ein
freyes Pläzchen für grosses ungehauenes, gehören darzu.
Die obersten Zimmer haben schöne Aussicht auf den See.

Meublen finden Sie nicht, können auch hier keine
kaufen, sondern thäten, glaube ich, am besten die Ih=
rigen mitzunehmen. Neue müsten Sie doch auch von
Hamburg herschleppen. Sie finden nichts als die weissen
Wände u: Öfen.

Heute ist's ein Jahr daß ich meine Agnes zum
ersten mal sah. Sie gefiel mir den ersten Augenblick
besser als mir je jemand den ersten Augenblick gefallen
hat. O es ist ein süsses Mädel!

Meinen Hochzeittag sollen Sie wissen um anzu=
stossen u: vom Thurm herab meinen Rundgesang welchen
die Hadeler verbrandtweinet haben, singen zu lassen.

Ich umarme Sie von ganzem Herzen.

F. L. Stolberg.

51.

Eutin d: 2ten July 1782.

Herr Gevatter, den 11ten dieses Monats nehme
ich mein Weib, also freuen Sie sich meines Glücks, lieber trauter Voß mit Ihrem lieben Weibe. Das meine
ist auch ein liebes Weib, wie unter vielen Tausenden

nicht eine ist. Trinken Sie weidlich Rheinwein, setzen Sie die Schule aus, oder wenn ja die Schulknaben sich samlen, so lassen Sie sie aus vollem Halse singen:

> Wer nicht liebt Wein, Weib u: Gesang
> Der bleibt ein Narr sein Lebelang!

Gott befohlen! Ich umarme Sie von ganzem Herzen.

F. L. Stolberg.

52.

Hude d: 14. Sept: 82.

Ich fürchte wohl, bester Voß, daß das elende Hauß Ihnen u: Ernestinen das Leben im Anfang gleich sauer machen würde. Es ist ein verwünschtes Loch, aber meine u: anderer Bemühungen, Ihnen ein beßres zu finden, waren vergeblich. Ich wünsche von Herzen daß Sie auf den Winter ein besseres finden mögen. Die erträglichen Wohnungen sind in Eutin selten.

Von dem was ich erlitten seit wir uns sahen — den gröſten Verluſt so ich je erlitt — schreibe ich Ihnen nicht. Ich werde Ihnen noch oft von der Himlischen erzählen an deren Herz mein Herz hieng.

Den Superint: halte ich für einen paſtoralklugen, ſonſt dumen Wolf in Schaafskleidern. Eckermann iſt ein Schleicher den ich nie — schon in Göttingen nicht, ausſtehen konnte.

Ich bin hier in Hude bey der Tante u: Geschwiſtern meiner Agnes u: mit ihr. Meine Agnes! Diese Worte ſind ein Text über den mir die Feder wie das Herz überlaufen würde, wenn der kleine Schelm nicht den Brief zu sehen kriegte.

Grüſſen Sie herzlich Ihre Erneſtine. Ich umarme
Sie beſter Voß!

F. L. Stolberg.

Liebe Erneſtine! wie herzlich leydt iſt es mir daß
Sie ſo unzufrieden in dem lieben Eütin ſeyn müſſen.
O über das fatale Haus! wenn wir doch ein beſſeres
ausſpähen könnten. Doch daran verzweifele ich nicht
ganz, wenn wir nur erſt wieder da ſind. Sehen Sie
liebe gute Erneſtine wie lieb Sie mir ſind daß ich wünſche
wieder in Eütin bey Ihnen und den guten Voß zu ſeyn
da ich mich dabey von meine lieben Geſchwiſtern tren=
nen mus. es iſt mir lieb, daß Sie mir Ihren Pelz
anvertrauen ich will ihn gut beſorgen.

Sie lieber Voß! daß Sie ſchon in unſer kleines
liebes Gärtchen geweſen ſind! O wir wollen auch nun
bald recht drinnen vergnügt ſeyn. Am 22ten d: gehn
wir von hier zu Ihnen. Leben Sie beyde wohl, ich
umarme Sie herzlich.

Agnes.

53.

Borſtel d: 16ten Febr. 83.

Beyliegenden Brief ſchickt mir Boie, u: empfiehlt
ihn Ihrer Beherzigung — nicht daß er ſich deswegen
für den Schreiber beſonders intereſſirte, ſondern will nur
Ihre Meinung u: den Brief zurück haben.

Geſtern kamen Agnes u: Kätchen, u: ich mit den übrigen
meinen von Tremsbüttel, hier an. Alle befinden ſich
wohl. nur daß dieſen Augenblick die arme Agnes an
Coliquen leidet.

Beſter Voß, Sie könnten mir einen ſehr groſſen
Gefallen thun. Meine Schwiegerin verdirbt ſich die

Augen in einem kleinen Tasso, ich bitte Sie bester, aus meiner Stube den meinigen zu hohlen u: zu schicken. Nicht den in weissem Papier gebundenen, sondern den in dunkelblauem, mit gelbem titel auf dem Rücken. Ich weiß Sie thun es gern, ob Sie gleich lieber die böse Treppe stiegen um mich zu besuchen.

Ich bin seit 24 Stunden in dem Hause wo ich meine verklärte Schwester zulezt sah, u: erstieg gestern die Treppe auf welcher sie weinend von mir Abschied nahm, weinend mir nach sah!

Agnes, Kätchen, mein Bruder lassen herzlich grüssen. Ich umarme Sie von ganzem Herzen, u: grüsse Ernestine von ganzem Herzen.

F. L. St.

verte

Adressiren Sie nur Brief u: Buch an das königl: Dänische PostAmt in Hamburg.

54.

Tremsbüttel d: 27sten May 1783.

Herzlichen Dank für Ihren lieben Brief, bester Voß! Es ist eisch daß Ernestine wieder Anstösse vom Fieber gehabt, aber brav daß es so bald hat weichen müssen. Ich begreife doch nicht warum dieser Feind nicht völlig ist bisher vertrieben worden, wie sehr würde er sie geschwächt haben wenn sie nicht eine so trefliche Constitution hätte. Meine Agnes ist, Gottlob, völlig genesen, sie ist wieder wie sie als Braut war, den Säugling ausgenommen.

Der Tod unsers guten Charles Hanbury wird Sie auch betrübt haben. Gram wegen des Bankerots, u: gewiß mehr wegen andrer Verlust als des seinigen, hat

6*

wohl viel dazu beygetragen, vielleicht auch die Reise u:
die Geschäfte beym Podagra. Der arme Toby hat an
ihm einen Bruder verloren. Ich habe ihn besucht, er
fühlte ganz seinen Verlust, aber mit der männlichsten
u: christlichsten Fassung.

Klopstock war sehr wohl u: heiter, ganz der ewige
Jüngling. Er hat mir viel aus seinem Herman ge-
lesen. Herrliche Scenen. Das Interesse, das tragische
Pathos, ist stärcker noch als im ersten.

Unsere Reisenden sind vielleicht izt in Rom. Die
lezten Briefe sind aus Lion. In Genf hat der liebe
brave Bonnet ihnen unendlich gefallen. O schreiben Sie
doch an Kätchen!

Holmer ist in Trugstedt gewesen, ich habe ihn nicht
gesehen, gestern aber einen Brief von ihm erhalten. Er
entschuldigt sich daß er mich nicht gesehen, sagt vom
Hause kein Wort. Die Sache ist indessen gewiß so gut
als ausgemacht, aber warum läst man dem Lobesan
so viele Zeit zu seinen langen unschmackhaften Brühen.
Darüber müssen Sie doch so lang im Bürgergehorsam
hausen. Machen Sie ja die Weyhnachtsferien recht
lang, lieber Voß. Ich freue mich schon täglich auf diesen heil. Christ. Wenn Sie was hören wollen müssen
auch Sie was zu lesen bringen.

Heynes Dolmetschung des Namens Lygdamus ist
lieblich zu lesen für unser einen.

Hier wird viel gelesen. Meine izigen Lectüren sind
Plutarch u: Cook. Mit Agnes lese ich Thompson u:
Homer. Mit Luise täglich eine Stunde im Virgil, u:
mit beiden Weibern die Lebensläufe, alles täglich.
Agnes spielt diesen Augenblick Schulzens je vends des
bouquets. Sie läst Sie u: Ernestine herzlich grüssen,
u: will Ihnen eine Landschaft zeichnen. Abieu liebster,

befter Boß. Ich umarme Sie u: Erneftine von gan=
zem Herzen.

F. L. Stolberg.

Meine u: meines Bruders Gedichte sind in Wien
mit Kupfern nachgedruckt worden, ich muß doch sehn
ein Exemplar zu kriegen.

Agnes bittet auch an Kätchen zu schreiben, u: ihr
den Brief zur Besorgung anzuvertrauen. Mein Bruder
u: Luise freuen sich mit mir auf den heil. Chrift.

Jüngschen ist wohl u: saugt wie ein Ygel.

55.

Borftel d: 16ten Juny 1783.

Liebster χρις πεπον! Ich entziehe mich einen Au=
genblick dem sausigen Saal um einige Minuten mit Ih=
nen zu sprechen, wie ich diesen Winter zuweilen wenn
ich von Hofe kam u: nach Hof sollte, einige Minuten
bey Ihnen ausruhte.

Auffer sehr vielen Fremden ist auch Boiunkulus hier
welcher sehr bedauert Sie nicht hier gefunden zu haben
u: Sie herzlich grüssen läft.

Uebermorgen verreisen Mein Bruder, Kätchen u:
Luise. Kätchen reist mit den Reventl. wie Sie wissen,
mein Bruder u: Luise auf ganz kurze Zeit nach Han=
nover um Zimmermann zu consultiren. Freytag reist
Guftchen nach Uetersen, u: ich werde mit Agnes denn
noch einige Tage hier bey Bernstorf bleiben, bis er
nach Meckl. reiset u: wir mit Wilhelmine nach Trems=
büttel, wo wir meinen Bruder u: Luise erwarten wer=
den. Agnes befindet sich ziemlich wohl, nur ermattet
ihr Leib u: Geist unter dem Sausen dieser Landruhe.
Sie u: Kätchen, und mein Bruder, ja alle hier, laffen

Sie u: Erneftinen herzlich grüſſen. Ich habe den Super=
intendenten von Lübeck baß geftriegelt in der N. 3.
wenn Victor es nur einrückt. Zimmermann, welcher ſehr
mit meinen Satiren zufrieden ift, ſchreibt mir er habe
ein Manuſkript liegen, welches er zu einer Zeit geſchrie=
ben hätte, da er, ohne dieſe Erleichterung, ſich eine Ku=
gel durch den Kopf würde haben ſchieſſen müſſen. Ift
das nicht der wahre Zimmermann. Die Ailurokriomachie
ſoll nicht von ihm ſein, ſagt Boiiunkulus. Abieu befter
Voß, ich umarme Sie von ganzem Herzen.

F. L. St.

56.

Tremſb: d: 30ften Jun. 83.

Mit jedem Poſttage erwarte ich die Nachricht von
Erneſtinens Niederkunft, ſie müſſe ſo erfreulich ſeyn als
ſie lang ausbleibt.

Meine Agnes ſcheint auch zaudern zu wollen. Sie
befindet ſich ziemlich wohl.

Vorigen Donnerstag kamen mein Bruder u: Luiſe
wieder aus Hanover, u: brachten uns die Nachricht mit
daß auf Zimmermanns Verordnung die Reventlovs den
Winter in Italien zubringen ſollen. Kätchen ſieht alſo
die Alpen, das Kapitol, den Veſuv u: Summa ganz Ita=
lien! Die glückliche! Ich freue mich von Herzen u:
bin verſichert daß ſie mit erneuten Geiſt u: Leibeskräf=
ten zurückkommen wird.

Geſtern Mittag war Holmer mit ſeiner Frau hier,
u: ſagte mir wegen des Hauſes könne er mir noch
nichts ſagen, ſondern erſt nach ſeiner Rückkunft. Ich
glaube immer noch daß er es durchſezt.

Befter Voß, ich bitte Sie Treede zu fragen wenn

ich das Geld für den nächsten Termin der Witwen-
Casse an ihn senden muß, ich glaube der Termin ist
izt. u: wie viel?

Leben Sie wohl liebster Voß, mein Bruder Luise
u: Agnes lassen Sie herzlich grüssen. Grüssen Sie
herzlich Ernestine.

Ich umarme Sie mit inniger Liebe.

F. L. St.

57.

Tremsb: d: 10ten Jul: 83.

Χαιρε κρις πεπον· Vivant Ernestine u: Johan
Friedrich! Warum muste ich erst heute Ihren lieben
Brief vom 30sten Juny empfangen? Agnes freuet sich
herzlich mit mir, wiewohl sie klagt Ernestine habe ihr
den Buben weggenommen. Sie zaudert noch immer,
wenn Sie mir einen Zauberer bringt so müsse es zum
wenigsten ein Fabius cunctator seyn.

Ich habe Ihnen doch schon geschrieben daß Kätchen
das Kapitol u: den Vesuv besucht? Eben melde ich
ihr die Geburt des kleinen Scholarchen.

Anna in den Armen eines Kaufmanfäntchen! Wehe
dir Toby! wehe dir Boie! Dir kleiner dicker Boie wäre
es besser daß Dir ein Mühlstein an den steifen Hals
gebunden würde u: Du in einer Lache zappeln müstest
wo sie am unflätigsten ist.

Das neue Büchel von Asmus hat uns hier sehr
viel Freude gemacht. Mich deucht es enthält für unsre Graeculos u: getaufte JüdenGenossen des Aergerr-
nisses u: der Thorheit noch mehr als die vorigen.

Leben Sie wohl, ich umarme Sie u: Ernestine.

Agnes, mein Bruder u: Luise laffen Sie herzlich grüffen
u: freuen sich Ihrer Freude.   F. L. St.

58.

Meine Agnes trägt noch ihr Kind u: alle Beschweer=
den ihres Zustandes, welche die groffe Hitze noch gröffer
macht.   Sie ist matt wie eine Herbstfliege, aber voll
sanftes Sinnes der Geduld u: voll muthiger Erwartung
der bevorstehenden Schmerzen.

In einigen Tagen werden Sie einen Besuch aus
Preetz kriegen.   Die Fräulein Hoben wird Ihnen ihren
7jährigen Neveu bringen, sie ist einige Tage mit ihm
hier gewesen u: heute nach Preetz mit ihm gereiset.

Guftchen ist hier, u: trägt mir, nebst vielen herz=
lichen Grüffen, auf Ihnen zu sagen ihre HochZeit würde
den 8ten August seyn.

Bester Boß, ich habe Victorn Commission gegeben
die Exempl. des Asmus für mich u: Kätchen abholen
zu laffen u: zu berichtigen.   Kätchen läft Sie u:
Ernestine u: Embs herzlich grüffen.   Ich habe die
Pfaffen recht con amore gegeiffelt.   Ich schicke Ihnen
die Satire nicht, denn ich muß Ihr Gesicht bey jedem
Schlage sehn den meine Geiffel den Schaafpelzen giebt.
Tausend Grüffe an Sie u: Ernestine, ich umarme Sie
beyde.   F. L. St.

59.

Es gehet nach Herzenswunsch mit Mutter u: Kind.
Liebster Boß, wie leicht ist mir nun das Herz!   So

viele Sorgen vorher, u: keinen, keinen Schatten nachher! Er saugt u: gedeihet an ihrer Brust. Ich
habe Ihnen doch wohl schon gesagt daß er Christian
Ernst heisset?

Ich habe Ihren lezten Brief verlegt u: lang um=
sonst gesucht, daher werd ich vielleicht manches in der
Antwort verlassen.

Sie haben viel für mich ausgelegt, sagen Sie mir
wie viel? Wenn Sie in Hamburg was zu bezahlen
haben so kann ich das thun.

Ich freue mich die Bücher gekriegt zu haben. Ein
Thesaurus ist mit 11 Thalern wohlfeil bezahlt. Sagen Sie mir doch bey wem sie liegen u: ob sie auf
meinen Namen geschrieben sind, so kann ich an Gr.
Schmettau schreiben daß er sie in Empfang nehme.

Kätchen schreibt sehr vergnügte Briefe, denckt Ihrer
in jedem u: klagt ob Ihrer Faulheit. Thun Sie ihr
die Freude ihr einige Zeilen zu schreiben.

Bojunkulus schreibt mir Miller habe einen grossen
Band Gedichte ediret. Thut es nicht weh wenn ein
Freund dem Ungeheuer Vergessenheit so grosse Klösse in
den Rachen wirft?

In diesen Tagen sieht Kätchen Jacobi.

Meine Agnes u: ich umarmen Sie u: Ernestine
herzlich.   F. L. Stolberg.

60.

Tremsb: d: 25sten Aug: 83.

Ich dancke Ihnen noch von ganzem Herzen liebster
Voß für die schönen Stunden die ich mit Ihnen in
Eutin zubrachte. Wie vieles wird licht in der Seele
was vorher dämmerte beym vertraulichen Gespräch mit
einem edlen u: weisen Freunde!

Ich wuste daß ich Sie noch etwas fragen muste u:
konnte nicht drauf kommen. Ich wünschte zu wissen
welche Bücher Sie für mich auf der Auction gekriegt
haben, bey wem sie sind, u: ob sie in meinem Namen
sind erstanden worden, damit ich sie kann abhohlen lassen.
Bitte bitte hievon einige Nachricht in einem Brieflein
nach Oldenb. mit der ersten Post.

Ich würde Sie izt ungern quälen da ich weiß wie
wenig Zeit Sie haben, wenn ich nicht ohnedem Nach=
richt von Ernestinens Fieber haben müste, ob es wieder=
gekommen, oder nicht.

Noch eine Bitte. Kindt hat mir ein Glaß Me=
dicin mitgegeben, aber das Recept, welches Agnes noth=
wendig braucht, zurückbehalten. Ich bitte Sie es ihr
zu schicken.

Im Herreiten habe ich viel an den vorigen Tag
gedacht, unter anderm an unsern lieben Hölty. Es schien
mir als würden einige Umstände die Sie von ihm an=
führen manchem Aergerniß u: Thorheit seyn. Satte,
nichtswürdige Weltkinder würden den edlen einen hung=
rigen Poeten, einen Bettelpoeten nennen. Finden Sie
daß ich Unrecht habe so folgen Sie bloß Ihrer Ein=
sicht, u: warnen Sie mich wenn $\alpha i\delta\omega\varsigma\ o\upsilon\varkappa\ \alpha\gamma\alpha\vartheta\eta$, mich
zu sichten begehret wie den Waizen.

Ich habe heute einen Brief von Zimmermann be=
kommen u: antworte ihm ich verlange von Reich nebst
vorbehaltnem Verlagsrechte, daß die Satyren sehr schön,
mit lateinischen Lettern, ohne Druckfehler, mit einer
Vignette zu jeder Satire nach meiner Idee u: von
Chodowiecks Zeichnung, u: mir 100 Exempl. sauber
gebunden geliefert werden.

Folgendes Epigram machte ich im reiten:

Anfrage.

Das kühne Wort, das kühne Schwerd
Sind beyde aller Ehren werth.
Der Persifflage ist ein Dolch
Es wafnet sich mit ihm der Molch.
Doch mein' ich sey ein Fall wo auch der brave Mann
So Persifflage als Dolch gebrauchen kann,
Was meinen Sie Großmächtigster Tirann?

Ich hab es zum Epilogus meiner Fürstensatyre be=
stimt. Wollen Sie es auch apart für den M. A. haben?
Agnes u: ich umarmen Sie u; Ernestine.

F. L. St.

61.

Tremsb: d: 8ten Sept: 83.

Gestern Nachmittag kam ich hier an, einen Tag eher
als meine Agnes mich erwartete.

Meine Freude würde vollkomner seyn wenn das
süße Weibchen nicht magerer, blasser u: matter wäre
als ich wünschte. Der Junge befindet sich treflich. Sie
hat noch ihren KirchGang nicht halten können, noch kön=
nen wir den Tag unserer Reise nach Eutin daher auch
nicht bestimmen. Ihren Brief habe ich in Oldenburg
erhalten. Hier ist ein Brief an Sie von Kätchen.

Ich habe einen sehr hübschen Brief von Friz Ja=
cobi in Oldenburg erhalten. Folgenden Vers bittet
der Dichter Jacobi Sie in den Musen Allmanach zu
setzen, u: wofern es dieses Jahr zu spät ist, in den künf=
tigen:

Unserm Freunde Asmus.

Ihm der an seinem Botenstab
So friedlich geht, so still vorüber
Vor Nachtigallen-Hain u: Grab;
Dem seiner Kinder Freude lieber

Den Himmel u: die Erde macht;
Der jeden Weg, bey Tag u: Nacht,
So rauh er ist, zu Ende singt,
Und deutsch u: wahr in That u: Worten,
Den guten Seelen aller Orten
So manche gute Zeitung bringt,
Ihm wollen wir zu Lieb' u: Ehren
Der Freud' u: Freundschaft Becher leeren.

Pempelfort d: 15ten Aug: 1783.

Die Brüder u: Schwestern Jacobi.

Mich verlangt herzlich zu hören daß Ernestine wohl sey. Leben Sie wohl liebster Voß, ich umarme Sie von ganzem Herzen.

F. L. St.

Holmer hat des Hauses nicht erwehnt. Da das kein gutes Zeichen ist schwieg ich, u: will erst mit ihm davon reden, wenn Ihre Elegie in seinen u: aller Welt Händen ist. Neuenburg gefällt mir.

62.

Tremsb. d: 6sten Oct: 1783.

Ich bin vorgestern bey Graf Holmer gewesen. Ich sagte ihm alles was ich für nöthig u: nüzlich hielt, sagte wenn der Herzog das Hauß kaufen wollte so ließ ich mir jeden Preiß von ihm setzen u: wollte gern viel daran verlieren, erinnerte an das Versprechen welches man Ihnen gegeben hat p. p. Er sagte Lowzow wäre eigentlich die Hinderniß, dieser wäre einmal dagegen, vermutlich weil er nicht zuerst darum sey begrüsset worden.

Was das Versprechen beträfe so wäre der Herzog verbunden Ihnen ein Hauß zu bauen.

Er meinte Sie könnten es ja wohl vielleicht kaufen,

in dem Fall wolle er 1000 rth: welche er darinnen
stehn hat, gern stehen laſſen. Hierauf wand ich ihm ein
daß die Reparatur des Hauſes doch gewiß über Ihre
Kräfte gienge, u: Sie überhaupt ſo feſte Wurzeln nicht
ſchlagen könnten.

Es ſchien ihm nicht recht daß Sie die Elegie an
ihn hätten drucken laſſen.

Sie müſſen nun noch einen Sturm laufen, wer
weiß ob es nicht doch noch durchgeht.

Es thut mir in der Seele weh daß ich Ihnen nicht
gerade zu das Haus geben kann, wenn ich es könnte ſo
wäre das ja ſo ſehr natürlich daß ich nicht einmal einen
Dank verdiente.

Agnes befindet ſich noch ſo wie Sie ſie geſehen
haben. Der kleine treflich. Den 30ſten ſollte Kätchen
Spaa verlaſſen, ich glaube ſie iſt izt in Lauſanne.

Ich habe den Tibullum angefangen u: finde ihn
ſehr ſchön.

Mein Bruder u: Luiſe freuen ſich herzlich der Hof=
nung Sie Weyhnachten hier zu ſehen. Agnes u: ich
umarmen Sie u: Erneſtine. Sagen Sie uns bald wie
Mutter u: Kinder ſich befinden.

F. L. Stolberg.

63.

Tremſb: d: 20ſten Oct: 1783.

Herzlichen Dank für Ihre beyden lieben Briefe,
beſter Voß. Beyde haben mich herzlich gerührt, der
lezte mich ſehr erfreut. Wiewohl ich nicht weiß ob ich
hoffen ſoll. Man müſte tiefer in die Menſchen hinein=
ſehen können als ich kann u: mag um zu beurthei=
len wie gewiſſe Leute handeln werden. Holmer iſt uns

gewiß günstig, halb aus würcklich gutem Willen, u: halb um der Sache los zu seyn. Wenn Sie ihn noch nicht gesehen haben, so dächte ich Sie giengen einmal hin, u: bald. Er möchte denken Sie schmollten, denn an Bescheidenheit sind die Ministres nicht gewohnt. Dem Manne der im Hause wohnt ist gesagt worden daß er nur in dem Fall, daß das Hauß nicht vorher verkauft würde, bis Ostern bleiben kann.

Meine Agnes wird täglich gesunder, u: immer noch an ihrer Brust, wird der kleine dick u: fett. Sie, mein Bruder, seine Frau u: Gustchen, welche mit Bernstorf hier ist, lassen Sie herzlich grüßen.

Von Kätchen haben wir einen Brief aus Frankfurt. Sie u: die Reventloven befinden sich treflich nach der Cur in Spa. Izt müssen sie in der Schweiz sein.

Wir sind einige Tage in Wandsbeck gewesen, ich habe Klopstock einige mal gesehen. Sie wissen doch wohl schon daß sein Herman u: die Fürsten fertig ist? Er soll vollkommen so schön als HermansSchlacht seyn. Klopstock habe ich nie gesunder u: heitrer gesehen. Die ewige Jugend des Mannes ist herrlich u: wunderbar. Claudius habe ich viel gesprochen, er ist mit Weib u: Kind wohl u: munter.

Ich dancke Ihnen für die Exempl. von Hölty, bester Voß! Sie sind in Hamb. geblieben, ich werde sie mit der ersten Gelegenheit kriegen.

Grüßen Sie herzlich Ernestine. Ich drücke Sie an mein Herz.   F. L. Stolberg.

64.

Tremsb: d: 27sten Oct: 1783.

Den 30sten Nachmittags gegen Abend komm ich zu Ihnen, bester Voß. Ich dancke Ihnen für Ihren lieben

Brief. Ich ahnde nun nichts als gutes wegen des Hauses. Möchte doch die Sache in den Tagen da ich in Eutin seyn werde ausgemacht werden.

Wer weiß ob es nicht geschieht?

Von Kätchen haben wir Briefe aus Schafhausen, sie sollte den Tag nachher den Rheinfall sehen. Sie müssen mich nicht begastiren, ich bitte mir nur ἀπειρεσια δωρα ἀρουρης aus, nemlich eine unendliche Schüssel Kartoffeln, wobey sich Lichtenberg gewaltig viel Bier denken würde. Agnes u: ich umarmen Sie u: Ernestine.

F. L. St.

65.

Tremsb: d: 18ten Dec: 1783.

Ihr Brief betrübt mich sehr, bester Voß! Ich hatte mich so herzlich gefreut Sie bald zu sehen, nun höre ich daß Sie nicht kommen, daß Sie u: Ernestine krank sind! Um Gottes willen nehmen Sie sich in Acht, u: setzen Sie die Stunden aus wenn Sie krank sind. Wer kann bey Halsweh Schule halten! Ich bitte Sie, liebster Voß, schreiben Sie alles an Hensler. Wir alle hatten uns so herzlich auf Sie gefreut! Wenn seh ich Sie nun wieder? Mitte Januarii reise ich mit Agnes nach Mecklenburg, wo wir 3 vielleicht 4 Wochen bleiben. O daß Sie vorher noch kommen könnten, oder gewiß nach unserer Rückkunft.

Meines Bruders Elektra, u: von mir eine neue Elegie, ein Lied u: 3 neue Satiren harren Ihrer hier. Des jungen Schmettaus Ausfall bin ich begierig zu sehen. Gegen ihn sind wir sicher Gott auf unserer Seite zu haben. Bitten Sie doch Moltke uns, im Fall es nicht publici juris wird, es mitzutheilen — doch wie sollte es nicht!

Es ist fatal daß Sie noch so lang im Rathhause bleiben müssen. Sagen Sie mir bester Voß ob meine Sachen den Bau abhalten, so will ich Anstalten machen sie wegzuschaffen.

Ihre herzliche Einladung auf Ihr Bücherstübchen u: Antipodensaal der Themis nähmen Agnes u: ich mit Danck an wenn Ihnen dann auch nur zum Umdrehen Plaz bliebe. Guter Voß!

So eine Einladung ist mehr als fääkische Bewir= thung! Agnes befindet sich sehr wohl, u: der kleine auch. Nichts macht ihm so viel Freude als wenn ich laut lese oder recitire, besonders griechisch, wie Ag= nes bemercket.

Er lacht, schreit laut vor Freude u: hüpft daß man Mühe hat ihn zu halten.

Luise liest täglich 80 Verse mit mir im Virgil u: ausser dem vor sich selbst im Horaz.

Der kleine Husar lernt griechisch u: hat beym Homer angefangen. Er ist beym 60sten Vers der Odüssee. Mein Bruder hatte mir das verheimlichet u: sandte mir plözlich den Jungen zum examiniren.

Still, schnell u: nüzlich fliegen uns die Stunden wie ein Weberfischchen. O bester Voß kommen Sie so bald Sie können, nur verkälten Sie Sich nicht.

Die lezten Briefe der Pilgerin sind aus Lion, Ich glaube daß sie izt in Florenz oder Rom ist. Ich glaube nicht daß der Tod des alten Reventl: die Rückkehr be= schleunigen werde. Künftigen Sommer gehen Sie nach Spaa, u: kommen warscheinlich nicht vorher zurück. In einigen Tagen komt die Meiern aus Hanover her u: bleibt einige Monate. Adieu bester Voß! Agnes, mein

Bruder u: Luise bedauern herzlich daß Sie nicht kommen u: lassen grüssen. Grüssen Sie Moltke.

Ich umarme Sie u: Ernestine von Herzen.

F. L. Stolberg.

Wohin soll ich die Antwort an Höltys Mutter adressiren? in Mariensee bey Hanover? Die gute Frau beschämt mich sehr.

66.

Tremsb: d: 12ten Jan. 1784.

Herzlichen Dank für Ihren lieben Brief. Man muß doch elendes Gelichters seyn um eine so simple Sache wie die wegen des Hauses, auf so fatale Arten zu verwickeln u: zu verwirren! O des Herrn Jungen! o der Lobesam!

Ich kann mir Ihre Scene beym Herrn Jungen recht lebhaft vorstellen! Er meint es im Grunde nicht übel — ich sage nicht gut weil es ihm so darauf ankomt zu scheinen gut handeln zu wollen.

So wäre denn nun endlich wohl alles geebnet. Arme Ernestine die einen Gefangenen hat logiren müssen! Im Kercker zu wohnen kann man doch auch würcklich eigendlich niemand anbieten, und nur als kurzer Behelf ließ sich das entschuldigen.

Ich werde mich freuen Sie im Hause zu wissen, Sie in Ruhe zu wissen! Armer Voß! Zuweilen wandelts mich an mir Vorwürfe zu machen wegen des Antheils den ich an Ihre Verpflanzung nach Eutin gehabt, welche Sie so noch unter den Gehorsam gebracht hat, aber ich dencke wieder an die Stunden der Freundschaft die wir zusammen zugebracht haben, und dann freue ich mich doch so herzlich daß Sie nicht in Otterndorf geblieben sind.

Stolberg: Briefe.

Nun eine Bitte bester Voß! Mit den meublen weiß ich mir nicht anders zu helfen als sie mit Fracht=wagen nach Hamburg zu schicken. Hannchen soll Son=tag oder Montag nach Eutin kommen um alles einzu=packen. Darf ich Sie u: Ernestine bitten ihr ein Bette in Ihrem Hause zu geben? Wir wissen uns sonst gar nicht zu helfen.

Statt der Vollmacht schicke ich Ihnen eine Carte blanche. Eschen oder Treede sind ja wohl so gut sie auszufüllen. Der Landvogd ist zu dumm dazu.

Was Sie mir von Ernestinens Befinden sagen freut mich von ganzem Herzen. Halten Sie sich auch wohl. Ach wohl haben Sie Recht πλουτος συν ἀρετη. Gott weiß daß unser bescheidener Wunsch ja nur auf Freiheit u: eignen Heerd geht!

Eine schöne Woche haben Sie uns geschenkt! O daß wir immer zusammen leben könnten! Unsere Flammen=rosse auf einem ἀνϑεμοεντι λειμονι des allenthüllenden täglichen Umgangs weiden könnten! Bester Voß wie Sie mir in Neuenburg fehlen werden daran mag ich zu wenig dencken um es nicht sehr oft zu thun. Als ich vor kurzem Agnes die Zeilen vorlaß:

Denn fürwahr nicht geringer als selbst ein leiblicher Bruder
Ist ein treuer Freund, verständig u: edler Gesinnung.

da standen Sie so lebendig vor mir daß ich hätte wei=nen mögen.

Grüssen Sie die liebe Ernestine von ganzem Herzen, u: dancken Sie ihr daß sie Sie nicht nur kommen ließ, sondern antrieb.

Unsere Reisenden haben den Morgen Florenz ver=lassen nachdem Abends vorher Joseph angekommen war. Morgen reise ich auf einige Tage nach Hamburg. Agnes u: ich umarmen Sie u: Ernestine.   F. L. St.

Mein Bruder u: Luise, die Meiern, Lotte u: Friz laſſen herzlich grüſſen.

67.

Tremsb: d: 18ten Jan: 84.

Ich kann meine Iris nicht fliegen laſſen ohne ihr einige Worte an meinen Voß mitzugeben. Sie wird alles packen u: verſiegeln, u: ſo bald es möglich iſt laſſen wir denn die Sachen nach Hamb. fahren.

Aber kann auch mein alter ungeheurer Schreibtiſch oben ſtehen bleiben wenn reparirt wird? Ich habe noch Briefe u: meine GeſandſchaftsPapiere drinnen liegen, u: vor der Mitte März, wenn ich dencke hinzukommen, kann ich ihn nicht räumen.

Ich bin einige Tage in Hamb. geweſen u: habe die Freunde wohl gefunden, beſonders Klopſtock den ewigen Jüngling.

Mit ſehr vielem Intereſſe u: Freude habe ich Mendelsſons Jeruſalem geleſen.

Nicht alſo den Amintor von Eberhard, ein Schul-ſtelet mit Flitter gekränzt. Ich laß hundert Seiten mit ach u: weh u: gab ihn Toby welcher Luſt hat ihn der Demoiſelle Reimarus zu ſchencken.

Hier ſchicke ich Ihnen die Epiſteln des braven Gleim, welcher hoch leben ſoll u: abermals: Hoch! wie-wohl der Epiſtelſchreiber nicht ſo lang leben wird als der Grenadier.

Agnes, mein Bruder, Luiſe, Lotte, die Meiern, Friz laſſen Sie herzlich grüſſen.

Ich bitte die liebe Erneſtine herzlich um Verzeihung für die Ungelegenheit welche ich ihr mit meiner Iris mache. Sie, liebſter beſter Voß, drücke ich an mein Herz.

F. L. St.

68.

Ich dancke Ihnen für den lieben Brief welchen Sie meiner Iris mitgegeben haben, u: für die Güte welche sie in Ihrem Hause genossen hat. Auch dafür daß Sie sich väterlich meiner verwaisten Bücher angenommen haben. Ich habe heute an Both geschrieben daß er mir die Erlaubniß meine meubles im Herzogl. Hause in Hamb. zu verwahren, schaffen müste.

Wegen der Stühle haben Sie vollkommen recht, liebster Voß. Agnes läst Sie auch bitten die Sachen worüber Iris unschlüssig war, zu verkaufen. Den Ofen können wir nicht brauchen, lassen Sie den immer stehen liebster Voß. Seyn Sie doch auch so gütig sich wegen des Zolles zu erkundigen, da ich in Herzogl. Diensten bin, bedürfen glaube ich meine Sachen nichts zu bezahlen. Sagen Sie ja niemand daß ich dessen nicht gewiß bin, denn die ganze ZollNegoziazion ist, mir nichts, dir nichts, durch meine Hände gegangen.

Bitte bitte für mich den Dionys von Hal. in der Kieler Auction erstehn lassen, u: wenn sonst ein Buch ist das ich gern hätte. Sie kennen meine Bedürfnisse.

Wie unaussprechlich eckelhaft ist Eckermann!

Mein Bruder hat grosse Freude über den schönen Virgil u: danckt herzlich, auch Luise für die Tabellen.

Die Meiern will mit uns nach Meckl. gehen. Wir reisen Sonnab. Sie will Boie bitten später nach Eutin zu kommen. So sagt mir Luise. O daß Boie bedächte was zu seinem Frieden dienet. Bey Gelegenheit will ich ihn anpurren. Kätchen ist in Rom, hat auf dem Kapitol gegessen. Den Tempel des Rom. u:

Rem. besuchen noch Frauen deren Kinder kranck sind.
Sie hat den Pabst gesprochen u: ist vertraut mit An=
gelika. Kätchen hat mir einen italiänischen Brief ge=
schrieben, ich konnte ihn nicht italiänisch beantworten,
machte aber dies Sonetto — Agnes sagt Lesgov solle
die Bettstelle für 6 rth: haben, u: bittet die grünen
Stühle zu verkaufen. Sie u: ich umarmen Sie u:
Ernestine herzlich. F. L. Stolberg.

Sonetto.

Tutta l'Italia oramai una grande e bella
Ombra mi pare, ma ombra di gigante,
Ombra Elysea, maestosa e parlante
Col Poeta solo che co i Numi favella.

Dinanzi a lei mi duce la donzella
Del Pindo, che gia ducé lo suo Dante,
E li gran spirti di fiero e divo Sembiante
Alla gran madre intorno mi dimostra ella.

Ecco il Scipione et Catone vanno
Pel Campo di Marte con savio e sereno aspetto
Ecco Bruto fumante del sangue del Tiranno,

Tutta Roma é raccolta nello suo petto,
Ahi spariscon' in guisa di sogni che hanno
Schernito il amante che ritrova si soletto!

69.

Dreilützov in Meckl. d: 16ten Febr. 1784.

Herzlichen Danck liebster Voß, für Ihre Briefe vom
1sten u: 12ten, Verzeihen Sie daß ich den ersten so
spät beantwortet, die Ursache ist weil ich noch erst Ant=
wort von Toby haben wollte, dem ich aufgetragen hatte
mit dem Haußverwalter des Bischöfl: Hauses in Hamb.
zu sprechen. Da indessen dieser Mann ordre von Both
hat, war dieses überflüssig. Ich freue mich daß Sie
die Sachen fortgeschickt u: andere verkauft haben. Ich

wollte daß ich den ganzen Plunder, ein Paar Bücher ausgenommen, in die weite Welt schicken u: in einem hölzernen Becher, aus dem Bach, Freiheit trincken könnte. Mir graut täglich mehr vor meiner Tribunal—Existenz. Ich weiß von den Theidingen nicht einmal soviel daß ich, mir zum Trost, eine Satire drauf machen kann. Ich wollte mir sonst einen Züchtlings Willkomm geisseln u: damit meine Existenz dort anfangen.

Es thut mir sehr weh von Ihnen zu hören daß Ernestine wieder Fieber hat. Lassen Sie mich ja bald wissen ob sie besser ist. Agnes ist recht wohl u: der kleine Ernst ein rascher Junge. Seitdem er die 2 ersten Zähne kriegte hat er keinen neuen bekommen.

Ich dancke Ihnen für die Sendung der Jamben u: für die mühsame Ausrohdung meiner orthografischen Böcke. Es wird mir schweer, mich an eine gleichförmige Orthographie zu gewöhnen da izt jedes Buch eine andere hat.

Mit dem Silbenmaaß der Italiäner bin ich sehr unbekannt, weil ich die langen u: kurzen nicht unterscheiden kann. Ich glaube, daß sie sehr frei, oder unbestimt sind, ich aber habe gewiß nicht einmal unerlaubte Fehler vermieden.

Von Kätchen haben wir seit 14 Tagen nichts; der tiefe Schnee mag wohl die zu glücklichen Briefe jenseit der Appenninen u: Alpen zurück halten. Ich habe nun den lieben Plutarch geendigt u: heute den Sophokles angefangen. Die Milz zu unterhalten fing ich den Tristram Schandy an, u: finde daß er auch Haupt u: Herz nährt. Von der Laune kenne ich nichts, u: aus den pittoresken Wolcken schiessen unerwartete Blize tief ins Herz. Er reisset Zoten mit einer Vonhomie

welche, wenn es möglich wäre, den Superintendenten
entrunzeln würde.

Im Muf: vom Jan: steht eine wahre Schmäh=
schrift gegen die Heffen. Ich wünschte daß Bojunkulus
sich dergl. enthielte. Erstlich darum weil Schmähschrift
Schmähschrift ist, und gegen ein braves Volck wie die
guten Catten drüben, doppelt schändlich; und dann auch
darum weil dergl. Ungezogenheiten auf Muth u: Frei=
heit Anspruch machen, obgleich nur dem Knecht Ungezo=
genheiten anstehn. Das Muf: ist voll von dergleichen,
vide Alxingers Wische, welche von den Saturnalien in
Wien herüberjucheien. Leben Sie wohl, liebster, bester
Voß! Mein Bruder, Agnes, Gustchen, Luise, die
Meiern laffen Sie u: Ernestine herzlich grüffen.

Ich umarme Sie von ganzer Seele.

F. L. Stolberg.

70.

Tremsb: d: 22sten März 84.

Hier ist ein Lorberblat welches Kätchen auf Virgils
Grabe für Sie gepflückt hat. Ich hoffe daß Boie Ih=
nen auch ihren lezten Brief, welchen mein Bruder ihm
zu bestellen gegeben hatte, richtig übersandt habe. Sie
gedencket Ihrer oft in ihren Briefen mit treuem Herzen.

Seit einigen Tagen bin ich mit meiner Agnes u:
dem raschen Papa rufenden Jungen wieder hier. Ueber=
morgen gehn wir nach Vorstel. Von dort aus werde
ich in den lezten Tagen dieses, oder im Anfang künftiges
Monats, auf einige Tage nach Eutin gehen. Schreiben
Sie mir liebster Voß, ob ich bey Ihnen wohnen kann.
Agnes kann diesmal noch nicht mit, weil sie noch säugt,
ich komme aber gewiß noch einmal mit ihr.

Ich habe nun meine Satiren für den Druck abge=
schrieben. Dank für den schönen Pfeil welchen Sie dem
heiligen Bauchpfaffen in den ehrwürdigen Wanst geschos=
sen haben.

Ich bringe Ihnen zwey neue Satiren, u: ein Ge=
dicht von 500 Hexametern, von welchem ich Exempl.
für Freunde drucken lasse. Auch eine Epistel von mei=
nem Bruder. χριε πεπον das sage ich Ihnen auf daß
Sie Apollons goldenen Köcher von der Wand nehmen
u: seine Pfeile tönen lassen.

Daß unser Jacobi seine Frau verloren werden
Sie wissen. Es soll ein liebes Weib gewesen sein.
Gott tröste ihn!

Schönborn hatte mir vor einiger Zeit einen Brief
aus der Krankenstube geschrieben, welcher mich sehr be=
trübte. Es schien mir fast ein Abschied. Aber Toby
schreibt er befinde sich izt besser. Ich dürfte lange dar=
nach diesen lieben, guten einmal wieder zu sehen.

Leben Sie wohl, liebster Voß. Ich u: Agnes
umarmen Sie u: Ernestine herzlich. Mein Bruder läst
zärtlich grüssen.

F. L. St.

71.

Tremsb: d: 8ten Mai 1784.

Liebster bester Voß! Mittwoch d: 12ten komme ich
mit Agnes nach Eutin. Ich freue mich herzlich darauf
Sie zu umarmen. Wenn Sie uns logiren können so
sind wir freilich am liebsten bey Ihnen, wenn es aber
Ihnen u: Ernestine Ungelegenheit macht, so sind Sie
gewiß freundschaftlich genug es uns zu sagen, u: für uns
Wohnung bey Wieseners zu bestellen. Hannchen komt

mit, der kleine aber nicht. In der Erwartung Sie
bald zu sprechen schreibe ich nicht mehr. Grüssen Sie
herzlich die liebe Ernestine. Ich umarme Sie von
ganzem Herzen.

F. L. St.

72.

Ich habe Ihnen viel zu sagen, liebster Voß, viel
zu erzählen, darum fange ich heute schon an, wiewohl
die Post übermorgen erst geht. Ich muß mir die Augenblicke stehlen.

Den 19. May verreisten wir aus Tremsb: Der
gute Toby kam nach Bergedorf u: aß den Mittag noch
mit uns. In Braunschweig brachten wir einen Tag
sehr vergnügt mit dem guten Ebert zu, besuchten auch
Jerusalem, der ein sehr ehrwürdiger, lieber Greiß ist.
Als ich ihn vor 13 Jahren sah war er gedrückt von
Gram wegen seines Sohnes, nun war er heiter u: voll
Geistes u: Herzlichkeit. Unter seinen Töchtern, lieben
Mädchen, ist eine Dichterin, von welcher ich Ihnen einige
Gedichte für den M. A. schicken werde. Leisewiz haben
wir schändlich versäumt zu sehen. Schelten Sie, liebster
Voß, wir verdienen es, aber ich glaube daß wir auf
dem Rückwege noch durch Braunschweig kommen werden.
Wir hatten Gleimen geschrieben er möchte nach Wer-
nigerode kommen. In himmlisch schönen Berggegenden
fuhren wie bis nach Wernigerode, welches noch schöner
ist. In einem schönen aber schon hohen Thal, liegt
die Stadt, u: hoch auf einem waldigten Berge das Schloß.

In Wernigerode fanden wir Gleim, den lieben,
herzlichen, feurigen Mann, mit dem wir gleich vom er-

ften Augenblick an verbunden waren als kenuten wir
uns seit Jahren. Er hat jeden Wunsch meines Herzens
mit welchem ich ihn so u: so wünschte, ganz erfüllt,
sehr übertroffen, weil die liebe Natur immer alle Vorstellung übertrift. Viel, sehr viel haben wir von Ihnen
gesprochen, man kann einen Ungesehenen nicht mehr lieben
als er Sie liebt. Wir sahen ihn einen Abend, den folgenden ganzen Tag u: den dritten Morgen.

Nun gieng es nach Blanckenburg, welches eine der
schönsten Gegenden ist, zur Roßtrappe die Sie sehen
müssen, zurück nach Blanckenburg. Da liefen wir beyde
noch herum in Bergen u: badeten in einem schönen
Bächlein. Als wir zurückkamen, siehe da war Gleim,
der liebe Gleim, der uns nachgekommen war, mit dem
wir den Abend, einen Theil der Nacht, u: die ersten
Frühstunden des folgenden Tags noch zubrachten.

Durch die romantischten Gegenden fuhren wir nun
nach Stolberg, welches auch gar herrlich auf einem Berge
zwischen Felsen liegt.

Den 27ften kamen wir hier an. Der kleine Schardt,
den sie in Vorstel gesehn haben, kam u: brachte uns
zur Bernstorfen wo wir beyde den Abend zubrachten.
Als wir bey Tische saßen kam Göthe, blaß wie die
Wand vor Freude u: Rührung, war ganz unser alter
Göthe von dem Augenblick an bis heute Morgen da er uns
verlassen hat, weil er mit dem Herzog auf den Landtag
muß. Er ist weniger brausend, weniger ὑπέροπλος
(brausend ist nicht das wahre Wort) weniger leicht auf-
flammend, gewiß nicht weniger feurig als er war, u:
sein Herz liebevoll, immer sich sehnend nach mehr Freiheit der Existenz als Menschen finden könen, u: doch
immer Blumen um den Pilgerstab des Lebens windend.
Wenig Menschen sind so liebevoll, so rein, so Liebe be-

dürfend, so hingerichtet aufs unsichtbare Ideal der
καλοκαγαϑια, so sich anschmiegend an alles liebe u:
schöne der moralischen u: sichtbaren Natur. Der Herzog
u: beyde Herzoginen waren viel unter uns, störten uns
aber nie. Sie sind wie Fürsten nicht sind. Die junge
Herzogin sieht aus u: ist wie eine reine Vestale, dabey
voll Empfindung u: Verstand. Wir waren viel in
einem Hölzchen in welchem Göthe ein Gartenhäußchen
hat, wo er drei Jahre Winter u: Sommer gewohnt
hat, izt aber nur dann u: wann eine Nacht dort schläft,
u: nicht alle Tage besuchen kann. Hinzugehen muß
man durch einen hohlen FelsenGang an einem Strom,
einen allerliebsten Gang.

Herder ist erstaunlich interessant im Umgang, voll
Empfindung fürs schöne, reich an edlen Ideen, heiter, —
simpel? — ich weiß es noch nicht. Gewiß ist daß er
für edle Simplicität lebendige Empfindung hat. Die
beste Predigt die ich je hörte hielt er am Pfingsttage,
ohne Schmuck der Eloquenz, ohne allen Schein der Prä=
tension, rein, herzlich, gewaltig wie das Evangelium.

Mehr Schwäche des Charakters als ich sonst an
ihm sah, ewiges Schwanken des Geistes, ewiges hin u:
her wiegen zwischen wahrer Bonhomie u: Eitelkeit (doch
nicht Eitelkeit eines Franzosen) zwischen Gefühl des
Wahren u: Pyrrhonismus, ist Wielands wahre Existenz.

Herder betheuert heilig er habe von mir in der
Vorrede zu den Volksliedern nicht sagen wollen. Was
soll ich, was kann ich dazu sagen? Göthe, der die War=
heit selber ist, der Herdern so lange kennt, liebt ihn wie
seine Seele.

Göthe schreibt einen Roman, Wilhelm Meister,
der sehr schön sein soll. Er hat ein Trauerspiel,

Taſſo, geſchrieben, das ich nicht geſehen habe, u:, nach dem Ariſtophanes, ein Stück die Vögel angefangen. Den 1ſten Act habe ich gehört, der iſt ſehr launig u: ſchön. Hie u: da ſtehen Inſchriften von ihm im Wäld= chen, ich wollte ſie für den M. A. haben, aber das will er nicht. Sie ſollen noch nicht ins Publicum kommen, um an ihrer Stelle mehr zu würcken. Eine iſt zu ſchön als daß ich Sie Ihnen nicht hinſchreiben ſollte. In einem Gebüſch am Fluß iſt ein Amor von Stein der mit dem Pfeil eine junge Nachtigall ätzet. Darunter ſteht:

Dich hat Amor gewiß, o Sängerin, fütternd erzogen,
  Kindiſch reichte der Gott Dir mit dem Pfeile die Koſt;
Schlürfend ſaugteſt du Gift in die unſchuldige Kehle,
  Und mit der Liebe Gewalt trift Philomele das Herz.

d: 3ten Juni.

Ihr lieber Brief vom 17ten May empfieng mich als ich heute vor acht Tagen hier ankam. Dank, lieb= ſter, beſter Voß, für dieſen lieben Brief! Er hat mich herzlich gerührt, mich im Augenblick da ich hier ankam zu Ihnen in Ihr Gärtchen geführt.

Morgen früh verreiſen wir. Wir werden 3 Tag= reiſen haben, durch das Vogdland, u: das ErzGebürg, ſchöne Gegenden.

Agnes, welche man hier Vögelchen u: Nachtigällchen heiſſet, befindet ſich wohl. Grüſſen Sie herzlich u: aber herzlich in unſerm Namen Ihre Erneſtine. Mein Bruder läßt Sie 1000mal grüſſen, auch Luiſe, u: der Huſar. Adieu, liebſter beſter Voß, ich umarme Sie mit der herzlichſten Liebe.

F. L. St.

Göthe hat mich gebeten ihm ein Stück aus dem Aiſchülos zu zeigen, der nach Homer auch ſein Lieb=

lingsbichter ist. Laſſen Sie doch die Eumeniden ab=
ſchreiben.

d: 3ten Abends.

Liebſter Voß, mich deucht je weiter ich von Ihnen
bin, je ſchweerer wirds mir auch im Briefe Sie zu ver=
laſſen. Ich ſpinne noch einige Faden ans lange Gewebe
dieſes Briefes.

Dieſen Vormittag haben wir bey Wieland einige
intereſſante Stunden zugebracht. Er war heute ſehr
gut u: angenehm. Er hat Ideen zu noch einem
RitterGedichte wie Oberon im Kopf, aber ohne Feerey.

Mit Herder u: ſeiner Frau haben wir ſehr ange=
nehme Stunden heute gehabt. Er war ganz ſo wie ich
gewünſcht hatte ihn zu finden, voll Feuers, ſehr freund=
ſchaftlich, ja Liebe voll. Sie iſt ein liebes Weibchen.
Er hat izt eben den 1ſten Theil eines Buches heraus=
gegeben Philoſophie der Geſchichte der Menſch=
heit, welches ſehr gelobt wird. Adieu noch einmal!
Agnes grüßt auch noch einmal von ganzem Herzen.
Wir beyde umarmen noch einmal Sie u: Erneſtine.

F. L. St.

Am linken Rande von S 8 von der Hand Agnes':

Ich umarme Euch Ihr lieben Guten! Vergeßt
mich nicht, ſo wie ich Eurer nicht vergeſſe! Grüßt den
kleinen See, Euer Gärtchen, Sielbeck u: alle liebliche
Plätzchen von mir, wenn Ihr dort glückl: ſeyd.

73.

Carlsbad d: 9ten Juni 84.

Was ich mir ſo feſt vorgenommen hatte Ihnen zu
ſchreiben vergaß ich in meinem lezten Briefe. Gleim
hat uns erzählt daß ein Buchhändler in Frankfurt ſich
vermeſſen hat Ihre Gedichte herauszugeben.

Werden Sie dadurch nicht etwa genöthiget auf eine rechtmässige Ausgabe bedacht zu seyn?

Vorgestern Abend sind wir angekommen. Die Wege waren schrecklich, unsre Weiber sind jämmerlich gestossen worden, aber die Gegenden des ErzGebürges u: der böhmischen Berge sind Wunderschön. Am Fusse des Auersbergs wurden wir einen halben Tag eines zerbrochenen Rades wegen aufgehalten. Ein Besitzer einer Hammermühle lud uns sehr freundschaftlich in sein Hauß, gab uns einen guten Schmauß, Milch die man nur mit der Schweizer-Milch vergleichen kann, u: Oesterreicher Wein mit welchem sich treflich scherzen ließ eh er zu Kopfe stieg. An einem andern Ort mitten im Gebürg hatte uns das Rad schon denselben Vormittag 4 Stunden aufgehalten ohne daß der Verzug uns unangenehm war. Die Leutlein des Orts waren so bereit uns aufzunehmen, so freundlich u: gesprächig, unsere Weiblein der Ruhe so bedürftig, die Gegend so schön, u: der stürzende Strom in welchem wir Männer badeten so frisch u: schön, daß wir uns des Zufalles freuten.

Donnerstag. d: 10ten.

Heute haben mein Bruder u: ich den Brunnen angefangen. Das Wasser sprudelt siedend aus dem Felsen, u: man trinkt es so heiß als man nur kann.

Morgen ist es 2 Jahr daß meine Hochzeit war. Ich wollte ich hätte Sie in meinem vorigen Briefe daran erinnert, so wäre ich gewiß daß Sie u: Ernestine dieses Tages liebend gedächten.

Meine Agnes, mein Bruder u: Luise grüssen herzlich. Adieu liebster Voß! Von ganzem Herzen umarme ich Sie.

F. L. St.

Hier sind 2 Lieder von der einen Tochter von
Jerusalem, die Ebert mir gegeben hat. Mich deucht
sie verdienen einen Plaz im M. A.

74.

Bruchstück von Agnes:

Lieber Voß, erinnern Sie auch oft Ernestine an
uns? und liebe Ernestine, erinnern Sie auch oft Voß
an uns? O ich bitte Euch, vergeßt uns nicht! laßt
unser Andenken unter Euch leben, als wären wir bei
Euch unaufhörlich, und nährten selber das Flämmlein
der Liebe in Eurem Herzen! Wenn Ihr in Eurem
Kämmerlein sizt, das wir ehmals bewohnten, so denkt an uns!
wenn Ihr am Garten unter Blumen wandelt, denkt an uns!
wenn Ihr Arm in Arm am Ufer des Sees steht, und
die Düfte des Abends herüber schweben zu Euch, und
Ihr den Abendstern flimmern seht, und Ihr die Nachtigall hört im Rauschen der Pappel, denkt an uns!
Ach denkt an uns alle Wege, so wie wir Euer oft
denken, wenn unser Herz voll süßer Wehmut ist!

Liebe Ernestine! wenn ich Sie so sehe mitten unter
Ihren Kindern, das eine auf dem Schooß, das andre an
der Hand, und der dritte, der versucht, ob er noch hinten
mit auf Ihrem Stuhl sizen kann — O daß wir bei
Euch wären!

Carlsbad d: 28sten Juny 84.

Ich kann unmöglich Agnes Brief abgehen lassen
ohne einige Zeilen zu schreiben. Auch schicke ich Ihnen
etwas für den Allmanach, ein Liedchen u: ein Epigram. Ich wünschte Ihnen mehr Lieder schicken zu
können, der Phalanx von Hexametern wird viele Leser-
lein schrecken.

Es ist mir nicht zum schreiben zu Muthe, ich fühle aber wie sehr mir zum schwatzen mit Ihnen zu Muthe sein würde wenn ich mit Ihnen ein Pfeifchen im Schatten am lieben See rauchen könnte, u: Erneſtine uns freundlich einſchenkte!

F. L. St.

um daß ich Ihnen auch etwas für den Almanach schicke iſt hier ein kleines niedl. Gedicht von einer Fr: von Schardt ſie hat uns zwar nur halb die Erlaubnis gegeben es Ihnen zu ſchicken, wir haben ſie uns aber ganz genommen. ſetzen Sie nur ihren Taufnahmen Sophie allein darunter ihrer Blödigkeit halber. Dencken Sie lieber Voß hier ſind gar keine Nachtigallen iſt das nicht traurig? ſeit Weimar habe ich keine gehört. Sie leben gewis in Geſang von Nachtigallen aber nun iſt die ſchöne Zeit auch bald dahin; das Wetter hier iſt auch gar nicht lieblich man verſucht alle vier Jahres Zeiten in einem Tag.

Schreiben Sie mir nun auch bald wieder lieber Voß. Ich umarme Erneſtine zärtl: Geben Sie Ihrem Kleinſten einen Kuß von mir. Gott ſeegne Sie lieber guter Voß!

Agnes zu Stolberg.

75.

Töplitz den 9ten Aug: 1784.

Liebſter, beſter κρις πεπον, wenn das ſchweigen immer eine Tugend wäre, ſo würde ich Sie nennen:
— der herrliche Schweiger Odüſſeus.

Ihr ſchweigen iſt nun zwar nicht eben Tugend, aber ich begreife es, denn Sie ſind ja — der Schulgeübte

Odüsseus. Ich habe es Ihnen eher gesagt, u: es ist
noch sehr Ernst bey mir, daß ich, wenn das anginge,
herzlich gern Ihr Schulcollege wäre. Wir wollten den
Vormittag jeder 2 Stunden dociren, den Nachmittag
müste ein σκηπτουχος βασιλισκος minorum gentium
uns die Plackerey abnehmen.

Seit 14 Tagen sind wir hier u: werden noch 14
Tage hier bleiben. Töplitz ist ein trauriger Ort. Nur
der Garten u: ein gepflanztes Bosquet geben uns Schatten. Ich sehne mich herzlich von hier fort.

Neulich reiste Forster, Lichtenbergs College, hierdurch.
Er ist Professor in Wilna in Polen geworden. Der
Mahler Graff brachte ihn zu uns. Es kam mir sonderbar vor den Spießgesellen der Kröte zu sehen, dem
ich unbekannter weise so unausstehlich schien. Doch hat
mir der Mann gefallen. Er ist interessant u: bescheiden. Er zeigte uns die Kupferstiche welche in die 3te
Reise von Cook kommen. Sie sind sehr schön, nach
Zeichnung eines Schweizers Webber, der Cook begleitet
hat. Seine Schwester komt nach Bernstorf zu meinen
Nichten, auf Henslers, Tobys u: Schönborns An-
empfehlung.

Wir haben schon Briefe von Toby aus Bernstorf,
er scheint sehr froh zu seyn. Daß Reventl. u: Julchen
nach London gesandt werden wissen Sie wohl schon.
Ich freue mich daß sie u: Schönborn zusammenkommen.
Kätchen hoffe ich gewiß den Herbst noch in Holstein
zu sehen, möchte es nur nicht auf zu kurze Zeit seyn!
Vielleicht bringe ich sie mit nach Eutin. Ich freue mich
von ganzem Herzen darauf, liebster Voß, Sie u: Ihre
Ernestine, wieder zu sehen, im lieben Eutin, u: Agnes
freuet sich mit mir. Daß wir nirgends lieber sind in
Eutin als in Ihrem Hause ist wenig gesagt, daß wir

in sehr wenigen Häusern in der Welt so gern sind als
bey Ihnen, wissen Sie auch.   Aber wir machen Ihnen
u: Ernestine viele Unruhe u: Ueberlauf, würcklich so viel
daß es unsere Freude bey Ihnen zu sein stört.

Bedenken Sie das recht mit Ernestinen, liebster,
bester Voß, u: wenn Sie finden das ich recht habe, so
seyn Sie so gut sich im voraus zu erkundigen ob wir
irgendwo in der Stadt, am liebsten nah bey Ihnen,
einige Zimmer auf etwa 8 Tage miethen können.
Antworten Sie mir bald, liebster Freund, u: adressiren
Sie Ihren Brief an das königl. Dänische Postamt in Hamburg.

Ist Gerstenberg nun in Eutin? was ist aus seiner
Sache mit Leisching geworden?   Es wäre vortreflich
wenn sie zu Stande käme, ich habe aber nicht viel
Hofnung dazu.   Grüssen Sie ihn u: seine gute liebe
Sophie herzlich wenn sie in Eutin sind.

Neulich hat Boie in einem Briefe an Luise geklagt ich
boudirte ihn, das ist sein Ausdruck (in einem Briefe
an meine Schwiegerin).   Ich habe ihm schriftlich das
Gegentheil Kund gethan, ihn zu boudiren ist mir nicht
in den Sinn gekommen.

Von meinem Kleinen habe ich sehr gute Nachrichten.
Er hat nun 8 Zähne, die ihm keine grossen Schmerzen
verursacht haben.   Agnes befindet sich bey der Cur
ziemlich wohl, überhaupt scheint sie uns allen sehr gut
zu bekommen.   Ich schicke Ihnen hier 2 kleine Stücke
für den Hexameter reichen M. A. wenn Sie deren nicht
schon zu viel haben.   Ich schickte Ihnen gern ein Lied
wenn ich eins hätte.   Leben Sie wohl, liebster Voß!

Mein Bruder, seine Frau u: der Husar grüssen
herzlich.   Agnes u: ich umarmen Sie u: Ernestine
von Herzen.   F. L. St.

76.

Bruchstück eines Briefes von Agnes.

(Töpliz den 9ten Aug: 84.)

O Sie guter lieber Voß! Ich kann Ihnen gar nicht sagen, was mir Ihre Freundschaft ist, was sie mir ewig sein wird! Ich ahndete es nicht, daß ich doch so bald einen Brief bekommen würde. Nur einige Tage vorher sagte ich zu Stolberg: Nun könnte mir Voß auch bald antworten; und da (und o wie oft sonst noch!) sprachen wir viel von Ihnen; und ich sagte: Voß ist doch einer der Menschen, die ich am liebsten auf der Welt habe. Hier muß die kleine Erneftine nicht eifersüchtig werden, denn Stolberg wards auch nicht. — — —

77.

Töplitz d: 10ten Aug: 84.

Liebster, bester Voß, ich komme eben aus einer Ge=sellschaft wo wir eines Taschenspielers bedurften um nicht einzuschlafen, u: in 3 Viertelstunden soll ich wieder hin=gehen, um elende Musik zu hören. Ich muß ein wenig schwatzen wie ich ehmals Sontag oder Mitwoch Nach=mittag zu Ihnen gieng, matt vom Hofe u: mich äng=stend weil ich wieder hin sollte.

Ach lieber Voß wer frey wäre! die Hofnung hätte je frey werden zu können! Die haben wir aber beyde nicht, biß der ἡδυλεγης θανατος (wie gefällt Ihnen mein neues Wort?) uns ausspannt.

Agnes schickt Ihnen ein Liedchen von mir welches ich für Ihren Allmanach gemacht habe. Ich wünsche

8*

daß es Ihnen lieb seyn möge. Ihre Elegie an Agnes hat uns beyden sehr viel Freude gemacht, aber auch an der Hand wehmütiger Erinnerung hin zu Ihnen geführt. O daß wir immer zusammen leben könnten!

Ich weiß nicht ob ich Ihnen schon geschrieben habe daß Kaufmann izt in Neusalz in Schlesien an der Lausnitzischen Grenze als Medicus practisirt, u: schon seit einem Jahre vergebens sucht von den Herrnhutern als Bruder aufgenommen zu werden, die ihn nicht nehmen wollen.

O der Allmacht des übernatürlichen Mannes der alles kann was er will! —

Wir wollen nichts als Nichts sein, u: das richten wir nicht aus!

Adieu lieber Herzensfreund!

Ich umarme Sie u: Ernestine. Mein Bruder läßt Sie herzlich grüssen. Seine astronomische Epistel giebt er nicht in den M. A. weil er einige anzügliche Stellen weder ändern noch publiciren mag.

F. L. St.

Nun noch abe von mir Ihr Geliebten Ihr wißt woher wir kommen und wohin wir gehen. Ach leyder darum mus ich eilen. lebt wohl u: behaltet uns so lieb. Ihr macht uns unendl. Glücklich dadurch, u: wir lieben Euch von ganzer Seele Gott seegne Euch u: Eüre Kinder! Agnes.

78.

Tremsb: d: 23sten Sept: 1784.

Endlich, bester κρις πεπον sind wir heute hier angekommen. Agnes ist ziemlich angegriffen, ergötzet sich aber am blühenden Knaben der würcklich ergötzend ist.

Sontag komme ich zu Ihnen. Ich bringe aber
Agnes nicht mit, sie wird mit dem Buben erst Mitwoch nachkommen. Laſſen Sie es nicht ruchtbar werden
daß ich Sontag komme, damit ich den Abend ruhig bey
Ihnen zubringe. Ich bringe Ihnen aber einen zwar
ungebetnen Gaſt mit, der Ihnen aber lieb werden
wird, den jungen Spalding, der von Berlin nach Dreſden
gekommen iſt uns zu ſehen, uns bis Meiſſen begleiten
wollte, u: immer weiter bis Leipzig, Deſſau, endlich
hieher uns geleitet hat. Er ſehnet ſich ſo herzlich Sie
zu ſehen u: iſt es werth. Sein Herz, ſein Geiſt, ſeine
Jovialität machen ihn zu einem treflichen Kumpan. Er
hat die Räder unſers Poſtwagens beflügelt. Ich bitte
Sie, Liebſter, ihm ein Stübchen bey Wieſeners zu beſtellen. Ich freue mich von Herzen, Trauteſter meiner
Freunde, mich bald an Ihnen zu laben. Agnes läßt
Sie u: Erneſtine entſezlich u: entſezlich grüſſen. Ich
umarme Sie beyde von Herzen.

F. L. St.

79.

Tremſb: d: 24ſten Sept. Freitag Morgen 1784.

Second thoughts better thoughts ſagen die Engländer. Agnes will gleich mit mir kommen, beſter Voß,
wir kommen aber daher erſt den Montag Abend. Sie
bringt den kleinen mit von dem ſie ſich noch nicht wieder trennen kann, ſein Mädchen u: Hannchen. Nur
Sie u: Erneſtine dürfen wir mit ſolchem Troſſe belä-
ſtigen. Ich bitte Sie Marcks kommen zu laſſen u: zu
ſagen er u: mein Kutſcher müſten Sonntag Abend mit
den 4 Wagenpferden in Segeberg ſein, ſie ſollen nicht

die Kutsche, sondern meinen Kürwagen u: mich, nach Eutin fahren.

Sollten sie aber noch im Grase gehen, oder erst vor einigen Tagen aufgestallt, also noch matt sein, so müſten sie zurücke bleiben. Auſſerdem müſſen 4 Eutin= ſche Poſtpferde für die Kutſche Montag Nachmittag 2 Uhr in Kampe ſtehen. Alles dieſes ſeyn Sie ſo gütig dem treuen Marcks zu ſagen.

Leben Sie wohl, Ich umarme Sie von ganzem Herzen.

F. L. Stolberg.

80.

Liebſter κριε πεπον. In einigen Tagen, nemlich b: 28ſten Abends hoffe ich Sie zu umarmen. Ich bin 8 Tage hier in der Schimmelmannſchen Familie mit Weib u: Kind u: Geſchwiſtern, u: Klopſtock. Morgen geht es wieder nach Tremsbüttel.

Vielleicht komt Kätchen mit mir. Agnes nicht. Kät= chen ſehnt ſich ſehr darnach Sie u: Erneſtine zu ſehen. Ich glaube gleichwol nur halb daß ſie kommen kann, wegen des Geburtstages. Sagen Sie niemand nichts, auf daß wir doch den erſten Abend ungeſtört bleiben.

Agnes läßt herzlich grüſſen, dancket für den ſchönen M. Allmanach, u: ſinget dem Knäblein daraus vor. Er lallet nach. Seyn Sie ſo gut bey Marcks zu beſtellen daß meine WagenPferde den 27ſten Abends nach Segeberg geführt werden. Ich umarme Sie u: E: 1000 mal.

F. L. Stolberg.

81.

Lange schon hätte ich Ihnen, liebster bester Voß!
schreiben sollen daß wir wohl sind. Heute vor 8 Tagen
kamen wir hier an. Meine Agnes hat die Reise weit
besser als ich hoffen konnte ausgehalten, auch den Sturm
der uns in 2 Stunden über den grossen Belt mit hal=
bem Winde gebracht hat. Auch izt befindet sie sich
ziemlich wohl, u: ist eben mit Gustchen u: Pup spatzie=
ren gefahren, mit Luischen, Milchen u: Magnus.

Ich habe theils auf der Reise, theils hier meinen
Timoleon vollendet. Erschrecken Sie nicht κρι πεπον.
Er hat mit mir geeilet, nicht ich mit ihm. So bald ich
Abschriften habe will ich meinem Bruder eine schicken der
sie Ihnen mittheilen wird. Ich halte ihn für meine
beste Arbeit. Das Chor handelt so viel als irgend eine
der andern handelnden Personen im Stück.

Ich glaube nicht daß ich mich würde entschliessen
können den Kothurn anzulegen, wenn ich nicht zugleich
die Leier dürfte tönen lassen.

Ich habe mir von Halem meine 4 Stücke vom
Aischülos schicken lassen, um im Promätheus die Chöre
umzuarbeiten. Nun spucken tragische Ideen in meinem
Kopf, u: mich züchtigen meine Nixen des Nachts mit
dem Kothurn, wie ich vor 2 Jahren auch bey Nacht in
meinen Träumen die Geissel schwung, die ich auf lange
Zeit weggelegt habe. Mein Bruder hat Ihnen, hoffe
ich 3 Ex. gesandt, eins für Sie, eins für Ernestine,
eins für Gerstenberg. Grüssen Sie Gerstenberg. Ich
umarme Sie u: Ernestine von ganzem Herzen. Das
thut auch Agnes. Kätchen läst grüssen. Daß ichs ja
gleich erfahre wenn das kleine Wesen, vulpecula, er=

scheint. Doch das hat einige Monate Zeit. Wir reden sehr sehr viel mit herzlicher Sehnsucht von Ihnen.

F. L. St.

Am linken Rand der zweiten Seite:

Ich hoffe daß Victor Kl. Ihnen 50 rth: gesandt hat!   ,

82.

Kopenhagen d: 3ten Febr. 85.

Liebster, bester Voß! ich sehne mich herzlich nach einigen Worten von Ihnen, nach Nachricht von Ihnen u: Ernestine. Böser Voß, ich wette sie lassen es mit dem schreiben anstehen bis Sie uns die gute u: erwünschte Nachricht von Ernestinens glücklicher Entbindung geben können. Denn alsdann, dencken Sie, muß ich meinem Freunde u: seiner Agnes doch Nachricht geben, also schreibe ich lieber nun nicht. Sie sagen mir kein Wörtchen über meinen Timoleon, u: Sie können doch dencken wie mich verlangt Ihr Urtheil zu hören.

Aus Zorn habe ich ein zweites Drama gemacht, den Thäseus, welches ich dem Timoleon vorziehe. So bald ich eine Abschrift habe schicke ich sie meinem Bruder, u: der soll sie Ihnen mittheilen. Haben Sie seinen Otanes gesehen? Er ist das beste was er oder ich je gemacht haben. Nur in diesem Stücke finde ich ihn ganz, in keinem seiner andern Gedichte, so schön u: lieb sie mir auch sind. Wenn Sie ihn noch nicht gelesen haben, muß er ihn Ihnen schicken.

Meine Agnes befindet sich abwechselnd leiblich wohl u: auch nicht wohl, doch aber leidet sie viel weniger als in ihrer ersten Schwangerschaft, u: ist auch weniger schwach als Sie sie je gesehen haben. Wir beide leben

selbst in der Stadt sehr still. Ich lese nach Herzens
Lust u: gehe ausser der Haußgesellschaft nur mit weni=
gen Freunden um.

Der kleine Ernst befindet sich treflich, u: ist würcklich, väterliche Affenliebe bey Seite, ein charmanter
Junge.

Haben Sie die elende giftig gemeinte Rezension
meiner Jamben in der Göttingschen Zeitung gelesen?
Für Lichtenberg ist sie viel zu wizlos, sollte sie von
Freund Heyne sein? Ich glaube es, mich deucht ich
erkenne das Pestwerck seines Witzes. Woher hat der
Narre daß in Kräta keine Eichen waren?

Kätchen hat sich vorgenommen heute an Sie zu
schreiben, da sie aber nicht wohl ist zweifle ich daß
sie es thut. Ihr Befinden ist noch immer sehr abwechselnd.

Mein Bruder schreibt mir er habe neue Arbeit auf
dem Ambos, ein neues Drama, weder aus der griechischen, römischen, deutschen, mitleren oder neuern Geschichte. Ich bin sehr neugierig zu wissen was es sey.

Der gute Toby läßt herzlich grüssen. Ich lese den
Homer mit ihm, er liest griechisch — bald hätte
ich mich gegen den Herrn Rector vermessen zu sagen
wie unser einer. Mit den Jünglingen lese ich auch
griechisch.

Schreiben Sie mir doch ob Victor Kl. Ihnen die
50 rth: geschickt habe die ich Ihnen schuldig war.

Leben Sie wohl, liebster Voß! Agnes u: ich um=
armen Sie u: die liebe Ernestine von Herzen. Vor
einigen Wochen kam eine Zeichnung von meinem Bruder die Graf gemacht hier an, u: mein Kleiner kannte
ihn gleich. Sie können sich Agnes Triumpf leicht
vorstellen.

(Ohne Unterschrift.)

Nachschrift von Agnes:

Ich grüſſe Sie herzlich lieber Voß und liebe Erneſtine! wir ſehnen uns nach Nachrichten, ich ängſtige mich für Sie liebe Erneſtine weil Ihr Stündlein bald vorhanden ſein wird. meins erwarte ich im Aprill.

Bitte, bitte Schreiben. Agnes.

83.

Kopenh: d: 5ten März 1785.

Herzlichen u: aber herzlichen Dank für die er= wünſchte Nachricht von Erneſtinens glücklicher Nieder= kunft! Warum muſte mir dieſe Nachricht ſo ſpät kom= men! Der Herr Papa hatte erſt 6 Tage gewartet eh er mir ſchrieb, u: dann haben die Belte die Poſt ſo aufgehalten daß dieſer liebe Brief vom 18ten Febr: erſt den 2ten März hier anlam. Den Brief an Ihren Schwager habe ich gleich beſorgt. Sagen Sie der lie= ben Wöchnerin ja ſehr viel Liebes von uns. Toby ſagt Sie hätten den kleinen Sofoshospollaeidosſtüa nen= nen ſollen. Wenn der Bube der Ihr Sohn u: Ger= ſtenbergs u: Schulzens Pathgen iſt, ἀμουσος wird ſo ſoll ihn die Themis holen!

Wenn ich meinen Timoleon übereilt habe ſo ſeyn die Muſen meinem Thäſeus gnädig! den ich in 13 Tagen gemacht habe! Ich kann nun einmal nicht an= ders arbeiten. Ich arbeite — oder vielmehr es ar= beitet in mir u: gewinnet Geſtalt, qualemcunque, feilen kann ich ſo wenig an meinen Kindern des Lichts, als an den Kindern der Finſterniß wenn Agnes ſie edirt hat. Auf das Abſtechen der Charaktere hatte ich mir nun juſt etwas eingebildet, auf den weiſen Helden der wenig ſpricht, nicht mehr u: nicht weniger handelt, als einen geliebten Bruder der Freiheit aufopfert; auf den feierlichen Orthagoras u: stürmenden Aischülos — endlich auf den Seher Glaukos.

In me tota ruit — nicht Venus aber die tragische Muse wie vor 2 Jahren die Erinnen der Satire. Ich kann nun nichts anders arbeiten, verbrennen kann ich aber u: habe einen Anfang eines neuen Stücks Ther= mopülä ins Feuer geworfen. Hat mir Vulkan seine Feile versagt, so läst er mir doch seine Flamme! Noch einmal; Plane machen ist mir so unmöglich, als ein Buch über die Freiheit des Willens schreiben, ich meinte aber eine solche Handlung wie Timoleons, mit dem Feuer das ich habe, dargestellt, müste sich durch= schlagen, wie ein alter Ritter sich durch geschilderte Schaaren schlug.

Auch war mir Timoleons Charakter nicht das Haupt- interesse, so unendlich ich ihn auch ehre, sondern die Freiheit von Korinth. Ich werde warm, aber mein Voß verkennt mich nicht. Ich danke Ihnen von ganzem Herzen für Ihren Tadel, aber er thut mir weh. Gleich= wol würde mir die leiseste Witterung von verhaltenem Tadel viel weher thun. Aber das hab ich von Ihnen nicht zu befürchten. Ich erwarte gleiche Freundesstrenge des Urtheils über meinen Thäseus — lassen Sie mich dieses bald hören. Auch bin ich sehr verlangend Ihr Urtheil über meines Bruders Stücke zu hören. Eben habe ich seinen Belsazar gelesen. Ueber diese beyden Stücke hat mein ganzes Herz eine Meinung gefaßt welche keine noch so klare aristarchische Welle für mich benetzen kann. Dem Otanös besonders kann ich kein Stück vorziehen. Sagen Sie mir doch bald welchen Eindruck diese Stücke auf sie gemacht haben.

. Meine Agnes leidet izt viel, u: glaubte gestern

daß sie niederkommen würde. Aber 3 vielleicht 4 Wochen währt es wohl noch. Sie trägt aber ihre wachsende Bürde mit vieler Beschweerde.

Geben Sie uns bald Nachricht von unserer lieben Ernestine. Kätchen u: Gustchen lassen Sie herzlich grüssen, auch Toby, der Nathanael in dem kein Falsch ist. Kätchen leidet seit einiger Zeit sehr an ihren Augen. Agnes schriebe gern an sie, sie ist aber sehr matt, hat heute u: gestern einen grossen Theil des Tages im Bette zugebracht. Ich freue mich unendlich zu Gerstenbergs Melodrama. Ich errathe daß Orfeus der Gegenstand ist. Wenn ichs errathe so muß ichs wissen. Ich grüsse ihn 1000mal. Adieu, lieber bester Voß! Freund meines Herzens!

(Ohne Unterschrift.)

84.

Kopenh: d: 7ten May 1785.

Ein Mädel ist da! Vorigen Mittwoch früh um 2 Uhr erschien es. Agnes ist nur 2 Stunden krank gewesen, u: befindet sich so wohl als man nur wünschen kann. Das kleine ist ein niedliches frisches Mädel. Es saugt an den Brüsten seiner Mutter daß es eine Freude ist.

Seit verschiedenen Wochen ward das kleine Ding täglich erwartet, und die lezte Zeit der Schwangerschaft war für Agnes sehr beschweerlich. Aber nun ist sie von Herzen froh. Sie läst Sie und unsere liebe Ernestine sehr zärtlich grüssen.

Böser Voß, Sie lassen nichts von sich hören. Ich vermuthe daß mein Thäseus u: der Säugling Ihnen nicht gefallen, wie der Timoleon. Das würde mir sehr

leid seyn; denn es sind die Dramata meine liebsten
Kinder. Aber Sie sollten es doch lieber harsch und
barsch heraussagen, als so glubsch zu schweigen.

Vor einigen Wochen hörte ich von jemanden hier
daß Lichtenberg ein ganzes Buch gegen uns beyde schreiben soll. Ein Alfabeth soll schon gedruckt seyn. Je
länger je besser, so ließt man es nur in Eutin u: Plön.

Das Mädel wird heissen: Maria Carolina Agnes.

Leben Sie wohl liebster Voß! Sie fehlen mir
immer, werden mir immer fehlen!

Die Jamben sind nachgedruckt. F. L. Stolberg.

85.

Kopenh: d: 28sten May 85.

Herzlichen Danck, liebster Voß, für zween Briefe die
ich bald hintereinander erhalten habe. Der vom 10ten
April kam sehr spät, er ist 4 bis 5 Wochen unterwegens
gewesen.

Gerstenbergs Unglück ist entsezlich. Gott tröste ihn!
Ich furchte wohl daß sie sich nicht erholen würde,
hatte aber nicht die geringste Idee von so naher Gefahr.

Sagen Sie mir doch bald wie er sich befindet, wie
er sein Unglück erträgt, das größte was einen Menschen
befallen kann!

Geben Sie mir ja bald Nachricht von Ernestine,
vom crancken Nante, der nun hoffentl: nicht mehr cranck
ist, von Ihrem eignen Befinden u: den andern
Kindern. Es thut mir wehe daß Ernestine nach
den Wochen kränckelt, der Frühling wird ihr hoffe ich
wohl thun.

Meine Agnes ist nach der leichten Entbindung doch
sehr schwach u: kränckelt. Sie hat das stillen aufgeben

müssen, u: das hat sie sehr betrübt. Sie erholt sich langsam u: kann noch nicht ohne Hülfe gehen. Ich hoffe daß die Luft, die Ruhe u: die Freuden des Landes ihr gut thun werden. In 8 Tagen sind wir hofsentl: in Bernstorf. Ich freue mich nun Ihre Gedichte zu haben. Wegen Eseley der dänischen Buchbinder habe ich sie erst heute bekommen, wiewohl ich sie aus Ungeduld nur habe heften lassen. Die Elegie an Agnes hat noch sehr gewonnen; sie ist sehr schön.

Ueber Dramata dencken wir, wie ich sehe sehr verschieden. Es ist mir lieb daß Ihnen mein Säugling nicht ganz mißfällt. Je wichtiger mir Ihre Kritiken sind, desto mehr wäre mir daran gelegen sie zu verstehen. Ich verstehe sie warlich nicht. Es kann seyn daß ich im Drama die Theorie noch mehr als in meinen übrigen Gedichten beleidige oder vernachlässige. Ich habe aber nichts mit mehr Feuer, nichts tiefer aus dem innersten meines Herzens geschöpft, kurz nie so con amore gedichtet, u: halte sie für das beste was ich je gedichtet habe. Die Muse giebt Zeugniß meinem Geist, u: dieses geht mir über alles.

Aus Ihrem Stillschweigen urtheile ich daß Ihnen meines Bruder Dramata gar nicht einfielen als sie an mich schrieben. Ich wüßte kein Schauspiel das ich dem Otanes vorziehen könnte.

Desto mehr wundert mich der grosse Beifall den Sie Gerstenbergs Minona geben. Diese beleidigt selbst meine Theoretiunkulam. Sie hat herrliche Stellen. Die Scene der Azia u: Edelstan, Minona in der Höle u: die GeisterGesänge sind wunderschön, sind so ganz Gerstenbergisch u: übergerstenbergisch. Aber das übrige — Die lange Scene zwischen Cägio u: Avienus gab mir Langeweile, ich glaubte aber sie sollte zu etwas vorbereiten — das thut sie nicht. Die zwar wollüstige, aber doch liebenswürdige Äzia sah ich ungern zerhacken. Die eigentliche grosse Handlung der Angelsachsen wird weder geschehend noch geschehen erzählt, sondern nur in sehr unwarscheinlichen Gesängen geweissagt.

Edelstan hält das Fleisch u: Bein habende Mädchen für eine Erscheinung, wie wohl sie ihn führt.

incredulus odi. Der Gesang der Geister bey der Hőle hat sehr dunckle Stellen für uns. Mich deucht eine Weissagung soll nicht mehr nach der Erfüllung dunkel seyn.

In Hermanns Tod von Klopstock sind vielleicht naevi. ich habe sie, vielleicht weil die grosse Schönheit des ganzen mich hinreißt, nicht bemerckt. Aber welche Charaktere! welches Interesse! welche Scenen! welche Sprache! welche Gesänge! welches Ganze!

Ich habe den Fehler daß es mich unglücklich macht wenn meine liebsten Freunde über Liebling Materien sehr verschieden von mir dencken.

Als Sie meinen Timoleon tadelten fehlte nicht viel dran daß ich auf immer von der Scene Abschied genommen hätte. Ich verbrannte den Anfang eines neuen Stücks Thermopülä. Die Idee eines Stücks Salamins Schlacht entschwand mir geschreckt vom warnenden Finger des Freundes. Aber mehr als ich je mich selbst im Genuß meiner Kräfte gefühlt hatte, fühlte ich mich im Thäseus u: im Säugling, u: traue diesen Stücken, u: nächst ihnen dem Timoleon mehr Dauer zu als allen meinen übrigen Gedichten. Einem Freunde der selbst unsterblich ist darf ich sagen daß ich ihnen Unsterblichkeit zutraue. Diesen Kindern gebe ich meinen heissesten väterlichen Seegen u: mit mehr Zuversicht als den andern.

Ich verstehe nicht ganz was Sie mir vom Sofokles sagen. Ich habe ihn 2mal gelesen, bewundere u: liebe ihn. Den Euripides habe ich diesen Winter gelesen. Er ist minder Regelmässig, minder fehlerlos vielleicht. Die neuern geben deucht mich fast alle dem Sofokles die entschiedne Palme. Die Alten thaten es nicht. Ich finde nirgends ein Wort davon. Das δεινον u: φοβερον des Euripides sowohl als die weisen Sprüche des sokratischen Dichters erhielt ihn in einem Rang mit dem erhabnen Sofokläs. Dieser scheint mir immer gleich schön, Eur. ungleich. Aber es sind solche Strokes of nature in ihm, die ich nur in ihm u: im Homer kenne.

Ich wünsche auf der Wage in welche ich andre lege nicht zu leicht erfunden zu werden. Ich werde nicht leicht durch Fehler, aber sehr durch Mangel des Schönen beleidigt. Das Schöne allein hat seinen untrüglichen Charakter, (ich rede vom hohen Schönen) was einem Fehler scheint scheint gefällt dem andern. Wenn ich von Gerstenberg nichts als die Minona kennte, würde ich um der herrlichen Stellen willen den Dichter zu den grossen Dichtern rechnen, wiewohl mir das meiste im Stück mißfällt.

Ich habe diesen Brief sehr schnell (der böse Voß denckt vielleicht so schnell wie die Schauspiele) hingeschrieben. Ich hoffe aber Sie ergänzen das fehlende u: berichtigen das übereilte, da Sie mich kennen.

Am M. A. müssen Sie nicht verzweiflen, Sie erhielten ja immer erst spät die besten Beiträge. Ich schicke Ihnen hier einen Rundgesang. Schreiben Sie mir nun bald wieder liebster, bester Voß. In den ersten Tagen July dencken wir zu reisen u: Ende July in Oldenb. zu seyn. Im July also sehe ich Sie.

Leben Sie wohl mein Herzensfreund! Agnes u: ich umarmen Sie u: Ernestine. Kätchen danckt für den lieben Brief.

F. L. St.

Am linken Rande der vierten Seite:

Ich schreibe an Gerst. von Minona nichts. Den Auftrag an Carstens werde ich besorgen, ich verzweifle aber am Project dänischer Uebers. u: Vorstellung.

86.

Bernstorf d: 18ten Juny 85.

Einige Tage nachdem ich Karstens die Minona gegeben hatte zogen wir aufs Land. Ich hatte gleich wenig Hofnung von dem Verkauf dieses Stücks an die hiesige Gesellschaft, u: noch weniger nachdem ich sie Karstens gebracht hatte. Er klagte weder der Geschmack dieses Publikums noch die Untüchtigkeit der Schauspieler machten eine Vorstellung von der Art hier leicht. Gewöhnt an Uebersetzungen französischer Tragödien weis der dänische Zuschauer nicht was ein grosser freier Dichter wie Shakespear oder Gerstenberg oder Göthe will, u: glaubt der Poet habe ihn zum besten wo unser einer erschüttert wird. Aehnliches habe ich bey Shakespears Stücken in Hamburg gesehen, u: erinnere mich daß das Parteer brüllend lachte bey dem: Kind es ist keine Haarnadel — in der Emilia von Lessing. Geschieht das dem grünen Holz der deutschen Bühne, wie wird sich das dürre der dänischen verhalten? Ich würde schon längst zu Karstens hinübergeritten seyn wieder mit ihm davon zu sprechen wenn ich einige Hofnung von der Ausführbarkeit der Sache hätte. Aber warum soll ein solches Originalstück zuerst in dänischem Gewande erscheinen? Der Hof wird nicht das geringste zur Beförderung der Sache thun, denn man kann nicht mehr ἀμουσος seyn als es der Kronprinz ist.

Es freut mich daß Ihnen Belsazar sehr gefallen hat. Der Otanes wird Ihnen hoffe ich mehr gefallen. Mit der Offenheit die der Ihrigen werth ist, sage ich Ihnen daß ich meine Stücke über den Belsazar u: unter den Otanes setze, u: daß ich fast alle meine kleinen Gedichte eher fahren liesse als den Säugling.

Die Fehler meines Rundgesangs müssen Sie mir verzeihen. Ich kann nicht für die Musik arbeiten weil ich für die Musik — nicht unbeschnittenes Herzens, aber unbeschnittener Ohren bin. Sagen Sie mir was Sie für den M. A. wollen? Vielleicht spornen Sie mich zu einem Liede an das ich sonst nicht machte. Hier schicke ich Ihnen eine Epistel an Wasserschleben.

Haben Sie Ramlers versificirten Gesner angesehen? Und den Stich den er Ihnen über Ihre Idyllen giebt? Ergözt hat mich der Vers:

Ich bald fremde Liederchen feilte, bald eigene — wegschlif.

Und auf eine andre Art gefreut hats mich daß er nun unsere, vielmehr Klopstocks, Quantität gelten läßt u: die seinige verwirft. Freilich stillschweigend, aber handelnd.

Auf Klopstocks Grammatik freue ich mich sehr.

Agnes erholt sich täglich mehr aber langsam. Ich glaube Ihnen schon geschrieben zu haben daß sie eine Geschwulst in der Lende hatte, eine Folge der zurückgetretenen Milch. Dem Wunsch der Aerzte gemäß sank diese Geschwulst immer tiefer, nun ist sie schon im Fuß, aber gehen kann Agnes noch nicht. Sie fährt täglich, bald von Pferden gezogen, bald in einem kleinen Kin=

derwagen von mir u: meinen Neffen. Daher kann ich auch die Zeit unsrer Reise nicht bestimmen. Ich freue mich von Herzen darauf Sie in Eutin zu umarmen. Wie vieles haben wir zu schwatzen. Ich begreife nicht daß Sie nicht begreifen wie wehe es mir thut daß meine Muse es Ihnen nie recht machen kann. Für wen dichtet man? Etwa mehr für das Publikum, das 1000 000 000 köpfige Vieh das sich von solchen u: so vielen elenden Kerlen satteln u: zäumen läßt, oder für Dichter u: Herzensfreunde?

Damit Ihnen bey meiner Muse nicht Miller von selbst einfallen möge will ich gleich ihn nennen. Ich habe einen recht guten Brief von ihm u: werde eilen ihm zu antworten eh ich in Tremsbüttel seinen neuen Roman finde den er mir geschickt hat.

Mit wahrem lyrischen Fluge erhebe ich mich von Miller hinauf zu Gerstenberg. Unter denen die etwas hier vermögen hat er keinen bessern Freund als Schim=melmann. Bitten Sie ihn daß er an den schreibt. Auch muß er ihn ja nicht verfehlen. Sch. reiset zwi=schen dem 8ten u: 16ten July nach Holstein u: komt erst Ende August oder Anfang Septembers wieder her. Darum wünschte ich daß er ihm nun schriebe, in Hol=stein ihn sähe, u: hier wäre wenn Sch. hier ist. Bern=storf ehrt u: liebt Gerstenberg, hängt aber an Ideen von denen er nicht leicht abgeht, von denen er aber ab=gehen wird u: abgehen muß wenn jemand der auch in Affairen ist ihm einen Schups giebt. Das verdamte steife an Formen hängende Wesen! Wenn der βασιλισ=κος nicht αμουσωτατον ζωον wäre, so wäre die Sache sehr leicht.

Schon mitten im Winter sagte mir hier jemand

9*

Lichtenberg schriebe gegen uns beyde. Ein Alfabet sey schon gedruckt. Haben Sie etwas davon gehört?

Heine reiset nach der Schweiz. Wie wird er der Spur von Nikolai folgen! Forster in Wilna, dessen Schwester bey meinen Nichten ist, heirathet Hainens Tochter. Leben Sie wohl liebster Voß. Die Schwe= stern grüssen herzlich. Ich u: Agnes umarmen Sie u: die liebe Ernestine, die bey Leibe nicht kräncteln muß.

F. L. Stolberg.

Haben Sie meine Ode an die Recken?
Ich habe keine Abschrift.

87.

Bernstorf d: 25sten Juny 85.

Liebster, bester Voß, eben verläßt mich Carstens, ich habe nur einen Augenblick Zeit mit Ihnen wegen der Minona zu sprechen. Carstens hält es für ganz unmöglich das Stück ins Dänische zu übersetzen. Nur Ewald, meint er, würde das gekonnt haben. Und wenn es auch übersezt wäre, würden die Schauspieler es nicht aufführen können. Mich deucht wenn eine Gesell= schaft Schauspieler das vermöchte, so müste es die Ham= burgische seyn, wenn Schröder wieder da seyn wird.

Aber mehrere Deutsche Gesellschaften würden das eher können als die hiesige Bande.

Mit Agnes gehet es täglich besser. Mit einem Stocke hincket sie schon umher, auch Trepp auf, Trepp ab. Aber es gehen gewiß noch über 8 Tage hin, u: vielleicht 14 Tage ehe sie völlig wohl ist, u: eher kann ich nicht an eine Reise dencken.

Wenn mich die rabies mit dem iambo wieder

wafnen wollte, so hätte ich längst ein ἐπιστόλιον an Freund Voß gemacht. Sapienti sat!

Ich umarme Sie u: Erneſtine herzlich, Agnes thut es auch. Grüſſen Sie Gerſtenberg tauſendmal.

F. L. St.

Fragen Sie Gerſtenberg ob ich ihm die Minona wieder bringen oder hier an jemand geben ſoll. Ich wünſche ſo ſehr daß mein Bruder ſie leſe.

88.

Bernſtorf d: 23ſten July 85.

Noch ſind wir hier, liebſter Voß. Schon vor 8 Tagen wolten wir reiſen, das Schiff war bedungen, einer von Bernſtorfs Bedienten, der mich mißverſtanden hatte, ging aber zum Schiffer u: beſtelte ihn ab. Ich erſchrack als ichs erfuhr, ritt nach Kopenh: aber zu ſpät, ein anderer hatte ſchon das Schiff gemiethet. Nun ſind unſere Sachen ſchon wieder auf einem andern Schiffe, u: wenn der Wind günſtig bleibt reiſen wir Montag.

Wir werden ſehr kurze Zeit in Holſtein bleiben, kaum 8 Tage in Tremſbüttel. Wir wollen aber Sie gewiß beſuchen, das nicht zu thun wäre mir nicht möglich. Ich bringe Ihnen einige Gedichte für den M. A. Ich hatte ſie Ihnen ſchicken wollen, es iſt mir aber heute nicht möglich ſie abzuſchreiben. Die nahe Abreiſe giebt mir zu viel zu thun. Der Tod des guten Herzogs hat mich u: Agnes betrübt, u: um deſto mehr da er, wiewohl ſchon ſo alt, uns doch izt unerwartet ſtarb.

Ich fürchte daß ich Klopſtock nicht ſehen werde da er in Eckof iſt. Das iſt mir ſehr fatal.

Da kommen meine Neffen, ich leſe vielleicht die lezte

griechische Stunde nun mit ihnen. Ich habe drey Stücke des Euripidäs mit ihnen diesen Winter gelesen. Leben Sie wohl bester Voß!

Agnes u: ich sprechen oft von der Freude mit welcher wir Sie u: Ernestine umarmen werden. Grüssen Sie Gerstenberg herzlich.

F. L. St.

89.

Tremsbüttel d: 11ten Aug: 1785.

Der Abschied von Ihnen, mein liebster Voß, that mir sehr wehe. O daß wir immer miteinander leben könnten! Ich träume mich oft in diese süsse Hofnung hinein, Gott weiß ob sie in dieser Welt erfüllt wird. Hier schicke ich Ihnen den Säugling. Mein Bruder schickt Ihnen ausser den Balladen aus dem Tell auch noch Chöre aus seinen beiden andern Stücken.

Sie müssen nicht für die äusserste Noth den Säugling versparen, nehmen Sie ihn wenn Sie sonst Stücke nehmen müsten die Sie ungern nähmen. Ich schicke Ihnen auch den Promätheus wieder. Liebster, bester Voß, welch ein Freund sind Sie! Welche Arbeit haben Sie ausgeführt! Ich habe die vielen Aenderungen gelesen, dancke herzlich, sende ihn zurück, habe nun weder Zeit noch nöthig das Mскt: mit dem Original zu vergleichen. Mein Bruder bedaurt es sehr daß Sie nicht herkommen konnten, Agnes ist ganz betrübt darüber.

Mein ganzes Herz dancket es der lieben Ernestine daß sie uns diese Freude, Sie einige Tage hier zu haben, so gönnte. Umarmen Sie dafür auch das liebe gute Weibchen in meinem Namen.

Grüssen Sie Gerstenberg tausendmal. O daß eine

Stelle in Eutin wäre die er haben könnte! daß wir
drey immer dort leben könnten! O noctes coenaeque
Deûm! pflegt der junge Spalding dem Horaz nachzu=
schwätzen. Eben fällt mir noch Gleims Epigramm an
mich ein.

An F. L. Gr. p. p.

Dem JambenDichter meinen Danck
Und Gruß; er mag in Dithüramben,
In Anapästen u: in Jamben,
In Klanggesang u: Rundgesang
Der Narren u: der Dunse Rotten
Mit seiner scharfen Geiffel tranck,
Nur nicht zu Tode spotten!

Auf dem Rückwege wollte ich für den M. A. ein
Lied machen, aber meine Leier hieng an den Weiden des
Abschieds. Ich drücke Sie mit inniger Liebe an mein
Herz.

F. L. St.

90.

Reuenb: d: 2ten Sept. 85.

Den 24ften sind wir hier angekommen. Der Ort
gefällt uns, wir haben Wald in der nähe, einen schö=
nen, breiten Bach, welcher sich am Fusse des Hügels
auf dem die grosse Linde steht, zum Teiche ausdehnt,
schöne schattigte Gänge; freuten uns des Allen, u: Ag=
nes war so wohl u: heiter als 2 Tage nachher am
26ften eine Stafette ankam mit dem Auftrag vom
Prinzen eine Reise nach Petersburg zu machen! Mir
war dieser Auftrag nicht ganz unerwartet, aber doch er=
schreckend, meine arme Agnes können Sie sich dabey
vorstellen. Drey Monate wird diese Trenung währen,
u: ich soll das einzige Land für welches ich gar keine

Neugierde habe, sehen. Der Auftrag ward mir auf eine Art gegeben welche mir unmöglich macht ihn abzuschlagen, ich würde zu sehr beleidigen u: mir künftige Tage zu schweer machen. Aber es ist entsezlich! Agnes wird mich mit den Kindern nach Altona begleiten, u: so lange unter Hensters treuer Obhut seyn bis mein Bruder zurückkomt. Hätte ich nicht den Trost sie in so guten Händen zu wissen, so hielt ich es gar nicht aus, u: könnte auch nicht reisen.

Den 7ten gehn wir nach Old. dort werden wir 4 oder 5 Tage wenigstens bleiben. Dann bringe ich Agnes nach Alt. u: eile weiter. Das süsse Weib hatte den ernsthaften Vorsaz mit mir zu reisen, aber wie wäre das möglich!

ah te ne frigora laedant
Ah tibi ne teneras glacies sicet aspera plantas!

Seit meines Bruders Abreise aus Tr. habe ich keine andere Nachricht von ihm, als daß mir Luise hat sagen lassen sie hätten Sie besucht.

Gleim ist in Oldenburg gewesen, u: hat mich nicht besucht! ich traure, aber zürne nicht, er hätte es gewiß gethan wenn er gekonnt hätte.

Ich höre daß er Ihnen u: Gerstenberg rendez Vous in Hamburg hat geben wollen. Ohne daß er oder ich es wuste sind wir dieselbe Nacht in Bremen gewesen, ist das nicht entsezlich! Adieu bester Voß! Agnes u: ich umarmen Sie u: die liebe dreimal liebe Ernestine von ganzem Herzen.   F. L. St.

91.
Bruchstück eines Briefes von Agnes.
(Tremsbüttel, den 28. Nov. 1785.)

Meine Briefe müssen an Sie sein, beste Ernestine. Erstlich schickt es sich besser (nicht wahr?) und dann

ists auch billig, da Sie viel allein sind, wenn der arme
Voß schulmeistert, oder in seinem Kämmerlein sizet und
liest. Wenn er dann herunterkömmt, so wird ihm immer mein Brief freundlich gereicht, und dann ist er ihm
so viel lieber. Sie müssen es mir angemerkt haben,
wie schwer es mir ward, mich von Ihnen zu reißen.
Wie sollt' es das nicht, da Sie so ganz die Freunde
nach meinem Herzen sind, mit denen ich leben und ster=
ben möchte. — Noch ist mir die Erinnerung dieser süßen
Stunden ein so treues lebhaftes Bild, daß ich mich oft
noch unter Ihnen glaube im vertraulichen blauen Stüb=
chen, bald in Voß seinem Stuhl, oder am Klavier. —
O daß wir uns bald wiedersähn! ach und mit meinem
Stolberg! — Ich fand hier gestern einen delicieusen
Brief von ihm. Voß, bejammern Sie nur nicht, daß
Sie nicht dabei waren; in die Hände hätten Sie
ihn doch nicht gekriegt, er war unleserlich. Armer
Voß, wie ihn die Neugierde foltert! Ernestine, lachen
Sie ihn doch aus, bitte, bitte! Ich hätte Ihnen aber
viel Samantes daraus vorlesen können, unter andern,
daß ich schon hoffen kann, daß er vielleicht seit Don=
nerstag unterwegs ist, zu mir, zu mir glücklichen!! —
— — — Habe ich da nicht viel aus seinem Briefe
erzählt? Aber, lieber Voß, der süße Brief ist zwei
Bogen lang! Denken Sie, wie viel unleserliches da
noch übrig ist! — Aber es ist scharmant; und Sie
glauben nicht, wie fein und schön gesagt, wahrlich mir
nur verständlich! Sind Sie nun recht neugierig? und
quäle ich Sie recht? Armer Vossi! wie werden Sie
mich hart genug strafen? — Nun ade! umarmt Euch
in meiner Seele. Schreibt mir bald; das heißt Erne=
stine, denn Voß mag doch nicht gern schreiben. —

92.

Petersburg d: 29ften Nov. 85.

Ich hoffe mit Zuverficht daß Sie und unfere liebe, gute Erneftine mich nicht tadeln werden wenn ich ohne Ihre Erlaubniß, einen kleinen Koftgänger von 9 Jahren zuführe.

Wir find ja fo weitauseinander daß ich nicht Zeit hatte Sie erft zu fragen, u: es ift ein Kind guter Art welches Sie nicht abweifen würden. Es ift der Sohn des H. v. Nicolai, den Sie als Dichter dem Namen nach gewiß kennen. Er ift ein braver Mann u: hält es für das gröfte Glück das feinem einzigen Sohne wiederfahren kann, wenn er Ihres Unterrichts u: in Ihrem Haufe Ihrer Auffiсht genieffen kann. Die Mutter, deren Herz am Kinde hängt, denkt eben fo, u: im Glauben an Sie fchicken Sie beyde Ihnen die Freude ihres Lebens. Einen folchen Glauben an meinen Freund konnte u: durfte ich nicht befchämen, auch konnte und durfte ich dem Kinde das viel verfpricht das gröfte Glück das ihm wiederfahren kann nicht rauben.

Der Vater ift ein fehr vernünftiger u: billiger Mann.

Seyn Sie nicht allzubefcheiden, er ift wohlhabend durch feine Stelle u: durch feine Auffichten; in einer Welt da einmal alles nach der Goldwage gefchäzet wird, müffen Männer deren Zeit u: Mühe eigentlich unfchäzbar feyn follte, beydes nicht zu fehr unter dem Werth fchätzen laffen.

Ich fchmachte vor Sehnfucht u: Heimweh. Den 12ten oder 13ten Dec. hoffe ich von hier zu reifen. Ich werde mich 8 Tage in Berlin aufhalten. Zwi-

ſchen Mitte u: Ende des Januars hoffe ich Sie zu
umarmen.

Meine Agnes hat mir Gottlob bisher gute Nachrichten von ihrem Befinden gegeben.

Es iſt eine ſchreckliche Sache von einem Weibe das
man ſo liebt getrennt zu ſeyn. Verlaſſen Sie nie Ihre
Erneſtine, ſondern bringen Sie ſie mit wenn Sie uns
einmal in Neuenburg beſuchen. experto crede.

Ich umarme Sie mit der herzlichſten Liebe.

F. L. Stolberg.

93.

Ich kann den Ueberbringer dieſes Briefes nicht
gehen laſſen ohne einige Worte an Sie zu ſchreiben.
Er heißt Reinwald, iſt ein Deutſcher, ruſſiſcher Offi-
zier, ein guter braver Mann, u: ein Mann von
Kentniſſen.

Ich werde d: 13ten von hier reiſen, u: dencke
Mitte Januar in Eutin zu ſeyn.

Geſtern erhielt ich die traurige Nachricht vom Tode
unſerer guten Herzogin. Es thut mir von Herzen
wehe. Sie war eine liebe, herzgute junge Frau, u:
ich bin ſehr beſorgt für den armen Biſchof der mit ihr
die Freude ſeines Lebens verliert. Auch bin ich ſehr
unruhig für meine Agnes. Die liebe, junge Herzogin
leiden u: ſterben zu ſehen hat ſie gewiß ſehr angegriffen.

Sonſt habe ich von Agnes, meinen Kindern u: Geſchwiſtern lauter gute Nachricht. Und zwey meiner beſten Freunde, deren Verbindung ich lang gewünſcht
hatte, haben ſich unterdeſſen verheirathet.

Ich freue mich von Herzen darauf Sie u: die liebe
Ernestine wiederzusehen. Sonst wird die Ankunft u:
der Auffenthalt in Eutin viel trauriges in dieser Zeit
für mich haben.

Ich befinde mich recht wohl, u: habe hier nur an
Heimweh gelitten.

Je näher ich meinen irrenden Hausgöttern komme,
je wohler wird mir werden. Ich umarme Sie u: Ernestine von ganzem Herzen.

F. L. St.

94.

Rutsau in Kurland d: 28sten Dec. 1785. Abends halb 8.

In Riga erhielt ich Ihren lieben Brief vom 24sten
Nov. der ziemlich lang auf mich gewartet hatte. Mein
ganzes Herz danckt Ihnen dafür, u: Ihnen u: Ernestinen für die viele Liebe die Sie meiner Agnes erzeigt
haben. Ich sehne mich mit Schmerzen nach dem lieben
Weibe. Ach liebster Voß wenn ich ein freier Mann
wäre ich hätte sie nicht für die Schätze beyder Indien
verlassen. Gottlob daß ich nun auf der Rückreise bin!
Ich dencke den 7ten in Berlin zu seyn u: den 17ten
in Tremsbüttel, Januar nemlich. In Eutin den 20
oder 21sten.

Mit Agnes bey Ihnen zu logiren würde eine grosse,
herzliche Freude für mich seyn. Aber, liebster Voß, ich
kenne Ihr Hauß. Ich glaube Kätchen wird mit wollen,
u: ich bringe Ihnen ja den kleinen Nicolai. Es ist
möglich daß wir 14 Tage in Eutin bleiben. Suchen
Sie uns ein Haus für diese Zeit, d: 20sten oder
21sten Jan. kommen wir. Es muß dicht bey Ihnen
seyn. Die Witwe Nieman soll gute Stuben haben,

auch der Schmidt Dose. Wäre es möglich daß wir bey Jhnen seyn könnten, auch mit einiger Unbequemlichkeit für Sie u: die gute Erneftine, so kenne ich doch Jhre Herzen u: weiß, wie gern u: froh Sie beyde uns auf=nähmen. Aber ich sehe keine Möglichkeit.

Ueber die Recken dencke ich ohngefähr wie Sie. Jch bin ihr sehr gut, wünsche aber sie nicht mehr in Berlin anzutreffen. Der Strudel ihrer Existenz, oder viel=mehr die vielen Wirbel ihrer Existenzen ermatten mich zu sehr.

Königsberg d: 30sten Abends 11 Uhr.

Vor einer halben Stunde bin ich gesund u: froh der Heimreise, hergekommen.

Jn 3 Wochen umarme ich Sie u: die liebe Erne=ftine. Vielleicht schon den 19ten. Den 20sten hoffe ich gewiß.

F. L. St.

95.

Bruchstück eines Briefes von Agnes.

(Tremsbüttel, den 5. Jan. 1786.)

Wissen Sie auch, daß aus dem armen Stolberg ein armer Ritter gebacken worden? O der arme Mensch! das ist abscheulich! — Jch hoffe halb ihn schon künf-tige Woche wiederzusehn! Dann kommen wir auch gleich zu Euch! — Grüßen Sie den lieben Voß herzlich von mir. Jch bin oft mit gerührtem Herzen in Eurer Mitte, und lebe mit Euch im Geist, und träume den süßen Traum so fort, bis die Stille um mich ihn stört, und mir sagt, daß ich einsam und ferne bin von denen, die meine Seele liebet!

96.

Herzlichen Dank für Ihren lieben Brief bester Voß! Ich freue mich von Herzen daß Ihr Lieben uns beherbergen könnet, am Wollen, auch mit einiger Unbequemlichkeit, war ja bey Euch Herzensfreunden kein Zweifel.

Aber nicht morgen wie ich hofte, sondern erst Montag werden wir den Frieden Eurer Hütte theilen. Vorgestern Abend kam ich hier an. Es war der süsseste Augenblick meines Lebens, u: es ist mir noch wie ein Traum daß ich wieder bey meiner Agnes bin.

Sie ist aber nicht ganz wohl, Hensler giebt Hofnung Sonnabend zu kommen, u: es ist mir zu wichtig daß er sie sehe.

Kätchen will hier bleiben. Wie gern sie bey Ihnen wäre wissen Sie, aber sie fürchtet die Unruhe in Eutin. Sie würde nach Hofe u: in Gesellschaften gehen müssen, nicht nach Herzenslust mit Euch allein leben können, sondern manche Stunde der Langeweile dulden müssen.

Den edlen Mendelsson habe ich auf der Hinreise einmal gesehen. Er starb einige Tage vor meiner Rükkehr nach Berlin. Sein Andenken ist dort überall geehrt, in der königl. Familie u: im lezten Judenhause. Von Jacobys Buch habe ich keine Idee.

Die Bücher von meinem Bruder werde ich Ihnen mitbringen. Er, Agnes, Kätchen, Luise grüssen herzlich. Ich umarme Sie mit inniger Liebe.

F. L. St.

Rheinwald hat mir gesagt daß Sie u: besonders die liebe Ernestine den kl. Nicolai ungern nehmen. Ich habe Euch ihr Lieben also eine Last auf den Hals ge-

legt! Ach es thut mir ſehr wehe! Ich glaubte Ihr
würdet ihn gern nehmen, ich meinte er u: einige kl.
Ruſſen ſeines Alters, welche ja reichlich bezahlen müſſen,
ſollten Sie in den Stand ſetzen für die Nachmittags-
lection einen Candidaten zu halten.

Der kl. N. iſt gut, ſehr ſtill u: wenig Aufſicht
bedürfend. Kein Genie, gewiß nicht, aber ein zu-
verläſſiger Junge der bey Ihnen ein guter Menſch
werden wird.

Am linken Rande der vierten Seite von der Hand Agnes':

Guten Abend ihr lieben Freünde! meine Freüde
Euch zu ſehn iſt ſehr groß, ich bin aber betrübt daß
ich die Kinder hier laſſen mus. Die böſen Blattern!

97.

Ich glaubte nicht daß ich Ihnen noch näher kommen könnte, Freund meiner Seele, u: ich fühle doch
daß ich Ihnen in den 14 Tagen die ich bey Ihnen
lebte, noch näher gekommen bin. So viel haben wir
uns aber auch nie geſehen. Ach wären wir doch nie
geſtört worden! Könnten wir doch immer zuſammen
leben! O des ſüſſen Plans Landprieſter zu werden,
einer in Boſau der andre gegenüber! Wie oft ſollte
der gemeinſchaftliche Nachen hin u: her ſchwimmen!

Mein Bruder iſt eines Sinnes mit uns u: wird
auch an T. ſchreiben. Mit der künftigen Poſt werden
unſre Briefe abgehen. Möge die heilige Peittho ſie
begleiten!

Ich leſe nun in Plutarchs philoſophiſchen Schriften
herrliche Sachen. Mit Dreß u: Friz leſe ich den
Promätheus, mit Luiſe u: Dreß den Virgil. Mit Ag-

nes den Humphry Klinker. Dreß u: Friz haben gewaltige Progreſſen bey meinem Bruder gemacht. Dreß findet ſich ſo glücklich gewaltig unterrichtet zu werden. Beide lernen mit brennender Begierde.

Ich habe noch eine Stelle gefunden wo Scilicet ſiehe heißt. Georg l. v. 493.

Scilicet et tempus veniet —

Im Fahren hat uns die Geſchichte von der Wunderlampe ſehr ergözt. Bey Gelegenheit ſchicke ich Ihnen das Buch nebſt Nicolais Gedichten.

Grüſſen Sie Paulot u: Ihre lieben Kinder. Mein Bruder, Käte, Luiſe u: die Jünglinge laſſen herzlich grüſſen. Käte ſchreibt bald. Ich umarme Sie u: die liebe u: aber liebe Erneſtine tauſendmal.

F. L. Stolberg.

Bruchſtück des gleichzeitigen Briefes von Agnes:

Ach meine Seele lebt ſie (die ſchönen Stunden) wieder von neuem durch, und Wehmut und Sehnſucht füllen mir Herz und Auge. Wann werden wir uns wiederſehn? o und wann ſo wiederſehn, wie ich mir ſo oft in ſüßen Träumen wünſche! Ich muß mich ordentlich in Acht nehmen, daß mein Wunſch nicht zu Gebet werde; denn ich fürchte, daß das doch nicht recht iſt. — Und doch iſt Wunſch und Gebet für Gott wol einerlei. Ich bin ſo glücklich in meinem Stolberg, in unſern lieben Freunden, in unſern ſüßen Kindern. Wenn ich mich ſo fühle, ſo ſchäme ich mich oft, daß ich ſo undankbar bin, und noch immer mehr haben will. Aber es iſt ſo entſezlich verführend, und auch ein gar zu ſchönes Glück, ſo unzertrennlich mit den Freunden unſrer Seele leben zu können! Unſer Glück wäre zu vollkommen für dieſe Welt! Mir deucht, wir wären ſo in Schuz und Ruhe! — — — Grüſſen Sie Boß zärtlich, und treiben Sie ihn an, daß er mir einmal beim Kaffe schreibe. Ich umarme Sie zärtlich, beste gute Ernestine!

98.

Tremsbüttel d: 20sten Febr. 1786.

Mein ganzes Herz hat diesen Tag gefeiert u: feiert ihn noch, liebster, bester Voß. Ich habe ihn grossentheils zu Pferde zugebracht in diesem schönen Wetter, mit meinem Bruder. Gestern ritten wir nach Rheinbeck wo wir Hobe besuchten u: die Nacht blieben. Er wohnt in paradiesischen Gegenden. Diesen Mittag assen wir in Wandsbeck bey Claudius u: tranken auf Ihre Gesundheit mit klingenden Gläsern. Claudius kam, nicht meinem Herzen, aber meinen Lippen, mit Ernestinens Gesundheit zuvor. Er hat einige Bogen über die Zanker um den Leichnam Mosis geschrieben, die er Ihnen senden wird. Ich habe Jacobis Schrift angefangen, u: begreife nicht was Lessings Freunde vorbringen können die ihn vom Vorwurf des Spinozismus retten wollen. Denn Warhaftigkeit traue ich Jacobi nicht nur zu, sondern bin fest davon überzeugt daß er warhaft ist, unfähig überhaupt zu lügen, am unfähigsten einem Todten etwas anzulügen. Aber daß Lessings Freunde ihm etwas ablügen wollen ist leicht möglich, u: menschlich.

Behaupten daß Lessing über solche Dinge hätte spaßen wollen, hieße warlich nicht ihn entschuldigen.

Sonderbar ist immer dieser Streit über Meinungen eines Todten, die gar nichts beweisen könnten wenn sie auch bewiesen wären.

Die Briefe an Toby sind mit voriger Post abgegangen.

Agnes hat zur Ader lassen müssen auf Henslers Befehl. Sie ist gar nicht recht wohl, hat immer Wallungen. Sie darf nicht viel schreiben, u: würde heute keine Feder in die Hand nehmen, wenn sie heute nicht schreiben wollte.

Leben Sie wohl, bester Voß! Ich umarme Sie u: die liebe Ernestine von ganzem Herzen. Grüssen Sie die lieben Kinder u: Paul.

F. L. St.

Einen Gruß muß ich Euch Heute zurufen! Gott seegne Euch meine Herzl: u: unaussprechl: Geliebten! Ich war diese Nacht sehr agitirt u: wachte offt auf u: jedes mal wenn ich aufwachte freute ich mich daß mein erster Gedancke bey Euch war u: wenn ich wieder einschlief war ich im Traum bey Euch u: feierte diesen lieben Tag u: kriegte meinen Theil vom Geburtstags Kuchen. Gott seegne Euch und uns ewiglich!

Agnes.

99.

Tremsb: d: 27sten Febr. 1786.

Liebster Voß, hier haben Sie Toby's Antworten u: die Abschrift vom Briefe meines Bruders an ihn. Mich deucht seine Antwort ist doch viel befriedigender als wir erwarteten, wiewohl nur negativé befriedigend, aber positivé erwarteten wir nicht viel. Uebrigens ist seine Ehrlichkeit und Bonhomie so lautredend drinnen, daß man, deucht mich, sich entschließt ihn zu schonen. Er ist bona fide, u: wir haben nicht nöthig so sehr allarmirt zu seyn, zum wenigsten nicht zu eilen.

Ich habe nun Jacobis Schrift ganz gelesen, u: kann warlich nicht finden weß man ihn beschuldiget. Die hartscheinende Stelle am Ende kann ad hominem geredet seyn, aber an Mendelsjon ist sie nicht gerichtet Will man es genau nehmen, so hatte M. doch sehr unrecht gegen die Abrede sein Buch herauszugeben eh er es J. communicirt hatte. Unbegreiflich ists auch wie M. J. beständig mißverstehn u: für einen Spinozisten halten konnte. Eben so schwach scheinen mir alle Ausflüchte wodurch Leßings Freunde ihn vom Spinozismus könnten retten wollen. Und wie konnte M. es J. übel nehmen daß er L. Gespräch mit ihm bekannt machte, da er selbst vor hatte Gebrauch davon zu machen?

Mich deucht auch Sie haben J. Unrecht gethan. Wenn von Beleidigung die Rede ist so scheint mir M. viel mehr beleidigend. Die Stelle vom sichern Rückzug unter die Fahne des Glaubens ist spiz u: falsch angewandt. Und wenn man glauben will daß M. Jacobi bona fide mißverstanden u: troz aller klaren Worte für einen Sp. gehalten, so verdient doch auch J. daß man ihm nichts unedles zutraue.

Agnes befindet sich noch gar nicht wohl. Wir können den Tag der Abreise nicht bestimmen, wollen aber die Kinder hier nicht inoculiren.

Adieu bester Voß. Agnes u: ich umarmen Sie u: Ernestine von ganzem Herzen. Ich habe ein Drama Servius Tullius angefangen.   F. L. St.

100.

Liebster Voß, hier schicke ich Ihnen noch einen Brief von Toby. Mich deucht er enthalte doch so wie der vorige einige Beruhigung u: müſſe uns abhalten, zu raſch zu verfahren. Zum zerſtören iſt immer Zeit, zum wieder aufbauen oft nie.

Dazu kennen wir den redlichen Toby zu ſehr als daß wir von ihm glauben können er tergiverſire um uns in falſcher Ruhe zu erhalten.

Ich bin verlangend nach Briefen von Ihnen. Bis Mitte März bleiben wir gewiß hier. Mit Agnes Be= finden geht es leider noch wie in Eutin.

Wir umarmen Sie u: Erneſtine von Herzen.

F. L. St.

Ich glühe von meinem Servius Tullius. Ich hoffe etwas von ihm. Hol Sie der Ariſtarch, wenn Sie ihn nicht gut finden! Ich bin ziemlich weit.

101.

Tremsbüttel d: 9ten März 86.

Heute gehet Ihr Brief an Toby ab. Ich ſandte ihn nicht eher weil ich noch Ihre Antwort auf meinen lezten mit welchem ich Ihnen Tobys 2ten Brief ſandte, erwarten wollte. Freilich ſind Tobys Briefe nicht ganz, lange nicht ganz beruhigend. Baute ich Hofnung auf dieſe Sache ſo würden dieſe Briefe mich unglücklich machen. Nun aber ſcheint es mir u: meinem Bruder doch etwas beruhigend aus Tobys Briefen zu ſehen daß er u: die ſeinen einen Zweck vor ſich haben welcher zu gut für dieſe Welt ſeyn ſoll, d. i. welcher myſtiſch, ſchi= märiſch, erträumt, aber doch wohl ſehr unſchuldig ſeyn mag. Grundes genug für uns um nichts mit dem gan= zen Kram zu thun haben zu wollen. Aber ſeit 10 Jahren haben wir auch nichts damit zu thun gehabt.

Die Nothwendigkeit öffentlich dem O. zu entsagen kön=
nen wir nicht einsehen, ehe wir wissen daß die Sache
böse sey. Zu einer Zeit da wir sehr hohe Begriffe
vom Orden hatten, wollten weder mein Bruder noch ich
uns vom O. brauchen lassen, wollten nicht würcken, ehe
wir unsrer Sache gewiß wären. Denn, dachten wir,
es wäre doch möglich daß wir eine böse Sache beförder=
ten. Izt möchten wir nicht gern öffentl. dagegen han=
deln, denn, denken wir, es wäre doch möglich daß wir
einer guten Sache schadeten. Ich muß Ihnen gestehn
daß die Idee einen so guten u: redlichen, wiewohl
schwachen Mann wie Toby, nicht kränken zu wollen,
Antheil an diesem Entschluß hat. Daß sehr viele Mau=
rer sind die gar keinen Antheil an der Sache nehmen,
weiß jeder. Wenn nun unser qualecunque Ansehen
einige die uns für eifernde Maurer halten wollen in
den O. reißt, so sind wir daran unschuldig, u: das
Unglück wird so groß nicht seyn. Weit größer wäre
das Unglück wenn Sie uns verkennen, u: darum für
lau für die Warheit halten wollten, weil wir nicht
Eiferer gegen etwas sind, das vermutlich Irthum u:
Thorheit ist. Aber die Oberen sind Schalke? Das
glaube ich, aber ich weiß es nicht. Und ich hänge ja
durch kein Band an ihnen, habe ja nichts als den eit=
len Namen eines Maurers, u: bin sowohl als mein
Bruder schon lang für das angesehn worden was wir
sind, für Leute die nichts mit der Sache wollen zu
schaffen haben. Lassen Sie mich aber doch ja Tobys
Antwort auf Ihren 2ten Brief sehen wenn er sie gerade
an Sie schickt.

Denken Sie diesem nun recht nach, u: finden Sie
sich u: uns verpflichtet dem O. öffentlich zu entsagen,
so schreiben Sie uns einen Brief der Ihre Gründe ent=

hält. Ich verlange das (unter uns gesagt) eigentlich meines Bruders wegen, weil er noch abgeneigter ist als ich es bin, u: zwar um Tobys willen, sich gegen die Sache öffentlich zu erklären. Und doch wird es auch mir von Herzen schweer. Aber Pflicht soll mir über alles heilig seyn.

Mein Servius ist — verzeihen Sie — fertig. Ich würde gewiß hoffen daß er Ihnen gefallen würde, wenn ich das nicht auch von meinen beyden Gedichten, die ich von allen die ich je gemacht habe am meisten liebe, vom Thäseus u: Säugling gehoft hätte. Aber Sie wollen daß ich Gedichte wie Hellebeck machen soll. Liebster Voß, haben Sie sich nicht lang eine Tochter gewünscht? warum zeugen Sie lauter Söhne? Es ist mir eben so unmöglich zu dieser u: jener Zeit dies oder jenes zu dichten, als es uns möglich ist Söhne wenn wir wollen u: wenn wir wollen Töchter zu zeugen. Ich werde Ihnen eine Abschrift schicken u: mit Herzklopfen das Urtheil eines meiner liebsten Dichters der einer meiner liebsten Freunde ist, erwarten.

Ich wollte man hätte Ihnen als Rector einen Rang gegeben. Voß der Hofrath will mir nicht recht in den Sinn. Aber ich armer Teufel muß ja auch mit Band u: Stern prangen. Adieu! Wir umarmen Sie u: die liebe Ernestine 1000mal.   F. L. St.

Am linken Rand der vierten Seite:

In den ersten Tagen der lezten Hälfte des Monats werden wir wohl verreisen.

102.

Tremsb: d: 26sten März 1786.

Ich sende Ihnen hier meinen Servius Tullius, liebster Voß. Bis Hamb. wird er wohl mit mir rei-

sen. Morgen reisen wir von hier nach Altona wo wir
bis zum lezten, oder 1sten April bleiben. Dann gehts
weiter.

Sagen Sie mir ja recht Ihr Urtheil über den
Servius. Wenn Sie ihn gelesen u: geprüft haben, so
bitte ich Sie ihn an die Baudissin nach Berlin zu schicken.
Die Anmerckungen habe ich verbessert, dies ist gleich
nach der ersten Klabbe geschrieben.

Nicolais Wercke lasse ich meinem Bruder damit er
. Sie Ihnen bey Gelegenheit sende, etwa mit den Büchern
aus Borstel die er Ihnen schicken wird wenn Sie ihm
nur sagen welche Sie haben wollen.

Toby hat mir auf mein leztes nicht geschrieben.
Ich fürchte daß so wohl er als $\vartheta\epsilon\iota o\varsigma$ $\varkappa\rho\iota o\varsigma$ mit mir
unzufrieden sind, bin selbst nicht unzufrieden mit mir, u:
erwarte daß $\dot{o}$ $\pi\alpha\nu\tau\alpha$ $\pi\epsilon\pi\alpha\iota\nu\omega\nu$ $\chi\rho o\nu o\varsigma$ mir sowohl den
frommen bidentem als den edlen Widder zuführe.
Agnes hat sehr gekränckelt u: kränckelt leider noch. Ich
glaube daß sie schwanger ist.

Ganz Tremsbüttel grüsset von Herzen. Agnes u:
ich umarmen Sie u: unsre liebe Ernestine. Sie mögen
nun $\varkappa\nu\rho\iota\sigma\sigma\epsilon\iota\nu$ oder nicht, so nenne ich Sie immer mit
herzlicher Liebe $\varkappa\rho\iota\epsilon$ $\pi\epsilon\pi o\nu$. Uebrigens ist selbst meine
Vermuthung daß Sie vielleicht gegen mich im stillen
$\varkappa\nu\rho\iota\sigma\sigma\epsilon\iota\nu$ nicht gegründet.

F. L. St.

Schreiben Sie mir ja bald nach Neuenburg solten es
auch ($\gamma\rho\alpha\mu\mu\alpha\tau\alpha$ λ ausgestrichen) $\sigma\eta\mu\alpha\tau\alpha$ $\lambda\nu\gamma\rho\alpha$ sein!

Am untern Rand der zweiten Seite:

Der Theil von 1001 Nacht ist aus Versehen mit
unter meine Bücher gepackt worden. Ich bitte um Verzeihung, mit Gelegenheit will ich ihn Ihnen von N.
senden.

105.

Ach wenn doch Vossens hier wohnten! Das ist ein
Wunsch den ich u: Agnes oft mit herzlicher Sehnsucht
thun, u: besonders wenn wir die Häuser vorbeygehn
die uns gegenüber am Bache liegen der um unser Hauß
u: Garten fließt. Wenn Sie den Eutiner See u:
das Prinzenholz, oder auch nur von beiden etwas mit=
brächten, wäre es desto besser. Jezt sind Sie gewiß
oft am kleinen See u: freuen sich des Güldenklees am
Ufer u: bald der grünenden Buchen u: der Nachtigall.
Ich glaube daß wir heute die Nachtigall hören werden,
wir haben eben einen Besuch gehabt von jemand der sie
gestern gehört hat.

Liebster Voß, wir leben nicht in Eutinischen Para=
diesen, haben aber doch einige schöne Spatzirgänge,
u: im Garten am Bach allerliebste Stellen. Wir haben
schon viel gepflanzt, unter anderm haben wir eine Höhle
in einem Hügel, welche groß genug für einen Theetisch
u: 5 oder 6 Menschen ist, mit Geißblat inwendig
umpflanzt. Oben auf dem Hügel, über der Höle u:
seitwärts haben wir Citysus gepflanzt, dessen gelbe Blü=
ten künftiges Jahr vielleicht schon über der Höhle her=
über hangen werden. Von unsrer grossen Linde auf
einem Hügel haben wir Ihnen gewiß schon erzählt. Ich
hoffe doch gewiß, lieben Freunde, daß ihr das alles
sehen werdet! Es wird uns wohl zusammen werden!

Was Sie mir über den Servius sagen macht mir
grosse Freude. Hinterher wage ich nun das Geständ=
niß daß ich ihn in 12 Tagen gemacht habe. Wenn ich
sage Geständniß so verstehen Sie mich. Die Furien
müssen Sie mir nicht nehmen wollen. Grösser wollte,

konnte, durfte ich die Bosheit der Tullia nicht vorstellen als die Geschichte schon thut. Aber dadurch daß sie den Furien trozt gab ich ihr, deucht mich, poetische Wuth. Und ich dächte die Furien selbst hätten sich gewaschen.

Uebrigens kennen Sie ja die Idee der Furien welche bey den Römern so populär war, daß Livius sagt die Furien ihrer ermordeten Schwester hätten sie angetrieben furiis sororis agitata oder incensa. Ich habe ihn nicht bey der Hand, aber mich deucht es heißt so.

Warum Servius das Ungeheuer nicht fesseln ließ? Die Geschichte sagt nicht warum. Er kannte ihre Bos= heit ganz. Vermutlich aus väterlicher Schwäche, u: aus Schwäche des Alters.

Ich habe Ferien, kann also von der eigentlichen Schweere des neuen Jochs nichts sagen. Aber vor meine Morgenstunden vor dem Frühstück will ich kämpfen wie vor aris et focis. In diesen lese ich izt den gött= lichen Plato u: möchte oft laut aufjauchzen. Ich will ihn nun ganz lesen. Hervorgezaubert aus seinen Grot= ten in Hellas haben auch wir den Genius der Poesie, aber mit gesenkter Fackel lächelt uns neueren Hohn der Genius der Philosophie, u: wird wohl noch lange bohn lächeln! Mag er doch, was gehen uns die modernen an! Uns labt auch er mit Nectar u: Ambrosia!

Mit Agnes lese ich die Clarissa welche der liebe κριαλοπηξ auch lesen muß.

Ich kehre zurück zu den beiden Genien. Heil uns Dichtern! Die wahre Philosophie scheint mir wahre Zwillings=Schwester der Poesie, gleich göttlich. Aber hat nicht der eine Wolf ihre Paradiese verwüstet u: dornigte Hecken gepflanzt? Selbst der Teufel könnte nicht, wenn er wollte die Lustgefilde der Dichter verwü=

ften oder befchneiteln. Wald u: Strom wird immer
der orfeifchen Leier folgen fo bald fie tönt. Wäre dem
nicht fo, fo hätte Voltaire der Poefie mehr Schaden gethan als Wolf der Poefie. -- Eben überlas ich wieder
Ihren Brief. Die Bewegungsgründe der Tullia? Die
Gefchichte läßt keine argwöhnen als ihren Ehrgeiz. Lieber Voß,. der Ehrgeiz ift warlich keine kalte Leidenfchaft.
Videatur America. Videantur die Triumvirate p. p.
Ich glaube daß der Geldgeiz mehr noch geteufelt hat
in Amerika als der Ehrgeiz, aber ift Geldgeiz nicht von
Natur viel kälter als Ehrgeiz? Und wie wütete doch
fein οιστρος in den Bufen der Pizarros?

Der Leibmedicus muß Ihnen eine Brunnenkur in
Neuenburg vorfchlagen, ans Gewiffen legen, befehlen!
befehlen bey hochfürftlicher Ungnade! Es thut mir
wehe daß Sie kränkeln, zum wenigften muß ich den
Troft davon haben daß Sie bey mir genefen.

Henfler glaubt nicht daß Agnes fchwanger fey, ich
glaube es nun auch nicht, aber in groffer Unordnung
ift ihre Gefundheit wenn fie nicht fchwanger ift. Sie
befindet fich feit einigen Tagen beffer. Ich hoffe viel
von der fchönen Frühlingszeit. Habe ich oder mein
Bruder Ihnen fchon gefchrieben daß unfere Dramata
von Göfchen in Leipzig verlegt werden? Mit lateini-
fchen Lettern.

Klopftock war allerliebft. Nachdem er von Griechen
u: Deutfchen manches gefagt u: ich ihm manches be-
ftritten hatte, fo fagte ich ihm einmal beym weggehen:
Klopftock! Klopftock! denken Sie an Thermopülä! Den
Abend, als ich das lang vergeffen hatte, traf er mich
am dritten Ort, ging gleich auf mich zu, u: fagte:
„Glauben Sie etwa daß ich überhaupt unfre Sprache
der griechifchen vorfetze? Ich rede nur von einzelnen

Vorzügen.„ Gleichwohl würden wir beide u: mein Bruder auch im einzelnen unsrer Sprache gegen die griechische wenig einräumen. Ich werde inne daß ich ein Buch schreibe u: wolte nur einen Brief schreiben. Adieu beste Freunde! Ich umarme Euch beide von ganzem Herzen!

F. L. St.

Agnes:

Ihr lieben innig Geliebten Freunde! Die kalte Feder sagt Euch nicht wie offt Ihr unter uns seyd! wir pflanzen keinen Strauch kein Bäumchen ohne nicht dabey zu sagen oder zu dencken dis Plätzchen würde auch unsren l. Vossens gefallen ach daß Ihr hier wäret Ihr lieben besten wir sind so sehr für einander geschaffen das fühle ich tägl: mehr o daß wir beyeinander wären hier oder dort! — is Voß nun Hoffrath? Schreibt uns ja so offt wie es Ihnen Ernestine Ihre Musse u: Ihnen Voß Ihre Faulheit erlaubt, beym Caffee mit der Pfeife am Pult am besten sag' ich, m. Mann sagt während dem Friesiren. Ade Ade! —

(Ohne Unterschrift.)

104.

Neuenburg d: 4ten Jul. 1786.

Herzlichen Dank für Ihren lieben Brief den ich in Oldenb: erhielt, wo ich vorige Woche einige Tage war.

Ihr Ohrensausen mißfällt mir sehr. Ich lobe das Kopfwaschen aus eigner Erfahrung, besonders muß ja der Nacken recht naß werden. Man athmet wie neugeboren darnach auf, den Scheitel u: Schläfen muß man aber ja nicht vergessen u: den Gichtschelm hinter den Ohren. Körperliche Arbeit würde Ihnen gut thun, graben im Garten, im Winter Holz hauen. Beim Taktschlag der Axt würde die Muse herbeihüpfen an Hügieias Hand.

In Oldenburg erfuhr ich daß Lavater in Bremen wäre, ich war nur 5 Meilen davon u: es kostete mich einen kl. Kampf nicht hinzueilen. Ich that es aber nicht u: schrieb ihm diese Epistel die ich Ihnen für den M. A. sende. Und so eilte ich heim u: überraschte Agnes die mich einen Tag später erwartete. Agnes ist wieder schwanger u: erwartet ihre Niederkunst im November. Sie befindet sich besser als sie seit ihrer ersten Schwangerschaft gethan hat, welches ich der Ruhe, ländlichen u: häußlichen Freuden zuschreibe. Gottlob für Ursachen u: Wirkung! Die Kinder blühen u: gedeihen daß man sich nicht genug über sie freuen kann. Wenn Gott sie leben läßt, so hoffe ich daß sie bieder u: from werden, denn wir bieten sie ihm von Herzen an sie gleich zu sich zu nehmen wenn sie nicht gerathen würden.

Von der HofrathsGeschichte hat der Herzog u: Holmer mit mir gesprochen. Der Herzog hat nun einmal die Idee daß er erst Neujahr Titel vergeben will. Ich rathe Ihnen weiter kein Wort darüber zu verlieren. Der Herzog sprach mit sehr vieler Achtung von Ihnen, zeigte mir auch die Inschriften welche Sie für die Monumente seiner Eltern gemacht haben. Senden Sie mir doch eine Abschrift. Wenn Sie wüßten wie schön sie sind so hätten Sie sie mir lange gesandt.

Kätchens Moses ist kein Scherz, es ist ein kl. Drama in welchem sehr grosse Schönheiten sind.

Gerstenbergs 600 rth. Wartgeld freuen mich sehr. Wenn er noch unzufrieden ist so hat er warlich Unrecht. Schimmelmann ist aber auch unzufrieden weil er gern mehr gethan hätte u: hofft bey Gelegenheit mehr zu thun.

Diese Unzufriedenheit lobe ich. Wie man Eutin verlaſ=
ſen kann um in Altona zu leben iſt mir völlig unbe=
greifl. Ich würde in Eutin bleiben mit dem Wunſche
daß nun nicht mehr in Kopenhagen an mich gedacht
würde.

Eine ganze litterariſche Geſellſchaft in Oldenburg
dürſtet nach Ihrem Ducatenſcheiſſer. Schreiben Sie
doch dann u: wann eine Strofe oder ein Paar für
mich ab bis Sie fertig ſind u: ſenden ihn mir dann.
An Ihrer Stelle würde ich zum Motto nehmen: cacavi
Monumentum aere perennius!

Ich habe neulich einen Brief von Jacobi der eine
Reiſe nach England macht, gehabt. Ich hatte ſchon die
Hofnung daß er nach Holſtein kommen u: ihn Claudius
zu mir bringen ſolte wenn er heimreißte.

Sie haben doch meine Epiſteln an Agnes u: an
Kayſerling? Und die Inſchriften über Koplau u: die
Quelle an welcher Carl XII. ruhte? Dieſes Jahr er-
ſcheine ich im M. A. als ein Invalide mit Epiſteln
u: Inſchriften. Aber ich hoffe die Dramata ſollen zeigen daß ich die Muſe noch als Jüngling herze u: die
εύναι nicht αποφωλιοι ſind. Wie ſpät nehmen Sie
noch Beyträge für den M. A. an? Haben Sie was
gutes? Pfuy! pfuy! daß wir nicht zuſammen landvog-
ten und ſchulmeiſtern können!

Schulzens Blutſpeyen geht mir ſehr nahe. Daß
der Mann ſich an dem Hofe des Prinzen ſo muß plat=
ten laſſen! Ich dächte aber ein ſolcher Komponiſt müßte
independent leben können. Oder werden auch muſikaliſche
Arbeiten nachgedruckt?

Nicolai klagt daß ich ihn vergeſſe? Die guten
Leutgen dort unter dem Pol denken man ſoll, wie be=
ſtrichen von ihren Siberiſchen Magneten, immer nach

Norden hinsehen. Es freut mich daß Paul so gut ist,
u: Ihnen Freude macht. Adieu, bester Voß! cura ut
valeas! Ich umarme Sie und die gute liebe Ernestine
von ganzem Herzen.

F. L. Stolberg.

Ich wolte Euch heute einen langen Brief schreiben
aber ein unvermuhteter Besuch hat mir das süße Vergnügen geraubt. Ach daß ich wirklich so offt bey Euch
wäre wie mein Geist auf den Flügeln der Sehnsucht u:
Liebe zu Euch eilt! Wir sind hier so glückl: Nur
Ihr fehlt uns! wie offt sagen wir uns das, wie offt
wünschen wir Euch zu uns, wie gerne verließen wir
hier Alles, unsern ruhigen Bach vertauschten wir gerne
gegen die schönen Uffer Eures lieblichen Sees deren
SchilffGeräusch melodisch zum Abend u: MorgenGruß
unsrer innigen Freundschafft töhnen würde! — Ach wie
sehne ich mich danach! Meine Seele trauret wenn ich
mir sagen mus daß diese unaussprechl: Sehnsucht noch
lange ach vielleicht Ewig unerfüllt bleiben wird.

Gott seegne Euch u: Uns! und leite wenn es ihm
gefält Seelen die sich so sehr lieben wieder zusammen!

Eure zärtl: Freundin Agnes.

105.

Hier ist ein Brief an Paul. Eine Dame aus der
Nachbarschaft hat ihn für Paul erhalten u: mir zu be-
sorgen gegeben. Lassen Sie den lieben Knaben bald
antworten u: senden Sie die Antwort mir. Mein
Bruder hat mich am 5ten ganz unvermuthet überrascht.
Sie können sich unsre Freude vorstellen. Der kleine

Friz ist bey ihm. Ich werde ihn wohl begleiten u: Kätchen holen, aber den 12ten Tag wieder hier seyn. Es ist mir unmöglich Agnes izt länger zu verlaffen, wie wohl ich mit Sehnsucht nach Ihnen und unsrer Ernestine hinbliden werde.

Sie beide müssen künftigen Sommer, oder vielmehr Frühling uns besuchen. O liebster Freund mit welchen ofnen Armen würden wir Euch empfangen!*) Ich höre daß Kätchen Euch nun besucht hat, oder besuchen will.

Wir haben Euern Schmerz über den Tod der guten Boien u: seinen schredlichen Verluft von Herzen getheilt. Gott sey ihm gnädig! Ihr ist wohl! Wie leicht muß ihr Geift sich gefühlt haben als die Bande des Leibes, welche sie so lange schon wund gedrückt hatte, sich löften u: den freien Geift heimwärts fliegen lieffen!

(Ohne Unterschrift.)

(Agnes:)

Ich nehme meinem Stolberg die Feder um Euch auch einige Worte der Liebe u: der innigften Theilnehmung zu zu ruffen, wie offt habe ich es thun wollen, aber es ward mir zu schwehr und noch izt wird es mir sehr schwehr Euch von Eurem Schmerz zu reden, der gewis Eure lieben und liebenden Herzen ganz anfüllt. der arme Boie! — Ihr hattet ihn noch neul: so glückl: gesehen u: waret selbft so glückl: gewesen! ach daß ich bey Euch wäre u: mit Euch weinen könnte — tröften kann ich Euch nicht so sehr mein ganzes Herz, das Euch unausfprechl: liebt, sich auch danach sehnt! — Ich werde nun einige Tage ohne meinen Stolberg sein das trübt meine Freude sehr die mir die plözl: Erscheinung unsers Bruders gemacht hat aber wer wolte

* Zwischen den Zeilen dieses Satzes ist von Agnes eingeschaltet: ach bitte bitte bitte!!!!

nicht für eine solche Freude zollen u: für mein unaussprechl: Glück das mir in die Ewigkeit folgen wird! —
Ich bin ſeh_r glückl: wenn ich nur immer unzertrennl:
von St: wäre! — O daß ich mit gehn könte, u:
Euch mit ihm überraſchen. Ach wann ſehn wir uns!

Ohne Unterſchrift.

106.

Flenenb: d: 6ſten Oct: 1786.

Ich muß Ihnen aufrichtig ſagen, liebſter Voß, daß
Ihr Unternehmen mir keine Freude macht. Eh ich
Latein verſtand war eine meiner Lieblings Ideen griechiſch zu lernen um den Homer zu überſetzen. Ich dachte
nur an eine proſaiſche Ueberſetzung, weil ich eine poetiſche für unmöglich hielt. Als ich griechiſch verſtand
überſetzte ich die Ilias in Hexametern, und meine Ueberſetzung war die einzige welche den Namen einer poetiſchen Ueberſetzung verdienen konnte. Dann überſezten
Sie die Odüſſee u: übertrafen mich. Daß Ihre Ueberſetzung die meinige übertrift fühlte u: ſagte ich eh die
Nation es ſo allgemein wie izt fühlen u: ſagen konnte.
Sie würden mich auch denn übertroffen haben wenn ich
mich bey meiner Arbeit nicht ſo ſeh_r übereilt hätte. Ich
fühlte aber bald daß ich nicht gethan hatte was ich thun
kann, wiegte u: wiegte mich mit dem Gedanken einſt die
Ilias von neuem zu überſetzen, warlich nicht ſo ſehr
um meines poetiſchen Ruhmes willen, als aus leiden-
ſchaftlicher Liebe für den alten blinden Halbgott den ich
von Kindheit an ſo unausſprechlich liebe. Weder der
Leipziger noch Bürger ſpornen mich an zu eilen. Jener
kann keinem gefallen der nur einen Vers von Homer zu
empfinden vermag, wenn ihm eine Periode einmal ge-
lingt, je nun interdum cum riſu miror! Bürger ver-

fehlt den Homerischen Ton, die Homerische Empfindung, wiewohl es einer Arbeit von Bürger nie an grossem poetischen Werth fehlen kann.

So erwartete ich bis izt daß einmal der Geist wieder über mich kommen möchte, denn es gehört freilich Muth u: Luft dazu con amore ein so grosses Werk vorzunehmen. Aber nicht anders als allein, en tête à tête mit Homer, kann ich mit Luft arbeiten. Wenn Sie in die Schranken treten, so tret ich ab. Ich werde dann suchen mit dem amour pur eines Fenelon mich zu freuen daß Homer verherrlichet wird, u: zu vergessen suchen daß es eine Lieblings Idee meines Lebens bisher war das Mittel dazu in Absicht auf die Ilias zu sein.

Wollen aber Sie die Arbeit übernehmen, so muß Ihnen Homer lieb genug seyn um etwas vortrefliches leisten zu wollen, u: das ist unmöglich wenn sie mit einem Nebenblick auf meine Ueberseßung arbeiten. Ich weiß daß Sie das aus Freundschaft für mich thun, ich will aber eines Theils nicht daß Ihre Freundschaft für mich Ihnen Fesseln anhänge wo es des freiesten Fluges bedarf, u: was wäre mir andern Theils damit gedient? Das Verdienst einer andern Arbeit mir zuschreiben zu lassen, dazu bin ich zu bescheiden, zu stolz, zu wahr. Und nun zu sehen daß mein altes Gewebe als Eintrag für neue subtemina dienen soll, da habe ich auch keine Freude an.

Ueberhaupt ist der Character unsrer Poesie, u: selbst unser Urtheil über dergl. zu verschieden als daß wir, wie zwey Hände eines Webers zugleich die Spulen werfen könten. Ich darf das sagen da ich weiß daß Sie mich nicht misverstehn, u: wissen daß Sie, Freund abgerechnet, einer meiner ersten LieblingsDichter sind.

Den gesandten 1sten Gesang der Ilias habe ich noch

nicht ganz gelesen, vielweniger mit dem meinigen ver=
glichen. Liebster Voß, es fehlt mir dazu an ruhiger
Fassung, weil die Sache mir fatal ist. Ich habe genug
davon gelesen um sagen zu können daß die Ueberseßung
gewonnen hat. Das Ihn im zweiten Verse, u: der
Krug statt der Schale, haben mir mißfallen. Dieser
ist mir zu unedel, jenes pretiös, zum wenigsten nicht
im simpeln Ton eines anfangenden Gedichtes. Der
lieben Ernestine bin ich von Herzen dankbar für die
Mühe welche sie sich gegeben hat den ganzen Gesang
abzuschreiben. Aus einer wertheren Hand konnte mir
dieser WermutsNektar nicht gereicht werden.

Wir leben sehr ruhig u: froh. Wäre nur Agnes
ihre Bürde los! Ich wäre dann vollkommen glücklich!

Mein Bruder u: seine Frau kommen gegen d:
20sten oder 24sten, u: werden 4 Wochen bleiben.

Kätchen befindet sich wohl, ist stark im Geist, u:
erhöhet um sehr vieles unsere Glückseligkeit durch Theilnehmung u: Hinzuthuung.

Ich arbeite an einem kl. Drama, Apollons Hain.
Es ist mehrentheils comisch. Ich sende Ihnen nichts.
Auch nicht einen Vers sollen Sie von mir sehen bis
Sie im Frühling kommen u: hören!

Das Unthier Clas hat, wie Sie wissen werden,
eine Stelle meiner Epistel an Lavater gegen ihn alle=
girt. Ich muß, u: werde noch mit dieser Post, eine
kleine Erklärung über sein Betragen, eine Art von
glimpflich derber Heimleuchtung, nach Hamburg für die
Zeitungen schicken.

Ich will einmal annehmen, daß L. würcklich ein
katholisches Gebetbuch angepriesen hätte. Was wäre ihm
denn mehr? Wie höllisch intolerant müste der Prote=
stant seyn der das tadelte?

Aber noch mehr, ich will einmal annehmen (wiewohl
ich des Gegentheils wie meiner Exiſtenz gewiß bin, daß L.
ein krüptokatholicus*) wäre, Worinnen wäre er ſtrafbarer,
als ſo viele krüptoſocinianiſche Prediger? — Uebrigens laſſe
ich mich über die Hauptſache in meiner Erklärung nicht
ein. Die mag Lavater ausfechten. Ich habe nur meine
Ehre retten müſſen, denn nur ein Bube könnte jemanden in einer freundſchaftl: Epiſtel hämiſch angreifen.

Wir umarmen Sie u: die liebe Erneſtine von ganzem Herzen. F. L. Stolberg.

107.

Neuenburg d: 20ſt. Oct. 1786.

Ich reiſſe mir aus blutendem Herzen den Wahn
unſerm Vaterlande die Ilias gegeben zu haben, geben
zu können. Ich habe geſtern angefangen Ihre Ilias
mit dem Original u: mit der meinigen zu vergleichen.
Sie haben mich unendlich übertroffen. Nun denn der
alte Halbgott ſoll mir doch freundlich dafür ſehen daß
ich, da Sie mir Macht über Leben u: Tod Ihrer
Ilias geben, mich gern um ſeinetwillen vergeſſe. Sie
lebe weil ſie die beſte ſeyn wird! Fahren Sie fort in
Gottes Namen, lieber edler Freund! Ihre Freude,
Ihre Ehre iſt u: muß mir werth wie meine Freude
u: Ehre ſeyn. Beiden muß Homers Herrlichkeit lieb
genug ſeyn um ſie am beſten dargeſtellt zu wünſchen.
Ich fühle daß ich mich ſelbſt ſehr würde übertroffen
haben, denn ich übereilte das Werck ſehr, aber ich fühle
daß ich Sie nicht erreichen würde. Alſo iſt es Pflicht,
u: was mir Pflicht gegen Voß den Ueberſetzer um Ho-

---

*) Anfangs: katholiſcher Prie. dies gleich durchſtrichen.

11*

mers willen seyn würde, das muß mir gegen Voß den
Freund nicht einmal schweer werden. Ich trincke im
Geiste mit Jhnen u: stosse klingend an: Es lebe von
Enkel zu Enkel Homer unter der Hyberboräern! Und wenn
mir denn auch eine Thräne ins Glas stürzt so trinke
ich sie mit hinunter u: es soll die lezte seyn!

Sie müssen uns nicht die Hofnung nehmen mit
Weib u: Kind zu uns im Frühling zu kommen. Liebster
Voß bedencken Sie unsre Freude u: Jhre Gesundheit.
Eine solche Reise würde Jhnen gewiß gut thun. Und
Sie verlieren Jhr Sausen vielleicht nicht eher als bis
Sie sich bei Freunden, frei vom Joch, erquicken. Also
kommen Sie! kommen Sie! Nicht nur Kätchen, auch
Agnes u: ich wollen diesmal wie Brutus wiewohl in
solchen Dingen Kätchens Brutuswille der unaufhaltsamste
ist den ich kenne.

Wenn Seilers Gebetbuch heimliche Absicht hat so
wieder rufe ich was ich darüber sagte. Aber für Lavater, den ich nicht aus Berlinischen Schmähschriften,
sondern als Freund kenne, stehe ich ein daß er über
Jesuitismus u: dergl. denkt wie ich. Nicolai hingegen
ist ein Illuminat. Nichts mehr u: nichts weniger, wie
Halem mir sagt. Er scheint mir auch durch Bode Illuminat geworden zu seyn. Gute Leute können also in
diesem Orden sein wenn Halem darin ist, aber er ist
mir verhaßt wie die Jesuiten. Die heimliche Aufsicht
eines Mitglieds über das andere, die heimlichen Berichte, ersticken die menschliche Freiheit mehr als alles.
Ich habe Halem sehr angerathen den Hammer nieder-
zulegen. Er will aber die Loge zur Eklectischen Parthey
hinleiten, welche nur die 3 Grade kennen. Wohl be-
komms ihm! Aber was sagen Sie zu Nicolai dem

Illuminaten? Auf mich wird er schimpfen wie ein Rohrsperling. Mag er doch.

Ich habe Koth angerührt u: muß besudelt werden. Ich war mir u: Lavater aber diese Erklärung schuldig.

Abieu leben Sie wohl. Ich werde heute wegen Gericht u: Besuchen keinen freien Augenblik haben. Agnes ist noch wohl. Wir umarmen Sie u: Ernestine von ganzem Herzen.   F. L. Stolberg.

Am linken Rand der vierten Seite:

Ich habe vielleicht von Halem zu übereilt geschrieben, aber er hängt zum wenigsten zu den Illuminaten. N. S.

Eben erhalte ich Nicolais Nachricht. Sehr glimpflich! Sie würde mir wehe thun wie Lykurgus Großmut dem Augauswerfer, wenn er Lykurgus u: ich ein mutwilliger Knabe wäre.

Der gute Boie hat mir geschrieben. Sein Brief thut mir wehe. Er scheint immer zu glauben daß ich etwas gegen ihn habe. Ach wer möchte nun etwas gegen ihn haben! Ich habe ihm sehr freundschaftlich u: freimütig geschrieben daß einige sehr giftige Aufsätze gegen die Religion die er ins Museum aufgenommen hat, mich von ihm entfernt hätten. Ihm böse zu seyn hatte ich nicht die geringste Ursache. Gott tröste ihn. Er dauert mich unaussprechlich. Es thut ihm so leid daß er auf seiner Reise Sie nicht hat besuchen können.

108.

Bruchstück.

(Reuenburg, den 29. Dec. 1786.)

— — Aber, o wie sehnt sich oft mein Herz nach dem Klang seiner (Voß') Saiten und seiner Stimme! und wie innig gern möchte ich wieder einmal die mei=

nige mit der seinigen vereinigen — o wie wie viel
einigen! Gruß und Kuß Euch und den Kindern!
Schreibt ja bald einmal wieder. Ade, abe! Mein Herz
kann sich doch nie entschließen, Abschied auch nur im
Schreiben von Euch zu nehmen — ach von Euch, mit
denen ich immer und immer leben möchte!

Agnes.

Hier auch ein Schnippel von Kätchen. Stolberg
grüßt herzlich millionenmal.

109.

Neuenburg d: 20sten Febr. 1787.

Viel Glück u: Heil zu Ihrem Geburtstage, den
das Tagewählende Kätchen uns schon lange vorher ver=
kündet hat!

Mit welchem Herzen ich Ihnen und der lieben
Ernestine u: den kl: Füchslein allen Alles Gute was
Gott seinen Lieblingen giebt, anwünsche, das wissen Sie
besser, liebster Voß, als mein Gänsekiel Ihnen sagen
kann. Unter andern wünsche ich von Herzen daß Sie
beide recht gesund werden, seyn u: bleiben mögen!
Stumm wie die Fische seid Ihr übrigens!

Wir sind wohl u: vergnügt, außer daß der Gicht-
teufel mich weidlich gekniffen, u: der Raubvogel uns
einige unsrer schönsten Tauben genommen hat. Tauben
solten Sie auch haben, die lieben Thierchen machen
einem mehr Freude als man singen u: sagen kann.

ad vocem singen. Liebster Voß, der M. A. dieses
Jahres ist, beucht mich, sehr klatrig. Doch wolte ich
ihm eher seine Klatrigkeit als Haschlas wildes, brüllen=
des Schimpfgedicht u: Göckings dumme Antwort ver=
zeihen. Ritt der Teufel den Göcking? Wie kann er

so unkundig der Dinge u: der Menschen seyn? Ich
hoffe daß es Ihnen keine Unannehmlichkeiten gemacht
hat, auſſer den Aerger den ich herzlich mit Ihnen getheilt habe.

Haben Sie geſehen wie der Verfaſſer des Siegfried
von Lindenberg, im 2ten Theil ſeines Emmerichs Gift
u: Geifer gegen mich ſpeyt? Ich habe das Buch ſelber ſo wenig als ſeine ältern Brüder geleſen, aber im
Blättern die Stellen gefunden auf welche das Gerücht
mich aufmerckſam gemacht hatte. Hier ließt Alles die
Skribeleien dieſes elenden Kerls. Die Recenſion dieſer
Schrift in der A. L. Z. hat mich weit mehr geärgert.
Doch iſts ehrlich — oder dumm — daß Recenſ. ſelber
ſagt er habe von allen Deutſchen am wenigſten Urſach
Herold der Stolbergiſchen Muſe zu ſeyn. Ich vermuthe
daß es der Verfaſſer der Canoſſa oder der Leipziger
Homeriſte ſey. In unſerm Vaterlande wo der Werth
der lebenden Dichter der ſchwankenden Nation immer
ungewiß bleibt, thut ſolcher Anſchiß immer Schade.
Agnes ſchilt, I can't help it. ad vocem Anſch—s— Wenn
krieg ich den Ducatenmann? Große Herrn theilen an
Ihrem Geburtstage Band u: Stern aus, Sie könnten
mir wohl zu ihrem Geburtstage den Ducatenmann
ſenden!

Ich hätte 2 Producte Ihnen zu ſenden, aber ich
kann nicht auf die Hofnung ſie Ihnen hier beym Brun-
nentrincken zu leſen, entſagen. Wenn ich mit meiner
itzigen Arbeit fertig bin, u: die lezte Hand an meine
ungedruckten Dramata gelegt habe, ſo will ich auch an
meinen Aiſchülos die lezte Hand legen. Aber denn
werde ich Sie auch bitten die Ausgabe bald vorzunehmen. Der erſte Theil der Schauſpiele iſt endlich gedruckt u: Exempl. unterweges.

Sie müſſen ja Lavaters Apologie leſen. Nichts
kann befriedigender, gründlicher, ſtärcker ſeyn. Er beantwortet jeden Vorwurf glimpflich aber ſtarck, gerechter
Zorn röthet die Wange des Autors hie u: da, aber
nimmer wird er beleidigend, ausgenommen in ſo fern
der beſtrafte Lüger oder leichtgläubige Läſterer nothwenbig
muß beleidigt werden. Der Gedancke daß nun Sie
meinem Freunde werden Gerechtigkeit wiederfahren laſſen, hat mich ſehr gefreut. Sie zweifeln noch —
Zweifeln Sie nur, aber leſen Sie! Da Sie alles gegen ihn leſen, ſind Sie es der Wahrheit ſchuldig.
Adieu liebſter Voß! Ich umarme Sie mit ganzem
Herzen.

F. L. St.

Von Agnes:

Auch ich muß meinem lieben Voß zu ſeinem Geburtstage Glück wünſchen. Warum feiern wir ihn nicht
mit einander! — Der Himmel ſelber weint darüber,
ſonſt wär' es gewiß Heute ſchön Wetter. Sie kommen doch noch zu uns, liebſter Voß? — Sie haben
wol vergeſſen, daß Sie mir noch eine Antwort auf
einen langen Brief ſchuldig ſinb, wo unter vielem Ge-
ſchwäz auch die Frage mit vorkam. Antworten Sie
mir hübſch. Sonſt glaube ich, daß Sie die arme Agnes vergeſſen wollen. Oder ſind Sie noch vielleicht be-
ſchäftigt, meinen vielblättrigen Brief zuſammen zu paſ-
ſen, um den Inhalt zu erfahren? — Eiſcher Voß, ich
bin böſe. — Ich habe auch ein Klavier. — Sie
müſſen kommen, und mir Lieder lehren. Seitdem ich
nicht mehr mit Ihnen ſinge, gehts lange nicht ſo gut;
und ich weiß ſo ſamante Lieder, die ich gerne ſingen
möchte. Ich will nun Ihr Zimmer bereiten. Wenn
das Wetter ſo fortfährt, ſo iſt der Lenz da, ehe wirs

uns verſehn, und Sie m ü ſ ſ e n mit ihm kommen. O
bitte, bitte! ſo ſeh̲r̲! Denken Sie doch, Sie kennen ja
noch nicht meinen Andreas; er heißt A n d r a b o n i s, ſo
ſchön iſt der Junge. Liebe Erneſtine, Sie nähmen
es nicht übel, wenn Sie auch noch ſo einen kriegten,
ſo gern Sie auch ein Mädel hätten. Ich umarme
Euch beide.

110.

Renend: d: 23ſten Febr. 1787.

Wiewohl ſich unſre lezten Briefe haben begegnen
müſſen, ſo kann ich doch nicht unterlaſſen Ihnen heut
gleich auf Ihren Vorwurf zu antworten.

Es thut mir weh Ihnen ſagen zu müſſen daß ich
S i e im kl. Aufſatze nicht gemeint habe. Mit keinem
Gedancken fielen Sie mir ein, ſondern die Berliner, die
ich mit ihrem Eifer für den Proteſtantiſmus allezeit für
Heuchler u: hämiſche Verleumder gehalten habe, halte,
u: halten werde. dixi.

Sie ſind der einzige unter meinen Freunden der
izt über die Berliner anders denckt, aber Sie ſind kein
Freund der Berliner, u: man kann dieſen die Warheit
ſagen ohne Sie zu beleidigen. Thut es nun gar einer
Ihrer liebſten Freunde ſo haben Sie doppelt Unrecht
es auf ſich zu deuten. Voß ausgenommen kann es
keinem Menſchen eingefallen ſeyn daß ich hiebey an
Voſſen dachte. Mir am wenigſten. Ihr Vorwurf
könnte ſeh̲r̲ kränkend ſeyn, ich will mich aber nicht
kränken laſſen. Eine Grille wie die war kann nicht
lange in Ihrem Kopf u: Herzen geblieben ſeyn.

Es thut uns allen ſeh̲r̲ leid daß Sie in Flensburg
den Brunnen trincken wollen. Stade iſt nur 12 Meilen

von uns, wie weit es von ihnen ist das werden Sie wissen. Sie könnten zugleich Boie besuchen. Von Meldorf ist Neuenburg wohl nicht viel weiter als Flensburg von Eutin. Ernestine müste bey Leibe nicht zurück bleiben.

Mein Bruder soll Ihnen, so bald er es gelesen u: becommentirt hat, mein Mskt Die Insel schicken. Ich habe ihm nun den ersten Theil gesandt. Dieser ist Prosa. Der andre Poesie, ist aber nicht fertig. Meine Schwester die Bernstorf soll Ihnen mein Apollons Hain senden. Ueber beides werden mir Ihre Anmerckungen sehr lieb seyn. Sie senden die Insel an meine Schwester Bernstorf.

Unsrer Lieben Ernestine viel Liebes! Agnes grüsset herzlich. Sie ist wohl. Kätchen schreibt glaube ich an Sie. Vielleicht lassen wir die Kinder bald inoculiren, denn in der Nähe sind die Pocken.

Aus dem griechischen Briefe sehen Sie daß ein Exempl. des griechischen Virgels Ihnen bestimt ist. Lassen Sie es nur zu Wasser nach Lübeck schicken. Um der Seltenheit der Sache willen bitte ich mir den gr. Brief wieder aus u: weil ich dem Manne antworten muß, ich dencke auf französisch. Seinen Namen hab ich vergessen, mich deucht Bastiniani. Schreibt Nicolai den Namen nicht? Leben Sie wohl u: verkennen Sie nie wieder Ihren treuen Freund. Ich kann unrecht haben, unedel handeln kann ich nicht. ἐρρωσο.

F. L. St.

N. S.

Neulich erhielt ich einen Brief von Bürger, er wünschte hier in Dienste zu kommen. Ich würde mich herzlich freuen, eine Beamtenstelle wäre recht gut; er soll ein grosser Jurist seyn. Ich habe ihn gebeten mir

einen Brief zu schreiben den ich zeigen könnte; hoffe
aber wenig. Halem schreibt mir man trüge B. izt
eine Professur an, u: er sey unschlüssig. Es solte mir
leid thun wenn er in Göttingen bleiben müßte. Schulz
komt vielleicht als Kapellmeister nach Kopenh. Die beiden
Balladen aus Apollons Hain die er componirt hat, sollen
Sie für den M. A. haben.

III.

Neuenburg d: 6sten April 1787.

Ja wohl sey die Lavaterische Sache geschlossen!
Ich meinte die Homerische wäre es lang. Treu=
herzig gemeint u: gesagt war alles was ich in einem
Briefe an Sie diesen Winter schrieb. Welcher elender
Mensch wäre ich wenn ich (auch gesezt daß ich ein Recht
dazu hätte, wiewohl ich absolut kein Recht dazu haben kann)
verlangen, oder auch nur wünschen möchte daß Ihre
Ilias eine Handschrift für Freunde bleiben solte? Unter
andern wäre ein solches Verlangen auch absurd. Woher,
um aller Wunder willen komt dieses Hinterhermißver=
ständniß, da mein Brief so deutlich war?

Sie können mich nicht für falsch halten, aber
warum für so wankelmütig? Und für so voll von
Eigenliebe?

Daß Sie die Ilias übersezen wolten u: anfingen
that mir weh. Ich sagte es Ihnen, u: hatte es bald
verwunden. Wenn, meiner Eigenliebe zu schonen die
beste Uebersetzung der Ilias unterdrückt würde, so würde
mir das nicht allein sehr wehe thun, sondern ich würde
mich meiner schämen, u: diesen Schmerz, diese Schaam,
so lang ein gutes Haar an mir wäre, nie verwinden.

Wofern Sie einige Anmerckungen zu Apollons Hain

gemacht haben, so theilen Sie mir solche doch mit. Ich hätte sie gern bald, weil ich nun das Stück gern für den Druck fertig machte.

Die beiden Balladen gebe ich Ihnen für den M. A. (den Kuckuk u: Ikaros) die Melodien kann ich Ihnen noch nicht schicken weil meine Schwiegerin sie spielt u: noch nicht auswendig weiß, nemlich Agnes Schwester. Hier ist ein Frühlingslied das ich auf eine Melodie gemacht habe die Agnes gern singt.

Auch schicke ich Ihnen hier ein Gedicht von einem 17jährigen jungen Menschen in Oldenburg, welcher primaner dort ist u: es so gern in Eutin wäre! Er heißet Woltmann. Ich dächte Sie zeigten im Register sein Alter an. Er hat einige Lieder gemacht die mir besser gefallen. Vielleicht giebt er mir auch die für den M. A.

Gustchen schreibt mir in jedem Brief ich soll ihr die Insel senden oder senden lassen. Also bitte ich Sie sie ihr bald zu senden. Aber ich bitte auch um Anmerckungen besonders zu den Gedichten. Die Insel ist mir mein Lieblingskind, Prosa u: Gedichte, wiewohl sie nicht das stärckste seyn mag. Aber ich liebe sie wie ein Vater der grosse Söhne hat sein Töchterchen vor allen liebt wenn er es auf den Knieen wiegt. Wir dencken Ende May nach Holstein zu reisen, oder spätestens Anfang Juny. Agnes u: Kätchen lassen herzlich grüßen. Weder Kätchen noch ich hangen als Sektirer an irgend einem Menschen. Dazu ist unser Verstand u: Herz zu gesund. Von Agnes sind Sie deß versichert. Wir umarmen die liebe Ernestine von ganzem Herzen. Leben Sie wohl.

Stolberg.

112.

Renenburg d: 17ten April 1787.

Es war eine Zeit da ich oft Monate lang Ihre
Antworten mit Sehnsucht erwartete, izt begegnen sich
Dupliken und Trepliken.

Ich werde nie dem Rechte entsagen einem Freunde
treu zu bleiben den ich für edel u: bieder halte, er
habe Schwachheiten so viel er wolle. Nicht ich allein,
viele Männer welche ganz Deutschland ehrt, Jerusalem,
Leß, Zollikofer, Basedov, Jacobi in Zelle, Jacobi in
Düsseldorf, Spalding, Göthe, der redliche Feß, Tobler,
Semler, Schlosser, Claudius, halten Lavater für einen
edlen liebenswürdigen Mann. Nicolai, Sie u: Biester
halten ihn für einen ehrlosen Schleicher, Ich lasse Ihnen
Ihre Meinung, lassen Sie mir die meinige. Sie sind
ja doch sonst dafür daß man jedem seine Meinung un-
gekränkt lassen müsse. Sehen Sie mit Mitleiden meinen Bruder, mich u: die vorhin genannten Männer am
Narrenseil ziehen; Aber beunruhigen Sie mich nicht
mit bittern u: beschimpfenden Scheltworten gegen meinen Freund.

So edel Ihnen auch in dieser Sache Nicolai scheinen mag, war sein Mißbrauch meiner Epistel doch sehr
niederträchtig. Ungerecht schien Ihnen das Ende meiner Erklärung. Mir schien es gerecht etwas Hohn zu
lächeln gegen einen Mann der mir in dem Augenblick
schlecht zu handeln schien da er — credat Judaeus
Appella — der Religion das Wort reden will u:
der Freiheit.

Wenn mir erlaubt ist Lavaters Freund zu seyn,
so darf ich ihm auch eine Ode wiedmen. Wenn Sie sie

mit Aufmerckſamkeit geleſen hätten, ſo würden ſie geſehen haben daß ſie eine brüderliche Warnung gegen ſeinen Durſt nach Wunderglauben enthielt.

Empfindung der Sache u: Freundſchaft, nicht ſchmei= chelnde, warnende Freundſchaft, waren die Dämonen, welche mir dieſe Ode eingaben.

Ohne Hottingern zu nennen habe ich ihn vor 12 Jahren beleidigt. Seitdem verfolgt er mich in anonny= men Recenſionen die jedem ungerecht ſcheinen müſſen. Auch bey Recenſirung anbrer (ich meine der Blumaueri= ſchen) Gedichte, zog er die Gelegenheit bey den Haaren herbey. Iſt auch das edel?

Nichts iſt meinem Karacter mehr zuwider, als ein aner zu ſeyn. Als Jüngling ſprach ich zu entflamt von Lavater. Ich bin Mann. Reichard iſt ein aner. Wer mich mit ihm verwechſelt iſt nicht mein Mann!

Ferne ſey es von mir Kälte oder mehr Faſſung als ich habe zu affectiren. Ich ſchreibe Ihnen dieſes mit zitternder Hand. Es kränkt mich nicht daß Sie an= ders dencken, aber daß Sie mich im Genuß meiner Frei= heit zu dencken u: zu empfinden kränken wollen.

Irre ich ſo irre ich mir! ſagt Hiob ſeinen unruhi= gen Freunden.

Noch eins muß ich ſagen: Ich bin kein Menſch der ſich gebrauchen oder mißbrauchen läßt. Was ich an u: für Lavater geſagt habe, ward niemals ihm eher als dem Publico bekannt, viel weniger hat jemand mich dazu angetrieben.

Von Ihrem Rath aus den 5 Idyllen, oder wie ſie heiſſen, einige wegzulaſſen, kann ich keinen Gebrauch machen, ich liebe einmal das Bächlein der Wieſe, u: würde, wenn ich Waſſerkunſt anzubringen wüßte, doch an der Inſel keinen Gebrauch davon machen.

Ich kann die Idee der Dichtkunst (welche einen Dichtkünstler implicirt) schlechterdings nicht ertragen. Grosse Dichter haben anders gedacht, Virgil u: Horaz, Klopstock u: Sie dencken noch anders. Ich meine auch grosser Dichter Empfindung u: Handlung für mich zu haben. Und würde lieber meinen Waldgesang für mich behalten, wenn man mich eines bessern überführte, als mich noch in meinem Alter auf die schönen Künste zu legen.

Es tönt mir durch meinen Waldgesang die Liebkosung der Muse zu u: verheisset mir Liebe der Enkel. Und mehr als diese Liebe will ich nicht.

Darinnen bin ich glücklicher wie Sie daß Ihnen die Muse so mancher die wie ich singen und sangen, Mißton tönt, mich aber auch Ihre Gedichte u: derer die wie Sie dencken glücklich machen. Aber sonderbar ist's doch daß meine ungelehrte Empfindung immer sich ähnlich bleibt u: immer alles was allgemein schön gefunden wird, gleich empfand. Ihre Empfindung hat manchesmal geschwanckt. Ich erinnere mich daß Sie Pindar u: Horaz gering schäzten.

Sie sehen daß der Hagelschauer vorüber ist, die Luft hat sich gereinigt. Ich möchte nicht gern jemals wieder in einer solchen Stimmung gegen Sie seyn als ich seit vorgestern war. Die Sache bleibt wie sie war, warum bin ich denn izt anders gestimt? Weil ich ein schwacher Mensch bin, u: weil ich Freund meiner Freunde bin. Das lezte entschuldige das erste. Warnen Sie mich immer wenn Sie mich auf Irrwegen glauben: hanc veniam damus petimusque vicissim, aber glauben auch Sie nicht daß jede andre Art zu dencken u: zu empfinden als Sie haben, nothwendig Irrthum seyn müsse. Das ist

Ihr Feind! Jeder warne, aber jeder unterwerfe seine Warnung dem Urtheil des nicht unmündigen Freundes.

Gott befohlen! Er sey mit Ihren inoculirten Kindern! Unsre können wir nicht inoculiren weil die Blattern nicht im Orte sind. Ich umarme Sie — vor einer halben Stunde hätte ich es vielleicht nicht, oder nur halb gethan. Agnes u: Kätchen grüßen. Ich umarme Ernestine die doch gewiß besser ist als Sie.

F. L. St.

Längs des Randes von Seite 8:

Die Gedichte für den M. A. habe ich vergessen abzuschreiben. Künftig!

113.

Neuenburg d: 27sten April 1787.

Ich kann u: mag es mir nicht dencken, lieber Voß, daß dieser Brief Sie noch in dem unglücklichen Wahn findet als sey unsre Freundschaft zerrissen. Selbst der Brief in welchem Sie mir das sagen bürgt mir von Ihrer Seite das Gegentheil, u: hier von meiner Seite Hand und Herz! Eine solche Freundschaft läßt sich nicht ausziehen wie ein altes Kleid, sie ist in unser Innerstes eingewebt, u: wenn Sie auch sich noch so sehr täuschten hinge es so wenig von Ihnen ab nicht mehr mein Freund zu seyn als es von mir abhinge dem Bunde unsrer Herzen zu entsagen der uns so lange vereint hat. Gott weiß es daß ich Ihr Freund bin u: seyn will u: bleiben würde wenn Sie nicht nur meine Freundschaft sondern mein ganzes Ich verkennten, mit Gleichgültigkeit ansähen, oder mit Haß. Denn selbst dann würde Ihr Herz redlich u: edel bleiben, u: Sie würden noch immer der seyn dessen Freund ich aus ganzer Wahl meiner Seele ward. Immer würde ich

Ihren Irrthum von Ihrem Herzen sondern können. Und eben so würden auch Sie im entgegengesezten Fall über mich empfinden.

Daß ich sehr unzufrieden mit Ihnen war gestehe ich Ihnen. Ich glaubte Recht dazu zu haben, u: warhaftig das glaube ich noch. Aber eh ich mich in die 3 Punkte einlasse welche Sie zu weitläuftig auseinandersetzen als daß ich sie in der Kürze angeben könnte, muß ich Ihnen aus der Fülle meines Herzens sagen daß ich Sie von ganzer Seele liebe u: lieben werde, Sie mögen es wollen oder nicht.

Mit Lavater bin ich sehr oft unzufrieden gewesen, u: glauben Sie daß ich izt mit ihm zufrieden sey? Daß mir die Magnetismus Geschichte nicht eckelhaft u: sein Durst nach Wundern, seine Schwärmeleien mancher Art, seine öfteren Verblendungen von Menschen u: Dingen nicht zuwider sey? Aber den Mann der mit ganzer Seele an Gott hängt, der voll Liebe, voll Feuer, voll Lebens u: Geistes ist, habe ich nie verkannt. Keiner seiner Freunde hat den je zu verkennen gelernt. Nennen Sie mir einen den er verloren hat, u: zürnen Sie mir denn daß ich nicht der Zweite geworden bin! Seit 10 Jahren habe ich nur einen Brief von ihm erhalten, u: warlich die paar Zeilen in denen er mir sagt daß er unmöglich zu mir kommen könne weil seine Tage gezählt seyen u: er doch zu spät heim kommen würde, diese Zeilen enthielten warlich keine Schmeicheley. Durch meine Schwester, durch andre Reisende u: einigemal durch Zürcher Freunde hat er mich grüssen lassen, sonst ist die alte Freundschaft geblieben wie sie war ohne angefrischt zu werden. Solcher Anfrischung bedurfte sie nicht. Sie haben aber doch diesmal durch den Verdacht gegebner u: genommener Schmeicheley mir u: Lavater Unrecht gethan. Es thut mir zu weh einem Herzensfreunde immer sagen zu müssen daß ein anderer kein Schurcke ist, ich kann hierüber nichts mehr sagen.

Sie u: Klopstock ausgenommen hat sich noch kein καλοκγαϑος gegen ihn erklärt. Oeffentl. noch keiner. Vielmehr lieben u: ehren ihn Sie beide ausgenommen alle besten u: ersten Männer der ganzen Nazion.

Ich hätte Sie ihm aufgeopfert? Lieber Voß ich habe es von Ihnen ertragen u: werde ferner von Ihnen ertragen daß Sie ihn beurtheilen wie Sie wollen, aber eben diese Freiheit wollte auch ich. Ihr Schimpfen, bittres Höhnen, Stürmen, verdroß mich, Ihre Meinung thut mir nur wehe.

Nun von der Ilias. Wie mich Ihre Unternehmung befremdete u: verdroß sagte ich Ihnen ja gerade heraus. Ich behielt nichts auf dem Herzen. Aber auch nichts als ich Ihnen sagte daß ich mir aus blutendem Herzen den Wahn den Deutschen eine Ilias gegeben zu haben, reiße. Ich (eitel wie ich Ihnen scheinen mag) sah so lebhaft als einer es wird thun können, den grossen Vorzug Ihrer Uebersetzung, u: wenn Sie nun nicht fortgefahren hätten, so hätten Sie eine schreckliche Rache an meiner geäusserten Unzufriedenheit genommen. Diese Rache veranlaßt zu haben würde ich gegen Vater Homer, gegen die Deutschen, gegen Sie, gegen mich, nie haben verantworten können. Was ich Ihnen schrieb war nicht Heucheley. Aber wahr ist es daß die Wunde lange nachher blutete. Voß, dachte ich, beschämt Dich vor den Augen der Nazion, u: reißt als Mann eine Palme vom Ziel welcher Du als Jüngling näher kamst als Deine Vorgänger u: andere Zeitgenossen. Aber ich sagte mir immer zugleich: Voß sieht diese Sache anders an als du. Seine Liebe für Homer treibt ihn in die

Laufbahn. Er opfert dich dem göttl. Greise, nicht sich,
u: mit diesem Gedanken an den ¡lieben göttl. Greiß
verschmerzte die Wunde.

Ihre Urtheile über meine Gedichte haben mir oft
weh gethan, beleidigen hätten sie mich nie sollen. Was
Sie sagten, das sagten Sie aus Treue u: Liebe. Ich
bitte um Verzeihung daß ich oft ungeduldig ward. Sehr
wünschenswerth muste mir freilich der Beifall eines der
edelsten Dichter u: die Sympathie meines Herzensfreun=
des seyn. Ich schrieb Ihnen einmal mit Verdruß: Ich
kann Ihnen nichts mehr recht machen! Aber ich hatte
Unrecht. Mich entzückt die göttliche Flamme wo ich
sie finde, sie flamme auf dem 5ten Act einer Tragödie
wo alle neun Musen in 4 Acten den Scheiterhaufen
künstlich geordnet haben, oder sie entspräche dem Greif
auf welchem Vater Okean zum Promätheus reitet. Ohne
Sinn für Kunst zu haben muste ich entzückt werden
durch Ihre Gedichte.

Die meinigen konnten Ihnen nicht gefallen.

Wir haben uns beide Wendungen erlaubt deren ein
καλοκαγαϑος sich enthalten solte, sind beide bitter gewe=
sen. Dann mag der Teufel lächeln wenn Freunde so
weit kommen. Ich bitte von ganzem Herzen um Ver=
gebung. Und nun lieber Voß lassen Sie alles getilgt
seyn, alles! Ich fürchte Ihre Grübeleyen. Schon in
Ihrem Brief stänckern Sie alles auf, wahres u: fal=
sches. Was werden Sie vor Empfang dieses Briefes
gestänckert haben.

Nach Jahren hat Sie der Brautkranz in der Muhme
Hand mit Dornen geritzt. Dann werfen Sie mir die
vielen Herzensfreunde vor. Auch Freunde sind
ϑεων εριχυδεα δωρα die man nicht als eine Schmach
vorwerfen muß. Ihnen hat keiner in meinem Herzen

12*

Schaden gethan, keiner wird es thun. Und ich fühlte mich nie reicher an Freunden als wenn ich des Abends in der Wasserstraße Sie aufsuchte, oder im Rathhause, oder wenn Sie mich in unserm Hause besuchten, oder wir am N. See irrten.

Fort mit des Teufels Auskehricht! Wir müssen nun einmal Freunde seyn, da hilft nichts vor. Ich will daß Sie es sollen, u: in diesem Fall ist hinreissende Stärke immer im Arm des Wollenden.

Diesen Sommer will ich Ihr Gast seyn u: ein freundliches Gesicht finden.

Und nun noch eins, alter Grübler!

Werden Sie auch wegen einiger launigter Stellen meine Rührung, u: den Ernst dieser Rührung verkennen? So wären Sie noch im A. B. C. der Kentniß Ihres Sie von ganzer Seele liebenden Freundes!

F. L. Stolberg.

Tausend u: 1000 Grüße an die liebe Ernestine, die mich lieb haben muß sie wolle oder nicht.

Agnes:

Liebe süße Ernestine, was machen Sie in Ihrer Einsamkeit? Hat nicht der Geist der Liebe Sie oft umschwebt, und Ihnen Grüße von uns zugelispelt? Ach das muß er; denn wir lieben euch ja so herzlich. Haben Sie je daran zweifeln können, Ernestine? — Uns sind trübe Wolken vorübergezogen, traute Freundin. Bringen Sie Voß, unsern Voß! wieder an unser Herz zurück, das ihm voll Liebe und Freundschaft entgegen wallt. Lieber Voß, streben Sie nicht zurück an der Hand Ihrer sanften Ernestine, und sehen Sie, wie ich Ihnen die meinige entgegen strecke, um Sie an die treue Brust meines redlichen liebevollen Stolbergs sinten zu sehn! Ach Ernestine, wir wollen dann über unsre besten Freunde Thränen weinen, über die sich Engel im Himmel freuen sollen! — Redet mit Liebe über Sachen, die wahrlich nicht Herzen wie die unsere trennen sollten; und nicht das fürchterliche Schreiben, das tödtet Leib und Seele! — Sie müßten nun Voß recht pflegen und aufmuntern, liebe freundliche Ernestine, daß wir ihn wohl und froh finden. Welch ein Wiedersehn wird das sein, Sonnenschein nach Sturm und Gewitter! — Gott segne euch denn, Ihr innig Geliebten! Ach nicht erst dort, hier hier! Auf diesem Pilgerwege laßt uns dicht an einander schließen! Hier bedürfen wir es wahrlich! — Ich denke mit gerührter Seele an euch, und voll Liebe.

(Ohne Unterschrift?)

114.

Jeuenb: d: 11ten May 87.

Mit herzlicher Zuversicht u: doch mit einigem Herzklopfen, öfnete ich heut früh Ihren lieben Brief, bester Voß, u: schämte mich bald des Herzklopfens! Es fielen mir gleich die Verse in die Augen:

Τα δ'οπισθεν pp.

u: frappirten mich desto mehr da ich eben diese neulich im Sinne hatte u: nur vergaß Ihnen zu schreiben.

Wir freuen uns herzlich wie Ihr aufs Wiedersehn. Anfang Juny reisen wir. Aber die ersten 4 Wochen wird Gustchen uns nicht von sich lassen. Also liebster Voß trinken u: baden Sie in Flensburg in Ruhe. Auch sind wir freier wenn der Hof nicht mehr in Eutin ist.

Ach zu schnell werden uns bey Euch Ihr Geliebten, die Tage verfliessen, aber wir haben es uns fest

in den Kopf gesezt daß Ihr künftiges Frühjahr einige
Wochen bey uns seyn solt. Neuenburg ist kein Eutin,
aber auch wir haben Wasser, Wald u: Nachtigallen,
haben ungestörtere Einsamkeit, u: keine Tanten welche
Agnes in Eutin umspinnen.

Bey uns soll Ihnen der Pyrmonter treflich bekom=
men, es kommt mehr darauf an wo als was man
trinkt.

Ja wohl waren wir Kinder, liebster Voß, kleine
Rozbübchen, jeder stand in seinem Winkel u: maulte.

Ich dencke wir haben uns ein für alle mal ab=
gewischt.

Gott sey mit Euch Ihr Inniggeliebten die ich mit
der zärtlichsten Liebe umarme.

F. L. St.

Ist Ihnen nie eingefallen wie ich einmal drauf
pochte daß wir uns noch n i e gezanckt hätten? Die
Atä belauschte mich! Hol der Teufel die Atä!

Agnes kränckelt heute. Nächstens wird sie Ernesti=
nens lieben Brief beantworten.

115.

Bruchstück eines Briefes von Agnes.

(Neuenburg, den 29. Mai 1787.)

Mir wird fast das Schreiben an Euch schwer, weil
mir die Hofnung, Euch nun zu sehn, so ans Herz steigt,
daß sie alle Worte erstickt. — Nun sie nehme sie alle
hin, und gebe mir nur die süße, o übersüße Freude, Euch,
meine Seelengeliebten, zu sehen. Dann mögen Blicke
ausdrücken, was Worte nicht können. Das sage ich
nur noch, daß mein Herz immer an Euch hangen
wird mit der allerzärtlichsten Liebe! — Ach daß

wir mit einander lebten, und nur unſre Gärtchen zwiſchen uns wären, wenn wir uns trennen müßten!

116.

Tremſbüttel d: 18ten Juny 1787.

Heute vor 14 Tagen haben wir Neuenburg ver-laſſen, vergnügte Tage in Ahrensburg zugebracht, u: ſind izt im ſtillen Tremſbüttel. In Ahrensburg erhielten wir Euren lieben Brief.

Der neue Verluſt der lieben Erneſtine thut mir von Herzen wehe. Gute, liebe Erneſtine! Viele der Un-ſern verlaſſen uns mitten auf unſerm Pilgerwege. Wohl ihnen! Möchten wir deſto näher an einander rücken können, u: nicht, durch Länder u: Ströme getrennt, jeder ſeine Verluſte allein verſchmerzen!

Schreiben Sie mir ja mit der erſten Poſt ob noch die Blattern in Eutin ſind? Wir dencken bald zu Euch zu kommen. In der lezten Hälfte dieſer Woche kommen die Bernſtorfs nach Borſtel. Da bleiben ſie vors erſte nur einige Tage u: reiſen dann nach Mecklenburg. Während dieſer Zeit komme ich zu Euch, vielleicht wie ein Dieb eh Ihr es meinet, doch nicht bey Nacht. Nur die Blattern können Agnes abhalten, denn ſie kann ſich nicht vom U. Ernſt trennen. Alſo recht umſtändl. Nachricht von den böſen Blattern!

Hier ſind die Lieder und Melodieen.

Schulz komt als Kapellmeiſter nach Kopenhagen. Ich weiß es gewiß da Baudiſſin ihn engagirt hat. Ich fürchte für ſeine Muſe den Einfluß der Däniſchen Luft.

Ich freue mich auf —

Ich ward dieſen Augenblick geſtört u: weiß nicht

mehr worauf ich mich freute. Daß ich mich aber von
ganzem Herzen auf unser Wiedersehn freue, liebster
Voß, das wissen Sie!

Mein Bruder u: Kätchen grüssen herzlich. Ich umarme Euch Ihr Lieben. F. L. Stolberg.

Agnes:

Gott erhalte Euch Euren lieben Hans! sollten es
aber nur Würmer sein, so seyd nicht so besorgt um sein
Leben die haben meine Kindheit offt am rande des
Grabes gebracht und dennoch lebe ich. Ich weis aber
ein unschuldiges Mittel, welches schon viele mit Nutzen
Gebraucht haben laßt ihn des Morgens sobald er er-
wacht gut ausgebacknes Schwarzbrod in Rohtwein Ge-
taucht essen aber nur aussaugen nicht daß Brod hin unter
schlucken, das soll den Würmern erstaunend zuwieder
seyn. Dabey mus er aber nichts süßes essen und überhaupt sich sehr in Acht nehmen, wermuht Schnittl auf
Butterbrod ist sehr gut und rohe gelbe Wurzeln. Milch
mus er nicht viel essen Buttermilch u: dicke Milch*)

(Ohne Unterschrift.)

117.

Neuenburg d: 14ten Aug. 1787.

Den Tag vor unsrer Abreise erhielt ich in Hamburg
bey Klopstock Ihren lieben Brief. Vorigen Freitag
sind wir angekommen u: haben die Kinder wohl gefunden. Seit wir Sie in Aschberg verliessen haben wir
viel herum geschwärmt. Ich habe des Müssigganges u:
des Umgangs mit geliebten Personen gepfleget, u: in 2
Monaten fast kein Wort gelesen, geschweige gearbeitet.
Ein wahres Faiaken Leben geführt, u: befinde mich besser
darnach als wäre ich in Pyrmont gewesen. Jezt ist

---

*) Es folgt ein unleserliches Wort.

mir herzlich wohl, nur erwarte ich mit Faiakenempfin-
dung das Ende der Ferien. Das Gerichtsjoch wird mir
doppelt schweer seyn.

Ach daß meine Wünsche, u: bald, erfüllet würden!
Guter Voß, es thut mir sehr wohl zu wissen wie lebhaft Sie diese Wünsche theilen! Ich habe indessen
Grund sehr zu hoffen. Göckingk der Affairenmensch
macht durch seine Unzuverläßigkeit der Affairenmensch-
keit wenig Ehre. Armer Voß, daß Sie sich so mit der
Ausgabe des M. A. placken müssen! Das Gute hats
daß die Angst Ihnen vielleicht die Elegie an Kätchen
ausgepreßt hat, vom Liebe im Grünen will ich hoffen
daß es kein in doloribus fecit sey. Und doch habe
ich in Böhmen mein Abendlied daß ich con amore
dichtete in doloribus angefangen für den M. A. Laßen
Sie mich mit einigen Worten nur wissen wie spät ich
noch etwas einsenden kann. Mein Frühlingslied haben
Sie ja doch? Allenfalls können Sie ja aus dem Timoleon
einige Chöre nehmen. Sind die Musen mir günstig
so sende ich noch etwas ein. Aber die Insel macht mir
den Kopf heiß, ich soll Michaelis schon das Mskt.
einschicken wiewohl es erst Ostern gedruckt erscheint.

Ich habe Klopstock über 8 Tage in Borstel, einige
in Tremsbüttel, u: nun zulezt in Altona u: Hamburg
gesehen. Er war immer so froh, so liebend, so jung!
Den guten Ebert, welcher sich auch noch verjüngt hat,
habe ich nur zweimal gesehen. Beim wackern Hensler
sind wir 3 Tage gewesen. Der gute Ahleman ist minder starck u: heiter seit dem Tode seiner Frau, doch lebt
die schöne helle Flamme seines Geistes oft im interessanten Gespräch auf, aber auf minder lange Zeit
als sonst.

In Knoop sind wir mit den Tremsbüttl: bey 14

Tage gewesen. Von der Baudissin werden Sie zu seiner
Zeit kleine Schriften lesen die an Geist und Herz wenig
ihres Gleichen haben. Die Freundschaft blendet mich
nicht, Klopstock urtheilt eben so. In grosser Gesellschaft
bin ich bey Esmarch gewesen. Die Baudissins brachten
uns hin um bey ihm Thee zu trincken u: die schöne
Gegend am Meere zu sehen. Erst im Hinfahren er=
fuhren sie daß er unser Freund, u: wir daß wir zu
ihm führen.

Wie Hille Agnes es mit ihren Küchlein izt hat
kann Ernestine sich vorstellen. Im Sept. lassen wir
inoculiren.

Ich glaube fast daß Agnes wieder schwanger ist.
Ich hätte ihr so gern wenigstens ein Jahr Ruhe ge=
gönnt.

Ich bin sehr verlangend Ihr Lied, Ihre Elegie u: die
deutsche Georgica zu sehen. Mit welchen Schwürig=
keiten Sie da ringen!

Ich habe Gerstenberg gesehen. Er schien mir ver=
legen, wir waren freundlich u: kalt — Hol der Teufel
die Freundlichkeit! Da war unser heiß u: zornig seyn
doch noch besser. Klopstock hatte ihn gebeten, schien mir
aber immer an sich zu halten, u: gleichwol bei jedem
Anlasse war er bereit lebhaft gegen G. zu werden. An=
dere haben es auch bemerckt. Adieu Ihr lieben beyde!
Agnes u: ich umarmen Euch von ganzem Herzen.

F. L. St.

118.

Neuenburg d: 28sten Aug: 1787.

Dieser Brief ist an Euch beide zugleich, Ihr
Lieben! Ich dancke Ihnen liebe Ernestine von ganzem

Herzen für Ihren lieben Brief, u: freue mich mit Ih=
nen daß unser Voß diesen Sommer, des Sausens ohn=
erachtet, so viel heiterer u: gesunder ist.

> Laß sausen durch den Hagedorn,
> Laß sausen Kind laß sausen!

Das Liedchen Willkommen im Grünen ist allerliebst.
Möchten wir es bald im Grünen singen!

Eben entdecke ich, nachdem ich mit Agnes darum
gezanckt habe, daß Ernestinens Brief doch an sie ist.
Ich hatte ihn mir zugeeignet. Lieben Freunde ich bin
zu Fuß u: zu Pferde auf die Liederjagd gegangen,
aber umsonst! Ich schicke aber hier ein Lied welches
Agnes diesen Sommer gemacht hat, Ihr müßt aber ihren
Namen nicht nennen, und mit dem Namen Psüche soll
es im M. A. gezeichnet seyn.

Ich habe mich über die 2 boshaften u: dum=
men Recensionen des vorigen M. A. in der A. L. Z.
sehr geärgert.

Der arme Halem. Sieben Näpfe klares Wassers
wären seine 7 Lieder. Er war auch, als ich ihn neu=
lich in Oldenb. sah wie ein begoßner Hund.

Der arme Holmer der seinen jüngsten Sohn verlo=
ren hat! Da sie ihn nach Old. begleiten will so neh=
men sie ja wohl den ältesten Sohn mit. Ich wünsche
es wenigstens.

Reinhold hat an Halem geschrieben es würden bald
acten der Illuminaten gedruckt erscheinen, in welchen, falls
sie ·ächt sind, der Orden in einem schändl: Licht u: Weis=
haupt als ein Bösewicht erscheinen würde. Die Bayer=
sche Regierung publicirt diese acten. Reinhold ist er=
staunt, wie Sie dencken können, u: meint man könne
vielleicht die Baierschen Gräuel vom lautern Illumina-

tismo abſondern, aber wer will da trauen! Ich habe
dem Ding nie getraut, es immer als Feſſeln gehaßt.

Ich freue mich daß der gute Bote Euch 4 Tage
wehmütiger Freude gegeben hat. Er muß wieder hei=
rathen. Ich liebe die zwoten Ehen ſonſt nicht, ihm
aber iſt eine gute, vernünftige Frau zur Freude des
Lebens u: zur Haltung daß er aufrecht bleibe, noth=
wendig.

Adieu Ihr Geliebten. Ich umarme Euch beide.
Agnes beſchreibt die 4te Seite.

(Ohne Unterſchrift.)

Agnes:

Danck beſte Erneſtine für den lieben Brief den ich
mir von Stolberg errungen habe. Sie ſind mir zuvor
gekommen blos weil ich mich noch nicht wieder ans ley=
dige Schreiben gewöhnen konnte. Ich habe das Herz
von der Zukunfft ſo voll! Mir iſt als ſähe ich in
einer Camera obscura die ſchönſte lächelndſte Gegend!
Ach daß Gott dieſen Süßen Traum erfüllen wolle! Ich
glaube es verſchwindet kein Tag an dem wir nicht
unſre Seele daran weiden u: Plane ſüße ländliche Plane
machen in denen Ihr verwebt ſeyd als hätten wir nur
eine Hütte   Ach ja daß wir auf dem Lande, wenn
nur da wo Bruder Burchard jezt iſt, wohnten,
ſonſt mus ich zu viel von meiner edlen Freyheit op=
fern, und davon würde mir das Herz bluten. — Die
LandFreuden ſind auch ſo unausſprechl: manichfaltig —
aber darüber wollen wir uns noch nicht betrüben oder
freuen wenn das eigentl: nur geſchieht. Was wird
wol der Boß von mein Lied dencken? — Daß es
nur keine Seele merckt. Bald ſollen unſere Kleinen
inocul: werden — ach Gott helffe uns denn! — Lebt

wohl Ihr innig Geliebten Freunde! Ihr solt offt Nachricht haben. (Ohne Unterschrift.)

Am linken Rande von S 4 von der Hand Agnes':

Ernst erinnert sich Ihrer und aller Kinder noch sehr gut, und sagt eben, ich lasse sie grüssen.

119.

Neuenburg d: 31sten Aug. 87.

O daß ich Ihnen im feurigen Liebe danken könnte für Ihr herrliches u: herzliches Lied, welches mich innig rührt. Ich gedachte unsers Freundschaftsbundes vom ersten Verse an, diese Empfindung wuchs mit jeder Strophe, und ward erschütternder u: seeliger am Ende der lezten. Alter guter Voß, ich reiche von fern Ihnen die Hand u: schüttle sie von ganzem Herzen u: im heissen Gefühl unserer ewigen Freundschaft!

Vorgestern Abend würckte die Allmanachs-Noth so auf mich, daß ich flugs dieses Winterlied machte. Möge es noch zu rechter Zeit ankommen!

Ist die Stelle Ihres Liedes nicht verschrieben:

Und speißt mit uns von grobem Zwilch

Solls nicht heissen a u f?

Auf Göckings Beyträgeleyen wollen wir uns künfttig nie verlassen, u: früh zusammentragen. Haben Sie etwas von Jacobi?

Ich habe eine Schöpfungsfeyer für die Insel gemacht. Sobald sie abgeschrieben ist schick ich meinem Bruder ein Exempl. er an Sie, Sie an Kätchen oder Gustchen nach Kopenh.

Agnes befindet sich ziemlich wohl, besser als diesen Frühling u: ersten Theil des Sommers. Im März

ober April wird wohl der Adebar sich einfinden, u:
beißt er nicht zu starck so können wir ja deswegen im=
mer nach Holstein kommen, wo nicht so komt Ihr
zu uns.

Ich u: Agnes umarmen Sie u: Erneſtine von
ganzem Herzen. Agnes kalmeuſert daß Sie ſie Grä=
ſin Agnes nennen. Im Ernſt.

F. L. St.

120.
Bruchſtück eines Briefes von Agnes.

(Neuenburg, den 25. Sept. 1787.)

Leewe Voß, he müt flietiger ſchriewen! Stolberg
klagt über ſeine Faulheit. Ich nicht! Denn ich mag
ihn nicht leiden, und bin ihm böſe, und will ihm erſt
wieder auf der Inſel im Silbersdorfer See gut wer=
den. Da wollen wir uns im Geiſt ein rendez vous
geben, bis wir in einem allerliebſten kleinen Boot, das
wir da haben wollen, mit einander wirklich hinfahren.

121.

Neuenb: d: 16ten Oct. 1787.

Erſt vorgeſtern kam Ihr lieber Brief an Agnes,
liebſter Voß, mit den Almanachen. Schönen Dank!
noch mehr für den Brief als für die Almanache, wie=
wohl auch dieſe lieb u: werth ſind. Ihr Lied die
Sterne, die herzliche ſchöne Elegie an Kätchen u: das
traute Landmädchen, haben mir vorzüglich Freude ge=
macht. Am meiſten die Elegie, wo noch ſanft einge=
ſungen die Seele dem Schwan auf Abendroth nach=
ſchwimt. Schade iſt es einmal daß der guten Mit=

arbeiter so wenig sind, u: daß einige der Besten nicht ihre besten Stücke geben. Von Gleims Gedichten hat mir nur das an die väterl: Fluren u: das Trostlied an Schmid recht gefallen. Die feine ironische Anwendung des res est sacra miser in Klopstocks Ode werden wenige verstehn. Salis Lieder kommen aus einem edlen feinen Herzen, mich deucht er wird von Jahr zu Jahr besser. Halem hat erzschofeliana geliefert. — Ihre Virgilsche Ueberſetzung scheint mir das non plus ultra der überwundnen Schwürigkeit zu ſeyn. Das nannte Horaz den Cyklopentanz tanzen!

Ich freue mich nicht wenig daß Sie so zufrieden mit meinem Danktliede sind. Sie sollen eine neue Abschrift haben, ich habe hie u: da wiewohl weniges verändert. Die nothwendigste Veränderung ist in der 1ſten Zeile der lezten Strophe. ſie heiſſet nun: Es töne zu der Saite Klang —

Ich schäme mich daß mein unzeitiger Winter 2 Blumen Ihrer Muſe verdrängt hat. Diese müssen wir sehen. Pfeffels reitende Philoſophen ſind ſehr gut!

Holmer ist in voriger Woche mit Frau u: Kind hier gewesen. Sie kamen Donnerstag Abend u: blieben bis Sonnabend früh. Sie haben uns von Euch u: Eurem patriarchaliſchen Leben mit ſehr vieler Freundschaft, u: mit Dankbarkeit dafür daß ihr den Buben haben woltet, geſprochen. Der Bube gefällt mir ſehr, Sie würden gewiß was ſehr gutes aus ihm ziehen. — Das Weib treibt mich zu Bette. Es wird diesen Brief vollenden. Ich umarme Euch mit inniger Liebe.

(Ohne Unterſchrift.)

Agnes:

Vielen süßen Danck für die Almanache, so kann ichs begreiffen, daß wir so lange keinen Brief kriegten, der häßliche Verleger! —

Ich schäme mich des lobes über mein Lied und begreiffe es nicht, es ist mir so angeflogen ich sagte es
so vor mir her wie ich alleine in einer schönen Gegend
spazieren gieng es war des Morgens vielleicht flog mir
da wirkl: eine Muse vorbey und der lezte Zipfel ihres
Gewandes berührte viel leicht meine ungeweihte Lippe,
und weihte sie dadurch auf flüchtige Augenblicke ein
leyder wird das wohl nicht öffterer geschehn wenigstens fühle ich mich nicht wehrt genug dazu. Ihr habt
doch meinen lezten Br. wegen der glückl: Inoculation
bekommen? es ist lange daß ich ihn schrieb, die Schnecken
Posten! —

Ach beysammen seyn! — Wie sehne ich mich danach wenigstens nicht so weit auseinander! —

Welche Tage der Ruh' und Freude wollen wir da
leben! Die Thränen kommen wenn ich daran dencke! —

Agnes.

122.

Neuenburg d: 18ten Dec: 1787.

Schon lange hatte ich an Sie schreiben wollen liebster Voß, aber auch in Neuenburg wächst nicht immer
der Entschluß zu schreiben zum Briefe auf. Siehe da
kam vorgestern Ihr lieber Brief vom 2ten begleitet mit
Geschencken aus Morgenland. Herzlichen Danck für
beyde! Ich vermuthe daß der weichliche Chineser den
wackern deutschen Reisegefährten aufgehalten hat. Nun
soll er daran glauben, u: langsamen Todes sterben!
Aber, böser Voß! warum haben Sie uns Ihre Lieder
nicht auch geschickt? Als Freund des Weines gönne
ich dem Punch kaum seinen Rundgesang, wiewohl ich,
wie Sie wissen, auch dem Punch nicht unhold bin.

Wissen Sie noch den Abend bey Ihnen? Als Agnes
vom Hofe kam u: wie ein Rohrsperling schalt? Es
war das lezte Mal vielleicht daß Gerstenbergs Geist u:
meine Freundschaft zu ihm aufflammte. Nein es lebe
der Punch, auch er verdient den Gesang!

Pfuy ist Bach so ein Fuscher? Ich würde ihm
doch nun keinen Zahn anvertrauen. Voß, Voß, Reinecke
Voß wäre nicht in die Falle gegangen!

Ich begreife Heine sehr leicht, u: finde es nur ver=
nünftig daß er von Ihnen lernen will. Uebri=
gens versteht sich ja von selbst daß Sie eine Abschrift
behalten. Und wenn die Elster sich stillschweigend mit
Ihren Federn schmückte müsten Sie mit lauter Rüge
die Früchte Ihrer Nachtwachen behaupten.

Ich freue mich sehr auf Ihre Georgika u: den
Kommentar. Wann komt die Ilias heraus, u: warum
quackeln Sie damit? Ein Werck das noch Mskt ist
komt mir vor wie ein uninokuliertes Kind, beyde sind der
Gefahr noch unterworfen. Und Sie haben wohl gar
nur eine Abschrift.

Weissens Bibl: komt mir nicht zu Gesichte. Von
ihm oder seinem Mitarbeiter Wezel erwarte ich so we=
nig Beyfall als ich ihnen geben kann.

Die Insel wird Ostern erscheinen. Der 2te Th.
der Schauspiele nicht; Göschen klagt über den Carls=
ruher Nachdrucker der den ersten für 20 Gr. liefert.
An den Aeschülos kann ich izt unmögl. gehen. Zu=
weilen fällt mir ein ich thäte wohl auch die 3 übrigen
Stücke zu übersetzen, aber dann müste Schützens 2te
Theil heraus seyn. An den Agamemnon mache ich mich
vielleicht diesen Sommer. Der ist im Schützischen. Ich
schreibe izt Numa ein Nachtrag zur Insel. Ein
kl. Roman wo ich manches u: manches um einen

dünnen hiſtoriſchen Faden zu winden gedenke. Es macht
mir Freude. Zuweilen bin ich from wie ein Kind, u:
dann juckt der alte Jambenſchwinger wieder vor, doch
ohne Jamben.

Schreiben Sie bald wieder liebſter Voß! Wir
ſchwatzen viel von Euch Lieben u: von unſern ſüſſen
Hofnungen. Auch Hofnungen ſind ſüß.

Εστι και εν κενεοισι φιλαμασιν άδεα τερψις.

Aber ich hoffe mit dieſen Hofnungen ſoll es ſo ſchön
enden wie mit dem Sizilischen Mädel.

Gott grüß Euch u: die Eurigen Ihr Lieben   Ich
umarme Euch herzl:

F. L.   S t o l b e r g.

Hier iſt eine beſſere Abſchrift des Danckliedes. Sie
dieſen Sommer zu beſuchen hoffe ich gewiß.

<small>Am linken Rande der vierten Seite:</small>

Lieb würde es freil: dem Hzg. ſeyn wenn Sie ihm
die Georgika dedicirten, aber das wäre auch a l l e s.
wer weiß ob er ſie ganz ließt?

123.

<small>Neuenburg d: 18ten März 1788.</small>

Ich würde früher an Sie geſchrieben haben, lieb=
ſter Voß, wenn mir Agnes nicht 14 Tage lang viele
Angſt u: Sorgen gemacht hätte. Seit vorgeſtern iſt
mir das Herz erſt wieder leicht, u: wird mir izt mit
jeder Stunde noch leichter. Gleich den erſten Tagen
auſſerordentlichen Wohlſeyns, folgte groſſe Mattigkeit,
welche ſich das liebe Weib durch Schwatzen u: zu freudige Sorgloſigkeit, vielleicht zugezogen hatte.

Einen Vormittag als ich bey Ihrem Bette ſaß u:
ſchrieb, verließ ich ſie auf einen Augenblick ganz matt,

kam etwa nach 5 Minuten wieder, u: fand sie blaß,
mit feierlichem aber offenbar exaltirtem Blick, im Bette
knieen, u: mir sagen daß sie stürbe. Das waren
Krämpfe, welche wohl 10 oder 12 Tage gedauert haben, u: oft 5 Stunden, ja zulezt viertehalb Nächte
dauerten, u: nach diesen schlaflosen Nächten, hatte sie
fast keine Ruhe bey Tage. Der Arzt glaubte sie in
Gefahr, es kam alles darauf an zu wissen ob diese
Krämpfe das Hauptübel, oder nur Symptomata eines
weit ärgern, heimlichen wären. Seit 4 mal 24 Stunden sind sie der Arzney gewichen, u: Agnes erholt sich
augenscheinlich, so daß ich hoffe sie bald ganz hergestellt
zu sehen. Sie litt mit himlischer Geduld. So oft
ihr die Krämpfe nahten, u: in den Krämpfen, glaubte
sie zu sterben, u: war schon seelig als sähe sie den
Himmel offen; so bald das vorbey war, freute sie sich
herzlich daß sie noch mit mir leben würde. Die Krämpfe
waren mit einem starcken delirio verbunden, in welchem sie mit dem Schwung der höchsten Poesie, oft auf
Flügeln der erhabensten Sprüche oder Verse aus Klopstocks Liedern, oft auf eignen Ideenschwingen, sich gen
Himmel hob u: zur Erde senckte.

Welche Seelenangst ich ausgestanden können Sie
leicht dencken. Gott hat Kätchen sichtbar gestärckt daß
sie der Angst u: Pflege, da sie Maria u: Martha zugleich war, nicht erlag. Das gute Hannchen welches
selbst zu Krämpfen geneigt ist, auch im Anfang welche
bekam, unterdrückte sie, u: hat Wunder gethan, bey
Nacht u: bey Tag.

Geben Sie uns bald Nachricht von unsrer lieben
Ernestine u: vom krancken Hans. Möge der Frühling
beyden seinen Balsam bringen! Aber die liebe, fromme
Dulderin muß den Korb des krancken Kindes verlassen

13*

und Luft schöpfen. Bey Kopfweh und Beklemmung ist das nothwendig. Daß Hans noch immer guten Appetit hat ist doch wohl ein gutes Zeichen. Sie sitzen u: arbeiten gewiß zu viel. Wäre ich nur in Eutin, Sie müßten wohl ausgehen!

Doch izt bin ich noch immer ein Stubenhüter. Seit Ende Januar. So lang ich lebe hab ich das Hauß nicht so lang gehütet. Angst, Nachtwachen wenn Agnes nicht schlafen konnte p. p. haben meine Genesung zurückgesezt, auch der rauhe März nach 3 milderen Wintermonaten. Der liebe treue Hensler kurirt einige 20 Meilen weit an mir.

Ihr Virgil wird ein ἔργον Ἡφαιστον. Wenn erscheint die Ilias? Meine Insel in der Ostermesse. Ich arbeite an einem kl. Roman. Numa. Nicht Pompilius, sondern sein Pathchen, der Numa dessen Enkelin ich meinem Sophron zum Weibe gebe. Schon hatte ich 250 Seiten beschmiert als ich in einem Augenblick der Krankheitslaune das Mskt. ins Feuer warf. Nachher fand ich ⅔tel der ersten, aber sehr unvollständigen Kladde. Doch erwächst es aus seinen Trümmern, u: ich hoffe es soll wie manche Stadt aus der Asche besser als vorher hervorgehen.

Haben Sie den 3ten Theil von Herders Zerstreuten Blättern? Ich habe noch nicht alles gelesen, aber die Lieder sind ganz vortreflich.

Senden Sie uns bald Abschriften von Ihren lezten Liedern!

Vor etwa 1 Monat schrieb mir ein gewisser Benecke aus Hanover, u: sandte mir eine Ankündigung eines neuen Journals: „Jahrbuch für die Menschheit" mit ziemlich dringender Bitte Antheil daran zu nehmen. Manches in der Ankündigung gefiel mir, ich speiste ihn

mit einem vielleicht ab. Nun sendet er mir das
1ste Heft, wo ich unter den Mitarbeitern öffentl: genannt werde. Lauter obscura, oder, was noch schlim-
mer ist, zum Theil schon lang sublustria nomina, die
nie hell werden. Nur die einzigen Schlosser u: Brückner stehen wie Männer unter den Leuten.

Mein athenienſiſches Geſpräch werden Sie wohl im
D. M. geſehen haben, ich meine es ſey im Merz. Ich
erhalte die Stücke ſpät. Eine Rüge von Elias Erdmann war auch von mir, aber um alles in der Welt
willen nennen Sie mich nicht. Ich ſchwur einmal
Campe zu züchtigen als ich laß wie er vom Rheinfall
ſpricht, den er, weil er keine Waſſermülen treibe
(er treibt eine ungeheure) mit den Luftſprüngen eines
Kraftgenies vergleicht. Die Geſchichte vom Schwein
iſt wahr.

Haben Sie die Einleitung einer Geſch. des Niederl.
Krieges gegen Philip II. von Schiller im T. M. geleſen? Das wird einmal eine Geſchichte!

Gott ſeegne die Britten welche die Schwarzen frey
machen wollen u: Haſtings als armen Sünder zeigen!
Gott ſey mit Euch Ihr Lieben, Agnes u: Käte grüſſen.

(Ohne Unterſchrift.)

124.

Neuenburg d: 6ten May 1788.

Liebſter Voß, uns verlanget herzlich nach Briefen
von Ihnen, nach Nachricht von Euerm Beſinden u: der
Kinder, beſonders des armen krancken Hans. Möge die
ſchöne Frühlingsluft u: die Freuden des Frühlings Euch
alle geſund machen!

Wir haben bisher des Frühlings nur halb genoſſen.

Agnes ist noch immer so schwach, ich bin so gicht=
brüchig, u: ein böser kalter Wind hat uns beyden vielen
Genuß geraubt, viele Schmerzen gegeben. Die Gicht
hat sich in meinem rechten Kinnbacken u: unter dem
Auge häußlich niedergelassen, böse Tage u: böse Nächte
gegeben. Nun nimt das Uebel ab weil das Wetter
milde ist. Bey Agnes ist gewiß etwas Milchversetzung,
die der hiesige Arzt übersehen haben mag, schuld an
ihrer Schwäche, izt nimt sie Arzney von unserm lieben
Fenster, u: ich hoffe vielen Erfolg davon. Wir sind
beyde eine geraume Zeit her schwach u: unlustig gewe=
sen, u: haben uns des allerfreuenden Frühlings nur
halb gefreut.

Halem ist einige Tage hier gewesen. Er hatte die
Nachricht Sie gingen als Professor nach Kiel. Ich
widersprach keck. Solte ich nicht? Nach Kiel gehen
Sie gewiß nicht! Oder vielmehr, Sie werden gewiß
nicht Professor! Wenn ich der Nachricht einigen Glau=
ben gegeben hätte, so würde sie mich sehr beunruhigt
haben. Und doch sehne ich mich darnach, von Ihnen
zu hören daß nichts daran sey.

Wir bleiben noch etwa 14 Tage hier. Dann rei=
sen wir nach Holstein, dieses Labsals mehr als je be=
dürftig. In Hude werden wir 3 Tage zubringen.

Von Altona u: Hamb. vermutlich erst nach
Wansbeck gehen.

Wenn wir zu Euch kommen kann ich nicht sagen,
daß wir zu Euch kommen, u: uns von ganzer Seele
darauf freuen, wißt Ihr. Gustchens Niederkunft, deren
Nachricht wir schon so lang erwarten, macht uns viel
Sorgen u: Kummer.

Mein Bruder wird noch nicht in Holstein seyn
wenn wir hinkommen. Gleichwohl eilen wir, theils

damit Henſler Agnes bald ſehen möge, theils um die
Reventlauv noch vor ihrer Rückkehr nach England zu
ſehen.

Wir bitten freundlich um einige Zeilen von Jhnen
oder von Erneſtine, weil wir uns nach Nachricht von
Euch ſehnen. Unſre Kinder ſind Gottlob vollkommen
wohl. Jhr armen ſeyd kranck wie wir u: habt dazu
ein kranckes Kind!

Agnes: (Ohne Unterſchrift)

Es iſt nicht recht daß Jhr uns gar nicht ſchreibt!
Wolte Gott die Urſach davon wäre, daß Jhr heimlich
zu uns kämet! — Wir ſind recht elend mein ſonſt ſo
Freudenvolles Herz kranckt u: iſt ſo gar kalt gegen den
Frühling. Wie gehts dem lieben K: Hans? Gut
hoff' ich zu Gott! Ach daß wir beyeinander wären!!! —
Jch umarme Euch mit der innigſten Freundſchafft.

Agnes.

Jch umarme Sie von ganzem Herzen.

F. L. St.

125.

Neuenburg d: 20ſten May 1788.

Gottlob daß Jhr Hans ſich erholt! Wir haben
Euren Kummer herzlich getheilt, u: theilen herzlich
eure Freude.

Die Nachricht von Guſtchens glücklicher Entbindung
wird Jhnen unſer Henſler geſagt haben, vielleicht auch
Kätchen. Gottlob! Wir hatten ſehr groſſe Angſt, u:
bey dem langen Zögern der Wöchnerin, währte dieſe
Angſt ſehr lange.

Der kleine Bube, u: mehr als er das Wohlbefin=
den der Mutter, giebt reichlichen Troſt.

Wir reisen am Ende dieses Monats, 29sten, 30sten oder 31sten, wenn nichts dazwischen komt.

Wenn wir nach Eutin kommen kann ich noch nicht sagen, daß wir hin kommen, das wir uns herzlich brauf freuen, wissen Sie.

Wie liebe ich Sie dafür daß Sie die Zähne gezeigt haben als man Anschläge gegen Ihre paar übrigen Stunden hatte! Mögen Sie diese Zähne weisend Uelzen auch entfernt haben. Wäre er auch nicht der Schlingel der er ist, (seine Geschichte in Oldenb. ist nicht seine erste) so würden Sie doch nicht mit ihm leben können, denn das Männchen ist so eitel! Theils auf Memorien= schätze, theils auf sein poetisches Huren mit seiner After= muse. Wie schön wenn Boie aus Kop. hin käme! Wie würde der als Freund, Bruder u: Gehülfe Ihnen Leben u: Arbeit versüßen! Lassen Sie uns gleich wissen was geschieht. Die Alternative zwischen Boie u: Uel= zen ist unendlich interessant! Sie können sich nicht starck genug gegen lezteren erklären, denn komt er hin, so zweifle ich daß Sie werden bleiben wollen.

Wie kann der Bischof den Schurken bey einer Schule ansetzen wollen! Es ist schon nicht recht daß ihm der Streich ungestraft hingegangen ist. Landesverweisung gehörte darauf!

Die Insel habe ich noch nicht. Ich begreife nicht was Göschen macht.

Unsere Sehnsucht nach unserm Project nimt tagtägl: zu. Freude des Lebens u: Gesundheit hangen grossen= theils daran! Vielleicht! An diesem Vielleicht saugen wir wie Kinder an der Biolwurzel.

Angenehm ist es nicht jeden Baum den wir ge= pflanzt haben mit dem Wunsche nicht von seiner Frucht zu essen, anzusehn. Aber die Hofnung ist süsser als die Früchte. Wir haben lange gekränkelt und kränkeln noch immer. Heute hat Gottlob Agnes einen ganz guten Tag gehabt. Fast möchte ich sagen den 1sten seit 3 Monat! Ich seit 5 Monat keinen. Vielleicht jagt man uns in ein Bad. Gott sey mit Euch! Führe uns noch wieder zu einander! fiat! fiat!

F. L. St.

Ich umarme Euch Geliebte! Bin froh Euch bald zu sehen! Ach daß wir bey einander wohnten, wenn auch nur hier, wir bedürften uns einer den andern zu sehr — Das ist zu wünschen. Ist's uns gut, so erfüllt Gott diesen Wunsch. In den trüben Stunden, wo Leiden des Körpers die Seele angreift (sie mag immerhin dagegen kämpfen!) ist's heilender Trost, bei Freunden, wie Ihr seid zu sein u: fürs andre, Geliebtere Ich ist's Bedürfnis. Das Leinen beste Ernestine will ich sehen zu schaffen, noch ifts aber nicht von der Bleiche. Ich kann es aber doch wenigstens zu Schiffe nachschicken lassen. Ade, Ade! wie freue ich mich, der Worte von Lippe zu Lippe, von Herz zu Herz! was sind todte Buchstaben eines todten Gänsekiels dagegen! — Gott sei mit Euch u: Eur. Kindern ihm sei Dank für den lieben Hans, den wiedergeschenkten Knaben! Er muß Isaak heißen.

Agnes Stolberg.

126.

Tremsbüttel d: 10ten July 1788.

Ihr, Nachbar mit Rath! scholl mir wie ein Nothschuß, liebster Voß, u: hier komm ich Ihrem lecken Marctschiff mit einem 12strophigen Liedlein zu Hülfe gerudert. Möge ich aus der Noth eine Tugend gemacht haben! Ich höre eben daß mein Bruder Ihnen auch Beiträge gesandt habe. Claudius hat nichts. Der arme Claudius! Er u: Rebecka sind tiefverwundet durch den Tod ihres 2ten Sohnes.

Klopstock will mit uns nach Eutin reisen. So sehr ich auch den ewigen Jüngling liebe, käme ich doch lieber allein mit Agnes, u: das sähen Sie auch lieber. Aber wie kann das geändert werden? Er besteht so sehr drauf. Quod vult vehementer vult. Vielleicht können wir es so einrichten daß wir noch einmal, u: dann gewiß allein, zu Euch kämen, doch das ist ungewiß. Von der Zeit kann ich noch nichts gewisses sagen. Diese kleine Reise hängt theils von einer Brunnenkur von Agnes u: mir ab, theils von andern kleinen Reisen, die wir gern so aneinander reihen möchten daß sie uns weniger Zeit u: Geld kosten. Wir schreiben Euch vorher ehe wir euch mit Kindern u: Gepäck tartarisch auf den Leib fallen. Es thut mir wehe daß wir schweerlich recht mit Euch ausschwatzen werden. Mögen wir Euch u: die Eurigen gesund finden. Mein Bruder u: seine Frau grüssen herzlich. Wir umarmen Euch mit treuer Liebe.

F. L. Stolberg.

Mich verlangt innig nach Euch, aber ich fürchte mit Stolberg die Kürze des schöneren Wiedersehns welches auf alle Weise auch offt gestört werden wird. — Ach daß der Hof in O— wäre — Aber unaussprechl: freue ich mich dennoch Euch zu sehn, u: süß u: traulich werden die Stunden unter unserm Geschwätz schwinden. Eya wären wir da!

Ade meine herzlichgeliebten Freunde! Die Süße Freude Euch bald zu sehn stöhrt mich im Schreiben u:

gauckelt mir in tausend Farben vor den Augen daß mir
diese schwarze gar nicht behagen will. Ade denn bis
zum Wiedersehn!

Agnes Stolberg.

127.

Tremsbüttel d: 1sten Sept. 1788.

„Wenn wir doch immer an einem Orte mit unsern
guten Bossens lebten!" war die Empfindung mit welcher wir von Euch Ihr Lieben, schieden, u: diese Empfindung wird uns nicht verlassen bis einmal der süsse
Wunsch zur Erfüllung wird.

Vorgestern Abend kam Boje mit seiner Frau. Sie
verliessen uns diesen Morgen. Er ist wohl u: heiter,
doch lebt wie es leben soll, auch bey dieser zweiten Ehe
das Andencken der ersten, u: er weint desto ungestörter
ihrem Andencken zu Ehren da die beiden Frauen Freun-
dinnen waren. Diese scheint sehr an ihm zu hangen u:
überhaupt viel Empfindung zu haben, aber sie ist
äusserst schwächlich.

So wie die erste ihn hob wird diese ihn nicht
heben können, doch werden sie glücklich mit u: durch
einander seyn.

Es that ihm sehr wehe nicht nach Eutin reisen zu
können, u: künftigen Sommer thut er es gewiß. Wir
haben einmüthig mit ihm beschlossen daß er Amtmann
von Plön werden soll.

Ich hätte so gern noch etwas für den Allmanach
gemacht, aber wir sind hier nie allein gewesen. Die
Dernaths fanden wir in Segeberg u: sie waren bis
gestern Vormittag hier.

Auf dem Bock wolte es diesmal nicht gehen. Aber-

hier ist ein Gedichtchen von Papa Gleim an meinen Bruder. Dieser hat einiges Bedencken es ohne Gleims Erlaubniß zu geben, aber ich meine es habe nichts auf sich, der alte sieht es gewiß gern. Es scheint mir seiner vollkommen werth durch Herzlichkeit u: Jovialität.

Mein Bruder und Luise murren daß Sie nie hin kommen, u: bitten sie bald einmal zu besuchen. Luise läßt sagen Sie schienen zu glauben daß es immer so kalt in Tremsbüttel wäre wie damals als Sie hier waren.

Kätchen grüsset herzlich. Wir beide umarmen Euch herzgeliebten Freunde.

F. L. St.

Morgen gehen wir auf 8 Tagen nach Wansbeck, dann weiter. Ich habe Bojen gerathen seinen Namen zum Liebe meine Liebe zu geben, er ist es zufrieden. Mich deucht es ist sehr eins von seinen besten.

An Christian Graf zu Stolberg.

Zum Neujahr 1788.

Unterm blauen Sterngewölbe,
Von der Tiber bis zur Elbe,
Lebe keiner so wie Du,
Still bey Nacht in süsser Ruh.

— —

So vergnügt bey seiner Schaale
Schwarzen Trancks auf seinem Saale,
Bey den Griechen aus Athen,
Wo sie Reih an Reihe stehn!

— —

Und so froh beim Mittagsmahle,
Mit den Freunden beym Pokale,
Weit von Krieg u: Haß u: Neid.

So verlebend seine Zeit
Neben Grazien u: Musen,
Alt wie Nestor u: noch jung!
Schlummernd oft an ihren Busen,
Abends in der Dämmerung!

—   —

Keiner so gesund u: munter,
So zufrieden! u: mit unter
Nur ein wenig Gram u: Leid!

—   —

Zum Exempel: Ueber einen
Von der höchstgeliebten Deinen
Dir geschenckten goldnen feinen
Und verlohrnen Händelnopf,
Oder über einen kleinen
Dir zerbrochnen Plakokopf!   Gleim.

Agnes:

Zu einem Grusse habe ich noch Platz. Dieser sey
denn so innig und herzlich wie ihn todte Buchstaben
bringen können; der Geist der Liebe wolle sie beleben!
Ordentl: schreiben kann ich noch nicht wieder, mir deucht
es ist eine der schwersten Sachen, sich gleich nach der
Trennung zu schreiben. Gott verein' uns bald wieder
und auf lange! Morgen gehn wir nach Wandsbeck.

A. Stolberg.

Am Rande der vierten Seite von Agnes' Hand:

Die Bojen hat mir sehr gefallen. sie hat so was
Feines u: Gefälliges u: ich wette daß sie um so mehr
gewinnt je länger man mit ihr ist.

128.

Oldenburg d: 19ten Sept. 1788.

Gestern sind wir hier angekommen, liebster Voß,
u: morgen reisen wir nach Neuenburg. Agnes befindet

sich sehr wohl, u: sieht so wohl aus als ich sie seit ihrer ersten Schwangerschaft nicht gesehen habe.

Wenn sie so wohl aussieht u: so wohl ist giebt sie mir Lust noch recht lange zu leben.

In unsrer Sache, ich weiß daß ich sie in mehr als einer Absicht unsre Sache nennen kann, sind ein paar recht gute Schritte gemacht worden. Auch diese Aussicht giebt Lebenslust.

Kätchen ist in Wansbeck geblieben, u: es ist zweifelhaft ob sie diesen Winter bey uns seyn werde. Es thut mir wehe, aber sie hat recht zu bleiben wenn die Reventl: fortfährt so schwach zu seyn. Auch kann ich sie dieser lieben u: krancken Freundin nicht mißgönnen, so sehr sie mir, Agnes u: den Kindern auch fehlen wird.

Böser, erzböser Voß, ἀλωπηξ, vulpecula u: Reinecke. Den Numa haben Sie mir doch nicht gesandt!

Senden Sie mir ihn doch ja bald, ich habe keine Abschrift als die erste sehr unvollständige Klabbe, habe grosse Lust zum Arbeiten, u: muß um mich en train zu setzen doch das fertige über lesen. Also mit der Post wofern nicht gleich eine gute sichre Gelegenheit sich zeigt.

Von Agnes kann ich nicht grüssen, denn sie ist nicht zu Hause u: weiß nicht daß ich mir diesen Moment abstehlen konnte an Sie zu schreiben. Halem trit herein, ich sage ihm daß ich an Sie schreibe u: er läßt sehr grüssen.

Gott sey mit Euch Ihr Lieben, ich umarme Euch beyde von ganzem Herzen.

F. L. Stolberg.

129.

Danck für Brief u: Allmanach, lieber Herr Gevatter! Heute kam er mit dem Numa. Soviel ich
aus dem Register gesehen habe, scheint er sich dieses
Jahr gewaschen zu haben. Sorgen Sie nur fein fürs
künftige, er muß u: soll immer besser werden wenn wir
recht wollen! dixi! dic!

Wie wollen auch wir uns freuen wenn der junge
Boie Conrector wird! · Wenigstens kriegen Sie doch,
auch wenn Wolf vorgezogen werden solte, einen guten
Gehülfen. Aber es wäre doch nicht erlaubt um der
Landskindschaft willen den Jüngling Jhrem Schwager
vorzuziehen.

Agnes grüßt freundlich. Die eine Veränderung finden wir beyde im Liede der Psyche sehr gut, aber die
Strophe welche fort ist, hatten wir doch auch lieb, u:
Agnes am liebsten. Doch Freundeshand giebt u: nimt
aus Liebe.

Agnes würde Euch auch schreiben, Jhr Lieben, sie
hat aber ein geschwollenes Auge, u: Rose drinnen, welches ihr viele Beschwerden macht.

Unsere Kinder sind Gottlob sehr wohl u: rasch. Andreas ist auch ein herziger Knabe, voll Lebens, er schwazt
schon viel.

Gottlob daß Euer Hans wieder wohlauf ist, u: daß
Jhr alle wohl seyd, groß u: Klein.

Zur Erfüllung unsers Projects habe ich grosse
gegründete Hofnung. Möge es g a n z erfüllet werden,
das heißt, mögen wir 4 manchen traulichen Abend ver-
schwatzen, u: zusammen alt u: grau werden.

Bey Klopstock zeigte mir der junge Cramer den An

fang einer periodifchen Schrift, die er herausgeben will,
Nicolai. Er gefiel mir fehr, Ernft u: Laune in guter
u: falziger Mifchung.

Von meinem Neffen Hans habe ich einen fchönen,
fehr freudigen Brief erhalten. Als das Kriegsfchif, auf
welchem auch er war, vor Fridrichsräen anfam, flogen
durch den Sturm die nordifchen Lootfen in Nachen
heran, u: buxirten zwifchen frummen Klippengängen das
Schiff, daß es immer fchien als müßte es bey jeder
Wendung zerfchellen.

Nachher ift er auf neuen Pferden des Landes die
er dort vom Prinzen gefchenct befommen, zur Armee
gereißt, mehrentheils in Mondfchein. Felfen hingen über
ihm u: Ströme donnerten feitwärts ins tiefe Thal. Es
ift ein lieber Jüngling!

Jacobi der Dichter hat mir durch feinen Bruder ein
neues Singfpiel gefandt, Phädon u: Naide, es ift fehr
fchön. Ich freue mich daß er wieder dichtet. Gott fey
mit Euch. Wir umarmen Euch mit inniger Liebe, u:
Ernft erwidert den Gruß von Erneftine mit treuherziger
Zärtlichkeit.

F. L. St.

Ich freue mich fehr daß Euch mein Numa fo gefällt!

130.

Neuenb. d: 18ten Nov. 88.

Lieber, lieber Voß! Liebe, liebe Erneftine! Freunde
meiner Verflärten, fo liebende, fo von der Holdfeeligen
geliebte Freunde. Ihr weinet bittre Thränen mit mir,
das weiß ich!

Am 7ten war mein Geburtstag. Den feierte fie
mit fo herzlicher Freude, mit ihrer engelherzigen Liebe!

Sie war überhaupt in diesem Herbst blühender u: schöner als Ihr sie je gesehen habt. Am Abend als ich mit ihr zu Bette ging legte sie sich in ihr Todeslager. Ich erfuhr erst in der Nacht, als sie über u: über von Fieberhitze glühte, daß sie den Nachmittag Kopfweh gehabt, aus Liebe mir aber verschwiegen hatte. Am 15ten des Abends starb sie. Kein Mensch furchte Gefahr, ich stand am Bette u: hatte beyde Arme über ihr hingestreckt, freute mich daß die Beängstigungen, welche das Todesröcheln waren, aufgehört hätten, daß sie schliefe, aber sie war todt!

Der Arzt hatte keine Gefahr gefurcht, machte wenig aus dem Uebel, u: hofte denselben Tag völlige Genesung, weil längst gewünschter Schweiß ausgebrochen war.

Gott tröstet u: stärcket mich daß ich nicht versinke. Ich war unaussprechl: seelig durch Sie, die 7 Wochen vom Tage meiner Ankunft bis an meinen Geburtstag, waren Tage des Himmels, weil sie so wohl war, u: o wie holdseelig war meine, meine Agnes! Ihre reine himmlische Seele ist bey Ihrem Gott u: Ihrem Erlöser, an dem sie so von ganzem Herzen hing! Ich werde sie wiedersehen! Ihr Andencken soll mich erfüllen wie ihre Gegenwart mich erfüllte, ich lebte in ihr u: durch sie. O daß diese Holdseelige mich so liebte, mich gewiß noch so liebt, mir einst ihre Arme entgegenstreckt, welch ein Gedancke! O bittet Gott daß er mir immer Ergebung in Seinen Willen gebe, immer Himmelshofnung, u: mich einst zu ihr führe! So mag denn Trübsal mich durchs Thränenthal leiten, bis ich meinen Herrn u: meinen Gott mit ihr anbete, dort wo der Tod nicht mehr ist! Und für Eure treue, so innige Liebe zu Ihr, seegne Euch der Allliebende! Sie hat oft mit Inbrunst für Euch gebetet, sie thut es gewiß

noch, u: mit mehr Inbrunst, in einer neuen Sprache.
Dieser Gebete Erhörung stärcke Euch wenn auch Euch
einst das Herz bricht! stärcke, tröste den Ueberlebenden
von Euch! O für jeden Gedancken der Liebe an Sie,
komme Trost u: Wonne auf Eure mir so theure Häu=
ser, in Eure mir u: der seeligen Verklärten so liebe
Herzen!

Ihre Schwester, welche immer mit uns hier lebte
weinet bittere Thränen u: ich kann mit ihr u: dem
guten Hannchen weinen.

Rochus u: die Lindelofs sind hier. Rochus läst
sehr grüssen. Ich umarme Euch mit zerrissenem Herzen.

F. L. Stolberg.

131.

Altona d: 5ten Xbr. 1788.

Seit vorgestern bin ich mit meinem Bruder u: den
2 ältesten Kindern der Holdseeligen die Gott schaut,
hier. Erst hier empfing ich Ihren lieben Brief der
nach Oldenburg gelaufen war, laß auch Ihren an Kät=
chen. Liebster Voß, liebste Ernestine, an Eurem Halse
werde ich noch oft aus vollem Herzen weinen, u: Ihr
werdet weinen mit mir. Ach Ihr wisset was ich ver=
lor! Und selbst Ihr, u: selbst meine Geschwister wis=
sen es nicht ganz, können es nicht ganz wissen.

Aber daß kein reineres liebevolleres Herz je schlug,
daß Agnes alle Eigenschaften u: Holdseeligkeiten ver=
band, daß sie die Wonne meiner Seele war, u: täglich
noch mehr ward, das wisset ihr!

Glück macht Stolz. Sie war auch der Stolz mei=
nes Herzens, o ein süsser, mich deucht erlaubter Stolz!
Gedemüthiget wie ich bin, mich windend wie ich mich

winde, fühle ich noch diesen süssen Stolz, der Liebende
u: Geliebte der Holdseeligen gewesen zu seyn, zu seyn!
zu seyn! Mein Bruder erschien mir wie ein Engel. Er,
Kätchen, Luise, Klopstock, Reventl: u: Julchen, Hensler,
alle weinen mit mir bittre u: süsse Thränen.

Ich bleibe hier bis zum 13ten. Dann gehe ich
nach Tremsbüttl. Daß ich während meines Hierseyns
in Holstein Euch besuche, das wißt ihr ja wohl ohne
daß ich es sage. Wir haben viel miteinander zu reden,
zu weinen, ich zu erzählen mit welchen Gnaden sich der
Allliebende meiner Agnes erbarmte!

Ich, mein Bruder u: Luise bitten Sie, liebster Voß,
nach Tremsbüttel zu kommen, vorher aber zu schreiben,
damit mein Bruder einen Wagen nach Segeberg sende.
Können Sie zur Festzeit auf längere Zeit kommen, so
ist das besser als früh u: kurz.

Ich umarme Euch beide, ihr bewährten treuen,
goldtreuen Freunde!

Ach ihr Zärtlichgeliebten liebenden Freunde meiner
Agnes, die Euch nie ohne Bewegung ihres reinen u:
liebevollen Herzens nannte!

F. L. St.

132.

Tremsb. d: 5ten Jan: 1789.

Ich vermuthete wohl, liebster Voß, daß die strenge
Kälte, welche ich für Sie fürchtete, Sie abhalten würde
zu kommen. Sie hätte Ihnen würcklich schaden können,
u: wie unruhig würde die liebe Ernestine gewesen seyn!
Sie kommen dann doch ein andermal!

Wie solte ich Holstein verlassen können ohne Sie u:
Ernestine gesehen zu haben? Das hätte ich nie gethan, izt

weniger als je. Doch werde ich Euch, Ihr Lieben, wohl erst im Frühjahr besuchen, kurz vor der finstern Heimreise. Ach ich habe ja kein Daheim mehr!

In jedem Ihrer Zimmer, wo wir oft so vergnügt waren, in Sielbeck, im Prinzenholz, auf dem Agneswerder, wollen wir zusammen weinen, auf dem Kirchhofe am kleinen See!

Gott seegne Sie dafür daß Sie in Ihrem Briefe an Kätchen meiner Agnes so süsse Namen geben. So etwas kann mich selbst izt erquicken. Ach vielleicht sieht mich ungesehen die Freundliche! Der Engel in kindlicher Einfalt!

Die Frage welche sie unveranlaßt an Ihrem Klaviere that, ach diese Frage thue ich mir jeden Augenblick! Sie durchschütterte mir u: ihr, in den seeligsten Augenblicken der Wonne, oft plözlich Marck u: Bein. O Voß, was dürfen wir nicht hoffen von dem der uns Unsterblichkeit u: Liebe gab! Wie oft sagte ich ihr, sie mir, Laß uns Gott bitten daß wir ewig beyeinander seyn, uns ewig lieben mögen! Das Wonnegefühl wahrer Liebe ist so sehr ausser aller Proportion mit diesem Erdeleben, daß es mit dem unsterblichen Geiste unsterblich seyn muß! Wissen Sie mir etwas darüber zu sagen, so erbarmen Sie sich mein. Ich weiß daß meine Agnes unaussprechlich seelig ist, ich hoffe es zu werden. Wüßte ich daß der Himmel die Liebenden nicht trennt, so würde ich ruhig, ich würde seelig schon in der kurzen Nacht der Trennung seyn. Ich hoffe so sehr man hoffen kann, aber die Frage welche hienieden keiner auflößt, stößt mir den Dolch in die Seele. O daß ich bald an ihr verblutete, u: meine Agnes dem entfliehenden Geiste ihres ewiggeliebten, ewigliebenden, die Antwort zulächelte!

Wäre doch ihr Schwager etwas früher nach Eutin gekommen, daß Sie sich mit Ihnen u: Ernestine gefreut hätte! Ich freue mich daß Euch Gott diesen Trost gegeben hat, ach ich weiß wie Ihr mit mir u: um mich weinet.

Ich stärcke mich oft mit dem Schluß von Klopstocks Psalm:

„Anbetung Dir, der die grosse Sonne
Mit Sonnen u: Monden u: Erden umgab!
Der Geister erschuf!
Ihre Seeligkeit ordnete!
Die Aehre hebt!
Der dem Tode ruft!
Zum Ziele durch Einöden führt u: den Wandrer labt!
Anbetung Dir!
Denn Dein ist das Reich u: die Macht,
Und die Herrlichkeit! Amen! —

Mit dem treuen Kätchen reise ich übermorgen nach Altona, u: mit den Kindern, wo ich 14 Tage bleiben werde.

Wer weiß wie lang die liebe Julchen Reventl: noch unter uns lebt. Sie bringt vielleicht meiner Agnes die ersten Grüsse, u: Nachricht. O wer Nachricht von ihr brächte! O wenn die Freundliche, die Holdseelige mir erscheinen dürfte! Ein Wort von Ihr, ach nur ein Blick, wäre Beantwortung der Frage, u: schon hienieden wäre ich im Himmel, solte ich auch ausharren wie Methusalem!

Ich werde sie wiedersehen! Was bliebe denn unsterblich an mir wenn diese Sehnsucht stürbe, Und mit dieser Sehnsucht ohne Sie wäre ja der Himmel nicht Himmel! Ich werde sie wiedersehen!

Gott führe uns alle dorthin! O wie wohl wird uns dann seyn!

Mit inbrünstiger Liebe u: Wehmut drücke ich Euch an mein Herz.

F. L. Stolberg.

133.

Liebster Voß, ich werde Sie diese Woche noch sehen. Wie könnte ich Holstein verlassen ohne Sie u: Erne-stine gesehn, ohne mit Ihnen beyden geweinet zu haben! Ach Ihr werdet mit mir weinen Ihr theuren Freunde! Ihr geliebten Freunde meiner Agnes!

Ich erhielt heute den wiederholten Antrag von Bernstorf als dänischer Gesandte nach Berlin zu gehen. Den ersten hatte ich halb abgelehnt. Zugleich erhielt ich heute die Nachricht vom Tode meines alten Justiz Raths Schröter, dessen Erfahrung, Einsicht u: Freund-schaft mir die Arbeit erträglich machte.

Was soll, was kann ich thun?

Kätchen gehet mit mir, ich hoffe auch Tinchen die Schwester meiner Verklärten. Doch von Tinchen weiß ichs noch nicht. Ich nehme den Antrag an. Es ist nur auf 2 Jahr u: dann soll ich eine gute Stelle im Lande haben. Vielleicht führt uns Gott noch zusammen. Ach nicht wie wir dachten!

Liebster Voß, da ich noch eine Post, mit dem An-trage im Namen des Königs erwarte, u: die Posten so unregelmässig kommen, so kann ich den Tag nicht be-stimmen. Ich bringe Ernst mit. Ich habe an Holmer eben die Sache geschrieben, aber keinem meiner Schwä-ger. Sagen Sie niemanden nichts. Mein Bruder u: Luise grüssen. Ach ich werde nur kurz bey Euch Ihr Inniggeliebten seyn, denn ich muß noch nach Oldenb.

u: nach Neuenb. u: soll Oſtern in Berlin ſeyn. Gott erhalte Euch lange hier ungetrennt, u: vereinige uns alle mit den Unſern einſt!

F. L. Stolberg.

Am unteren Rande von S. 2:

Vermutl. komme ich Freitag. Kätchen iſt in Altona.

134.

Tremsb. d: 9ten März 178).

Ihr Brief hat mich Thränen vergieſſen machen, heiſſe Thränen welche mich erquickten. Nicht oft wird mir ſo wohl in meinem Weh.

Ja ich werde ſie wiederſehen! Wir werden ſie wiederſehn, die freundliche, holdſeelige!

Dieſen Mittag erwarten wir Graf Holmer. Uebermorgen reiſen wir nach Altona, u: beſuchen die liebe kranke Freundin welche vielleicht bald meiner Agnes folgt! Doch hat man noch Hofnung. Kätchen iſt bey ihr.

Ich habe meinem Schwager Ernſt eben geſchrieben daß ich den 16ten oder 17ten kommen würde, ich meine aber den 16ten u: bliebe gern den Abend bey Euch allein, alſo verrathet mich nicht. Den kl. bringe ich in Gottes Namen mit, es wird Euch Freude ſeyn den Säugl: von Agnes zu ſehen, u: Gott hat ihn in Altona bewahrt als Mariagnes das Scharlachfieber hatte. Eure Kinder können ſo ſpät nicht mehr anſtecken.

Luiſe dankt ſehr herzlich für Ihren lieben Brief. Ach daß Erneſtine noch kränkelt! Und der kl. Hans!

Mein Bruder umarmt Sie. Ich drücke Sie u: die liebe Erneſtine an mein Herz.

F. L. St.

So eingeſchränckt auch meine Zeit iſt hoffe ich doch

vier Tage bey Euch seyn zu können. Wir werden uns dennoch freuen τερπομενοι κρυεροιο γοοιο.

135.

Altonn d: 31ſten März 1789.

Ich habe mich würcklich, τερπομενος κρυεροιο γοοιο, bey Ihnen u: Ihrer Erneſtine recht herzlich gelabt, ſo jammervoll auch das Labſal eines Mannes iſt welcher eine Agnes beweint.

O daß wir noch viel mit einander leben möchten! Ich armer kann für dieſes Leben keinen Wunſch haben welcher auch dem ſtrengſten unbeſcheiden ſcheinen könnte, muß ich doch von Erinnerungen u: Wünſchen leben, u: auch bey dieſen müßte ich ja verſchmachten wenn nicht ſichre Hofnungen des ewigen Wiederſehens mich erhielten.

Wie ſehr Kätchen, welche Sie u: Erneſtine von ganzem Herzen grüſſen läßt, auch jenen Wunſch mit mir theilt, das müſſen Sie u: Erneſtine wiſſen.

Erneſtine ſende ich hier das Flacon welches ſie Agnes geſchenckt hatte. Das Geſchenck der geliebten Freundin trug ſie immer in der Taſche.

Ich darf Ihnen, Erneſtinens wegen, kaum ſagen welche Freude es mir u: Kätchen ſeyn würde wenn Sie meine Reiſenden nach Berlin begleiten könnten.

Grüſſen Sie den guten Boie. Ach warum mußte Agnes nicht erleben daß er zu Ihnen kam? Laſſen Sie uns immer glauben daß ſie auch das weiß. Es würde ihr auch izt Freude machen, wie ſolte ſie es nicht wiſſen?

Ich umarme Euch beyde mit der innigſten Liebe, auch im Namen meiner Agnes. Den ſüſſen Stolz er-lauben Sie mir

Ganz u: ewig Ihr

F. L. St.

Hat Victor Klopstock Ihnen die 25 Thl doch wie=
der gesandt? Ich werde wenigstens noch 8 Tage hier
bleiben, u: erwarte noch meine Instruction.

136.

Lieber, guter Voß! Ich habe schon oft an Sie
schreiben wollen, es fehlte mir nicht an Zeit, vielweniger
an Bedürfniß mich mit Ihnen zu unterhalten, aber an
Freudigkeit, an Muth.

Einsam im Taumel u: einsam im öden Zimmer,
hab ich der unbrauchbaren schweeren Stunden viele
überstanden! Gottlob daß mich jede dem Ziele nä=
her bringt!

Erquicken Sie mich dann u: wann mit den lieben
Worten Ihrer brüderlichen Liebe, ich bedarf der Er=
quickung!

Je mehr die Zeit hingeht, desto lebendiger wird die
Erinnerung, u: mahlt einen Zug nach dem andern am
Gemählde meiner verlornen Glückseeligkeit aus. O Voß,
wenige wissen es so ganz wie Sie u: Erneftine, wie
seelig ich war! So ganz? Nein das weiß nur die
Himmlische dort oben u: ich verlaßner hier unten! —

Wenn ich nicht Urlaub bekomme diesen Sommer
einen kleinen Ausflug nach Holstein zu machen, so muß
ich bis Michaelis einsam bleiben, denn früher kann ich
die Kinder u: Schwestern nicht logiren. Ich bin seit
dem 30sten May in meinem Hause, aber die 2te Etage
wird noch bewohnt. Es würde mir sehr schweer werden
so lang warten zu müssen. Meine Gesundheit leidet
auch sehr, u: ich würde wohl lange krank seyn, wenn
mir das tägliche Ausreiten nicht sehr wohl thäte. Ich

wohne ganz nah am Thiergarten, welcher ein sehr schö=
ner grosser Wald ist, u: besonders am Ufer der Spree
schöne Stellen hat.

Die Geschäfte sind mir izt oft willkommen. Erst
seit 3 Wochen hab ich die lieben Alten zur Hand ge=
nommen, u: zwar den Demosthenes den Sie mir ge=
schenkt haben. Aber es wird mir sehr schwer mit le=
bendigem, ja mit einigem Antheil, zu lesen. Doch er=
quickt mich auch der Gedanke: daß seitdem diese Männer
lebten schon so manches Menschengeschlecht sich zur Ruh
gelegt, so mancher ausgeweint, u: die seinige die ihm
voranging wieder gefunden hat!

Der einzige hier welcher mich sehr lebhaft interessirt,
u: mein Freund geworden ist, ist ein Kriegsrath Scheff=
ner aus Königsberg, welcher mit Hippel die Lebens=
läufe geschrieben haben soll, dem man aber so wenig
wie jenem ein Wort davon sagen darf. Er ist ein
Mann voll Geistes, Feuers u: Herzens. In einigen
Tagen reißt er zurück. Der liebe alte Spalding u:
seine Frau sind mir lieber als der Sohn, wiewohl Sie
wissen daß es ein guter Mensch ist, aber er verberlinisirt
gar zu sehr, u: nährt seinen Verstand mit kraftlosen
Träbern der Wisserey.

Unter meinen Collegen sind sehr feine, gute Män=
ner, u: ich lebe freundschaftlich mit ihnen, aber mein
Herz wird schwerlich sich einem unter ihnen öfnen kön=
nen. Und solcher Freunde habe ich denn noch einige,
insofern man das Freundschaft nennen kann.

An einem Maiabende machte ich dieses Gedicht
welches ich Ihnen hier beylege. Es entquoll mir mit
heissen Thränen.

Die Reichardts haben mir gesagt daß Ihr Hans
Ihnen beyden wieder viele Sorge machte, Hensler

hatte es ihnen geschrieben. Lieben Freunde, ich theile
Eure Angst. Gott wolle ihn stärcken, oder wofern er
das liebe Kind zu sich nimt, Euch trösten. Grämet
Euch nicht zu sehr, daß nicht einen von Euch ein un=
endlich viel grösseres Unglück treffe. —

Ich umarme Euch von ganzem Herzen. Grüsset
herzlich meine Schwäger.

F. L. St.

Ich habe die Nachricht von der Ankunft meiner bei=
den kleinsten Kinder in Tremsbüttel.

137.

Berlin d: 11ten July 1789.

Ich bin meiner Existenz nicht mehr gewiß als ich
es von Ihrer u: Ernestinens herzlichen Freundschaft,
von Ihrem beiderseitigen lebendigen Antheil an dem
armen Verlaßnen bin, den der Taumel betäubt, gegen
den die Einsamkeit die schärfsten Dolche zuckt.

Aber, liebster Voß, dann u: wann ein Briefchen
von Ihnen würde mich stärcken u: laben, u: wer bedarf
der Stärckung u: des Labsals mehr als Ihr unglück=
licher Freund?

Ich fresse meinen Harm in mich, kann mit nieman=
den nach Herzensluft von der Wonne meiner Seele die
ich begrub reden, u: nur selten erquickt mich hindorren=
den ein erquickender Thränenschauer.

Desto hindorrender von innen, da eine mir selbst
unbegreifliche Gesundheit dem langen Schmerz noch viel=
leicht langes Lebens Nahrung dräut. Ohne Freund,
u: zum erstenmal in meinem Leben taub u: blind für
die Natur —

Ich werde sie wiederſehen! Aber bis ich den Engel
wiederſehe ſuche ich nur in dieſer Hofnung u: in Thränen meinen Troſt. Und Briefe der wenigen die ich
meine entloďen mir tröſtende, wenigſtens lindernde
Thränen.

Tienchen ſchrieb mir neulich mit herzlicher Liebe von
Euch beiden.

Aber wie der kl: Hans ſich befindet, das ſchrieb ſie
mir nicht.

Ich erwarte in einigen Tagen meinen lieben Neffen
Hans Bernſtorf, er wird aber, fürchte ich, nur ſo lang
als der Pr. von Heſſen, 14 Tage, bleiben dürfen. Und
hier ſeyn in einer ſehr ſauſigen Zeit, da ich ihn wenig
à mon aiſe ſehen kann. Aber das wenige wird mir
unausſprechlich wohlthuend ſeyn. Er liebte meine Agnes
von ganzer Seele, u: iſt ein Jüngling ingenui pudoris
u: eines Herzens deren es wenige giebt.

Wenn das liebe Tinchen noch bey Ihnen iſt, ſo
ſagen Sie ihr viel Liebes.

Ich ſende Ihnen hier eine Ode. Wenn Sie wollen,
für den M. A. Ich ritt mit erdrücktem Herzen aus,
ein gewaltiger Regen that mir wohl u: während des
Regens begann ich.

Gott ſei mit Euch, Ihr Freunde hier, die Ihr Euch
herzlich mit mir gefreut habt u: mit der Holdſeeligen!
Die Ihr herzlich ſie beweint. Wir werden ſie wiederſehen, Ihr Freunde im Leben u: nach dem Tode!

F. L. Stolberg.

138.

Berlin d: 21ſten July 1789.

Ich empfing Ihren Brief an einem einſamen Abend
liebſter Voß, u: er war mir von ganzem Herzen will-

kommen. Reden Sie mir nicht von der balsamträu-
felnden Zeit, Freund meines Herzens! Aber meine
ganze Seele öfnet sich dem Troste wenn Sie mir von
der hineilenden — wiewohl sie mir zu schleichen scheint
— von der zu Ihr führenden Zeit reden. Gott erhalte Ihnen Ihre Ernestine, Ihrer Ernestine Sie, noch
lange, oder nehme sie beyde bald nacheinander zu
sich! Ach, bester Voß, der Kelch des Ueberlebens ist
noch viel bittrer als man es sich in schauervollen Momenten der Ahndung vorstellt.

Der wüßte Taumel in welchem ich einige, die öde
Einsamkeit in welcher ich andere Stunden zubringe, ist
freilich auch nicht lindernd, aber in jeder andern Situazion würde ich doch immer der Verlassene seyn der
sein bestes Ich begrub.

Doch thut es mir sehr wehe so lang von den
Meinigen, ach von den Ihrigen, getrennt zu seyn,
von den Kindern der Liebe welche Sie mir in Stunden
der Ahndung so anbefahl! Ach bester Voß, Gott hat
es nicht gewollt, aber lieber wäre ich noch ein Jahr in
unsern Gegenden geblieben, u: hätte dann ungestörter
am Tago geweint als an der Spree. Das liebende
Käthchen war schon herzlich bereit meinen Gram auch
dort zu pflegen, u: Tinchens Gesundheit hätte die wär-
mere Luft wohlgethan.

Mein Bruder schrieb mir neulich Sie wären unentschlossen ob Sie einen angetragnen Beruf nach Kiel
annehmen wollten. Ich weiß nicht was ich wünschen
soll. Das Universitätenwesen ist mir sehr verhaßt, u:
ich fühle auch daß die Schule Sie zu sehr drückt. Sie
haben das aber auch mit Ihrem Schwager nicht recht
eingerichtet. Als Kollege erleichtert keiner die Bürde
des andern, u: das solte doch seyn. Ich weiß noch

wie herzlich sich auch in der Absicht meine Agnes Ihrer
Hofnung Bojen nach Eutin zu kriegen, freute.

Die Arethusa ist von einem Grafen Finkenstein,
Sohne des alten Kabinetsministers. Er ist auch nicht mehr
jung, sondern bey Gelegenheit der berühmten Müller Ar-
noldschen Geschichte ward er, als Präsident des Kammer-
gerichts, abgesezt. Als nachher allen Abgesezten — wenn
ich nicht irre — Gerechtigkeit wiederfuhr, zog er den
Umgang mit den Musen den Geschäften vor. Viel
Berlinismus u: Ramlerianismus hat er denn freilich
wohl in diesen Umgang gelegt. Ich sah neul: Ram-
lern beym alten Spalding wo er mit unverschämter
Eitelkeit von Verbesserungen einiger Pfeffelschen Gedichte
sprach, u: uns Stellen aus Pfeffels Brief hersagte
welche offenbar seine Jronie waren. Gr. Finkenstein
habe ich nicht gesehen, er lebt auf seinen Gütern. Ich
habe weniges in seiner Arethusa gelesen, u: es ver-
drießt mich daß er weder Ihrer noch meines Bruders
in der Vorrede gedenkt, wie doch sehr natürlich gewesen wäre.

Erquickend ist mir der Besuch meines ältesten Ne-
veus, eines sehr liebevollen, sehr liebenswürdigen u:
edlen Jünglings, der den Prinzen von Hessen hieher
begleitet hat. Aber ich seh ihn nur in den frühen
Stunden u: reite dann mit ihm aus. Den ganzen
übrigen Tag muß er bey dem Prinzen, mehrentheils in
Charlottenburg bey Hofe seyn. Er wird aber nach des
Prinzen Abreise noch etwas bey mir bleiben u: dann
werde ich ihn bey mir haben. Ich kenne keinen jungen Menschen welcher die edle verecundiam mehr hätte,
gewiß ein seltenes Beispiel von einem 22jährigen Hu-
sarenoffizir. Und dabey so voll Muths u: so voll
Liebe! Aber aus diesen beyden entspringt denn wohl

die wahre verecundia. Er liebte meine Agnes von ganzer Seele, u: sie weinte bittre Thränen als er Abschied von uns nahm um in den Feldzug zu gehen. Nun hat er manche Thräne mit mir geweint! Guter, lieber Voß, ich bitte Sie nicht mit nach Berlin zu kommen. Thun Sie was Ihr Herz u: die Umstände erfordern. Ich lade nicht auf meinen Gram ein, u: weiß Sie erleichterten ihn gern durch Gespräche von Ihr u: vom Wiedersehn, u: überhaupt durch das milde Oel der Freundschaft. Ich kann weder mit lebendigem Antheil lesen, noch auch ohne in Melancholie zu sinken spazieren gehen. Das Reiten thut mir täglich sehr wohl, besonders izt mit dem lieben Jüngling. Und das Geschwäz der Freundschaft, welches ich eigentl: seit 3 Monaten bis er kam ganz entbehren mußte, thut mir oft sehr wohl.

Gottlob daß Sie Hofnung haben Ihren Hanns doch zu behalten. Neulich sah ich einen Mann bey Hofe, einen der besten. Ich fragte ihn nach seiner Frau, u: erfuhr daß sie vor einigen Stunden ein Kind verloren hatte. Diese Weltfassung ist warlich nicht das edle ηηπενϑες.

Ich will mich freuen wenn Sie mit der Correctur Ihres enggedruckten Virgils fertig seyn werden! Aber warum zaudern Sie so mit der Ilias? Es ist nicht fein daß Virgil sich erkühnen durfte ihr in den Weg zu treten!

Ich habe nichts dagegen, bester Voß, daß Sie meine Ode in den M. A. setzen, u: habe sie mit in der Absicht gesandt. Habe ich Ihnen aber nicht auch die erste, welche ich im May machte, geschickt? Die Bitte. Hier ist sie. Diese scheint mir zu heterogen in Vergleichung mit vielen kleinen scherzhaften Gedichten welche

in den M. A. kommen, um eingerückt werden zu kön=
nen, doch laſſe ich das auf Sie ankommen. — Ach die
Zeiten ſind vorbey wo ein Brief von Jhnen der über
Muſenallmanachsdürre klagte, mich ins Feld trieb! wo
ich wenn ich zu Hauſe kam, für das Lied u: weil ich
es Jhnen ſendete, die ſüſſeſten Erſtlinge des Danckes,
des Lobes, der Empfindung von Jhr einerndtete!

Hier iſt ein kleines Gedichtchen an die älteſte Toch=
ter der Baudiſſin, welches ich voriges Jahr im Sep=
tember in ihr Stambuch ſchrieb. Setzen Sie ja die
Jahreszahl darüber, es würde mir wehe thun wenn
auch ein gleichgültiger Leſer glaubte daß ich izt des
leichten frohen Tones fähig wäre. —

Schon in meiner Jugend mißfiel es mir in Ro=
manen wenn der Held oder die Heldin des Buches, wie
ſo oft geromant wird, ſeine Mutter früh verliert. Stel=
len Sie ſich nun vor was mir der Gedanke an meine
armen Kinder iſt!

Herzlichen Danck auch für Jhre lieben Zeilen, gute
zärtliche Erneſtine, treue Freundin des verlaßnen halben
Menſchen! Genieſſet Jhr Freunde Eurer Liebe weil
Jhr nicht getrennet ſeyd! Lieber Voß, laſſen Sie in
der Schule, wenn ſie aus Heiterkeit in Ernſt, Unmut,
Verdruß ſinken, das Bild Jhrer lebenden Freundin Sie
erquicken, u: es wird ſonnenhell um Sie her in der
düſtern dumpfigen Schule werden!

Gott ſey mit Euch! Wofern Tinchen noch in Eu=
tin iſt, ſo findet ſie herzlichen Gruß u: das Verſpre=
chen einer baldigen Antwort. Χαιρειν. O daß mir der
Engel ein ἑρμωσω zuflüßterte! Es würde Sonnenſchein
in meiner Seele werden welcher mir auch die Grabes=
nacht erheiterte!

F. L. St.

Ihr Brief kann noch unmögl: Antwort auf meinen lezten seyn in welchem ich die Warnung sandte. Nun haben Sie also beyde Gedichte. Denn wo ich nicht irre ist es 8 Tage daß ich Ihnen schrieb, u: Ihr Brief ist vom 13ten.

Am linken Rande der 6. Seite:

Die herrliche Morgenröthe der Freiheit in Frankreich macht mir auch izt wahre Freude!

d: 30sten Abends.

So lange ist dieser Brief liegen geblieben, theils weil ich eine Antwort auf meinen lezten hofte (allerliebster Voß das sey kein Vorwurf, ich weiß ja wie liebend Sie auch schweigend sind!) theils weil ich in einem Tummel u: äusseren Taumel seit der Gegenwart des Prinzen lebe welcher mir kaum Zeit zu den dringendsten Geschäften läßt — auch der oranische Hof vermehrt diesen Taumel um vieles —) Und ich wolte doch auch die Abschrift des Gedichtes an die älteste Tochter der Baudissin beylegen. Hier ist's.

Wenn Sie diesen Brief erhalten so wird das liebe Kätchen Sie mit den beyden ältesten von meinen, ach von Agnes ihren Kindern, wohl schon wieder verlassen haben. Ich schreibe schon heute wiewohl erst übermorgen die Post gehet, denn ich nehme die Augenblicke wie ich sie finde. Heute ist der Geburtstag meines Ernst. Ach Gott wie seelig war ich als nach den Stunden der Todesangst das Bübchen geboren war. Ich ging mit meinem Bruder spaziren, u: die Erde hüpfte mir unter den Füssen! Ich sah ein Wonneleben vor mir! Und sah doch noch seine ganze Wonne noch nicht so wie ich sie nachher von Jahr zu Jahr mehr erfuhr!

Ich bitte Sie mich bey Tinchen zu entschuldigen

wenn ich ihr vielleicht auch mit dieser Post noch nicht
schreibe. Ich spare mir jeden müssigen Augenblick ab
zur nöthigsten Arbeit, um doch die Morgenstunden mei=
nen neveu geniessen zu können, u: kann an Posttagen
auch das nicht. Wenn erst der Prinz, welcher bald
reiset, von hier ist, u: auch nach Abreise des oranischen
Hofes das Leben stiller wird, so werde ich mehr Frei=
heit haben; entsage auch nicht der Hofnung noch
eine Erscheinung in Holstein zu machen, u: Sie zu
umarmen.

Sie haben nun meine Warnung u: die Bitte. Wo=
fern Sie diese nicht zu ernsthaft für den M. A. finden
so nehmen Sie sie mit hinein, ich hatte erst einen Stru=
pel darüber, aber er weichet dem Verlangen dem hei=
ligen Andencken meiner Agnes, ja Ihr, Ihr selber der
lebenden Verklärten, auch öffentlich zu huldigen wenn
u: wo ich kann. Das bischen Freude was ich noch
haben kann muß ein Wiederschein von ihr, Nachhall
des vorigen u: Hinschauen aufs Künftige seyn! Ich
drücke Sie u: Erneſtine mit Wehmut an mein Herz.

F. L. St.

Am linken Rande von Seite 8:

In Frankreich ist es nun heller Tag der Freiheit
geworden!

139.

Tremsbüttel d: 15ten Oct. 89.
Abends.

Liebſter Voß, die lezten Tage meines Aufenthalts
in diesem Lande sind nicht ohne Kummer. Tinchen,
welche angefangen hatte sich zu erholen, ist kränker ge=
worden als sie war. Ihr Zustand ängstiget uns alle
sehr. Jeden Augenblick erwarten wir Dr. Albers aus

Wandsbeck. So bald wird sie nicht reisen können, u: dann ist der Winter vor der Thür. Ich bitte Sie daher, liebster Voß, zu ihren Brüdern zu gehen. Rochus ist vielleicht schon verreiset mit dem Bischof, aber Ernst ist gewiß noch in Eutin. Es würde Tinchen ein Trost seyn wenn einer von ihren Brüdern herkommen könnte, meinem Bruder und Luisen würde es auch sehr lieb seyn. Könnte das nicht geschehen? Wofern Tinchen nicht reisen kann, wäre sie wohl am liebsten bey einem von ihren Brüdern. Nicht als ob mein Bruder u: seine Frau sie nicht gern mit der herzlichsten Liebe pflegten (Gott weiß daß sie das thun u: gerne thun) aber sie würde sich doch hier nicht so ganz à son aise fühlen, u: die Nähe eines Arztes vermissen. Vielleicht erlaubt ihr der Arzt noch die Reise nach Berlin, aber das scheinet mir doch mehr als zweifelhaft.

Kätchen hat sich sehr erholt. Ich denke übermorgen früh mit meinen jüngsten beiden Kindern, meinem Neffen, Hanchen u: einigen Domestiken zu reisen, Kätchen bleibt noch mit den ältesten Kindern zurück, ob vielleicht Tinchen noch mitreisen könnte?

Wegen der Schuldfoderung Ihres Eutiners verhält sich die Sache so: Daß dieser Gläubiger sich als das proclama in Eutin publicirt ward, nicht meldete. Daher auch nichts von der massa bonorum erhielt.

Izt hat der Schuldner neue Güter, auf welche der Gläubiger welcher sich zu melden versäumt hat, wohl nicht Ansprüche gelten machen kann.

Leben Sie wohl liebster Voß! Gottlob für die wenigen zwar aber schönen Stunden die ich bey Ihnen zubrachte! Hier grüsset alles von Herzen. Antworten Sie nicht mir, sondern meinem Bruder, denn ich reise eh der Bote zurück kommt. Tausend herzl. Wünsche

15*

für den gebuldigen kl. Hans. Ich umarme Euch Ihr Geliebten mit der zärtlichsten Liebe.

F. L. Stolberg.

140.

Berlin d: 26ften Dec: 1789.

Ich sehne mich herzlich nach Ihrer Antwort auf diesen Brief, liebster Voß, um zu hören ob Sie u: die liebe Ernestine mich weniger lieben werden, wenn Sie erfahren daß Ihr armer Freund es wagt wieder zu heirathen. Ach ich beschwöre Sie beyde beym heiligen Andencken der ewiggeliebtesten nicht zu glauben, daß mein Herz ihr untreu u: leichtsinnig sey.

Liebster Voß, nach der Empfindung meines Berlustes war mir keine so schmerzlich als die Ueberzeugung daß ich nicht lebig bleiben könnte, nicht dürfte. Ich hatte einen traurigen u: doch auch süssen Trost in der Idee einer lebenswierigen Witwerschaft, durch welche ich das Andencken meiner süssen Agnes zu feyern u: zu ehren dachte, gesucht u: gehoft. Aber ich konnte nicht so bleiben, es war mir nicht möglich. Da führte mir Gott ein sehr liebes Mädchen zu eine Comtesse Redern. Sie gefiel mir. Ich dachte: sie oder keine! Und doch wäre mir — o ich schütte Ihnen mein ganzes Herz aus — noch immer die Witwerschaft lieber gewesen. Aber ich fühlte daß ich nicht Witwer bleiben könnte, nicht dürfte. In der Zeit ward ihr Schwager, der Graf Fontana, Sardinischer Gesandter hier, zum Ambassadeur nach Madrid ernannt. Sophia Redern entschloß sich ihrer Schwester nach Spanien zu folgen, entschloß sich hauptsächlich aus Liebe zu den Fontanaschen Kindern dazu. Vorher wolten sie, eh sie weiter nach

Turin, u: dann nach Madrid reißten, 6 Wochen auf Gütern der Familie in Sachsen zubringen. 3 Tage vor ihrer Abreise von hier ging ich in eine große Ge=sellschaft, mit der Idee Sophien zum letzten mal zu sehen, u: leichtes Herzens, mit wieder auflebender Hof=nung Witwer bleiben zu können. Ich sehe sie, spreche mit ihr, u: wie, oder vielmehr offenbar getrieben von einer höheren Macht, biete ich ihr meine Hand an. Sie ward roth u: blaß, Thränen stürzten aus ihren Augen, sie zitterte, verstummte; eine Menge Menschen kam herzu, sie muste sich aufraffen, u: ich ging hinweg, mit dem vollen Bewußtseyn, ehe ich es gewahr worden, über den Rubikon gekommen zu seyn. Das war d: 28. August. Im Begrif ihr schreiben zu wollen erhielt ich den folgenden Tag einen Brief von ihr. Sie übergab, mit gränzlosem Vertrauen, sich mir ganz, beschwor mich aber abzustehen wofern ich an meinem Glück mit ihr, am ihrigen, am Glück meiner Kinder zweifelte. Ich wäre so glücklich, schrieb sie, mit meiner Agnes gewesen, ich wäre hoher Glückseeligkeit theilhaftig worden, ich würde mich nun vielleicht mit ihr unglücklich fühlen u: sie unglücklich machen. p. p. Ich antwortete: Daß mei=ner Agnes heiliges Andencken mir über alles theuer wäre, daß mein Herz gebrochen, u: keiner Leidenschaft mehr fähig wäre. Daß ich den ganzen Werth des ihrigen empfände, u: mit ihr so glücklich werden würde als ich hienieden noch werden könnte, daß ich aber sehr wohl ihre ganze künftige Situation einsähe; daß indessen, wofern sie sich entschließen könnte die meinige zu wer=den, ihr Glück, ihre Ruhe u: Freude mir theurer als mein Glück, Ruhe u: Freude seyn würde.

Sie schrieb wieder: sie sey entschlossen, sähe sich als gebunden an, ich solte aber frey bleiben u: sie nach

Spanien ziehen laſſen. Wofern ich entſchloſſen bliebe, wollte ſie nach Jahren die meinige werden. Sie kön= nen leicht denken daß ich das nicht aufnahm, vielmehr erklärte ich mich für gebunden, u: ſie für frey, bis ſie ihren Bruder, welcher Sächſiſcher Geſandter in Spanien iſt, u: auf Urlaub nach Sachſen zu kommen im Begrif war, würde geſprochen haben. Er iſt ihr liebſter Freund u: Rath. So ſtanden die Umſtände als ich nach Hol= ſtein reißte. Ich vertraute nun meinem Bruder u: Lui= ſen die unentſchiedene Sache an. Nach meiner Rück= kunft kam der Bruder, alles iſt ausgemacht, ſie bleibt den Winter in Sachſen, im April hohle ich ſie heim.

Sie liebte mich ohne daß ich es gewußt hatte. Ihre Sitſamkeit, Freundlichkeit, Verſtand u: Herz hatten Ein= druck auf mich gemacht, aber ich war u: bin frey von Leidenſchaft, oder vielmehr: Illa meos prima quae me sibi junxit amores abstulit, illa habeat secum ser- vetque im Himmel! Aber ſo glücklich wie ich nach dem Tode meiner Agnes werden kann, werde ich durch ſie ſeyn, es iſt ein ſehr liebes Mädchen.

Kätchen u: ſie kennen ſich nur durch Briefe. Viel= leicht beſuche ich ſie im Januar mit Kätchen u: den beiden älteſten Kindern. Sie wiſſen, liebſter Voß daß äuſſere Umſtände nicht ſehr bey mir in Betracht kom= men, ſo eingeſchränkt auch meine Umſtände immer wa= ren. Ich habe in genügſamer Armuth ſelige Jahre ge= lebt! Sophia bringt mir ein anſehnliches Vermögen mit, u: dadurch Independenz, wenigſtens Wahl der Amtsgeſchäfte.

Das iſt nichts geringes, aber wofern es mir mög= lich u: erlaubt geweſen wäre, hätte ich immer lebens= wierige Witwerſchaft jeder neuen Verbindung vorge= zogen.

Sagen Sie mir nun recht aufrichtig, ob Sie u: Ernestine mich nun weniger lieben wollen? Ich würde Euch beynahe noch mehr lieben wenn Ihr, aus treuer Liebe zu meinem hingeschiebenen bessern Selbst dem zurückgebliebnen schlechteren zürntet. Ach wie unendlich viel besser war schon im Leben meine holdseelige Agnes als ich!

Liebste Freunde, laßt mich nur das sagen, daß ich einen Kampf gekämpfet habe welchem mein ganzes ich oft unterlag, u: daß warlich das Andencken meiner Agnes in ungeschwächter u: ewiger Flamme lobert u: mich ganz erfüllt!

Kätchen u: die Kinder sind wohl. Die Kinder sind allerliebst, u: der Geist ihrer Mutter belebt sie sichtbar.

Ich bin Sophien von ganzem Herzen gut, aber warlich der Genius mit der gestürzten Fackel wäre mir willkommner als Hymen mit seinen Kerzen. Denn jener führt zu Agnes!

Mit inniger Wehmuth drück ich Euch beide an mein Herz.

Kätchen und Bernstorf grüssen herzlich.

F. L. Stolberg.

141.

Berlin d: 8ten Febr. 1790.

Im Begrif morgen nach Sachsen zu reisen um Sophien heimzuholen muß ich Ihnen, liebster Freund, doch einige Worte des herzlichsten Dankes für Ihren lieben Brief vom 2ten sagen. Ich sehe aus diesem Briefe das Kätchen Ihnen meine Unruhe über Ihr Stillschweigen mitgetheilt hat. Aber Kätchen selbst scheint

meine Unruhe nicht recht gefaßt zu haben. Mangel der
Theilnehmung konnte von Ihnen nicht gedacht werden,
weder von Ihnen noch von Erneſtinen. Ich furchte
aber daß Ihr beide Herzensfreunde mir dieſe Heirath
verüblet, mein Herz verkennet, mich leichtſinnig glaubtet,
leichtſinnig gegen das hochheilige Andenken der ewig-
geliebteſten. So ſehr mir das auch wehe that, konnte
ich doch Euch einen Irthum nicht verargen welcher
das Andenken meines beſſern Ichs ehrte. Ich trauerte
ohne zu zürnen.

Es iſt aber vollkommen wahr, ich konnte nicht länger ſo hinſchmachten. Und meine Sophia, welche Gott
mir zugeführt hat, iſt ein ſehr edles liebes Mädchen.
Ich werde alles in ihr finden was ich noch hienieden
finden kann. Und Sie die mir Alles u: in Allem war,
harret ja mein, um mir mehr noch als ſie es hier ſeyn
konnte, Alles u: in Allem zu ſeyn!

Ich verſinke oft mit einer Wehmut welche doch viel
Süſſes hat, in der Betrachtung der Seelenſchöne meiner
Agnes! Gott im Himmel ſeegne Euch für Eure treue
Liebe zu ihr, aber um ſie g a n z ſchätzen zu können
mußte man ſie ſo kennen, ſo ſie lieben, ſo von ihr ge-
liebet werden wie Euer trauernder Freund.

Ich freue mich herzlich daß Hans zu geneſen
ſcheint. In dem zarten Bübchen iſt viel Stärke u:
Adel der Seele!

Recht ſo, beſter Voß! nicht nach Kiel! Das Pro-
feſſorWeſen iſt gar zu unleiblich u: leidig u: ſchnöde.
Aber mehr Muſſe müſſen Sie in Eutin bekommen, ſonſt
halten Sie es nicht aus.

Ich freue mich daß Sie Julchen ſo lieb gewonnen
haben. Es iſt eine der reinſten liebevolleſten Seelen,
u: Reventlov ein treflicher Mann. Dieſe lieben Leute

u: der liebe biedre Hensler legen freilich ein grosses Gewicht in die Kieler Schale.

Meine Wünsche werden mich, das hoffe ich, wieder nach Holstein bringen. Ja, bester Voß, es wäre schön wenn wir den Herbst unsres Lebens zusammen leben könnten. Noch vor 15 Monaten sah ich mit Wonne diesem Herbste, als nahte die Zeit der Weinlese, entgegen!

Wenn Ihr könnt, liebsten Freunde, so besuchet Tinchen zuweilen, wie ich sehe daß Ihr thut. Sie ist Agnes Schwester! Es ist ein sanftes liebes Mädchen.

Ich habe einen jungen Preussen kennen gelernt, (aber ach, er heißt Nicolovius!) welcher aus England kam, 5 Monate täglich mit Schönborn gelebt hatte, u: mir Grüsse von Jacobi aus Pempelfort brachte. Er gefiel mir je länger je mehr. Izt reiset er heim, u: zieht im Herbste zu mir als Freund u: Lehrer meiner Kinder, als lieber Freund u: Hausgenosse.

Meine Kinder, die Kinder der Holdseeligen, gedeihen daß es eine Wehmut u: Wonne ist. Kätchen hat auch unendlich viel Freude an ihnen. Kätchen grüßt herzlich. Der liebe Jüngling erwiedert Euern Gruß. Ich drücke Euch an mein Herz. Ach sonst schrieb ich Wir drücken Euch ans Herz.

F. L. St.

142.

Auf dem Lande bey Berlin, d: 5ten Juny 1790.

Lieber guter Voß, Ihr Brief hat mich innig gerührt, u: wiewohl ich keines Beweises von Ihrer herzlichen brüderlichen Liebe bedarf, so hat mich doch dieser neue Beweiß, oder vielmehr die Vergegenwärtigung Ihrer

Liebe, erquickt. So erquickt, daß ich im Garten an der Spree herumging, u: den wohlthätigen Regen der Wehmut erwartete welcher mir so nöthig wäre u: mich so selten erquickt! Aber er blieb aus! O daß ich mich dann u: wann recht satt weinen könnte, diese thränenlose Sehnsucht nach meiner Agnes ist es welche mir die Brust erdrückt. Trennung von ihr ist ein gewaltsamer Zustand, ich erliege ihm, Freude an allem um mich her ist mit ihr entflohn.

Meine Sophia ist ein edles liebevolles Weib. Sie möchte nur für mich leben, aber ach sie fühlt, sie sieht daß auf dieser Erde nicht viel Freude für mich zu hoffen ist. Das giebt dem guten Weibe manche schweere Stunde.

Ich glaubte noch vor kurzem auf dem Wege zu meiner Agnes zu seyn. Ein langwieriger hartnäckigter Husten, Drücken auf der Brust, Stiche in der Lunge, etwas Blutspeyen, fast tägliche Fieberhitze, besonders gegen Abend, machten mich das hoffen. Verzeihen Sie mir diesen Ausdruck, liebster Voß! Die lieben, unschuldigen, der holdseeligen Mutter ähnlichen Kinder erinnern mich ohne es zu wissen mächtig an die Pflicht meiner Gesundheit mit aller möglichen Sorgsamkeit zu pflegen. Ich thue es auch. Aber ich bin nicht Herr meiner Empfindung, welche mich mit unabläßiger Sehnsucht nach den Gefilden ungestörter Freude, ungestörten Agnes umgangs, ach nach dem Reiche des Friedens, der Wahrheit, der Liebe hinzieht! Wer eine Agnes verlor dem genüget dieses Lebens Freude nicht, wenn sie ihm auch kleine Agnesengel zurückließ. Wolte Gott ich könnte sie mit mir nehmen! Mit mir zu Ihr! —

Da mein Landhäußchen an der Spree liegt, u: Andreas ein langwieriges Fieber hat, so musten wir die

Sommerwärme abwarten eh wir die Stadt verliessen;. u: zogen erst d: 27ften Mai her. Seitdem ich hier bin erhole ich mich sichtbar. Die Stiche in der Lunge haben aufgehört, ich habe seit etwa 12 bis 14 Tagen kein Blut gespieen, ich haben selten u: kleine fieberhafte Anwandlungen, nur das Drücken auf der Brust dauert noch. Ich werde vermutlich mich noch mehr erholen, vielleicht völlig, bis auf meine alten rheumatischen Beschwerden. Wofern ich mich nicht auf eine entschiedene Art erhole, so muß ich wohl dem Winter ausweichen. u: eine Reise nach Italien machen. Eine solche Reise würde auch den kranken Geist stärken. Doch blieb ich, wofern die Gesundheit es erlaubt, lieber den Winter noch hier, theils um meinen Frohn von 2 Jahren hier aus zu dienen, theils weil meine Sophia im December gebähren soll, ihr also die Reise beschweerlich seyn würde. Doch ist sie herzlich bereit sich zu gürten, wann u: wohin es seyn soll.

Ich freue mich herzlich, liebster Voß, daß die Zulage vom Bischofe Ihnen möglich macht in Eutin zu bleiben. Reicher werden Sie nun zwar nicht, da Sie einen Gehülfen dafür halten sollen, aber Sie werden des Lebens froher werden, u: die liebe Ernestine also auch! Gott erhalte Euch lange wie Philemon u: Baucis! Dem Greise oder der Matrone kann das Ueberleben nicht so schweer fallen, es fehlen noch so wenig Striche auf dem Kerbholtze.

Nun wird auch bey mir der Wunsch nach dem Posten in Eutin lebhafter. Schon lange theilt ihn Sophia mit mir, u: wird ihn nun mit mir noch viel mehr wünschen. Sie können sich leicht vorstellen wie Kätchen diesen Wunsch theilt!

Ich weiß nicht ob ich noch werde nach Holstein die=

sen Sommer reisen können, wiewohl ich den Frieden fast für ausgemacht halte. Aber eh die harten Sinne erweicht werden, kann noch manche Woche verstreichen. Die Kriegsrüstungen werden fortgesezt, ja beschleunigt, der König reiset d: 10ten zur Armee nach Schlesien, die hiesige Garnison wird ihm vielleicht bald folgen. Dazu kommt daß ich nicht auf etwas lange Zeit nach Holstein reisen kann, ohne daß man es mir in Dänemark übel deutet wenn ich nicht auch dorthin gehe, u: wie schweer ist das mit einer schwangern Frau u: den Kindern! Ich zweifle daher an der holsteinischen Reise. Vermutlich besuchen uns mein Bruder u: Luise.

Guter Voß, ich erkenne Ihr Herz an Ihrer Idee uns zu besuchen! O wie wolte ich Sie mit offnen Armen empfangen! Wir haben hier ein Landhäußchen an der Spree, welche den Sand unsers Gartens netzet, sehr schöne Aussicht, einige Spaziergänge, u: doch etwas, wiewohl nicht ungestörte, Freiheit. Kommen Sie, so wollen wir manchen Tag allen Besuchern weit aus dem Wege gehen. Guter, guter Voß der seinen alten halben, kaum halben Freund besuchen will. Zwar als Freund ganz, aber der ganze Mensch ist kaum mehr halb!

Und doch ganz, u: mehr als je, durch Aussicht der Zukunft, der nahen Zukunft! Denn was sind die 20 Jahre die ich etwa, wenn ich auch genese — u: ich glaube würcklich daß es mit meiner Brust keine nahe Gefahr hat — noch leben kann?

Liebster Voß, wenn ich den Tod wünsche, so ist es nicht aus dem taedio vitae, sondern weil ich mich aus dem Daseyn ins Leben sehne. Als ich am kräncksten war, u: mich wegen einer spanischen Fliege auf der Brust kaum regen konnte, u: matt u: mißmüthig war,

so stralte mir die Seeligkeit des Daseyns plözlich so
hell in die Seele hinein, daß die Empfindung zu dieser
Ode ward, die mir, nach langem Stillschweigen, entquoll.

Guter alter Voß, reiche mir die Hand, schlage ein
Ernestine, schaue auf uns herab Du holdseelige Ver=
klärte, u: höre mich froh unsern Herzensfreunden zu=
rufen:

Wohl uns das wir sind, denn wir werden seyn!

Ich drücke Euch an mein Herz.

F. L. Stolberg.

Von Sophia kann ich nicht grüssen, weil sie eine
kleine Reise mit einem sehr geliebten Bruder welcher
bald als hiesiger Gesandte nach England geht, eine kl.
Reise auf 8 Tage nach der Laußniz gemacht hat. Morgen erwarte ich sie wieder.

Es muß blosse Nachläßigkeit sein daß dem guten
Claudius, wiewohl man es ihm oft versprochen hat, die
Pension doch nicht in Münze ausbezahlt wird. — Doch
nein ich irre, es ist ihm abgeschlagen worden. Ja
wohl ist es schändlich, u: Ihre Vergleichung mit Schi=
rach treffend.

Meines Andreas Fieber ist ausgeblieben. Gottlob
daß Ihr nun ruhig über Hans seyn könnt!

143.

Brahetrolleburg d: 21sten Sept. 90.

Hier sind wir alle seit 3 Tagen, liebster Voß, auch
die Tremsbüttler. Wir erwarten günstigen Wind zur
Ueberfarth nach Kiel. Er ist lange schon widrig gewesen, u: heute vollkommen. Einige Tage werden wir
uns wohl in der Gegend bey Kiel, Knoop u: Emken=

dorf, aufhalten. Dann eile ich nach Eutin, wo ich drey
Tage bey Ihnen zu seyn gedencke, worauf ich mich herzlich freue.

Wegen des Hofes Gegenwart in Eutin werde ich
allein kommen. Sophia will ich mit Ihnen u: Erne=
stinen bekannt machen wenn sie ihre Bürde wird abgelegt
haben. Mit dieser Bürde nach Hofe p. p. gehen zu
müssen würde ihr beschweerlich fallen müssen.

In Bernstorf habe ich unsern lieben Schulz gesehen,
aber weniger als ich wünschte, weil ihm die Operette
so viel zu thun gab. Er hat mir einige neue Lieder
von Ihnen gelesen, unter welchen der Genius der Menschheit mich vorzüglich gelabt hat.

Lieber Voß, liebe Ernestine, wäret Ihr Herzens=
freunde hier, Ihr liesset fromme Thränen auf das Grab
meiner Agnes fallen, u: auch Blumen. Sie ruhet unter
hohen Kastanien, auf dem Grabe der geliebten Voll=
endeten u: umher blühen Blumen.

Zu ihren Füssen schlummern zwey Kinder meines
Freundes Reventlov.

Gott gebe uns allen, wenn es Ihm gefällt, solche
Ruhe, wie die Ruhe der süssen Heiligen die hienieden
ein Engel war!

Die Kinder gedeihen, Kätchen grüßt herzlich, auch
Sophia, wiewohl noch ungesehen.

Lebt wohl, Ihr Inniggeliebten!

F. L. Stolberg.

Ich habe mich auf der Reise von Berlin an je
mehr u: mehr erholt, u: seit drittehalb Monaten kein
Blut gespieen. Den Winter werde ich mit den Mei=
nigen in Emkendorf zubringen, wie Sie wohl schon
gehört haben.

144.

Emkendorf d: 12ten Xbr. 1790.

Vorgestern früh um drey Viertel auf 1 Uhr ist
Sophia glücklich von einem gesunden Mädchen entbunden worden. Sie hat ziemlich viel während der sieben-
stündigen Geburtsarbeit gelitten, aber das war alles
vergessen als das Kindlein durch sein Geschrey dem
ihrigen ein plözliches Ende machte. Ihre Freude ist
desto grösser da sie das Mädel selber stillen kann. Ich
weiß welchen herzlichen Antheil Sie u: die liebe Ernestine an meiner Freude nehmen werden. Sophia befindet sich ausserordentliches wohl. Diesen Augenblick schläft die kleine; u: die 4 Agneskindlein liegen
u: scheckern im Bette der Wöchnerin, aus welchem ich sie
doch bald herausjagen will. Die Neugebohrne soll Agnes
Julia Emilia getauft werden. Noch am Tage als die
Geburtsschmerzen anfingen war Sophia zu Fuß im
Walde gewesen, u: ich glaube daß ihr der Spaziergang
sehr wohl bekommen sey.

Die Kinder u: Kätchen befinden sich recht wohl,
u: ich auch. Die ruhige Lebensart unter Freunden
bekommt mir treflich. In diesem Monate erwarte ich
Nicolovius. Ich habe ihn gebeten über Eutin zu reisen, damit er sie kennen lerne.

Wie gehet es denn Euch, Ihr Geliebten? Was
macht Hans?

Hier sende ich Ihnen eine Ode an Schönborn. Der
Pindar den er mir gesandt hat, ist allerliebst. In drey
fingerlangen Bändchen. Ich studire just nun den Pindar in der Schmidtischen Ausgabe. Selten weicht mein
kleiner vom grossen ab, u: wo er von ihm abweicht
scheint er recht zu haben. Just am Tage welcher meiner

Sophia hätte können gefährlich werden, u: welcher mir ein Kind brachte, hatte ich die schöne Stelle gelesen, u: sie schwebte mir oft vor dem Sinn:

$$\text{'}E\pi\alpha\mu\epsilon\varrho o\iota \;.\; T\iota\; \delta\epsilon\; \tau\iota\varsigma;\; \tau\iota\; \delta'\; o\nu\tau\iota\varsigma;$$
$$\Sigma\varkappa\iota\alpha\varsigma\; \acute{o}\nu\alpha\varrho\; \acute{\alpha}\nu\vartheta\varrho\omega\pi o\iota\; \acute{\alpha}\lambda\lambda'\; \acute{o}\tau\alpha\nu\; \alpha\acute{\iota}\gamma\lambda\alpha$$
$$\varDelta\iota o\varsigma\delta o\tau o\varsigma\; \acute{\epsilon}\lambda\vartheta\eta,$$
$$\Lambda\alpha\mu\pi\varrho o\nu\; \acute{\epsilon}\pi\epsilon\sigma\tau\iota\; \varphi\epsilon\gamma\gamma o\varsigma\; \acute{\alpha}\nu\delta\varrho\omega\nu,$$
$$K\alpha\iota\; \mu\epsilon\iota\lambda\iota\chi o\varsigma\; \acute{\alpha}\iota\omega\nu.$$

Das kleine Gedicht an die Stärke haben Sie ja wohl im Griechischen wo nicht so will ich es für Sie abschreiben. Keine Uebersetzung ist mir je schweerer geworden. Sagen Sie mir doch wie Jhnen das Sylbenmaaß der Ode an Schönborn gefällt? Und die Ode selbst.

Schon vor einiger Zeit hat mir Luise einen Auftrag gegeben dessen Ausrichtung ich mir von Jhnen ausbitte. Sie ist dem Chirurgus Bach etwas schuldig für ein Bruchband das sie für jemand in Tremsbüttel hat machen lassen. Jch bitte Sie ihm das zu bezahlen. Jch sähe gern daß Sie sich von Nicolovius das Geld wieder geben liessen, denn wenn wir uns wieder sehen könnte das Bruchband leicht vergessen werden.

Noch vor Ende dieses Monats werde ich wohl meinen Rappell u: die Neapler Mißion erhalten.

Mit Frankreich gehet es, däucht mich schlecht. Die Leutlein scheinen mir Leutlein u: Franzosen seyn u: bleiben zu wollen. Jch sehe nichts als kleine Leidenschaften u: kleine Menschen dort.

Des lieben Julchen Befinden ist noch immer dasselbe. Die schöne Flamme ihres Geistes zehrt am Lebensöl, u: hindert es doch auch zu gerinnen.

Lebt wohl, Ihr inniggeliebten! Kätchen grüßt herzlich. Ich drücke Euch beyde brüderlich an mein Herz.

F. L. Stolberg.

145.

Emkendorf d: 4ten März 91.

Es war ein schöner Traum, liebster Voß! ich will
ihn als eine gute Vorbedeutung ansehen, daß ich in
oder bey Eutin den Abend des Lebens zubringen werde.
Mit Witmold ist es nichts! Der Umstand dessen Sie
erwähnen ist mehr als hinlänglich um abzuschrecken.
Dazu kommt auch noch daß diese Art des Betriebs
vorzügliche Aufsicht erfordert, u: zur vorzüglichen Aufsicht bin ich vorzüglich ungeschickt, die Abwesenheit nicht
einmal mitgerechnet.

Ich bin nun förmlich rappellirt u: nach Neapel
ernannt. Aber mein Neffe wird mich nicht begleiten.
Sein Vater kann sich nicht entschliessen ihn aus den
diplomatischen Geschäften, für die er viele Talente hat,
zu reissen; denn in ad otia nata Parthenope ist an
Geschäften nicht zu denken. Mir thuts doppelt weh,
für mich u: auch für den edlen lieben Jüngling, dem
diese Reise, wo nicht als Diplomatiker, doch als Mensch,
erfreulich u: nüzlich gewesen wäre.

Bis zum 6, 7ten oder 8ten April bleiben wir
hier. Dann komme ich nach Eutin, falls der Bischof
dann dort ist, sonst würde ich später hinmüssen, von
Tremsbüttel aus.

Den 17ten Mai dencke ich von Tr. oder Hamb.
aus die grosse Reise anzutreten. Sophia hat grosse
Lust mit nach Eutin zu kommen, doch hat es einige

Schwürigkeit, weil sie Amme ist. Kätchen wird nicht mit mir, aber später, zu Ihnen kommen.

Liebster Voß, die Aufsicht der künftigen Jahre soll uns die Tage der Trennung erheitern. Wir wollen noch oft von Italien reden, u: auch oft von dem quod magis ad nos attinet! Und dann schwebt vielleicht in den Lüften des Agneswerders die süsse Heilige über uns u: ihren Kindern. Wenn ich Sie sehe so erinnern Sie mich daß ich Ihnen erzähle was ich über den nicht unwarscheinl: Ursprung des Freimaürer Ordens in Swinburn gelesen habe. Ich lese wieder Ihre Georgica, u: mit allen Anmerckungen. Ich erstaune zu sehen wie Sie mit dem Römer ringen u: oft den Sieg zweifelhaft lassen. Als ich heut Ihr dickes Packet erhielt, glaubte ich es wäre ihre antihaynische Schrift, nach welcher mich verlangt. Es ist mir sehr lieb daß es zur ernsten Erklärung kommt; manchem, von Haines ganzem Betragen nicht unterrichteten, möchten einige Ihrer Anmerckungen zu petulant scheinen.

Ich habe manches über Italien u: Sicilien izt gelesen. Es sind Paradiese! Nicht fabelhafte Hesperische Gärten, aber Gärten deren Anlage von Gottes Hand gemacht ist! Auch die kalten Engländer werden blutwarm wenn sie davon schreiben, u: Munter erhebt sich zu einem possierlichen Seelengalop, aus dem er doch bald wieder in polyhistorischen Trab fällt. Ich drücke Sie u: Ernestinchen an mein Herz.

F. L. St.

An den guten Kammerrath habe ich geschrieben. Ich sende ihm die Papiere, den Brief nicht zu beschweren, nicht, kann sie aber mitbringen. Lassen Sie mich doch wissen wenn der Bischof kommt.

146.

Da ich eben in dieſer Zeit Ihre Georgica ſtudirt u: ſo oft gelacht habe wenn Sie amplissimum virum wie durch ein Gewölk auf einem fahlen Pferde reitend zeigten, ſo war es mir doppelt intereſſant ihn hier auf einem groſſen hölzernen Eſel, an den Beinen belaſtet mit den Gewichten ſeiner uſurpirten Würde, prangen zu ſehen.

magno optaverit emptum
Intactum Pallanta!

Faſt möchte ich ihn mit dem armen Marſyas ver=
gleichen, u: den edlen Apollon bitten nun das blutige
Meſſer auf immer wegzulegen, u: unbekümmert um alle
jenes Gelichters die goldnen Saiten der unſterblichen
Leyer tönen zu laſſen. Glauben Sie aber nicht daß ich
Sie table dieſes Opfer der Warheit u: der Gerechtigkeit
geſchlachtet zu haben. Es war Zeit daß er fiel, u:
daß auch die vorwitzigen aner eines beſſern belehrt
wurden. Man freut ſich:

ὁρῶν ὕβριν
ὁρϑιᾶν κνωδαλων.

Ich werde vielleicht ſpäter als ich meinte Sie ſehen,
beſter Voß, aber in beſſrer Jahreszeit. Ich habe
meine Reiſe bis auf d: 1ſten Aug: ausgeſezt. Um=
ſonſt hatte ich mich bemüht am ſavoyſchen Ufer des
Genfer Sees ein Landhaus für den Sommer zu be=
kommen. Die franzöſiſchen Flüchtlinge ſind in Beſiz
aller dieſer Gegenden, u: nicht weiſer als jene haben
Emiſſarien des JacobinerKlubs Genf an den Rand der
Zerrüttung gebracht. Da aufgeſchoben nicht aufgehoben
iſt, ſo laſſe ich es mir gern gefallen noch einige Monate

länger in diesen Gegenden zuzubringen, u: würde mich
auch herzlich freuen Sie mehr als einmal u: auf längere Zeit besuchen zu können, wenn wir im Sommer
allein das Reich in Eutin hätten.

An innliegendem Schreiben des Kanton Uri an den
Kanton Zürch werden Sie Freude haben.

Kätchen läßt sagen sie würde nun wohl später, aber
gewiß kommen.

Ich umarme Sie u: Ernestine von ganzem Herzen.

F. L. Stolberg.

Ich bitte Sie mir Stellen in den Alten aufzuzeich-
nen welche Interessantes von Gr. Griechenland u: Sicilien haben.

147.

Emkendorf d: 12ten April 1791.

Mein dießmaliges Kommen, oder vielmehr Nicht-
kommen, macht viele Schreiberey, bester Voß. Andreas
hat wieder sein Fieber, dazu kommen noch andre Hin-
dernisse. Izt kommen wir also nicht. Vielleicht komme
ich bald allein, u: Kätchen mit Nicolovius u: den Kindern ein ander mal. Wenn Sie das Logis im Wirthshaus schon bestellt hatten, so seyn Sie so gütig es ab-
bestellen zu lassen. Ich hatte mich herzlich darauf gefreut Euch, Ihr Lieben, zu umarmen! Aber wenn
ich nun zu Euch komme wird die Nachtigall auch singen.

F. L. Stolberg.

Schreiben Sie doch, bester Voß, oder lassen Sie
durch Hensler, welcher bald zu Ihnen kommen wird
sagen, welche Projecte Sie für die Osterferien haben,
damit wir Ihnen nicht im Wege seyn mögen. Denn wir

können uns einrichten wie wir wollen, Sie aber sind ja
gebunden.

148.

Pempelfort d: 29ſten Juli 1791.

Sie werden ſchon geglaubt haben daß ich nicht
Wort gehalten hätte, liebſter Voß, daß ich aus Pempel=
fort gereiſet wäre ohne an Sie zu ſchreiben. Wir ſind
ſchon ſeit dem 11ten hier. Morgen verreiſen wir, u:
nehmen Jacobis einen Sohn Georg, den Sie wohl in
Wandsbeck bey Claudius werden geſehen haben, mit
uns. Uns iſt ſehr wohl hier beym lieben Jacobi u:
bey ſeinen guten Schweſtern. Wir reden auch oft von
Ihnen, liebſter Voß, wie Sie ſich leicht vorſtellen kön=
nen. Im Anfang unſrer Reiſe hatten wir böſes Wet=
ter, wie Sie auf Ihrer Meldorper Reiſe auch werden
gehabt haben. Am 2ten gingen wir über die Elbe.
In Osnabrück blieben wir einen Tag. Ich freue mich
Kläukners u: Möſers Bekanntſchaft gemacht zu haben.
Die von Fürſtenberg u: der Gallizin in Münſter, bey
denen wir drittehalb Tage blieben, iſt mir noch ſehr
viel lieber. Sie haben uns auch hier beſucht u: ſind
3 Tage hier geweſen. Es ſind trefliche Menſchen von
N͞o. 1. Beide ſchätzen Sie ſehr, u: Fürſtenberg hat,
wie ſichs für einen Biedermann geziemt, ihren Triumph
über Haine ganz genoſſen. Morgen reiſen wir über
Cölln nach Bonn, Uebermorgen nach Coblenz. Wie
ich mich freute als ich den Rhein wieder ſah! Wir
haben mit den Jacobis eine kleine Reiſe von anderthalb
Tagen gemacht, nach einem Ort der Elverfeld heißt,
3 Meilen von hier. In einem Thale welches 2 Stun=
den lang iſt, u: durch welches ſich ein Fluß, die Wup=

per (eine der zahllosen Nymphen aus dem Serrail des alten Rhein) windet. Hier liegen 4 Städte welche im blühendsten Wohlstande sind, von Fabriken u: mehrentheils vom Garnbleichen leben. Die sehr hohen Ufer des Thales sind mit Buchen bedeckt, es ist ein überaus schöner Anblick. Auf dem Wege dorthin, 4 Stunden von hier, sind ungeheure Felsen. Durch eine grosse sich krümmende Felsenhalle kommt man an einen Abgrund u: sicht tief unten zwischen Felsen die mit Epheu bekleidet u: mit Büchen bedeckt sind, die Düssel rauschen. Jn Deutschland kenne ich nur die Roßtrappe welche hiermit zu vergleichen wäre, u: sie ist nicht einmal so schön wie diese Stelle.

Auf der Reise haben wir erst 3 Meilen von hier die erste schöne Gegend gesehen. Einzelne kleine Stellen ausgenommen, u: die Station von Bomte nach Osnabrück welche schön ist, u: wo wir die ungeheure Eiche sahen, ausgenommen, reißten wir durch Moor u: Haide. Aber nun erwarten uns auch Paradiese verschiedner Art. Jacobi hat schon lang an seinen Bruder geschrieben und ihn sehr geschüttelt um etwas für den M. A. zu erhalten. Den Bruder werden wir in Carlsruh bey Schlosser finden, er hat itzt Ferien. Den guten Pfeffel werden wir nicht besuchen können, da wir nach Constanz wollen, u: Colmar zu sehr aus dem Wege liegt. Die Gegend von Constanz ist eine der schönsten die ich mich je gesehen zu haben erinnere. Jch wünsche diese, u: besonders den Rheinfall bey Schaffhausen, wieder zu sehen u: meinen Reisegefährten zu zeigen. Alter Voß, wärst Du doch hier! Verzeihen Sie, liebste Ernestine, ich möchte ihn haben können ohne ihn Jhnen zu nehmen! — Mit unserm Befinden steht es so zieml. beym alten. Sophia hat oft ihr leidiges Kopfweh, u: mich hat im Anfang der Reise die Gicht weidlich gezwackt. Die Nächte sind zieml. unruhig. Wir wollen sehen was Mama Natur in Italien ausrichten wird. Ernst weiß sich vor Freude nicht zu lassen, u: Nicolovius ist auch wie ein Fisch im Wasser.

Gräfin Sophia:

Stolberg hat nicht Zeit den Brief zu endigen. er trägt mir dieses Geschäft auf; mit welcher Freude ich es übernehme können Worte nicht ausdrücken. ich denke so oft und mit so inniger Liebe an Sie bester Voß und an Ihre liebe, liebe Ernestine. nach jedem Genuß verweile ich bey dem Gedanken an die Ruhe die unsrer wartet, an den Genuß den Ihre und Ernestinens Freundschaft meinem Herzen geben wird. Ihr habt mir versprochen daß Ihr mich lieben würdet. O haltet Wort ich bitte Euch! ich schreibe dieses mit Thränen die tiefer aus dem Herzen kommen als keiner es weis oder ahndet.

Wir reisen morgen von hier. es wird sehr schwer Jacobi zu verlassen, wenn man so lange mit ihm gelebt hat. sein ganzes Wesen ist so innig liebend, auch seine Schwestern gewinnt man sehr lieb. Ernst ist sehr froh und hat bisher sehr wenig Langeweile gehabt. er denkt oft Ihrer Kinder. leben Sie wohl bester Voß und Sie liebe gute Ernestine. Gott sey mit Ihnen und mit uns.

Sophia.

149.

Ich hoffe, liebster Voß, daß Sie meinen Brief aus Ffurt mit dem Wizenmannischen Liede werden erhalten

haben, u: daß Jacobis Lieder, die Friz aus Pempel=
fort Ihnen senden solte, angekommen seyn mögen. Seit
vorgestern sind wir hier. Der Dichter Jacobi ist mit
uns bey Schloffer, u: wie wohl uns in dieser Gesell=
schaft werde können Sie leicht denken. Auch mag fol=
gendes Lied, welches Jacobi angefangen u: ich vollen=
det habe, davon zeugen. Ich wünsche sehr daß es noch
vor Thorschluß des Allmanachs ankommen möge. Lieb=
ster Voß, welche Reise! Welche Gegenden, welche Men=
schen ich kennen lerne!

Hier bleiben wir noch einige Tage. Noch bin ich
unentschlossen ob ich Pfeffeln in Colmar oder Miller in
Ulm besuchen werde. Einen von beiden, so Gott will.
Von Zeit zu Zeit sollen Sie von uns hören, das ver=
steht sich! Wir sind wohl u: froh. Tausend Grüsse
von Jacobi u: Schloffer, welche Ihrer gedenken wie ich
es gern höre. Leben Sie wohl!

Wir umarmen Sie u: Erneftine von ganzem Her=
zen, Eure Geister umschweben uns auch hier, werden
auch in Italien uns freundlich umschweben.

F. L. Stolberg.

Da giebt mir eben Jacobi noch ein Lied das er
für Schloffers Kinder zu seinem Geburtstage ge=
macht hat.

150.

Ulm d: 19ten Aug: 1791.

Das Datum dieses Briefes wird Sie freuen, bester
Voß! Gestern Abend spät kamen wir hier an, diesen
Morgen ging ich zu unserm lieben Miller. Ich wolte
mich als Geißler den jüngern bey ihm melden lassen,
aber er kam mir gerade selbst auf der Treppe entgegen,

u: erkannte mich gleich. Ich finde ihn ganz unverändert, wenigstens nicht nach Maaßgabe der langen Zeit
die ich ihn nicht gesehen, geältert. Er sieht recht jung
aus, hat aber etwas abgenommen. Unsre Freude stellen Sie sich vor, u: auch, daß sehr bald unsers lieben
Voß erwähnt ward. Doch muste diese Freude getrübt
werden. Seine einzige Schwester ist gefährl: krank.
Man hat heute sogar geglaubt daß sie sterben würde,
doch soll sie sich etwas erholt haben. Millers Frau
war bey ihr, ich habe daher jene noch nicht gesehen.
Er ist nun auch hingegangen.

In Carlsruh bei Schlosser, der ein treflicher Mann
ist, u: wo mir Jacobi der Dichter auch von Herzen
lieb geworden, haben wir schöne Tage gelebt. Ueber
Stutgard hierher haben wir zwey vortrefliche Tagereisen
gehabt. Auch sind wir in Stutgard einen Tag gewesen, haben die Solitüde gesehen, welche nur ein Denkmal geschmackloser Thorheit des Herzogs ist. Gestern
fuhren wir durch ein Thal am Neckar, vor der freien
Reichsstadt Eßlingen, welches mich zu diesem Liede begeisterte. Welche Berge, Felsen, Ströme u: fruchtbaren
Thäler haben wir auf dieser Reise schon gesehen! —
Gestern Abend kamen wir auf eine Höhe, drey Stunden
von hier, wo man oft bey heitrer Luft, auf 40 Stunden weit, die Schneegebürge soll sehen können. Aber es
war schon nach Sonnenuntergang u: der Himmel auch
trübe. Heut hoffe ich sie von hier zu sehen, u: mit
unserm lieben Miller u: seiner Frau den Tag zu
zu bringen. Dann geht es nach Lindau, längst dem
Bodensee nach Constanz, wo wir einige Tage am Bodensee bleiben wollen, dann nach Schafhausen, dann nach
Zürich p. p.

Sophia hat in diesen Tagen an Uebelkeit u: Kopfweh ſehr gelitten. Sie grüßt Sie u: unſre Erneſtine herzlich. Nicolovius Jacobi u: Ernſt auch. Ich meine Ihnen geſchrieben zu haben daß ein Sohn von Jacobi, einer von denen die bey Claudius waren, mit uns reiſet. Es iſt ein ſehr guter junger Menſch. Unſer Miller will einige Worte hinzufügen u: den Brief beſorgen. Ich herze Euch beide! Grüſſet Hellwach von uns u: von ſeinem ſchönen Vaterlande. Wir haben Staüblin kennen gelernt.

F. L. Stolberg.

151.

In Riccia d: 18ten Jan. 1792.

Egressum magna me excepit Aricia Roma ſage ich mit Horaz, liebſter Voß, doch eh ich Ihnen von Aricia, welches ich ohnedem, wenn der böſe Regen aufhört, heute u: morgen erſt recht ſehen werde, erzähle, muß ich ja wohl von unſrer Reiſe überhaupt ein Wort ſagen. Ich weiß nicht ob ich aus der Schweiz an Sie geſchrieben habe, doch kommt es mir ſo vor. Oder hätte ich in Ulm die lezten Zeilen an meinen böſen, lieben Schweiger geſchrieben? Vom ein oder 22ſten Aug. bis zum 18ten October, waren wir in der Schweiz, in dieſem herrlichen Lande der gröſten Natur, der glücklichſten u: beſten Menſchen. Am See der vier Waldſtädte, zum Theil auf dem See, brachten wir verſchiedne Tage zu. Wir durchkreuzten die Schweiz überhaupt ziemlich von allen Seiten, u: reißten dann durch die wilden Gebürge Savoyens, über den Cenis, hinein nach Italien. Von Turin aus ſahen wir vor uns die fruchtbare Ebne der Lombardey, u: den groſſen blendenden halben Mond der Alpen, vom Dauphine bis

nach Graubündten. Welchen Theil des Horizonts diejenigen einnehmen, die nur eine Tagreise von Turin
sind, da man auch jene so fernen sieht, können Sie sich
vorstellen. Genua liegt amphitheatermässig auf Bergen;
das Mittelländische Meer sahen wir hier zuerst. Die
Brandung war, bey stiller Luft, so heftig, daß die an
den steinernen Molen des Hafens angeschlagnen Wellen,
uns die doch oben auf dem Mole, wenigstens 5 Elen
über der Wasserfläche standen, mehr als einmal mit
hoch aufgewölbtem u: auf uns zurückfallendem Schaum,
benezten. Wir blieben 4 Tage dort. Die Stadt heißt
mit Recht die prächtige. Der Palläste, deren wir einige
sahen, wegen der herrlichen Bildergalerien, sind 43, u:
diese verdunkeln alle Pracht der Fürsten u: Könige.
Auch sind fast alle diese Schuldner der Besitzer von
jenen.` Wir reisten dann wieder nordwärts um Pavia
u: Mailand zu sehen, dann froher südwärts nach Piacenza,
Parma, Modena, Bologna, überall verweilend, weil
überall so viel zu sehen ist. Von der Fruchtbarkeit u:
trefl. Cultur der Lombardey u: Italiens überhaupt, bis
auf den Kirchenstaat, ist es schweer sich einen Begrif zu
machen. In ganz Italien wird noch nach Art der Alten
gepflügt, lauter erhobne Beete, von etwa einer Ele
breit, zwischen zieml. breiten Furchen. Ueberall wird
mit Stieren gepflügt. Diese sind gewaltig groß, von Bologna an fast alle weißgrau, bey Rom haben sie Hörner von unglaublicher Länge, u: schön gekrümt. Nicolovius hat einige Pflüge für Sie gezeichnet. Die Sitte
des Ablaubens der Bäume ist noch üblich, u: verdirbt
die Schönheit der Gegend auf eine unterträgl: Art.
Mit dem Laube wird das Vieh, vorzügl: Esel u:
Maulesel, gefüttert. Auf den Aeckern stehn Reihenweise
Maulbeerbäume um welche sich Reben schlingen. Auch

Ulmen. Die Reben sind an manchen Orten Armdick, manche noch viel dicker. Drey oder vier solche schlingen sich um einen Baum. Es ist sehr lieblich. — In Savoyen, besonders am Genfer See, sind Wälder von ächten Kastanienbäumen, die so groß wie unsre grossen Buchen sind — Sowohl in Savoyen als Italien wird an vielen Orten 2 mal geerndtet, u: das Graß in der Lombardey 5mal gemähet. Die Schaafe sind gewaltig groß, mit feiner Wolle, dicken Schwänzen u: hangenden Ohren. — In Bologna sind viel ausserordentl. schöne Gemählde, mehr wie selbst in Florenz, aber in Florenz sind grosse Meisterwercke der alten Kunst. Die berühmte Statue der medicäischen Venus, Niobe mit allen ihren Kindern p. p. Wir reisten nach Pisa. Hier stand am 18ten Dec. der Thermometer auf 12 Grad Reaumür über dem Eispunct. In Pisa ist gar kein Winter. Nur etwa 2 Monat lang entbehren die Bäume des Laubes. Ein Citysus grünte und blühte. Auf der Reise von Florenz nach Rom sahen wir noch viele grüne Eichen. Auf den Wintertriften wird das Vieh fett gemacht. Am 24sten fuhren wir durch die schöne porta del popolo in Rom ein. Am 25sten sahen wir den Papst in der Petrikirche das Hochamt halten. Von der Grösse u: Schönheit dieser Kirche mündl: u: mündl: vom foro, vom Capitol, vom Colosseo, der Rotonda (dem alten Pantheon) welches sehr groß ist, gleichwohl in der innern Kuppel der Petrikirche stehen könnte, aber wegen edleren Styls einen viel tiefern Eindruck von Schönheit u: Grösse macht als die Petrikirche. Alle Vormittage besehen wir Alterthümer. Wir sind in der Gruft der Scipionen gewesen. Man hat den Sartophag des Scipio Barbatus gefunden, der 456 Jahr nach Roms Erb. Consul war. Der erste Africanus starb in Liternum, des 2ten Grabmal, eine Pyramide, ist zerstört worden. Der alten Gebäude sind viel mehr übrig, sie sind viel grösser, als ich mir vorstellte. Der Statuen unendl: viel, u: der Bassorilievi, besonders auf Sarkophagen. Diese geben den deutl. Begrif so vieler Dinge die zur Lebensart der Alten gehörten. Wie vieles würden Sie in Rom sehen! Aber ich bin versichert, es würde Jhnen gehen wie mir. Die Orte selbst, diese religio loci, würde sie ergreifen. Es ist ein grosses Gefühl, wenn man auf dem Capitol, auf dem Tarpeischen Felsen, an der Tiber über der Brücke des Horatius Cocles steht, an dem Tempel der fortunae virilis des Servius Tullius, an den Säulen des Tempels des Jupiter Stator den Romulus auf der Stelle errichten ließ wo die Sabinerinnen Frieden stifteten, an den Trümmern des Tempels der Concordia den Camillus bauen ließ. Zwar sind diese Säulen u: Trümmer mehrenth. von Claudius Zeit, welcher das alte wieder erneute, aber sie bezeichnen doch den Ort! So standen wir neul. auf der Brücke des Anio auf welcher der Gallier den tapfersten Römer herausfoderte, vor uns lag Samnium, seitwärts der Mons sacer. p. p.

Vor etwa 8 Tagen fiel etwas Schnee, u: weil es ein wenig fror, blieb er auf schattigten Dächern einen Tag liegen. Gleich waren in Rom alle Schulen u: Tribunale geschlossen, u: man sprach als von einem prodigio Seit 3 Jahren hatte man in der Stadt keinen Schnee gesehen. Aber die Apenninen sind oben mit Schnee bedeckt. Vides ut alta stet nive candidum Soracte? rief ich neul. meinen Reisegefährten zu als dieser Berg glänzte von Schnee. Wie beleben sich Horaz, Virgil, Ovid, Livius, Tacitus p. p. wenn man sie an diesen Stellen liest! Wie freue ich mich in Großgriechenland u: Sicilien Homer u: Theokrit u: Pindar zu lesen! Am Tiber, beym Tempel der Vesta, u: auf dem Orte wo Numas Haus stand, sagte ich die Stelle:

Vidimus flavum Tiberim retortis
Litore Etrusco violenter undis
Ire dejectum monumenta regis
Templaque Vestae;

Iliae dum se nimium querenti
Jactat ultorem, vagus et sinistra
Labitur ripa, Jove non probante u-
xorius amnis.

Und wie rührte mich der Anblick des forum, welches zwar noch ein sehr schöner Plaz in der Stadt ist, aber campo vaccino heißt, weil ein Rindermarckt dort ist, wie ehmals auf dem nahen foro boario. Auf dem alten foro romano sahn Evander u: Aeneas Rinder u: hörten sie

Romanoque foro et lautis mugire carinis

u: eben das hörten u: sahen wir.

Vom ewigen Lenz muß ich Ihnen auch sagen, wie wahr Virgils Vers sey:

Hic ver assiduum atque alienis mensibus aestas.

Nach der Kälte welche die Römer befremdet hatte, blühten die zugleich mit Hesperischen goldnen Aepfeln beladenen Pommeranzenbäume immer noch im freien, in den Gärten blühten Anemonen, Ranunkeln, Veilchen, Levkojen. Zwischen den Trümmern des Colosseum hohe Stöcke von Gülbenlack. Mit seinen schwarzen Beeren hängt der Epheu in Schönheit u: Fülle die wir nicht zu sehen gewohnt sind, an allen Mauern, aus deren Fugen Lorbeern u: Feigen wachsen. Gestern sahen wir blühende Rosmarin, u: im freien, aber in einer Art von Höle, einen grünen Feigenbaum.

Doch aber muß ich Ihnen sagen, daß ich von den Alpen bis Rom keine so trauliche, schöne Natur gefunden habe, als unsre Buchenwälder an den Landseen oder am Meer. Schöne Bäume sind äusserst selten in Italien. Gestern sahn wir sehr schöne, zwischen Albano u: diesem Ort. Ich begehre nicht unsre Gegend zu vertauschen, aber der Balsam des Klimas hier ist Herz u: Seel-erquickend! Diese immer lebende Natur! Wir haben verschiedene sehr gute u: interessante Menschen kennen gelernt. Trotz allem was man in Deutschl. sagt u: glaubt, ich kenne weit mehr durch Geist u: Wissenschaft interessante Menschen in Rom, wo ich doch noch keine 4 Wochen gewesen, als in irgend einer Stadt in Deutschland.

Angelica ist ein allerliebstes Weib, so voll edler Grazie u: Bescheidenheit.

Ich sende Ihnen hier ein Gedicht. Die Gemählde Rafaels im Vatican übertreffen nicht nur alle andern, sondern diese kann man gar nicht mit ihnen vergleichen. Auch davon mündl. O liebster Voß, wie freue ich mich auf dieses mündl:! Sophia freuet sich auch herzl: darauf, u: spricht oft davon. Holmer hat mir geschrieben der Bischof wolte uns, bis wir ein Hauß hätten, Stendorf einräumen. Das ist sehr gütig von ihm. Sagen Sie nichts davon, wofern man nicht mit Ihnen davon spricht. Dann besucht Ihr Lieben uns, u: wir Euch. Finde ich dort einen Kamin, so sitzen wir den Winterabend, zwischen Sonnabend u: Sonntag, den Sontag u: Montag früh am Stendorfer Kamin zusammen. Nicht wahr Ihr Lieben? Dann wird der Kamin Italien genannt. So ein verstockter Schweiger Sie auch sind, schreibe ich doch wohl aus Tivoli wieder an Sie, u: dann aus Neapel oder Sicilien. Neapel! Sicilien! There is music in the name!

Noch haben wir keine Wohnung in Neapel bekommen
können, weil alles dort izt so voll ist. In weniger als
4 Wochen hoffe ich dort zu seyn. Sophia wird wohl
im März entbunden werden. In der lezten Hälfte des
Aprils trete ich dann vielleicht mit Nicolovius u: Jacobi die Reise zu Pferde nach Calabrien u: Sicilien
an. In der Nachbarschaft von Neapel, Sorrento oder
Castel del Mare, bleiben wir dann zusammen den
Sommer, kehren im Herbst über Rom, Terni, Ancona,
Venedig, das Tirol, zurück! Gott gebe nur daß wir
unsre kleine Heerde wohl finden! Daß Sophia glückl.
entbunden werde, u: Ernst auch so wohl sey wie izt.
Daß der ganze Cirkel der Freunde wohl u: vergnügt
sey! Seit ich das Gedicht Rafael gemacht habe, ist
mir als regte sich wieder alter Musengeist in mir. Izt
wird er oft durch die Fülle der Gegenstände zerstreut,
gescheucht möchte ich fast sagen. Alter Voß, Dich soll
die Empusa kneifen, wenn Du nicht verjüngt wie
ein Adler bey der Erzählung von Italien u: Sicilien
wirst.

Als wir von Genf reisten hatten wir das Project,
daß Sophia nur bis Genua mitreisen wolte, ich hätte
sie dann zurück nach Genf geführt, wo sie eine Freun-
bin hat, u: wäre über den Gotthard wieder nach Italien gereißt. Ernst wäre bey Sophia geblieben. Aber
in Genua wolten wir uns nicht trennen, u: hatten
warlich Recht. Das Schlimme ist, daß ich manche
Bücher zurück ließ, Herodot, Thucydides, Ihre Georgika.
Diese habe ich mir nun bey Schram bestellt, aber
wie lang wird das währen. Ich dachte sie in Genf
wieder mit zu nehmen. Wir sind hier bey einem alten
Bekannten im Hause, dem portugiesischen Gesandten, den
ich in Kop. gesehen, der in Berlin mein College war.

Wir werden noch einmal mit unſern Reiſegefährten dieſe
Gegend beſuchen, u: Fraſcati, das alte Tuſculum! —
(Das Folgende iſt ſpäter geſchrieben.)

Eben komme ich von einer Spazierfarth zurück,
vom Albaner See. Er liegt hoch, iſt aber von einem
kranzformigten Ufer umgeben, offenbar ein alter Crater.
In dieſer ganzen Gegend ſind Bäume von ſehr groſſer
Schönheit, im Frühling u: Sommer muß es wunder=
ſchön ſeyn, auch izt machen die groſſen immergrünen
Ilices, welche von ſehr anſehnl. Höhe ſind, eine groſſe
Würckung. Dazu kommen die vielen Felſen, u: die Ilices
welche, gleich denen bey Banduſias Quell im Horaz,
oft überhangen u: Wurzeln zwiſchen den Ritzen ſchlagen.
Auch unſre Eichen ſind hier von beſondrer Schönheit.
Morgen ſeh ich das alles noch beſſer.

d: 19ten. Dieſen Morgen rit ich zum See Albano,
ſtieg das Ufer hinunter, ſah Hallen in den Felſen ein=
gegraben, wo vermutl: die Nymphen verehrt wurden,
u: ließ mir das emissarium aufſchlieſſen, wo man den
Anfang der Ableitung des Albaner Sees, welche Ca=
millus machen ließ, ſieht. Man trit erſt in einen ho=
hen von Mauern umſchloſſenen viereckigten Hof, auf dem
Felſen oben hat ein ungeheurer Ilex Wurzeln gefaßt,
u: bedeckt mit ſchönen Zweigen den ganzen Hof. In
der Mitte flieſt der Canal, anfangs unter einer hoch=
gewölbten Halle, dann 1500 Schritt durch den Felſen
durchgehauen fort. Es iſt ein unbegreifl. Werck, unbe=
greifl. auch deswegen, weil man nicht erklären kann wie
die Arbeit gemacht ward. Fing man an von der See=
ſeite? Aber der See war höher als das Emissarium.
Von der Landſeite alſo? Aber wie konnten die Arbei=
ter vermeiden nicht mit dem lezten Stoß durch den Fel=
ſen alle erſäuft zu werden?

Kleiner als Albanos See, aber so liebl. wie er, ist
der See Nemi. Er ist auch von hohen und beschatteten
Ufern umgeben. An der einen Seite liegt Nemi
(Nemur Dianae) an der andern Genzano (Cynthianum.
Cynthiae fanum). Diesen besuche ich morgen noch ein=
mal. Von den Trümmern der Ruinen der Villa des
Antonini pii, sah ich Velitrae, die alte Hauptstadt der
Volscer, u: Cora, einen Theil der pomptinischen Sümpfe,
u: Monte Circello! Hier sah ich Homerisches Land!
Den Berg der Circe! — Dann besuchten wir Trümmer
des Tempels Junonis Lanuvinae u: das Städtchen
Lanuvium, welches noch ein Städtchen ist, Velletri u:
Cora. Die Gegenden hier sind sehr schön. Ich will
sie, eh ich Rom verlasse, noch einmal besuchen.

Rom d: 21sten. Gestern früh rit ich an den See
Nemi, stieg ab, u: ging, bald unten bald oben an sei=
nem waldigten u: Reben= u: Gemüse=vollen Ufer.
Zwischen Felsen u: grünen Hügeln, unter hangendem
Epheu u: an izt grünenden u: blühenden Coluteas,
welche hier den ganzen Winter grünen u: blühen, bey
grossen Kastanien, Erlen, Pappeln, u: unter immergrü=
nen Steineichen, wandelte ich hier. Ich kletterte bis
zu ihrer ersten Quelle der Egeria nach, welche Ovid
hier trauernd über Numas Tod, in Thränen zerfliessen
läst. Sie fliest leise u: sacht, bis sie sich unter Epheu
zwischen Felsen verliert. Dann stürzt sie mit Ungestüm
hervor, u: so starck, daß sie am Abhang des Berges,
eh sie den See erreicht, Mühlen treibt — Dann ritt
ich eines andern Weges zurück, u: kam über via appia,
deren ungeheure Substructionen, welche das Erdreich der
durchgrabenen Berge hält, daß es nicht einstürze, für die
Dauer der Welt berechnet scheinen. — Rückwärts fah=
rend von Aricia nach Rom, noch dicht bey jener, sahen

wir einen schon blühenden Mandelbaum. Auf 2 deutsche Meilen weit, ist aber die Campagna di Roma äusserst unfruchtbar, das heist uncultivirt, u: entblöst von Bäumen.

. Zu Hause nach Rom kommend — wie stolz das klingt! fand ich einen Brief von einem Gelehrten in Neapel, den ich wegen der Reise nach dem südl. Italien befragt hatte. Er rathet sehr zum Februar. Den Monat werde ich also anwenden um lacum fucessum, Brundusium, Tarent p. p. reitend zu besuchen, mit Nicolovius u: Jacobi.

Dann bringe ich Sophia nach Neapel, oder sie kommt mir dort entgegen. Im März erwartet sie ihre Wochen.

Lebet wohl, Ihr Geliebten. Der guten Ernestine habe ich zwar noch kein freundl. Wörtchen in diesem langen Briefe gesagt, aber ich meine es doch von Herzen freundl. mit der Inniglieben. Ich umarme Euch beide von ganzem Herzen u: von ganzer Seele. Viele Grüsse an Rochus, dessen Schloßhauptmannschaft mich sehr erfreut. Ich habe nicht Zeit diesen Brief nachzulesen, den ich gleich schliessen muß.

F. L. Stolberg.

152.

Neapel d: 14ten Febr. 1792.

Aus der virgilischen Parthenope, u: was noch mehr ist, von der homerischen Küste, u: was noch mehr als Virgil u: Homer ist, von der schönsten Natur unter dem mildesten Himmelsstrich, muß ich an meinen lieben stummen Voß schreiben. — Ich habe eine Entdeckung für die Odyssee gemacht — doch davon nachher. Ueber Albano, Riccia, Gensano, Velletri. Cisterno (dem Tres-

17*

tabernä der Alten) reiſten wir durch die pomptiniſchen
Sümpfe. Dieſer Papſt hat die alte via appia durch
den Sumpf wieder erneuern, den Canal welcher rechts
lief, auf dem Horaz ſich von einem Mauleſel ziehen
ließ, wieder eröfnen laſſen. Der Weg durch die pomp=
tiniſchen Moräſte iſt in dieſer Jahreszeit gar nicht un=
angenehm. Der Papſt hat unendl. viel gethan, durch
Kanäle u: Anpflanzung viel Land urbar gemacht. Doch
ſoll die Luft im Sommer ſehr böſe ſeyn. Im Anfang
der Sümpfe ſtand unſer Reaumürſcher Thermometer auf
7 Grad, nach einigen Stunden auf 20! Sommerwärme
bey uns! Drey italiäniſche Meilen (welche den alt=
römiſchen gleich ſind) vor Terracina ſtürzt aus einem
vorſtehenden Berge die Quelle Feronia bey der Horaz
ausſtieg. Auch ſind Ruinen des Tempels der Feronia
zu ſehen. Gleich ſahen wir impositum saxis late can-
dentibus Anxur. Terracina liegt noch theils hoch zwi=
ſchen u: auf Felſen, theils tief am Meer. Nirgends
ſind ſchönere Felſen als dort. Und überall Pomeranzen
u: Citronengärten. Man ſieht noch Mauern von dem
alten Anxur, u: hoch auf dem Berge 12 Hallen die
nach dem Meere zu gerichtet ſind, gewiß Ueberbleibſel des
alten Tempels des Jupiters. Dem Turnus folgten
unter anderm auch —

— queis Jupiter Anxurus arvis
Praesidet, et viridi gaudens Feronia luco,
Qua Saturae jacet atra palus, gelidusque per imas
Quaerit iter valles atque in mare conditur Ufens.

Der Offente der dicht vor Terracina fließt. Auch
Palmbäume wachſen in Terracina! Fondi, das alte
Fundi, liegt zwiſchen PomeranzenGärten. Dieſe Bäume
ſind izt unglaubl. voll von theils reifer, theils reifender
Frucht. Sie ſind ſo hoch wie unſre gröſten Aepfelbäume.

Bey Mola di Gaeta, dem alten Formiä, sahen wir
grosse Ueberbleibsel vom Formianum des Cicero. Sie
wissen daß diese Stadt für die Läftrigoniä des Homers
gehalten wird. Sie liegt himlisch schön am Meer,
Ischia liegt gegenüber. Man sieht das ganze Meer
mit seinen Küsten u: Inseln, vom Vesuv an bis zum
Vorgebürg der Circe. Dieses Vorgebürg steht ganz
einsam auf der Fläche. So erheben sich alle Inseln
dieses Meeres mit hohen Ufern. Es war gewiß eine
Insel vordem, wie auch Homer sagt. Die Aussicht
welche ich eben beschrieb sieht man auch von Terracina,
wo sie desto mehr entzückt, da dort die Paradiese anfangen. — In Mola suchte ich die Quelle Artafia. Zu
jeder Seite der Stadt stürzt eine aus Felsen durch Pomeranzengärten. Wenn ich sage die Stadt, so nehme
ich Castellone welches nach Norden u: Mola welches
sübl: liegt zusammen. Beyde sind so sehr eine Stadt,
die in der Länge am Meere gebauet ist, daß nur die
Geographie 2 daraus machen kann. Dem Auge ists
eine. Beyde Quellen sind reich an Wasser, u: jede
verdient durch ihre Lauterkeit u: Fülle den Namen
καλλιρεεθρος den Homer der Artafia giebt. Ich glaubte
mich zu berauschen in Homerischem — Wasser. Aber der
Hafen den der göttl. Greis beschreibt ist nicht hier.
Zwar liefen zu Tacitus Zeit, wie Cluver anführt,
Schiffe hier aus, ein Hafen wie der von Homer be-
schriebene kann aber nie hier gewesen seyn. Selbst Horaz
irrte also in seiner Ode Aeli vetusto nobilis ab Lamo,
Qui Formiarum dicitur moenia p. p. Wo war denn
dieser Hafen? Ich habe es entdeckt! In Terracina.
Auf einen der felsigten Berge dort stieg Odysseus. An-
dre Felsen benahmen ihm die Aussicht der Stadt.
Doch sah er Rauch. Artakiä war die nachherige

Feronia. Izt sind die Berge zwar kahl von denen die Lästrigonen Holz herunter holten, sie waren es nicht immer. Viridi gaudens Feronia luco. In Terracina ist ein Hafen, Felsen laufen vor, alles paßt. Es thut mir nur weh daß ich in Terracina noch nicht diese Idee hatte, ich hätte sonst noch mehr untersucht. Wir fuhren übers Meer hinüber nach Gaeta, das noch nach der Cajeta heißt! Wiewohl ich nicht glaube daß Aeneas je nach Italien gekommen, da nach Homer seine Söhne u: Enkel Troia beherrschen solten.

Von Minturnä stehn noch grosse Trümmer. Wir kamen über die Gefilde:

quae Liris quieta
Mordet aqua, taciturnus amnis. Er läuft dicht vor Minturnä in fruchtbarer Gegend mit sehr stillem Wasser. Kibitze u: Meven bezeichneten uns den Ort wo Marius sich in Morästen verbarg. Vom alten Capua stehn ungeheure Trümmer des Amphitheaters, dessen Arena 105 Schritt lang, 64 breit ist. Das freie Rom hat kein Gebäude gehabt welches mit diesem zu vergleichen gewesen wäre. Campanien hat seine alte Fruchtbarkeit, u: wird vortrefl. cultivirt. Izt blühen Erbsen. Bohnen u: Flachs stehn an der Blüthe, Marcks hat blühenden Flachs gesehen. Zwischen Capua u: Neapel stehn auf Aeckern u: Gemüsegärten reihenweise hohe Ulmen um welche sich Reben schlingen. Ich hoffe das wieder zu sehen wenn es grün seyn wird. Schon bey Rom wuchsen den Winter Anemonen, Levkoien, Güldenlack wild. In Gaeta sah ich zwischen Felsen wild wachsende Palmbäume, blühende Tacetten u: Schlüsselblumen. In Gärten sieht man hier die schönste Nelkenflor. Die Rose ausgenommen blühen

izt alle Blumen des Frühlings u: Sommers in den Gärten.

Der Meerbusen von Neapel, den die alten einen Becher nannten, ist von bezauberten Felsenküsten umgeben. Die Inseln stehen alle hoch aus dem Meere hervor. Alle haben den Character den Telemach ihnen giebt, als er an Menelaos sagt:

Ὀυ γαρ τις νησων ἱππηλατος, οὐδ' ἐυλειμων,
Ἀι ὅ' ἁλι κεκλιαται

Ich schrieb Ihnen neul. daß ich izt nach Tarent reisen würde. Da Sophiens Schwangerschaft aber sich als näher der Entbindung zeigte, wagte ich nicht sie zu verlassen, auch nicht die Reise hierher mit ihr aufzuschieben. Viele Reisende reisen in 25 Stunden von Rom nach Neapel, wir wolten geniessen, u: brachten 5 ganze Tage auf der Reise zu.

Noch ein Wort von Homer. Er bestimmt die Zeit wie lang Odysseus schift von den Liparischen Inseln bis zur Stadt des Lamos: 6 Tage, Tag u: Nacht rudernd. Die Insel der Circe war aber nah. ἐνϑεν δε προτερω πλεομεν — Ἀιαιην δ'ες νησον ἀφικομεϑ'. — Von Terracina nach dem Berg der Circe ist keines ganzen Tages Reise.

Virgils Grab habe ich, wie sie denken können besucht, so ungewiß es auch sein Grab ist. Indessen stimmt die Stelle doch ganz mit der überein in welcher Donat ihn begraben läßt. Mit zu vielem Vorurtheil, welches Addison u: magnus ille Cluverius (für den ich Ihnen sehr danckbar bin, da er mir tägl. so nüzl: ist) mir gegeben hatten sah ich das Grab. Nun eben laß ich die Stelle im Donat, u: will noch einmal hingehen um mit mehr Glauben daran es wieder zu sehen.

Morgen besuchen wir Puteoli u: Bajä. Uebermor=
gen Cumä Elisium, den Avernus.

Ich sende Ihnen hier eine verbesserte Abschrift des
Rafael, u: ein Gedicht, Michelangelo.

Leben Sie wohl! Sophia begleitet mich noch auf
meinen kl. Farthen ins Land. Sie grüßt Sie u: Erne=
stine herzl. Ich umarme Euch beiden, Ihr Geliebten,
mit der innigsten Liebe.

F. L. Stolberg.

153.

Neapel d: 28sten März 1792.

Da dieser Brief erst in 3 Tagen abgehen wird, so
hoffe ich Ihnen noch darinnen die Nachricht von So=
phiens Entbindung geben zu können. Unmöglich kann
sie noch lange zögern, da sie schon so viele Wochen ge=
zögert hat!

Sie sind ein böser Schweiger, bester Voß! Sie
wissen ja doch welche Freude mir ein Brief von Ihnen
machen würde! Nun ich weiß daß Sie mich nicht we=
niger darum lieben, es thut mir wehe nichts von Ihnen
zu hören, aber böse kann ich Ihnen doch nicht seyn,
mag es auch nicht.

Es ist mir als hätte ich schon von hier aus, etwa
vor 7 Wochen, gleich nach meiner Ankunft in Neapel
geschrieben. Wenigstens wolte ich es thun, u: Ihnen
eine Homerische Entdeckung sagen. Nicht Molo di Gaeta
(das alte Formiä) sondern Terracina ist die Stadt der
Lästrigonen. Mündlich mehr davon. Der Augenschein
hat es mir, troz dem was alte (selbst Horaz!) u: neuere
auch gesagt haben, evident gemacht. Von Terracina
an, welches bezaubernd schön liegt, bis Neapel, ist die

ganze Gegend ein Paradies. Hier herrschet ewiger Frühling .Die meisten Blumen des Frühlings u: Sommers blühen in freier Erde den ganzen Winter. Die Nelken sind groß wie grosse Mohnblumen bey uns.

Vor ohngefähr 10 Tagen sah ich im alten Garten einer vom Schutt der 1700 jährigen Asche befreiten Villa bei Pompeji, einen Rosenstock, dessen Knospen sich schon zu färben anfingen, neml. die Blumenknospen! Mündlich erzähle ich Ihnen von Neapel, Pozzuoli, Bajä, Cumä, Miseno, Patria (dem alten Liternum wo der erste Scipio Africanus die lezten Jahre seines Lebens zubrachte) von Herkulaneum, Pompeji, vom Vesuv, der eben als ich mit Nicolovius, Jacobi u: Ernst ihn besuchte Feuer zu speyen anfing, u: an dessen brennendem Glutstrom wir einige Tage nachher in der Nacht standen; von den hohen Schlacken auf welche wir zu treten wagten, u: rund umher Feuerschlünde unter uns sahen, vom alten Capua u. s. w. Ich müste Ihnen ein Buch schreiben, ich müste mein Journal kopiren, wenn ich mich in einem Briefe an den bösen fischstummen Voß auf alles das einlassen wolte. Die tägl. Erwartung von Sophiens Niederkunst hat mich bisher abgehalten Pästum, Sorrento u: die Inseln dieses Meerbusens, den die Griechen seiner Schönheit wegen $\varkappa\rho\alpha\tau\eta\rho\alpha$ nannten, zu besuchen. Alles das, die Reise nach Tarent u: die nach Sicilien, stehen mir noch bevor!

Ich sende Ihnen hier zwey Gedichte. Zu dem an den Kronprinzen bitte ich Sie zwey Noten noch hinzuzufügen. Sie erfahren dort leicht precis was ich nicht ganz genau weiß. Wo mir Recht ist, durften die Norweger ehmals nur von dänischen Kaufleuten das ihnen mangelnde Korn kaufen. Ob sie es aber, wie ich doch glaube, selber abholen durften, weiß ich nicht recht. Ferner weiß ich nicht genau den Inhalt der königl. Resoluzion welche den Negerhandel abschaft. Die Abschaffung dieses Gräuels hat mich zur Ode entflamt. Ich glaube indessen daß hier keine Note nöthig seyn wird. Genug daß die abscheulichste aller Abscheulichkeit, abgeschaft worden, u: das sagt ja die Ode.

Ich erwarte wenig von den 1600 alten Mskrtn. die man in Pompeji gefunden hat. Die Rollen sind so zu Asche gebrannt daß es noch ein unbegreifl. Wunder ist, wie man einige taliter qualiter habe copiren können. Ueberall aber entstehen Lücken. Die kopirten sind 1, gegen den Gebrauch der Musik, 2, Ueber Tugenden u: Laster, 3. über Staatsökonomie, 4, Philodemos über die Rhetorik. Aber sehr gegründet scheint mir die Hofnung daß man in einem der noch nicht aufgedeckten Häuser Bücher finden werde welche weniger, oder gar nicht von der Aschenglut gelitten haben. Wie leicht konnte etwas über sie einstürzen u: sie decken?

Ich wende hier einen Theil meiner Zeit dazu an mich noch ferner auf die Reise nach Sicilien u: Tarent vorzubereiten. et o si nach Ithaka! Ich habe die Odyssee hier gelesen u: mir viele Stellen notirt. Ich habe Herodot u: Pausanias excerpirt, bin izt bey Thucydides, u: lese den Theokrit u: Horaz. Wie vieles aus den Alten wird einem hier ganz anders anschaulich als bey uns! So wohl die Natur als die Sitten u: Gebräuche. Ich zweifle sehr ob ich Ithaka u: Cephalonien werde besuchen können, aber ich verzweifle noch nicht daran.

d: 31sten März —

Sophia ist noch immer auf, mehr auf als wohlauf, denn sie fühlt sehr die Beschweerden ihrer wachsenden

Bürde. Liebfter Voß, ich habe heute junges Wallnuß-
laub gepflückt! Ich ging in ein Feld hinein deſſen
reihenweis gepflanzte Fruchtbäume mich mit Pomeran-
zenFrucht u: Blüte, mit blühenden Aprikoſen, Pfirſichen,
Pflaumbäumen, lockte. Der Waizen iſt ſehr hoch, hat
aber noch keine Aehren. Ganze Felder ſind voll von
einem hochrothen Klee der Aehrenformigte Blumen hat,
u: ſchon ſeit 3 Wochen blüht. Die tristes lupini ſind
izt ſchön, ſie blühen u: gingen mir als ich mich dran
ſtellte bis an die Bruſt.

Leben Sie wohl beſter Voß, leben Sie wohl beſte
Erneſtine! Sophia, Ernſt u: Nicolovius grüſſen mit
mir Euch u: Eure Kinder herzl. Grüſſet Dorgelo,
Rochus u: Hainz. Wie geht es mit Hans? Aber
der böſe Voß antwortet ja nicht, was frage ich
denn. Noch einmal lebt wohl Ihr Inniggeliebten, ich
umarme Euch von ganzem Herzen.

F. L. Stolberg.

154.

Meſſina d: 29ſten May 1792

Liebſter Voß, Ihres heilloſen Schweigens wegen
ſolte ich billig wieder ſchweigen, aber ich will nicht Böſes mit Böſem vergelten; wohlwiſſend daß Sie es mit
Ihrem heilloſen Schweigen doch nicht böſe meinen, u:
mit Liebe an Ihren pilgernden Freund denken.

Sehr vieles, beſter Voß, werde ich Ihnen von Italien, gewiß auch von Sicilien, zu erzählen haben, wenn
wir wieder als noti vetulique columbi Nachbarn
ſeyn werden. Vom 27ſten April bis zum 27ſten May
habe ich zu Pferde mit Nicolovius u: dem jungen Jacobi die ſüdl. Provinzen Italiens durchreiſet. Erſt zu

den alten Trümmern von Pesto, deren hohe Einfalt
vom ältesten Griechischen Styl, wenigstens aus Pericles
Zeit, zeuget. Dann durch Gebürge Dauniens u: Apu-
liens. Im Orte dessen Namen versu dicere non est,
der aber Cerignola izt heisset, ist noch wie zu Horazens Zeit das Wasser feil, das Brob aber vortrefl.
welches noch steinigt in Canossa ist. Cannäs Schlacht-
feld sah ich mit Livius in der Hand u: mit einer ab-
geschriebenen Stelle aus Polybius. Weit gefehlt daß
Livius den Polybius nicht verstanden haben solte, wie
neuere gefabelt haben, stimmt beider Beschreibung mit
einander u: dem Orte selbst. In Tarent athmet in
der lieblichsten Gegend aromathische laue Luft die sich
durch die Lunge in das Herz hinein schmeichelt. Wir
brachten 4 Tage dort zu im Hause des Erzbischofs, der
ein geistvoller u: freundlicher Mann ist, u: wie Wenige
die Natur zu geniessen weiß.

Ich habe den Hafen von Brundusium gesehn. In
Otranto weheten von den furchtbaren Acrocraunischen
Gebürgen her, die sich in gewaltiger Höhe thürmen,
Grüsse an meinen Voß von Griechenland herüber.

Von Gallipoli seegelten wir hinüber zum Pythagoräi-
schen Kroton. Und reisten dann über Catanzaro,
Monte leone (dem alten Hipponium wo das Mädchen
Proserpina oft hinüber schlich um Blumen zu lesen) nach
Oppido, Scilla u: Reggio. In Oppido besahen
wir einen Tag lang schreckliche Spuren des Erdbebens.

Selbst Cluver, dieser trefliche Führer durch Italien,
wird an Homer u: an der Natur irre, da er, wie fast
alle Reisende etwas nicht wuste was jeder Fischer von
Sciglio (Scilla) u: von Messina weiß. Grade dem
Felsen der Scilla gegenüber, unter dem capo di Faro
in Sicilien, existirt noch ein Strudel wie der vor dem

Leuchtthurm von Messina. Wer den lezten für die
Charybbis nimt, der läßt Homer die gröste Ungereimtheit
sagen. Vom ersten ist es noch pünctl. wahr, daß,
wenn der Wind mit der Fluth oder Ebbe, die in der
Meerenge so starck wie in der Nordsee ist, in Contrast
komt, eine strubelnde Bewegung die Schiffe in Gefahr
bringt, eine Gefahr welcher sie nicht zu weit ausweichen
müssen, wenn das Meer hoch ist, denn incidit in Scyl-
lam p. p. Eben so gilt dann noch der Rath der
Kirke, wenn man von Norden, wie Odüsseus, komt;
bey hoher See sich lieber der Gefahr auszusetzen (stran-
dend) einige Mann durch die Scilla zu verlieren, als
verschlungen zu werden von Charybbis mit Mann u:
Maus. Die Gestalt der Scilla ist fürchterl. Homer
hat Recht zu sagen daß keiner, hätte er auch 20 Hände
u: 20 Füsse, den Felsen hinan würde klettern können;
der ehmals spitze Kopf ist nun versteckt durch das
Schloß des Prinzen von Scilla, oder vielmehr, diesem
Plaz zu machen, schon vor einigen Jahrhunderten abge=
tragen. Eine dreifach gezackte Klippe streckt sich vom
Felsen ins Meer hinein, das sind die τριστοιχοι ὀδοντες.
Viele grosse Eichen, Delphine, Cani del mare zuwei=
len gar eine Art von Wallfischen, ward hier gesehn,
alles wie Homer sagt, u: die dunckle Farbe des blauen
Meers entging dem alten Sänger nicht, er spricht von
der κυανωπιδι Αμφιτριτη.

Ausser Sorrento u: Ischia, welche ich auf einer beson=
dern Reise zugleich mit Capri besucht hatte, sah ich nichts
was an Schönheit mit dem südl. Calabrien zu vergleichen
wäre. Alle Schönheiten der Natur sind hier vereint. Unter dem
Einfluß der mittägigsten Gegend wird dieses Land zugleich
von beiden Meeren, Bergen, zahllosen Wäldern u: Quellen
so gekühlt, daß noch Laub u: Graß das erste Frühlings

Grün haben. Fügen Sie hinzu die Aussichten auf die Meere auf die liparischen Inseln welche sich wie Berge aus der Flut erheben, auf die Meerenge, auf Siciliens Gebürgküste, auf den Aetna der mit Schnee auf der Schulter sich in sanftem Abhang 6 deutsche Meilen lang hinab ans Meer bey Catania senket.

Messina welche halb einstürzte hat sich in breiten Strassen u: Pallästen wieder aufgerichtet. Es liegt an dem Meer wo es in sanftem Bogen sich krümt. Rechts bey der Stadt läuft eine sichelformigte Erdzunge vor, die den Hafen sichert. Zwischen der Stadt. u: der Citabelle welche auf der Erdzunge steht, grünet ein Ulmen u: Pappelwäldchen. Hinter der schmalen langen Stadt erheben sich waldigte Hügel, hinter diesen thürmen sich die zusammengerütteten Pelorischen Gebürge.

Morgen früh setze ich zu Pferde, oder vielmehr zu Maulesel, die Reise weiter fort. Auf dem Rit nach Palermo bringen wir 5 Tage zu. Wir kommen durch die Gebürge der Juno in denen der schöne Daphnis das Hirtengedicht erfand, u: durchreisen die καλην Ἀκτην.

Leben Sie wohl bester Voß! Nicolovius hat viele Pflüge für Sie gezeichnet. Sie kommen mehr oder weniger dem virgilischen nah, u: sind sehr einfach. Die Tarentiner nennen das dentale noch dentale. Sonst sind weit mehr griechische als römische Spuren in den Gebräuchen der Tarentiner. Ich bringe ein langes Verzeichniß griechischer Worte des Tarentinischen itzigen Dialects mit. Nicolovius grüßt Sie. Ich umarme Sie u: die liebe gute Ernestine mit treuer Liebe. Grüssen Sie Dorgelo. Bey der Durchfarth durch den faro fiel mir sein unkundiger Schifcapitän ein. Grüssen Sie auch die Wizlebens, Heinze u: Hellbach.

F. L. St.

155.

Ihren lieben Brief vom 3ten Mai erhielt ich
im Anfang des Juny in Palermo. Ich hoffe daß
mein Brief aus Messina richtig werde angekommen seyn.
Den Ihrigen würde ich schon längst beantwortet haben,
bester Voß, wenn ich mir nicht immer vorgenommen hätte
Ihnen recht viel zu erzählen. Die Fülle des Inhaltes
machte mich stumm. Eh ich diese Fülle anschöpfe will
ich Ihren Brief beantworten.

Ich habe mich sehr fleißig nach der Lilie des Theo
krit erkundigt. Die grosse Gartenlilie blühet auch in
Sicilien weder wild noch in andrer Jahreszeit als im
Sommer. Die Maiblume soll im April blühen; in der
Gegend von Katania gar nicht. Ueberhaupt ist sie seltner als bey uns. Ich vermuthe daß man sie im
Gebürge findet. Im nordlichen Gebürge τα Ἡραια ὄρι
sah ich ihre Pflanze nicht. Wiewohl ich, als ich in
diesen Gebürgen war Ihren Brief noch nicht hatte,
glaube ich doch daß diese liebe Pflanze, wenn sie so gemein wie bey uns wäre, uns nicht würde entwischt
seyn. Am Fusse des Aetna u: in der mitleren Region,
u: so weit die Pflanzen gedeihen, sah ich sie auch nicht.
Der Mohn des Theokrit ist der einfache rothe, welcher
in beiden Königreichen viel häufiger wild wächst als
bey uns, besonders auf den Aeckern.

Die verschiedenen Narcissen sind nicht verschieden.
Es ist die weisse Tacette unsrer Gärten, mit dem gelben Becher. Ich sah sie in den ersten Tagen des Fe-
bruars wild wachsen, sobald ich nach Kampanien kam.
In der Mitte des Märzes war Patria (das alte Sci-
pionische Liternum) ganz bedeckt damit. Anfangs Fe-

bruars ift Pflugzeit. Landolina in Syrakus sagte mir sie blühte wieder im Herbst. Ich will mich noch schriftlich bey einem Deutschen in Palermo, dem Pater Sterzinger, einem sehr feinen Manne, darnach erkundigen. Es ift sehr schweer in diesen Ländern auf botanische Fragen vernünftigen Bescheid zu erhalten. Der Professor der Botanik in Palermo, u: ein Mönch welcher mir klüger als der Professor schien, sagte an Nicolovius, der ihm Ihre Frage über den Epheu vorlegte: Es wäre alles dieselbe Art. Unreif ift die Frucht golden, schwarz wenn sie reift. So ift das Laub auch anders gestaltet je nachdem es das erfte oder 2te Laub ift. Beiderlei Laub sah ich oft am selbigen Busch. Ich glaube nicht daß er ohne Stütze sich vom Boden erhebe. Es scheinet so, weil er alle Stämme so dicht u: so belaubt umschlingt, solche viele Ranken herabhangen läßt, daß man vom alten Stamme nichts mehr sieht. Es ift aber diese Art gewiß durch nichts von der andern welche sich hoch an Bäume windet, wie Reben, u: gleich ihnen herabrankt, verschieden. Den so sichtbar sich windenden nannten die immer mahlenden Griechen ἕλιξ.

So wohl die grosse blaue Iris, als die kleinere blaue Art, welche wir beide in unsern Gärten haben, wachsen in Italien u: Sicilien wild. Die hiesigen Gelehrten halten die Hyacinthe für den ὑακινϑος. So viel ift gewiß daß die hiesige wilde Iris das ΛΙ u: V nicht deutlicher zeige als die unsrigen in den Gärten.

Sie sind ein böser Mann wenn Sie mir meine homerischen Sandkreise stören wollen. Mündlich darüber mehr. Sie glauben nicht wie der Anblick der Orte die ganze Reise in ein helles Licht sezt, wie wohl Homer die Entfernung zwischen der Insel der Circe u:

den Sirenen, (von denen ich glaube daß sie viel näher
bey der Scilla u: Charybdis waren als die Ausleger
sagen welche sie schon seit Jahrtausenden bey Sorrento
singen liessen) in die Kürze zog.

Daß Sie für den ganzen Homer nur 1200 rth:
bekommen, finde ich schändlich von den Herren Buch=
händlern.

Den Mahler Wagner kennen wenige. Die Wenigen
halten nicht viel von seinem Talente. Seine Porträte
musten ihm schaden so bald er sie sehen ließ. Bessere
Zeichner als er verlieren sich in der Menge von Künst-
lern in Rom. Es thut mir wehe, bester Voß, Ihnen
für den guten braven Mann nichts tröstliches sagen zu
können. Fast möchte ich ihm rathen in Neapel den
Antiquar zu machen, denn ein solcher fehlet dort ganz.
Aber auch das würde nicht gehen. Jeder Laffe von
Franzosen würde den bescheidenen Mann verdrängen.
Und die Engländer, deren Zahl die gröste ist, pflegen
einen unwissenden Engländer zu brauchen. Selbst einige
Deutsche dort würden, wenn sie das wolten, wofür ich
nicht stehe, ihn gleich mit einem Wort um allen Credit
bringen können. Als Lehrer im Zeichnen würde er in
einer grossen Stadt wohl am besten Unterhalt finden.
Aber wie beschweerlich u: unsicher ist auch das! —

Und nun räuspre ich, wische mir mit weissem
Tuche den Schweiß ab, u: rüste mich an zur Er=
zählung.

Aber was sag ich zuerst? was zulezt? wie voll
ist das Herz mir?

Nirgends sah ich so grosse u: schöne Natur als auf
dem nördlichen Gestade von Sicilien, so weit das
Val Demone reichet. Mündlich beschreibe ich Ihnen
das Piano di Brolo. In meiner schriftl. Beschrei=

bung beweise ich (Sie wissen daß ich nur lächelnd be=
weisen kann) daß dieses paradiesische Thal, wo Gebürge,
Meer, Aussicht auf die Liparische Inseln, Ströme, Re=
ben, Fruchtbäume, Wälder u: Quellen sich in der höch=
sten Schönheit vereinigen, das den Nymphen geweihete
Waldthal seyn müsse, in welchem Daphnis geboren ward;
der liebenswürdige Hirt u: Dichter, aus welchem der
vielwissende Ignorant u: Geck Herr Bartels die Daphne
macht. Halten Sie mein Urtheil über Bartels nicht
für hart! An Ort u: Stelle gelesen gewinnt Münter,
so trocken er auch oft ist, unendlich wenn man ihn mit
Bartels vergleicht. Bartels pralt oft, u: flunkert zu=
weilen. Münter ist warhaft, wiewohl so kurzsichtig,
daß er in Palma die erste Palme sah; u: so unkundig
der Natur, daß er ernsthaft seine Meinung, der Wind
habe den Samen dieser Bäume (welches Datteln sind!
vom männlichen Samenstaube spricht er nicht) von Afrika
herüber gewehet! vorträgt. In Palermo — ganz Ohr
lieber Voß! besuchte ich den Abbate Vella, welcher die
schäzbaren arabischen Codices übersezt hat, u: ein Mskt
des — Livius! — in der arabischen Uebersetzung zu
besitzen behauptet. Ohne Zweifel haben Sie von die=
sem Mskt schon gehört. Münter spricht auch davon.
Vellas Erzählung wie er es vom Großmeister geschenkt
erhalten, dem ein französischer Maler der es in der
SelimsMoschee soll gefunden, in Malta soll ge=
geben haben p. p. hält man für ein Mährchen. So wohl
der Maler als der Großmeister sind todt. — War=
scheinlicher ist die Meinung daß Vella, als auf königl.
Befehl ihm aus Girgenti alle arabischen Mskt einer
Klosterbibliothek gesandt worden, dieses entwandt u: das
Mährchen ersonnen habe. Izt giebt er den lezten Theil
der arabischen u: von ihm übersezten Berichte eines

saracenischen Gesandten in Palermo, zur Zeit eines Normannischen Fürsten heraus. Dann verspricht er zur Probe das 60ste Buch des Livius mit einer italiänischen Uebersetzung herauszugeben. Er sagt daß er 17 Bücher 60—76 besitze. Noch hat er nichts als das epitome des 60sten Buches fertig. Er ist so unwissend, daß ich Mühe hatte ihn zu überzeugen der jüngste der Gracchen habe Cajus Gr. u. nicht Julius Gr. geheissen. Uebrigens seh ich nicht warum man, wie Münter, die ganze Sache so wegwerfen solte? Die grosse Aengstlichkeit des beschränkten Mannes, welcher sein Mskt. wie der Drach die Hesperischen Aepfeln bewahrt, läst sich begreifen so bald man ihn kennen lernt. Sterzinger meint es enthielte das Mskt nur einen Auszug. Ich weiß nicht ob der Einwurf: es müste sonst dicker seyn, weil die arabische Schrift viel Raum einnehme; nicht theils durch die Auslassung der Vocale theils durch Precision, oder vielmehr concision der Sprache erklärt werden könnte. Und wie wenn es auch nur 5 oder 6 ganze Bücher, u: Fragmente der andern enthielte? Welcher Schaz noch immer!

Bey Trapani sind die wahren kyklopischen Steine die der Polyphem dem Odysseus nachwarf.

Die Insel Favignana ist die homerische. Sie hat einen Hafen, soll wasserreich seyn, dairi u: Kaninchen nähren (ersteres sind die wilden Ziegen Homers) u: äusserst fruchtbar seyn.

Den berühmten Eryx erstiegen wir. In Girgenti — Sie sehen wie viel ich im Briefe überspringen muß, reisend war ich bedächtiger, u: blieb über 6 Wochen in Sicilien — In Girgenti waren wir 4 Tage. — In Syrakus 6 Tage. Wie lebendig ward mir bey der zwar grossentheils, doch noch wasserreichen Arethusa, in

welche das Meer bey hohem Winde hineinwogte, das
Virgilſche:

Sic tibi, cum fluctus subterlabere Sicanos,
Doris amara suam non intermisceat undam!

Der ſüſſe, der Arethuſa noch gegenüber mitten im
Meer ſprudelnde Quell, iſt der Alpheus. Auch beſuchten
wir die Quelle Kyana, wo das Papyrrohr häufig wächſt.

Aber warum habe ich angeſchöpft? Ich muß im
Briefe zum Aetna eilen, u: auch nur da etwas, aber
Flammen — u: o daß ich es mit geweiheter Hand
thun könnte! — Flammen abſchöpfen! Die Nacht vom
5ten zum 6ſten ritten wir den Aetna hinauf. Seinen
Kratergipfel erkletterten wir zu Fuß in 2 Stunden.
Wir ſahen Sicilien u: einen Theil von Calabrien zu
unſern Füſſen. Der Eryx ſchien uns nah! In der
folgenden Nacht ſtanden wir an der Flammenkatarakte
welche ſich ſeit einem Monate oder 6 Wochen aus
einem der Berge des Aetnagebürges ergieſſet, u: zwar
aus dem welcher nur eine halbe deutſche Meile vom
Kratergipfel entfernt, nach ihm der höchſte iſt. Der
Glutſtrom ſtürzt hochher wie ein Waſſerfall. Dann
flieſt er ſchnell einen Abhang herunter, theilet ſich dann
in viele Arme u: umſchlingt, wie Zeus die Semele,
blühende Inſeln. Aber die ſchöne Natur

tumultus
Non tulit Aethereos! Etwas un=
weiſe lehnten wir uns an Schlacken ſeines Ufers über
die Glut hinüber, eine kleine Weile nachher ſtürzte am
jenſeitigen Geſtade eine hohe Schlackenwand mit fürch=
terlichem Lärm ein. —

Als wir den Morgen vorher am Krater ſtanden,
wälzten wir Steine hinab. Sie fielen ſo lang daß ich
48 Pulsſchläge zählte eh wir ſie in tiefe Waſſer

hinabstürzen hörten. Ein offenbarer Beweiß daß sie ins
Meer fielen, u: bis unten die Esse des Aetna hohl ist,
bis an die Meeresfläche!

In Messina schiften wir uns am 10. July ein.
Wir landeten am Stromboli, dessen immer aufsteigende
Glut wir in der folgenden Nacht vom Meer aus sahen.

Dem Palinurus seegelten wir noch vorbey. Einen
ganzen Tag waren wir auf der Küste jenseit Pästum,
wo die Luft noch sehr gut ist. Der Wind war zuwider. Ich fand Sophia u: die Kinder am 14ten
July in Jorio nah bey Portici wo sie ein Landhaus
genommen hatten. Unsre Freude ward gestört durch
eine Unpäßlichkeit der Kleinen.

Am 22sten July liessen wir uns nieder im Piano
di Sorrento, wo wir ein Landhaus gemiethet haben.
Es ist ein hohes Thal gelehnt am Berge. Von diesen
Bergen sieht man die Sonne aufgehen über den Meerbusen von Salerno; untergehn über dem Meerbusen von
Neapel, dessen Gestade u: Inseln wir sehen. Alle
Abend scheint die hohe Ischia in Abendroth. Das Thal
ist beständig kühl. Schon reifen die Trauben, noch
blühet der Frühling dort. Wir haben hohe Kastanien-
wälder, zahllose Fruchtbäume, gewaltige Pinien u: Eichen; hohe Pomeranzenbäume u: Reben schatten über
unser hohes Haus von 2 Stockwercken weit hin.
Das ganze Thal wird durchschnitten von tiefen Spal-
ten zwischen Felsen, wohin man durch schmale Fuß-
stege kommt. Sie sind überwölbet vom Laube der Bäume,
Büsche u: Reben. Lange Epheuranken hangen von oben
hinab. Hier sehen Sie den goldnen Sonnenstral durch
das Laub u: den Epheu spielen, u: zugleich dort
in der verengten Höhle den leuchtenden Johanniswurm,
entweder auf einem Blatte sitzen, oder herumfliegen.

Denn der fliegenden Johanniswürmchen sind in Italien
u: Sicilien ohne Zahl.

Während meiner Abwesenheit in Sicilien ward mein
armer Koch, der bey Sophia geblieben war, vom Schlage
getroffen. Seine Frau ist die Kammerfrau der meinigen. Sie können sich die Verlegenheit vorstellen!
Als wir nach Sorrento zogen, zogen die beiden armen
Leute hierher, weil er die hiesigen Bäder braucht.
Wir sind vor einigen Tagen hergekommen die guten
Leute zu besuchen. Und da gefiel es uns hier so, daß
wir wohl noch gegen 14 Tage hier bleiben werden.
Nicht als ob diese würcklich wie bezauberte Insel das
nicht minder bezauberte Piano di Sorrento verdrängt
hätte, sondern um dieses u: jenes zu geniessen, da jedes
seine ihm eigenthümlichen Reize hat, u: wir uns an
denen vom Piano di Sorrento noch lange weiden werden. In Ischia hätten die Grazien müssen gebohren
werden, die Musen im Piano di Sorrento. Sie sehen
daß ich nicht Unrecht habe in beiden Blumen, in beiden
Früchte zu pflücken!

Sie werden uns indessen zutrauen daß wir, berei-
chert an Vorstellungen des Schönen, nicht wie irrende
Schmetterlinge der Heimath vergessen, sondern wie Bie-
nen der Zelle eingedenk beiben. Izt machen theils die
pontinschen Sümpfe es unmöglich vor Anfang Novem-
bers sie zu durchreisen, u: solten wir auch, wornach
wir uns erkundigen, ein Schiff nach Livorno finden können, so würden wir doch die heissen Monate müssen
vorübergehen lassen, eh eine Säugende u: eine Saugende
reisen dürften. Dazu kommt daß unser umherziehender
kleiner Hausstand durch die Kranckheit des Kochs desto
mehr zerrüttet wird, da seine Frau, die ihn nicht verlassen kann, die einzige weibliche Bedienung meiner

Frau u: des Kindes ist. Izt haben wir eine Deutsche welche zum Theil ihre Stelle vertrit, aber in Neapel verheirathet uns nicht begleiten kann. Daß uns Gott einen Faden werde finden laſſen um uns aus dem La=byrinth dieſer Situazion herausfinden zu können, zweifle ich nicht, aber ich ſehe dieſen Faden noch nicht.

Die Kleine hat ſich ſehr erholt, aber ſie kränkelt doch noch. Wir hoffen daß Zähne ſich melden. Hier ſcheint ſie ſich beſſer zu befinden als im Piano, oder vielmehr glaube ich daß die bloſſe Veränderung der Luft ihr wohlgethan habe, denn an ſich ſind beide Orte mit Recht berühmt wegen ihrer guten Luft, u: das Piano noch ganz beſonders wegen ſeiner Kühle.

Ueberhaupt werden die Vorſtellungen der ſüdlichen Hitze bey uns ſehr übertrieben. Die Wärme iſt freilich hier gröſſer, aber warlich nicht ſo drückend wie bey uns, wo die Luft ſchweerer iſt. Einige Tage in Sicilien, u: ſchon die erſten Tage des May in Apulien, war die Hitze ſchweer zu ertragen. Ja in Syrakus war ſie am 26ſten Juny ſo entflammt, daß wir mit den Fenſtern die Fenſterladen ſchlieſſen und Waſſer ſprengen muſten. Der Thermometer ſtieg in einem ſonſt ſehr kühlen engen Hofe, wo die Sonne nicht hin kommt, bis auf den 31ſten Grad. — Auf dem Aetna hingegen vor Sonnenaufgang ſank er am 6ſten July bis auf anderthalb Grad unter dem Eispunct. Gewöhnlich erhebt ſich in dieſen Län=bern ein kühlendes Lüftchen gegen Mittag, beſonders in Sicilien. Ich hatte lang den bey uns unſichtbaren himmliſchen Scorpion geſehn, eß ich endlich im vorigen Monat einen irdiſchen ſah. Auch dieſe Vorſtellungen von Schlangen, Scorpionen, Inſecten jeder Art ſind ſehr übertrieben. Im Piano u: hier ſieht man weniger Mücken als bey uns. Hier ſah ich einen kleinen Scor=

pion, von einer Zwergart, welche sich zum grossen ver=
hält wie die kl. Seekrabbe zum Krebs. Die grossen
sind etwa 2 Zoll lang, diese kleinen, welche nicht
giftig sind, so groß wie eine Fliege. In Ischia ist kein
Thier giftig. Es gereichet unsern guten Alten nicht eben
zur Ehre daß sie Ischia fast nicht nennen, auch Sor=
rento fast nicht. Glauben Sie mir, bester Voß, sie
empfanden die Natur nicht so rein u: voll wie wir,
einige Dichter ausgenommen. Besonders die Römer.
Das sieht man an der Wahl der Oerter wo sie die
meisten Landsitze hatten. Vieles giebt uns mehr Ruh
ins Herz, u: zum Theil waren sie zu tief in Politik
versunken. Die Politik erkältet das Herz. Vom Dä=
mon der Politik läßt sich, wie von dem Plutos sagen:

$$\Delta\iota\alpha\ \tau\upsilon\nu\tau o\nu\ o\upsilon\chi\ \dot\alpha\delta\epsilon\lambda\gamma o\iota,$$
$$\Delta\iota\alpha\ \tau o\upsilon\tau o\nu\ o\upsilon'\ \tau\upsilon\chi\eta\epsilon\varsigma.$$

Ueber den Anakreon fällt mir noch die Cikade ein.
Sie ist sehr häufig hier u: in Sicilien. Ihr Gesang
ist ein ebenso unharmonisches Zirpen wie das Geschrey
unsrer Grillen. Aber theils wegen ihrer grossen Leben=
digkeit, theils wegen ihrer eleganten Gestalt, u: weil
sie Boten des Sommers sind, liebten die Alten sie.
Gewöhnlich sind sie graßgrün, einige von besondrer
Schönheit sind gelb, u: haben purpurne Flügel. Noch
gestern lag ich in der Mittagsstunde in einem jungen
Kastanienwalde u: hörte zahllose Cikaden. Indem ich
den blauen Himmel durch die grünen Zweige sah, hatte
ich meine Freude an einer Cikade über mir, bis sie end=
lich wegflog. Häufig sieht man auch auf den Bäumen
die schöne grüne Eidexe. Horazens Bild Seu virides
rubum dimovere lacertae wird hier recht wahr. Die
hiesigen Eidexen sind groß, smaragd grün, u: haben.

besonders in Sicilien oft einen himmelblauen Kopf. Ich
kann Ihnen nicht sagen, bester Voß, wie sehr die Lec-
tur der Alten durch den Anblick der hiesigen Gegenden
sich belebt. Das gilt auch von der Bibel. Tausend
Gleichnisse der Dichter welche uns, wo nicht hinkend,
doch schwachbeinigt scheinen, stehen u: laufen hier zum
Erstaunen. Wie lebendig Theokrit in Sicilien, besonders in der untern u: mitlern Region des Aetna wird,
darüber wollen wir uns noch manchesmal unterhalten.
Auch sind die Syrakuserinnen, deren ich viele in einer
grossen Versammlung beysammen sah, den Theokritischen
sehr ähnlich. Virgil malt mit feinem Pinsel oft eben
so starck u: wahr, da aber eigne Dichtung sich in ihm
mit Theokritischer verbindet, so verwirren sich zuweilen
die Gegenstände, u: man weiß nicht ob man in Sicilien
oder in Italien sey. Uns Nordländern ist das eine Ab-
schattung die sich dem Auge entzieht, an Ort u: Stelle
wird man es gewahr.

Nun adieu liebster Voß, pflegt Tante Kätchen am
Schluß ihrer Briefe zu sagen. Das gute Kätchen,
mich verlangt darnach sie mit der kleinen Heerde wieder
in Holstein zu wissen; mehr noch wieder die ganze kl.
Schaar vereiniget zu sehen. Sophia, Ernst, u: Nicolovius
grüssen herzlich. Grüssen Sie meine Freunde in Eutin.
Dieser Brief wird sehr alt werden, da ich ihn an einem
Posttage geschrieben habe, nachdem die Post schon
gegangen war. Ich umarme Sie u: Ernestine von
ganzem Herzen. Gestärckt, wiewohl schweerlich verjünget,
komme ich wohl zu Euch. Behaltet mich lieb Ihr Lieben! Schreiben Sie einmal wieder, von so weit her
macht ein Brief doppelte Freude.

F. L. Stolberg.

d: 20ſten Aug. 92.

Wenn ich Ihnen in dieſem langen Briefe nichts von dem Volke, oder vielmehr von den verſchiedenen Völkchen dieſer Länder erzählt habe, ſo glauben Sie nicht, beſter Voß, daß wenig davon zu erzählen ſey. Aber die Materie würde mich izt zu weit führen. Im Ganzen iſt das Volk froh, geiſtreich u: gut. Nirgends ſah ich in einem Völkchen dieſe Eigenſchaften ſo aus= zeichnend u: ſo verbunden mit Anmut u: Schönheit der Weiber, als hier in dieſer paradiſiſchen Inſel. Wir bringen manche Stunde mit unſern Hausgenoſſen, freund= lichen Landleuten zu. Des Abends tanzen Mädchen zur Tamburine die Tarantella. Ich ſah nie einen ſo freu= digen, ſo leichten Tanz, nie einen der ſittſamer wäre. Mit angeborner Grazie tanzen, ſingen, ſpielen auf der Tamburine die Mädchen. Selten tanzen Männer, faſt immer zwey Mädchen; wechſelsweis ſpielt die 3te die Tamburine u: ſingt dazu. Ich werde Lieder, unter welchen einige allerliebſt ſind, u: die Melodie mitbrin= gen, auch eine Tamburine. Sonderbar iſt daß dieſe Lieder welche das ſpielende Mädchen den tanzenden Mädchen ſingt, faſt immer Klagen eines Jünglings, Vorwürfe die er ſeiner ſpröden Geliebten macht p. p. enthalten. So erbaulich iſt überall den Weibern der Gedanke an die Herrſchaft ihrer Reize!

· Dieſen Nachmittag führten uns zwey dieſer Mädchen in einen Weinberg welcher unſerm Wirth gehört. Sie ſprangen, ſcherzten u: ſangen ohn Unterlaß. Die eine, gekleidet in Lumpen, ein armes Kind von 14 Jahren aus der Nachbarſchaft, welche aber viel Umgang mit unſers Wirths Familie hat, ein ſchönes Mädchen, ſagt ſelbſt daß ſie nie traurig geweſen ſey. Noch froher iſt des Wirths 15jährige Tochter, die immer des Morgens

gleich, wie sie einen von uns sieht, aus reiner Herzens-
fröligkeit laut anfängt zu lachen. — Die Lieder müssen
sich alle in die Tarantellenmelodie schmiegen. Alle 2
Monat kommt ein neues Lied von Neapel, welches von
allen Mädchen gleich auswendig gelernet wird. Die
Singende sieht immer sehr ernsthaft aus, nicht selten
wie begeistert. Die Tanzenden desto frölicher. Ich
habe in diesen Tagen nicht einen Augenblick von Unzufriedenheit des einen mit dem andren gesehn, wie wohl
sie sich immer necken. Und, was noch mehr ist, bey
aller ihrer Freude u: Freimütigkeit nie einen zu freien
Mädchenblick. Wir werden noch 5 Tage hier bleiben.
— Die Sorrentinerinnen sind sanft, nicht so frölich,
gut, lange nicht so schön wie die Ischiesen. Die
Trauben deren wir die Hülle u: Fülle haben, sind
delicios!

Mit der Art welche 3mal trägt verhält es sich
accurat so wie Sie in Ihrer Note sagen. — Ich habe
Hesperiden hier angefangen.

156.

Münster d: 20sten Nov. 1794.

Ich hatte eben angefangen einen Brief zu schreiben,
als der Ihrige mir gebracht ward. So bald ich diesen
gelesen, zerriß ich jenen; nein, dacht ich, an die liebe
Ernestine will ich gleich schreiben! Und wie gedacht, so
gethan! Denn wie könnt ich die Rührung u: den
Dank, u: die Freude zurückhalten, welche Ihr lieber
Brief mir gegeben hat! Ich weiß nicht wo ich anfangen soll, u: muß es über Pausch u: Bogen gehen lassen, wie es gehen will.

Wie freu ich mich über die gegenseitige Liebe von Ihnen zu meinen Kindern u: von diesen zu Ihnen! Gott, der aller Kinder Vater ist, der grossen u: der kleinen, lohne Ihnen u: Vossen Eure Güte u: Liebe für meine Kinder! Ich bin voll froher Hofnungen über diese zarten Sprößlinge, so angst mir auch oft die väterliche Liebe im Herzen schlägt. Was Sie über Bielfeld sagen, bestätiget was ich über ihn dachte. Von Seiten des Geistes u: Wissens hat er freilich nicht viel Stoff, u: mich dünket auch nicht grosse Bedürfnisse des Herzens; aber darin bin ich ganz Ihrer Meinung daß sein Herz gut ist. Auch daß Ermunterung ihm wohl thun würde, aber es ist schwer ihm anzukommen, wie Sie selber sehen.

Wie freu ich mich über des alten Vossens Heiterkeit u: Kraft! Das Lied ist ganz seiner werth, u: Sie wissen wie viel ich meine wenn ich das von einem Liede sage! Und in dieser herrlichen Stimmung hat er v i e l e izt gedichtet! Es ärgert mich recht daß ich keine Post mehr hier zu erwarten habe. Zwar reisen wir erst den 26sten, aber das ist späterer Entschluß, das Postamt in Hamb. behält nun die Briefe in Verwahrung. Sagen Sie das doch auch an Bielfeld, u: an die Knaben. Den Bericht von den Kindern werd ich erst in Hamb. finden. Daß Abraham mit Andreas bey Bielfeld lernet freut mich auch sehr. Nicht allein des Weteifers wegen, aber weil sie dadurch desto mehr an einander gebunden werden. Ernst wird Ihnen mitgetheilt haben was ich ihm mit der lezten Post schrieb. Ich wünsche sehr, u: dencke Sie u: Voß werden es gern geschehen lassen, daß unsre Knaben im Sommer gemeinschaftl. das große Ballspiel im Freien spielen mögen.

Bey der wehmütigen, natürlich auch zuweilen herben Empfindung über den Zustand Ihres lieben Bruders, werden Sie auch des schönen Trostes immer finden; unter andern auch deß Trostes, ihm izt die Zeit des langsamen Abschiedes zu versüssen. Grüssen Sie ihn herzlich.

Vor feindlichem Ueberfall sind wir hier, so schlim es auch in Holland steht, sicher.

Unsre Rückkunft wird sich wohl bis zum 6ten oder 7ten Xbr verziehen. Indessen werden wir ja doch noch fast den ganzen Winter zusammen zubringen, u: dem alten düstern Schneemann, so patzig er sich auch stellen mag, manches Lächeln abzwingen. In meinem Briefe an Voß nahm ich leichtsinnig den Handschuh auf den er mir zur Herausfoderung auf Gesang hingeworfen hatte. Ich ziehe nun die Hörner bedächtig wieder ein.

Den Januar werden Jacobi u: dessen Schwestern bey uns zubringen.

Die liebe Gallizin grüßt Euch beide herzlich. Auch Overberg u: die Droste. Die Erbdrostin hat heute ihren Kirchgang gehalten.

Lebt wohl Ihr Lieben! Sophia umarmt Euch von Herzen, u: denket bald wieder an Sie zu schreiben. Ihren Brief werden Sie izt schon haben. Auch Nico-lovius grüßt Euch. Wir bringen ihn mit nach Eutin. Julia ist hier ganz eingewohnt. — Ich fürchte nicht daß die liebe Gallizin flüchtend, ich hoffe aber daß sie von ihrem Herzen getrieben, uns besuchen werde. — So wohl uns hier ist, wird uns auch wohl seyn wenn wir wieder bey Euch im kleinen guten Eutin seyn wer-den, wo wir, so Gott will, zusammen leben u: sterben, vielleicht zusammen greisen werden. Es ahndet mir daß wir wie der Rheinwein alternd gewinnen u: nicht verlieren werden. Gott sey mit uns allen! Ich herze Euch mit treuer Liebe.

F. L. Stolberg.

157.

Eutin d: 8ten Juny 1796.

Eben erhielten wir Ihren lieben Brief aus Braun= schweig, beste Ernestine! Er hat uns sehr erfreut, denn wir sehen wie froh Sie sind. Ich hoffe diese Reise soll Ihnen recht wohl thun, u: auch Voß soll seinen bösen Schwindel dem Blocksberge zum Abschiedsgeschencke lassen.

Wir sind Euch auf Eurer Reise treulich nachgefolgt, u: izt freuen wir uns des Gedankens daß Ihr beym guten Vater Gleim seyd, dem Ihr recht viel Herzliches u: Liebes von uns sagen müßt. Zwar versteht sich das von selbst, aber was ich meine geht noch über das was sich versteht hinaus!

Schon einige mal bin ich in Ihrem Gärtchen ge= wesen, auch Sophia, Kätchen, Luise besuchen ihn u: die alte Mutter. Noch diesen Vormittag war ich drinnen. Der Sturm den wir, wo ich nicht irre, gestern vor 8 Tagen hatten (es war ein schreckl. Wirbelwind der etwa 5 Minuten anhielt) hat Pauls Birnbaum unter der Krone grade abgebrochen, so daß nur Ein Zweiglein noch lebendig erhalten ist, u: einsam grünt. Dieses Zweigleins wegen meint die alte Mutter der Baum könne stehn bleiben, ich glaub aber Sie werden ihm das Todesurtheil sprechen müssen. Die gute Mutter grämte sich nicht nur des Baumes wegen, sondern hielt es für eine böse Vorbedeutung in Absicht auf Pauls Schiffahrt. — Die Iris auf welche ich aufmerksam seyn solte, ist von der grossen dunkelblauen, inwendig gelben Art. — Die Eichenblüte kenne ich seit langer Zeit, liebe Ernestine! Sie versprach viel, aber die bösen Käfer, welchen mehr an Eurem Garten als an Eurer Reisegesellschaft, wie scheint, gelegen ist, haben auch die Eichenblüthe ganz, oder fast ganz, vertilgt. Auch haben wir hier eine böse Art Raupen, welche in den Aepfelblüthen sich einspinnt. Doch sind der Blüthen so viel, daß noch genug übrig bleiben wird. — Die Lage von Ratzeburg hat mir auch immer ausserordentl. ge= fallen. — Wenn Ihr Euch der schönen warmen u: feuchten Witterung im Süden freuet, so wißt daß Ihr Vieles auf die Rechnung des treflichen Jahres setzen müßt, denn auch hier ist das Wetter vortreflich, u: alles gedeihet daß es eine Freude ist. — Ich mache mich morgen auf mit Ernst um die Güter des Bischofs zu bereisen, wozu ich wenigstens 3 Tage brauche.

Darum schreib ich auch heute schon an Sie, beste Ernestine, da ich sonst lieber einen Posttag gewartet hätte um mit mehr Musse zu schreiben. Sophia wolte dagegen heut schreiben, wird es nun aber mit nächster Post thun.

Wir sind alle gesund, und umarmen Sie, unsern Voß u: Vater Gleim von ganzem Herzen. — Wüßt ich daß ich was für den Allmanach auf meinem Ritt machen könnte, so nähm' ich eine Feder — zum kauen — mit.

F. L. Stolberg.

Ach in Grünau fehlte wohl nichts als — der Pfarrer!

Sophie:

Ich muß doch noch ein Paar Zeilen hineinschreiben, um Ihnen zu sagen, welche herzliche Freude Ihr lieber

froher Brif mir gemacht hat. ich gehe heut mit Luise
u: Lotte nach Wasdorf und komme Sonntag wieder.
Die Jungen haben sich sehr gut vertragen, und die
Mütter auch, denn jede fand ihren Jungen wie natür=
lich am schönsten, und nach ihrem den andern und so
war alles gut. aber Milchen ihr Kleiner

(Schluß fehlt)

158.

Eutin d: 15ten Juny 1796.

Liebste Erneſtine, ich ſchreibe heut nur einige Zeilen
an Sie, denn erſtl. ſind die Ranzaus von Aſchberg hier,
zweitens verreiſet Kätchen mit den beyden älteſten
Mädchen morgen früh nach Hofgeißmar, wo, wie ich
hoffe, Brunnen u: Bad, u: mehr als beydes der Um=
gang der Gallitzin, welche izt dort iſt, ihr neues Leben
u: neue Kräfte geben werden.

Eben komme ich aus Ihrem Garten. Die Ranun=
keln welche ſchon blühen, ſind ſehr ſchön. Alles ſteht
gut. Daß der gelbe Schasmin blühet hätte ich Ihnen
ſchon längſt melden können.

Aetſch! ätſch! Stinchen! daß Sie die roſenfarbne
Auſſenſeite der hellen Art von Aſchgrauen Nelken noch
nicht kannten! — Der rothe Mohn aus dem Garten
Ihres ſeel. Bruders, welcher tulpenformigt blüht, iſt
ſehr ſchön. Da müſſen Sie mir Saamen von geben.
Ich ſah dieſe Art nirgends.

Sie müſſen nicht glauben, beſte Erneſtine daß ich
aus Bitterkeit des Herzens die Ode gedichtet habe.
Daß man, wie Sie ſehr wohl ſagen, durch Bitterkeit
nicht beßre, iſt ſehr wahr, wenigſtens mehrentheils.
Aber nicht um die Rotte die im Finſtern ſchleicht zu

beffern, sondern um gegen sie zu warnen machte ich
die Ode.

Sie u: Voß werden nun auch begreifen, daß ich
sie, wenn er durch eine Note meine Rüge entkräften
will, nicht in den Allm. geben kann. Ich werde sie
dann in ein Journal mit Noten rücken lassen. Ich
habe die sichersten Beweise in Händen, u: diese sind
auch öffentl. gedruckt worden, daß der Bund alle
die Abscheulichkeiten im Schilde führte die ihm vorgewor=
fen wurden, u: daß er nicht aufgehoben ward, als
äusserlich der Orden aufhörte. Es wäre sehr unbeson=
nen ohne solche Gewisheit zu haben, eine solche Rüge
in die Welt gehen zu lassen. Aber die Gräuel werden
nicht bekannt, weil die Schriften welche sie rügen, von
keinem Journalisten genannt werden. Ich weiß
in welches Wespennest ich steche, ich weiß wie man mich
in Deutschland verläumden, wie bitter man mich ver=
folgen wird.

„Doch soll nicht zagen welcher Schalkheit
„Rüget, u: rein ist, u: Gott vertrauet!

Und persönliche oder literarische Verunglimpfungen
sollen mich, so Gott will, nie bitter machen!
Die Schalkheit der Verkappten Brüder welche Anarchie
u: Irreligion zum Zweck haben, welche dazu zu gelangen,
sich zum Morde, zum Gebrauch des tödtlichsten Giftes,
dessen Recepte sie besitzen (aqua Tofana) u: zum Ge=
brauch eines Mittels um in keuschen Weibern Mutter=
wut zu erregen, verbunden haben; in deren Händen
alle unsere Journale u: Zeitungen sind; p. p. diese
Schalkheit werd’ ich rügen so lang Ein Odemzug
in mir ist. Alles das ist actenmässig bewiesen
u: nie geleugnet, dagegen noch neulich von zween

rechtschafnen Männern, die sich genannt haben, u: welche Jlluminaten gewesen, aber aus Abscheu vor dem Orden als sie ihn näher kennen lernten zurück bebten, öffentlich bestätiget worden. Auch haben die Mitglieder des Convents öffentl: in Reden u: im Moniteur mit der Verbindung in welcher sie mit dem mächtigen Jlluminatenorden in Deutschland stehen ge=prahlt. Jch bin weitläuftig geworden, liebste Ernestine, weil ich, meiner Denkart nach die Sie kennen, nicht gleichgültig hiebey seyn kann. Auch möcht ich nicht daß jemand, am wenigsten Sie, Voß u: Gleim mich für fähig hielten gleich Dom Quixotte gegen Wind=mühlen die ich für Ritter hielte, zu kämpfen. — Per=sönlich hat mich kein Mensch beleidiget, mein Herz ist nicht bitter, ich weiß daß ich, wie es manchem recht=schaffnen Mann ergangen ist, werde gehaßt u: mit aller nur ersinnlichen Tücke verläumbet; daß jede mei=ner Arbeiten — wie auch schon der Fall war — werde verunglimpft werden. Aber das alles acht ich nicht, u: will rügen u: warnen so lang Ein Odemszug in mir ist. Und will das Talent das Gott mir gab, so gut ich kann, Jhm zur Ehre u: meinen Nebenmenschen zum Nutzen brauchen. Bey meinen lästigen Berufsgeschäften wird es mir nicht zur Freude gereichen wenn ich als Bekämpfer einer begünstigten Rotte auftreten soll, aber wir sind ja nicht blos zur Freude in der Welt!

Verzeihen Sie diesen langen Brief, liebe gute Erne=stine! Wir alle grüssen herzlich. Jch umarme mit treuer Liebe Sie, unsern Voß u: Vater Gleim den ich so gern noch einmal besuchte.

F. L. St.

N. S. Jch seh daß ich dieses Blat unbeschrieben ließ,

u: muß noch Ein Wort hinzufügen welches Ihnen u:
Voß Freude machen wird. Den Abend vor Ihrer Ab=
reise ermahnte ich Ernst sehr ernsthaft u: mit Rührung,
indem ich ihm sagte was der Conrector an Voß gesagt
hatte. Er weinte bitterl. Seitdem macht er seine
Exercitien viel besser, u: der Conr. mit dem ich heute
sprach giebt ihm auch das Zeugniß daß er in der
Schule still, fleissig, u: artig sey.

159.

Ich will nicht diesen Monat beschliessen, liebste
Ernestine! ohne endlich an Sie zu schreiben, was ich
schon seit langer Zeit thun wolte. Der Beschluß eines
Monats, ja einer Woche, ja eines Tages, hat izt für
mich etwas feierliches u: erfreuendes.

Wie danke ich Ihnen für die herrlichen Nachrichten
welche Sie mir von unserm Voß geben! Zwar bringt
mir jede Post Nachricht von ihm, aber von Ihnen es
zu hören, u: so zu hören, war mir doch eine besondere
Freude. Doch vergassen Sie eine Hauptsache welche
Ernst mir geschrieben hat, neml. daß nach dem Elektri=
siren das Ohrensausen — diese Kriegsdrommete der
Krankheit — ganz aufgehört.

Nun können u: müssen wir viel ruhiger über ihn
seyn, als wir es seit Jahren konnten.

Ich habe bald nach meiner Ankunft an Paul etwas
von dem ausgerichtet was ich ihm sagen solte. Aber
nur etwas. Das herzliche lebhafte Interesse mit dem er
gleich nach Voß fragte, die Liebe mit welcher er von
Ihnen beyden u: den Kindern, so oft u: so gern

19*

spricht, entwafnete jeden Vorwurf. Jzt ist er seit
einigen Tagen mit der Mutter nach Montrepos gereißt.
Dieser Ort, von dem ich ein Gemählde u: eine Charte
gesehn habe, muß in der That sehr grosse Schönheiten
haben. Ausgezackte Felsenufer, vorragende Waldhöhen
— nicht nur von Nadelholz sondern auch von Laubholz,
in welchem Nachtigallen singen — das Meer — alles
das in schöner Abwechslung muß selbst unter dem 60sten
Grade diesen Ort sehr reizend machen.

Gestern besuchte mich ein alter Schüler von Voß,
Jvens, welcher vor 14 Jahren für mich abschrieb. Er
ist verheirathet u: Organist beym Jngenieurs corps.
Viel mag wohl nicht an ihm seyn, doch sprach er mit
Liebe von seinem Lehrer. Wenn er das aber auch
nicht thäte! —

Baggesens Brief rührt u: betrübt mich. Was für
ihn geschehen solte? O das wissen wir! Aber das
würde nicht zu erhalten seyn. Und wäre es auch, so
ist doch wohl seine Frau schon zu weit hin, als daß
ihrer Gesundheit noch geholfen werden könnte.

Lebt wohl Jhr Lieben! Jch werde heimkommen
wenn Jhr aus seyn werdet. Jhr woltet mich erwarten.
Thut es nicht, es würde Euch wahrscheinl. — ach wie
lang! — aufhalten. Und früh sollt Jhr reisen, u:
Euch durch u: durch erquicken. Nico grüßt herzl. Jch
grüsse die lieben vier Jünglinge u: umarme Euch beyde
von ganzem Herzen.

F. L. Stolberg.

160.

Petersburg d: 30sten May 1797.

Nicht nur der May, auch der Juny u: der halbe

July werden dahin gehen, liebsten Freunde, eh ich
Euch wieder im stillen, grünenden, traulichen Eutin
umarme.

Dorthin sende ich diesen Brief, welcher Euch doch
vermutlich in Halberstadt finden wird. An Vater
Gleim würde ich ihn adressiren, wenn ich nicht hörte,
daß es noch nicht ausgemacht sey, ob Ihr den lieben
Hüttner besuchen dürft, oder vielleicht nach Pyrmont
reisen müßt. Ich bedarf nicht Euch zu sagen, wie die
Vorstellung von der Nothwendigkeit dieser Badreise, wofern Hensler sie nothwendig findet, mir wehe thut.
Bester Voß! ich höre daß alles Sie noch angreift, u:
höre doch zugleich daß Sie Ovids Verwandlungen übersezt haben. Ich appellire mit meiner Beschweerde an
Vater Gleim, nicht nur von Ihnen, auch von Ernestinen appelire ich an den lieben Nestor. Ihr beyde
glaubt es nicht genug wie angreifend eben die Arbeit
sey, welche man am meisten con amore treibt. Man
giebt nicht acht auf den irdischen Gefährten, man vergißt
ihn, aber er weiß den ätherischen Gast wieder an sich
zu erinnern.

Ich dachte mich in diesem Briefe über meine Abwesenheit zu täuschen, u: recht froh zu seyn, aber wie
kann ich, liebster Voß! wenn ich auf 250 Meilen weit
predigen u: flehen muß, daß Sie doch Sich schonen
wollen! Ich sage mir zur Beruhigung, daß Sie gewiß nur eine Auswahl von ovidischen Fabeln übersezt
haben.

Mit Ihnen, Frau Gevatterin! habe ich ein Hühn-
chen zu pflücken! Es ist etwas heimtückisch, u: sieht
Ihnen ähnlich, daß Sie in den Garten des abwesenden
Nachbars schleichen, u: mir nichts dir nichts drinnen
pflanzen u: säen. Gute, liebe Ernestine, ich mag den

spaßhaften Ton nicht länger haben, denn es hat mich herzlich gerührt zu hören wie Sie Ihrem abwesenden Freunde, dessen Wiederkehr ins Leben Ihnen so viele Freude machte, Freuden für künftigen Sommer bereiteten. Wie lieb u: werth sollen mir diese Ranunkeln seyn!

Gott sey mit Euch Ihr Lieben! Nico grüßt herzlich, der treue Freund und Pfleger! Ich umarme Euch beyde mit treuer Liebe. Umarmet ehrfurchtsvoll in meinem Namen den alten lieben Hüttner. Gott erbarme sich des armen Baggesen!

F. L. Stolberg.

Am untern Rand der zweiten Seite:

Luischens Heirath mit Cai macht mir unendl. viel u: grosse Freude!

Am linken Rand der vierten Seite:

Heinrichs Gedicht an den jungen Bach ist brav u: verspricht viel. Ich habe aber auch

Am obern Rande der vierten Seite:

von einem schönen Gedichte der Mutternachtigall gehört.

161.

(Ohne Datum und Unterschrift.)

Es wird ganz von Ihnen u: von unsrer lieben Ernestine abhangen wann Sie mich sehen wollen.

Stürmisch werden Sie mich nicht finden, auch nicht mich stürmen machen, selbst dann nicht wenn Sie von dem was ich nach langer Prüfung wählte, im Ton Ihres Gedichts sprächen.

Sie werden bedenken, lieber Voß, daß ich meinen anders denkenden Freunden, wie der von den seinigen angefochtene Hiob sagen könne: Irre ich, so irre ich mir. Diese Sache ist eine Sache zwischen Gott u:

mir, u: so ist es auch meine Leitung oder Misleitung
der Kinder welche nicht Menschen, denen ich Rechenschaft
schuldig wäre, sondern Gott mir anvertraute. Gegen
Sie u: Ernestine bin u: bleibe ich der alte u: gebe
Ihnen die Hand darauf. Nichts wird mich je dahin
bringen meinen alten Freunden nur Mitleid reichen zu
können.

Bis wir uns sehen lassen Sie uns nicht weiter aneinander schreiben.

162.

(Ohne Datum.)

Also kein mündliches Lebewohl, weil Sie u: Voß
es nicht wollen.

Von meiner Seite auch keine Vorwürfe, keine Erwiderung der mir gemachten. Ich würde Ihnen beyden
meine Ideen über Toleranz nicht beibringen können, u:
muß es ertragen wenn Sie glauben u: mir sagen, daß
ich nun schlechter geworden bin; wenn Sie glauben daß
unser Abschied eine erschütternde Scene seyn würde;
wenn Sie glauben das Zeugniß meines Herzens dafür aufrufen zu müssen, daß kein Haß u: keine Bitterkeit Sie zurück halte.

Liebe Ernestine! Mein Herz giebt Ihnen das
Zeugniß, daß dieser fürchterliche Intolerantismus nicht
in Ihrem Herzen ist.

Mir ist, seit ich katholisch bin, kein alter Freund darum
weniger werth geworden; so wie auch kein Protestant,
dem das Christenthum würcklich heilig u: lieb ist, sich
darum von mir entfernet hat.

Jacobi, der dem Atheisten Fichte sein Hauß in Pempelfort anbot, schloß mir hier das seinige p. p.

Jede liebevolle Erwähnung meiner seeligen Agnes
thut meinem Herzen wohl. Ich drücke Ihnen in Ge-

danken die Hand dafür daß Sie sie in Ihrem Briefe nennen.

Mögen wir uns wieder sehen, dort wo sie, die hie= nieden schon zum Engel reifte, unser harret.

Gott sey mit Ihnen, u: mit Boß u: mit Ihren Kindern.

Ich umarme Sie beide, mit Wehmut u: mit herz= licher Liebe.

F. L. St.

Ich freue mich daß Sie den Moosrojenbusch werden blühen sehen.

163.

(Ohne Datum.)

Dieses Wort von Ihnen, vielleicht Ihr leztes an mich in dieser Welt, war ein freundliches.

Es ging nicht verlohren. Herzlichen Dank, u: Got= tes Seegen über Sie, über die liebe Erneftine u: alle Ihrigen.

F. L. St.

Beilagen.

1.

Brief Christians Grafen zu Stolberg an Voß.

Zu 4. (Kopenhagen, 18. Jan. 1774) S. 9.

Ich habe einen Brief an Sie, mein Liebster Voß, mehr als angefangen aber ich ward daran gehindert ihn auszuschreiben — ein andermal und zwar bald — Tausend Danck, mein Liebster, für Ihren lieben Brief, der so warm aus Ihrem Herzen geflossen ist, und für die schöne Ode. Ich hätte Ihnen über die an Brückner das eben so frey sagen wollen, was Ihnen mein Bruder gesagt hat. Hüten Sie sich mein Bester für Dunckelheiten. Ihnen ist die Idee helle, sie verfolgen ihren ganzen Gang und sehen sie dann in ihrem Umfang. So geht es aber dem Leser nicht! Und ist es nicht Schade wenn uns die Dunckelheit gleich verhindert die ganze Schönheit einzusehen, die zwar im Detail noch gefält, zuweilen noch mehr gefält, aber der dadurch die erste heftige Würkung auf unser Gefühl mislingt. Verzeihen Sie mir diese Freimüthigkeit. Ich weiß Sie thuns. Ich umarme Sie mit meiner ganzen Liebe.

C. St.

2.

Brief Christians Grafen zu Stolberg an Voß.

Zu 18. (Zürich, 18. Juli 1775) S. 37.

Lieber guter Bruder Voß! ich habe recht viel an Sie gedacht und mich Ihrer Freude, unsern Brückner besucht zu haben recht herzlich mit gefreut. Das mö-

gen Selige Tage gewesen seyn! Gottlob daß er sie
meinem Voß gegeben hat! O was hab' ich Ihnen
viel von unserer Reise zu erzehlen! von der Großen
schönen Natur, von den treflichen Leuten, wie von den
lieben Freunden die wir gefunden haben. Sagen Sie
mir doch wie's Ihnen mit dem Allmanach geht? Daß
ist abscheulich daß unser Lavater und Lenz einige Stück
an Dieterich gesandt haben. Gerne mein Liebster gäbe
ich Ihnen mehr, Sie werden von Mumssen meine
Ballade bekommen haben, die ist für den Allmanach;
und dann wüste ich nichts, möchte auch nichts drinnen
haben als meine Ode an meine sterbende Schwester mit
der Jahrzahl. Davon haben Sie ja eine Abschrift.
Ich bin sehr begierig auf diesen Allmanach.

Wir kommen jetzt von einer Reise zu Fuß zu Hause,
und werden bald eine viel größere auch zu Fuß antre=
ten. Vorher haben wir 3 Wochen auf dem Lande bey
Zürch in einer BauerHütte zugebracht, das waren schöne
Zeiten. Wir gingen aus, badeten im Strom, und See,
aßen Milch und Früchte, und lasen im Homer und
Ossian.

Schreiben Sie uns bald, liebster Voß. Mumssen
hat immer unsere Addresse.

Leben Sie recht wohl, mein Liebster, ich umarme
Sie mit dem innigen Gefühl der zärtlichsten Liebe. Um=
armen Sie auch unfern herzgeliebten Claudius von mir.

C. Stolberg.

3.

Brief H. Chr. Boies an Voß.
Zu 38. (Bernstoff, 29. Juli 1780) S. 66.

Unser Stolberg hat mir zwar eine Seite seines
Briefes voll zu schreiben gelaßen, aber wie soll und

kan ich dir viel sagen? ich bin zu glücklich hier unter so vielen edlen und guten Menschen, als daß ich,
selbst durch Briefe an dich und die wenigen andern,
denen ich sonst gern schreibe, mir die Augenblicke des
Genußes rauben mögte. Ist doch hernach so viel
Zeit zum Schreiben und Erzählen! Ich habe mein
Ziel so weit hinausgerückt, daß ich endlich nicht weiter
rücken kan: ich gehe künftigen Sonnabend mit dem
Packetboot nach Kiel, wo ich nur zwei Tage bleibe.
Mögt ich dich und Erneſtinchen nur noch einmal beſuchen können, eh ich meine gänzliche Rückreise antrete!
Ich habe diesen Mittag hier zugleich mit dem Prof.
Büsch gegeßen, der erst vor wenigen Tagen angelangt
ist. Die Gegenden von Seeland sind so schön und
auszeichnend, als die Menschen, unter denen ich hier
lebe. So lang ich nun schon da bin, ist fast kein Tag
hingegangen, wo ich nicht ein neues Vergnügen genoßen
habe. Den meisten Dank, nächst Stolberg und Gr.
Reventlov, bei welchem ich wohne, bin ich dem Gr.
Schimmelmann schuldig, auf deßen Landhause am Ufer
des Meeres ich meine meiste Zeit zubringe, und der
außerdem alles Mögliche thut mir den Aufenthalt angenehm zu machen. Ich umarme Dich und lieb Weibchen in Gedanken. B.

4.

Brief der Gräfin Katharine zu Stolberg an Voß.
Zu 98. (Tremsbüttel, 20. Febr. 1786) S. 145.

Mein lieber Voß!

Sie ahnden es gewiß daß Ihr Andenken mir heute
besonders gegenwärtig ist lieber Voß, ich habe mich des
freundl. Sonnenscheins gefreut, des Lerchen Gesanges,
u: des Frühlingslüftgen, u: jede Freude ward durch

den Gedanken verschönert, daß Voß an den Tag ge=
bohren warb — ich kan nicht für Sie, heute, wie ichs
vor 2 jahren that, Veilgen pflücken, noch Ihrer in
Elisium gedenken, noch in dem Tempel des Apollo,
aber mehr u: inniger konte ich mich da nicht freuen,
als ichs izt thue, daß Sie der liebe edle Voß u: unser
Freund sind. Sie sind gewiß heute mit der lieben
Ernestine am Lüdgen See spaziert, ober doch in
Ihrem Garten am See, mir ist der Gedanke an die
himlischen Gegenden in Eutin. u an die schönen
Stunden, die ich dort gehabt, ein Blick in Elysium,
bey dem sich das Herz freudevoll aufthut — ach kön=
ten wir alle wir wenige die wir so ganz mit einander
glückl. seyn würden immer mit einander leben! Welche
Wonne wäre das nicht!

Ich sehe mit Betrübniß aus Ernestines Brief an
Agnes daß Sie beyde nicht recht wohl gewesen, ich
habe ein grosses Vertrauen ins Schöne Wetter u da=
her hoffe ich, daß Sie nun beyde wieder wohl sind. —

Leben Sie wohl liebster Voß, mit Ihrer lieben
Ernestine, u lassen Sie mein Andenken unter ihnen
leben —

Katharine Stolberg.

Bruder Stolberg grüßt entsezl: herzl. er schriebe
so gerne kann aber nicht er ist überhäuft mit Ge=
schäften.

5.

Brief J. M. Millers an Voß.

Zu 150. (Ulm 19. Aug. 1791) S. 243.

den 20sten Vormittags.

Gestern, liebster Voß! hatte ich einen der frohe=
sten Tage meines Lebens, dem aber nun wohl eine

lange Reihe trauriger, banger Tage folgen wird. Ach gestern war S t o l b e r g , der so ganz u. herzlich Ge= liebte, mein. Heut ist er fort, und — ach Gott meine Schwester, meine Einzige, die Geliebteste, das Muster aller weiblichen Güte u. Tugend, liegt röchelnd da, und ringt mit dem Tode. Ach, laß mich abbrechen, V o ß ! —

Mittags.

Noch ist der fürchterl. Kampf nicht aus, den meine Schwester kämpft. Gestern konnte ich noch mit ihr von S t o l b e r g und Dir reden. Heute, wo ich bey ihr war, sah u. hörte sie mich nicht mehr. Meine alte, gute, fromme Mutter hat sich die Augen schon wund geweint. Mein Schwager liegt in einem eignen Zim= mer auf dem Bette, ächzt u: droht auch krank zu wer= den. Fünf Kinder sind um das Bette her. Das kleinste versteht noch nicht das geringste, und lacht, wenn man es der Sterbenden hinhält. Die andern weinen, hüpfen und lachen wieder, wie Kinder. Es ist ein herzzerreissender Anblick. Mein Weib die jetzt bey der Kranken ist, leidet unendlich. Gott helfe uns tragen u. überwinden! —

S t o l b e r g ist doch noch immer ganz der Treue, Gute. Ach, sein kurzes Hierseyn war wahre Erquickung für mich. Und doch litt er u. ich, da sein edles Weib an Schmerzen litt, und beym Mittagessen nicht bey uns seyn konnte. Ich hatte einige herrliche Stunden mit ihm auf unserm Wall und auf dem Münster. Aber die Schneeberge konnte ich ihm nicht zeigen. Die Luft war zu trüb. Auch nicht E i n Lied kann ich Dir schicken, mein Lieber, so oft ich auch eines versuchte. Ich bin Stolbergs gelähmter Kranich, dem der Strom zum Moor wird. Hier schickt er Dir ein schönes Lied, dem es nur

an etwas mehr Klarheit fehlt, deucht mir. Doch was
weiß ich jetzt davon? Stolbergs Geistes- u: Herzens=
sonne, wäre sie nur näher, würde doch vielleicht die
Eisrinde um mein Gefühl wieder aufthauen.

Von Dir mein Bester, von Deiner Erneſtine,
auch von Hanns p. p. ſprachen wir, natürlich, ſehr viel.
Ach, Ihr Glücklichen, Ihr ſeht u: vereiniget Euch nach
einem Jahre wieder. Doch, wir kennen ja unſer aller
künftige Heymath. Fritzens Sophie wurde mir in
der kurzen Zeit ſehr theuer und verehrungswert. Niko=
lovius und Jacobi ſind brave junge Männer. Ernſt
klammerte ſich feſt an mich, als er das Münſter auf
und ab ging. Doch von dem Allen kann Dich Stol=
berg einſt an einem Abend beſſer unterhalten. Er ſcheint,
Gottlob! recht geſund zu ſeyn. Mir wenigſtens kam er
eben ſo jung und friſch vor wie vor 16 Jahren. —
Köhlern ſah Fritz auch einige Augenblicke. Ich plau=
dere aber kahles Zeug, und kann jetzt nicht anders.

Den 21ſten.

Geſtern Abend um 11 Uhr hat meine Schweſter
überwunden. Mein Herz iſt tiefer verwundet als es
je war. Ich kann nicht weiter ſchreiben. Abjeu, mein
beſter Voß! Gott ſey mit Dir und den Deinen, und
bewahre Dich vor ſolchen Trennungen! Ich ſchreibe Dir
gewiß bald wieder. Abjeu, Abjeu! Gott ſey mit Dir
u. Erneſtinen.

Ewig
Dein
Miller.

Anmerkungen.

1.

Zu Ort und Datum vgl. Einleitung.

Seite 1. Hin ist hin. — Derselbe Anklang an die bekannte
Stelle in Bürgers „Lenore“, deren Wirkung auf Stolberg be=
kannt ist (vgl. übrigens Herbst I, S. 277), in Stolbergs Brief
vom 11. Sept. desselben Jahres an Bürger selbst: „Mein itziger
Haupt=Gedanke ist: Hin ist hin“ (Strodtmann I, S. 142).

Der Bund ist ewig. „Der Bund ist ewig! Klopstock“,
lautet das Klopstocks Ode „Der Hügel und der Hain“ entnom=
mene Motto in den erhaltenen Hainbüchern: dem Bundesbuche,
in welches die „einstweilen durchgehends gebilligten“ (Voß’ Briefe I.
S. 97) Gedichte des Bundes eingetragen wurden, dem Journal
des Bundes und dem Bundesstammbuch Vossens (vgl. über die
Hainbücher besonders Redlich in der Zsch. f. d Phil. IV, S. 121 ff.,
wo die von J. Crueger in dem Aufsatz „Bundesbuch und Stamm=
bücher des Hains“ in Sievers Akadem. Blättern, Braunschweig
1884, S. 600 ff. und nach ihm von Sauer S. XIV gegen die
Echtheit des Bundesbuches erhobenen Bedenken bereits er=
ledigt sind).

Vater Klopstock wurde der Dichter bekanntlich mit Vor=
liebe von seinen Verehrern genannt; auch Goethe redet ihn noch
in einem Briefe vom 15. April 1775 (Lappenberg S. 259)
„lieber Vater“ an.

Bundes=Wallfahrt. „Wo er [Kl.] in Hamburg bleibt,
so will ihn künftigen Sommer der ganze Bund besuchen,“ hatte
Voß schon am 7. März 1773 an Brückner geschrieben (Voß’
Briefe I, S. 134). Aber es kam nicht dazu.

Seite 2. Er entschuldigte sich nicht geschrieben zu
haben. „Vorige Woche“ schrieb Voß am 18. April 1773 an
Brückner (Voß’ Briefe I, S. 136) „sind die Grafen Stolberg
nach Altona zu ihrer Mutter gereist. Wir haben ihnen ein [wie

20 *

die Bundesbücher in schwarz-vergoldetes Leder gebundenes] Buch
voll Gedichte geschrieben, das sie Klopstock bringen, und der soll
jetzt urteilen, wer Genius hat, und wer nicht. . . . . In vierzehn Tagen höchstens haben wir schriftliche oder mündliche Antwort. Wir vermuten das erste, obgleich Klopstock nicht gerne
schreibt.“ Wenn sich auch Klopstock über diese Huldigung der
Haingenossen sehr freute (vgl. außer dem folgenden Lappenberg
S. 248), so ließ er sie doch ohne schriftliche Antwort, „weil ihm“,
wie Voß am 13. Jun. an Brückner schreibt (Voß' Briefe I,
S. 140) „der Subscriptionsplan [zur „Gelehrtenrepublik“] zu viele
Korrespondenz gemacht hat, und er sich Zeit nehmen will, über
unsere Gedichte weitläuftig zu reden. Im Ganzen, hat er
uns sagen lassen, wär' er recht sehr mit uns zufrieden. Er hat
einem Jeden einen Kuß durch die Grafen geschickt und einen
Posttag darauf die heilige Muse, ein Kupfer von Preisler, das
wir aufhängen sollen. Noch hat er uns zusammen den vierten
Band des Messias auf Schreibpapier geschenkt.“ Aber auch noch
am 4. Aug. muß Voß Brückner berichten (Voß' Briefe I, S. 144):
„Die Subscription ist Schuld, daß Klopstock dem Bunde noch
nicht förmlich geantwortet hat . . . . . . Aber grüßen läßt er den
Hain jedesmal und hat sich auch wegen des Briefes schon dreimal gemahnt.“ Als dann der Bund am 27. Dec. noch einmal
ein von Hahn verfaßtes Schreiben an Klopstock richtete (bei
Redlich, Hahn S. 254), in dem abermals sein Urteil „über die
Fähigkeit eines jeden“ erbeten wurde, da antwortete der Dichter
endlich — mit seinem Beitritt zum Bunde.

„Seit Klopstock die Vorrede machen will,“ * schreibt Voß
im Nov. 1773 an Brückner (Herbst I, S. 109), „bin ich erschreck-
lich stolz geworden.“ Indessen unterblieb bekanntlich die Veröffentlichung des Bundesbuches.

Die Epigramme aus Göttingen, welche, sieben an der
Zahl, in der Hamburger Neuen Zeitung vom 6. Oct. 1773 erschienen waren, hatten nicht den Göttinger Professor und Epi-
grammatiker Abraham Gotthelf Kästner (1719—1800) zum Ver-

---

* Also nicht erst durch Schönborn erfuhr dieses der Bund, wie Herbst I. S. 109
und Sauer S. XXIV aus Boß' Brief vom 17. Okt. (Briefe I, S. 146) schließen.

faffer, fondern Mitglieder des Bundes. Vgl. das Nähere bei
Herbst I, S. 295 f.

Seite 3. Darunter befand sich von Voß: „An ***" („Dein
Lied ist Morgentau" 2c., im Musenalm. 1774 S. 126 mit
der Überschrift: „An einen Liebesdichter"; spätere Überschrift:
„Erbetenes Urteil"; „Werke" 1835 S. 279). „Da steht er still
und hoch" (Musenalm. 1776, S. 51, bei Herbst I, S. 279, bei
Redlich a. o. O. S. 250) beginnt das Epigramm „Klopstock" von
Hahn. „Die Muse Sions stieß ihn aus" ist der Anfang
des Epigramms „Auf den Rückfall eines Dichters" [Wielands]
von Brückner (bei Herbst I, S. 124).

„Die Sehnsucht" von Hahn erschien im Musenalm. 1773,
S. 202 (bei Redlich a. o. O S. 246); seine Ode „An einen König"
— so nennt sie Hahn selbst in dem Briefe an Klopstock vom
21. Jul. 1774, in welchem er zugleich den Schluß mitteilt (Redlich
S. 256); Voß erwähnt sie als „Königsode" (Briefe I, S. 154),
Boie als „Ode an einen Tyrannen" (Strodtmann I, S. 128) —
wurde am 24. Juni 1773 im Bunde vorgelesen, aber nicht
veröffentlicht.

Stolbergs Ode „Der Harz", 1772 entstanden, erschien
im Musenalm. 1774, S. 175 („Gedichte„ S. 8, Ges. Werke I,
S. 5). Die vier letzten Strophen lauteten in der ältesten,
Ebert (vgl. zu S. 42) mitgeteilten Fassung nach der von Schübbekopf in der Zsch. f. d. Phil. XVIII, S. 479 mitgeteilten Handschrift und nach dem Bundesbuch (Redlich), ebendaselbst VI, S. 352):

„Deinen dichtrischen Hain liebt die Begeisterung.
    Felsen hallen umher, wenn der melodische
Barde Thaten der Väter
    Und die himmlische Freiheit sang.

Ist nicht Hermann dein Sohn? Sturm war sein Arm, sein Schwert
    Gab uns Freiheit und Sieg. Graun wie die Todtengruft
Sendet, schreckte den Römer,
    Wenn ihm Hermann entgegenzog.

Hermann, welchen der Arm kalter Vergessenheit
    Hüllte danklos in Nacht; bis ihn dein größerer
Sohn mit mächtiger Leyer
    Sang im Liede der Ewigkeit.

Klopstock! ewigen Ruhm werden Aeonen ihm
Tönen, Klopstock ist dein! jauchze Chernskia!
Groß in Schlachten der Freiheit!
Groß in ewiger Lieder Hall!"

In Stolbergs „Frauenlob" (Musenalm. 1775 S. 136,
„Gedichte" S. 32, Ges. W. I, S. 29) lautet schon in der
Fassung des Bundesbuches V. 18: Sänftigt ihn mit einem
Ach", V. 12: „Streut mit Blumen seinen Lauf."

Klopstocks Ode „Weissagung. An die Grafen Christian
und Friedrich Leopold zu Stolberg" schloß den Musenalm.
1774 (S. 231). „Heute haben wir eine große Freude gehabt.
Denken Sie das, Klopstock erlaubt, daß seine Ode an uns im
Almanach gedruckt werden möge!" schrieb Christian Stolberg
am 11. Sept. 1773 an Bürger (Strodtmann I, S. 142), und sein
Bruder stimmt in seine Freude ein (S. 143).

Seite 4. Die Tante (im weiteren Sinne) ist wahrscheinlich
die durch ihre Beziehungen zu Klopstock bekannte Gräfin Charitas
Emilie Bernstorff (Witwe des Ministers Grafen Johann Hartwig
Ernst v. Bernstorff), geb. v. Buchwald, Herrin des Gutes Borstel an der Alster, welche 1778 nach Weimar übersiedelte.

2.

Im Original stand ursprünglich 1774; die letzte Ziffer ist
von Voß durchstrichen und darüber 3 gesetzt worden.

Gegen Ende Oktober war die Gräfin Stolberg mit ihrer
Familie wieder nach Kopenhagen übergesiedelt, in das Haus des
Ministers Grafen Andreas Petrus Bernstorff (1735—1797), des
Gemahls ihrer ältesten Tochter Henriette Friederike, welcher, nach
dem Sturze Struensees, im Sommer 1772 wieder in dänische
Dienste getreten war, wenige Monate nach dem am 19. Febr.
1772 erfolgten Tode seines Oheims, des im Sept. 1770 von
Struensee gestürzten Ministers J. H. E. von Bernstorff.

Aus Vossens 86 Verse umfassenden „Elegie am Abend
nach der zwölften Septembernacht, 1773" (Musenalm.
1778, S. 73, in allen Original-Ausgaben der Gedichte fehlend,
bei Sauer S. 192) mögen hier mitgeteilt werden V. 7—12:

„Traurige, traurige Nacht! du schwarze Botin des Schicksals!
  Deines Gerichts Last drückt, schwer wie ein Fels, mich herab!
Drei auf einmal raubte dein Wink dem seligsten Bunde:
  Meine Stolberg', euch, zärtlichster Clauswitz, und dich!
Ach! dem seligsten festesten Bund! und drei auf einmal!
  Und so schleunig! so fern! ach! und auf immer so fern!"

und B. 39 ff:

„O! wie trog uns die Hoffnung, du Stifterin unsers Bundes,
  Zwölfte Septembernacht, feierlich dich zu empfahn!
Dich, die Scheitel umrauscht von der Eiche duftender Jugend,
  Mit des stolzen Triumphs lautem Getön zu empfahn!
Feierlich bist du empfangen! Dir tönte Millers Triumphlied:
  „Über den Sternen vereint fester die Ewigkeit uns!"
Auch rauscht' Eichengeräusch, die Umarmung war heiß, und Thränen
  Mischten zu Thränen sich! Thränen, der Freude gestürzt! . . .
Miller! du bist mein Freund; doch du hast übel gehandelt,
  Daß du dein Taumellied wieder von neuem begannst!
Sahest du nicht, wie schnell mein Leopold mir um den Hals fiel?
  Wie der leise Ton zittert' und stockt', und schwieg?
Dich, dich klaget es an, das schreckliche lange Verstummen!
  Dich der gebrochne Laut: Lieben, nun ist es Zeit!
Dich der lautere Jammer, die Eile, das Streben, das Ringen,
  Und die mit schwimmendem Blick flehende, reißende Flucht!
Alle hätt' ich noch einmal, wie Clauswitz, umarmt, und feurig,
  Schnell sie geküßt, und fest, fest an das Herz mir gedrückt!
Doch du weintest ja selbst; sollt' ich noch mehr dich betrüben?
  Ach! ich sah's, wie verwirrt du ihm zeigtest den Mond. — —
Nun, sie sind hin! Bald stehn sie betäubt an Germaniens Grenze,
  Schaun noch einmal zurück, weinen, und fliegen hinweg."

Hermanns = Nacht. Hermann spielte infolge des Ein-
flusses Klopstocks in der Ausdrucksweise der Bundesbrüder eine
große Rolle. Vgl. die Verse auf S. 309.

Seite 5. Über Voß' Ode „An Goethe" (entstanden im Sept.
1773, am 25. Sept. im Bunde vorgelesen, zuerst von Herbst
II, 1, S. 269 veröffentlicht, bei Sauer S. 187) vgl. unten S. 113.

Das Odarion (ᾠδάριον = kleine Ode), entstanden am
25. Okt. 1773, am 12. Dec. 1773 an Ernestine gesandt mit der
Überschrift „Im Mondschein" (Briefe I, S. 228), im Musenalm.

1775, S 177. veröffentlicht mit der Überschrift „Ahndung",
bei Sauer S. 189.

Der Dichter Gottlob Friedrich Ernst S ch ö n b o r n (1737—
1817) war als Hofmeister in Kopenhagen mit den Brüdern Stol=
berg bekannt geworden. Durch den Minister Graf A. P.
Bernstorff zum dänischen Konsulatssekretär in Algier ernannt,
besuchte er auf der Hinreise als Sendling Klopstocks den Bund,
bei dem er als „ein ganz vortrefflicher Mann, ein großes Genie und
Klopstocks Freund", wie ihn Voß in dem Briefe vom 17. Okt.
an Brückner nennt (Voß' Briefe I, S. 146) die beste Aufnahme fand.
Vgl. über seine Durchreise durch Göttingen, wo er am 2. Okt
angekommen war, besonders K. Weinhold, (G. F. E. Schönborns Aufzeichnungen über erlebtes (Zsch. d. Ges. für schlesw.=
holst.=lauenb. Gesch. Kiel. 1870, I, S. 133.) Förmliches Mitglied
des Bundes wurde er übrigens ebensowenig wie Bürger,
welcher vielmehr, nicht zufrieden mit dem ihm beigeleg=
ten Titel „Adler des Hains", wie sich die Haingenossen nannten, als „Condor und Selbstherrscher aller Haine" auf die
„Eulen, Rohrdommeln" 2c. in Göttingen (vgl. den scherzhaften
Briefwechsel zwischen ihm und den Haingenossen u. a. bei Pruz
S. 268 ff, Strodtmann I, S. 135 ff) herabsah. Die Brüder
Stolberg hatten Bürger am 29. Nov. 1772 in Gelliehausen
besucht und behielten ihm trotz seiner Schwächen ein freund=
schaftliches Andenken; vgl. außer Christians Anfang 1773 ent=
standene Ode „An Bürger" (im Musenalm. 1774 S. 209 ff.
„Gedichte" S. 11, Ges. W. I, S. 8) Strodtmann I. S. 78 f,
141 ff, 183 f. 207 ff, II, S. 173, 211 f, III, S. 178 ff
und besonders Stolbergs Brief an Voß Nr. 110 nebst An=
merkungen.

Seite 6. Ob unter Barkhausen Heinrich Ludwig Wolfbald
B. (1742—1813) oder Victor B. (vielleicht Bruder des vorigen)
zu verstehen ist, läßt sich nicht feststellen.

Karl Friedrich Cramer (1752—1807), der Sohn des
berühmten mit der Familie Stolberg eng befreundeten (in der Einl.
genannten) Johann Andreas Cramer, seit Ostern 1772 in Göt=
tingen, der Geistesaristokratie entstammend und in vielfachen Be=
ziehungen zur dänisch deutschen Geburtsaristokratie stehend, war

den meisten Hausgenossen gegenüber sehr selbstbewußt und an=
spruchsvoll entgegengetreten und deshalb bei ihnen wenig beliebt
(vgl. u. a. Voß' Briefe I, S. 87. 114). Erst im Febr. 1773
war er dem Bunde förmlich beigetreten, wahrscheinlich auf
Veranlassung der Grafen Stolberg oder Klopstocks. Er,
Miller und Voß hatten Schönborn von Göttingen bis nach
Kassel begleitet und dort „hauptsächlich Adler und Affen
und Mädchen besehen", wie Boie am 10. Nov. 1773 an Bürger
schreibt (Strobtmann I, S. 173, vgl. S. 170 und Voß' Briefe I,
S. 146 f). Cramer selbst spielt auf das Kasseler Abenteuer
an bei Strobtmann I, S. 170. Wahrscheinlich hatte in der Me=
nagerie in der Aue ein Adler die Nase Cramers bedroht. Daß
davon soviel Aufhebens gemacht wird, erklärt sich daraus, daß
Cramer sich und seine Genossen in den Briefen stets Adler
nennt. (Vgl. oben S. 312.)

Der schon damals schwächliche Hölty wollte anfangs wegen
Geldmangels im Herbst 1773 Göttingen verlassen (Voß' Briefe I,
S. 145), blieb aber noch bis Mai 1775.

Unter Miller schlechthin ist stets der Siegwart=Dichter
Johann Martin Miller gemeint; sein Vetter, Gottlob Dieterich
Müller, der Sekretär des Bundes, ist der S. 13 genannte
„kleine Müller."

3.

Seite 7. Die vierte und letzte Strophe in Voß' Ode „An
Goethe" (vgl. S. 311 zu S. 5) beginnt: „Deutsch und eisern, wie
Götz, sprich Hohn den Schurken", wozu aber schon Brückner
am 3. Nov. 1773 dem Verfasser bemerkte: „Womit verdienen
Leute, die nicht Deines Geschmackes in der Poesie sind, gleich
den Namen Schurken?" (Herbst I, S. 336).

Die am 29. Oct. 1773 entstandene, im Nov. an Ernestine
gesandte (Voß' Briefe I, S. 224) Ode „An Selma" (Sauer
S. 189) wurde zwar für die Ausgabe der „Gedichte" von 1785,
wo sie zuerst veröffentlicht wurde, umgearbeitet, (Sauer S. 190),
aber die von Stolberg beanstandete, im Zusammenhange übri=
gens verständliche Stelle blieb unverändert.

Im Odarion ist von „des seelenschmelzenden Gluck: Will=
kommen!" die Rede. „Sie müssen aber erst wissen", schreibt Voß
in dem Begleitbrief an Ernestine (Voß' Briefe I, S. 228), „daß
der Ritter Gluck die Ode von Klopstock: Willkommen, o sil=
berner Mond [„Die frühen Gräber"] ganz himmlisch com=
ponirt hat." Die betreffende Melodie Glucks brachte der Musenalm.
1775 (zu S. 16). Gluck, der „musikalische Klopstock", wie ihn die
Zeitgenossen nannten (Strodtmann I, S. 180 u. a.), welcher
bereits mehrere Oden des Messiassängers komponiert hatte,
hatte an Klopstock am 14. Aug. 1773 einen sehr verbindlichen
Brief gerichtet (bei Lappenberg S. 252), aber Klopstock „lag"
wieder „an der Krankheit des Nichtschreibens jämmerlich da=
nieder," wie er selbst sich einmal ausdrückt (Lappenberg S. 335).

Die von Schönborn während seines Aufenthaltes in
Göttingen verfaßte (Voß' Briefe I, S. 146) „Freiheitsode"
erschien als „Feldgesang vor einer Freyheitsschlacht" im Musen=
alm. 1775, S. 52. Auch die auf ihn gesetzten Hoffnungen
erfüllten sich übrigens nicht.

Brückner war unmittelbar vor den Stolberg (nicht „bald
nach den Stolbergen," wie Herbst I, S. 101 schreibt) in den
Bund aufgenommen (Voß' Briefe I, S. 123). „Mit der größ=
ten Freundschaft umarmen sie [die Stolberg] ihren Bundesbru=
der", schreibt Voß am 24. Febr. 1773 an seinen Mecklenburger
Freund (ebendaselbst).

Über sein am 3. Jun. 1773 im Bunde vorgelesenes, im
Musenalm. 1774, S. 167 veröffentlichtes Gedicht „An die Herrn
Franzosen" (Sauer S. 184) schrieb Voß am 17. Okt. 1773
auch an Brückner: „Mein Gedicht an die Franzosen macht viel
Aufsehens. In Hannover, doch nur unter den Höflingen, und
hier, doch nur unter den Stutzern, nimmt man's sehr übel, daß
ein junger Mensch sich's herausnimmt, eine ganze Nation anzu=
schnauzen" 2c. (Voß' Briefe I, S. 148. — Vgl. Herbst I, S. 294).

O schonen Sie meiner ja nicht! Auch an Ebert
schrieb er am 28. April 1773 bezüglich der ihm gesandten Ge=
dichte: „Ich unterwerfe sie ganz Ihrem Urtheile, o wie wür=
den Sie mich erfreuen, wenn Sie mir scharfe Kritiquen darüber
machten." (Schüddekopf a. a. O. S. 478).

Seite 8. Feilen war überhaupt Stolbergs Sache nicht. Vgl. S. 123.

Die „Ode über meinen sel: Vater", 1765 entstanden, später umgearbeitet, im Bundesbuch II S. 6 ff, ist zum erstenmal gedruckt bei Janssen I, S. 10.

Griechische Studien hatte Stolberg erst in Göttingen begonnen und zwar gleich mit der Lektüre Homers. Vgl. Janssen I, S. 24.

Harte Urteile über die Dänen finden sich wiederholt in Stolbergs Briefen an Voß, vgl. auch Janssen I, S. 89, 78 u. a.

Claudius' günstige Recension des Musenalm. 1774 im „Deutschen, sonst Wandsbecker Bothen" 1773 Nr. 174 und 175 ist gemeint.

Der Dichter Heinrich Wilhelm von Gerstenberg (1737—1823) lebte damals ohne amtliche Stellung in Kopenhagen.

„Ich erwarte viel von seiner [Hahns] Hermanniade," schrieb auch Voß im Nov. 1773 an Brückner (Voß' Briefe I, S. 152. Vgl. oben S. 17). Aber der „Hermann", an dem Hahn 1773 und 1774 arbeitete, wurde ebensowenig vollendet, wie seine anderen Entwürfe, wenigstens ist nichts von ihm erhalten. (Vgl. Redlich, Hahn S. 263).

Hahns Vater, Regierungs- und Oberappellationsgerichtsrat in Zweibrücken, hatte sich, wie Voß am 14. Dec. 1773 an Brückner schreibt, durch einen Brief und die Königsode seines Sohnes bestimmen lassen, ihn noch über Ostern 1774 hinaus in Göttingen studieren zu lassen (Voß' Briefe I, S. 154); am 6. März 1774 schreibt Voß an Brückner: „Hahns Vater ist ganz enthusiastisch für den Bund. Er [Hahn] hatte ihm mit unserer Einwilligung etwas davon geschrieben und ihn auch dadurch bewogen, ihn nicht zum Juristen zu machen." (Voß' Briefe I, S. 157).

Seite 9. Über den „jungen Bernstorff" (wahrscheinlich) den Zögling Schönborns, vgl. Rist, Schönborn S. 10) vgl. auch die Anspielung K. F. Cramers in dem Briefe an Bürger vom 12. Sept. 1773 (Strodtmann I, S. 147).

Über die Wohnung Heinrich Boies und Vossens vgl. Einleitung.

Clauswitz war nach der Rückkehr der Familie Stolberg nach Kopenhagen als Sekretär bei der dortigen deutschen Kanzlei eingetreten. 1781 wurde er Justizrat in Segeberg, (Hennes, Herzog Peter S. 130). Wie er dem Vater Stolbergs in der Sterbestunde beigestanden hatte (Hennes I, S. 5), so war er auch bei dem Tode seiner von der Schwindsucht hingerafften Mutter am 20. Dec. 1773 zugegen (Hennes I, S. 34). Wie sehr die Brüder der Mutter anhingen, beweisen außer zahlreichen Briefstellen ihre zuerst von Schüddekopf (a. v. O. S. 481) veröffentlichten, an ihre Mutter gerichteten Gedichte. Vgl. auch die Ode J. A. Cramers auf den Tod der Gräfin im Musenalm. 1773 S. 69.

4.

Hierzu gehört Nr. 1 der Beilagen, S. 299.

Die erste Seite des Briefes ist oberhalb des Textes über= schrieben „An Voß"; wahrscheinlich war der Brief einem Briefe an den „kleinen Miller" beigelegt, vgl. den letzten Absatz (S. 13).

Seite 10. Nachahmer zu sein, galt wie überhaupt den Dichtern der Sturm= und Drangperiode, so auch den Göttingern als schwerster Vorwurf. Auch Voß schreibt im Nov. 1773 an Brückner: „Nie hinter ihm [Klopstock]; zur Seite giebt's der Wege genug! .. Wer immer nur aus sich selbst heraus spinnt, der muß in seiner Art Original werden" (Herbst I, 109). Um dieselbe Zeit (am 13. Nov.) schreibt Bürger an Boie: „Lieber ein unerträgliches Original, als ein glücklicher Nach= ahmer von einem, und wenn es selbst Summus Klopstock wäre!" (Strodtmann I, S. 175). Boie schrieb schon am 20. Nov. 1772 aus Göttingen an Knebel: „Unsere jungen Dichter [in Göttingen] hatten einen Bund mit einander gemacht, ihre Leiern nicht durch Nachahmung zu entweihen" (Zur deutschen Litteratur und Geschichte. Ungedruckte Briefe aus Knebels Nach laß. Hg. von H. Düntzer. Nürnberg 1858. II, S. 138).

„Gassenliedchen" begann man damals, angeregt durch Thomas Percy's Reliques of ancient English poetry (1765) auch in Deutschland Aufmerksamkeit zuzuwenden. „Bemühe Dich doch ja um alle Gassenhauer, und wenn Du was gutes findest, so theil's mit," schrieb Voß am 24. Febr. 1773 an Brückner (Voß' Briefe I, S. 131), und am 13. Jun. mahnt er schon wieder: „Aber, lieber Brückner, ja alte Gassenlieder mit Ge= schichten gesammelt!" (Voß' Briefe I, S. 143).

Seite 11. Das „Stück an die Boje", das von Voß im Nov. 1773 gedichtete Hochzeitsgedicht an die Schwester Erne= stinens, welche am 17. Dec. ihren Schwager, den Buchhändler Sorte (?) Jessen heiratete, erschien zuerst in einem Einzeldruck, dann im „Deutschen, sonst Wandsbecker Bothen" 1773, (22. Dec.) mit der Überschrift: „An M [ademoiselle] E [lise] B [oie]. Den 17. Dezember 1773", später im Musenalm. 1776, S. 78 („An Elisa"), bei Sauer S. 195. Die fünf ersten von Stol= berg herangezogenen Strophen lauten:

„Vom Hosannagetön harfender Seraphim
Schlich, ihr freundliches Kind im Arm,
Deine Schwester sich oft sinnig zur Palmennacht
Um krystallenen Wasserfall.

Denn nur Kunde des Grams brachte der Engel mit,
(Einst ihr Genius, jetzt ihr Freund,)
Von dem heimischen Stern, wo ihr Gewand von Staub,
Unter Thränen und Schluchzen, sank.

Aber eilendes Flugs kehrte von seiner Fahrt
Freudestralend der Seraph jetzt:
„Friede! Friede mit dir! Gott hat den Donnersturm
Umgeschaffen zu leisem Wehn.

Seltner weinet und still deiner Verlaßnen Schmerz
Um dein abendlich Espengrab;
Und es wälzet nicht mehr laute Verzweifelung
Deinen Mann durch das Graun der Nacht.

Deine Schwester im Arm, sah ich den Glücklichen
Mondumdämmert. Sie flüsterten,
Nannten dich, und gemach blinkte der Thränenthau,
Doch auf lächelnde Wangen, hin.“

Die zweite Strophe der am 12. Dec. 1773 an Ernestine
gesandten Ode „An die Nachtigall“ (Voß' Briefe I, S. 229)
lautete:

„Wie ein Traum schwebt in der Dämmrung die Gestalt
Paradieshell, die das Schicksal mir verbirgt,
Und mein Ohr lauscht nach d-m Seufzer,
Der so athmend ihr entbebt.“

Offenbar auf die Anregung Stolbergs erhielt sie im
Musenalm. 1775 S. 129, wo sie mit der Überschrift „Die künftige Geliebte“ zuerst veröffentlicht wurde (bei Sauer S. 196),
folgende Fassung:

„Wie ein Geist, schwebt in der Dämmrung die Gestalt,
Die im Nachttraum und des Tags Traum mir erscheint;
Und mein Ohr lauscht nach dem Seufzer,
Der so athmend ihr entbebt!“

In den „Gedichten“ 1802 (III, S. 53) heißt die Ode
„Sehnsucht“.

Die Ode an Brückner (vgl. Chr. Stolbergs Urteil S. 299)
ist am 27. Dec. 1773 im Bunde vorgelesen, befindet sich aber
weder im Bundesbuche, noch ist sie gedruckt. Offenbar ist sie
dieselbe, von der Voß am 6. März 1774 an Brückner schreibt:
„Eine [Ode] ist für die Hälfte des Bundes zu dunkel, daher
will ich sie umarbeiten, wenn ich kann“ (Voß' Briefe I, S. 157).

Seite 12. Über die Dunkelheit in Voß' Gedichten klagen
auch Chr. Stolberg (oben S. 299) und Brückner (Voß' Briefe
I, S. 128, 183) u. a.

Die griechischen Verse (Odyssee XI, 315—317) wurden
von Voß (1781) übersetzt:

„Ossa mühten sie sich auf Olympos zu setzen, auf Ossa
Pelions Waldgebirg', um hinauf in den Himmel zu steigen.
Und sie hätten's vollbracht, wär' ihre Jugend gereifet.“

Seite 13. Voß' Ode „An Klopstock", entstanden am 3. April 1773, war für die den Brüdern Stolberg an Klopstock mitgegebene Gedichtsammlung (vgl. oben S. 308) geschrieben worden (Voß' Briefe I, S. 136). Zuerst veröffentlicht wurde sie im Musenalm. 1775, S. 212; bei Sauer S. 183.

An den „kleinen Miller" (vgl. S. 313) hatte Stolberg wahrscheinlich sein Urteil über neue Gedichte Brückners ge- sandt. Vgl. zu S. 29.

5.

Die erste Seite des Briefes ist oberhalb des Textes wieder überschrieben An Voß. Vgl. den Schluß des Briefes.

Die Begeisterung bei Voß war wahrscheinlich eine Folge der von Boie am 8. Febr. 1774 übermittelten, bei allen Brü- dern das höchste Entzücken erregenden (vgl. Boies Bericht an Klopstock vom 10. Febr., bei Lappenberg S. 254 ff, und die von Hahn verfaßte Antwort des Bundes, bei Redlich, Hahn S. 255) Beitritts Erklärung Klopstocks zum Bunde; vgl. Vossens Brief an Brückner vom 6. März 1774 (Voß' Briefe I, S. 156).

Unsterblichkeit „Ich zweifle gar nicht mehr daran, daß ich mich unter des Bundes Flügeln unsterblich singen werde," hatte Voß, um nur eine Stelle anzuführen, schon im Nov. 1773 an Brückner (Herbst I, S. 109) geschrieben. Selbst der beschei- dene Hölty ergeht sich in einem Briefe an Voß über den „süßen Gedanken der Unsterblichkeit," Halm, Hölty-Ausgabe 1869. S. 221). „Zehrende Ruhmsucht," bemerkt Herbst (I, S. 110) treffend, „die Frage nach der Unsterblichkeit, die bei Klopstock und den Seinen oft mit schier antiker Unumwundenheit laut wird, störte eine still-reifende Bildung und betrog die nüchterne Selbsterkenntnis. Bei den Göttingern gehörte dieses Schielen nach dem Lorbeer, der dem Genius von selbst zufällt, auch zu der Macherei und zwecksetzenden Geschäftigkeit, an der die ganze Schule krankt."

Über den Tyrannenhaß der Göttinger vgl. u. a. die be- kannte Stelle aus Voß' Brief vom 16. Jun. 1773 an Brückner: „Soweit war ich gestern Abend, als der jüngste Graf Stolberg kam. Gleich hinterher kam auch Hahn [vgl. die Bruchstücke seiner Ode an einen König, bei Redlich a. o. O. S. 256] und wir drei gingen bis Mitternacht in meiner Stube ohne Licht herum, und sprachen von Deutschland, Klopstock, Freiheit, gro= ßen Thaten und von Rache gegen Wieland, der das Gefühl der Unschuld nicht achtet. Es stand eben ein Gewitter am Himmel, und Blitz und Donner machte unser ohnedies schon heftiges Gespräch so wütend und sogleich so feierlich ernsthaft, daß wir in dem Augenblick ich weiß nicht welcher großen Handlung, sollt's auch ein Fürstenmord sein, fähig gewesen wären" (Voß' Briefe I, S. 217 f., ergänzt aus dem Original). „In ihm [Stolberg]", bemerkt Herbst (S. 111) mit Recht, „mischte sich der Mißmut des macht= und geldlosen Reichsunmittelbaren gegen absolute Fürstengewalt mit den utopischen Traumbildern des jugendlichen Poeten. Bei Voß war am meisten Realität in dem abstrakten Freiheitsgelüste und dem Tyrannenhaß. Es war bei ihm mehr als das einsichtslose Ankämpfen des Studenten gegen die philisterhafte Einengung des bürgerlichen Lebens; mehr als der allgemeine Zug der Zeit, der die Idee der Frei= heit zum Banner erwählt hatte und in der Dichterjugend das Leben befreien wollte durch die Poesie. Er hatte Druck und Not erlebt. Der dunkle Hintergrund seiner Familiengeschichte war Leibeigenschaft, Demütigungen auf der Schule und im Haus= lehrerstand. Kein Wunder, daß ihm nun Feder und Leier zur Waffe werden. Ein radikaler Zug, ein Anstreben gegen andere Autorität als die in freier Achtung erkannte war ihm angeboren und mit ihm aufgewachsen. Dieser Neigung stand auf politi= schem Boden nichts entgegen als ein allgemeines, von historischem Verständnis losgelöstes Bild von Deutschtum und einem Vater= land, das im Grunde nur noch in Sprache, Sitte, Dichtung fortlebte." Bekannt ist der poetische Bericht Goethes („Aus meinem Leben" IV, 18) über das Wüten der Grafen Stolberg gegen die „Tyrannen" während ihres Aufenthalts in Frankfurt (1775). Vgl. übrigens unten zu S. 36.

Seite 14. Die an Miller gesandte Ode ist „Der Abend. An Johann Martin Miller" (Musenalm. 1775 S. 154, „Ge= dichte" S. 45, Ges. W. I, S. 40). „Ich ward [von „diesem herrlichen Gedicht"]," schreibt Miller am 11. April an Voß, „bis zu Thränen gerührt und werde dem lieben Stolberg nicht genug dafür danken können" (ungedruckt).

Das Beiwort „deutſch" wird Brückner von Voß wieder= holt verliehen (Briefe I, S. 97, 151 ꝛc.).

Einen „Obotriten" hatte ſich Voß in der am 30. Nov. 1772 im Bunde vorgeleſenen, am 6. Dec. an Brückner geſandten „Schnurre" „An Miller, den Liederdichter aus Ulm" (Voß Briefe I, S. 118, Muſenalm. 1776, S. 47, bei Sauer S. 238) genannt, worauf Miller mit einem ähnlichen Gedichte „An Voß den Obotriten" am 5. Dec. geantwortet hatte (Voß' Briefe I, S. 117 u. 119). „Die Obotriten," bemerkt Voß dazu, „ein wendiſches Volk, wohnten ehemals in Mecklenburg."

Über Voß' neue Ode („An Selma. Um Mitternacht") vgl. zu S. 18.

Die lat. Verſe (Vergil. Äneis XII, 894—895) wurden von Voß ſpäter überſetzt:

Turnus ſchüttelt das Haupt: „Nicht ſchreckt dein trotziges Wort mich, Trotziger, mich ſchreckt Göttergewalt und Jupiters Feindſchaft."

Die Stelle „Äußerliches Geräuſch" ꝛc. bildet den Schluß des 4. Geſanges des „Meſſias".

Seite 15. Die angeführten beiden letzten Verſe des 10. Geſanges hielt Klopſtock ſelbſt nach dem Bericht K. F. Cra= mers „für eine der ſtärkſten von den mit Bewußtſein ihrer tief empfundenen Stärke niedergeſchriebenen Stellen ſeines Meſſias."

. Der Franzoſe, welcher „Le Messie, poëme traduit de l'Allemand" (Paris, 1769 ff) herausgab (in Proſa), war An= telmy Junker v. Liebault.

Glücklicher Mann ꝛc. Wiederhall der Voßſchen Stim= mung. So ruft er in ſeinem Briefe vom 20. Febr. 1774 an Erneſtine aus (Voß' Briefe I, S. 239): „O Klopſtock, edler, großer, urdeutſcher Mann! In ſechs Wochen hab' ich dein Antlitz geſehn, und Heil mir! dich umarmen dürfen! Dann ruht dein Segen auf mir, daß, wenn deinen Staub der wei= nende Enkel mit ſeiner durch dich tugendhafteren Braut beſucht, mein Geſang die heiligen Thränen auffammle und zum ewigen Zeugniſſe auf den Altar Gottes hinſtelle."

Die hier genannte Schwester Stolbergs ist die durch
ihren Briefwechsel mit Goethe bekannte Gräfin Auguste Luise
(geb. am 7. Jan. 1753, gest. am 30. Jun. 1835), welche als
Stiftsdame in Ütersen (im Kreis Pinneberg, Rgbzt. Schleswig) viel
in Hamburg bei der Gräfin Ch. E. Bernstorff (vgl. oben S. 310)
verkehrte, deren Haus „das geistigste im damaligen Hamburg
war" (Weinhold, Boie S. 62); am 8. Aug. 1783 wurde sie Gattin
des Grafen Andreas Petrus Bernstorff, nachdem dieser seine erste
Gattin Henriette Friederike, die älteste der Geschwister Stolberg
(geb. am 12. Jan. 1747), am 4. Aug. 1782 verloren hatte. Wenn
auch Voß infolge seiner Krankheit auf der Hamburger Reise mit
Stolberg, welcher seine Schwester nach Kopenhagen abholte
(vgl. unten S. 323), nicht zusammentraf, so hat er sie wahrscheinlich doch schon damals kennen gelernt, nicht erst, wie Arndt
(S. XVIII) meint, im folgenden Jahre, in welchem sie mit
Klopstock, Voß, Miller 2c. an der am 6 Mai 1775 unternommenen, von Voß in der (im Jan. 1776 entstandenen) Idylle
„Die Elbfahrt" (Musenalm. 1777, S. 154 ff, bei Sauer S. 91)
besungenen Elbfahrt nach Nienstädten teilnahm. Wie mit
Boie, welcher sie im Jan 1774 in Hamburg kennen gelernt
hatte (Weinhold, Boie S. 62 f), trat sie auch mit Voß später
in Briefwechsel.

Den Sommer gedachte Stolberg auf Bernstorff, dem etwa
eine Meile von Kopenhagen entfernten Gute seines Schwagers
Bernstorff zuzubringen, wo er auch künftig manchen Sommer
verlebte. Vgl. die Schilderung S. 65.

Seite 16. Von Horaz war Voß bereits zu Pindar fort-
geschritten (vgl. Briefe I, S. 105, 129 u. a.).

6.

Am 29. März 1774 war Voß in Hamburg eingetroffen,
wo er im Umgang mit Klopstock, dem er das wieder von Hahn
in überschwänglichem Tone verfaßte Dankschreiben des Bundes
vom 24. März (bei Redlich, Hahn S. 255) für seinen Beitritt
zum Bunde überbrachte, die „seligsten Tage seines Lebens genoß"
(Voß' Briefe I, S. 157 f.). „Nach Ostern kommt einer von den

Grafen, um seine Schwester abzuholen. Den muß ich erst sprechen", schrieb er am „Mittwoch vor Ostern" (30. März) an Miller (ungedruckt); und auch an Brückner schreibt er am 2. April: „Vielleicht habe ich noch das Glück, Graf Leopold hier zu sehen" (Boß' Briefe I, S. 158). Aber die Ankunft des Freundes verzögerte sich. — Am 7. April kam Boß im Pfarrhause von St. Nikolai in Flensburg an, wo er von der Familie des rationalistischen Hauptpastors Johann Friedrich Boie (1716—1776, vgl. über ihn Herbst I, S. 135 ff. Weinhold, Boie S. 4), welcher unter dem 4. Juli 1774 zum Kirchenprobst des Amtes Flensburg und der Landschaft Bredstet ernannt wurde, dem Vater seines Freundes Heinrich Christian und Ernestinens, dem Vorbilde (Sophronizon S. 54) des Pfarrers von Grünau in „Luise", mit offenen Armen empfangen wurde (Vgl. Herbst I, S. 134 ff). Von hier wollte er nach zwei Wochen über Hamburg zurück, wo er nunmehr „vielleicht noch" Stolberg anzutreffen hoffte, wie er am 10. Mai an Brückner schreibt (Boß' Briefe I, S. 163). Aber bereits am 22. April von Blutspeien befallen, konnte er Flensburg erst am 24. Mai verlassen, nachdem er sich am Tage vor der Abreise mit Ernestine (wenn auch nicht förmlich) verlobt hatte. Infolge dessen traf er den inzwischen mit seiner Schwester Auguste aus Hamburg über Lübeck heimgereisten Freund in Hamburg, wo er selbst auf der Rückreise wieder vom 29. Mai bis 21. Jun. verweilte, nicht mehr an. „Ohne diesen Zufall [die Erkrankung]", schreibt er am 10. Mai 1774 an Brückner, „wäre ich vielleicht mit Klopstock [vgl. übrigens S. 324] und der Gräfin Stolberg nach Kopenhagen gereist. Die Reise sollte ich frei haben" (Boß' Briefe I, S. 164.)

„Esmarch schrieb die Nachricht von meiner Krankheit an Klopstock und Hahn," berichtet Boß am 10. Mai Brückner, „der nach mir gleichen Entschluß gefaßt hatte, Klopstock zu besuchen. Freitag darauf kam Hahn, mich lebendig oder todt noch einmal zu sehen, fand mich aber schon in der Besserung" (Boß' Briefe I, S. 163).

Der auch mit dichterischen Versuchen aufgetretene berühmte Arzt Philipp Gabriel Hensler (1733—1805) in Altona, seit 1775 Archiater daselbst, 1789 Professor in Kiel, war der Hausarzt und Freund Klopstocks, der Familie Stolberg und später auch der Familie Voß. Bei ihm trat Voß in Behandlung (vgl. zu Nr. 7). Dagegen scheint er den ebenfalls hervorragenden Hamburger Arzt Dr. Gottfried Jakob Jänisch den Älteren (1707—1781), den Provinzialgroßmeister der Hamburger Loge nicht konsultiert zu haben.

Der Arzt Dr. Jakob Mumssen (1737—1819), nach der bekannten Figur in Sternes „Tristram Shandy" von seinen Freunden „Onkel Toby" genannt, ein Freund Klopstocks, der Familien Stolberg, Bernstorff, Claudius 2c., wohnte auf der A B C-straße (sogenannt, weil ursprünglich die Häuser derselben statt mit Nummern mit den fortlaufenden Buchstaben des Alphabets bezeichnet waren). Klopstock wohnte bekanntlich seit März 1774 auf der benachbarten Königsstraße. Mumssen sollte Voß offenbar den Eintritt der Brüder Stolberg, Claudius' und Hahns in die Freimaurerloge „zu den drei Rosen" in Hamburg mitteilen, welche er selbst leitete. Voß und Hahn folgten dem Beispiele der Freunde (vgl. Voß' Briefe I, S. 171). Aber gerade die Freimaurerei gab später den Anlaß zu einem Zwist zwischen Stolberg und Voß, vgl. oben S. 143 ff.

Seite 17. Johann Andreas Cramer, der treue Freund der Familie Stolberg (vgl. Einleitung), welcher auch der Mutter Friedrich Leopolds ein schönes Denkmal gesetzt hat („Auf den Tod der Reichsgräfin von Stolberg, gebohrnen Reichsgräfin von Castell", im „deutschen, sonst Wandsbecker Bothen" 1774, Nr. 6, Musenalm. 1775, S. 69), war damals noch Superintendent in Lübeck, wurde aber noch in demselben Jahre Professor in Kiel.

Die auch in gleichzeitigen Briefen Vossens (Voß' Briefe I, S. 163. 164. 168. 232 2c. und sonst) als bevorstehend angekündigte Reise Klopstocks nach Dänemark unterblieb. Daß er sie aber wirklich damals beabsichtigte (und nicht erst 1775, wie Muncker, Klopstock, S. 433 meint), geht schon aus dem vorliegenden Briefe Stolbergs zur Genüge hervor.

Lange dachte Stolberg an mehrere Freiheitsgesänge (vgl. S. 25. 36), aber es erschien nur ein „Freiheits Gesang aus dem Zwanzigsten Jahrhundert. Manuscript für Freunde"

(Zürich, 1775, vgl. zu S. 36), wiederholt in den „Gedichten"
S. 102, Gef. W. I, S. 87).

Klopstocks mit der größten Spannung erwartete — im
„Vorbericht" werden 3599 Subscribenten genannt — „Deutsche
Gelehrtenrepublik.... Erster Theil" [ein zweiter folgte bekanntlich nicht] war eben bei J. J. C. Bode in Hamburg erschienen.
Trotz ihres krausen Inhalts fand sie anfangs bei der ganzen
jüngeren Dichtergeneration begeisterte Aufnahme. Selbst Goethe
nennt sie am 10. Jun. 1777 in dem bekannten Gesamtbriefe an
Schönborn (Rist, Schönborn S. 56) „ein herrliches Werk,"
„die einzige Poetik aller Zeiten und Völker, die einzigen Re-
geln, die möglich sind". Freilich trat sehr bald eine fast allgemeine Ernüchterung ein.

Matthias Claudius (1740—1815) hatte die „Gelehrten-
republik" in seinem „deutschen, sonst Wandsbecker Bothen" 1774
Nr. 76 (13. May) mit schalkhafter Anerkennung besprochen; in
Nr. 78 (17. May) folgte die Fortsetzung.

Stolbergs „Lied eines alten schwäbischen Ritters an
seinen Sohn. Aus dem 12. Jahrhundert" erschien zuerst im
„deutschen, sonst Wandsbecker Bothen" 1774, Nr. 77 (14. May);
Voß brachte es im Musenalm. 1775, S. 19, während er es in der
„Bestätigung" (S. 7) als Verherrlichung der „Greuelzeiten der
Anarchie" und Zeichen des an Stolberg schon damals wahr-
nehmbaren „so altfränkischen, so barbarischen Familienrostes"
auf das heftigste verurteilt.

7.

Seite 18. Wie aus dem Schluß des Briefes hervorgeht,
ist er aus Bernstorff (vgl. S. 322) geschrieben.

Auch Voß hatte übrigens den letzten Brief Stolbergs länger als sonst unbeantwortet gelassen. „Wer den Grafen
schreibt, der entschuldige mich, daß ich mich beßre, wissen sie", schreibt
er am 4. Jun. an Miller (ungedruckt), und zwei Tage später schreibt
er an Ernestine: „Ich habe sogar den Grafen noch nicht geschrieben" (Voß' Briefe I, S. 244).

Hensler hatte Voß, wie dieser am 5. Jun. an Ernestine
(Briefe I, S. 244) und am 13. Jun. an Brückner (Briefe I,

S. 168) schreibt, die „vollkommene Gesundheit" wieder zu ver=
schaffen versprochen.

Die Ode „An Selma. Um Mitternacht" (vgl. S. 23),
entstanden am 13. Jan. 1774, erschien zuerst im Musenalm.
1775, S. 147. Warum Voß sich von Stolberg wiederholt um die
Zusendung mahnen ließ (vgl. S. 14. 20), geht aus seinem
Briefe an Brückner vom 16. Aug. 1774 hervor: „Ich hab' Er=
nestinen geliebt, eh' ich sie gesehn. In den Almanach wird ein
Gedicht kommen, die Frucht einer sehr melancholischen Winter=
nacht, das ich nicht eher im Bunde bekannt machen wollte, eh'
ich wußte, ob Ahndung auch täuschte" (Voß' Briefe I S. 175).

8.

Seite 19. Die Schwester ist natürlich die Gräfin Auguste.

Wer das „allerliebste Mädchen" ist, kann ich nicht be=
stimmen; wahrscheinlich die pretty miss bei Hennes I, S. 37.

Wie hoch Ossian, den Stolberg schon 1772 in Göttingen
in der Ursprache gelesen hatte und „leidenschaftlich liebte"
(Janssen I S. 22), damals von der jüngern Dichter=Generation
geschätzt wurde, ist bekannt, vgl. Sauer „Stürmer und Drän=
ger" I, (Kürschners Deutsche Nat.=Litt. 79) S. 36. Auch Hahn
wollte Ossian im Winter 1774—1775 übersetzen, wie er an
Klopstock am 25. Dec. 1774 schrieb (vgl. Redlich Hahn,
S. 258); aber auch dazu kam er nicht. Dagegen erschienen im
Jahre 1806: „Die Gedichte von Ossian, dem Sohne Fingals.
Nach dem Englischen des Herrn Macpherson in's Deutsche
übersetzt von Friedrich Leopold Grafen zu Stolberg." (Ham=
burg). Voß schreibt noch am 20. März 1775: „Der Schotte
Ossian ist ein größerer Dichter, als der Jonier Homer"
(Briefe I, S. 191).

„Klopstock hat geschrieben," berichtet Voß am 15. Aug. an
Brückner (Briefe I, S. 173), daß er seinen Weg [nach Karls=
ruhe, wohin er bekanntlich vom Markgrafen Karl Friedrich von
Baden eingeladen war, vgl. David Friedr. Strauß „Klopstock
und der Markgraf Karl Friedrich von Baden". Kleine Schriften.
Leipzig 1862. S. 23 ff] über Göttingen nehmen und einige

Tage bei uns incognito bleiben wollte." Der Freudenrausch, welchen diese Nachricht im Bunde erregte, zeigt am besten das wieder von Hahn verfaßte Dankschreiben des Bundes vom 30. Jul. (bei Redlich, Hahn, S. 257). Auch der Brüder Stolberg wird in demselben gedacht. „Mitten unter uns allen Klopstock!" heißt es. „Unter uns allen? O unsere Stolberge fehlen! Wahrlich diesesmal wünsche ich sie vergessen zu können, um ganz, ganz Freude zu sein."

Seite 20. Stolberg mußte die Mitreise ausschlagen aus finanziellen Gründen. Vgl. S. 32.

Claudius' Gedicht an die Gräfin Auguste Stolberg: „Der Frühling. Am ersten Maymorgen. 1774" erschien im Musenalm. 1775, S. 97, unterzeichnet W. B. Vgl. Herbst, Claudius S. 110 und S. 170.

Boie hatte Anfang Jul. eine Reise nach Holland angetreten, von der er erst am 20. Oct. wieder in Göttingen anlangte (Voß' Briefe I. S. 258). Über seine und Vossens Wohnung vgl. Einleitung.

9.

Seite 21. Der „vortreffliche Doktor" in Kopenhagen ist der Leibarzt des Königs Dr. Johann Heinrich von Berger, einer der bedeutendsten Ärzte seiner Zeit, mit welchem Klopstock in Kopenhagen in freundschaftlichem Verhältnis gestanden hatte (vgl. Muncker, Klopstock S. 271).

Der Dichter und Hannoversche Leibarzt Dr. Paul Gottlieb Werlhof (1699—1767) war ebenfalls ein hervorragender Arzt gewesen.

Der berühmte, auch litterarisch vielseitig thätige Dr. Johann Georg Zimmermann (1728—1795), seit 1768 Leibarzt in Hannover, stand mit den bedeutendsten Männern seiner Zeit in regem Verkehr; später ein treuer Freund Lavaters im Kampfe gegen Nicolai wurde er Erfinder der Schlagworte „Kryptokatholicismus" und „Jesuitenriecherei."

Die Vaterlandsode ist die Ode „Mein Vaterland. An Klopstock" (Musenalm. 1775. S. 100, „Gedichte" S. 60, Ges. W. I. S. 58).

Die Ode „Die Träume" erſchien im Muſenalm. 1775.
S. 176. Die dritte Strophe lautet hier:

> „Da ſchwebt ein Traum zum horchenden Ohr;
> Und fernher kam's wie Saitengetön,
> Tönet näher und näher;
> Und die Stimme Derindens war's."

Voß hatte alſo die Veränderung der urſprünglichen Faſſung
durchgeſetzt. Dagegen lautet die Strophe in den „Gedichten"
(S. 70) und den Geſ. W. I, S. 60, wo ſie zugleich mit der
vierten Strophe den Platz gewechſelt hat:

> „Ein andrer [Traum] ſchlüpft' ins horchende Ohr,
> So ſchlüpft die Schwalbenmutter ins Neſt,
> Flüſterte ſüße Geſpräche
> Mit der Stimme Derindens mir."

Hier haben wir alſo die urſprüngliche Faſſung wieder.

Die „Romanze" („In der Väter Hallen ruhte") erſchien im
Muſenalm. 1775, S. 215 („Gedichte" S. 64, Geſ. W. I, S. 56).

„Die Freiheit, im Sommer 1770 in Dänemark" handſchr.
im Bundesbuche und im Voſſiſchen Stammbuch (vgl. Redlich,
Hahn S. 264), erſchien mit „vielen Änderungen" von Voß
und Hahn („Beſtätigung" S. 136, vgl. oben S. 24) mit der
Überſchrift „Die Freyheit. An Hahn" im Muſenalm. 1775,
S. 221, (Geſ. W. I, S. 18. In den „Gedichten" fehlt ſie.
Über die Ode an Voß vgl. zu S. 32.

„Michaelis werd' ich genug Abſchiedsthränen weinen
müſſen" hatte Voß am 3. Aug. an Erneſtine geſchrieben (Voß'
Briefe I, S. 254. Vgl. I, S. 174). „Hahn, Hölty, Leiſewitz
und beide Miller gehen weg." Hölty blieb übrigens noch,
vgl. oben S. 313.

Seite 22. „Wie klein iſt nun unſer Häuflein geworden,"
klagt Voß am 6. Nov. Erneſtinen (Voß' Briefe I, S. 260). Leiſewitz (vgl. unten S. 331) war am 26. Sept. nach Hannover ge-
reiſt, J. M. Miller am 30. Sept. zur Fortſetzung ſeiner Studien nach Leipzig, begleitet von Hölty, welcher etwa 3 Wochen
dort blieb (im Hauſe des mit Miller verwandten Buchhändlers
Weygand, bei dem er mehrere Überſetzungen aus dem Eng-

lifchen erfcheinen ließ), dann aber nach Göttingen zurückkehrte (vgl. feine Briefe in Halms Hölty-Ausgabe 1869, S. 222 ff 232 f), G. D. Miller am 1. Oft. als Ulmifcher Sub-delegationsfefretär an das Reichslammergericht nach Weßlar, Hahn endlich am 19. Nov. ins elterliche Haus nach Zwei-brücken. Vgl. die Befchreibung der Abfchiedsfcenen in Voß' Briefen I, S. 178 f. 257. 260.

Bevor noch Voß diefen Brief erhielt, teilte Klopftock felbft den Bundesbrüdern in Göttingen perfönlich mit, wie Voß am 21. Sept. 1774 an Erneftine fchreibt, daß ihm „ein Fürft ein anfehnliches Gefchenk gemacht hätte, den wir aber raten follten. Nach vielem vergeblichen Herumraten traf ich auf den Groß-fürften von Rußland [Paul I]. Das Gefchenk befteht in 1000 Rubeln." Herbft I, S. 292).

10.

Kein felbftändiger Brief, fondern ein „aparter Zettel" (vgl. Schluß) zu Nr. 9, wie ich nachträglich fehe.

Offenbar hatte Voß, welcher bis zum 11. Jul. erft Brück ner, Esmarch, Hahn und die Brüder Boie in fein Herzens-geheimnis eingeweiht hatte (Voß' Briefe I, S. 173), dasfelbe nunmehr auch Stolberg mitgeteilt, damit aber zugleich auch Kunde von feiner ausfichtslofen Zukunft gegeben, welche eine Vermählung mit Erneftinen faft unmöglich erfcheinen ließ (vgl. u. a. feinen Brief vom 22. Aug. 1774, bei Herbft I, S. 139).

Über Stolbergs erfte Liebe ift mir nichts Näheres bekannt. „Meine erfte Liebe war ftark," fchreibt er am 12. Mai 1775 an feine Schwefter Katharina, „aber nur ein Schatten von diefer [zu Sophie, vgl. zu Nr. 17]" (Hennes I, S. 45.)

Die Verfe find Klopftocks Ode „An Fanny" (1748) entnommen.

11.

Seite 23. Bereits am 10. Nov. und wieder am 27. Nov. hatte Voß feinem Freunde Miller geflagt, daß die Grafen noch nicht wieder gefchrieben hätten (ungedruckt).

Der ehemalige Haingenoffe Esmarch (vgl. Einleitung) war damals Hauslehrer beim Konferenzrat Stemann in Kopenhagen.

Wie der πολυμητις Οδυσσευς ꝛc. Ungenaue Anspielung auf Odyssee V, 428.

Es ist natürlich von dem „MUSENALMANACH MDCCLXXV. Göttingen bey J. C. Diederich. Poetische Blumenlese auf das Jahr 1775. Göttingen und Gotha, bey Johann Christian Dieterich" die Rede, welchen Voß als Vertreter Boies besorgt hatte. Eine Zusammenstellung seines Inhaltes bei Sauer S. 30 f.

„Die künftige Geliebte" ist die bereits S. 11 erwähnte Ode „An die Nachtigall."

Gefällt mir. Vgl. „Die Leiden des jungen Werthers," welche zur Michaelismesse 1774 erschienen waren, (I. „Am 10. Julius ... Wenn man mich nun gar fragt, wie sie mir gefällt — Gefällt! Das Wort hasse ich auf den Tod. Was muß das für ein Mensch sein, dem Lotte gefällt, dem sie nicht alle Sinne, alle Empfindungen ausfüllt! Gefällt! Neulich fragte mich einer, wie mir Ossian gefiele!" Vgl. Stolberg über Werther S. 25. Über Selma vgl. S. 326.

Seite 24. „Flamme Gottes, du strahlst Liebe! der Sonne gleich," beginnt die 9. Strophe.

Voß' Ode „Michaelis" (Musenalm. 1775 S. 209, Sauer S. 171) war eine im Herbst 1773 entstandene (nach Redlich, Zsch. f. d. Phil. IV, S. 124) Umarbeitung seiner älteren, dem Andenken des frühverstorbenen Anakreontikers Joh. Benjamin Michaelis (1746—1772) gewidmeten Ode (aus dem Okt. 1772) „Auf Michaelis' Tod" (Sauer S. 170). Wie Voß am 10. Nov. 1774 an Miller schreibt, hatte die Ode „Michaelis" auch Klumpsen „vorzüglich gefallen" (ungedruckt). Aber wegen ihrer Spitze gegen Wieland, welcher dadurch sehr verstimmt ward, wurde sie für Boie die hauptsächlichste Veranlassung, sich ganz vom Almanach zurückzuziehen.

Von Hölty brachte der Musenalm. 1775 teils unter seinem Namen, teils unter der Chiffre T. 16 Gedichte, darunter die „Elegie auf ein Landmädchen" (S. 5, bei Halm 1869, S. 59), das „Traumbild" („Wo bist du, Bild, das vor mir stand" — S. 139, Halm 1869 S. 128), „Die Schiffende" (S. 85, Halm 1869 S. 167). „Das Traumbild" war schon 1771 entstanden, die beiden andern erst im Mai 1774.

Über Höltys Reise vgl. S. 328 f.

Hahn kehrte erst Ostern 1775 aus Zweibrücken nach Göt=
tingen zurück (vgl. S. 335).

„Das Engelthal" (Musenalm. 1775 S. 123) und „Die
Fischer" (ebenda S. 178) gehörten zu Brückners ziemlich wert=
losen „Idyllen aus einer Unschuldswelt"; im ganzen war er
im Musenalm. 1785 mit 11 Gedichten vertreten.

Friedrich Müller (1749—1825), genannt Maler Müller,
von 1766 (oder 1767) bis Herbst 1774 in Zweibrücken, ver=
öffentlichte im Musenalm. 1775 drei Gedichte, darunter S. 223
seine „Dithyrambe" (bei Sauer, Stürmer und Dränger III,
S. 255). Die baldige Auflösung des Bundes, mit dem er durch
seinen Freund Hahn in Verbindung gekommen war, verhinderte
seine Aufnahme. In seinem bei Hahns Rückkehr nach Göttingen
verfaßten Gedichte „Nach Hahns Abschied" (Musenalm. 1776,
S. 69, Sauer a. o. O. S. 253) heißt es:

> „Ach, Seligkeit des Himmels
> Träufelt nieder dem,
> Der des Geliebten Busen umschlingt!
> O, ich weine, da du Er nicht,
> Da du, Seliger,
> An Leopold Stolbergs Busen dich knüpfst."

Über Stolbergs „Freiheit" vgl. oben S. 328.

Von Johann Anton Leisewitz (1752—1806), welcher am
2. Jul. 1774 (dem Geburtstage Klopstocks) in den Bund auf=
genommen war (Voß' Briefe I, S. 171), brachte der Musenalm.
1785 „Die Pfändung" (S. 65) und „Der Besuch um Mitter=
nacht" (S. 226), beide unter der Chiffre W. Der Tadel des
letzteren Stückes ist gerechtfertigt. Nachdem der um Mitternacht
erscheinende Geist Hermanns des Cheruskers, welcher dem an=
fänglich vor Schrecken in Ohnmacht fallenden Fürsten Vor=
stellungen über seinen Lebenswandel und seinen Despotismus
gemacht hat, verschwunden ist, heißt es weiter:

> „Der Fürst. Ungarisch Wasser, Herr Kammerherr!
> Der Kammerherr. Ich — ich — habe nichts bey mir.
> Der Fürst. Sie sind ein Freygeist, und haben in der Gespensterstunde
> kein ungarisch Wasser!"

Damit schließt das Ganze.

Seite 25. Miller hatte am 2. Nov. 1774 an Voß geschrieben: „Ich lebe hier ganz einsam ... und gehe nur allein mit Weygand (vgl. oben S. 328) und [K. Fr.] Cramer um. Cramer wohnt in meinem Hause" (ungedruckt). Cramer war Jun. 1774 zur Fortsetzung des Studiums der Theologie nach Leipzig gezogen, wurde aber schon 1775 außerordentlicher Professor in Kiel. Die beiden Freunde wohnten auf der Burgstraße, im Hause des Inspektors Küster (Strodtmann, I, S. 216).

„Fr. Stolberg arbeitet an Freiheitsgesängen aus dem 21sten [!] Jahrhundert, ein trefflicher Dichter", schrieb Voß am 17. Nov. 1774 an Brückner (Voß' Briefe I, S. 181), und am 27. Nov. 1774 schrieb er an Miller: „Der Freiheitsgesang von Friedrich Leopold ist schön" (ungedruckt).

Auch Voß ging damals Goethes „Werther", wie er am 22. Okt. 1874 an Ernestine schrieb, „über alles, was wir an Romanen haben". — „Ein herrliches Büchlein" nennt er es am 9. Jan. 1775 (Herbst I, S. 145 — Vgl. Voß' Briefe I, S. 186).

Bürger erschien übrigens im Musenalm. 1775 mit dem Gedichte „Gegenliebe" (S. 22), allerdings unter der Chiffre X verborgen.

12.

Auf der ersten Seite oberhalb des Textes steht „An Voß", weil der Brief wahrscheinlich an Claudius in Wandsbeck adressiert ward (vgl. Schluß des Briefes).

Stolberg hatte also noch einen Almanach als Geschenk des Herausgebers Voß erhalten.

Seite 26. Seine Genesung machte unter der Behandlung des „geschickten Medikus" (Voß' Briefe I, S. 252) Dr. August Gottlob Richter (1742—1812), Professors der Medizin in Göttingen (seit 1766), an den ihn Hensler empfohlen hatte, immer mehr Fortschritte und war gegen Ende des Jahres eine vollkommene.

für einen Neujahrswunsch d. h. eine bloße Form.

Unsterblichkeit vgl. S. 319.

Die laute Lache war bekanntlich eine in Klopstocks „Ge=
lehrtenrepublik" vorgeschlagene Strafe.

Seite 27. Voß ließ sich erst am 27. April in Wandsbeck
nieder; eher hatte er es überhaupt nicht vor (vgl. Voß' Briefe
I, S. 179 und sonst). Hölty wollte anfangs mit ihm nach
Wandsbeck übersiedeln, wurde aber durch sein seit seiner Rück=
kehr aus Leipzig rasch fortschreitendes Siechtum daran gehin=
dert (vgl. u. a. seine Briefe in Halms Hölty=Ausgabe 1869.
S. 227. 234).

13.

Seite 28. Voß hatte also wieder am Jonathanstage (vgl.
Anfang von Nr. 4) geschrieben.

Der Vater Ernestinens war schwer erkrankt gewesen, Mutter
und Kinder deshalb in der größten Angst (vgl. Voß' Briefe I,
S. 261 und 263). Außerdem hatte es Voß geschmerzt, daß,
wie er am 20. Dec. durch Ernestine erfahren, sein Plan, Ostern
Flensburg wieder zu besuchen, von der Mutter, welcher über=
haupt sein Verhältnis zu Ernestinen viele Thränen kostete, des
befürchteten Aufsehens wegen nicht gebilligt wurde (Voß' Briefe
a. o. O. Herbst I, S. 145).

Die „Idylle" ist „Der Morgen" (22. Nov. 1774), ver=
öffentlicht Musenalm. 1776, S. 23, bei Sauer S. 72.

Seite 29. „Selma" („Sie liebt! Mich liebt die Auser=
wählte"), entstanden am 17. Dec. 1774, zuerst veröffentlicht im
Musenalm. 1776, S. 225, bei Sauer S. 237.

„Trinklied für Freye" (23. Dec. 1774), zuerst veröffent=
licht im Musenalm. 1776, S. 107, bei Sauer S. 237. Der
von Stolberg als unedel beanstandete Vers 13 „Und putze
seinem Herrn die Schuh" blieb, dagegen wurde „der Freiheit
Engel" (Vers 57) schon beim ersten Druck in „der Engel
Gottes" verwandelt.

Über das „Zusammendrucken" vgl. Voß' Bericht an
Ernestine vom 21. Sept. 1774 (über den Besuch Klopstocks):
„Wir waren sonst willens, unsere Gedichte dereinst in einer
Sammlung drucken zu lassen; jetzt haben wir [mit Klopstock]

bedacht, daß es für die Ausbreitung des guten Geschmacks und guter Sitten besser sey, wenn jeder allein hervortritt und Tugend predigt" (Herbst I, S. 293). Über die Druckbarkeit jedes Gedichtes zc. der Bundsmitglieder, sollten, wie man ebenfalls während der Anwesenheit Klopstocks beschlossen hatte, „zwei Dritteile von den Stimmen entscheiden" (Voß' Briefe I, S. 178). Dazu war nun Miller von Voß am 27. Nov. folgender Vorschlag gemacht worden: „Mit dem Herumschicken der Gedichte scheint's wohl am bequemsten zu seyn, daß der Verfasser sie jedem, wie er sie gemacht hat, abschreibt und Klopstock [welcher durchaus nicht mehr als eine Stimme haben wollte und zwar, auf Bitten der Genossen, die letzte, Voß' Briefe I, S. 178] alle Urteile zusammen schickt" (ungedruckt). Mit diesem Herumschicken ist Stolberg also einverstanden.

Zu Voß' Urteil über Stolbergs „Freiheitsgesänge" vgl. S. 332. Ob er in der ursprünglichen Fassung noch mehr mit „Wellen spielt", als in der gedruckten (B. 23 ff), kann ich nicht bestimmen, weil jene nicht mehr vorhanden ist. Weil bloß ein Freiheitsgesang vollendet wurde, so unterblieben die beabsichtigten Hexameter.

Zeile 30. Einmal aus dem oben S. 330 angegebenen Grunde, dann aber auch wohl aus Fürsorge für seinen künftigen Schwager hatte Boie die künftige Herausgabe des Musenalmanachs Voß überlassen. Da aber der bisherige Verleger Dieterich trotz des großen Absatzes höchstens 150 Thaler Honorar geben wollte (Voß' Briefe I, S. 179), so gedachte Voß, wie er bereits am 22. Okt. 1774 Ernestine mitteilte (Voß' Briefe I, S. 259) ihn im Selbstverlag auf Subscription herauszugeben. (Er entwickelt diesen Plan eingehend in einem ungedruckten Briefe an Miller vom 9. Dec. 1774).

Die Brüder Stolberg waren also einverstanden, in der Ankündigung als Mitarbeiter genannt zu werden, Gerstenberg aber, dessen „Namen" jene im Auftrage Boies (wie Voß in einem ungedruckten Briefe vom 9. Dec. 1774 an Miller schreibt), „schaffen sollten" nicht (vgl. indessen zu S. 42). Dagegen hatten bereits „Goethe [welcher schon zu dem Musenalm. auf 1774 und 1775 beigesteuert hatte], Lenz, Bürger, Herder, Claudius, Mül=

ler in Zweibrücken außer dem Bunde die Erlaubnis gegeben,“ sie unter den Mitarbeitern zu nennen (Voß' Briefe I, S. 180).

Gleims schwächliches Epigramm: „An den Verfasser des Gedichts an die Herren Franzosen im Gött. Musenalm. 1774, S. 167“ (vgl. oben S. 314), zuerst veröffentlicht in Dohms Encycl. Journal. 9. St., S. 186, dann ohne Gleims Mitwissen abgedruckt in dem von Chr. Heinr. Schmid (1746—1800 herausgegebenen Leipziger „Almanach der deutschen Musen“ auf 1776, bei Herbst I, S. 294, wendet sich gegen Voß, weil er Friedrich II in dem Gedichte „An die Herren Franzosen“ „Barbar“ genannt hatte. Aber schon 1776 wurde der Zwist zwischen Gleim und Voß ausgeglichen (vgl. Herbst I, S. 175), und später traten beide in ein dauerndes Freundschafts-Verhältnis.

Der eben genannte Schmid hatte sich offenbar um Beiträge für seinen Musenalm. bemüht.

Über Brückner hatte Voß am 27. Nov. 1774 auch an Miller geschrieben: „Vielleicht wird er nächstens abgesetzt, die Inquisition hat schon Wind, daß er nicht orthodox ist“ (ungedruckt). Indessen blieb Brückner Prediger zu Groß-Bielen, bis er 1789 Prediger zu Neubrandenburg wurde.

Hahn kehrte erst am 17. April wieder nach Göttingen zurück, um nun (statt der Rechte) Theologie zu studieren.

Höltys „Siegeslied bei Eroberung des heiligen Grabes. Aus den Zeiten der Kreuzzüge“ erschien im Musenalm. 1776, S. 20 (bei Halm 1869, S. 182).

Seite 31. Über den Kopenhagener Arzt vgl. oben S. 327.

Stolbergs Soldatenlied erschien als „Lied eines Deutschen in fremden Kriegsdiensten“ im Musenalm. 1777 S. 108, unterschrieben F. S., als „Lied eines deutschen Soldaten in der Fremde“ in den „Gedichten“ S. 85 und Ges. W. I. S. 73. Die Überschrift im Musenalm. rührt offenbar von Voß her.

14.

Stiftsdame zu Walloe war Henriette Katharina („Käthchen“) Gräfin zu Stolberg (geb. 5. Dec. 1751, † 22. Febr. 1832).

Christian Heinrich Karl Freiherr (später Graf) von Haugwitz (1752—1832), welcher damals in Paris lebte, der spätere preußische Minister der auswärtigen Angelegenheiten, war schon in Göttingen mit den Grafen Stolberg vertraut gewesen. Vgl. Stolbergs Elegie „An Curt, Freiherrn von Haugwitz" (entstanden am 26. Juli 1773) „Gedichte" S. 18, Ges. W. I, S. 14). Nach Goethe („Aus meinem Leben" IV, 18) war er damals „wohlgestaltet, von zartem edlen Ansehen, weichen freundlichen Zügen [auch Voß spricht von seinem Johannes= gesicht", Briefe I, S. 123], sich immer gleich, teilnehmend", und wußte auf jener Reise den Grafen Stolberg gegenüber, wo es sein mußte, sehr geschickt den Mentor zu spielen.

Goethe (vgl. S. 25) war schon durch seine Beziehungen zu dem Musenalm. (vgl. S. 334) in ein gewisses Verhältnis zu den Haingenossen getreten; auch Klopstock hatte in Göttingen die Absicht ausgesprochen, ihn zu sondieren, ob er bundesfähig sei (Strauß a. o. O.).

Johann Kaspar Lavater (1741—1801) hatte bereits da= mals, einmal durch sein mannhaftes Auftreten gegen den tyran= nischen Landvogt Felix Grebel („Der ungerechte Landvogt oder Klage eines Patrioten" Zürich, 1762), dann besonders durch seine „Schweizerlieder" (Bern 1767) die Sympathie der jün= geren Dichtergeneration in hohem Grade erworben. Seit 1769 Diakon an der Waisenhauskirche in Zürich, wurde er 1775 Pfarrer an derselben.

Sein Freund Salomon Geßner (1730—1788), dessen süßliche Idyllen bei den Zeitgenossen in unverdientem Ansehen standen, ihnen „eine unendliche Bahn" zu „öffnen" schienen (Goethe „Aus meinem Leben" IV, 18), lebte als Mitglied des großen Rates ebenfalls in Zürich. Er gehörte lange zu Voß' liebsten Dichtern (vgl. Voß' Briefe I, S. 256. 93 u. a.).

Seite 32. Um der Kosten willen. Die Einkünfte der Grafen waren in der That „sehr eingeschränkt". „Votre Ex- cellence sait, que mon bien se réduit à très-peu de chose" schreibt F. L. am 2. Aug. 1777 an den Minister v. Holmer (vgl. unten). Die Folge davon war, daß er, trotz des Ge= haltes von 3000 Rthl., welches er seit 1776 bezog, und obschon er ein Feind jeglichen überflüssigen Aufwandes war, im Aug. 1777 doch schon 2000 Rthl. Schulden hatte (Hennes

Herzog Peter, S. 29) und am 6. Mai 1781 an Holmer schreiben
mußte: „Meinen Posten ferner zu behalten, bin ich nicht reich
genug; ich würde mich in einigen Jahren so in Schulden ver-
tiefen, daß es um die Ruhe meines Lebens gethan wäre, und
der Mammon, den ich immer verachtet habe, würde mich strafen, wie er so manchen seiner Verächter gestraft hat, welche ihn,
so lange sie frei waren, geringschätzten und endlich an der Ga-
leere der Armut ihm fluchten" (a. o. O. S. 132). Noch im
Jahre 1788 mußte er zur Bestreitung einer Badereise einen
kostbaren Ring verkaufen (a. o. O. S. 355. 359). Um so mehr
gereicht es ihm zur Ehre, daß er Hahn, Voß, v. Halem und
andere Freunde unterstützt hat.

„Die verheißene Ode," klagt Voß in der „Bestätigung"
S. 137, „voll Vaterland und Freundschaft (vgl. oben S. 21)
blieb aus. Zum Ersatz widmete er mir in der Schweiz für
den Musenalm. 1777 die Ode „„Sie ist da! die Begeisterung,
da!"" die nichts sagt, als, er sei begeistert: welches der Freund,
als ein Zeichen des Wohlbefindens, gerne vernahm." In
Stolbergs Ode „Die Begeisterung. An Voß" (Musenalm.
1777 S. 71, „Gedichte" S. 94, Ges. W. I, S. 81) ist allerdings von Voß persönlich nicht die Rede.

Zum Verständnis des Abschnittes über Hahn vgl. den anfangs 1775 aus Zweibrücken geschriebenen Brief Hahns an
Voß (bei Redlich, Hahn S. 259 f). „Daß ich Theologie stu-
diere," heißt es in demselben, „ist das einzige mögliche Mittel
[meine Familie vor dem Bettelstab zu schützen]. Aber wie?
wovon? Du erbotst Dich, wenn Du mit dem Almanach 1000
Thaler gewönnst, mir 200 abzugeben. Kommt der Almanach
zustande, so sind diese gewiß. Aber dieses währt zu lange .....
Also wäre Vorschuß notwendig. Stolberg und Leisewitz sind
die einzigen, die es können. Mit 200 Thalern würde ich auskommen. Das macht jedes Vierteljahr 10 Louisdor. Wie?
wenn man Stolberg und Leisewitz fragte, ob nicht jeder jedes
Vierteljahr 5 Louisdor vorschießen könnte. Wo sie's könnten,
so müßten sie sie für das erste Vierteljahr bald schicken .....
Stolbergen fragst Du, ob er, wenn Leisewitz die 5 nicht geben
würde, 10 vorschießen könnte." (Ein Louisdor galt c. 5 Reichsthaler.

Mumssen sollte wohl in seiner Eigenschaft als Vorsitzen=
der der Loge helfen, wie er auch Voß seine und „einiger an=
deren Brüder" Hilfe in Gestalt eines Vorschusses zu den Druck=
kosten des Musenalm. versprochen hatte (Voß' Briefe I, S. 180,
vgl. Redlich a. a. O. S. 258). Hahn machte sich übri=
gens der Unterstützung seiner Freunde — selbst Voß und Hölty
trugen ihr Scherflein bei — wenig würdig. Voß schreibt am
30. April 1776 an Esmarch: „Die hundert Thaler von den
Grafen waren schon Michaelis verzehrt," und nennt Hahn einen
„Menschen, der seiner Leckerhaftigkeit [im bildlichen Sinne]
seine und seiner Familie Hoffnung aufgeopfert" (bei Herbst I,
S. 168).

15.

Seite 33. Oben auf der ersten Seite: „An Voß"; vgl. Nr. 12.

Die Idyllen „Die Pferdeknechte", vollendet im Jan.
1775, und „Der Ährenkranz", vollendet im März 1775 (ein
Dialog zwischen Henning und Sabine, daher in den Briefen
nach diesen benannt) erschienen unter der gemeinsamen Über=
schrift „Die Leibeigenschaft" zuerst in Bodes „Gesellschafter"
(18. März 1775), dann im Musenalm. 1776 S. 125 ff (Sauer
S. 73 ff). Später wurde die gemeinsame Überschrift ausge=
lassen, und die erste Idylle erhielt den Titel „Die Leibeigenen".
Stolbergs Urteil wird in der „Bestätigung" S. 8 also wieder
gegeben: „Dort [in dem gemeinen Horste der Adlichkeit] horstend
tabelte Stolberg im Frühling 1775 die erste meiner Idyllen
über Leibeigenschaft: Die Natur darin möchte nicht fein genug
erscheinen," und S. 139 ebendaselbst behauptet er: „Mißton
war dem jungen Ritter die Idylle der Leibeigenschaft, die Klage
der Frönlinge, der Spuk des adligen Stammhauses um den
gestrengen Ahnherrn." Zu den Worten des Briefes passen
diese Stellen in keiner Weise, obschon in der Idylle die „Edel=
leute" als „Betrüger", „Schelme" ꝛc. in den schwärzesten Far=
ben geschildert werden.

Die Idylle „Selmas Geburtstag," zuerst veröffentlicht
im Musenalm. 1776, S. 182, bei Sauer S. 84, ist also, wie
der Brief beweist, nicht erst in Wandsbeck entstanden, wie Voß

in den späteren Ausgaben angiebt (deshalb auch von Sauer irrtümlich in den Sommer 1775 gesetzt), sondern früher. Später wurde sie umgearbeitet und „Das erste Gefühl" betitelt.

Stolberg erkannte also früh, daß in den „Idyllen" Voß eine „neue herrliche Bahn" betreten hatte; die Bahn führte zur „Luise".

16.

Wie schon erwähnt, hatte Voß, angeregt durch den Wandsbecker Boten Matthias Claudius, das „gesunde," „ländliche Freuden" versprechende, nahe bei Hamburg gelegene, von Flensburg nicht weit entfernte Wandsbeck zum Wohnsitze erkoren, um hier von der Herausgabe des Almanachs und sonstiger Schriftstellerei zu leben, bis sich eine „Stelle" finden würde (Voß' Briefe I, S. 179. 181. 187. 259 f. u. a.).

Am 10. April war Voß von Göttingen abgereist; am 14. April kam er in Hamburg an.

Klopstock war am 3. April auf der Rückreise von Karlsruhe in Göttingen angekommen und hatte am folgenden Tag J. M. Miller, welcher auf Vossens Bitte acht Tage vorher angekommen war, um vor seiner Rückkehr in die Heimat noch einmal einige Tage mit dem Freunde „vergnügt zu sein" (Voß' Briefe I, S. 264), mit nach Hamburg genommen. Seine Nichte (oder richtiger: die Nichte seiner verstorbenen ersten Gattin Meta geb. Moller), Johanna Elisabeth von Winthem (daher: „Windeme"), geb. Dimpfel, wurde bekanntlich, nachdem ihr Gatte Johann Martin von Winthem am 4. Jun. 1789 gestorben war, am 30. Okt. 1791 seine zweite Frau. Von Hamburg wollte Miller mit den Grafen Stolberg nach Göttingen zurückgehen (Voß' Briefe I, S. 265), aber vgl. S. 342.

„Ob Hölty schon morgen mit mir reist, weiß ich nicht, wir hoffen's aber doch beide", schrieb Voß noch am 9. April, dem Tag vor seiner Abreise, an Ernestine (Voß' Briefe I, S. 265). Aber die fortschreitende Krankheit nötigte seinen siechen Freund, sich in Hannover unter der Leitung Zimmermanns einer Kur zu unterziehen und diese in seiner Heimat Mariensee fortzusetzen.

22 *

Eine in Hamburg ihm durch die Freunde ausgemittelte Hof=
meisterstelle mußte er ablehnen, einmal wegen seiner zuneh=
menden Schwäche, dann aber auch, „weil er sich", nach Voß'
Urteil, „nicht für dieselbe schickte" (vgl. Höltys Briefe in Halms
Hölty-Ausgabe 1869. S. 239. 243 f). Weil sein Zimmer in
Göttingen schon vermietet war, so mußte er bereits am 28. April,
vor der ersehnten Ankunft der Brüder Stolberg in Göttingen,
abreisen. „Weder in Göttingen, noch auf meiner Reise habe
ich die Stolbergs gesprochen", schreibt er am 8. Mai aus Ma=
riensee an Voß. „Ich war herzlich betrübt, daß mir diese
Hoffnung fehlschlug, worauf ich mich so lange gefreuet hatte.
Es ist nicht fein, daß ihr sie so lange in Hamburg aufgehalten
habt. Wer weiß, wann ich sie wiedersehe" (ebendaselbst S. 243).
Er hat sie in der That nicht wiedergesehn.

Seite 34. Welche Hoffnung Stolberg für seinen damals
plänereichen Freund hegte, weiß ich nicht; wahrscheinlich be=
zieht sie sich auf eine Hofmeisterstelle — schon am 31. Jan.
1774 hatte Voß an Ernestine berichtet: „Ich will an die Stolbergs
schreiben, daß sie mir eine Informatorstelle in Kopenhagen ver=
schaffen" (Voß' Briefe I, S. 235) — vielleicht auch gedachte
Stolberg durch seine Verbindungen ihm die Redaktion des
„Reichspostreuter" in Altona, welche 400 Rthl. Gehalt ein=
brachte, zu vermitteln; Voß hat diesen Plan damals ins Auge
gefaßt, ihn aber auf Klopstocks Rat fallen lassen (Herbst I, S. 140).
Jedenfalls hat sich jene „Hoffnung" nicht erfüllt.

Hinsichtlich der Privilegia hatte Voß schon am 13. März
1775 an Miller geschrieben: „Stolberg kann mir kein Privile=
gium verschaffen. Die Gebrüder Burmeister in Altona haben
ein ausschließendes. Mit denen muß ich selbst sprechen" (unge=
druckt). Dagegen konnte er am 29. April Ernestine mitteilen:
„Mit dem Almanach komme ich jetzt ins G'leis. Der Heraus=
geber des Lauenburger Taschenkalenders [Johann Georg] Be=
renberg [in Lauenburg] druckt ihn und läßt dann meinen Al=
manach seines Privilegiums genießen, welches sich über das
ganze hannöverische Land erstreckt" (Voß' Briefe I, S. 270).

Über Gerstenberg vgl. oben S. 30. Klopstock hatte
zwar Boie gegenüber den Vorsatz ausgesprochen, auch Gersten=

berg zum Bunde einzuladen (Voß' Briefe I, S. 156), aber
in Göttingen hatte er sich gegen seine Bundesfähigkeit ge=
äußert, weil er „zu kalt" sei (Strauß S. 32). Zur förm=
lichen Aufnahme kam es nicht, da der Bund seiner Auflösung
entgegenging.

Über Bürger vgl. oben S. 312.

Karl August Wilhelm von Closen war durch seinen
Busenfreund und Landsmann Hahn Mitglied des Bundes ge=
worden. Er starb bereits im Dec. 1776 zu Göttingen, wo er
von Ostern 1773 bis Ostern 1776 die Rechte studiert hatte. Er
war bei den Genossen sehr beliebt (vgl. Herbst I, S, 297).
Auch Voß hatte ihn, besonders den Winter 1774 auf 1775 „un=
gemein lieb" gewonnen (Voß' Briefe I, S. 265).

Über sein Zusammenleben mit dem Freunde in
Hamburg schreibt Voß am 14. April, dem Tage seiner An=
kunft, an Ernestine: „Da sitz' ich in der Stube der Frau von
Winthem, neben mir der jüngere Graf Stolberg, Klopstock oben
auf seinem Zimmer*), und der ältere Graf mit Miller spazie=
ren. Viel Vernünftiges kann ich Ihnen heute nicht schreiben,
ich bin trunken von Seligkeit..... Die Grafen behaupten,
ich sähe besser aus, als sie mich je gesehn hätten. Bis Mon=
tag über acht Tage bleiben sie noch gewiß hier, und Miller
auch. Wir wohnen in Einem Wirtshause, in drei Zimmern
nebeneinander, wo wir von einem zum andern durch Zwischen=
thüren gehn können. Wer hätte geglaubt, daß in Hamburg
einmal fünf Glieder des Bundes beisammen sein würden?" (Voß'
Briefe I, S. 266 f) Am 20. April berichtet er Ernestinen
weiter: „Noch fühle ich die Trennung von unsern Brüdern [in
Göttingen] nicht stark, weil ich Klopstock, Miller und die Stol=
berge noch habe..... Wir leben hier sehr lustig, alle Tage in
der Gesellschaft der besten Leute. Gestern aßen wir beim Pro=
fessor [der Mathematik Johann Georg] Büsch [1728—1800] zu
Abend und waren außerordentlich vergnügt.... Am Dienstag
aßen wir bei [dem späteren Kieler Professor Martin] Ehlers

*) Also nicht erst 1776 war Klopstock in die Wohnung Winthems gezogen, wie
Muncker, Klopstock S. 474, behauptet.

[1732—1800] .... Geſtern Nachmittag war ich mit den Grafen
und Miller bei [dem Muſikdirektor Karl Philipp Emanuel, dem
Sohne Sebaſtians] Bach [1714—1788], der uns eine Stunde
lang mit einer ganz himmliſchen Muſik unterhielt .... Die
Grafen und Klopſtock grüßen auch. Im November kommen die
Grafen zurück und wollen Ihrethalben über Flensburg reiſen"
(S. 267 f. Vgl. III, 2, S. 113). Am 29. April endlich berichtet
er noch aus Wandsbeck, wohin er am 27. April mit „Sack und
Pack" übergeſiedelt war: „Die eine [der Lauben ſeines Gärt=
chens] iſt dicht am Bach, und da haben wir heut' Morgen Kaffee
getrunken, die Grafen, Claudius, Miller und ich." Am 1. Mai
ſetzten die Grafen ihre Reiſe fort, während Miller noch bis
zum 10. Jun. bei Voß in Wandsbeck blieb.

17.

Die erſte Seite iſt wieder überſchrieben „An Voß"; der
Brief bildete alſo eine Einlage zu einem andern (wahrſcheinlich
an Muminſen, vgl. S. 35). — Zu Nr. 17—19 vgl. Janſſen I, S. 31 ff.
Hennes I, S. 37 ff, Hennes Herzog Peter S. 12 ff, ſowie Goethes
„Aus meinem Leben" IV, 18, nebſt der einſchlägigen Goethe=Lit=
teratur (beſonders Goethes Briefe bei Arndt nebſt Anm. und
H. Düntzer, Goethe und der Reichsgraf F. L. Stolberg, in
den Abhandlungen zu Goethes Leben u. Werken. Leipzig,
1785. I, S. 1 ff).

Bey Zürich. Stolberg wohnte mit ſeinem Bruder und
Haugwitz im Hauſe des Bauern Jochen Berly, am Ufer des
Zürcher Sees, in unmittelbarer Nähe der Sihl, eine halbe
Stunde von der Stadt; auf der italieniſchen Reiſe ſuchte er
ihn im Herbſt 1791 wieder auf (vgl. den 15. Brief ſeiner „Reiſe
in Teutſchland" ꝛc., Geſ. W. VI, S. 116).

Stolberg hatte ſich während ſeines letzten Hamburger Auf=
enthaltes verliebt in Sophia Katharina Hanbury in Ham=
burg, die Tochter des Courtmaſter John Hanbury in Hamburg
und Schweſter von Charles Hanbury (vgl. Nr. 54) und Do=
rothea Margaretha H., der Gattin von Karl Ernſt Bohn.
Sophie, welche ſich am 28. März 1777 mit Andrew Lindegreen

verlobte und am 5. Jun. desselben Jahres vermählte, ist die „Selinde" seiner Gedichte, „das beste Kind, ein Engel in weiblicher Bildung", wie er sie noch nach seiner Enttäuschung nennt (Hennes I, S. 49). Einen besonderen Anteil an Stolbergs Liebe nahm Hölty. „Daß sich Graf Fritz verliebt hat," schrieb er am 25. Mai an Voß, „ist mir herzlich lieb .... Hast Du das Mädchen gesehn? Schön und liebenswürdig ist sie gewiß. Was sind ihre Elltern? Hat der Graf einen förmlichen Heiratsantrag gethan? Hat er gar keine Proben von der Gegenliebe des Mädchens? Wir ist er mit ihr bekannt geworden?" (Halms Hölty-Ausgabe 1869, S. 248). Auch Miller bittet er am 28. Mai um nähere Nachricht über Stolbergs Liebe (ebenda S. 252). Noch am 24. Mai 1775 schrieb dieser aus Straßburg an Klopstock: „Ich habe den einen Gedanken an Sophie immer im Herzen. Oft bin ich fühllos, oft ganz niedergeschlagen, oft noch süßer Hoffnung. Immer ganz entschlossen. Ich werde unaussprechlich selig oder unaussprechlich elend, das ist gewiß." (Lappenberg S. 262). Aber am 25. Mai erhielt er von „Toby" Mumssen die Nachricht, daß was er „von ihrer Seite für Liebe hielt, nur Freundschaft" sei (Hennes I, S. 49).

„Gottlob daß ich genesen" ꝛc. Vgl. die Stelle aus Goethes Brief an die Gräfin Auguste zu Stolberg vom 25. Jul. 1775 (bei Arndt S. 20): „Fritz, meine Liebe, ist nun im Wolkenbade, und der gute Geist, der um uns alle schwebt, wird ihm gelinden Balsam in die Seele gießen. Ich litt mit ihm .... Ich war dabei, wie die letzte Nachricht kam. Es war in Straßburg."

Seite 35. Über Goethe, welcher sich den mit Sehnsucht erwarteten (vgl. seinen Brief vom 26. April, bei Arndt S. 19) Grafen Stolberg in Frankfurt bekanntlich angeschlossen hatte, urteilt auch Graf Christian in einem Briefe vom 17. Mai (aus Heidelberg) an seine Schwester Katharina: „Das macht uns herrliche Freude, daß wir mit Goethe reisen. Es ist ein wilder, unbändiger, aber sehr, sehr guter Junge. Voll Geist, voll Flamme. Und wir lieben uns schon so sehr; seit der ersten Stunde waren wir Herzensfreunde" (Hennes I, S. 46).

Mit Friedrich Maximilian Klinger (1752—1831), dem Landsmann Goethes, dessen Drama „Sturm und Drang" (1776) jener Periode bekanntlich den Namen gegeben hat, waren die Brüder Stolberg, wie Christian am 12. Mai aus Frankfurt an seine Schwester Henriette schreibt, „gleich sehr gute Freunde geworden" (Janssen I, S. 33, vgl. ebenda über ihren gemein= samen Ausflug nach Mainz). „Die Stolbergs müssen ihn nach allem, was ich hörte, sehr lieben," schreibt Miller am 6. Jul. 1775 an Voß (ungedruckt). Später gab Klinger seinem Trauer= spiele „Der Günstling" (1785) die Widmung: „An Friedrich Leopold Graf zu Stolberg; dem Freund!" Seine Trauer= spiele „Otto" und „Das leidende Weib" erschienen beide 1775 (Leipzig).

Donna Viola ist nach M. Riegers („Klinger in der Sturm= und Drangperiode, dargestellt von M. R. mit vielen Briefen." Darmstadt 1880) Vermutung die erste Gestalt der „neuen Arria" (Ein Schauspiel. Berlin, 1776).

Von Klingers Liedern fand nur „Sophiens Liebe" („Nie sah ich was, das diesem glich") in Voß' Musenalm. (1776) Aufnahme (S. 81, unterzeichnet K., bei Sauer, Stürmer und Dränger I, S. 135). Im übrigen schrieb Voß an Miller am 9. Aug. 1775 (ungedruckt): „Ich habe diesem [Klinger] mit der Offenherzigkeit eines Freundes geschrieben, daß mir seine Stücke nicht gefallen. Sophiens Liebe, das nach meinem Gefühle das beste ist, steht im A."

Über die von dem Komponisten Philipp Christoph Kay= ser (1755—1823), welcher durch seinen Landsmann Goethe nach Zürich empfohlen war, um die physiognomischen Bestrebungen Lavaters zu fördern und in seinen „Vermischten Liedern mit Me= lodien aufs Klavier" (Winterthur, 1775), sowie in seinen „Ge= sängen, mit Begleitung des Klaviers" (Leipzig und Winterthur 1777) eine Reihe von Liedern der zeitgenössischen Dichter kom= poniert hat, schreibt Voß in demselben Briefe an Miller, der weitere Gedichte von ihm übersandt hatte: „Kaiser [!] kann viel= leicht werden, noch ist er nichts ..... Ich nehme bloß die Liebe auf, um meinen guten Willen zu zeigen." Und am 11. Sept. schrieb er demselben Freunde: „Von Kaiser und den andern

Leuten schick mir nichts mehr. K. mag ein liebenswürdiger Junge sein, aber Dichter ist er durchaus nicht; Geschrei und Verzerrung macht's nicht aus" (ungedruckt). „Die Liebe" erschien Musenalm. 1776, S. 104. Stolbergs Hoffnungen auf Kaysers Dichter=Zukunft bestätigten sich in keiner Weise.

Seite 36. „Eingewiegt von Nachtigallen" beginnt „Die Schlummernde", anonym im „deutschen, sonst Wands= becker Bothen" 1774, 26. April, wiederholt im Musenalm. 1775, S. 33 mit der Melodie von C. P. E. Bach, ferner mit Kaysers Komposition in dessen Sammlung „Vermischte Lieder" 2c. S. 7, bei Sauer S. 236.

Daß Stolberg seinen von Tyrannenblut geröteten „Frei= heitsgesang" zunächst nur als Manuscript drucken ließ (vgl. S. 324), geschah auf die Mahnungen seiner Schwester Hen= riette, bei Janssen I, S. 50. Übrigens schrieb ihr Stolberg mit großer Naivität: „Ich rede nur von Tyrannen, die im zwan= zigsten Jahrhundert leben, sie sind Kinder meiner Phantasie und die jetzt lebenden Fürsten haben nicht nötig, sich getroffen zu finden" (bei Janssen a. o. O). Ein von Kayser kompo niertes Lied Stolbergs enthalten weder die Musenalm. 1776 und 1777, noch die oben erwähnten Sammlungen Kaysers.

Das kleine Landlied erschien als „schweizerisches Volks= lied" im Musenalm. 1776, S. 222. Auf der letzten Seite des genannten Almanachs bemerkt Voß: „Das Schweizerische Volks= lied singt um Zürich jedes Landmädchen. Ich bitte die Freunde der kunstlosen Natur, auf dergleichen Lieder Acht zu haben, und wenn sie's für gut finden, mir dieselben, in welcher Mundart sie auch seyn mögen, für den Musenalm. zu schicken."

Von Johann Heinrich Merck (1741—1791), damals Kriegsrat in Darmstadt, dem bekannten Mentor Goethes, er= schien (anonym) „Pätus und Arria, eine KünstlerRomanze, Paete non dolet" (Freistadt am Bodensee 1775, auch im Rhein. Most. 1775. Nr. 6), desgleichen: „Pätus und Arria; eine Künstler=Romanze. Und Lotte bey Werthers Grab; eine Elegie. Mit Musik." Leipzig und Wahlheim, 1775 (Nach Goedeke [2] Buch VI, § 230, 1. 8). Wahrscheinlich ist dies die von Stolberg gesandte „Romanze"; im Musenalm., welcher 1774 zwei Gedichte von

ihm unter der Chiffre K. M. gebracht hatte, fand sie keine Aufnahme. Merck sah übrigens bekanntlich Goethes Reise „mit
diesen Burschen", d. h. den „heiß genaturteten und sich immer
mehr erhitzenden" Grafen Stolberg, welche mitten in ihrer
Sturm- und Drangperiode sich befanden, „mephistophelisch quer-
blickend" an, wie wenigstens der alte Goethe in seiner Darstellung
jener Schweizerreise berichtet.

Zwei Stellen in diesem Briefe gaben Voß Anlaß zur Ver-
stimmung, zunächst die „zugeraunte" Bemerkung, daß man mit
Boies Änderungen überall unzufrieden sei. Voß bezog
diesen Vorwurf vielleicht nicht mit Unrecht auf sich, da er selbst
an den ihm gesandten Beiträgen in zu ausgedehnter Weise die
„Feile" zu handhaben pflegte, wie dieses bekanntlich besonders
die Gedichte Höltys haben erfahren müssen (vgl. unten). Auch
Miller schreibt am 16. Jul., als er Beiträge von Kayser sendet:
„Du mußt sie drucken wie sie sind" (ungedruckt, sämtliche
Worte unterstrichen). — Nebenbei bemerkt, behauptet Voß in
der „Bestätigung" S. 137, Stolberg habe ihm „werte Beiträge
von Goethe und Lenz, mehrere von Klinger, dem noch in Sturm
und Drang brausenden, und einem andern voll Drang" gesandt und ihn gebeten, an den letzteren „„obgleich etwas
schwülstigen"" ja nichts zu ändern." Das ist unrichtig, wie
aus dem Texte des Briefes hervorgeht.

Noch mehr verdroß Voß das warme Lob Lavaters. Dieses
„Individuum, einzig, ausgezeichnet, wie man es nicht gesehen
hat, und nicht wieder sehen wird" (Goethe, „Aus meinem Leben" III, 14), hatte in der That, wie auf alle, die mit ihm
in Berührung traten — selbst Voß spricht im Sophronizon
(S. 9) vom „vielgefeierten" Lavater, „der allen alles zu sein
wußte" — so auch auf den leicht entzündbaren Friedrich Leopold, dessen Mutter ihn schon so hochgeschätzt hatte (Janssen I,
S. 14) einen außerordentlichen Eindruck gemacht. „Du weißt",
gesteht er seiner Schwester Katharina, „wie viel ich erwartete,
und gleichwohl hat noch nie ein Mann so sehr meine Erwar
tung übertroffen" (Hennes I, S. 55). Ähnlich schreibt er an
seine Schwester Henriette: „O, wie würdest du ihn ehren und
lieb haben, wenn du ihn kenntest. Das Genie, die Einfalt, die

Herzlichkeit, die Frömmigkeit, das Gefühl für die Natur, die
Freiheit, für alles, was schön und edel ist (Janffen I, S. 42)
..... Je mehr ich für ihn fühle, je herzlicher ich den Mann
liebe, desto schwerer wird es mir, von ihm zu schreiben. Er
macht so ein herrliches Ganze aus, ... nun will ich nur
soviel sagen: daß es einer der allerbesten, vollkommensten Men=
schen ist, und daß es einem doch so wohl bei ihm wird, und
man so gerne empfindet, wie unendlich viel besser er als man
selbst ist" (Janffen I, S. 48). Voß aber erfüllte das Lob La=
vaters umsomehr mit Eiferfucht, je weniger der fromme Schwär=
mer seinem ganzen Wesen sympathisch war. Nachdem er in
der „Bestätigung" S. 187 die betreffenden Sätze aus Stolbergs
Brief wiedergegeben hat, fährt er fort: „Das Zugeraunte,
samt der neueren Offenherzigkeit [Lavater betreffend], begriff ich
schnell und murmelte Homers :

„„Wohl, ich merk', ich verstehe; den selbst schon erkennenden mahnst du.""

18.

Hierzu gehört Nr. 2 der Beilagen, S. 299.

Seite 37. Die Reise Voß' nach Mecklenburg (vgl. Voß'
Briefe I, S. 271 ff, Herbst I, S. 188), welche vom 22. Jun.
bis zum 27. Jul. währte, hatte zum Zweck die Bewerbung um
das erledigte Rektorat zu Neubrandenburg; dieselbe war indes
ohne Erfolg. Er weilte meistens im Pfarrhause von Groß=
Vielen, bei seinem Brückner und dessen Gattin Doris.

Stolbergs prosaische Idylle „Der Bach" erschien im Deut=
schen Museum 1779. II. S. 332 ff.

Die zweistrophige Ode „An die Weende bei Göttingen,"
1773 entstanden, ist in den Musenalm. nicht aufgenommen (Ge=
dichte" S. 39, Ges. W. I, S. 35).

Das Lied „Kain am Ufer des Meeres", entstanden
1774, erschien im Musenalm. 1776, S. 180 („Gedichte" S. 53,
Ges. W. I, S. 48). Außerdem enthält der Musenalm. 1776 von Stol=
berg den von Voß („Bestätigung" S. 138) „mit Bundestreue ge=
lobten" Dithyrambus „Der Felsenstrom" (S. 211 — „Gedichte"
S. 124, Ges. W. I, S. 104), die Oden „An den Abendstern.
1773" (S. 52 — „Gedichte" S. 14, Ges. W. I, S. 10), „An Lais"

1773" (S. 228 — „Gedichte" S. 30, Gef. W. I, S. 27), die
1775 entstandenen Lieder „Daphne am Bach" (S. 105 — „Ge=
dichte" S. 97, Gef. W. I, S. 83), „Freymauerlied. Für die
Brüder der großen Landesloge" (S. 193 — „Gedichte" S. 99,
Gef. W. I, S. 109), „Der Mond. An meinen Bruder" (S. 232
— „Gedichte" S. 130, Gef. W. I, S. 108) und die Epigramme
„Das Eine Größte", entstanden 1773 (S. 36 — „Gedichte"
S. 40, Gef. W. I, S. 36) und „Lieben und Liebeln", entstan=
den 1775 (S. 76 — „Gedichte" S. 91. Gef. W. I, S. 78).

Mehrere von Stolberg übersandte Lieder hat Voß nicht
aufgenommen (vgl. „Bestätigung" S. 138).

Von Goethe enthält der Musenalm. 1776 die Gedichte
„Der Kenner" S. 73) und „Kenner und Künstler" (S. 37), von
Jakob Michael Reinhold Lenz (1751—1792) die Gedichte
„Poetische Malerei" (S. 162, bei Sauer Stürmer und Drän=
ger II, S. 217) und „Der Archiplagiarius" (S. 170, bei
Sauer S. 229).

Von Lavater enthält übrigens weder der zunächst von
Leopold Friedrich Günther von Goeckingk (1748—1828) fort=
gesetzte (auch fernerhin im Dieterichschen Verlage erscheinende)
Göttinger, noch der von Voß herausgegebene Musenalmanach
Gedichte.

19.

Seite 38 f. Ulysses von Salis=Marschlins (1728—1800),
Verfasser eines Dramas re., damals französischer Gesandter in
Bündten, hatte 1771 ein seiner Zeit berühmtes, aber bald wie
der eingehendes Philanthropin gegründet. Er begleitete die
Reisenden bis zur venezianischen Grenze (Janssen I S. 48).
Goethe hatte bereits am 2. Jul. von Zürich aus die Heimreise
angetreten (Janssen I, S. 47).

Seite 40. „Bei Wilhelm Tells Geburtsstätte im
Kanton Uri" („Gedichte" S. 114, Gef. W. I. S. 96), wurde
nebst drei anderen Gedichten Stolbergs zum erstenmal in der
vierten Auflage von Lavaters „Schweizerlieder" (1775) ver=
öffentlicht.

Miller war im Juli 1775 nach Ulm zurückgekehrt, wo er

bis 1780 als Vikar der oberen Klasse des Gymnasiums wirkte. Vgl. S. 352.

Hölty war am 27. Juli bei Voß in Wandsbeck angekommen und verlebte dort vierzehn sehr glückliche Tage. Sein erneuter Plan, im Herbst ebenfalls nach Wandsbeck zu ziehen, scheiterte an Geldmangel (vgl. seinen Brief an Voß vom 21. Sept. 1775, in Halms Hölty-Ausgabe 1869 S. 257. 259) und den Fortschritten seiner Krankheit (ebenda S. 261), der Schwindsucht, welcher er am 1. Sept. 1776 erlag.

20.

Über Gotha, Weimar, Dessau, Berlin, waren die Reisenden, an den betreffenden Höfen überall auf das ehrendste aufgenommen (vgl. Janssen I, S. 59 ff), nach Hamburg zurückgereist. Hier, sowie in Altona und Wandsbeck blieben sie bis zum 12. Jan. 1776, dem Tage ihrer Abreise nach Kopenhagen.

Über das Wiedersehen schreibt Voß am 20. Dec. an Miller: „Hier ward ich von der Claudius gebeten, zu ihr zu kommen und fand da ihren Mann und die Grafen. Das war Freude. Die Grafen haben Wieland kennen gelernt und sind ziemlich mit ihm (als Menschen) ausgesöhnt. Stolberg giebt etwas in den Merkur, weil ihn die Herzogin von Weimar und Goethe so sehr gebeten haben. Ich stehe an, ob ich sie nicht bis Flensburg begleite" (ungedruckt). An Ernestine schrieb er am 28. Dec.: „Am Sonnabend kam Claudius mit den Grafen zurück. Ich ward gleich gerufen und blieb bis zum Abendessen da. Und ungeachtet der Müdigkeit unserer Angekommenen waren wir bis Mitternacht beisammen und schwatzten und tranken. Auch deine Gesundheit ward getrunken und dann die Gläser umgekehrt hingestellt. Am Dienstage aß ich mit den Grafen zu Mittag bei Klopstock..... Von da zu Mumssen, der Klopstock, die Grafen und einige Hausfreunde zum Abendessen eingeladen.... Die Nacht schlief ich bei den Grafen im Quartier und war noch bis halb drei mit dem jüngsten auf. Er hat mir vieles von Lavater, Goethe, Wieland, Voltaire, [den sie am 25. Aug. 1775 in Ferney besucht hatten, vgl. Janssen I,

S. 50 f] u. f. w. erzählt. Wieland ist im Umgange ziemlich
leiblich, nur etwas eitel. Von mir hat er sehr mit Achtung
gesprochen und gesagt, daß ihn mein Angriff am meisten geschmerzt habe. Er wollte künftig vorsichtiger gegen unmora-
lische Schönheiten der Poesie sein, und er hoffte, daß auch wir
beide Freunde werden würden..... Gestern waren wir zu
Ehlers eingeladen. Der junge Graf und ich gingen zu Fuß"
(Voß' Briefe I, S. 291 ff).

Nichtsdestoweniger nahm Voß, wie er Boie den Besuch bei
Wieland im Jahre 1774 sehr verdacht hatte (Weinhold, Boie
S. 164), die Verbindung Stolbergs mit dem vom Bunde so oft
und so feierlich verfemten Wieland, welcher zudem die Genossen
scharf recensiert hatte, sehr übel, zumal die Überlassung von
Gedichten an den von jenem herausgegebenen „Teutschen Merkur"
eine Verletzung sowohl der Treue gegen den Bund, dessen er-
klärtes Organ Voß' Musenalm. war, als auch der Interessen
Vossens zu sein schien. (Nebenbei bemerkt gab übrigens Voß
selbst bereits 1779 den 14. Gesang seiner Odyssee-Übersetzung in
den Teutschen Merkur, I, S. 97 ff.) Und doch hatte Stolberg
durch seine weltmännische Annäherung an Wieland weder sich,
noch seinem Verhältnisse zu den Bundesfreunden etwas vergeben. Vgl. seinen Brief vom 27. Nov. 1775 an seine Schwester
Henriette: „Wir sind einige Stunden bei Wieland gewesen. . .
Zu unserer Verwunderung dachten wir über so viele Sachen
gleich; er sprach so herzlich von meinem Homer und meinem
Lavater und meinem Goethe, daß mein Herz jeden alten Groll
vergaß und ich die Vernunft, welche freilich viel sagen könnte,
einschläferte...... Glaube nicht, daß ich Wielands vertrauter
Freund sein möchte, dazu werde ich immer zuviel griefs gegen
ihn haben, aber für einen ebenso interessanten als angenehmen
Mann und für einen Mann, dessen Herz viel gute Seiten hat,
muß ich ihn halten" (Janssen I, S. 61 f), sowie seinen Brief
vom 6. Dec. an dieselbe Schwester: „Wieland haben wir versprechen müssen, zuweilen Gedichte in den Merkur zu geben,
dagegen versprach er, künftig kein schlechtes Zeug in den Merkur
zu nehmen" (Janssen I, S. 64). Vgl. Wielands Brief an Lavater vom 1. Dec. 1775: „Seit vier Wochen haben wir Goethen

und seit vier Tagen die Grafen Stolberg, die Sie mir in Ihrem letzten Briefe ankündigen. Ich fühle mich seit der Zeit neubelebt. Wir sind alle Tage beisammen, lieben uns alle Tage inniger, durchschauen uns und sind glücklich. Goethe grüßt Sie; das thun auch die Brüder Stolberg, die herrlichen Seelen." (Archiv f. Litteraturgesch. IV., S. 312).

Voß' Verstimmung wuchs, als Stolberg nach seiner Rück= kehr in dem im "Deutschen Museum" (1776, I, S. 41 ff) ver= öffentlichten "Schreiben an Herrn Matthias Claudius" nicht nur seiner Verehrung für Lavater auch öffentlich den wärmsten Ausdruck verlieh, sondern besonders noch hervorhob, daß La= vater "sanft" sei "für jede Meinung in der christlichen Religion, welche nicht aus Kälte, nicht aus verborgenem Groll gegen das Christentum stamme", dagegen "mit der Kraft einer Lehre, die vom Himmel stammt, die luftigen Systeme jener Schriftgelehr= ten" zerstöre, "welche, wie übertünchte Gräber mit gleißender Tugend sich schmücken und dahinten lassen das Fürnehmste im Gesetz, die Liebe zu Gott und den Gehorsam des Glaubens, welche viel schwatzen von Menschenliebe und nicht wissen, woher Menschenliebe ihre Kraft nehmen könne und allein nehmen müsse, welche sich Löcher graben, da kein Wasser ist und ver= lassen die lebend'ge Quelle des Heils, welche die Stirne haben, sich Christen zu nennen und im Herzen zweifeln an der ersten Wahrheit der Religion, der Genugthuung Jesu Christi", — da empfand dies Voß fast als persönliche Beleidigung. Noch im "Sophronizon" (S. 9) spricht er erbittert von jenem "Briefe, voll Posaunentons für den unvergleichbaren Lavater, gegen "„die Schulweisen [!] die, ungehorsam dem Glauben, viel schwatzen von Menschenliebe,"" ... so seicht und dünkelhaft, so aufsprudelnd und bombastisch, so schnöd' und wegwerfend, daß nicht leicht gräfliche Anmaßung eines Vierundzwanzigjährigen ihn überbieten konnte." Dazu kam ferner, daß der "hochgräf= liche Erlaß voll Gnad' und Ungnade" (Bestätigung" S. 138) schloß: "Leben Sie wohl, mein teuerster Freund! Grüßen Sie Ihr liebenswürdiges Weibchen, die in ihrer herzlichen Einfalt mir so ehrwürdig ist und durch ihre Zärtlichkeit Sie so glücklich macht. Mein Bruder umarmt Sie", dagegen, wie er im So=

phronizon (S. 9) Stolberg vorwirft, „kein Wörtchen" hatte „für
Boß, der in dem einsamen Wandsbeck bei Claudius aus= und
einging." — „Ein schlichter Brief auf der Post", klagt er
ebenfalls in der „Bestätigung" (S. 138), nach Wiedergabe des
oben angeführten Schlusses des Stolbergschen Schreibens, „hätte
gewiß auch des liebenswürdigen Paares einzigem und täglichem
Hausfreunde, wo nicht dem Bundesbruder ein freundliches Wort
mitgebracht." Endlich erfuhr er obendrein, daß Lavater ihn
„schon an der gesetzten Hand als einen Vernunftmenschen er=
späht hatte," (Sophronizon" S. 9. — Vgl. „Bestätigung" S. 138:
„Unter Lavaters Tugenden ward [bei der Rückkehr der Grafen
Stolberg] gerühmt, er lese selbst aus der Handschrift den Geist
des Menschen. — „„Auch den Ihrigen, lieber Boß, zum Erstaunen."" — Was man aus zarter Schonung für meine Be=
scheidenheit verschwieg, war bald ausgeduftet: Kalt, geregelt, ein
Vernunftmensch.") und für seine Physiognomik durch Passavant
wohl um Claudius' Schattenriß gebeten hatte, nicht aber um
den seinigen. Alles das veranlaßte ihn, an Miller am 10.
März 1776 zu schreiben (nachdem er zunächst abgelehnt hatte,
ihm den vom Freunde für Lavater erbetenen Schattenriß zu
senden, da er ihn „nicht aufbringen" wolle): „Die Grafen haben
jetzt ihre wärmsten Freunde außer dem Bunde und sind in
ziemlich hohem Grade Genies. Sie haben auch Wielanden
Gedichte gegeben, ob sie gleich selbst gestanden, daß er keinem
von uns Gerechtigkeit widerfahren ließe, wie sie's nannten. Von
Hahn hatt' er sogar verächtlich gesprochen. O Freundschaft!
edle Freundschaft!" (Briefe II, S. 91 f. — Miller, welcher von
Ulm aus die Brüder Stolberg in Zürich besucht und sie bis
Ulm zurückbegleitet hatte (Janssen I, 57 f), antwortete am 18.
Jun. zwar, er habe an die Stolberg wegen der Beiträge zum
Merkur „aufgebracht" geschrieben und ihr „Treiben mit der an=
dern Bande" gefalle ihm nicht „g a n z" [unterstrichen], aber er
fügt hinzu: „Stolbergs meinen's nicht bös; sie sind z u [un=
terstrichen] gut und gelenkig", man müsse in der „argen Welt
auch arg" sein (Herbst I, S. 171). Und in der „Bestätigung"
(S. 139) schließt Boß seinen Bericht über Stolbergs Schreiben an
Lavater: „Seht euch vor, künftige Bundesbrüder! Auch erbeten,

auch mit Bescheidenheit erteilt, wird Rat zur Besserung selten
Dank finden, wie Quintils Strenge bei Horaz," — als wenn
Stolberg deßhalb sich andern Freunden angeschlossen hätte.
Nichtsdestoweniger muß er ebendaselbst zugeben, daß Stolberg
nach seiner Rückkehr ihm gegenüber unverändert der alte geblieben sei. „Wie oft Friz auch mochte gekränkt haben," schreibt
er (S. 140), „sobald er mit seinem freundlichen Gesicht und
dem traulichen Tone sprach, war alles entschuldigt, wie Unbe-
sonnenheit; man sah nicht rückwärts, sondern vorwärts, auf
allmähliche Läuterung. Meine Briefe [vgl. Boß' Briefe I,
S. 291 ff] bis zum 12. Jan. 1776, da die Grafen abreiseten,
wecken mir viel Heiteres auf: wie ich mit ihnen bei den Edleren Hamburgs und Altonas . . . . in geistigem Genuß
schwelgte; wie ich herbergend in ihrem Quartier, mit dem
jüngeren, während Christian schnarchte, tief in die Nacht plau-
derte; wie wir beide, wohin die Gesellschaft fuhr, zu Fuß gingen; was wir auf dem hamburgischen Walle bundesgemäß
durchschwärmten; welchen Anteil der herzliche Freund an meinen Empfindungen und ausschweifenden Entwürfen nahm." —

Seite 41. Am 12. Jan. reisten die Grafen Stolberg
nach Kopenhagen zurück, und zwar über Flensburg, wo sie
ihrem Boß gegebenen Versprechen gemäß (Boß' Briefe I, S. 268.
297) Ernestine besuchten. In Kopenhagen wurden beide
bald nach ihrer Ankunft vom König Christian VII (reg. 1766—
1808) zu Königlichen Kammerjunkern ernannt.

Antwort von Karlsruh. Am 20. Dec. 1775 hatte sich
Boß, nachdem andere Pläne gescheitert waren (vgl. Herbst I,
S. 187 ff), dem Markgrafen Karl Friedrich von Baden (vgl.
oben S. 326) als „Landdichter" angeboten, der es als seine
Aufgabe betrachten würde, „jede Einrichtung des Staates durch
seine Lieder zu unterstützen" ꝛc. (Boß' Briefe III, 2, S. 106).
Er erhielt aber keine Antwort (Vgl. Herbst I, S. 190 f).

Dagegen hatte Herzog Karl August von Weimar Stolberg
während seines Besuches zu Weimar eine Kammerherrnstelle an
seinem Hofe angeboten. Stolberg hatte zur Freude Goethes
angenommen, und, wie dieser am 30. Aug. 1776 an Gräfin
Auguste Stolberg schreibt (bei Arendt S. 59), nur die Vergün-

Stolberg: Briefe.   23

stigung erbeten „den Sommer [1776] bei seinen Geschwistern
zu sein." Aber dem Einflusse Klopstocks gelang es bekanntlich,
Stolberg zum Ärger Goethes vom Weimarer Hofe fernzuhal=
ten. (Vgl. besonders die von Redlich in der Zeitschrift „Im
neuen Reich" 1874, II. S. 337 ff. veröffentlichten Briefe der
Grafen Stolberg an Klopstock und K. F. Cramers an Goethe,
sowie Goethes Briefe an die Gräfin Auguste bei Arndt S. 148 ff,
und Dünker, a. o. O.)

Claudius war am 31. März 1776 als „Oberlandkom=
missarius" mit 800 Gulden Gehalt nach Darmstadt gezogen.
Vgl. Herbst, Claudius, S. 119 ff. 123 ff.

„Kranck Gustgen! dem Tode nah! Gerettet liebster En=
gel, und das mir alles auf einmal" — schreibt Goethe am
„Mittwoch nach Ostern" 1776 (10. April) an seine Freundin
(bei Arndt S. 46). Noch gegen Ende April war sie nicht ganz
genesen (Lappenberg S. 271).

In freundschaftlichstem Verkehr stand Stolberg in
Kopenhagen besonders mit den adligen Familien Schimmel=
mann, Baudissin und Reventlow, von denen einzelne Mitglieder
uns noch begegnen werden.

Seite 42. Die Ode „An die Grazien" erschien im
Musenalm. 1777. S. 7., („Gedichte" S. 147, Ges. W. I, S. 127).

Über Stolbergs Übersetzung der Ilias vgl. Bernays
S. XXXIII ff und Schröter S. 165 ff. „Der Iliade Homers
zwanzigster Gesang, verdeutscht von Friedrich Leopold Grafen
zu Stolberg" erschien im Novemberheft des „Deutschen Mu=
seums" 1776 (II. S. 957 ff). Bürger hatte an der Spitze des
Januarheftes des „Deutschen Museums" 1776 „Homers Iliade.
Fünfte Rhapsodie verdeutscht" (in Jamben) erscheinen lassen, wel=
chem im Maihefte des „Teutschen Merkurs" (S. 146 ff)
„Homers Ilias. Sechste Rhapsodie" folgte. Vgl. Bernays S.
XXVIII ff. Schröter S. 114 ff. Ihn ließ Stolberg allerdings
weit hinter sich. Der englischen Homer=Übersetzung Alexan=
der Pope's (1688—1744) fehlte bekanntlich trotz ihres großar=
tigen Erfolgs in England durchaus die homerische Einfalt. Vgl.
das im Frühjahr 1777 entstandene treffende Epigramm Vossens

„Der englische Homer" („Deutsches Museum" 1778. I, S. 239 — Sauer S. 333).

Wielands „Teutscher Merkur" hatte im Januarheft 1776 (S. 86 ff) eine Recension von Voß' Almanach 1776 gebracht, welche im allgemeinen zwar glimpflich war, aber doch nicht ohne Seitenhiebe gegen einzelne Mitarbeiter (besonders Miller, Brückner, Hahn). „Was sagst du zu Wielands hämischer Recension?" hatte Miller schon am 10. März 1776 Voß gefragt (ungedruckt).

Von Klopstock brachte der Musenalm. 1777 vier kürzere Gedichte.

Gerstenberg, seit 1775 dänischer Konsul in Lübeck, hatte Voß, welcher ihn im Dec. 1775 besucht hatte, „mit einer Wärme aufgenommen, die alle Erwartung [Vossens] überstieg" und künftig Beiträge zu dem Almanach versprochen, da der Almanach auf 1776 „über die Vollkommenheit hinaus wäre, die man von einem Almanach fordern könnte" (Voß' Briefe I, S. 286 f. — Vgl. oben S. 30). In dem mit seinem Porträt geschmückten Musenalm. 1777 erschien von ihm übrigens bloß das „Schlachtlied" (S. 98).

Stolberg war ein leidenschaftlicher Reiter und daher ein „großer Pferdenarr", wie er sich einmal nennt (v. Halems Selbstbiographie. Briefe. S. 83).

ὅσσα δὲ μή ꝛc. Pindar Ol. I, 13.

The complaint or Night-thougts von Edward Young (1681—1765) waren (besonders auch in der vielbewunderten Übersetzung von Johann Arnold Ebert (1723—1795): Klagen, oder Nachtgedanken über Leben, Tod und Unsterblichkeit ꝛc. Braunschweig, 1751) ein Lieblingsbuch jener empfindsamen Zeit. Die Mutter Stolbergs verehrte Young so schwärmerisch, daß sie nicht nur mit seinem liebenswürdigen Übersetzer Ebert enge, auf ihren Sohn übergehende (vgl. zu S. 105) Freundschaft schloß, sondern auch den englischen Dichter selbst durch Eberts Vermittelung bei ihrem Sohne Magnus Ernst Christian (geb. 1. Dec. 1760, gefallen im Duell 1780) zum Gevatter bat (Schüddekopf S. 477).

Über Horaz vgl. oben S. 16. Während Stolberg von

der Bewunderung Horazens und Youngs allmählich zurückkam, steigerte sich bei ihm die Liebe zu Plato immer mehr. Be= kanntlich gab er später „Auserlesene Gespräche des Platon über= setzt" (Königsberg 1796 f.) heraus, darunter an zweiter Stelle auch das „Gastmahl".

21.

Seite 43. Stolberg hatte wahrscheinlich auf der Rückreise von Ulterfen, wo er die genesene Gustchen geholt hatte, Voß und Ernestine zu Flensburg in der Laube beim Kaffee und Klop= stocks Oden überrascht (Herbst I, S. 170). Auf diesen Besuch beziehen sich die ersten Verse der Widmung der Odyssee=Über= setzung von 1781 (später „die Weihe" genannt) „An Friedrich Leopold Grafen zu Stolberg" (Sauer I, S. 200):

„Stolberg, über der Stadt am schiffbaren Busen der Ostsee,
Wo du, mich einst zur Seite der Braut im Schatten des Frühlings
Grüßend, des Liebenden Glück durch Freundschaft glücklicher machtest." ꝛc.

Der Rundgesang erschien im Musenalm. 1777, S. 83 („Gedichte" S. 137, Ges. W. I, S. 117). Die gesandten Verse bilden überall die zweite Strophe, erschienen aber in den „Ge= dichten" und den Ges. W. in folgender Fassung:

„Winde schwanke Reben mir
Um das Haar; ich winde
Epheu um den Becher dir,
Lächelnde Belinde!
Laß" ꝛc.

Seite 44. Über Millers Vorwürfe vgl. oben S. 352.

Von Stolberg erschienen im Teutschen Merkur 1776 in der That nur zwei Gedichte: „Homer. An Vater Bodmer" (I, S. 4, „Gedichte" S. 140. Ges. W I, S. 120) und „Die Mäd= chen, an einen Jüngling" (Merkur I, S. 6, „Gedichte" S. 143, Ges. W. I, S. 123).

Von Christian Stolberg erschien im Teutschen Merkur 1776, I, S. 3 das Gedicht „An die Unbekannte" („Gedichte" S. 22, Ges. W. I, S 79).

Mit der Ballade von Bürger ist die im Maiheft des Teutschen Museums (I, S. 451 ff) veröffentlichte Ballade „Le=

nardo und Blandine" gemeint, von welcher Bürger selbst glaubte, sie sei „die Königin nicht nur aller meiner, sondern auch aller Balladen des heiligen Römischen Reichs deutscher Nation..... welcher Lenore nach meinem Gefühl den Vortritt lassen muß" (Strodtmann I. S. 295).

22.

Unter dem 17. Aug. 1776 hatte Friedrich August Herzog von Oldenburg und Fürstbischof von Lübeck=Eutin den „durch verschiedene rühmliche Eigenschaften des Verstandes und Her= zens uns bekannt gewordenen" Grafen Friedrich Leopold zu Stolberg zum Oberschenk und am 26. Aug. zum Gesandten und bevollmächtigten Minister am dänischen Hofe zu Kopen= hagen ernannt (Hennes, Herzog Peter S. 22 ff). Schon am 14. Jul. hatte Voß an Ernestine geschrieben: „Fritz Stolberg hat den Ruf als Eutinischer Gesandter in Kopenhagen mit einem Gehalt von 3000 Rthl. Freue dich doch auch, daß es ihm so wohl geht. Vielleicht kann er künftig im Eutinischen auch was zu unserer Beförderung beitragen, und das wäre ja recht nach unserm Wunsche" (Voß' Briefe I, S. 308 f). Nach dem er im Anfang Sept. noch einmal mit Voß in Hamburg und Wandsbeck zusammen gewesen war, trat er am 4. Nov. in Kopenhagen seine neue Stellung an. Über seine diplomatische Thätigkeit vgl. Hennes a. o. O. S. 25 ff.

„Freude zuvor" entsprechend dem griechischen χαῖρε, χαίρειν.
Während Voß am 11. Sept. 1776 an Miller schrieb: „Fritz Stolberg übersetzt den Homer in Hexametern sehr gut; und was damit erworben wird, soll Hahn haben" (ungedruckt), konnte er am 1. Dec. seiner Ernestine berichten: „Der Graf Stolberg hat mir seine Übersetzung vom Homer geschenkt. Ostern soll schon der erste Theil von 6 Gesängen fertig sein. Ich weiß nur nicht, wie ich sie herausgeben soll. Sollte Jessen (vgl. oben S. 317) wohl einsehen, daß Homer, von Stolberg übersetzt, gehn muß und mir das Manuscript nach dieser Wahrscheinlich= keit bezahlen?" (Voß' Briefe I, S. 313). Inzwischen war, wie oben erwähnt, im Novemberheft des „Deutschen Museums" (II. S. 957 ff) Stolbergs Übersetzung des 20. Gesanges der

Ilias erschienen, mit dem Versprechen, daß er die ganze Ilias
zu übersetzen gedenke. Bürger schleuderte im Decemberhefte
1776, S. 1062 („An Friedrich Leopold, Grafen zu Stolberg"
— Schröter S. 174, von Stolberg aufgenommen in den „Gedichten" S. 184, Ges. W. I, S. 155) eine freundschaftliche
Trutzrede in Jamben gegen ihn, in welcher er erklärt, den
Kampf aufnehmen zu wollen. Sie schließt (in der ursprüng
lichen Fassung):

— „Und gäbe mich der Rat
Der Himmelsherrscher dir auch unterthan,
So könnt' ich doch von keiner edlern Hand
Als deiner sterben, edler, starker Fritz!
Auf, rüste dich! Sieg gilt es, oder Tod!"

Dagegen drückt sich Bürger in dem von Stolberg erwähn=
ten Briefe vom 7. Nov. 1775 an Voß, (jüngst veröffentlicht
von Eugen Wolff in den „Eutiner Findlingen", Vierteljahr-
schrift für Litteraturgeschichte III, 4. S. 545), sowie in andern
gleichzeitigen Briefen (Strodtmann I, S. 351. 353. 357 u. a.)
über Stolbergs Vorhaben sehr ungehalten aus. Voß schrieb im
Dec. 1776 an Miller: „Stolbergs Übersetzung von Homer zer
stört Bürgers ganzes Projekt, sich durch seine zu bereichern;
aber Bürger verdient's auch durch seinen thörichten Trotz, womit er seine Manier und Versmaß ankündigt. Klopstock . . schreibt
eine Verteidigung des Hexameters [vgl. unten S. 360] . . . .
wo Bürger erbärmlich geschunden wird und beweist zugleich die
Unschicklichkeit der fünffüßigen Jamben im Deutschen . . . . .
Stolberg hat mir seinen Homer geschenkt. Wenn ich nun einen
guten Buchhändler wüßte! Ich fürchte, daß Bürgers Zorn sich
auch auf mich und meinen Almanach erstrecken wird" (unge
druckt). Erst am 9. Jan. beantwortet er den Brief Bürgers;
er schreibt u. a.: „Friedrich Stolberg thut's wahrhaftig nicht,
Sie zu beleidigen, daß er den Homer übersetzt. Ich weiß, mit
welcher Wärme er von Ihnen spricht; aber Ihre Art, den
Homer zu verdeutschen, scheint ihm nicht die rechte zu sein, daher wählt er aus Liebe zu seinem Gott eine andere. . . . . Ich
würde schweigen, wenn sich in Stolbergs Entschluß das geringste
von Wagestolz oder Neid gemischt hätte; aber ich sage Ihnen,

Sie beschuldigen ihn falsch. Er wünscht selbst, daß Sie den Homer ganz liefern mögen. . . . . Stolberg hat mir den Ertrag seines Homers geschenkt, haben Sie etwas dawider, daß ich ihm einen Buchhändler verschaffe?" (Strodtmann II, S 8.) Bürgers Antwort vom 23. Jan. 1777 (Strodtmann II, S. 16) zeugt noch immer von großem Unmute.

Seite 45. Claudius sehnte sich schon damals von Darmstadt wieder weg (vgl. Herbst, Claudius S. 144 ff). Am 4. Mai traf er mit seiner Familie in Wandsbeck wieder ein.

Vossens Bewerbungen um das Ende 1776 erledigte Konrektorat am Johanneum zu Hamburg waren ohne Erfolg. Sein jugendliches Äußere, sein „Versemachen" und besonders sein Rationalismus bewirkten, daß er, infolge der Bemühungen der orthodoxen Hauptpastoren, nicht einmal in die engere Wahl kam (vgl. Voß' Briefe I, S. 315 f. 317 ff. 320 f. — Herbst I, S 191 f).

Der reiche Freiherr (1779 Graf) Heinrich Karl von Schimmelmann (1724—1782), welcher als dänischer Gesandter beim niedersächsischen Kreise, sowie durch seine Handelsbeziehungen in Hamburg (in dessen Nähe er 1762 den Marktflecken Wandsbeck erworben hatte) großen Einfluß besaß, war strenggläubig und mochte deshalb für Voß kein Interesse haben.

23.

„Die Scholarchen", schrieb Voß am 15. Dec. 1776 an Ernestine, „die die Schulämter besetzen, bestehn aus den Hauptpastoren, den Bürgermeistern und 15 Oberalten, die größten teils alte Kaufleute sind und sich nach dem Urteile der Priester richten" (Voß Briefe I. S 315). Seinen Groll gegen „die Pfaffen in Hamburg" (Voß' Briefe I, S. 331), das „orthodoxe Wespennest" (I, S. 321) ließ Voß sowohl in einem an die Freunde über die Hamburger Wahl gerichteten eingehenden Circular aus, als auch in der am 4. März 1777 entstandenen Ode „An Luther" (Musenalm. 1778, S. 180, Sauer S. 243)

Seite 46. „In bischöflichen Diensten"? Vgl. die oben S. 357 mitgeteilte Stelle aus Vossens Brief an Ernestine vom 14. Jul. 1776. Am 4. März 1777 schreibt er im Hinblick auf die Äußerung Stolbergs etwas euphemistisch: „Er hofft mich mit der Zeit im Eutinischen befördern zu können" (Voß Briefe I, S. 332)

Im Märzheft des Deutschen Museums 1777 (S. 222) erschien (in Hexametern) Stolbergs freundschaftliche und ritterliche Antwort auf Bürgers Aufforderung („An Gottfried August Bürger." — „Gedichte" S. 186, Ges. W. I, S. 157). Sie beginnt:

„Fried' uns Freude dem Sänger zuvor und traulichen Handschlag!"
und schließt:

„Laß uns beide den Harfengesang des göttlichen Greisen
Unserm Volke singen; wir lieben den Göttlichen beide.
Freund, gehabe dich wohl! Ich kenne die rufende Stimme,
Höre wiehern die feurigen Ross' am flammenden Wagen;
Siehe, mir winket die Mus', ich folge der winkenden Göttin!"

Im Musenalm. 1778 erschienen von Stolberg im ganzen acht Gedichte.

Von Lenz war im Decemberheft des „Deutschen Museums" (S. 1099 ff — bei Sauer, „Stürmer und Dränger" II, S. 256) erschienen „Epistel eines Einsiedlers an Wieland," welche wegen ihrer Verherrlichung Wielands bei Voß offenbar Anstoß erregt hatte (vgl. dagegen Boie bei Strodtmann I, S. 377).

Bürger hatte im Teutschen Merkur 1776 (IV. S. 46 ff: „Bürger an einen Freund über seine teutsche Ilias") die Gründe für eine Übersetzung Homers in Jamben auseinandergesetzt, wurde aber scharf bekämpft, u. a. von Klopstock in seiner Abhandlung „Vom deütschen Hexameter" (Deutsch. Mus. 1777 I, S. 385 ff, Fortsetzung 1778. II, S. 1 ff, das ganze später wiederholt in „Über Sprache und Dichtkunst, Fragmente von Klopstock." Hamburg 1779. S. 3).

Millers leicht entzündliches Herz, „das nicht ohne Liebe sein konnte" (Voß' Briefe II, S. 87), wurde oft von den Freunden verspottet. Nach einer Jugendliebe in Ulm und einer leidenschaftlichen Schwärmerei für ein Fräulein Stock in Göttingen hatte er sich Anfang 1775 halb und halb mit Charlotte von Einem, „dem kleinen Entzücken" in der Sprache der Haingenossen, der Tochter des gastlichen poetischen Mündener Konrektors Johann Konrad von Einem (c. 1736—1799) verlobt. Das hatte ihn aber nicht abgehalten, in Hamburg im Frühjahr 1775 ebenfalls eine flüchtige Liebschaft mit einem Fräulein Schmidt anzuknüpfen. Im Dec. 1775 verlobte er sich endlich mit der Ulmerin Anna Magdalena Spranger, der Tochter eines Gastwirts; am 27. Jun. 1780 fand die Hochzeit statt. „Du weißt", schrieb Voß im Nov. 1776 an Esmarch, „wie Miller sich allenthalben verbrannt hat. Ich möchte das Mädchen nicht sein, dem ein solches versengtes Herz am Ende zu Theil wird; denn ich glaube doch, es kommen Tage, wo die Erinnerung jener Liebeleien martert" (Voß' Briefe III, 1. S. 191).

Seite 47. In Oldenburg war Stolberg vor Antritt seines Gesandtschafts-Postens gewesen.

Klopstock, welcher die Herausgabe von Stolbergs Ilias auf Subscription gewünscht hatte, war bekanntlich leicht verstimmt, wenn man seinen Rat nicht befolgte. Sein Gedicht „Die Erscheinung. Nach Glucks, Pergolesens und Zoppis Kompositionen" brachte der Musenalm. 1778. S. 3.

Die Frauen, denen er den Messias vorlas, waren offenbar seine Schwester Henriette Gräfin Bernstorff und die mit Stolberg auf das innigste befreundete (vgl. S. 63) Gräfin Emilie Schimmelmann, geb. Gräfin zu Rantzau, deren Gatte Graf Ernst Heinrich Schimmelmann (1747—1831), der Sohn des S 359 genannten, älteren Schimmelmann, der bekannte Gönner Schillers, 1782 dänischer Kommerz, 1784 Finanzminister wurde; die zwei Mädchen waren wohl Katharina und Auguste, die Schwestern Stolbergs.

Dem Texte der Ilias-Übersetzung Stolbergs geht voran: 1. Eine längere Prosa-Widmung „An meine Freundin Emilia von Schimmelmann; geborne Gräfin zu Rantzau", 2. die Dithyrambe „Homer", identisch mit dem oben S. 44 genannten Gedichte. Beides wurde in Ges. W. XI ebenfalls der Ilias-Übersetzung vorangestellt.

„Nicht mit Bogen" 2c. Ilias VII, 140 f.

„Sag, wo ist der Bund? Unsichtbar wie Asträa, die zum Himmel aufflog" schrieb auch Miller bereits am 18. Jun. 1776

an Voß. Der Bund war eben schon damals als solcher auf
gegeben. Vgl. Herbst I, S. 172 ff.

Die griechischen Verse (Ilias IX, 48 f) übersetzte Stolberg selbst:

„Noch würd' ich und Sthenelos kämpfen, bis wir die Mauer
Ilions stürzen. Sie winken, wir folgen den winkenden Göttern!"

24.

Seite 48. Über die erhaltenen Gesänge schreibt Voß am
4. März 1777 an Ernestine: „Sein [Stolbergs] Homer ist
größtenteils sehr gut übersetzt. Ich vergleiche ihn jetzt mit dem
Griechischen und schreibe meine Bemerkungen auf, um mit Klopstock und ihm gemeinschaftlich über die Verbesserungen, die etwa
zu machen sind, nachzudenken, damit der gefeilte Bürger auch
von Seiten der Zierlichkeit in Ausdruck und Vers weichen müsse"
(Voß' Briefe I, S. 332).

25.

Der vorliegende Brief bildet die Antwort auf Voß Brief
vom 3. März (vgl. Voß' Briefe I, S. 332).

Seite 49. Schon am 6. Febr. 1777 hatte Voß Ernestine
gegenüber den Vorsatz ausgesprochen, auf den Musenalm.
hin zu heiraten, da Gockingk, der bisherige Herausgeber des
Göttinger Musenalm., bereit wäre, von diesem zurückzutreten und
sich mit Voß zu verbinden, und letzterem nun von dem Buchhändler Karl Ernst Bohn ein Honorar von 400 Rthl. in Gold auf
6 Jahre garantiert und bei einem über 5000 Exemplare steigenden
Absatz eine entsprechende Erhöhung der Summe in Aussicht gestellt sei (Voß Briefe I, S. 322. 324). Außer Stolberg
hatte allerdings auch Gerstenberg gegen Vossens Plan Bedenken, indem er in einem Briefe vom 18. Febr. 1777 geradezu erklärte „auf Bohns Honorarium zu heiraten" heiße „die göttliche Fürsicht versuchen" (Herbst I, S. 195), während Klopstock
u. a. Voß beistimmten (Voß' Briefe I, S. 199. 326. 330).

Was Voß aber besonders in seinem Vorhaben bestärkte,
war die Aussicht auf den Ertrag der Stolbergschen Ilias-Übersetzung, welcher, wie er am 6. Febr. an seine Braut schreibt,

„zu den erſten außerordentlichen Ausgaben hinreicht" (Voß'
Briefe I, S. 322), oder, wie ſich Erneſtine ausdrückt, „wenn er
[Voß] ſeine Schulden bezahlt, für die erſte Einrichtung noch
etwas übrig ließ" (Voß' Briefe II, S. 6). — „Ohne dieſen
Beitrag," ſchreibt Voß am 23 Jun. 1777 an Bürger,
nachdem er ihm mitgeteilt, daß der Buchhändler Jeſſen in
Flensburg, der Schwager Erneſtinens, den Bogen mit 10 Tha
ler honorieren wolle (ſodaß er 400 Thaler erhielt, vgl. Voß'
Briefe II, S. 19), „hätte ich meine Heirat noch bis künftiges
Jahr ausſetzen müſſen" (Strodtmann II, S. 90 f). Noch am
30. Jan. 1778 ſchreibt er an Miller: „Hier wohne ich mit meinem Weibe und verzehre die Früchte meines Almanachs und
des Stolbergſchen Homers" (Voß' Briefe II, S. 100).

Über Klopſtocks Erſcheinung vgl. S. 361.

Gerſtenberg hatte ſich damals ziemlich ausgeſungen.
Claudius wurde zu ſehr durch ſeine ſonſtige litterariſche Thätigkeit in Anſpruch genommen.

Hölty war, wie ſchon erwähnt, am 1. Sept. 1776, erſt
27 Jahre alt, in ſeinem Geburtsort Marienſee bei Hannover,
der Schwindſucht erlegen.

Zu „Wandsbeck in der Laube" vgl oben S. 342.

„Platons Vertheidigung Sokrates, mit krit. Anmerkungen von Joh. Heinr. Voß" war im „Deutſchen Muſeum"
1776, II S. 859 ff und 1009 ff erſchienen.

„Pindaros erſter püthiſcher Chor; nebſt einem Briefe
an Hrn. Hofr. Heyne von J. H. Voß" war im „Deutſchen Muſeum" 1777, I S. 78 ff erſchienen.

An demſelben Tage, an welchem Stolberg dieſen Brief
ſchrieb, teilte Voß (Erneſtinen mit, daß er „aus Homers
Odyſſee über 400 Verſe in Hexametern überſetzt" habe, „die
Geſchichte des Menſchenfreſſers Polyfem" (welche als „Odyſſeus
Erzählung von den Küklopen, aus dem 9. Geſange" im „Deutſch.
Muſ." 1777, I S. 462 ff erſchien) und „wahrſcheinlich die Odyſſee
ganz überſetzen" werde. (Voß' Briefe I, S. 334), und am 27.
März 1777 berichtet er Gleim, daß er, „weil Stolberg und
Bürger die Ilias überſetzen, auf den Einfall gekommen ſei,"

sich „an die Odyssee zu wagen," und daß der *ἀλὸς ἐγρεσίς* und die χαμαιευνάδες σύες ihn nicht so sehr schreckten als die erstaun= liche Kunst des Verses bei der größten Einfalt des Ausdrucks" (Voß' Briefe I, S. 259 f; vgl. S. 335, „Bestätigung" S. 142). Über Voß' Odyssee=Übersetzung überhaupt ist zu vergleichen Bernays. S. XLVI, ff, Schröter S. 182 ff, Herbst II, S. 1, 78 ff.

26.

Seite 50. Anfangs April 1777 war Voß zu seiner Braut nach Flensburg gereist, welches er vor der Hochzeit nicht wieder verließ.

Kappeln liegt unweit der Schlei=Mündung.

In Loitmark (Dorf im Kr. Eckernförde) befand sich das Gut der Stolbergs befreundeten Familie v. Dewitz (vgl. Janssen I, S. 84).

Über Voß' Arbeit am Homer und dem Almanach an der Seite Ernestinens vgl. Voß' Briefe II, S. 12 f.

Seite 51. Voß scheint seine „Feile" in sehr kräftiger Weise an Stolbergs Übersetzung gebraucht zu haben, wenn dieser, der ihm ein „Recht" über „alle" seine „Geburten" eingeräumt hatte (S. 14. 21 u. a.) vor ihr „bange" geworden war. Wie sehr aber Voß sich über diese Bemerkung ärgerte, geht aus sei= nem Berichte in der „Bestätigung" (S. 143) hervor: „Neben der Odyssee war ich der anvertrauten Ilias eingedenk, wofür Stolberg sich einen Aristarch gewünscht hatte. Mein Brief an Ernestine vom 4. März meldet ..... [es folgt die oben S. 362 zu Nr. 24 angeführte Stelle]. Die Bemerkungen zum ersten Gesange hatte Klopstock gebilligt; ein Blatt war als Einlage an Stolberg vorausgegangen." Nachdem er sodann Stolbergs Äußerung über seine Angst vor Vossens „Feile" angeführt, fährt er fort: „Was zu thun? Es war „„erster kühner Wurff."" 50 bis 60 Verse vor dem Frühstück, und die Weiblein (vgl. S. 47) hatten gelobt. Klopstock bedauerte mit mir und die aristarchischen Einlagen wurden zu Fidibus."

Graf Christian Stolberg, welcher vor kurzem Amtmann von Tremsbüttel (in der holsteinischen Landschaft Stomarn, drei Meilen von Hamburg) geworden war, vermählte sich am

15. Jun. (vgl. oben S. 52) mit Luise, der Witwe des Hof=
jägermeisters von Gramm, geb. Gräfin Reventlow.

„Lavater hat uns zu Kirchenliedern aufgefordert" schreibt
Voß am 1. Mai 1777 an Brückner, „und [Johann Conrad]
Pfenninger [1747—1792, damals Diakonus am Waisenhaus,
neben seinem Freunde Lavater] hat mir noch besonders geschrie=
ben. [Für Pfenningers „Christliches Magazin" waren eben die
Lieder bestimmt]. Ich glaubte, wir hätten Kirchenlieder genug
und nur keine Geistlichen, die sie einführten" (Voß' Briefe I,
S. 199). Stolbergs Ablehnung geschah sicher unter dem Ein=
fluß Vossens. Miller und Burger hatten sich zu Beiträgen
bereit erklärt (Strodtmann II, S. 215. 62), indessen findet
sich in Pfenningers „Christlichem Magazin", wie mir Redlich
schreibt, nichts von ihnen.

27.

Stolberg war in der That inzwischen „in die Flensburger
Laube geschlüpft", wie er im vorigen Briefe in Aussicht gestellt
hatte. „Nachmittags" erzählt Ernestine (Voß' Briefe II, S. 13)
„war ihm [Voß] sein Zimmer zu heiß von der Sonne. Dann
ward ihm der Arbeitstisch in die Küche gestellt, auf dessen klei=
nerer Hälfte wir unsern Kaffee auskramten. So traf uns ein=
mal Stolberg mit seiner Schwester auf der Durchreise, und es
machte beiden große Freude, daß die Mutter und ich uns einen
Platz auf dem Herd einrichteten und den Fremden unsere
Stühle einräumten."

Inzwischen hatte die Mutter die Erlaubnis zur Heirat ge=
geben, und unter dem 7. Jun. war in Kopenhagen der „Kö=
nigsbrief", d. h. die Befreiung von der öffentlichen Proklamation
(Redlich in der Zsch. f. d. Phil. IV, S. 124) ausgestellt worden.

Seite 52. In Zeile 14 v. o. steht statt etwas ein für
mich unleserliches Wort.

Die Weiblein waren die oben S. 361 genannten. Vgl.
die S. 364 angeführte Stelle aus Voß' „Bestätigung".

Stolbergs Ballade erschien im Musenalm. 1778, S. 153
mit der einfachen Überschrift „Ballade"; in den „Gedichten"
S. 192, und den Ges. W. I, S. 162 trägt sie die Überschrift

„Die Büßende. Ballade." Bürger schrieb trotz seiner ge=
reizten Stimmung am 11. Okt. 1777 an Boie: „Stolbergs Beiträge
[zum Musenalm. 1778] tragen alle das Gepräge seines hohen
Geistes. Fast weiß ich nicht, welches ich voransetzen soll. Bei
der Ballade ist ihm der schwere Strophenbau sehr gut ge=
lungen" (Strodtmann II, S. 158).

28.

Seite 53. Die erste Hälfte des Briefes erinnert unwill=
kürlich an Goethes Werther.

Auf den 15. Juli hatte Voß seine Hochzeit gesetzt.

Seite 54. Platons Jon erschien in Stolbergs Plato=
Übersetzung (vgl. oben S. 356) an dritter Stelle.

Über Jessen vgl. oben S. 363.

Die Sehnsucht nach otium . . . neque etc. (Horat. carm.
II, 16) kehrt unzählige Male bei Stolberg wieder.

Das „Märchen von der Here" ist von Voß selbst in
seiner Idylle „Der Riesenhügel" (Musenalm. 1779, S. 23 ff,
Sauer I, S. 112) verwertet. Er schrieb schon am 13. Jun.
1773 an Brückner, als er ihn aufforderte, alte Gassenlieder zu
sammeln (s. oben S. 317): „Einzelner Stellen entsinne ich
mich, z. B. eine Zauberin flicht vor einem Zauberer und ruft
dabei: Binne my Nacht, und vör my Dag, dat keen Minsch my
seen mag! Der Zauberer eilt mit Stiefeln hinter ihr her,
worin jeglicher Schritt sieben Meilen ist" (Voß' Briefe I, S. 143).
Zu Vers 103 der genannten Idylle bemerkt er (mit einiger Ab=
weichung) sodann: „Als ihn dennoch die Here auf ihren Pan=
toffeln einholte, entschlüpfte er ihr, immer umsonst, in man=
cherlei Truggestalten und zuletzt als ein stürmisches Meer, wel=
ches die Here austrank." Zu der Idylle selbst „durchschießt"
die Here „auf Regenbogen" die Nacht.

29.

Seite 55. Am 15. Jul. wurde, wie bereits erwähnt,
Voß mit seiner Ernestine in Flensburg getraut. Vgl. Herbst I,
S. 196 f.

30.

Die verhältnismäßig lange Zeit zwischen diesem und dem vorhergehenden Briefe erklärt sich daraus, daß Voß am 19. Aug. mit seiner Frau nach Mecklenburg gereist war, von wo er erst gegen Ende Oktober nach Wandsbeck zurückkehrte.

Seite 56. Über das damals innige Verhältnis zwischen Voß und Ernestine einerseits und Claudius und seine Gattin Rebekka (geb. Behn, 1754—1832), welche am 4. Mai wieder aus Darmstadt nach Wandsbeck zurückgekehrt waren, anderseits, siehe den Bericht Ernestinens in Voß' Briefen II, S. 18. 29. 31 ꝛc. u. sonst. Vgl. Herbst, Claudius S. 194 ff.

Es muß jedoch erwähnt werden, daß, wie Herbst (Voß I, S. 163) mit Recht bemerkt, „das Tiefste und Wesentliche" in Claudius Voß schon damals „unzugänglich blieb," während Stolberg um jene Zeit (am 7. Febr. 1778) in ganz anderem Sinne schreiben konnte, daß Claudius „in den engsten Kreis seiner wenigen liebsten Freunde gehöre" (Janssen I, S. 91).

Schon in Flensburg hatte Ernestine an Vossens Arbeiten teilnehmen können und dabei „Sitz und Stimme" erhalten (Voß' Briefe II, S. 13), und auch in Wandsbeck, wie später, saß sie im „Rat neben ihm" (II, S. 56).

marthaisiren Anspielung auf die Schwester des Lazarus (Luk. 10, 38).

Schönborn war vor kurzem von Algier zurückberufen und zum dänischen Gesandtschaftssekretär in London ernannt worden, welchen Posten er anfangs 1778 von Kopenhagen aus antrat. Bald nach seiner Ankunft in London begrüßte er den Freund mit der Ode „An F. L. Grafen zu Stolberg," abgedruckt in der Brüder Stolberg „Gedichten" S. 259, Ges. W. I, S. 194, und Stolberg antwortete mit dem Gedichte „Der Gesang. An Schönborn." (Gedichte" S. 262. Ges. W. I, S. 197).

31.

Seite 57. Die Schwester ist natürlich wieder Gustchen, welche mit ihrer Schwester Katharina Ende Sept. nach Loitmark

gereist war und von da nach Hamburg und Ütersen zurück=
kehrte. (Hennes I, S. 86. Janssen I, S. 83 ff).

Voß litt damals an entzündeten Augen (Voß' Briefe
II, S. 32).

Voß hatte am Hochzeitstage, auf einem Spaziergange
nach dem Frühstück von einem Platzregen überrascht, sich auf
eine Reiferbahn geflüchtet, wie Ernestine berichtet, und hier
„seinen Wettsteinschen Homer, den er auf Spaziergängen im=
mer in der Tasche trug, herausgezogen und mehrere Verse aus
der Geschichte der Nausikaa übersetzt" (Voß' Briefe II, S. 14 f).

Seite 58. In dem Garten von Claudius' Schwieger=
mutter, welche „eine Wirtschaft für honette Bürgerfamilien
hatte," befanden sich zwei Kegelbahnen, „von denen", erzählt
Ernestine, „wir [die befreundeten Familien] eine in Besitz nah=
men. Claudius war Präsident dieser Gesellschaft . . . . Manch=
mal kegelten wir bis 10 Uhr" (Voß' Briefe II, S. 20 f).
Schönborn besuchte in Gesellschaft von Klopstock vor seiner
Abreise nach England Wandsbeck, wo er drei Wochen bei seinem
alten Freunde Claudius blieb (Voß' Briefe II, S. 30. Herbst
Claudius S. 203).

32.

Gottlieb Friedrich Schniebes war der Drucker der
Ilias, wie auch später der meisten Hamburger Musen=
almanache.

Der „Päleione" (Pelide) Achilleus stürzt Ilias XXI, 18.
zur Verfolgung der Feinde in den „silberstrudelnden" (Stol=
berg Ilias XXI, 8) Xanthos.

„Wälzte darauf mit Hebeln den Floß in die heilige Meerflut"
übersetzt Voß (1781) Odyssee V, 261.

Seite 59. Voß scheint also anfangs mit Stolbergs Vor=
schlag vom 3. Mai 1777 (S 51), die beiden Übersetzungen in
einem Bande herauszugeben, einverstanden gewesen zu sein;
bekanntlich kam es aber dazu nicht, wahrscheinlich weil Stolberg
weit eher fertig war und Voß so bald als möglich das Honorar
beziehen wollte.

33.

S. 4. des Briefes (8°) ist beschrieben: „Dem Mann und Vater Voß". Am 12. Jul. 1778 wurde Voß der Erstgeborene geschenkt, welcher am 15. Jul. nach seinem Paten Stolberg, der durch Claudius vertreten wurde, den Namen Friedrich Leopold erhielt (vgl. Ernestine, Briefe II, S. 37 f). „Der Himmel gebe", schreibt Voß am 27. Jul. 1778 an Gleim, „daß er mit dem Namen etwas von seinem Geiste erbe" (Voß' Briefe II, S. 263). Der schalkhafte Wandsbecker Bote schrieb sogar an Katharina Stolberg: „Der Kleine grunzt immer so im Schlaf, und das halte ich für poetische Gabe, die noch unentwickelt und ihm vom Vater und Gevatter angethan ist" (Herbst, Claudius S. 195). Gerstenberg sang:

„Und wie er Friedrich Leopold heißt,
So überschatt' ihn des edlen Barden Geist,
Daß er werde bieder und kühn,
Und die Musen lieben ihn." (Herbst I, S. 308.)

34.

Seite 60. Seit dem 25. Okt. 1778 lebte Voß in Otterndorf im Lande Hadeln, wo er am 2. Okt. zum Rektor gewählt war. In den Osterferien 1779 hatte er acht Tage in Hamburg zugebracht, um den Druck seiner Odyssee-Übersetzung vorzubereiten. Hier sah er Stolberg wieder, der bis zum Herbst in Deutschland blieb und zwar vom halben April bis zum halben Juni zu Eutin, am Hofe des Fürstbischofs. Im Okt. des vorhergehenden Jahres war seine Ilias-Übersetzung („Homers Ilias verdeutscht. Flensburg und Leipzig 1778") erschienen.

Über das Wiedersehen berichtet Voß aus Hamburg am 3. April 1779 an Ernestine: „Sogleich [bei der Ankunft am 31. März] erfuhr ich, daß der Graf hier wäre und nur bis Sonnabend [3. April] bliebe. Die kurze Zeit haben wir denn auch so sehr genutzt als wir konnten. Der Graf ist von seiner Geniehaftigkeit ganz umgekehrt und denkt über Lavater u. s. w. so wie wir [?]. Wir haben einen Bund mit einander gemacht, uns künftig ununterbrochen zu schreiben" (Voß' Briefe II,

Stolberg: Briefe. 24

S. 59 f). An Miller schrieb er am 28. April, nachdem er bemerkt, daß „außer ihnen [Miller und Voß] und Stolbergs alle
dieser Welt oder sich selbst anhangen," weiter: „Ostern . . .
brachte ich drei Tage mit Fritz Stolberg zu. Einen davon in
Wandsbeck bei Claudius. Eh' ich's vergesse, Gustchen läßt Dich
herzlich grüßen, das arme Mädchen kränkelt noch immer. Stol=
berg ist noch ganz der Alte. Nur seine Gesundheit ist schwächer.
Er hat viel Schwindel und Kopfweh" (Voß Briefe II, S. 105 f,
ergänzt aus dem Original). „Die Hamburger Reise", erzählt
Ernestine (Voß' Briefe II, S. 61) „hatte ihn gar lebendig auf=
gefrischt, namentlich weil er in Stolberg die alten Empfindun=
gen für den Göttinger Bund wieder gefunden."

Über die Badereise Stolbergs mit seinen Schwestern Au=
guste und Katharina und seiner Schwägerin Luise Stolberg nach
Meinberg vgl. den folgenden Brief.

Klopstock wollte über Braunschweig nach Dessau reisen,
um hier den Fürsten Franz Leopold Friedrich (1758—1817) zu
besuchen, aber weil Stolberg, welcher in Aussicht gestellt hatte,
mitzureisen, auf sich warten ließ und endlich absagte, so wurde
auch aus Klopstocks Reise nichts, (Vgl. Lappenberg Nr. 160.
161. Muncker S. 475), obgleich Gleim schon bis Braun=
schweig entgegengefahren war. Die Kommission an letzteren
bezieht sich wohl auf die Subscription zu Voß' Odyssee=Übersetzung.

Bereits am 28. April 1779 hatte Voß an Miller geschrie=
ben: „Er [Stolberg] arbeitet jetzt an einem großen Gedichte,
die Zukunft, wovon zwei Gesänge fertig sind und vielleicht
noch achtzehn folgen" (ungedruckt). Stolberg selbst gab indessen
nur Bruchstücke derselben heraus, in der „Insel" (Ges. W. III,
S. 258) in Voß' Musenelm. 1800 (S. 54 ff) und die „Zueig=
nung eines unvollendeten Gedichts: Die Zukunft. An meine
Freundin Caroline Adelheit Cornelia [Baudissin geb. Schim=
melmann] 1782" (Ges. W. I, S. 313 ff). Nachdem schon früher
Ludwig Voß Bruchstücke veröffentlicht hatte, erschien „Die Zu=
kunft. Ein bisher ungedrucktes Gedicht des Grafen Friedrich
Leopold zu Stolberg aus den Jahren 1779—1782. Nach der
einzigen bisher bekannt gewordenen Handschrift herausgegeben
von Otto Hartwig." Leipzig [Verb. Sonderabdruck aus Archiv

f. Litt.=Gesch. XIII. S. 82 ff und 251 ff]. Die Vermutung Hartwigs, daß Stolberg deshalb die Veröffentlichung unter= lassen habe, weil seine politischen Anschauungen sich später ge= ändert hätten, halte ich nicht für wahrscheinlich. Auch z. B. der von Tyrannenblut gerötete „Freiheitsgesang" findet sich so= wohl in den „Gedichten" (1779) als auch in den Ges. Werken". Wahrscheinlich genügte ihm die erste Fassung nicht, und eine vollkommnere ihr zu geben, dazu gebrach es ihm eben an Ge= duld, zumal andere poetische Arbeiten in den Weg traten. Aus einem ähnlichen Grunde unterblieb ja auch, wie oben bemerkt, die Veröffentlichung der Ode an seinen sel. Vater.

Die Berliner. In Nicolais Allgemeiner deutschen Bibl. XXXVII. S. 131 ff. hatte ein Anonymus [Prof. Joh. Bernh. Köhler aus Lübeck] Bodmers Homer=Übersetzung (Zürich, 1778) wegen der besseren Hexameter und des „affektvolleren" Ausdruckes über die Stolbergsche gesetzt. Durch Stolbergs Brief zu einem „Freundschaftsdienste veranlaßt" („Bestätigung" S. 143), aber auch wohl in Sorge um den Erfolg der ihm geschenkten Über= setzung, schrieb Voß sein „Verhör über einen Rezensenten in der allg. dtsch. Bibl. Otterndorf, 19. Jun. 79 (Deutsch. Mus. 1779, II. S. 158 ff). Als der Anonymus kurz replizierte, er= schien eine „Folge des Verhörs über einen Berliner Rezen= senten. Otterndorf. 20. Jan. 1780" (Deutsch. Mus. 1780, I, S. 264 ff), und als Nicolai sich persönlich einmischte, die „Zweite Folge des Verhörs über einen Berliner Rezensenten. Ottern= dorf 9. Sept. 1780" (Deutsch. Mus. 1780, II. S. 446 ff). „Ge= fühl für den Freund hatte den Ton geschärft", sagt Voß in der „Bestätigung" (S. 144) euphemistisch von seiner scharfen und derben Polemik (vgl. oben S. 65 f und S. 375).

35.

Seite 61. Über Stolbergs und „Gustchens" Befinden vgl. den S. 370 mitgeteilten Brief Vossens an Miller. Die Badereise hatte ihm der oben S. 327 genannte Dr. von Berger verordnet (Hennes I, S. 95).

Anfangs Juli langte Boie, welcher im Bade Pyrmont weilte, zu Meinberg an und machte mit Stolberg einen Ab=

stecher zu den Externsteinen. Bald darauf zog auch Stolberg mit seinen Damen nach Pyrmont, wo Boie noch drei Wochen blieb und auch Graf Christian für vierzehn Tage erschien. Am 12. Aug. reiste die Familie Stolberg nach Hannover, wo der früher abgereiste Boie sie noch einmal begrüßte. „Ein bleiben= des Denkmal erhielten jene Pyrmonter Wochen in der Samm= lung der Gedichte der Brüder Stolberg, welche Boie auf Wunsch der Freunde herausgab [„Gedichte der Brüder Christian und Friedrich Leopold Grafen zu Stolberg. Herausgegeben von Heinrich Christian Boie, mit Kupfern. Leipzig in der Wey= gandschen Buchhandlung, 1779." Auf dem Titelblatt befindet sich bekanntlich die Abbildung zweier Centauren mit den Versen :

„Ceu duo nubigenae quum vertice montis ab alto
Descendunt Centauri". Virg. Aen. VII. 674]. Die Freude daran verbitterte ihm Voß, der daran gedacht hatte, auf eigene Hand und zu seinem Vorteile die Stolbergschen Gedichte ge= sammelt drucken zu laffen. Boie antwortet ihm: „„Sehr leid thut mir's, daß ich Dir unwissend zweierlei vor der Nase weg= genommen habe. Weder die Grafen noch ich haben Vorteil davon; mit Vergnügen wollt' ich Dir sonst meinen Anteil auf= opfern"" (Weinhold, Boie S. 92 ff). Schon am 11. Dec. 1778 hatte übrigens Boie an Bürger geschrieben, daß (F. L.) Stol= berg seine Gedichte herausgeben wolle, „da ein Jemand, der hier und da zerstreute Stücke gesammelt hat, ... unter den Buchhändlern damit hausiren geht" (Strodtmann II, S. 329). Infolge dessen hatte Stolberg unter dem 1. Jan. 1779 im Februarheft des Deutsch. Muf. (I, S. 191) die Anzeige ver= öffentlicht, daß er und sein Bruder selbst Michaelis ihre Gedichte in der Weygandschen Buchhandlung in Leipzig in einem Bande „mit aller nur typographischen Schönheit" und „einigen schönen Kupfern nach Chodowieckischen Zeichnungen versehen erscheinen laffen würden." Voß schrieb am 28. April 1779 an Miller: „Daß er seine Gedichte schon sammeln muß, ist ihm unange= nehm. Weygand drohte, sie von einem andern sammeln zu laffen, und da versprach der gute Graf, es selbst zu thun" (ungedruckt). Voß selbst war nicht mit der Herausgabe betraut worden, weil die Grafen Grund hatten, nicht nur vor seiner

„Feile" allzubange zu fein — vielfach kehrt in den „Gedichten"
die ursprüngliche Faffung wieder, welche im Mufenalm. der von
Voß beliebten hatte weichen müffen — fondern auch davor, daß
er manchen Gedichten die Aufnahme verfagen würde. Vgl. fein
hartes Urteil in der Beftätigung S. 144.

„Wer fich zu keiner Pflicht" 2c. bildet den Schluß der
bekannten Erzählung Gellerts „Der arme Greis."

1778 war bei dem Berliner Buchhändler Chriftoph Frie=
drich Nicolai (1733—1811), welcher fowohl als Schriftfteller
wie als Verleger zu den Vorkämpfern der „Aufklärung" ge=
hörte, erfchienen: „Leben, Bemerkungen und Meynungen Jo=
hann Bunkels, nebft dem Leben verfchiedener merkwürdiger
Frauenzimmer. Aus dem Englifchen von R. von Spieren.
Mit Anmerkungen von H. A. Piftorius." Da diefer Roman
fich als durchaus wertlos erwies, fo war man allgemein ent=
rüftet über die große Reklame, mit der Nicolai ihn angekündigt
hatte, und man freute fich über die „Zergliederung", welche
Wieland im „Teutfchen Merkur" (1778. Jul. S. 75 ff, Aug.
S. 165 ff, Okt. S. 55 ff) mit „Bunkels Cadaver" (wie Bürger fich
ausdrückt, der „noch keinen einzigen, von wafferlei Kopf oder
Herzen er auch fein möge, günftig davon" hatte „urteilen hören"
Strodtmann II, S. 325. vgl. S. 329) anftellte.

Seite 62. Von Chriftian Stolberg erfchien im Mufen=
alm. 1780 S. 145 die Ode „Der Tod. Antwort an meinen
Bruder" („Gedichte" S. 315 und Gef. W. I, S. 241 mit der
Überfchrift: „An meinen Bruder") als Erwiderung auf die un=
mittelbar vorangehende (S. 143) Ode feines Bruders: „Der
Tod. An meine Freunde" („Gedichte" S. 312 u. Gef. W. I,
S. 239 mit der Überfchrift „Der Tod").

Die beiden Lieder Stolbergs, welche mit den genannten
Oden faft gleichzeitig im Mufenalm. und in den „Gedichten"
(alfo bei Weygand) erfchienen, find: „Abendlied eines Mäd=
chens" (Mufenalm. 1780 S. 133, „Gedichte" S. 306, Gef. W.
I, S. 232) und „Morgenlied eines Jünglings" (Mufenalm.
1780. S. 209, „Gedichte" S. 307, Gef. W. I, S. 231).

Der Gräfin Katharina Stolberg „Rofalia. Eine Er=
zählung" erfchien anonym im Deutfch. Muf. 1779, II, S. 1 ff.

Der zweite „schöne Pfeil im Köcher" erschien als
„Emma. Eine Erzählung von der Verfasserin der Rosalia"
ebendaselbst 1779, II, S. 193 ff.

36.

Seite 63. Am 12. Nov. war Stolberg in Kopenhagen
wieder angekommen (Hennes I, S. 106).

Am 29. Okt. 1779 war Voß das zweite Kind geboren,
Johann Heinrich nach dem Vater genannt.

Der Verlust seiner Freundin Gräfin Emilia Schimmelmann
(vgl. oben S. 361) bezeichnete für Stolberg „einen Abschnitt des
innern Lebens" (Janssen I, S. 109). Wie sehr er sie verehrte,
beweisen sowohl seine Briefe als auch seine Gedichte: „Über den
Tod meiner Freundin Emilia Schimmelmann geb. Gräfin zu
Ranzau. Elegie an Emiliens Freunde." (Ges. W. I, S. 260),
„Das Leben." (Ges. W. I, S. 263), „Die Gestirne." (Ges. W. I,
S. 268), „Emilias Bildniß" (Ges. W. II, S. 73); die
drei letzten Gedichte sind an den Witwer Grafen Ernst
v. Sch. gerichtet.

Seite 64. Die Widmung der Odyssee-Übersetzung trug in
der ersten Ausgabe (1781) die Überschrift: „An Friedrich Leopold Grafen zu Stolberg"; in den „Gedichten" 1785 erhielt sie
den Namen „Die Weihe." — „Von nicht lauer Freundschaft,"
meint Voß in der „Bestätigung" (S. 144) „zeugt das Gedicht,
worin ich die Odyssee dem Verdeutscher der Ilias widmete."
Indessen beziehen sich auf das Verhältnis der Freunde nur die
drei ersten oben (S. 356) angeführten Verse.

Bekanntlich ging es mit der Subscription auf Vossens
bereits im Deutsch. Mus. 1779 I, S. 574 angekündigte Odyssee-
übersetzung trotz aller seiner Bemühungen sehr langsam (vgl.
das Nähere bei Herbst I, S. 235). Die Klagen darüber kehren
fast in allen Briefen Vossens aus jener Zeit wieder (Voß' Briefe
II, S. 264. 267. III, S. 145. 147. 148 u. a.).

Von Millers vielgelesenen „Wasserromanen" hatte auch
Voß keine hohe Meinung, und er macht Miller selbst gegenüber
kein Hehl daraus. Am 28. Sept. 1780 schreibt er ihm sogar
in Bezug auf den von Stolberg herangezogenen Roman „Ge-

schichte Karls von Burgheim und Emiliens von Rosenau. In Briefen" (Leipzig 1778—1779 in vier Bänden), in welchem naiver Weise die Grafen Stolberg und ihre Schwester Auguste handelnd auftreten: „Sage mir nichts von dem Beifall des Volkes und dem Frohlocken der Buchhändler. Deine Freunde, deren Urtheil dir mehr gelten muß, als Hans Hagels, sind un= zufrieden mit deiner Arbeitsamkeit und dein alter Voß sagt dir's aufrichtig, daß er's ist. Besonders halte ich deinen letzten Roman und die Art, wie du den Bund und namentlich die guten Stolberge producirst, für eine Sünde" (Voß' Briefe II, S. 108. — Vgl. auch II, S. 92 f. 95, III, 1, S. 192).

37.

Die Idylle ist „Der siebzigste Geburtstag", welcher im Musenalm. 1781, S. 183 ff erschien (Sauer I, S. 136 ff).

Seite 65. In dieser Idylle fährt bekanntlich der Pastor mit seiner Gattin im Schlitten zur Feier des siebenzigsten Geburts= tages seines Vaters. Das Urteil Stolbergs „klang" Voß („Bestätigung" S. 159) „wie gemildertes Familienurteil".

Bei dem seichten, nur auf das praktisch Nützliche hinaus= arbeitenden Popularphilosophen Johann Georg Heinrich Feder (1740—1821), hatte Voß in seinem ersten Semester Logik und Metaphysik gehört (Briefe I, S. 78), vielleicht auch Stolberg.

Der berühmte Philologe und Göttinger Professor Chri= stian Gottlob Heyne (1729—1812), bei Stolberg Heyne, Haine, Heine und Hayne geschrieben, hatte Voß, seinem Göttin= ger Schüler, am 22. Februar 1780 geschrieben: „Daß die Sub= scription zur Odyssee nicht nach Wunsch ausgefallen ist, beklage ich. Sie haben nicht immer darauf gedacht, daß Ihnen Freunde nötig sind. Durch Ihre Beantwortung der Allgem. Bibl. haben Sie sich viele Feinde gemacht. Der Ton ist nicht liberal. Vom Publiko denken Sie außerdem zuweilen zu verächtlich und lassen Sich es sich allzusehr merken . . . . Es ist mir gar nicht bang, daß Sie der Himmel weiter verpflanzen wird. Aber, liebster Herr Rektor, den hochfahrenden Ton müssen sie ablegen, wenn Sie nicht die Zahl Ihrer Abgeneigten vermehren wollen, die Ihre Freunde hindern, durchzudringen und zu Ihrem Besten etwas auszurichten" (Herbst I, S. 325). Hierauf spielt Stol= berg offenbar an. Erst im Mai brach die bekannte, „ein dun= kles Blatt in Vossens Lebensgeschichte bildende" (Herbst I, S. 244) Fehde zwischen Voß und Heyne selbst aus.

Zeile 66. Die Verse sind schon S. 47 angeführt.

„Daß er [Odyffeus] die schmähende Zunge des lästernden Schwätzers [Therfites] geschweiget"

übersetzt Stolberg Ilias II, 275.

Graf Christian sowie seine Schwester Auguste war län= gere Zeit in Kopenhagen bez. auf Bernstorff zu Besuch gewesen.

Die gesandte Ode „Die Gestirne" ist bereits S. 374 erwähnt.

38.

Hierzu gehört Nr. 3 der Beilagen, S. 300.

Wie der ehrliche Lerse Anspielung auf Goethes „Götz von Berlichingen" III, 6.

Bach vgl. S. 342. Mit „Schulze" ist Johann Abraham Peter Schulz (1747—1800) gemeint, damals Kapellmeister des Prinzen Heinrich in Rheinsberg, welcher einige Jahre später zu Voß in ein sehr nahes Verhältnis trat (vgl. die Briefe Vossens an Schulz, Voß' Briefe II, S. 157—212). Seine „Lieder im Volkston" 2. Aufl. (drei Teile, Berlin 1785. 1790), unter denen sich viele von Voß und vierzehn von Stolberg befinden, wa= ren für die Entwicklung des volkstümlichen Liedes von großer Bedeutung.

Das Lied an Lyda („Ich ging im Mondenschimmer") er= schien im Musenalm. 1781 an letzter Stelle (S. 199), ohne Komposition, unter der einfachen Überschrift „Lied", mit der An= merkung: „Auf Verlangen hier wieder abgedruckt, weil es im Museum von Druckfehlern entstellt ist" (Ges. W. I, S. 236). Dagegen befindet es sich in Schulz, Lieder im Volkston² I, S. 19.

Boie hatte zu Trolleburg, dem auf der Insel Fünen ge= legenen Gute des Grafen Ludwig Reventlow, des Bruders der Gräfin Luise Stolberg, seine Schwestern Auguste und Julie

(geb. 1759, vermählt 1787 mit Henning von Witzleben, dem
Schwager Friedr. Leopolds), zur „großen gegenseitigen Freude"
(wie er am 19. Jul. 1780 an Voß schreibt, Weinhold, Boie,
S. 95) getroffen und war mit ihnen nach Kopenhagen gefahren,
wo er, abwechselnd in der Stadt bei dem Grafen Friedrich Re=
ventlow und auf den Landhäusern Bernstorff und Seelust (der
Besitzung des Grafen Ernst Schimmelmann) lebend, bis über
den halben August sich halten ließ und den „schönsten Sommer
seines Lebens" verlebte, wie er am 24. Aug. aus Knoop an
Voß schreibt (Weinhold, Boie S. 96 — Vgl. oben S. 300 f).

Seite 67. Im Mai hatte Voß mit seiner ganzen Familie
eine Reise nach Hamburg unternommen. Auf der Rückfahrt
über die Elbe hätte ihnen ein Sturm beinahe ein nasses
Grab bereitet (Voß' Briefe II, S. 4). Voß wollte ursprüng=
lich die Odyssee=Übersetzung mit einem weitläuftigen Kom=
mentar herausgeben; später verzichtete er darauf (vgl.
Herbst I, S. 236 f).

„Für den zweiten Abdruck der [Stolbergschen] Ilias,"
[welche 1781 erschien] berichtet Voß in der „Bestätigung"
(S. 144), „der im Sommer 1780 gefordert ward, wünscht' ich
von Stolberg eine sorgfältige Vergleichung des Originals. Er
antwortete den 29. Julius" 2c.

quos ant etc. Horat. ars poet. 352 f.

An einer hinreichenden Zahl Subscribenten für seine Odyssee=
Übersetzung verzweifelnd, wollte Voß schon das für den Druck
eingekaufte Papier verkaufen. Jessen scheint aber auf Stol=
bergs Bedingung nicht eingegangen zu sein, denn noch am 18.
Oft. schrieb Voß an Gleim: „Meine 119 Ries groß Foliopapier
kann ich noch nicht anbringen, ob ich gleich die wohlfeilsten
Preise angeboten habe" (Voß' Briefe II, S. 269). Der gute
Vater Gleim erbot sich denn ebenfalls, ihm die Papierballen
abzukaufen, um sie für den Druck seiner Fabeln zu benutzen.
Zum Glück aber konnte das Papier doch noch für die Odyssee
benutzt werden.

Über Vossens Wiedergabe der griechischen Diphthonge 2c.,
welche zu dem unerquicklichen Streit mit Heyne und Lichtenberg
den Anlaß gab, vgl. Herbst 1. S. 244 ff.

Seite 68. Die Göttinger Haingenossen hatten ihren Wiberwillen gegen den anfänglich nur anakreontischem Getändel huldigenden Dichter Johann Georg Jacobi auch auf den jüngeren Bruder, den Philosophen Friedrich Heinrich Jacobi ausgedehnt, aber sehr bald ihr Urteil berichtigt (vgl. Herbst I, S. 244).

39.

„Schön Klärchen. Eine Ballade" erschien noch im Musenalm. 1781. S. 164 (Ges. W. I, S. 273). Den Stoff hatte Stolberg wahrscheinlich, wie Bürger für sein im Sommer 1788 gedichtetes Seitenstück „Das Lied von Treue", der Bibliotheque des Romans, April 1776 S. 159 entnommen (Strodtmann II, S. 328). In sehr unepischer Weise redet Stolberg in der Ballade seine eigenen Hunde Roland und Fancy an.

Seite 69. Das Gegenstück zu Gellerts Erzählung „Inkle und Yariko", zu dem auch Bodmer und Geßner Seitenstücke geschrieben hatten, bildet Stolbergs Ballade „Ritter Bayard, genannt der Ritter sonder Furcht und Tadel" (Deutsch. Muf. 1782 I S. 68, Ges. W. I, S. 290).

40.

Im Nov. 1780 war Graf Bernstorff hauptsächlich infolge der Bemühungen Friedrichs des Großen von Preußen, welchem die unter jenem streng aufrecht erhaltene Neutralität Dänemarks mißfiel, zum Nehmen seiner Entlassung gezwungen, zugleich aber auch veranlaßt worden, „damit seine Demission nicht als Ungnade angesehen würde," bis zum Beginn des nächsten Jahres in Kopenhagen zu bleiben. (Hennes I, S. 133 ff.) — Am 26. Febr. verließ er mit seiner Familie die dänische Hauptstadt, um zunächst auf 14 Tage die auch Stolbergs befreundete Frau von Löwenskiold auf Löwenburg in Seeland zu besuchen (Hennes I, S. 157).

Seite 70. „Die schöne Beckerin" kenne ich nicht.

„In der Zeit, wo Voß bei der Herausgabe der Odyssee soviele Schwierigkeiten fand," erzählt Ernestine (Voß' Briefe III, 1. S. 8), „kam ihm vom Buchhändler Cramer in Bremen der

Antrag, die Tausend und eine Nacht zu übersetzen." Die Übersetzung erschien Bremen 1781—1785, in sechs Bänden.

Das „kleine Lied", welches sich auf der vierten Seite des Briefes befindet, erschien im Musenalm. 1782, S. 11 (Ges. W. I, S. 265) unter der Überschrift „Lied" („Des Lebens Tag ist schwer und schwül").

Auf Friedrichs des Großen bekannte Schrift De la litterature allemande (Berlin 1781) hatte auch der Philosoph Johann Friedrich Wilhelm Jerusalem (1709—1789) eine Erwiderung erscheinen lassen: „über die deutsche Sprache und Litteratur" (Berlin, 1781), welche Stolberg mit vollem Rechte kleinmütig nennt; Goethe nennt sie „wohlgemut, bescheiden, auf= richtig, alt, kalt und arm" (Briefe an Frau von Stein I, ² S. 322).

41.

Stolberg wollte „als Schwager und Freund des verabschiedeten Ministers" ebenfalls zugleich mit Bernstorff seine Entlassung nehmen, verstand sich aber auf Zureden Holmers (vgl. S. 382) zunächst zu einem mehrmonatlichen Urlaub (Hennes I, S. 135 ff). Im Mai 1781 aber erneuerte er von Eutin aus sein Abschiedsgesuch, da er, wie er an Holmer schrieb, „weder für den Hof geschaffen sei, noch für die Stadt, noch auch für die Geschäfte," noch auch seinen „Posten ferner zu behalten reich genug sei" (Hennes I, S. 160). Vgl. zu Nr. 42.

Die gesandten zwei Gedichtchen sind zweifellos das „Lied" („Ich ging unter Erlen am kühligen Bach", Musenalm. 1782 S. 100. Ges. W. I, S. 284) und die Ode „Die Erschei= nung" (Musenalm. 1782 S. 34, Ges. W. I, S. 281). „Wenn mir Stolberg nur mehr schickte," schrieb Voß im Mai 1781 an Boie (Voß' Briefe III, 1, S. 152).

42.

Die erste Seite des Briefes ist oberhalb des Textes über= schrieben „An Voß"; er war offenbar einem Briefe an einen Freund in Hamburg beigelegt, wohin Voß Ende Juni des

Druckes der Odyssee wegen gereist war. Stolberg aber wurde durch Holmer in Eutin festgehalten (Hennes I, S. 161). Ernestine hatte am 29. April 1781 den dritten Sohn geboren, welcher nach Gleim, „Nantchen“ (der Frau Goekingks) und dem verewigten Hölty den Namen Wilhelm Ferdinand Ludwig erhielt (Voß' Briefe II, S. 272).

Nicht mit Bogen ꝛc. vgl. S. 66.

43.

Am 2. Mai 1781 hatte Stolberg seine spätere Braut zum ersten Male in Eutin gesehen (siehe oben S. 80); bereits am 27. Jun. schrieb er seinem Bruder, daß „unter den Menschen“ in Eutin ihm „die kleine Witzleben die liebste sei“ (Janssen I, S. 123). Am 2. Sept. teilte er seiner Schwester mit, daß er „am Rubikon“ stehe (Hennes I, S. 163). Anfangs Nov. endlich fand die Verlobung statt, welche außer den nächsten Verwandten noch in demselben Monate auch Clauswitz und dem Grafen Ernst Schimmelmann mitgeteilt wurde (Hennes I, R. 170), während sie Voß also erst Ende Dec. erfuhr.

Die Braut Stolbergs, Agnes Henriette Eleonore von Witzleben, geb. am 9. Oct. 1761 auf dem ihrem Vater Adam Levin von Witzleben gehörigen Gute Hude in Oldenburg (Amt Delmenhorst) war frühverwaist an den Oldenburger Hof gekommen, wo eine nahe Verwandte Oberhofmeisterin war, und Hoffräulein der Herzogin geworden. Vgl. über sie außer den zahlreichen von ihr geschriebenen oder sie betreffenden Briefen bei Hennes Herzog Peter, Janssen I, und oben, sowie den betr. Stellen aus Voß' Bestätigung: Karl Weinhold, Gräfin Agnes zu Stolberg. Von ihr und über sie (Archiv für Litteraturgeschichte VII, S. 204 ff).

In ihr fand Stolberg sein Ideal, wie er es 1776 nach seiner Enttäuschung in dem Gedichte „An die Grazien“ gezeichnet hatte:

„Suchet ihr mir, und bald, unter den freundlichen
Töchtern Deutschlands ein Mädchen aus,
Blau die Augen, ihr Haar golden und schlank ihr Wuchs,
Sanft die Seele, den Augen gleich.“

Seite 73. Wegen ihres lieblichen Singens und Nach=
ahmens der Nachtigall wurde sie in Weimar später „Bögel=
chen" und „Nachtigällchen" genannt (vgl. oben S. 108).

Stolberg sebst war unter dem 21. Nov. als Gesandter
in Kopenhagen förmlich abberufen und mit 800 Thaler Gehalt
(Hennes I, S. 168) zum „würklich dienstleistenden Oberschenk"
ernannt worden, als welcher er, wie es in der Bestallung (bei
Hennes I, S. 172 ff) heißt, den Hofmarschall zu vertreten hatte
und als Chef der Hofhaltung betrachtet werden sollte.

Der „Dithyrambus" sollte eine Einladung zur Mitwir=
kung an dem von Bürger (1779—1794) herausgegebenen Göt=
tinger (Dieterichschen) Musenalm. sein (vgl. Strodtmann III,
S. 60). Infolge der Einsprache Vossens hat Stolberg übrigens
keinen einzigen Beitrag geliefert (vgl. den folgenden Brief).

Den Absatz mit dem lateinischen Vers (Verg. Aen. III,
658, von Voß übersetzt: „Gräßlich zu sehen, mißförmig und
groß mit geblendetem Auge") citiert Voß in der „Bestätigung"
(S. 145) sonderbarerweise mit dem tadelnden Zusatz: „Das
gescholtene Vaterland empfing damals die Odyssee mit Liebe."
Und doch hatte er, erzürnt über die Kaltherzigkeit der Deutschen
seiner Odyssee=Übersetzung gegenüber, abgesehen von vielen an=
deren derben Äußerungen (vgl. die S. 374 angeführten Stellen)
noch in der Ankündigung seiner Übersetzung von: „Die tausend
und eine Nacht" („Gothaische gelehrte Zeitung" 5. Mai 1781.
Beilage zum 36. Stück), mit „so ungebärdiger Derbheit," in so
„rohen Ausdrücken," wie selbst Bernays (S. XCIV) sich äußert,
über das deutsche Publikum sich ergangen, daß sogar Wieland,
der seiner Odyssee überaus wohlwollend gegenüberstand, diese
„Vossische Eruption" offen im Merkur (1781, Augustheft) in
schärfster Weise mißbilligte.

44.

Seite 74. Der Göttinger Professor Georg Christoph Lich=
tenberg (1742—1799) hatte Voß (in dessen Kampf gegen Heyne)
durch seine höhnischen Angriffe (vgl. zu Nr. 55) zur Gegenwehr
gereizt (vgl. Herbst I, S. 246 ff).

Sache mit Bürger, vgl. den vor. Brief.

Bereits am 22. Jan. hatte Stolberg an den Minister Grafen Friedrich Levin von Holmer (1741—1806), welcher seit 1774 an der Spitze der oldenburg=eutinischen Staatsverwaltung stand, geschrieben: „Ew. Excellenz sind so sehr Freund Ihrer Freunde, daß Sie mir gewiß verzeihen, wenn ich mich für einen Freund interessiere. Ich höre, daß Eckermann als Pro= fessor nach Kiel berufen wird. Voß, dessen Talente Ew. Ex= cellenz bekannt sind, ist, besonders was die gelehrten Sprachen betrifft, einer der geschicktesten Schulmänner von Deutschland. Ich glaube gewiß nicht, daß Ew. Excellenz es bereuen würden, wenn Sie ihn beriefen" (Hennes, Herzog Peter S. 154).

Jakob Christian Rudolf Eckermann hatte die Eutiner La= teinschule, welcher er seit 1775 als Rektor vorstand, zu ziem= licher äußeren Blüte gebracht, welche sie unter Voß nicht behielt (vgl. Herbst II, 1, S. 60 f).

„Froschpfuhl". Voß selbst nennt Otterndorff eine „sumpfige Einöde" (Voß' Briefe II, S. 265 — vgl. S. 383).

Ich hätte meinen Freund. Herbst II, 1, S. 268 citiert „ich hätte einen Freund", was einen ganz anderen Sinn giebt.

Seite 75. Ernestine scheint den Namen von Stolbergs Braut falsch gelesen zu haben (vgl. Hennes, Herzog Peter S. 152).

45.

Die 4. Seite des quadratisch zusammengefalteten Briefes (4°) trägt die Adresse: An den Herrn | Voß, Rector in | Ottern= dorff | im Lande Hadeln.

Der Königl. dänische Konferenzrat und Landvogt Karl Friedrich von Lowtzow († 10. April 1789) war am 16. Dec. 1777 zum Eutiner Regierungs= und Kammerpräsidenten er= nannt worden.

Danebrog bekanntlich hoher dänischer Orden.

Stolbergs Bemerkung über die Titulatur verrät, wie sehr er das demokratische Gefühl seines Freundes zu schonen bemüht war.

46.

Seite 76. „Auf Anfrage vernahm ich [von Eckermann] das Gehalt des Rektors," berichtet Voß in der „Bestätigung" (S. 151): „200 Thaler, zur Wohnung 20 und Schulgeld 8 Thaler von jedem. Mit Bedauern schrieb ich ab; Eutin gab weniger, als das wahrscheinlich wohlfeilere Otterndorf."

47.

Seite 77. Heinrich Christoph v. Uffeln († c. 1793) war am 19. Aug. 1775 zum Stallmeister, am 3. Aug. 1776 zum wirklichen Hofstallmeister ernannt worden.

Zu dem Schlusse des zweiten Absatzes dieses Briefes bemerkt Voß in der „Bestätigung" (S. 151): „Zu den sieben freien Künsten noch sieben Sprachen in 32 Stunden die Woche, das war viel! Aber die Quartanfieber waren zurückgekehrt; Kundige rieten Veränderung der Luft. Demnach schlug ich die Bedingungen vor" 2c. (Fortsetzung unten). Hiernach könnte es scheinen, als ob Voß lediglich der Gesundheitsverhältnisse wegen die Berufung nach Eutin angenommen habe. Allerdings waren diese damals so schlimm, daß in Vossens Hause, wie dieser selbst („Bestätigung" S. 151, vgl. Briefe II, S. 9) berichtet, alle „untereinander, manchmal alle zugleich, am Quartanfieber und doppelten Quartanfieber lagen, die geheilt wurden und wiederkehrten." Indessen hatte er sich doch aus andern Gründen oft genug von Otterndorf weggesehnt. Fast in allen seinen Briefen aus jener Zeit klagt er über die traurigen Verhältnisse daselbst. Um nur ein Beispiel anzuführen: an Pfeffel schreibt er am 30. Sept. 1779: „Nun ist der traurige Herbst wieder da mit seinen stinkenden Marschnebeln .... Alle meine Bücher beschimmeln, mein Klavier quillt aus, das Zeug verdirbt und dabei Arbeit vom Morgen bis zum Abend, kein Freund, der etwas andres als Stadtgeschichten hören mag, und kaum das liebe Brod. Wenn ich nicht überzeugt wäre, daß Gott unser Schicksal lenkt, ich wäre schon wieder nach Wandsbeck gegangen" (Archiv für Litteraturgeschichte XII, 291 f. — Vgl. Voß' Briefe II, S. 104 f. 106 f. 265, Herbst I, S. 248. 225). Daher auch) die vielen Pläne, von Otterndorf fortzukommen (Herbst I, S. 225). Wenn Voß also in der „Bestätigung" S. 146 ff ein sehr ideales Bild von Otterndorf entwirft, welches ihm „eine geliebte Heimat" gewesen sei, wo er sich „innig wohl" gefühlt habe, so „dürfen wir," wie schon Herbst mit Recht bemerkt hat, (I, S. 218) „nicht vergessen, daß auch über diesem anziehenden Bilde der Duft nachdichtender Erinnerung liegt." Andrerseits galt es, den vom Grafen Christian gegen ihn in der „Abfertigung" (S. 34) erhobenen Vorwurf der Undankbarkeit zurückzuweisen. — Gerade nach Eutin hatte Voß sich schon früher gesehnt In Otterndorf hatte er eines Abends, wie Ernestine (Voß' Briefe III, 1. S. 7 f) erzählt, die Landkarte ausgebreitet und in Holstein die Orte ausgesucht, wo man wohl einen Rektor bedürfen könnte. „Bei Eutin", fährt sie fort, „blieb er stehn und meinte, das wäre ein erwünschter Ort: in der Nähe von Hamburg, Lübeck und Kiel! und ein so gesegnetes kleines Land, von einem wohlwollenden Fürsten regiert! Dann machte er sich aber gleich die bedeutende Einwendung, daß der junge Rektor, welcher im Besitz dieser Stelle war, ihm wohl schwerlich Platz machen würde" (vgl. oben S. 46 und S. 257). Und als nun in der Voßschen Familie die „Jammerzeit" der Fieber sich einstellte, da war ihnen der Stolbergsche Brief vom 26. Jan. 1782, nach Ernestinens Worten, „wie ein Lichtstrahl in dunkler Nacht" (a. o. O. S. 10).

Aufsatz von Eckermann vgl. zu S. 76.

48.

Seite 78. Der Brief ist wie Nr. 45 adressiert (mit dem Zusatz „frey bis Hamburg"). Voß hatte, wie er in der „Bestätigung" S. 151 berichtet, als Bedingungen vorgeschlagen: „Ein Haus, freies Holz und Umzug". Zu dem Angebot von 20 Rthl. als Äquivalent für die Wohnung bemerkt Voß a. o. O.: „Ah, dachten wir, in Eutin muß es wohlfeil sein. Getrost nahm ich an, jedoch mit der Erklärung, daß ich der wohlwollenden Regierung für soviel Wissenschaften und Sprachen und Zeitaufwand mein geziemendes Auskommen vertrau'n dürfe."

Die Idylle ist wahrscheinlich „Des Bräutigams Besuch"
(Musenalm. 1783 S. 1 ff, Sauer, S. 25 ff), welche später die
zweite Idylle („Der Besuch") der Luise bildete.

49.

Seite 79. Almanachalia. Der Brief enthält noch die
„Grabschrift eines Jünglings" (Musenalm. 1783. S. 70,
Ges. W. I, S. 225). Das gesandte Lied erschien mit der
Überschrift „Der späte Frühling. Den 18. April 1782" mit der
Komposition von J. A. P. Schulz (er ist nicht genannt, aber
vgl. seine „Lieder im Volkston"², II. Berlin 1785 S. 29) im
Musenalm. 1783 S. 36 (Ges. W. I, S. 317). Im ganzen
brachte der Musenalm. 1783 zehn Gedichte von Stolberg.

Si me etc. nach Vergil. Georg. IV, 6.

50.

Zu der das Haus betr. Stelle des Briefes bemerkt Voß
in der „Bestätigung" S. 151 f: „Eine Prachtwohnung! dachten
wir; sie kostet ja doppelt soviel, als eine erträgliche, deren
Equivalent die Regierung giebt. Frei von Fieber und wie ver=
jüngt, sang ich für Stolberg das Hochzeitsgedicht, welches
schwärmt im Vorgefühl der Seligkeit, mit ihm und Agnes ein
geistigeres Leben in Eutins fruchtwallendem Seethal zu begin=
nen" (vgl. zu Nr. 51).

Seite 80. Über den Rundgesang vgl. zu S. 43. Die
Hadeler, in deren Lande Otterndorf lag, hatten wohl in dem
von Schulz komponierten Liede den Wein des Originals durch
Branntwein ersetzt.

51.

„Pläne für die Zukunft", erzählt Ernestine (Briefe II, 1,
S. 10), „ersetzten in der Zeit der Genesung, was der Winter
verdorben hatte. In dieser Zeit meldete auch Stolberg seine
nahe Heirat, und es ward uns eine erfreuliche Aussicht, mit
ihm vereint an einem Ort zu leben. Gar schöne Tage waren
es, als Voß in dieser heitren Stimmung das Hochzeitgedicht
an Stolberg machte." (Vgl. die zu Nr. 50 angeführte Stelle

aus der „Bestätigung"). Dasselbe erschien mit der Überschrift „An Friedrich Leopold Grafen zu Stolberg" zuerst als Einzel= druck zur Hochzeit und dann im Musenalm. 1783, S. 136 (bei Sauer I, S. 205 f). Es beginnt:

> „Bist du es, junges Gefühl der Gesundheit, oder des Frühlings
> Schaffender Hauch, der so wild meine Gebeine durchtobt?
> Oder entreißt zu den Sternen die Freude mich, daß mein erstaunter
> Geist im Ätherglanz über den Wolken sich sennt?"

Dann schildert Voß begeistert die Schönheit der im Geist erblickten eutinischen Gefilde und feiert seinen Stolberg, den „Unsterblichen," und dessen Braut, welche bald ihn und Erne= stine „die lieblichsten Gäng'" umherführen würden.

In der Gedicht=Ausgabe von 1802 (III, S. 114) erschien die Elegie ganz umgeändert — nicht zu ihrem Vorteil — mit der Überschrift „Das Brautfest."

52.

Seite 81. Über Hude vgl. S. 380.

Am 11. Jun. hatte auf dem Residenzschlosse in Eutin die Trauung Stolbergs stattgefunden. Die Neuvermählten be= suchten zuerst die beiderseitigen Verwandten und reisten dann am 10. Jul. zum Oldenburger Hoflager, wurden aber durch ein rheumatisches Fieber und eine Halsentzündung Stolbergs vom 12.—23. Jul. auf der Durchreise zu Hamburg festgehalten. Nun war daselbst am 2. Jul. auch die Familie Voß auf der Reise nach Eutin angekommen, und da ein neues Quartanfieber Ernestinens die Abreise bis zum 21. Jul. verzögerte, so „trafen wir," erzählt jene (Voß Briefe III, 1, S. 13), „Stolberg mit seiner jungen Frau, die gleich durch ihre natürliche Unschuld unser Herz gewann. Bei denen brachten wir im Gasthofe die meisten Ruhestunden zu, da sie noch lebhafter als er es empfand, daß sie an uns teilnehmende Freunde gefunden, wie sie es bedurfte."

In Eutin kehrte Voß mit seiner Familie zunächst bei dem Hofapotheker Kind ein. „Zufällig", erzählt Voß sonderbarer Weise in der „Bestätigung" (S. 152) „hatte ich von dem Hof=

apotheker Kind Gutes gehört; ich bat ihn, mich einige Tage zu beherbergen, und ward mit Herzlichkeit eingeladen." Ernestine hingegen berichtet, daß auf Stolbergs Bitte Kind ihnen sein Haus angeboten habe (Voß' Briefe III, 1, S. 10 f); er habe sich „sehr geehrt" gefunden, „daß der Graf Stolberg ihm selbst so dringend angelegen hatte, den neuen Rektor als seinen Freund mit Rat und That zu unterstützen" (S. 15).

Die Freude über das schöne Eutin ward den Ankömmlingen sehr verkümmert durch die schlechte (in der von der Hauptstraße des Städtchens abwärts nach dem großen See führenden Wasserstraße gelegenen) Wohnung, welche Stolberg für sie gemietet hatte. In der „Bestätigung" (S. 153 f) macht Voß deshalb seinem Freunde die herbsten Vorwürfe. Aber wie Stolberg schon am 2. Mai geschrieben hatte, er und andere hatten kein besseres Haus finden können, als die frühere Rektor= wohnung, wie er am 14. Sept. diese Versicherung wiederholt, so muß auch Voß in der „Bestätigung" (S. 154) gestehen: „Eine bessere Wohnung konnte ich für kein Geld auftreiben, weil das gewonnene Oldenburg den Hofstaat vermehrt hatte," und die Behauptung: „Hätte nicht Stolberg solch ein Nest für seinen Freund leidlich genug gefunden, hätt' er die unwürdige Zu= mutung mit Ernst abgewiesen, die Regierung hätte schon Rat geschafft" (S. 154), ist mindestens fraglich, wenn man bedenkt, welche Mühe es Stolberg später kostete, Voß eine bessere Woh= nung zu verschaffen.

„Der größte Verlust, so" Stolberg „je erlitt", war der Tod seiner Lieblingsschwester Henriette Friederike („Pulet= chen"), der (ersten) Gattin Bernstorffs, welche am 4. Aug. 1782 ganz unerwartet im Wochenbette hingerafft wurde (vgl. Janssen I, S. 9. 127 ff).

Die harten Urteile Stolbergs über Eckermann, den er doch S. 76 ganz anders charakterisiert hatte, und dessen Schwie= gervater, den Eutiner Superintendenten (1772—1786) Mel= chior Heinrich Wolff, sind wohl ein Echo von Äuße= rungen Vossens. Dieser war nämlich gegen Eckermann ein= genommen, einmal, weil er bei den Schülern „nirgends einen festen Grund fand" (Ernestine III, 1. S. 17. vgl. S. 143), und dann, weil er in der Rektorklasse nur 9 Schüler antraf und die Schuld daran seinem Vorgänger zumaß, welcher, wie er am 18. Aug. an Boie schrieb, es sehr emsig gehabt habe, den Schülern erst zu versichern, er käme nicht, und dann — er könne sie doch vermutlich nicht soweit bringen, daß sie gerade von der Schule auf Akademien gehn könnten (Herbst II, 1, S. 284 f). Offenbar hatte Voß das Mißtrauen, welches er gegen Eckermann hegte, anfangs auch auf dessen Schwiegervater Wolff übertragen, aber bald trat er zu diesem in ein nahes Verhältnis.

53.

Seite 82. Gegen den 14. Okt. war Stolberg mit seiner Gattin nach Eutin zurückgekehrt (Hennes, Herzog Peter S. 197. 199). „Herzlich teilnehmend" zeigte er sich, wie Ernestine (III, 1 S. 18) berichtet, in den letzten Leidenstagen seines Patenkindes Fritz, welches, bereits auf der Reise nach Eutin in Hamburg an einem „schleichenden Fieber bedenklich erkrankt" (S. 17), am 25. Okt. verschied. Da auch Ernestine „in dem Dunstloch am See immerfort fieberte" („Bestätigung" S. 154), so reichte Voß bei dem Minister Holmer einen freimütigen „Bericht über das Eutinische Rectorat" (abgedruckt Briefe III, 2, S. 307 ff) ein, in welchem er vor allem auf eine „erträgliche" Wohnung drang. Am 8. Dec. konnte er Gleim mitteilen, daß ihm 2000 Rthl. zur Erbauung eines anständigen Hauses mit einem Garten bewilligt seien (Voß Briefe II, S. 277). Als einstweilige Wohnung wurde ihm, sicherlich nicht ohne Mitwirkung Stolbergs, ein geräumiges Stockwerk im Rathause angewiesen. Sonderbarerweise aber berichtet Voß in der „Bestätigung" (S. 154): „Als die Sache [die Verbesserung der Stelle] geendet, kam Stolberg heim", was jedenfalls den Thatsachen nicht entspricht. (Auch Herbst II, 1. S. 10 läßt ihn irrtümlich erst „gegen Ende Oktober" zurückkehren.)

Auch will Voß an dem Heimkehrenden „ein sonderbares Gemisch von Herzlichkeit und Zurückhaltung" bemerkt haben („Bestätigung" S. 154). Damit reimen sich aber weder die Bemühungen Stolbergs, Voß nach Eutin zu ziehen, noch die Worte seines am 23. Okt. aus Eutin an seinen Freund, den

Oldenburger Kanzlei= und Regierungsrat, Dichter Gerhard
Anton von Halem (1752—1819) gerichteten Briefes: „Es ist
mir eine sehr große Freude, den edlen Voß hier zu haben, und
täglich das Band der Freundschaft fester zu knüpfen, welches
mich vor zehn Jahren mit ihm und Hölty, Hahn und Miller
vereinigte" (v. Bippen S. 79).

Zum Verständnis der Weiterentwicklung des Ver=
hältnisses zwischen Stolberg und Voß mögen hier zunächst
die wichtigsten Stellen aus dem Berichte Ernestinens und dem
Voßens selbst in der „Bestätigung" folgen. Es ist aber dabei
zu berücksichtigen, daß diese eine Kampfesschrift ist, welche in erster
Linie den vom Grafen Christian gemachten Vorwurf der Undank=
barkeit und Verletzung der Freundschaft zurückweisen will, und daß
Ernestine, stets „ein Echo seiner [Voßens] Gedanken, Grundsätze,
Stimmungen" (Herbst I, S. 131), ihren Bericht eben nach den
Streitschriften ihres Mannes und sicherlich von ihnen beeinflußt
geschrieben hat. Ernestine berichtet (Voß' Briefe III, 1. S. 19 ff):
— „Unser Verhältnis mit Stolbergs mußte sich erst fest=
setzen, ehe es ein gegenseitig behagliches werden konnte. Die
Grenzlinie zwischen Adel und Räthen waren in Eutin scharf
gezogen, noch schärfer fast zwischen diesen und den Unbetitelten,
zu denen der Rector gehörte. Die zweite Classe nahte sich dem
Adel stets mit Ehrfurchtszeichen, die letzte Classe zog schon in
der Ferne den Hut ab, wenn sich etwas zum Hofe gehöriges
blicken ließ .... Alles was sich mit Büchern beschäftigte,
hieß gelehrt, ward auch wol bespöttelt, und Agnes hatte manche
Neckereien schon deswegen zu dulden, daß sie einen Bücher=
mann, ja einen Poëten geheiratet hatte. Als wir über diese
Verhältnisse zur deutlichen Einsicht gelangten, sezten wir für
uns fest, selten Besuche machen, sondern lieber annehmen zu
wollen. Auch Stolbergs mußten dieses natürlich finden, da
ich anhaltend kränkelte, die Kinder ungern allein ließ, und Voß
für einen Stubensitzer bekannt war, der ohne seine Frau nicht
ausging. Bei uns ließen sich beide oft zum Abendessen an=
sagen, und waren sie einmal eines ruhigen Abends gewiß, so
folgten wir auch gerne den Einladungen, die Agnes jedesmal
mit der ihr so ganz eigenen Art zu machen verstand. Sie

zeigte uns eine Offenheit, selbst über innere Verhältnisse, die uns unauflöslich an sie fesselte. Stolberg selbst besuchte uns regelmäßig jeden Abend in der Dämmerung. In diesem Winter schrieb er die Jamben, die auch Voß gewaltige Freude machten. Bei eigenen Arbeiten, die er noch feucht von der Dinte mittheilte, war er nach Bundessitte sehr empfänglich für Tadel, und konnte nach des Freundes Rath ohne Empfindlichkeit streichen und hinzufügen. Eben so fügsam war Voß, wo ihn Stolberg überzeugte, daß sein Tadel ungerecht sei. Stolberg war damals äußerst lebhaft und unwiderstehlich liebenswürdig, wie er es auch in der Folgezeit immer blieb, wenn das Bessere in ihm die Oberhand behielt. Eines Abends kam er lachend zu uns mit einem Blatt Papier in der Hand, und erzählte, wie er des Nachbarn Stubenthür geöffnet, und seinen Irrthum erst bemerkt habe, als er sich hingesetzt, um seine Vorlesung anzufangen. Die äußeren Verhältnisse des Freundes berührten ihn nur oberflächlich, wo er sie aber als Herzenssache auffaßte, wirkte er gerne mit, Erleichterung zu schaffen...."

Voß selbst erzählt in der „Bestätigung" S. 155 ff: „Als die Sache geendigt war, kam Stolberg heim. Ein sonderbares Gemisch von Herzlichkeit und Zurückhaltung [vgl. S. 388 f]! Bald, da Stolberg, der stets Unruhige, verreist war, meldete sich Agnes zum Abendessen in unserer Jammerhütte. Ich spielte die neu erhaltenen Volkslieder von Schulz, ihre Nachtigallstimme beseelte sie. Bei einem Gedichte ward sie durch eine schmerzhafte Erinnerung gerührt. Nicht weiter! rief sie, fiel mir um den Hals und weinte. Vereint waren wir drei auf ewig.... Von nun an ward unser Umgang immer zutraulicher und ungebundener.... Gemeinschaftlich mit bundesbrüderlicher Treue durchgingen wir unseres Höltys Nachlaß; Agnes und Ernestine verwalteten das Oberurtheil, und sorgten, daß wir ihm gaben, was Höltys war. [Wie indessen Karl Halm in seiner Schrift „Ueber die Vossische Bearbeitung der Gedichte Höltys. Ein Beitrag zur deutschen Literaturgeschichte." (München, 1868.) nachgewiesen hat, „beherrschte", um die Worte Weinholds („Gräfin Agnes zu Stolberg" a. o. O. S. 211) zu gebrauchen, „der Schulrektor die drei Beisitzer so durchaus, daß nur ein Vossisch corrigirter Hölty das Tageslicht erblickte, an dem der pedantische Rotstift später noch weiter corrigirt hat."] .... Vossi war ihr kosendes Wort; das endige wie Hölty, und laute schöner.

Freundlich und hold und schön wie ein Engel, barg sie wie ein Engel himmlischen Ernst unter spielender Kindlichkeit. Agnes, die über Gott und aufstrebenden Menschengeist in stillem Gespräche sann, und die hellen Augen erhub: sie konnte die fröhlichste, die schalkhafteste Hirtin sein in allen Launen des Mutwillens, sie konnte das Störende wegscherzen mit solcher Anmut, daß man sich belohnt dünkte ....

Agnes und Ernestine hatten unsern Göttingischen Bund neu geknüpft, und mit Blumen der Grazien verschönert. Unsere Urteile und Empfindungen verschmolzen, unsere Freundschaft wuchs!" ....

Den Winter verbrachte Stolberg mit seiner Frau teils auf Vorstel, teils zu Tremsbüttel (wo auch Voß im Winter 1782 auf einige Tage zum Besuch eintraf, Herbst II, 1, S. 97). Da er seit Anfang des Jahres 1783 die Aussicht erhalten hatte, als Landvogt in Neuenburg angestellt zu werden, so war er auch die folgende Zeit meistens in Urlaub von Eutin abwesend. Unter dem 1. Jul. erfolgte seine Ernennung (Hennes, Herzog Peter S. 207 ff).

Boies Brief und seine Beziehungen habe ich nicht ermitteln können.

Seite 83. Die verklärte Schwester Henriette Friederike war in Vorstel gestorben.

54.

Statt „Mai" ist Nov. zu lesen. Der Brief hätte also hinter Nr. 64 gestellt werden müssen.

elsch niederdeutsch = häßlich, böse.

Die Gräfin Agnes war nach der am 30. Jul. 1783 erfolgten Entbindung anfangs sehr schwach gewesen (vgl. S. 91).

Charles Hanbury, der Bruder von Stolbergs „Sophie" (vgl. S. 342), geb. 1751, war am 11. Nov. 1783 gestorben.

Zeite 84. Mit Klopstocks „Hermann" ist hier das Bardiet „Hermann und die Fürsten" (Hamburg 1784) gemeint, welchem 1769 das Bardiet „Hermanns Schlacht" vorausgegangen war und 1787 das Bardiet „Hermanns Tod" folgte (vgl. auch Vossens Urteil, Briefe I S. 159).

Unsere Reisenden vgl. zu Nr. 55.

Wie sehr Stolberg den (später auch von ihm auf der italienischen Reise besuchten, Janssen I, S. 275) Genfer Naturforscher und Philosophen Charles Bonnet (1720—1793) verehrte, bekunden viele seiner Briefe (vgl. Janssen I. S. 191. 192. 195. 242).

Auf Tangstedt (wie im Text statt Trugstedt zu lesen ist) einem Gute mit gleichnamigem Dorfe in Holstein, nordöstlich von Hamburg, waren die v. Holmers Erbherren.

Voß' „Studierstüblein" im Rathaus befand sich damals „unter dem Bürgergehorsam," d. h. dem Arrestlokal für Bürger (Voß' Briefe II, S. 165). Sobald aber Stolbergs Versetzung nach Neuenburg feststand, bemühte er sich, Stolbergs Haus zu erhalten. „Es hat," schreibt er am 26. März 1783 an Schulz, „eine reizende Lage, einen schönen Garten und sehr viele Bequemlichkeiten, und vor allem, Stolberg hat darin gewohnt" (Voß' Briefe II, S. 204). Aber dem von Stolbergs und Vossens gewünschten Ankauf durch den Herzog „stellten sich," wie Ernestine (Voß' Briefe III, 1, S. 27) erzählt, „Schwierigkeiten entgegen, da das Haus einer großen Aufbesserung bedurfte und der Fürst den Ankaufspreis von 2000 Thalern nicht überschreiten wollte." Endlich aber wurde es infolge besonders auch der Bemühungen Stolbergs von der Regierung angekauft und Voß überwiesen, welcher am 1. Mai 1784 einzog.

Der „Lobesan" ist v. Lowtzow (vgl. S. 92); der Name ist eine Anspielung auf „Herrn Lobesan, den Präsidenten" in der eben im Deutschen Muf. (II, S. 288) erschienenen 10. „Jambe" („Der Frohn").

Lygdamus wird von Heyne sowohl in der I. Ausgabe seines Tibulls (Leipzig 1755 S. 100 zu III, 2, 29), als auch noch in der III. Ausgabe desselben (Leipzig 1798 S. 154 zu demselben Vers) durch Albius („Lygdinum marmor est can-

didiesimum") „verdolmetfcht," wahrfcheinlich in Überein-
ftimmung mit Boß und Stolberg. Albius Tibullus hieß be=
kanntlich der Dichter.

Von dem berühmten Weltumfegler James Cook (1728—
1779) felbft waren damals fchon erfchienen: An Account of a
Voyage round the World .. in the years 1768—71 (London
1773) und A Voyage towards the South Pole and round
the World .... in the years 1772—75 (London 1777).
Zweifellos las Stolberg diefe Werke im Original.

James Thomfon (1700—1748) ift Berfaffer des damals
fehr gefchätzten befchreibenden Gedichtes The seasons („Die
Jahreszeiten" — 1730).

Die „Lebensläufe nach auffteigender Linie" von Theodor
Gottlieb von Hippel (1741—1796) waren 1778—1781 anonym
in Berlin erfchienen (vgl. S. 218).

Die Arie Je vends des bouqnets, de jolis bouquets,
aus Schulz' Oper „la Fée Urgele" befindet fich auch in Schulz'
„Lieder im Volkston" ² I, S. 42.

Landfchaft zeichnen. „Agnes zeichnet mit Bleiftift und
Tufch wirklich, ohne je Unterricht gehabt zu haben, allerliebfte
Landfchaften" fchreibt Stolberg am 8. März 1784 an feine
Schwefter Katharina (Hennes, Herzog Peter S. 233. — Bgl.
Janffen I, S. 155. Weinhold, Gräfin Agnes S. 212 f.)

55.

Seite 85. Auf der 4. Seite des Briefes (4⁰) befindet fich
die Adreffe: An den Herrn | Rector Boß | in | Eutin.

Auf dem öfters genannten Bernftorfffchen Gute Vorfte[
war Boß Pfingften zu Befuch gewefen (Herbft II, 1, S. 50 f).

Κριέ πέπον („trauter Widder") redet Polyphem bekanntlich
feinen Widder an (Odyffee IX, 447). Stolberg gebraucht die
Anrede in Anfpielung auf die Ailurokriomachie (vgl. S. 394).

Boiunkulus die Berkleinerungsform, weil Boie (feit dem
1. Mai Landvogt von Süderditmarfchen, mit dem Wohnfitz in
Meldorf) eben ein „kleines und dabei, jedoch proportionirt, etwas
dickes Männchen" (Boß' Briefe I, S. 78 f. vgl. oben S. 87) war.

über die R e i s e der Gräfin Katharina mit dem Grafen
Friedr. Reventlow und seiner Gattin Friederike Juliane geb. Gräfin
von Schimmelmann (1762—1816), von der noch öfters die Rede
sein wird, vgl. die folgenden Briefe.

Wilhelmine war die jüngste der Geschwister Stolberg.

Zeile 86. Das Bild des S u p e r i n t e n d e n t e n von Lübeck Johann Adolf Schlemeier (1733—1796) sieht Redlich, wie
er mir mitteilt, in der 5. Jambe B. 74—93 (Deutsch. Mus.
1783 II, S. 251, „Jamben" 1784, S. 44, Ges. W. III, S. 34),
während sich in der „Neuen Zeitung" weder diese Stelle, noch
sonst etwas von Stolberg findet. Victor Ludwig Christian
Klopstock (1744—1811), der jüngste Bruder des Dichters,
der Herausgeber der „Neuen Zeitung", sowie der „Adreß=
Comtoir=Nachrichten," hat also das Gesandte nicht eingerückt.

Über die S a t i r e n, die Jamben, vgl. zu Nr. 60.

Das M a n u s c r i p t mit welchem sich Zimmermann „die
Hypochondrie von der Seele, die Kränklichkeit aus dem Leibe
schrieb," ist sein Werk „Über die Einsamkeit" (Leipzig 1784—
1785), vgl. J. Minor, Fabeldichter, Satiriker und Popular=
philosophen des 18. Jahrhunderts, Kürschners Deutsch. Nat.=
Litt., 73. S. 343).

Die „Ailuromachie, oder das Gefecht des Widders
an der Elbe mit der Katze an der Leine. Leinathen [Göttingen]
1782", eine Boß günstige Satire auf den Streit zwischen ihm
und Lichtenberg, deren Aufnahme in das Museum Boie abge=
lehnt hatte, schreibt Herbst II, 1, S. 271 (danach auch bei
Gödeke². VI, §. 232; 29, 13) Stolberg zu, aber, wie aus der
vorliegenden Briefstelle hervorgeht, mit Unrecht. „Widder an
der Elbe" wird Boß genannt mit Anspielung auf Lichtenbergs
gegen Boß gerichtete Satire: „Über die Pronunciation der
Schöpse des alten Griechenlands, verglichen mit der Pronun
ciation ihrer neuen Brüder an der Elbe: oder über Beh, Beh
und Bäh, Bäh, eine litterarische Untersuchung von dem Con=
cipienten des Sendschreibens an den Mond" (Götting. Maga=
zin. 1781, II, 3, S. 454 ff).

56.

Graf Holmer war seit 1779 mit Sophie Henriette Elisabeth Freiin von der Lühe vermählt.

Der Justizrat Ludwig Benedikt Trebe war der vertraute Kabinetssekretär des Herzogs Peter.

57.

Seite 87. Adresse ähnlich wie bei Nr. 55.

χαῖρε. „Die Griechen hatten zwei Grüße", schrieb Stolberg am 27. Okt. 1782 an seine Schwester Katharina: „Freue dich [χαῖρε] und erstarke [ἐρρωσο]" (Hennes, Herzog Peter S. 200).

Am 27. Jun. 1783 war Voß der dritte Knabe geboren, nach dem Großvater Boie Johann Friedrich getauft; sein Rufname war Hans.

Anna ist nach Redlichs Vermutung Anna Fedderſen aus Flensburg, Tochter des poetischen Predigers Jac. Fr. Fedderſen (1736—1788), dieselbe, an welche Voß' Gedicht „An meine Freundin Anna. Den 1. Mai 1783" (Musenalm. 1784 S. 185; spätere Überschrift: „Abschied", „Gedichte" 1835 S. 129) gerichtet ist.

Das „neue Büchel" (ein von Claudius selbst gebrauchter Ausdruck, Herbst, Claudius S. 196) ist der IV. Teil (Breslau 1783) des „Asmus omnia sua portans oder Sämmtliche Werke des Wandsbecker Bothen", in welchem die Umkehr Claudius' zum warmen Christentum noch mehr zum Ausdruck kam, als es schon im III Teil (1778) geschehen war Aber gerade deshalb meinte Voß, es sei darin neben herrlichen Stücken „auch leider etwas Mystik und Frömmelei" (Voß' Briefe III, 1, S. 179).

58.

Seite 88. Adresse wie bei Nr. 55.

Preetz im Kreise Plön, besitzt ein adliges Damenstift, zu dem wohl Fräulein von Hoben gehörte.

Die Vermählung der Gräfin Auguste mit ihrem Schwager,

dem Minister Grafen A. P. Bernstorff, fand auf dem Bern=
storffschen Gute Dreilützow in Mecklenburg statt.

Victor Klopstock besorgte vielfach für Stolberg Geschäfte.
Embs nach Redlichs Vermutung vielleicht Kosename für
den am 27. Jun. geborenen Hans.

„Die Schaafpelze" ist die Überschrift der 9. Jambe.

59.

Adresse wie bei Nr. 55.

Am 30. Jul. wurde Stolberg der erste Sohn geboren; den
Namen Christian Ernst erhielt er nach seinen Oheimen Chri=
stian Stolberg und Ernst von Witzleben (Hennes, Herzog
Peter S. 218).

Seite 89. Der von Voß für Stolberg auf der S. 90 er=
wähnten Kieler Auction (vgl. S. 100) erstandene Thesaurus
ist offenbar der Thesaurus linguae Graecae (1572) des Hen-
ricus Stephanus (1528—1598).

Der Graf Schmettau ist vielleicht der in Nr. 65 erwähnte.
J. M. Millers „Gedichte" erschienen Michaelis 1783
(Ulm). Auch Esmarch gegenüber hatte sich Voß im Juni 1783
beklagt, daß Miller ihm auf drei Briefe nicht geantwortet habe
(Voß' Briefe III, 1, S. 194). — Jacobi vgl. S. 91.

60.

Adresse ähnlich wie bei Nr. 55.

Vgl. Voß' „Bestätigung" S. 158: „Gegen den Junius
1783 verließ Stolberg Eutin, weilte [mit Urlaub] den Winter
hindurch bei dem Bruder, reisete ins Bad, dann nach Kopen=
hagen und bezog im August 1785 sein Amt zu Neuenburg.
Dazwischen besuchte er häufig Eutin, bald allein [wie im Aug.
und Okt. 1783], bald mit der süßen Agnes [wie zu dem am
20. Sept. stattfindenden Geburtsfest des Herzogs]. Niemals hat
Stolberg mir so vertraulich geschrieben, niemals so herzlich.
Ein paar Laute der schönen Zeit:" (Es folgen der Anfang von
Nr. 60 und andere Briefstellen.)

Seite 90. Kind ist der bereits genannte Hofapotheker.

Hinſichtlich Höltys dachte Stolberg an einige, an nieder=
ländiſche Genremalerei erinnernde Stellen in „Höltys Leben
von Voß", welches die Hölty=Ausgabe von 1783 (vgl. zu Nr. 63)
brachte. Voß bemerkt zu ſeiner Außerung ärgerlich: „Stolbergs
Erziehung hatte zu ſeinem angeborenen Gefühl für einfach edle
Natur etwas vornehmen Ekel gemiſcht, wiewohl ein pariſiſcher
Geſchmack ihm widerte" („Beſtätigung" S. 159).

αἰδὼς οὐκ ἀγαθή „unſchöne Scham", nach Heſiod Ἔργ. 317.
Stolbergs ſatiriſche „Jamben" (Geſ. W. III, S. 1—87)
erſchienen 1784 im ganzen in der von Stolberg angegebenen
Ausſtattung — der Zeichner, Kupferſtecher und Maler Daniel
Nikolaus Chodowiecki (1726—1801) war bekanntlich damals
der bedeutendſte und beliebteſte Jlluſtrator — durch Vermitt=
lung Zimmermanns bei „Weidmanns Erben und Reich" in
Leipzig, nachdem die 12 erſten — im ganzen waren es 17 —
vorher ſchon im Deutſch. Muſ. 1783 (I, S. 1. 109. 193. 336. 395.
485., II, S. 1. 155. 251. 288. 385. 480) erſchienen waren, ob=
wohl der Herausgeber derſelben, Boie, wie er am 1. Mai 1785
an v. Halem ſchreibt (v. Halem Selbſtbiographie. Briefe. S. 25)
der vorausgeſehenen „Wut des Dichter, Gelehrten= und Hof=
pöbels" wegen die Veröffentlichung noch lieber hinausgeſchoben
hätte. Die erſte Jambe, „Die Warnung", trägt die Widmung:
„An Voß".

Seite 91. Die Anfrage fand im Muſenalm. keine Auf=
nahme. Die Fürſtenſatire iſt die 12. Jambe („Der Rath").

61.

Der Kirchgang iſt bekanntlich der erſte feierliche Gang
der jungen Mutter zur Kirche.

Der „Vers" erſchien mit der Überſchrift „Unſerm Freunde
Aſmus, die Brüder und Schweſtern Jacobi. Pempelfort, den
15ten Aug. 1783" und der Unterſchrift J. G. Jacobi im Muſen=
alm. 1785. S. 96. — Über die engen Beziehungen J. G. Ja=
cobis zu (dem am 15. Aug. 1740 geborenen) Claudius vgl.
Herbſt, Claudius S. 197 ff.

Seite 92. „Beſchleunigt wurde die Sache [mit dem Stol=
bergſchen Hauſe]," ſo erzählt Erneſtine (III, 1, S. 27) „durch

die Elegie an den Grafen Holmer, die Voß dem Minister
übergab, und noch ehe er Gewißheit hatte, im Almanach [1784,
S. 197 „An Graf Holmer", bei Sauer S. 208] abdrucken ließ."
Übrigens wurde Holmer über die Veröffentlichung der Elegie
(in welcher Voß sich bereits in dem Stolbergschen Hause sieht
und dem Herzog und seinem Minister dafür dankt), bevor noch
die Entscheidung über das Haus gefallen war, ungehalten [(vgl.
S. 93). Es heißt in derselben (V. 73 ff):

> „Heiliger Baum, der oft mit Begeisterung meinen geliebten
> Stolberg einsam umrauscht; oft uns vereinigte hier.
> Ihn und Agnes und mich beschattete: wann, von der Freundschaft
> Und der schönen Natur himmlischem Nektar entflammt!
> Unsere Seelengespräche den Edelsten unter den Fürsten
> Segneten" 2c.

63.

Seite 94. Über Klopstocks „Hermann und die Fürsten"
vgl. oben S. 392.

Die „Gedichte von Ludwig Heinrich Christoph Hölty. Be=
sorgt durch seine Freunde Friedrich Leopold Grafen zu Stolberg
und Johann Heinrich Voß" waren eben (Hamburg, bei K. E.
Bohn) erschienen.'

64.

Seite 95. Adresse ähnlich wie bei Nr. 52.

$\alpha\pi\epsilon\iota\rho\acute{\epsilon}\sigma\iota\alpha$ 2c. („unendliche Gaben der Erde") nach Apoll.
Rh. I, 419 und sonst.

In Göttingen ging zu Zeiten des Bundes das Gerücht,
wie Voß am 21. Sept. 1774 an Ernestine schreibt (Herbst I,
S. 292), daß die Mitglieder, 400 Barden, des Nachts auf dem
Ochsenberge ihr Wesen trieben, sich in Ziegenfelle kleideten,
Eicheln fräßen und keinen Wein, aber „gewaltig Bier" tränken.

65.

Nicht kommen. Der Besuch wurde dennoch ausgeführt,
vgl. zu Nr. 66.

Der beabsichtigte Besuch bei Bernstorffs auf Dreilützow in
Mecklenburg fand, weil Agnes kränkelte, erst im Februar statt.

Elektra. Graf Christian war damals mit der Übersetzung des Sophokles beschäftigt. Nachdem im Deutsch. Muf. 1783 II, S. 193 ff, 1784 I, S. 97 ff, 289 ff, 1785 I, S. 7 ff Proben erschienen waren, erschien „Sofotles, übersetzt von Christian Graf zu Stolberg" (Leipzig 1787, Ges. W. XIII—XIV).

Die neue Elegie „An meine Schwester Henriette Katharine. Den 5. Dec. 1783" erschien Musenalm. 1785 S. 125 (Ges. W. I, S. 369). Lied wahrscheinlich das laut „Inhalt" zu Ges. W. I, S. VIII schon 1783 entstandene, erst später vollendete „Wiegenlied zu singen für meine Agnes" (vgl. zu Nr. 74).

Die „3 neuen Satiren" sind offenbar die Jamben 13—15.

Die Schrift des Woldemar Friedrich Grafen von Schmettow (Schmettau) zu Plön (1749—1794): „Ueber Empfindelei und Kraftgenies, Modevorurtheile und Schimpfreden, auch einige ernste Gegenstände. Dessau und Leipzig, in der Buchhandlung der Gelehrten. 1783—1784. 2 Hefte" ist gemeint; im zweiten Hefte finden sich auch Ausfälle gegen Stolberg 2c.

Mit Moltke ist wohl der Eutiner Dombechant, spätere Geh. Konferenzrat Friedrich Ludwig Graf von Moltke, der Freund v. Halems, gemeint.

Seite 96. Antipodensaal der Themis vgl. oben S. 388.

Die Gastfreundschaft der „göttergleichen Phäaken" genoß bekanntlich Odysseus (Odyssee VII ff).

Der kleine Husar ist Johann Hartwig Ernst, der älteste Sohn des Grafen Andreas Bernstorff aus erster Ehe.

Graf Christian Detlew Friedrich v. Reventlow, der Vater der beiden schon genannten Brüder Cajus und Friedrich war Wirklicher Geheimrat und Oberkammerherr gewesen.

Die Meiern. Über das nahe Verhältnis von Luise Justine Mejer (1746—1786), der späteren Gattin Boies, zu dem Stolbergschen Kreise vgl. Weinhold, Boie S. 92 und 108 ff. Im Dec. des Jahres 1783 traf sie in Tremsbüttel zu einem längeren Besuch ein.

Seite 97. Höltys Stiefmutter, Maria Dorothea Johanna geb. Niemann, welche dem Dichter durch treue Liebe seine früh verstorbene Mutter ersetzt und Voß für „Höltys Leben" die betreffenden Familiennachrichten mitgeteilt hatte (vgl. Halm Hölty=Ausgabe von 1870. S. V), hatte wahrscheinlich Stolberg für seine Mitwirkung bei jener Hölty=Ausgabe gedankt.

66.

Der „Herrnjunge" ist natürlich v. Lowtzow.

Lobesan vgl. oben S. 392. Hinter diesem Worte steht im Original noch ein anderes, für mich unleserliches Wort.

Wie Ernestine (III, 1, S. 23) erzählt, vergaß der Gerichts= diener, welcher über den Bürgergehorsam die Aufsicht führte (vgl. oben S. 392), manchmal, den Schlüssel abzuziehen, sobaß wohl ein Gefangener in die benachbarten Zimmer schlei= chen konnte.

Seite 98. Ein Teil von Stolbergs Hausrat ging übri= bens in den Besitz von Voß über. „Im größeren Hause", be= richtet Ernestine (III, 1, S. 33) „brauchten wir mehr Hausrat. Für sein Bedürfnis wünschte Voß die Einrichtung zu behalten, wie Stolberg sie gemacht hatte. Stolberg wollte alles schenken, aber die verständigen Hausfrauen sorgten dafür, daß Recht und Billigkeit für beide Teile nicht verletzt ward. Aus dieser Ein= richtung ist noch ein kleines Pult, an welchem Voß bis an sein Ende geschrieben."

Hannchen war das Kammermädchen der Gräfin Agnes.

Jakob Hugo Eschen war, wie der schon S. 86 genannte Trede, herzoglicher Justizrat in Eutin. Voß war anfänglich mit ihm sehr befreundet, später aber brach er mit ihm wie auch mit dessen talentvollem Sohne Friedrich August (1777—1800), der einer seiner beliebtesten Schüler gewesen war, in der unge= rechtfertigtsten und rücksichtslosesten Weise (vgl. „Briefe von J. H. Voß. Mitgeteilt von August Eschen." Archiv für Litt. Gesch. 1887 S. 361 ff).

πλοῦτος σὺν ἀρετῇ („Reichtum und Tugend") nach Hesiod. ἔργ. 313.

Über die von Voß in Tremsbüttel verlebte schöne Woche vgl. folgende Stellen aus seinem Briefe an Ernestine vom 24. Dec. 1783 : „Es war ein gewaltiges Erstaunen und Lobpreisen, da sie mich sahn. Stolberg (Friz nämlich), der bei mir auf und niedergeht, daß das Licht flattert, grüßt, und dankt dir, daß du mich losgelassen und sogar fortgetrieben hast. Da kömmt Agnes, und grüßt auch: Schreiben Sie, sagt sie, es wäre entsetzlich gut, daß sie Sie fortgeschickt hätte." Am 25. Dec. berichtet er, daß ihm „eine Tragödie von Euripides in einer schönen englischen Ausgabe zu Weihnachten geschenkt sei" . . . .

Auf einer ἀνθεμόεντι λειμῶνι („blumigen Wiese") nach Ilias II, 467, Odyssee XII, 159.

„Denn fürwahr" ꝛc. nach Odyss. VIII, 585 f.

Joseph war wohl der Bediente.

Seite 99. Lotte ist die Tochter des Grafen A. P. Bernstorff aus erster Ehe, spätere Gemahlin des Grafen Magnus Dernath.

67.

Die Iris ist natürlich Hannchen.

Klopstock den ewigen Jüngling. Eine Lieblingswen=
dung Stolbergs, berechtigt, weil sich Klopstock in der That so
lange jugendlich erhielt. Voß allerdings redet am 21. Okt.
1789 Gleim an: „mehr ewiger Jüngling, als Vater Klopstock,
den Stolberg so nennt" (Voß' Briefe II, S. 294).

Moses Mendelssohns (1729—1786) Schrift „Jerusa=
lem, oder über religiöse Macht und Judenthum" (Berlin 1783)
ist gemeint, gegen welche Hamann übrigens (anonym) „Golga=
tha und Scheblimini! Von einem Prediger in der Wüsten."
(o. O. [Riga] 1784) schrieb.

Des Halleschen Professors der Philosophie Johann August
Eberhard (1739—1809) „Amyntor. Eine Geschichte in Brie=
fen" war 1782 in Berlin erschienen.

Elise Reimarus, die Tochter des Hermann Samuel Rei=
marus (1694—1768), des Verfassers der von Lessing heraus=
gegebenen „Fragmente des Ungenannten," ist die bekannte
Freundin Lessings.

Gleims „Episteln" erschienen 1783 (Leipzig), während seine
„Kriegs= und Siegeslieder der Preußen von einem Preußischen
Grenadier" ꝛc. schon 1758 (in Berlin) erschienen waren.

68.

Seite 100. v. Both, seit 22 Aug. 1775 Hofmarschall
(1787 pensionirt), war der Schwager Holmers.

Stolberg: Briefe.   26

Über Stolbergs Zoll-Verhandlungen mit Dänemark vgl. Hennes, Herzog Peter S. 27. 89 2c.

Über Eckermann vgl. S. 387.

Mein Bruder hat große Freude 2c. Wahrscheinlich hatte Voß als Gegengeschenk für die erhaltene Weihnachtsgabe (vgl. oben S. 401) Christian Stolberg eine Vergilausgabe und der Gräfin Luise eine von ihm selbst verfaßte historische Tabelle (vgl. Voß' Briefe III, 1, S. 145) übersandt.

Boie kam Mitte März nach Tremsbüttel; er begleitete Luise Mejer zurück bis Celle, und hier kam es endlich zur Verlobung (vgl. Weinhold, Boie S. 109); im Jun. 1785 fand die Vermählung statt.

Seite 101. Die berühmte Malerin Angelika Kauffmann (1741—1807), welche schon längst zu Klopstock und seinem Kreise in nahen Beziehungen stand, lebte seit 1780 in Italien. Stolberg lernte sie später persönlich kennen (vgl. S. 255).

Lesgov war wohl ein Unterbeamter.

69.

Wie innig um diese Zeit das Verhältnis zwischen Stolbergs und Vossens war, geht aus den Worten hervor, welche Ernestine am 9. Febr. 1785 an ihren Bruder Rudolf schrieb: „Stolberg gehört zu denen, die man immer lieber gewinnt, und sie auch so sehr. Wir fühlen es nun doppelt, daß wir hier niemand haben, bei denen wir gerne sind" (Herbst II, 1, S. 25).

Seite 102. Theiding gerichtlicher Vergleich auf Terminen 2c.

Zuchthauswillkomm Züchtigung eines | Sträflings bei seiner Einlieferung.

Milz als vermeintliches Organ des Lachens.

Tristram Shandy (erschienen 1759 ff), das Hauptwerk des englischen Humoristen Lorenz Sterne (1713—1768).

Seite 103. Der Superintendent wohl der Eutiner (vgl. S. 81).

Hessen. Vgl. die anonymen „Auszüge aus Briefen" (Deutsch. Muf. 1784 I, S. 75 ff), wo u. a. S. 78 das Äußere der Hessen in derbster Weise verspottet wird.

Der Wiener Dichter Johann Baptist Edler von Alxinger (1755—1797), ein Nachahmer Wielands, hatte im Deutsch. Muf. 1783 vier Gedichte („Die Duldung", „Der gute Bramin nach Voltaire", „Der Cälibat", „Die Priester Gottes") veröffentlicht, welche als für Wien anstößig in der für Östreich bestimmten Ausgabe seiner „Sämmtlichen poetischen Schriften" (Leipzig 1784) fortgelassen und in den für außer Östreich bestimmten Anhang verwiesen wurden. Auch seine geistesverwandten Landsleute Aloys Blumauer (1755—1798) und Laurenz Leopold Haschka (vgl. S. 166) u. a. lieferten ähnliche Beiträge zum Museum.

70.

Über Boies Aufenthalt in Tremsbüttel vgl. S. 402.

Seite 104. Der schöne Pfeil besteht nach Redlichs Vermutung in den auf den bekannten Hamburger Hauptpastor Goeze sich beziehenden V. 126—145 der 9. Jambe („Die Schaafpelze"), welche im ersten Druck (Deutsch. Muf. 1783 II, S. 255) fehlen und wahrscheinlich von Voß stammen.

Zwei neue Satiren Jambe 16 und 17.

Gedicht von 500 Hexametern „Der Traum. An meine Freundin, die Gräfin von Reventlau, geborne von Beulwiz" (Musenalm. 1785 S. 3 ff. Ges. W. 1, S. 376 ff), nach Goethes Worten (11. Jun. 1784 an Frau von Stein), ein „recht himmlisch Familienstück. Man muß sie kennen, sie zusammengesehn haben, um es recht zu genießen."

Epistel von meinem Bruder vgl. S. 116.

Die Frau J. G. Jacobis war Betty geb. von Clermont aus Vaels bei Aachen.

71.

„Im Mai erfreuten uns beide mit einem langen Besuch eh' sie nach Karlsbad gingen („Bestätigung" S. 160).

72.

Seite 105. Bergedorf an der Bille, an der jetzigen Bahn Hamburg-Berlin.

Über die engen Beziehungen der Brüder Stolberg zu Ebert, den sie schon im April 1773 in Braunschweig, wo er Professor am Carolinum war, besucht hatten, vgl. Schübbekopf S. 478. Vgl. oben S. 355.

Über Jerusalem vgl. S. 70. Der Selbstmord seines Sohnes Karl Wilhelm (1772) gab Goethe bekanntlich die wichtigsten Motive zu den „Leiden des jungen Werthers.“

Von Friederike Jerusalem übersandte (vgl. S. 111) Stolberg: „An Hölty's Schatten“ (Musenalm. 1785, S. 52) und „Der 22. November 1783“ (S. 167). Vgl. Redlich, Chiffern-Lexikon S. 26.

Leisewitz lebte damals als landschaftlicher Sekretär in Braunschweig.

1638 hatte sich das altgräfliche Geschlecht Stolberg in zwei Hauptlinien gespalten: Stolberg-Wernigerode und Stolberg-Stolberg; letzterer war unser Dichter entsprossen.

Joh. Wilh. Ludw. Gleim (1719—1803) war Sekretär des Domkapitels zu Halberstadt und Kanonikus des Stifts Walbeck.

Seite 106. Der kleine Schardt, Sohn des Weimarer Regierungsrates v. Schardt und dessen Gattin Sophie geb. v. Bernstorff (der „kleinen Schardt“).

Die Bernstorffen Gräfin Chr. E. Bernstorff, vgl. S 310.

ὑπέροπλος (Ilias XV, 185, XVII, 170) von Stolberg mit „übermütig“ übersetzt.

Goethe selbst schrieb am 3. Juni an Frau v. Stein: „Die Stolbergs haben uns einen fröhlichen vergnügten Tag gemacht; es ist gar hübsch, daß ich vor der Abreise noch einmal in jenen Seeen der Jugend durch die Erinnerung gebadet worden bin.“ Über die Gräfin Agnes schrieb Goethe noch 1820 („Annalen“ ꝛc. unter 1820): „Ich habe mich selbst in ihren blühenden, schönsten Jahren an ihrer anmutigsten Gegenwart erfreut und ein Wesen an ihr gekannt, vor dem alsobald alles Mißwillige, Mißklingende sich auflösen, verschwinden mußte. Sie wirkte nicht aus sittlichem, verständigem, genialem, sondern aus frei-heiterem, persönlich-harmonischem Übergewichte. Nie sah ich sie wieder, aber in allen Relationen, als Vermittlerin zwischen Gemahl und Freund, erkenn' ich sie vollkommen. Durchaus spielte sie die Rolle des Engel Grazioso in solchem Grade lieblich, sicher

und wirkſam, daß mir die Frage blieb, ob es nicht einen Cal=
beron, den Meiſter dieſes Faches, in Verwunderung geſeßt hätte?
Nicht ohne Bewußtſein, nicht ohne Gefühl ihrer klaren Superi=
orität bewegt ſie ſich zwiſchen beiden Unfreunden und ſpiegelt
ihnen das mögliche Paradies vor, wo ſie innerlich ſchon die
Vorboten der Hölle gewahr werden."

Seite 107. Die beiden Herzoginnen ſind natürlich die
verwitwete Herzogin=Mutter Anna Amalia und Luiſe, die
Gattin Karl Auguſts.

Goethes Gartenhaus liegt bekanntlich in dem an den
Ufern der Ilm angelegten Schloßpark. Die Parkanlagen
waren unter ſeiner Leitung ſeit März 1778 entſtanden.

Johann Gottfried Herder (1744—1803), ſeit 1776 General=
ſuperintendent 2c. in Weimar, war bekanntlich ein bedeu=
tender Prediger.

Pyrrhonismus von Pyrrho (376—288), dem Stifter der
älteren ſkeptiſchen Schule.

In ſeiner Vorrede zum zweiten Teil der „Volkslieder"
(Leipzig 1779) S. 5 f (Suphan=Redlich XXV bez. I S. 314 f)
hatte Herder tadelnd geſprochen von den „Schulen= und Kunſt=
hexametern", den „erhabenen Siehe", den „künſtlichen Ver=
ſchränkungen und Wortlabyrinthen" „berühmter" Homer=Über=
ſeßer. Stolberg durfte dieſes um ſo eher auf ſich beziehen,
als zugleich der Bodmerſchen Überſeßung große Anerkennung
gezollt wird.

Von Wilhelm Meiſter war am 12. Nov. 1783 das vierte
Buch vollendet worden. .

Seite 108. Torquato Taſſo war ſeit 1780 erſt in
Proſa vollendet.

„Die Vögel" (d. h. der „erſte Akt", welcher der einzige
blieb) waren 1780 entſtanden, erſchienen aber erſt 1787.

Der kleine Amor, welcher eine Nachtigall fütternd auf
einem Poſtamente von Tuffſteinen ſißt, mit der angeführten
Inſchrift von Goethe (ſpäter als „Philomele" den Gedichten
„Antiker Form ſich nähernd" angereiht), befindet ſich im
Park Tieffurt.

Über die Agnes gegebenen Beinamen vgl. S. 73.

Der kleine Husar vgl. S. 399.

Von Äschylus hatte Stolberg im Winter 1782 vier Tra=
gödien übersetzt: „Prometheus in Banden", Die „Sieben gegen
Theben", „Die Perser" und „Die Eumeniden". Aber obschon
bereits im Deutschen Muf. 1783 II, S. 120—125 und S. 200—
203 Proben gestanden hatten, so erschienen die „Vier Tragödien
des Aeschylos übersetzt von" 2c. erst 1802 (Hamburg).

Seite 109. Mit dem Rittergedichte Wielands ist
„Clelia und Sinibald. Eine Legende aus dem 12. Jahrhundert"
(Weimar 1784) gemeint.

Herders Gattin war seit Mai 1773 Maria Karolina geb.
Flachsland (1750—1809).

Herders „Ideen zur Philosophie der Geschichte der
Menschheit. Erster Theil" waren eben (Riga und Leipzig
1784) erschienen.

Stelbeck wenige Minuten westlich von dem herrlichen, in
tiefem Waldesdunkel gelegenen Ukleisee.

73.

„J. H. Voß vermischte Gedichte und prosaische Auf=
sätze" erschienen unbefugter Weise Frankfurt und Leipzig (Gießen
bei Krieger) 1784. Voß wurde dadurch veranlaßt, am Schluß
des Musenalm. 1785 und im Deutsch. Muf. 1784, II, S. 287
die „Ankündigung" des ersten Teils einer rechtmäßigen Aus=
gabe zu bringen, welche Ostern 1785 unter dem Titel „Gedichte
von Johann Heinrich Voß. Erster Band. Hamburg bei Ben=
jamin Gottlob Hoffmann" erschien.

Seite 111. Über die beiden Lieder Friederikes Jeru=
salem vgl. S. 404.

74.

Das „Bruchstück von Agnes" („Bestätigung" S. 160)
fehlt in der Münchener Sammlung.

Über Voßens, ehemals Stolberg gehöriges Haus und
dessen Umgebung vgl. Herbst II, 1, S. 13 f: „Aus Fachwerk
erbaut, fast ländlich schmucklos, den spitzen Giebel straßenwärts
gekehrt, von der alten Linde beschattet, liegt es am Ende der

Kieler Straße; — die inneren Räume im wesentlichen noch dieselben wie in jenen Tagen. Das Wohnzimmer zu ebener Erde, wo Ernestine unter ihren vier Buben waltete, ... die schmale Gartenstube mit der Treppe in den Garten, des Dichters Studierstube oben mit dem mächtigen, von der Nachtigall gern besuchten Birnbaum vor den rundscheibigen Fenstern, daneben der blaue „weitschauende Saal", ... — fast alles wie einst Das Haus, leicht gebaut, ließ freilich den „kneipenden" Ostwind ein. Aber alles wieder gut machte der Garten mit der dunkeln von Liguster und Geißblatt durchwachsenen, nun nicht mehr grünenden Lindenlaube, den Epheuranken an der Planke, den reichen Blumenbeeten, der Birken- und Pappel-Gruppe und den vier Linden am See, wo die „Agnesbank" vor dem „Agneswerder" ... den lieblichsten Anblick bot."

Die dem Briefe noch auf einem Quartblatt beiliegenden Almanachalia sind das „Wiegenlied zu singen für meine Agnes" (Musenalm. 1785 S. 60 mit der Komposition von J. A. P. Schulz, Ges. W. I, S. 361 — vgl. S. 399), und das Epigramm „Die Quelle" (Musenalm. 1785 S. 95. — Ges. W. I, S. 413 mit dem veränderten Titel: „Die aus Einem Felsen entspringende kalte und heiße Quelle").

Eine Phalanx von Hexametern hatte Stolberg allerdings für den Musenalm. 1785 geliefert: 1. „Der Traum" (vgl. S. 403), 2. Die „Elegie an F. Grafen von Reventlov, seine Julia und meine Schwester Katharine (S. 85 ff, Ges. W. I, S. 363 ff), 3. „Die Quelle", 4. das Epigramm „An Friedrich den Brennen" (S. 124. Ges. W. I, S. 368), 5. die Elegie „An meine Schwester Henriette Katharine in Rom. Den 5. Dec. 1783" (S. 125 ff. Ges. W. I, S. 369), 6. die Elegie „Amor" (S. 162 ff, Ges. W. I, S. 373 f, 7. das Epigramm „Die Leiter" (S. 191, Ges. W. I, S. 408). Sonst brachte der Musenalm. 1785 von Stolberg selbst noch das erwähnte „Wiegenlied", das „Abendlied" (S. 192, Ges. W. I, S. 409 ff) und das mit Brief Nr. 77 gesandte Lied.

Seite 112. Von Sophie von Schardt findet sich in Voß' Musenalm. nichts.

75.

Seite 113. σκηπτοῦχος βασιλίσκος (nach Jlias II, 86. Odyff. II, 9 2c.) minorum gentium „ein kleiner untergeord=
neter sceptertragender Schulmonarch."

Johann George Forster (1754— 1794) hatte mit Lichtenberg 1780 das Göttingische Magazin gegründet, welches deffen
Angriffe gegen Voß gebracht hatte. Forster selbst hatte übri=
gens den Streit bedauert. (Sämtl. Schr. VII, S. 173). 1784
als Profeffor der Naturgeschichte an die Univerfität Wilna berufen, reiste er, nachdem er sich im Mai mit Therese Heyne,
der Tochter des Göttinger Philologen, verlobt hatte — die
Vermählung fand im Herbst 1785 statt — durch Sachfen,
Böhmen, Öftreich dorthin. Sein Werk „James Cook dritte
Entdeckungsreise, überfetzt ... von G. Forfter. 2 Bde. Mit
Kupfern und Karten" erschien 1787 f (Berlin).

Der berühmte Poträtmaler Anton Graff (1736—1813),
seit 1766 Hofmaler in Dresden, malte auch die Dichter Stolberg
und ihre Frauen, teils in Teplitz, teils auf der Rückreise in
Dresden (Hennes, Herzog Peter S. 249. 252. Vgl. oben S. 121).

Seine Schwester ist nach Reblichs Vermutung die (nach
Briefwechfel I, S. 381) 1784 aus Surinam zurück erwartete.

Graf Friedrich von Reventlow war vor kurzem zum
dänischen Gesandten in London ernannt worden, wo er nebst
seiner Gattin mit Schönborn ein sehr freundschaftliches
Verhältnis unterhielt (vgl. Rist, Schönborn S. 23 ff, Mufenalm·
1795 S. 55).

Seite 114. Gerstenberg hatte 1783 seine Lübecker
Refidentenstelle verkauft und sich im Juli 1784 in Eutin
niedergelaffen, aber häuslicher Unfriede, Siechtum der Gattin
Sophie geb. Teichmann, einer Engländerin, welche am 11. Mai
1785 starb, finanzielle Nöten, verhinderten einen gemütlichen
Verkehr nach außen und mit dem Voßschen Haus. Seine da=
maligen Unterhandlungen mit Polykarp Auguft Leifching
(1730—1793), dem Befitzer des hamburgischen Abreßcomtoirs,
über den Ankauf der damit verbundenen Zeitungsprivilegien
(Abreßcomtoirnachrichten und Hamb. Neue Zeitung) scheiterten.

Boie wurde von Stolbergs wohl als „verzogenes Kind" behandelt (vgl. Weinhold, Boie S. 96. — bonder schmollen, grollen). Er stand eben „selbst bei denen nicht in sonderlichem Ansehen, mit deren Freundschaft er sich rühmte" (Goedeke, Götting. Gel. Anzeiger 1869 S. 309).

Die beiden kleinen Stücke sind wahrscheinlich die schon oben S. 407 genannten Gedichte „Amor" und „Die Leiter".

76.

Seite 115. „Der Wiederhall dieses Briefes" [der Gräfin Agnes vom 28. Jun.], schreibt Voß („Bestätigung" S. 160), „war meine Elegie an Agnes. Nur weniges aus der Antwort." Es folgt das in der Münchener Sammlung fehlende Bruch=stück Nr. 76.

Die Elegie „An Agnes Gräfin zu Stolberg" wurde zum erstenmal gedruckt (mit einigen Änderungen, vgl. O. 126) in den „Gedichten" 1785 I, S. 247 (Sauer S. 213); in den „Ge=dichten" 1802 und später erhielt sie die Überschrift „An Agnes." Sie beginnt:

„Ob wir dein noch gedenken, du Freundliche? Ja, es umschwebet
Deine süße Gestalt, ach der Entfernten, uns stets,
Hier und dort wo wir gehn:" ze.

77.

ἡδυλεγὴς θάνατος „der süßbettende Tod"

Das Liedchen ist das „Lied für Agnes ihren Kleinen in Schlaf zu singen. Nach der Rousseau'schen Melodie: Que le jour me dure" (Musenalm. 1785, S. 110 f, Gef. W. I, S. 406).

Seite 116. Über die „Elegie an Agnes" vgl. zum vorigen Briefe.

Christoph Kaufmann (1753—1795) der rätselhafte Apo=stel der Geniezeit, „Gottesspürhund" wie er von seinem Gegner genannt wurde, war im Aug. 1777 in Wandsbeck, wo er bei Claudius eingekehrt war, Voß bekannt geworden (vgl. Voß' Briefe II, S. 21 f). Er wurde übrigens in die Brüdergemeinde aufgenommen, in deren Hauptort Herrnhut er am 12. März 1795 starb. „Auch Arzt behauptete er zu sein," berichtet Er=

neſtine a. o. D., „dem kein Kranker, der Zutraun hätte, ſtürbe, und wirklich machte er einige Kuren, die in Verwunbrung ſetzten." Über die aſtronomiſche Epiſtel vgl. zu S. 104.

78.

Seite 117. Zu dem damals 22jährigen Philologen Georg Ludwig Spalding (1762—1811) dem Sohne des rationali= ſtiſchen von Voß ſehr verehrten (vgl. Voß' Briefe II S. 111 u. ſonſt) Berliner Theologen Johann Joachim Spalding (1714 —1804) trat Voß in ein ſehr nahes Verhältnis.

79.

Second ꝛc. „Die zweiten Gedanken, die beſſeren Gedanken."

Marcs war Stolbergs Bedienter auch auf der italieniſchen Reiſe (vgl. S. 262).

Segeberg, Hauptſtadt des gleichnamigen Kreiſes.

Seite 118. Kürwagen wohl ſcherzhafte Bezeichnung des Stolberg von Amtswegen zur Verfügung ſtehenden Staatswagens.

Campen Dorf im Kreiſe Segeberg.

Über den Beſuch ſelbſt berichtet Voß („Beſtätigung" (S. 161): „Solch ein Beſuch war faſt eine Wiederkehr zum Familienheerd. Beide Hausmütterchen beſorgten Küche ſowohl als Kinder. Wenn einmal Stolberg, den Agnes ein fleiſch= freſſendes Thier nannte, allein bei Vornehmen tafelte, dann war Agnes ſtrenge gegen den armen Voß. Und weil ich meinen Hans, ſo oft er gegen die lullende Mutter anſchäferte, in den Schlaf durch taktmäßigen Schritt und allmählich ſanfteren Ge= ſang zu tragen verſtand; ſo ward es natürlich, daß auch Agnes zur Einſchläferung ihres unruhigen Ernſt mich aus meiner Studierſtube rief."

80.

Das holſteiniſche Gut Ahrensburg (im gleichnamigen Dorf, Kreis Stormarn) war nach dem am 16. Febr. 1782 er= folgten Tode des alten Schimmelmann (vgl. S. 359) zunächſt in den Beſitz ſeiner Witwe, geb. v. Gersdorf übergegangen.

wegen des Geburtstag wohl der Vorbereitungen auf Stolbergs Geburtstag (7. Nov.).

Der Musenalm. 1785 enthielt u. a., wie schon erwähnt, Schulz' Komposition zu Stolbergs „Wiegenlied zu singen für meine Agnes" (vgl. S. 407).

Näheres über den Besuch selbst ist mir nicht bekannt geworden.

81.

Seite 119. Kopenhagen. Den Winter verbrachte Stol= berg zum größten Teile mit Urlaub bei Bernstorffs (vgl. v. Halems Selbstbiographie. Briefe S. 23). Bernstorff wollte da= mals Stolberg gern als Gesandten nach Kopenhagen haben; aber die Sache zerschlug sich.

Pup Kosename von Stolbergs Söhnchen; Luischen, Milchen und Magnus Kinder Bernstorffs.

„Timoleon; ein Trauerspiel mit Chören" erschien zu= nächst als „Manuscript für Freunde. Copenhagen. Gedruckt bey J. R. Thiele, 1784" (Ges. W. V, S. 1 ff).

Der mit Stolberg befreundete Dichter Gerhard Anton von Halem (1752—1819, seit 1781 Kanzlei= und Regierungsrat in Oldenburg), welcher ihm 1780 seine Erzählung „Teudelinde" (Hamburg) gewidmet hatte, gedachte ebenfalls den Äschylus zu übersetzen; es erschien aber nur: „Agamemnon" (in den „Dra= matischen Werken", Rostock, 1794), in dem Stolberg zu viele Schwierigkeiten gefunden hatte (vgl. v. Halems Selbstbiographie. Briefe S. 7. 8. 9 f).

Nixen. Der Chor in Äschylus' „Prometheus" wird von „Nymphen" gebildet.

Drei Exemplare der „Jamben".

Seite 120. 50 Thl. wohl für besorgte Einkäufe.

82.

„Ein so schöner Einklang sollte verstimmt werden!" ruft Voß nach der oben S. 410 angeführten Stelle aus. Nach der Wiedergabe von Stolbergs Mitteilung über „Timoleon" fährt er fort: „Bestürzt von dem neuen Ausbruche des kühnen Wurfs, verschob ich mein Gutachten bis zur nahen Entbindung meiner Frau. Am 5. Febr. ward ich gemahnt" (Bestätigung" S. 161).

„Thäseus. Ein Schauspiel mit Chören" erschien erst in „Schauspiele mit Chören von den Brüdern Christian und Friedrich Leopold Grafen zu Stolberg. Erster Theil." Leipzig 1787 (der zweite Teil erschien erst in den Ges. Werken) und zwar an erster Stelle (Ges. W. IV, S. 1 ff.)

Seines Bruders zu dieser Zeit entstandener „Otanes. Ein Schauspiel mit Chören" erschien in den „Schauspielen" an dritter Stelle (Ges. W. IV, S. 149 ff).

Seite 121. Von der Recension der „Jamben" in der Götting. Zeitung schrieb auch Boie am 24. Jan. 1785 an v. Halem (v. Halems Selbstbiographie. Briefe S. 25), daß „eine Societät der Wissenschaften durch solche Ausbrüche von Galle sich keine Ehre macht. Lichtenberg soll der Recensent sein."

„Von Kretas Eichen bis zum Hellespont" lautet V. 41 der ersten Jambe.

Gräfin Katharina Stolberg war damals längere Zeit unpäßlich.

Über des Bruders neues Drama („Belsazer") vgl. Nr. 83.

„Toby" Mumssens Besuch dauerte bis zum 5. Jun. (Hennes, Herzog Peter S. 263).

Die Jünglinge die älteren Söhne Bernstorffs, welche uns später noch oft begegnen werden.

50 Rthl. vgl. S. 120.

Graff vgl. S. 408.

83.

Seite 122. Dieser Brief ist die Antwort auf ein Schreiben Vossens vom 18. Febr. („Bestätigung" S. 162).

Am 12. Febr. 1785 wurde Voß der vierte Knabe geboren: Abraham Sophus, dem der Kapellmeister Schulz als Pate den Hauptnamen gab. Voß hatte sich erst mit demselben einverstanden erklärt, als Schulz, ihn an der schwachen Seite fassend, auf das Musikalische der drei a aufmerksam gemacht hatte (Herbst II, 1, S. 49).

Sophoshospoll ꝛc. d. h. Σοφός ὁ πολλὰ εἰδὼς φυᾷ (Pind. Ol. II, 94) „Der kluge, welcher vieles wissend geboren ward".

ἄμουσος ohne Sinn für Musenkünste.

qualemcunque „wie sie auch immer sein mag".

Im „Timoleon" ist der Titelheld der Bruder des Tyrannen Tinophanes von Korinth.

Seite 123. Orthagoras ist der Vater von Psyche, der Braut des Timoleon, Äschylos der Schwager des Timoleon, Glaukos, der Anführer des Chores.

In me tota ruit Venus („mich erfüllt ganz Venus") nach Horat. carm. 1, 19, 9. Der ganze Absatz ist für Stolbergs Schaffen höchst charakteristisch.

„Belsazer. Ein Schauspiel mit Chören" steht in den „Schauspielen" (vgl. S. 412) an zweiter Stelle.

Seite 124. Gerstenbergs Melodrama war „Minona oder die Angelsachsen. Ein tragisches Melodrama in vier Akten" (Hamburg 1785). Stolberg irrte also.

84.

Am 4. Mai war Stolberg das zweite Kind geboren Maria Carolina (nach Carolina Adelheid Kornelia Gräfin von Baudissin geb. Gräfin Schimmelmann) Agnes, nach dem Tode der Mutter Mariagnes genannt, später vermählt mit dem Grafen Ferdinand zu Stolberg-Wernigerode. .

„Sogar als er die Geburt seiner Marie-Agnes meldete, blieben die Geistesgeburten nicht unerwähnt" spottet Voß in der „Bestätigung" (S. 163).

An seinen Schwager Rudolf Boie hatte er bereits im März geschrieben: „Stolberg hat mir sein neues Trauerspiel Theseus geschickt, das mit Timoleon gleichen Werth hat. Er verlangt mein Urtheil, und kann doch wol denken, daß es nicht anders lauten wird, als das über Timoleon, welches ihm wehe that. Ich kann es nicht gut finden, und wenn ich in die Latomen wandern sollte" (Voß' Briefe III, 1, 179).

„Der Säugling [Homer]. Ein kleines Schauspiel mit Chören", der oben genannten Gräfin Baudissin gewidmet, stand in den „Schauspielen" an vierter und letzter Stelle.

Seite 125. Die Furcht vor einer neuen Streitschrift Lichtenbergs war grundlos. (Alphabet, weil damals die einzelnen Bogen mit den laufenden Buchstaben numeriert wurden).

In Plön wohnte der S. 399 genannte Graf Schmettau.

85.

„Meinen Brief vom 10. April, den die Post aufgehalten, beantwortete er samt einem späteren am 28. Mai" („Bestä= tigung" S. 163).

Über den Tod von Gerstenbergs Frau vgl. S. 408.

Nante (Hans), Voß' Liebling, war wegen seiner Kränk= lichkeit der Eltern Sorgenkind, besonders seitdem er Herbst 1786 an Drüsen mit zehrendem Fieber erkrankte, welche sein Leben zwei Jahre lang gefährdeten.

Seite 126. Ihre Gedichte vgl. S. 406.

Hinsichtlich der Dramata der Brüder Stolberg schreibt Ernestine (Voß' Briefe III, 1, S. 39): „Voß, um sein Urteil gefragt, gab es freimütig und warnte vor dem Druck. Das mißfiel; wenn Voß bat, kein Urteil von ihm zu verlangen, ward mit Freundlichkeit wieder eingelenkt" (vgl. S. 415).

Seite 127. incredulus odi („ungläubig verwerf' ich's") Horat. ars poet. 188.

naevus Muttermal.

Seite 128. δεινόν das Gewaltige, φοβερόν das Furchtbare. Strokes of nature Muttermäler.

Voß war mit dem Musenalm. in Verlegenheit gekommen, weil Goekingk (1780—1788 sein Mitherausgeber) die Herausgabe des Musenalm., welche er für 1786 (um Voß, der sich infolge „un= säglichen Verdrusses mit einigen wilden Kostgängern .. zu allem unfähig fühlte und wieder erholen wollte," zu entlasten) allein übernommen hatte, nachher „wegen einer Reise nach Wien von sich abwälzte," sodaß Voß nur mit der größten Mühe das nötige Material zusammenbrachte (Voß' Briefe II, S. 109).

Der „Rundgesang nach der Geburt eines kleinen Mäd= chens. Im May 1785" erschien Musenalm. 1786. S. 90 (Ges. W. I, S. 419).

Seite 129. Adolf Gotthard Carstens (1713—1795), seit 1780 Direktor der deutschen Kanzlei in Kopenhagen, ein Freund

Stolbergs (vgl. Gef. W. II, S. 116), war ein feingebildeter Förderer der Künste. Was er sollte, erhellt aus Nr. 85 u. 87.

86.

„Kind es ist keine Haarnadel" Worte des Odoardo V, 7. **Zeile 130.** ἄμουσος vgl. S. 412. Der Kronprinz von Dänemark (spätere König Friedrich VI, 1808—1839) war 1784 Regent geworden.

Belsazer sehr gefallen. Dieses Drama wurde also nicht erst durch den vorliegenden Brief Vossen „eingenötigt", wie er in der „Bestätigung" S. 163 behauptet.

Über die **Dramata der Brüder** Stolberg schrieb Voß am 25. Sept. an Müller: „Der letzte [„Säugling"] gefällt mir am besten, der erstere [„Timoleon"] gar nicht. Christian hat einen Belsazer dramatisirt, den ich vorziehe, ohne ihn darum für sich als ein Meisterstück zu betrachten. Denn die Stolberge scheinen mir schlechterdings keine dramatischen Köpfe zu sein. Jetzt hat er mir seinen Otanes geschickt, wovon alle seine Freunde voll sind; ich bin in Verlegenheit, was ich sagen soll, so sehr mißfällt er mir, als Drama nämlich: denn Poesie im einzelnen finde ich freilich" (ungedruckt).

„Beiläufig hatte ich bemerkt," schreibt Voß („Bestätigung" S. 163), „sein Rundgesang nach der Geburt des Mädchens habe für den Musiker den nötigen Einschnitt verfehlt. „„Den Fehler"" antwortete der Gesangdichter, „„müssen ꝛc. . .""

Die Epistel „An meinen Freund Wasserschlebe" [n] erschien Musenalm. 1786 S. 3, Gef. W. I, S. 431. Wasserschleben (1707—1787) war dänischer Konferenzrat und „vieljähriger Freund und Hausgenosse Bernstorffs und dessen würdigen Neffen und Nachfolgers," wie Christian Stolberg zu seiner Ode „Wasserschlebens Tod" (Gef. W. II, S. 21) bemerkt.

„Salomon Geßners auserlesene Idyllen in Verse gebracht von Karl Wilhelm Ramler" waren eben (Berlin) erschienen (auf dem Titel steht „1787"). Das einleitende Gedicht „Ramler an seinen Freund Geßner" (S. 5 ff) beginnt:

„Noch gedenk' ich der Zeit, da Berlin uns als Jünglinge kannte,
Du bald reizende Fluren erschufst, bald Oden versuchtest
Ich bald fremde Liederchen feilte, bald eigene — wegschliff."

Der letzte Vers ist unbewußte Selbstironie. Im V. 11 (S. 6):

> „Theokritus, — dem du gleich an Erdichtungen, ungleich
> Bliebst in jener Sprache, die seinem Alter, nicht unserm
> Anstand" 2c.

erblickte Stolberg mit Recht einen Voß versetzten Stich.

Klopstocks Quantität. Die strengen prosodischen Grundsätze Vossens stimmten damals übrigens durchaus nicht mehr mit denen Klopstocks überein, was die Entfremdung beider zur Folge hatte, ebensowenig mit denen Ramlers, vgl. Herbst II, 1, S. 99 f, während Stolberg sich im allgemeinen bloß von seinem Gefühle leiten ließ. Charakteristisch ist des letzteren Äußerung in einem Briefe vom 14. April 1787 an v. Halem, wo es heißt: „In Vossens Hexametrologie ist gewiß viel Wahres, aber diese Künsteleien sind meiner Natur zuwider .... Sollte ich selber mir jemals so feind sein, daß ich mich mit Theoretelehen befaßte, so würde mir folgende Regel eine der ersten scheinen: „Jeder prosodisch richtige Vers, der das ungelehrte Ohr schmeichelt, ist gut. Und was vom einzelnen Verse gilt, gilt auch von poetischen Perioden" (v. Halems Selbstbiographie. Briefe S. 56).

Ganz anders sah Voß der erwarteten Grammatik Klopstocks entgegen. „Jetzt schreibt er [Klopstock] seine Grammatik in Gesprächen, die wohl außer [K. Fr.] Cramer keinem Menschen gefallen wird" spottet er am 25. Sept. 1785 Miller gegenüber (Voß' Briefe II, S. 111, vgl. III, 1, S. 157). Die „Grammatischen Gespräche von Klopstock" erschienen übrigens erst 1794 (Altona).

Seite 131. Von Miller war vor kurzem wieder ein neuer Roman „Briefwechsel zwischen einem Vater und seinem Sohne auf der Akademie" (Ulm, 1785) erschienen.

Was Gerstenberg damals erstrebte, geht aus S. 156 hervor. βασ. ἀμουσ. ζῶσι. Daß der „kleine König ein Wesen ohne Sinn für die Musen sei," hatte er schon S. 337 geäußert.

Seite 132. Lichtenberg vgl. S. 413.

Heine u. Haine lies Heyne.

Spur von Nicolai Anspielung auf dessen bekannte „Beschreibung einer Reise durch Deutschland und die Schweiz, im

Jahre 1781. Nebst Bemerkungen über Gelehrsamkeit, Industrie, Religion und Sitten" (Berlin 1783 ff).

Die Ode „An die Frau von der Reck geborene Gräfin von Medem. In ihr Stammbuch eingeschrieben" ist im Musen=alm. nicht erschienen (Ges. W. I, S. 414 f). Stolberg hatte die Dichterin Elise von der Recke (1756—1833) 1784 in Dresden kennen gelernt (vgl. S. 141).

87.

Johannes Ewald(1743—1781) berühmter dänischer Dichter.

Der berühmte Friedrich Ludwig Schröder (1744—1816), seit 1771 Direktor der Hamburger Bühne, befand sich im Sommer gewöhnlich auf Gastspielen.

Rabies (Zorn) mit dem jambo etc. nach Horat. ars poet. 79.

Seite 133. „So sanft ich tadelte," schreibt Voß in der „Bestätigung" (S. 164) „und Leibliches herausprobte; doch hatte die Schuld, daß nicht alles hinunter wollte, der böse Voß. „„Wenn mich"" . . . [es folgt die Briefstelle bis Sapienti sat]. Das Epistolion kam wirklich für den Musenalm. 1786, wo Freund Voß S. 113 unter wählerischen Basen den Sitz gut=willig einnahm." Es ist das Gedicht „An Voß" gemeint, Ges. W. I, S. 423. Dasselbe beginnt mit den Stolbergs Art zu dichten charakterisierenden Worten:

„Wie sie die Muse mir giebt, so geb' ich die Gaben der Muse;
Darum nimm sie, o Freund, wie ich sie gebe, nur hin!"

Die von Voß angezogene Stelle lautet (V. 11):

„Soll ich die Kinder des Lenzes nach Glanz, nach Farben und Düften
Reihen, mit sorgsamer Wahl, wie im geschwätzigen Kreis'
Emsiger Muhmen und Basen die Aeltermutter den Brautkranz
Windet mit zitternder Hand, und mit dem Jünglinge keift,
Welcher" 2c.

88.

Einige Gedichte. Im Musenalm. 1786 erschienen von Stolberg außer den bereits zu den beiden voraufgehenden Briefen erwähnten drei Gedichten noch zwei andere: „Ständchen"

(S 125 mit der Komposition von Schulz, Ges. W. I, S. 425) und „Der Abend" (S. 148, Ges. W. I, S. 426 mit der Über= schrift: „Ode. Der Abend. An Agnes"). „Außer Stolberg ist nun fast kein einziger Liederdichter für meinen Almanach mehr übrig" schreibt Voß am 25. Sept. 1785 an Miller (Voß' Briefe II, S. 110).

Tod des Herzogs. Am 6. Jul. war Friedrich August Herzog von Oldenburg und Fürstbischof von Lübeck, gerade als er in voller Gesundheit zu Pferde gestiegen war, um einen Spazierritt zu machen, am Schlage gestorben (vgl. Voß Briefe III, 1, S. 40). Sein Neffe, der bisherige Coadjutor Prinz Peter Friedrich Ludwig, welcher Stolberg überaus schätzte, wurde sein Nachfolger als Herzog von Holstein=Gottorp, Fürst= bischof von Lübeck und zugleich regierender Landesadministrator des Herzogtums Oldenburg, während der Name eines Herzogs von Oldenburg auf seinen schwachsinnigen Vetter, den Prinzen Friedrich Wilhelm überging und diesem bis zu seinem Tode (2. Jul. 1823) verblieb (vgl. Hennes, Herzog Peter S. 265 f).

Auf Eckhof bei Kiel, dem Gute des Grafen W. C. F. von Holck, weilte Klopstock oft.

89.

Seite 134. In der Nacht vom 31. Jul. auf [den 1. Aug. war Stolberg mit seiner Gattin in Tremsbüttel eingetroffen; am 7. reiste er allein nach Eutin, wo er, nach den Wor= ten Vossens („Bestätigung" S. 164) „herzlich wie sonst war." Am 9. kehrte er nach Tremsbüttel zurück (Hennes, Herzog Peter S. 275), um endlich sein Amt in Neuenburg anzutreten (vgl. den folgenden Brief!).

„Der Säugling" (vgl. oben S. 413) fand im Musen= alm. keine Aufnahme.

Von Christian Stolberg erschien im Musenalm. 1786 S. 101 „Zween Gesänge aus einem [1787 begonnenen aber un= vollendet gebliebenen, vgl. Ges. W. II, S. 43] Trauerspiele: Wilhelm Tell", und zwar „In des Morgens grauem Schleier" (S. 101, in Ges. W. II, S. 43 mit der Überschrift: „Chor der Weiber") und „Wie die Ros' im Wiesendufte" (S. 104, Ges.

W. II, S. 46 mit der Überschrift „Chor der Jungfrauen"). Chöre aus seinen beiden andern Stücken fanden keine Aufnahme.

Prometheus vgl. Voß' „Bestätigung" S. 164: „Er hatte seine Übersetzungen des Äschylus mir zum Beurtheilen über= tragen. Um mich der undankbaren Mühe zu entziehen, gab ich ihm zur Probe den Prometheus mit. Er antwortete:" ꝛc. (es folgt die Stelle).

Zeile 135. O noctes etc. („O Götternächte und Götter= mähler") Horat. Sat. II, 6, 65.

Das Epigramm Gleims erschien im Musenalm. 1786, S. 110.

Dunse Anspielung auf Popes Dunciad (1738—1742), eine Satire auf schlechte Dichter.

90.

Petersburg. Stolberg sollte als außerordentlicher Ge= sandter am russischen Hofe das Ableben des Herzogs Friedrich August und den Regierungsantritt seines Nachfolgers anzeigen (vgl. seine Instruktion bei Hennes, Herzog Peter S. 283 ff, seine Creditive ebenda S. 286 f., die ihm vom Fürstbischof gegebene warme Empfehlung ebenda S. 288 f).

Zeile 136. Graf Christian, welcher auf Bernstorff weilte, versprach auf Bitten seines Bruders, gegen den 4. Okt. mit seiner Frau und seiner Schwester Katharine nach Tremsbüttel zurückzukommen, sodaß Stolberg, wie er am 21. Sept. an Hol= mer schrieb, „den Trost" hatte, seine Frau „in Gesellschaft dreier Personen zu wissen, die aufs zärtlichste um sie besorgt sein wer= den" (Hennes, Herzog Peter S. 292. Vgl. S. 282).

Ah te ne etc. („Ach möchte dich nicht die Kälte verletzen, dir nicht das rauhe Eis die zarten Füße ritzen!") Verg. Eclog. X, 48 f (statt sicet lies secet!).

Mit Gleim brachte Stolberg noch einen Tag in Hamburg zu (Hennes, Herzog Peter S. 292), wo ihn [Gleim] Voß ver= fehlt hatte (Herbst II, 1, S. 51).

Bis Wandsbeck reisten Stolberg und seine Gattin zu= sammen; hier trennten sie sich (vgl. Weinhold, Gräfin Agnes

S. 209 f). Sie begab sich zunächst nach dem Schimmelmann=
schen Gute Ahrensburg, während er über Berlin nach Peters=
burg reiste. Vgl. über die Reise Hennes S. 295 ff, Janssen I,
S. 169 ff.

91.

Das vorliegende Bruchstück des „nach einem Besuche in
Eutin" geschriebenen, in der Münchener Sammlung fehlenden
Briefes bringt Voß in der „Bestätigung" S. 164 ff.

Seite 137. Voß' **Kämmerlein** und **blaue Stübchen**
vgl. S. 407.

Bossi vgl. S. 391.

Samantes. Hierzu bemerkt Voß in einer Fußnote:
„Samant statt charmant, aus der anmutigen Kindersprache,
worin sie gern tändelte."

92.

Seite 138. Der Dichter Ludwig Heinrich (seit 1782 Frei=
herr von) Nicolay (1737—1820) war damals (seit 1770) Ka=
binetssekretär und Bibliothekar des Großfürsten Paul. Die An-
meldung seines Sohnes Paulot (Paul) erregte übrigens bei
Voß und Ernestine wegen der traurigen Erfahrungen, die sie
mit ihren früheren Kostgängern gehabt hatten (vgl. oben S. 414)
„großen Schrecken" (Voß' Briefe III, 1, S. 40), aber bald gewann sie ihn so lieb, als wenn es ihr „fünfter Sohn" gewesen
wäre (ebenda III, 1, S. 41). Auch zu dem Vater trat wie
Stolberg so auch Voß bald in sehr freundschaftliche Beziehungen
(vgl. Herbst II, 2, S. 239 ff, 275 ff).

Seite 139. experto crede („Glaube es dem, der es er=
fahren hat") nach Aen. XI, 283 u. anderen Stellen.

93.

Dieser Rheinwald ist mir unbekannt.

Die [Herzogin Friederike, geb. am 27. Jul. 1765
als Tochter des Herzogs Friedrich Eugen von Würtemberg,
seit dem 26. Jun. 1781 Gemahlin des Herzogs Peter, war
an den Folgen einer unglücklichen Entbindung am 24. Nov.

1785 geftorben. Agnes Stolberg, nach dem Zeugniffe des Her=
zogs „eine große Freundin" derfelben (Hennes, Herzog Peter
S. 302), welche noch am Tage vor ihrem Tode bei ihr gewefen
war, wurde aufs tieffte ergriffen (Hennes, Herzog Peter
S. 307 u. a.).

Welche neubermählte Freunde gemeint find, weiß ich nicht.

94.

Seite 140. Die viele Liebe befonders wohl gelegentlich
des Todes der Herzogin.

Seite 141. Seit 1781 von ihrem Manne gefchieden, befand
fich Elife von der Recke (vgl. S. 417) faft beftändig
auf Reifen.

Königsberg. Von feinem zweimaligen Befuche Hamanns
(auf der Hinreife am 7. Okt. und auf der Rückreife in den
letzten Tagen des Decembers), an den ihm Claudius einen Brief
mitgegeben hatte („Aus Herders Nachlaß" S. 436), berichtet
Stolberg feinem Freunde nichts, weil er wohl mußte, daß
diefer davon nicht befonders erbaut fein würde.

95.

Diefes Bruchftück ift Voß' Beftätigung (S. 166) entnom=
men. In der Münchener Sammlung fehlt der Brief, in wel=
chem Agnes auch die Mitteilung machte, daß Stolberg auf der
Rückreife in Berlin 8 Tage „mit feinem lieben Haugwitz" gelebt
hatte („Beftätigung" S. 173).

arme Ritter. Stolberg, welcher überhaupt in Petersburg
fehr ausgezeichnet wurde, erhielt das Band des großen St.
Annen=Ordens (vgl. Janffen I, S. 172 f. u. a.).

96.

Seite 142. Am 17. Jan. war Stolberg in Tremsbüttel
wieder angekommen.

Mofes Mendelsfohn (1729—1786) war am 4. Jan. ge=
ftorben. In Stolbergs Bemerkung über ihn glaubte Voß eine
Beftätigung feiner Miller gegenüber am 25. Sept. 1785 aus=

gesprochenen Hoffnung gefunden zu haben, daß der Freund seine Neigung zur „Pietisterei" ꝛc. allmählich verliere („Bestätigung" S. 166).

Jacobis Buch vgl. zu Nr. 98.

97.

Seite 143. O des süßen Plans. Zu dieser Stelle bemerkt Voß in der „Bestätigung" S. 166 f.: „Dies war Phantasie von Agnes; sie zeichnete unsere Pfarrhäuser, den Plöner See immer mehr einengend, bis endlich auf zwei Landzungen eine Brücke unsere arkadischen Gärten verband."

Bosau Kirchdorf am Plöner See

Über die Briefe an T [oby Mumssen] vgl. zu Nr. 99.

Peitho Göttin der Überzeugung und Überredung.

Dreß (Andreas) und Fritz Söhne Bernstorffs aus erster Ehe (Janssen I, 157), Luise vgl. zu S. 294.

Seite 144. Voß hatte den humoristischen Roman Humphrny Clinker des Engländers Tobias Smollet (1721—1771) in der deutschen Übersetzung (von Bode) in Göttingen gelesen (Voß' Briefe I, S. 131).

Die „Geschichte von Aladdin oder die Wunderlampe" ist bekanntlich das berühmteste Märchen aus Tausend und eine Nacht (vgl. S. 379).

v. Nicolay's (vgl. S. 420) „Vermischte Gedichte" erschienen in 9 Bänden 1778—86 (Berlin und Stettin).

Das (in der Münchener Sammlung fehlende) Bruchstück des Briefes von Agnes bringt Voß in der „Bestätigung" S. 167 mit den Worten: „Auch Agnes gedachte der schön durchlebten Stunden."

98.

Hierzu gehört Nr. 4 der Beilagen, S. 301.

Seite 145. Der 20. Febr. war Voß' Geburtstag.

Reinbek Dorf an der Bille, nicht weit von Tremsbüttel.

v. Hobe ist mir unbekannt, vgl. S. 88 und Ges. W. II, S. 195.

Bekanntlich waren Mendelssohn und F. H. Jacobi in den heftigsten Streit geraten über Lessings Spinozismus.

Jacobi hatte in seiner Schrift: „Etwas, das Lessing gesagt hat Ein Commentar zu den Reisen der Päpste [von Joh. v. Müller] nebst Betrachtungen von einem Dritten" (Berlin 1782) jene berühmte Unterredung vom 6. und 7. Jul. 1780 mitgeteilt, in welcher Lessing seinem Spinozismus Ausdruck gegeben haben sollte. Mendelssohn hatte Lessing in Schutz genommen in seinen „Morgenstunden oder Vorlesungen über das Dasein Gottes" (Erster Teil, Berlin 1785), wogegen Jacobi in der von Stolberg im vorliegenden Brief herangezogenen Schrift: „Über die Lehre des Spinoza in Briefen an Herrn Moses Mendelssohn" (Breslau, 1785) seine Behauptung auf= recht erhielt. Mendelssohn replizierte in „Moses Mendelssohn an die Freunde Lessings. Ein Anhang zu Herrn Jacobi [!] Briefwechsel über die Lehre des Spinoza" (Berlin, 1786, her= ausgegeben von J. J. Engel), starb aber vor der Herausgabe, angeblich aus Schmerz über die vermeintliche Verketzerung sei= nes Freundes. Jacobi antwortete in „Wider Mendelssohns Beschuldigungen betreffend die Briefe über die Lehre des Spi= noza" (Leipzig 1786).

Von den vielen Schriften, welche durch diesen Streit ver= anlaßt wurden, ist vielleicht am bedeutendsten Claudius' versöhnliche „Zwei Recensionen 2c. in Sachen der Herren Lessing, M. Mendelssohn und Jacobi" (Hamburg 1786). Im übrigen können wir hier nicht näher auf die Sache eingehen, sondern verweisen auf die Schrift von Eberhard Zirngiebl „Der Jacobi=Mendelssohnische Streit über Lessings Spinozis= mus." München. 1861.

Seite 146. über die „Briefe an Toby" vgl. den fol= genden Brief.

99.

Die wiederholt erwähnten Brife an „Toby" Mumssen be= trafen die Freimaurerei. (Die betr. Briefe Vossens vom 30. Jan. und 1. März 1786 sind wieder abgedruckt in Voß Biographie vor den Sämtl. Werken von 1850 S. 181 ff). „Auch in diesen Mysterien witterte er [Voß] ein Mittel des Obscuran= tismus, der Unfreiheit, ja hierarchischer Umtriebe bis zur Füh=

lung mit der Societas Jesu .. Als er zu dieser Ansicht sich bekehrt hatte, ging er, echt vossisch, alsbald handelnd vor... Mumssen ... stellte er in ausführlicher Darlegung vor, daß man ihn mit dem Hinweis auf ein im Innern des Ordens aufbewahrtes Geheimnis gewarnt habe, ... daß die unbekannten Obern des Ordens nach seiner Überzeugung niemand weniger als — katholische Priester seien. Der gute Toby müsse seinen Austritt öffentlich erklären, sich und andre loszumachen von diesem „„Geistesjoch" und „„Tyrannengesetz"". Der gute Toby war dazu keineswegs bereit, verwies vielmehr Voß seine Bitterkeit. Doch der war nicht der Mann, sich irren zu lassen; er hielt dem Freunde eine Liste von 14 Gewissensfragen über maurerische Einzelheiten vor und suchte die Grafen Stolberg, die auch seit zehn Jahren nur sehr laue Maurer gewesen waren, zum öffentlichen Austritt zu bewegen. Vergebens... Bei Voß aber setzte sich seitdem die Abneigung gegen geheime Orden .. unaustilgbar fest. Es wurde eine der firen Ideen seines Lebens" (Herbst II, 1, S. 38 f. Vgl. zu Nr. 101).

100.

Seite 147. Jacobi vgl. S. 423.

Stolbergs „Servius Tullius. Ein Trauerspiel mit Gesängen" erschien erst in den Ges. W. V, S. 111 ff.

101.

Seite 148. Brief an Toby. An demselben Tage, dem 9. März, schrieb Voß an Boie: „Ich habe für gut befunden, wegen des Freimaurer-Ordens, der mir immer bedenklicher wird, dem Doktor Mumssen in Kopenhagen zu Leibe zu gehn. Seine Antworten bestätigen meinen Argwohn, daß der geheime Zweck christliche wahre, von allen Zusätzen gereinigte Religion ist, die alle Untersuchung verbietet und blindlings den Aussprüchen der Oberen folgt. Wenn das nicht papistische Grundsätze sind, so verstehe ich nichts davon. Es ist hohe Zeit, die Waffen des Lichts gegen diese gläubigen Sklaven der Finsternis zu ergreifen" (Herbst II, 1, S. 278).

Seite 150. Stolbergs umfangreiches, in Hexametern ver=
faßtes Gedicht „Hellebek, eine seeländische Gegend. An Ernst
Grafen von Schimmelmann und Emilie Gräfin von Schimmel=
mann ꝛc." [die Besitzer des Gutes Hellebeck] war zuerst im
Deutschen Museum 1776 (II, S. 763) erschienen („Gedichte" 1779
S. 161, Ges. W. I, S. 135). Auch Boie und Bürger nennen es
ein „herrliches" Gedicht (Strodtmann I, S. 336. 358).

„Du hast dich ohne Zweifel über meinen Hofrats=Titel
gewundert" schreibt Voß am 21. Sept. 1787 an Miller. „Bei
einer Trauerverordnung fand es sich, daß der Rector mit einem
fürstlichen Kammerdiener rangirte. Ich trauerte, wie es mir
gut schien und beschwerte mich, sobald es schicklich war. Die
Folge war der [im Jul. 1786 verliehene] neue Titel" (Voß'
Briefe III, 2, S. 121).

102.

Seite 151. Karoline Adelheid Kornelia Gräfin von Bau=
dissin (1759 oder 1761—1826), Tochter des Grafen H. K.
v. Schimmelmann, vermählt mit Graf Heinrich Friedrich von
Baudissin (1753—1818) auf Knoop, dem damaligen bänischen
Gesandten in Berlin, war ebenso fein gebildet und auch
litterarisch thätig (vgl. zu Nr. 117) wie ihre jüngere Schwester
Friederike Juliane, die Gemahlin des Grafen Friedrich
Reventlow (vgl. unten). Stolberg verehrte sie sehr, vgl. die
Widmung des „Säuglings" (oben S. 413), sowie sein Gedicht
„An meine Freundin . . . von Baudissin . . . als sie krank
war" (Deutsch. Mus. 1782, II, S. 62, Ges. W. I, S. 286). Auch
Herder stand zu ihr in naher Beziehung, vgl. Herders Werke
(Suphan) XXIX, S. 701 f. 764.

„Nicolai" lies v. Nicolay (vgl. S. 420).

Borstel vgl. S. 310).

θεῖος κριός („der göttliche Widder") vgl. S. 393.

ὁ πάντα ꝛc. „die alles heilende Zeit".

fromme bidens („Schaf") nennt Stolberg den „Toby"
scherzhaft im Gegensatz zum „göttlichen Widder".

κυρίσσειν nach Art der Widder stoßen.

σήματα λυγρά (nach Ilias VI, 168, „schlimme Briefe" von Stolberg übersetzt

1001 Nacht vgl. S. 379.

103.

Der Brief ist adressiert wie Nr. 55, links von Eutin: ſr. **Seite 152.** Am 5. April war Stolberg mit seiner Familie in Neuenburg angekommen.

Das Prinzenholz am Kellersee war ein beliebter Ausflugspunkt.

Eutin liegt zwischen dem großen und kleinen Eutiner See.

Die Furien treten im „Servius Tullius" handelnd auf.

Seite 153. agitantibus furiis sororis heißt es Liv. I, 48, 7.

Das Ungeheuer ist Tullia, die jüngere Tochter des Servius.

pro aris focisque (für Haus und Hof) sprichwörtlich.

Samuel Richardsons (1689—1761) empfindsamer Roman The history of Miss Clarissa Harlowe (1749) war damals auch in Deutschland außerordentlich beliebt.

κριαλώπηξ aus κριός (vgl. S. 393 und ἀλώπηξ (Fuchs, Anspielung auf „Voß") gebildet.

Christian Wolfs (1679—1754) systematische Philosophie war trotz ihrer Flachheit bis auf Kant die herrschende.

Seite 154. οἶστρος Stachel.

Kränkeln „Vossens Reizbarkeit nahm zu," erzählt Ernestine (III, 1, S. 43 f) von der damaligen Zeit, „wie allmählich seine Gesundheit weniger fest wurde, und oft hatte er Wochen, wo keine Arbeit ihn anzog ... In der Stimmung, wo öfters Unwohlsein [Schwindel, Ohrensausen, Doppelsichtigkeit 2c., vgl. Voß' Briefe II, S. 179, 280 u. sonst] den ruhigen Gang seiner Thätigkeit hemmte und seine Reizbarkeit vermehrte, mögen Jahre hingegangen sein." Wie er infolge dessen sogar auch wohl gegen die still tragende Gattin hart und ungerecht wurde (vgl. Herbst II, 1, S. 15), so äußerte sich seine Reizbarkeit auch seinen Freunden und nicht zum wenigsten Stolberg gegenüber.

Leibmedikus Bossens anhänglicher greise (geb. 1719)
Hausnachbar Dr. J. G. Heinze, fürstbischöflicher Justizrat und
gewesener Leibarzt (vgl. Voß' Briefe III, 1, S. 82 ff).

Dramata vgl. S. 412.

Stolberg hatte Klopstock auf der Durchreise in Hamburg
gesprochen.

Seite 155. Einige Worte am Schlusse des Briefes von
Agnes waren unleserlich.

104.

Seite 156. Lavater war an der St. Ansgarii-Gemeinde
in Bremen zum Prediger gewählt worden und deshalb borthin
gereist. Stolberg lud ihn in seiner Epistel „An Lavater in
Bremen, den 30. Jun. 1786" (Musenalm. 1787, S. 206,
Ges. W. II, S. 15) auf das herzlichste zu sich nach Neuenburg
ein, aber Lavater lehnte die Einladung aus Zeitmangel ab
(vgl. unten S. 170 und v. Halems Selbstbiographie. Briefe S. 37)
und reiste bereits am 8. Jul. nach Zürich zurück, von wo er
die Bremer Stelle ablehnte.

Hofrat vgl. S. 425.

Voß' „Inschriften" „1. Auf dem Sarge der Herzogin
Friederika Elisabeth Amalia Augusta, Gemahlin Peter Friedrich
Ludwigs, Bischofs von Lübeck." „2. Auf dem Sarge Georg
Ludewigs, Herzogs von Holstein Gottorp. (Im Namen seines
Sohns, des Bischofs von Lübeck)." „3. Auf dem Sarge
der Herzogin Sophia Charlotta, Gemahlin Georg Ludewigs,
Herzogs von Holstein Gottorp. (Im Namen ihres Sohns, des
Bischofs von Lübeck)" erschienen im Musenalm. 1787 (S. 36
bezw. 37 bezw. 38).

Der Gräfin Katharina „Moses. Ein kleines Drama" erschien im Deutsch. Mus. 1788, I, S. 481 ff.

Gerstenberg vgl. S. 131. Er wurde zugleich in Altona
Mitdirektor des Lottos.

Seite 157. Über Bossens Dukatenscheißer habe ich nichts
ermitteln können.

Cacavi monumentum („. . ein Denkmal dauernder
denn Erz") 2c. Travestie von Horat. carm. III, 30, 1.

Stolbergs Epistel „An Agnes. St. Petersburg, den 13. Nov. 1785" erschien im Musenalm. 1787 S. 214 ff. (Ges. W. I, S. 440 ff), seine Epistel „An den [[auf der Petersburger Reise kennen gelernten] Grafen von Kayserling, in Mietau. 1785" ebenda S. 97. (Ges. W. I, S. 436 ff).

Eine Inschrift auf Koplau (Stadt an der Düna, östlich von Dünaburg) findet sich weder im Musenalm. noch in den Ges. W.

Die „Inschrift bei einer Quelle in Seeland, an welcher Carl XII. geruht hat" in Ges. W. I. S. 418.

Der Musenalm. für 1787 enthielt überhaupt von Stolberg bloß die drei erwähnten Episteln an Lavater, Agnes und Kayserling.

εὐναὶ ἀποφώλιοι (Odyssee XI, 249) unfruchtbare Ehen.

des Prinzen des französisierten Prinzen Heinrich, vgl. S. 376.

Nicolai lies v. Nicolay.

105.

Seite 159. Friz sein ältester Sohn.

Der Tod Luisens, der Gattin Boies, welche am 14. Jul. an einer unglücklichen Entbindung gestorben war, traf die Familie Voß nach den Worten Ernestinens „unbeschreiblich hart . . . Bossens Gesundheit litt einen starken Stoß" (Voß' Briefe III, 1, S. 45 — Vgl. III, 1, S. 158 ff).

Ihr hattet ihn ꝛc. Noch Ende Mai hatte Voß mit seiner Familie Boie in Meldorf auf drei Wochen besucht.

106.

Dieser und die folgenden Briefe leiten die schwerste Krisis ein, welche das Verhältnis der Freunde bis dahin zu bestehen hatte. Sie wurde überwunden, hinterließ aber einen unheilbaren Riß.

Seite 160. Voß' Ilias-Übersetzung. „Wie ich zum Übersetzen der Ilias komme?" schrieb Voß am 8. Jan. 1787 an Gleim. „Das weiß ich kaum selbst . . . Bürger . . . mißfiel mir so sehr, wie von Anfang an .. Ich verglich Stolberg und den Leipziger Ungenannten, und der Anblick, wie dieser hier, jener dort glücklich oder unglücklich gerungen hatte, spornte mich an, es selbst mit einem Gesange zu versuchen. [Dagegen schreibt er in der „Bestätigung" S. 168 f: „Ich fand Stolbergs leichtsinnige Versuche [durch Bürger] weit übertroffen."] Der erste Gesang war in 14 Tagen vollendet, und Ernestine schrieb ihn für Stolberg ab; er sollte nun ernsthaft versprechen, seine Ilias noch einmal durchzuarbeiten" (Voß' Briefe II, S. 281). In der „Bestätigung" (die übrigens wohlgemerkt erst ca. 34 Jahre nach dem Briefwechsel geschrieben wurde) heißt es (S. 169): „Ich ... glaubte Stolberg durch den kecken Vorschlag einer auch in der Ferne gemeinsamen Arbeit zu erfreuen. Einer von uns sollte die Barre vorschmieden; dann wechselnde Hämmerung und Ausfeilung, bis es beiden genug dünkte. Oder ob er lieber allein gegen Bürgers Ilias eine bessere stellen möchte? Ich wäre vergnügt, hätte nur mein Pyrmonterrausch seine kastalische Begeisterung aufgeregt. Freud' und Dank [!] dacht' ich, wird die Antwort sein. Findet es sich in der Gemeinarbeit, daß Stolbergs Manier vorherrscht, so bleib' ich bescheidener Fleckentilger. Können wir uns zu homerischer Kunst vereinigen, so sei der Titel, wie er ihm ehrenhaft dünkt. Scheut er die Arbeit ganz, so mag er reden, was Ich thun soll, oder schweigend andeuten, was nicht. Stolberg antwortete" 2c. An Boie endlich schrieb Voß „im März 1787" (Briefe III, S. 162, Herbst II, 1, S. 278): „Leben und Tod meiner Ilias war nach dem ersten Gesang in seinen Händen. Er schwieg und schrieb endlich einen Brief, — den ihm die Freundschaft verzeihe [!]. Einen noch ärgeren hatte er von der Post zurück gefordert." „Anteil an diesen Empfindungen [wie sie im Briefe Stolbergs zu Tage treten] schreibt er in der „Bestätigung" (S. 171 f) der Gräfin Katharina zu, welche ihm „freundschaftlich, aber wie gegen Unrecht eifernd, zugleich einen stachlichten Brief geschrieben, und statt zu löschen, die Glut geschürt" habe; auch habe sie nie eine andere Ilias „um sich geduldet, als die von dem Bruder Friz." Daß allerdings die Angehörigen Stolbergs sich ereiferten, als Voß ihm den durch die Ilias-Übersetzung errungenen Ruhm zu entreißen drohte, ist nicht schwer erklärlich.

Der „Leipziger" ist E. W. von Wobeser; von ihm er=

schien anonym: „Homers Iliade von neuem metrisch übersetzt" (Leipzig 1781—1787).

Interdum cum risu miror („zuweilen wundere ich mich lachend") nach Horat. ars. poet. 358.

Seite 161. amour pur „reine Liebe."

subtemen Einschlag in Geweben.

Seite 162. „Ihn, der entbrannt den Achaiern unnenn= baren Jammer erregte" (V. 2), die „Krüge" (V. 415) und „dem Kruge" (V. 597) blieben unverändert.

Stolbergs „Apollons Hain, ein Schauspiel mit Chören," erschien erst im Deutsch. Muf. 1789, I, S. 113 ff. (Ges. W. V, S. 59 ff).

Das Untier Clas. In seiner Schrift: „Untersuchung der Beschuldigungen des Herrn Professor Garve wider meine Reisebeschreibung durch Deutschland und die Schweiz. Nebst einigen Erläuterungen, die nützlich, auch wohl gar nöthig seyn möchten" (Berlin und Stettin 1786, S. 79—86, wiederholt als Anhang zum 7. Bande seiner „Reise durch Deutschland" 2c.) hatte Nicolai Lavater angegriffen und ihn, weil er sich lo= bend über Joh. Michael Sailers (1751—1832) berühmtes „Vollständiges Lese= und Betbuch zum Gebrauche der Katholiken. 2 Theile." (München, 1783, 2. verm. Aufl. 1785. 3. Aufl. 1786 2c.) ausgesprochen, des Kryptokatholizismus verdäch= tigt und zugleich Sailer selbst unredlicher Absichten, des „Jesuitismus" und der „Proselytenmacherei" bezichtigt. Hier= gegen hatte sich Lavater gewandt in seiner kurzen Erklärung vom 19. Aug. 1786 im Hamburger Correspondenten Nr. 142 und in der Hamburger Neuen Zeitung Nr. 144. Nicolai brachte dieselbe in seiner „Allgemeinen deutschen Bibliothek" (68, S. 617) zugleich mit seiner Antwort vom 16. Sept. 1786 (ebenda S. 618 ff). In der letzteren nun verwertet Ni= colai S. 623 Stolbergs oben (S. 427) erwähnte Epistel „An Lavater in Bremen." „Über diese hündische Unverschämtheit," schrieb Stolberg schon am 3. Okt. 1786 an v. Halem, „ärgere ich mich sehr. Aus einer so freundschaftlichen Epistel außer dem Zusammenhang einzelne Verse zu allegiren, und gegen den, an welchen sie gerichtet ist, ist treulos gegen Lavater

und tückisch beleidigend gegen mich" (v. Halems Selbstbiographie. Briefe S. 39). Stolbergs derbe Erklärung vom 6. Oft.
1786 erschien zunächst in den Hamburger Zeitungen (vgl.
zu S. 165).

Sailer selbst verteidigte sich gegen Nicolai in seiner
Schrift: „Das einzige Mährchen in seiner Art: Eine Denkschrift an Freunde der Wahrheit für das Jahr 1786 gegen eine
sonderbare Anklage des Herrn Friedr. Nikolai" (München 1787).

Seite 163. **Kryptokatholikus.** Über die in dem damaligen großen Kampfe zwischen den bibelgläubigen und den rationalistischen Protestanten eine große Rolle spielenden Schlag-
wörter Kryptokatholicismus und Jesuitenriecherei vgl. S. 327.

Socinianismus Irrlehre des Juristen Lälius Socinus
(1525—1562) und seines Neffen Faustus Socinus (1539—1604),
welche u. a. die Lehre von der Dreifaltigkeit und der Gottheit
Christi verwarfen.

107.

„Ich erklärte dem Mißkennenden [auf seinen Brief vom 6.
Oft.]" berichtet Voß in der „Bestätigung" (S. 172) „was ich
gemeint, und da das gegen meine Absicht gekränkt hätte, möcht'
er's wie ungeschehn betrachten. Hierauf erwiederte er am 20.
Oktober" 2c. Vgl. Vossens Brief an Boie („im März 1787"):
„Ich antwortete, daß er sein Mißfallen an meiner Arbeit nur
mit Ja oder Nein hätte äußern dürfen, und versprach ihm, das
Werk liegen zu lassen. Jetzt ging er in sich, schrieb einen
Brief voll Freundschaft und drang auf Vollendung" (Voß'
Briefe II, S. 163).

unendlich übertroffen vgl. Stolbergs Äußerung v. Halem gegenüber (mitgeteilt zu Nr. 111).

Der in Stolbergs Briefe liegende Edelmut (vgl. Voß'
Äußerung an Boie, zu Nr. 109) erscheint in um so hellerem
Lichte, wenn man damit Vossens Verhalten in ähnlichen Fällen
vergleicht. Mit einem seiner geliebtesten Schüler, Friedrich
August Eschen (vgl. S. 400) brach er hauptsächlich deshalb, weil
dieser auch den Horaz übersetze.

Seite 164. **Brutuswille** vgl. .S 202.

Sailers Gebetbuch vgl. S. 430.

Nicolai. In Stolbergs Brief [Nr. 106]" berichtet Voß („Be=
stätigung" S. 172), „ward am Schluß Lavaters Gegner Nicolai
geschimpft. Ein Stof, dem ich im Gespräch gern auswich.
Warum ward der zum erstenmal jezt für einen Brief auser=
kohren? Warum grade jezt? Um davon zu kommen, beant=
wortete ich nur eins, wo dem Geschimpften (der nicht mein
Freund war [vgl. übrigens zu Nr. 110]) offenbar Unrecht ge=
schah. Dies gestand Stolberg im zweiten Briefe, sprach aber
nun von Illuminaten" 2c.

Der Illuminatenorden, gegründet am 1. Mai 1776
von dem Ingolstadter Prof der Rechte Adam Weißhaupt (1748
—1830), hatte zum Zweck die Verbreitung der politischen und
religiösen Aufklärung auf Grund der natürlichen Religion des
Deismus. Vgl. zu Nr. 118. In seiner Blütezeit zählte er
2000 Anhänger, darunter nicht wenige Dichter, Schriftsteller 2c.
v. Halem, (zugleich thätiger Freimaurer) war auch Illuminat
(vgl. seine Selbstbiographie, Briefe S. 61 f), ebenso Johann
Joachim Christoph Bode (1730—1793), welcher früher Ver=
leger und Buchdrucker in Hamburg, seit 1778 Geschäftsführer
der Gräfin Ch. E. v. Bernstorff in Weimar war (ebenda S. 72)
und Nicolai. Voß dagegen war seiner Natur nach (vgl. S. 424)
auch Gegner der Illuminaten (vgl. Voß' Briefe III, 2, S. 124).

Seite 165. Nicolais Nachricht. Nicolai brachte
Stolbergs Erklärung in der Allgem. Deutsch. Bibl. 70 S. 619
zugleich mit seiner Antwort („Nachricht") vom 14. Okt.
(S. 620—622), in der er Stolberg gegenüber den Rückzug an=
trat. „Nicolai," schreibt Stolberg am 24. Okt. 1786 an v. Ha=
lem, „hätte sich nicht glimpflicher äußern können, nämlich inso=
fern seine Äußerung mich betrifft. Aber gegen meinen Freund
ist er wieder bitter. Er glaubt mich zu beschämen, wie Lykurg
den Jüngling [Alkander], der ihm ein Auge ausgeworfen
hatte [vgl. Plutarch Lyk. 11. Pausan. III, 18, 2], aber er ist
nicht Lykurg, und ich kein mutwilliger Knabe" (v. Halems
Selbstbiographie. Briefe S. 41).

Bezüglich Boies behauptet Voß in der „Bestätigung"
(S. 173, Note): „Gegen die Religion fand sich nichts giftiges

im Museum", freilich nichts gegen die Religion Vossens, aber manches gegen das positive Christentum.

Über Boies Reise zu den Hannoverschen Freunden sei= ner verstorbenen Frau vgl. Weinhold, Boie S. 112 f.

108.

„Im Nov." berichtet Voß in der „Bestätigung" S. 173, „auf die Anzeige von der Geburt eines Sohnes [des am 6. Nov. geborenen Andreas Otto Henning] fügt' ich einige Her= zensworte zu Ernestinens Brief an Agnes und versprach, was Stolberg lange gewünscht hatte, einen Besuch im Frühling; woran Agnes in der Antwort vom 29. Dec. nicht glauben wollte." Es folgt das Bruchstück, welches in den Münchener Blättern sich ebensowenig findet, wie der „Schnippel von Kätchen."

109.

Noch „im Oktober 1785", hatte Voß Boie gegenüber offen anerkannt, daß sich Stolberg seiner Ilias=Übersetzung gegenüber sehr edel benommen" habe (Voß' Briefe II, S. 161). Aber in seiner Reizbarkeit (vgl. S. 426) verlangte er bald mehr.

Schon im Dec. hatte er argwöhnisch an Boie geschrieben: „Von Stolberg habe ich lange keinen Brief. Ob er mich nicht stören will?" (Voß' Briefe III, 1, S. 162) Und in der „Be= stätigung" (S. 173 f) schreibt er: „Hatte Stolberg die zugescho= bene Ilias verschmerzt, so mußt' er auf unsern freundlichen, und Zank meidenden Brief, den Agnes „„einen treuen Ab= druck unseres liebenden Herzens"" nannte, ein freundliches Wort erwidern; er mußte, wie ich, den zur Unzeit hingewor= fenen Zankapfel im Staube ruhn lassen; er mußte vielmehr nach der deutschen Ilias, die er mit edler Liebe zu Homer und dem Freunde verlangt hatte, mit edler Liebe sich erkundigen, dem verschüchterten, dem als Beleidiger verkannten Freunde durch gutlaunige Zurede Mut machen. Sein letzter Brief war zehn Wochen alt; er schwieg noch sieben Wochen." Stolberg aber erwartete, wie aus seinem nächsten Briefe hervorgeht, die Antwort auf Agnes' letztes Schreiben und hielt die „homerische

Stolberg: Briefe.   28

Sache" für „geschlossen" (S. 171). „Am 20. Febr. 87," fährt Voß in der „Bestätigung" (S. 174) fort, „. . . kein Wort von der Ilias. Aber zum Schluß wieder eine Aufforderung, Lavaters Apologie zu lesen, wo, wie es hieß, Lügner und leichtgläubige Lästerer bestraft würden."

Seite 166. Daß der Musenalm. für 1787 „klatrig" ausgefallen war, daran hatte der Mitherausgeber Goekingk die Schuld (vgl. oben S. 414). Voß selbst schreibt am 21. Sept. 1787 an Miller (ungedruckt): „Vorigen Sommer, da ich zu aller Arbeit verdorben war, übernahm Goekingk, um seine lange Saumseligkeit wieder gutzumachen, die Herausgabe des Almanachs. Der Himmel verzeihe ihm den Almanach, den er allein ausgeheckt hat." Auch in der „Nachschrift" zum Musenalm. 1788 bekennt er, daß durch die Schuld Goekingks „die Fülle des vorjährigen Almanachs durch etwas Trespe und Spreu angeschwellt sei."

Von dem Wiener Dichter Laurenz Leopold Haschka (1749 —1827) hatte Goekingk im Musenalm. 1787 zu Vossens Ärger (vgl. die „Nachschrift") ein Gedicht aufgenommen: „Zuruf an Deutschlands Dichter. Joh. Friedr. [!] Voß eingeschrieben, den 14. Heumonds 1785" (S. 127), in welchem die deutschen „Barden" getadelt werden, daß sie noch ihre „Landesväter" preisen, denen doch „Pfeifengequik, Pauken- und Trommel-Geroll, Der Ketten, der Peitschen Getös' Und das Brüllen der Gepeitschten" allein Musik sei, die, „daß ein Ramler eß' und ein Voß", sie „schulmeistern" ließen. Goekingk selbst hatte dieses Gedicht dadurch abzuschwächen gesucht, daß er ihm ein eigenes „Nach meinem Gefühl" (S. 130, Chiffre —tt—) folgen ließ, in welchem er die Dichter, die die Fürsten „sofern sie Preis verdienen", preisen, auch wenn „Kein Voß an ihrer Tafel speis't" und ohne selbst „Im Eigennutz-Verdacht zu sein," in ungeschickter, Voß bloßstellender Weise in Schutz nimmt. Daher verwahrt sich Voß in der „Nachschrift" zum Musenalm. 1788 entschieden gegen jede Teilnahme an der Veröffentlichung dieser Gedichte.

Seite 167. Verfasser des seiner Zeit beliebten „Siegfried von Lindenberg. Eine komische Geschichte" (Hamburg 1779) war der Buchhändler Johann Gottwerth Müller (1743—

1828), welcher in seinen zahlreichen komischen Romanen in der Manier Nicolais das Geniewesen 2c. in hausbackener Weise verspottete. In seinem Werke: „Komische Romane aus den Papieren des braunen Mannes und des Verfassers des Sieg= fried von Lindenberg. Dritter Band" [welcher den ersten und zweiten Teil der „komischen Geschichte" „Emmerich" enthält] Göttingen 1786, spottet er S. 346 A. über Stolbergs Jamben, S. 439 ff. u. namentlich S. 447 A. über Stolbergs Gedicht „Der Traum". Hierzu bemerkt nun der (mir unbekannte) Recensent der Allg. Litt. Zeitung 1787 (13. Jan. (Sp. 99): „Der Ausfall gegen die Stolbergische Muse S. 346 und 447 scheint uns ein wenig allzuhart zu sein. Hat irgend ein Mensch in Deutschland Ursach kein Herold dieses Dichters zu seyn, so ist es der Recensent. Aber zu sagen, daß man in Stolbergs Gedichten nur von Zeilen, nie von Versen reden könne, dies — zumal in Verbindung der andern derben, dem sogenannten Freyherrn von M [üller] gesagten Sachen! — ist doch wohl ungerecht! Der ernsten Jambe schneller Geißelschwung kann vielleicht ein Lächeln, doch nicht ein so auszeichnendes Ver= spotten verdienen." Diese Citate verdanke ich Reblich.

Canossa kenne ich nicht.

Leipziger Homerist vgl. oben S. 429 f.

I can't help it „Ich kann nichts dafür."

Dukatenmann vgl. S. 157.

Seite 168. Lavaters Apologie. Lavater hatte Nicolais Angriff zurückgewiesen in seiner „Rechenschaft an Seine Freunde. Zweytes Blatt. Ueber Jesuitismus und Catholizismus an Herrn Professor Meiners in Göttingen. Winterthur 1786." Auch in einem Briefe vom 19. Dez. 1786 an v. Halem (Halems Selbstbiographie. Briefe S. 42) bezeugt Stolberg seine große Freude über Lavaters „Apologie."

Der in der Münchener Sammlung fehlende Brief von Agnes ist der „Bestätigung" S. 174 f entnommen.

Eisch niederdeutsch = böse 2c.

Seite 169. Andrabonis (aus Andreas Adonis) vgl. zu Nr. 108.

110.

Nachdem Voß in der „Bestätigung" den letzten Brief der Gräfin Agnes mitgeteilt, fährt er S. 175 fort: „Von Stolberg indeß erschien im Januar des D. Museums 1787 eine Ode an Lavater, und im Februar Etwas über Lavater. Dort werden die anders als Lavater denkenden Bibelforscher entstellt zu Menschen, „„die den reinen Quell der Wahrheit verließen, und mühsam sich Löcher ohne Labung ausgruben."" Hier hat Lavater Recht, indem er, protestantische Bibelforscher unchrist= licher Gesinnungen beschuldigend, papistischen Wahn und Aber= glauben als Hüllen christlicher Gesinnungen entschuldiget und verehrt; ja er hätte Recht, „„wenn er selbst im wütenden Ver= folgungsgeiste noch den mißgeleiteten Eifer für die Religion der Liebe ehrte."" Wer aber mit solchem Glimpf jene lieblose Verunglimpfung nicht zu reimen weiß, der soll ein Verkezerer sein, und ein unredlicher Protestant."

Die von Voß aus Stolbergs Ode „An Lavater" (Deutsch. Mus. 1787 I, S. 1, Ges. W. II, S. 1) herangezogene (3.) Strophe lautet:

„Den reinen Quell der Wahrheit verließen oft
Die Menschen, gruben mühsam sich Löcher aus,
Wo nicht den Lechzenden die Labung
Quillet, wenn schwer ihm die Arme sinken."

Stolbergs kleiner Aufsatz „Etwas über Lavater" (Deutsch. Mus. 1787 I, S. 185 f, Ges. W. X, S 412) beginnt: „Beim Anblick einer Messe empfindet Lavater im Schattenwerke Realität, im Wahne Wahrheit, will lieber weinen als lachen, tröstet sich mit dem schönen und großen Gedanken, daß unsre Brüder, die Katholiken, mit uns denselben anbeten und stimmt freudig, wie in ein allgemeines Chor von Christen, mit ein:

In Ewigkeit! In Ewigkeit
Sei Jesus Christ gebenedeit!

Darum soll er ein heimlicher Katholik seyn! „„Aber er erbauet sich an der Andacht des Aberglaubens, ehrt auch den Eifer für die Religion im Gelübde der Armuth und Keuschheit!" — Das thut er. Wenn er nun aber gar auch selbst im wüthenden

Verfolgungsgeiste noch den mißgeleiteten Eifer für die Religion der Liebe ehrte, würden nicht dann die Hände unfrer Toleranten Steine gegen ihn erheben?" Nachdem Stolberg sodann erzählt hat, wie Huß auf dem Scheiterhaufen dem das Feuer schürenden Mütterchen gegenüber nur die lächelnden Worte hatte: „O sancta simplicitas!" schließt er: „Ich weiß keinen schönern Zug in der ganzen Geschichte. Wie Erasmus sich kaum enthalten konnte, auszurufen: „„O sancte Socrates, ora pro nobis!"", so möchte ich ausrufen: „„O heiliger Huß, bitte für uns!"" sollten auch die Katholiken mich als einen Hußiten verketzern und die protestantischen Eiferer auf meinem Scheitel nach der Tonsur forschen, weil ich einen Heiligen anrufte. — Guter Lavater, laß dich immer von ihnen verketzern! Den Joh. Huß verbrannten Katholiken des funfzehnten Jahrhunderts, dich verfolgen Leute des achtzehnten Jahrhunderts und nennen sich Protestanten."

Daß Stolberg hierbei in keiner Weise Boß gemeint hatte, dazu hätte es kaum seiner Versicherungen (S. 169) zu bedürfen brauchen. Aber in seiner mißtrauischen Reizbarkeit glaubte dennoch Boß sich getroffen. „Ich beschwerte mich" schreibt er (a. o O.) „über das harte Urteil, da ihm bekannt sei, ich selbst denke gleich den Verurteilten über Schriftglauben und Köhlerglauben." Stolbergs Antwort vom 23. Febr. scheint ihn übrigens in dieser Hinsicht befriedigt zu haben; denn er giebt die betr. Stelle ohne weitere Bemerkung wieder.

Wenn übrigens Stolberg Boß für „keinen Freund der Berliner" hielt, so irrte er sich; im Herzen wenigstens stand er längst auf ihrer Seite. Wie bereits der Berliner Bibliothekar Joh. Erich Biester (1749—1816), durch seine „Berlinische Monatsschrift" 2c. neben Nicolai der Hauptvertreter der Berliner „Aufklärung," am 18. April 1787 Boß durch v. Halem seiner „wahren Freundschaft" hatte versichern lassen, da er sich von ihm geschätzt wisse (v. Halems Selbstbiographie. Briefe S. 58), so spendete Boß selbst am 27. Aug. desselben Jahres Nicolai bei seinem „siegreichen Kampfe mit Schwärmerei und Pfaffenlist freudigen Zuruf" (Boß' Briefe III, 2 S. 131).

Flensburg. Voß war wiederholt von Stolberg zum Frühling nach Neuenburg eingeladen worden (vgl. S. 159. 164. 168).

Seite 170. „Die Insel" erschien Leipzig 1788 (Ges. W. III, S. 89 ff). Sie zerfällt in zwei „Bücher": Das erste enthält „Die Gespräche des Sophron mit seinen Freunden" (über Dichtkunst, Musik ꝛc.), das zweite enthält Gedichte, ferner „Aura. Eine Erzählung von Psyche" [der Gräfin Agnes] und die Dichtung „Feier der Schöpfung".

Bastianis (?) griechischer Vergil ist mir nicht bekannt. ἰείμσυ vgl. S. 395.

Der Brief Bürgers vom Ende Jan. 1787 befindet sich bei Strodtmann III, S. 176 ff; ebenda S. 178 ff Stolbergs herzliche Antwort vom 6. Febr. 1787. Seine eifrigen, allerdings vergeblichen Bemühungen für eine Anstellung Bürgers beweisen seine fernern Briefe (Strodtmann III, S. 180. 181. 183, 186. 199). Bekanntlich wurde Bürger, welcher seit 1784 in Göttingen Docent war, im Herbst 1789 ebendaselbst unbesoldeter außerordentlicher Professor.

Seite 171. Zur Berufung des ihm Herbst 1784 in Eutin persönlich bekannt gewordenen Schulz nach Kopenhagen hatte Stolberg mitgewirkt (Voß' Briefe III, 1, S 37).

Aus „Apollons Hain" erschienen die Balladen „Der Kukuk" und „Ikaros" mit Schulz' Kompositionen im Musenalm. 1788 S. 53 bezw. S. 84 (Ges. W. V. S. 107 bezw. 105).

111.

Zum Verständnis dieses Briefes vgl. man folgende Stellen aus Vossens „im März 1787" an Boie gerichteten Briefe: „Diesen Brief [Nr. 107] möchte ich gern als das Erste und Letzte ansehen. Aber sein eisernes Stillschweigen über den Fortgang meiner Arbeit und die sauersüßen Fragen seiner Schwester [Katharina], die durch Stolbergs Hände gehen, sind sehr kränkend. Soll ich mir Stolberg, ihn als den Hund auf dem Heu denken? Ich mußte meinem Herzen einmal Luft schaffen. Aber den Finger auf den Mund. Lieber Boie, Absterben der Freundschaft ist ein gräßlicher Gedanke. Nun kommt dazu die dumme Sache mit Lavater. Ich fürchte gar sehr, daß bei Stolberg eins auf das andere Einfluß habe. Er ist grade der Antipode in Briefen von dem der er hier mündlich war, und bringt ein mit Machtsprüchen und Schmähungen, daß man zuletzt wohl nicht weiter zurückweichen kann. Ich sinne hin und her, nichts zu thun, was mich gereuen könnte; so wird es ja wol noch vorübergehn" (Voß' Briefe III, 1, S. 163, ergänzt bei Herbst II, S. 278 f).

In der „Bestätigung" (S. 176) schreibt er: „Troz allem Unwetter wuchs die Ilias fröhlich fort. . . . Beschlossen war: Bis Stolberg die Ilias anfodert, bleibt sie im Pult. — Acht Monate hatt' er gemuckt; der zwanzigste Gesang war fertig. Nun wollte Robinson doch sehn, ob sein Spielwerk in die Welt segeln könnte, ob das launische Lüftchen sich verwandelte zu Fahrwind. Am Ende des Merz schrieb ich an Stolberg dieses Inhalts: Lassen wir Lavaters Sache ruhn, und auf unsere Ilias zurückkommen. Sie hebt schon die Fittige, aber um froh auszufliegen, bedarf sie Ihrer freundlichen Aufmunterung. — Die Antwort vom 6. April lautete." ꝛc.

Daß Stolberg in der That seinen Brief von 20. Okt. „treu= herzig gemeint" hatte, beweist der Umstand, daß er am 18. Jan. 1787 Voß' Übersetzung des I. Buches der Ilias an v. Halem sandte mit den Worten: „Es ist ein ἔργον Ἡγαιστου [vgl. S. 196]. Es würde mir für mich selber Leid thun, wenn ich verblendet genug wäre, nicht zu sehen, wie sehr Voß meine Übersetzung übertroffen hat" (v. Halems Selbstbiographie. Briefe S. 43). Und als v. Halem dagegen Einsprache erhob, antwortete Stol= berg am 6. Febr. 1787: „Ihr Urteil über meine Ilias und Vossens ist sehr schmeichelhaft. Aber ich kann es wahrlich nicht unterschreiben; ich halte Vossens für viel besser" (ebenda S. 45). Auch in seiner späteren „Reise in Deutschland, der Schweiz, Italien und Sicilien" ꝛc. citiert er die Ilias nur nach der Voßschen Übersetzung.

Seite 172. Balladen vgl. S. 438.

Agnes' Schwester vgl. S. 210.

Stolbergs „Frühlingslied auf die Weise Marlborough s'en va en guerre" erschien im Musenalm. 1788 S. 73. (Ges. W. I, S. 346).

Wie der Geschichtsschreiber Karl Ludwig von Woltmann (1770—1817) spätet berichtet (Sämtliche Werke, Leipzig 1818 I, S. 24), gehörten „diese [damals verlebten] Tage bei Stolberg im anmutigen Kreise seiner Agnes und ihnen nahe verwandter Frauen zu dem reinsten Glück, das dem Jüngling geworden." Voß hat übrigens keine Gedichte von ihm aufgenommen.

112.

Seite 173. Voß, durch Stolbergs vorigen Brief keineswegs zufrieden gestellt, fährt, nachdem er die Hauptstellen daraus mitgeteilt, fort („Bestätigung" S. 177): „Heißt das freundschaftliche Aufmunterung? Schreibt man so einem Freunde, mit dem man, auch gespannt, ungern brechen will? Das zulezt aufgerafte „Sektirer" war verdreht, wie das Übrige. Wer von der unerwünscht vorgeworfenen Sandbank Lavater abarbeitete, sollte der mit diesem schneidenden Worte noch tiefer hineinmalmen? Dann hätte nicht Stolberg im Eingang die Lavaterische Sache für geschlossen erklärt. Schweigen, und Apollons Hain samt der Insel ohne Tadel und Lob zurückzusenden, war das klügste. Das aber verbot Agnes', der still trauernden, Bild. Mit dem Gedanken an Sie, versucht' ich das Schiefgedrehete einzugleichen, und hofte nebst meiner Frau einen leidlichen Erfolg. Vergebens. Stolbergs Antwort vom 17. April 87 tobte [?] wie gegen Unduldsamkeit."

Jerusalem vgl. S. 379.

Gottfried Leß (1736—1797) war damals Konsistorialrat in Göttingen.

Georg Joachim Zollikofer (1730—1788), Verfasser geistlicher Lieder, war Prediger der reformierten Gemeinde zu Leipzig.

Den bekannten Pädagogen Johann Bernhard Basedow (1723—1790) hatte Stolberg am 5. Dec. 1775 in Dessau kennen und schätzen gelernt (Janssen I, S. 64). Um so mehr bedauerte er seine rationalistische Richtung (ebenda S. 121, 232).

Johann Friedrich Jacobi (1712—1791), der Oheim der Brüder Jacobi, war Konsistorialrat und Generalsuperintendent in Celle.

Jacobi in Düsseldorf vgl. zu Nr. 148.

Spalding vgl. S. 410.

Den reformierten Züricher Theologen Johann Jacob Heß (1741—1821) hatte Stolberg auf seiner Schweizerreise schätzen gelernt (Janssen I, S. 40. 43. 45. 56). Auf seiner späteren Reise (1791) besuchte er ihn abermals.

Der Züricher Prediger Johannes Tobler (1732—1808) war der Übersetzer von Thomsons „Jahreszeiten" (Zürich 1766).

Johann Salomo Semler (1725—1791) war Professor der Theologie in Halle.

Über Johann Georg Schlosser vgl. zu Nr. 149.

Biester vgl. S. 437.

mit bittern und beschimpfenden Scheltworten gegen meinen Freund [vgl. S. 178: „Ihr Schimpfen, bittres Höhnen, Stürmen"]. Und doch schreibt Voß am 18. Sept. 1792 an Miller: „Niemals in meinem Leben hab' ich Stolberg in seinem Glauben gestört, niemals selbst über sein öffentliches Einstimmen in des mir verhaßten Lavaters Mei= nungen und Urteile mein Mißfallen geäußert, weil ich niemals gefragt wurde" (Voß' Briefe II, S. 125).

Mißbrauch meiner Epistel vgl. zu S. 162.

credat etc. („Das glaube der Jude ꝛc.") aus Horat. Sat. V, 100.

Seite 174. brüderliche Warnung ꝛc. Die letzte Strophe schließt nämlich:

. . . „Selig,
Welche nicht sehen, und dennoch glauben."

Den Züricher Dramatiker Johann Jacob Hottinger (1750—1819) hatte Stolberg, ohne ihn zu nennen, als Gegner Lavaters beleidigt in seinem „Schreiben an Herrn Matthias Claudius" ꝛc. (vgl. S. 351). Hottingers Angriffe finden sich, wie mir Redlich mitteilt, in seinem „Sendschreiben an den Verfasser der Nachricht von den Zürcherischen Gelehrten . . . von einem Zürcherischen Geistlichen" (Berlin und Leipzig 1775), ferner in der „Allgem. Deutsch. Bibliothek", 26, II, S. 596 ff, in der Berl. Monatsschr. 1786. Decbr. S. 575 ff, 1787. Febr. S. 191 ff.

Der berühmte Komponist Johann Friedrich Reichardt (1752—1814), damals Hofkapellmeister in Berlin, war als ein=

seitiger Lavaterianer aufgetreten (Berl. Monatsschr. 1787 S. 192 ff, vgl. Voß' Briefe III, 2. S. 123). Später wurde er übrigens mit dem ihm schon 1774 persönlich bekannt gewordenen (Voß' Briefe I, S. 247) Voß, von dem er mehrere Gedichte komponiert hat, sehr befreundet.

Fünf Jdyllen (in Hexametern) befinden sich im II. Buche der „Insel."

Seite 175. Pindar. „Größer als Klopstock ist Pindar doch nicht; ich mag es noch nicht sagen, daß er schlechter ist" hatte Voß im Nov. 1772 an Brückner geschrieben (Herbst I, S. 78).

Horaz vgl. S. 16.

hanc veniam etc. („Ich verstatte mir selbst dies Recht und gewähr' es auch andern") Horat. de arte poetica 11.

113.

Seite 176. Zum Verständnis dieses Briefes vgl. Voß' Brief an Boie aus dem April 1787: „Ich habe eben einen Abschiedsbrief an Stolberg geschrieben, lieber Boie. Sein Betragen war auf allen Seiten unwürdig. Vielleicht erschüttert ihn noch der ernste Abschied, sonst muß ich mich mit meiner Redlichkeit trösten. Seine Äußerungen und Wendungen für Lavater sind ganz eines Lavaterianers würdig. Ein anderes Mißverständnis ist, daß er mein Urtheil über seine Sachen verlangt, und wenn ich's nicht übereinstimmend mit dem Urtheil seiner Familie gebe, spottet und schimpft. So konnte es nicht länger bleiben" (Briefe III, 1, S. 164). In der „Bestätigung" (S. 178) heißt es: „Unser Gefühl war, was Ernestine gegen den Tobenden elf Jahre nachher von neuem aussprach: Trennung! Innig gerührt lud ich Stolberg in eine der Himmelslauben, wo ihm sein Freund anders erscheinen würde."

Seite 177. Lavaters Glaube an die Heilwirkung des tierischen Magnetismus, den er angeblich an seiner eigenen Frau mit sichtbarem Erfolge hatte anwenden sehn, gab vielen Anstoß, u. a. auch Klopstock (vgl. Muncker, Klopstock S. 540). Vgl. Vossens derbes Spottgedicht „Rundgesang für die Treuen des Zirkels. 7. April 1787" (Musenalm. 1788 S. 37, bei Sauer S. 266).

Einen Brief von ihm vgl. 156.

Schwester. Die Gräfin Katharine vgl. S. 86 ff.

Voß glaubte auf die Äußerungen Stolbergs über Lavater an Miller am 31. Sept. 1787 schreiben zu können: „Ich habe hierüber [Toleranz und Intoleranz] mit Stolberg scharfe Briefe gewechselt, endlich verstanden wir uns. Ich glaube nicht, daß er sich des engelreinen Lavaters ferner annehmen wird" (Voß Briefe III, 2, S. 122 f).

Seite 179. Okeanos reitet auf einem Greif zum Prometheus in dem von Stolberg übersetzten „Prometheus in Banden" des Äschylus.

Brautkranz in der Muhme Hand. Anspielung auf die zu S. 133 mitgeteilte Stelle aus Stolbergs Gedicht „An Voß", über welches dieser sich also noch nachträglich beschwert hatte.

vielen Herzensfreunde. Schon am 7. Nov. 1775 preist Stolberg in einem Briefe an Katharina sein Glück, „Freunde so gut und soviel" zu haben, „wie kein Mensch das Recht hat zu hoffen, in einem Menschenleben anzutreffen ... Gottlob, daß mir keiner entgangen ist, den ich zum Freunde gewünscht habe" (Janssen I, S. 58). Mit Recht bemerkt Herbst (II, 1, S. 35): „Voß war nicht frei von Freundeseifersucht. Er wollte den Freund ganz, am wenigsten ihn teilen mit Schwärmern und Mystikern [vgl. S. 347]. Seine Genügsamkeit und Eremitennatur thut sich auch darin kund, daß er nur von wenigen Freunden wissen wollte. Stolberg aber, nach Stand und Familienzusammenhang, von seinen Reisen her wie aus innerstem Bedürfnis, machte ganz andere Ansprüche, in seinem Herzen fanden damals viele und vielartige Raum."

ἑῶν ꝛc. aus Ilias III, 65 („ehrenvolle Gaben der Götter" übersetzt Stolberg).

Seite 180. Wasserstraße vgl. S. 387. Kleine See vgl. S. 426.

Der in der Münchener Sammlung fehlende Brief von Agnes ist der „Bestätigung" S. 179 f entnommen. „So schrieb auch Kätchen Worte der Versöhnung," berichtet Voß ferner in der „Bestätigung" (S. 179).

114.

Seite 181. Τὰ δ' ὅπισθεν aus Jlias IX, 519 (Stolberg: „Aber sieh, er giebt dir ja viel und vieles verheißt er ... Billig hast du gezürnt, laß nun dich wieder versöhnen!")

Gustchen vgl. S. 183. Aus der Flensburger Reise wurde übrigens nichts.

Pyrmonter war Voß von Hensler auch für 1787 ver= ordnet worden (Voß' Briefe III, 1, S. 166).

Seite 182. Von der Ἄτη, der Göttin der Bethörung, ist in Jlias IX, 504—512 (also vor der oben angeführten Stelle) die Rede.

Nachdem Voß aus diesem Briefe die Hauptstellen mit= geteilt, fährt er fort („Bestätigung" S. 180): „So spricht der damalige Stolberg. Nun soll ich zanksüchtig gewesen sein und herbe!" !!

115.

Fehlt in der Münchener Sammlung; in der „Bestä= tigung" S. 180.

116.

Seite 183. Ahrensburg vgl. S. 410.

Verlust der lieben Ernestine. Nach Redlichs Vermu= tung der Tod von Jessens zweiter Frau Elise geb. Boie (vgl. S. 317).

Über Stolbergs Reise vgl. S. 445.

Baudissin vgl. zu Nr. 102 und 117.

Seite 184. Hans Voß vgl. S. 414.

„Im Juni 1787" schrieb Voß an Boie (Voß' Briefe III, 1, S. 166 f): „Der Kreis der Unsrigen wird immer kleiner, und unter den Freunden, wie man leicht genug heißt, findet sich so viele Spreu, die bei dem geringsten Hauch der Selbstliebe ver= weht. Stolberg meine ich nicht, der ist wiedergekehrt, wiewohl ich noch immer fürchte, daß unsre entgegengesetzten Urteile über Lavaters und seiner Gegner Sache kein gutes Blut erzeugen

..... Nächstens werden wir uns sehn, da wird denn ja wol alles ausgeglichen werden." — Indessen sagen wir mit Herbst (II, 1, S. 44): „Das innerste Leben der Freundschaft, ein mögliches und immer wieder wirkliches Sich= begegnen und Verstehen in den heiligsten Lebens= fragen — es war unwiederbringlich verloren; der tiefe Dissensus war aufgedeckt."

117.

Etwa am 20 Jun. reiste Stolberg mit seiner Familie nach Borstel, wo inzwischen Graf Bernstorff mit seiner Gemahlin Auguste geb. Stolberg angekommen war. Von hier kamen Stolberg und Agnes am 26. Jun. auf anderthalb Tage nach Eutin und zwar mit Klopstock. „Unser Wiedersehen" schreibt Voß („Bestätigung" S. 180) „war wehmütiger Genuß, heitrer Sonnenblick auf noch tröpfelndes Laub. Ruhe zum Aussprechen war nicht, weil Klopstock mitkam und viel Zerstreuendes sich sammelte." — „Ein solcher Besuch stärkt auf lange Zeit," schrieb er am 21. Sept. 1787 an Gleim (Voß' Briefe II, S. 285). — „Mit Klopstock, dem ewigen Jüngling, habe ich andert= halb schöne Tage in Eutin bei unserm Voß zugebracht und hoffe ihn bald hier zu sehen" schrieb Stolberg am 5. Jul. 1787 an v. Halem (Selbstbiographie. Briefe, S. 60). Erst am 21. Jul. kamen Stolberg und Agnes von Borstel nach Knoop, dem nördlich von Kiel gelegenen Landsitze des Grafen Heinr. Friedr. v. Baudissin, und von hier am 3. Aug. mit dem Grafen Frie= drich Reventlow und seiner Gemahlin Julie auf deren Gut Emkendorf (zwischen Kiel und Rendsburg); von hier kehrten sie am 8. Aug. über Hamburg nach Neuenburg zurück, wo sie am 10. Aug. wieder eintrafen (vgl. Hennes, Herzog Peter S. 340 ff).

In Ascheberg (am Plöner See, Ortschaft und Gut des Reichsgrafen von Rantzau, vgl. zu Nr. 158) hatte ein zweites Wiedersehen stattgefunden. „Voriges Jahr", schrieb Voß am 10. Jun. 1788 an Gleim, „ob er [Stolberg] gleich in meinem Hause wohnte, genossen wir uns erst einen schönen Tag in

Aſchberg, wohin er mich auf der Rückreiſe von Graf Baudiſſin nach Hamburg beſchieden hatte" (Voß' Briefe II, S. 287).

Seite 185. Die Wünſche bezogen ſich auf die Eutiner Präſidentenſtelle, welche Stolberg auch ſpäter erhielt. Es war das auch nach den Worten Erneſtinens (Voß' Briefe III, 1, S. 51) „einer von Agnes' Lieblingswünſchen geweſen, wobei wir uns ein ſeliges Zuſammenleben bis ans Ende träumten."

Goekingk, damals Kriegs= und Domänenrat in Magde= burg, hatte Voß wieder mit dem Muſenalmanach für 1788 trotz aller Verſprechungen völlig im Stich gelaſſen, ſodaß Voß wie er am 21. Sept. 1787 an Miller ſchrieb (ungedruckt), „die Ver= bindung mit dem eitlen ſelbſtſüchtigen und windigen G." auf= geſchrieben hatte. Vgl. auch Voß' Briefe II, S. 283. III. 1, S. 167.

Von Voß ſelbſt, welcher in der Sorge „ein Lied nach dem andern machte," wie er in dem erwähnten Briefe an Miller ſchreibt, enthält der Muſenalmanach 1788 nicht weniger als 13 Beiträge, darunter die warme „Elegie. An Katharina Gräfin zu Stolberg" (S. 157, ſpäter einfach „An Katharina", „Gedichte" 1835, S. 133), und das Lied „Im Grünen" (S. 142, mit der Kompoſition von Schulz, bei Sauer S. 264).

Abendlied vgl. S. 407.

Frühlingslied vgl. S. 439.

Außer den Liedern aus „Apollons Hain" (vgl. S. 438), dem „Frühlingslied" enthält der Muſenalm. für 1788 von Stolberg nur noch das „Winterlied" (vgl. zu S. 189).

Seinen Freund Ebert hatte Stolberg in Hamburg geſehn (Hennes, Herzog Peter S. 342).

Georg Ludwig Ahlemann (1721—1787), Konſiſtorialrat und Kirchenprobſt in Altona, der Biograph des älteren Bern= ſtorff (Hamburg, 1777) wird von Stolberg in der 9. Jambe als Muſter eines „weiſen und guten" Prieſters hingeſtellt; ſpäter ſchrieb er ihm eine herzliche poetiſche Grabſchrift (Geſ. W. II, S. 36). Seine Frau hatte er 1785 verloren (vgl. Janſſen I, S. 171).

Seite 186. „Die Baudiſſin" (vgl. S. 425), welche be= reits 1779 (Hamburg) „Die Dorfgeſellſchaft, ein unterrichtendes

Lesebuch für das Volk" und 1782 (Deutsch. Muf. II, S. 7 ff)
„Briefe der Agnes und Ida" veröffentlicht hatte, ließ im
Deutsch. Muf. 1788 (I, S. 1 ff) „Karl, eine Erzählung. An
Fr. L. Grafen zu Stolberg" erscheinen; hieran hat Stolberg
in seinem Briefe wohl gedacht. Weiteres ist nicht von ihr
veröffentlicht.

Esmarch war 1784—1801 Zollverwalter an der Holten=
auer Schleuse (an der Mündung des schleswig=holsteinischen
Kanals).

Über die Elegie und das Lied vgl. zum vorigen Briefe.

„Publii Virgilii Maronis Georgicon, Libri Quatuor.
Des Publ. Virgilius Maro Landbau. Vier Gesänge. Über=
setzt und erklärt von J. H. Voß" erschien 1789 (Eutin und
Hamburg), nachdem vom ersten Gesang B. 1—168 im Deutsch.
Muf. 1783, I, S. 10 ff, und der ganze erste Gesang im Musen=
alm. 1788, S. 91 ff gestanden und der Musenalm. 1789 am
Schluß die Ankündigung erhalten hatte. Angeregt worden zu
der Übersetzung war Voß durch die Gräfin Luise Stolberg
bereits 1782.

Gerstenberg wurde von Voß der Zwischenträgereien und
Angebereien bei Klopstock hinsichtlich metrischer Streitpunkte be=
schuldigt (vgl. Herbst II, 1, S. 20). Später stellte sich ein leid=
liches Verhältnis wieder her.

118.

Seite 187. Laß saufen ꝛc. aus Bürgers „Lenore".

„Willkommen im Grünen" beginnt Voß' Gedicht
„Im Grünen" (vgl. S. 446).

Von Agnes erschien das „Lied" („Melodie! Schöne Ver=
traute der liebenden Seele" ꝛc.) im Musenalm. 1788, S. 204,
unterschrieben: Psyche. Vgl. S. 192.

Über die Recension des letzten Musenalm. in der
Jenaer Allgemeinen Litteratur=Zeitung schreibt Voß
am 23. Sept. 87 an v. Halem: „Ich begreife nicht, wie die
Recensionen . . . in die Allg. Litt. Ztg. gekommen sind. Über
die einzelnen Flegeleien (das ist das honneteste Wort für so
was) etwas zu sagen, schien mir unter uns zu seyn und Sie

müssen sich solche Dinge nicht zu Gemüte ziehn" (v. Halems Selbstbiographie. Briefe S. 63).

Von v. Halem hatte der Musenalm. 1787 sieben Stücke gebracht (sechs Lieder und ein Epigramm). Vgl. Vossens abfälliges Urteil über frühere Gedichte Halems in Voß' Briefen III, 1, S. 153.

Holmers ältester Sohn Magnus Friedrich, geb. 25. Nov. 1781, wurde 1804 Kammerjunker.

Der Philosoph Karl Leonh. Reinhold (1758—1823), der Schwiegersohn Wielands, damals Prof. der Philosophie in Jena, ein rühriger Illuminat, giebt in dem Briefe (in v. Halems Selbstbiographie. Briefe S. 60 ff) zu, daß, wenn die von der bayrischen Regierung (welche bereits unter dem 22. Jun. 1784 alle geheimen Gesellschaften verboten und unter dem 2. März 1785 die Auflösung des Illuminaten-Ordens verfügt hatte) veröffentlichten „Originalschriften der Illuminaten" (München, 1787) echt seien, was sie in der That waren, „Spartakus [der Geheimname für Weishaupt] seine moralische Existenz auf immer verwirkt" habe, und der „Name Illuminat stinkend werden" müsse. Indessen glaubt er, daß „wenn sich auch in der Bayerschen Quelle Unreinigkeiten befanden," dieselben durch „den Kanal, aus dem sie [Halem und er] geschöpft" hätten, „durchgängig geläutert" worden seien. „Aufgegeben werden" aber könne „weder der Zweck noch die wesentlichen Mittel" desselben. Natürlich hatte v. Halem an den Nicht-Illuminaten Stolberg nicht alles aus dem Briefe wörtlich mitgeteilt.

Seite 188. Boie vermählte sich am 9. Jul. mit Sara von Hugo, einer Freundin seiner verstorbenen Frau.

Burchard von Witzleben lebte damals in Eckernförde (vgl. Hennes, Herzog Peter S. 363).

Seite 189. Ernst der älteste Sohn Stolbergs.

119.

„Dem entnebelten Agnes-Stolberg," schreibt Voß in der „Bestätigung" (S. 181), „sang ich im August ein Lied auf den Freundschaftsbund, der mir durch Rechtlichkeit und friedsamen Wahrheitssinn auf ewig geknüpft und hinfort keinem

Gezänk um Meinung und Fantasie trennbar dünkte; unter anderem:

> Einmütig hält auf Recht und Pflicht
> Und handelt, Freund und Freund;
> Doch trägt man gern, und quält sich nicht,
> Was jeder glaubt und meint.
> Der zieht den Duft der Rose vor,
> Der andre liebt den Nelkenflor.

Es ist dies die 6. Strophe des Gedichtes „Freundschafts= bund" (Musenalm. 1788 S. 197, bei Sauer S. 270). Wir teilen noch die 8. und die 10 (letzte) Strophe mit:

> „Ein Herz und eine Seele sei
> Mit seinem Freund der Freund:
> Liebreich und wahrhaft, mild und frei,
> In Fern' und Tod vereint!
> Einst bringt, wer früher starb, in Glanz
> Dem Brudergeist den Palmenkranz!
>
> . . . . . .
>
> Wir schütteln herzlich uns die Hand,
> Und teilen Freud' und Not!
> Sei dieser Kuß der Freundschaft Pfand
> Durch Leben und durch Tod!
> Wie David seinen Jonathan,
> Und Voß dich, Stolberg, liebgewann!"

Die beiden letzten Verse änderte Voß schon 1795:

> „Nichts soll und kann uns je entzwein!
> Mein Freund ist mein, und ich bin sein!"

Leider war Voß weit davon entfernt, die in dem Gedicht ausgesprochene Milde und Toleranz dem Freunde gegenüber wirklich auszuüben.

Nachdem Voß dann den ersten und dritten Satz aus dem Dankesbriefe Stolbergs mitgeteilt hat, fährt er fort: „Des Ge= kränkten Herz floß in Gesang über, nicht des Kränkenden. Wie so manchen Herzensgesang von mir, nahm Stolberg auch diesen auf, — als Huldigung." Als wenn Stolberg herzlicher hätte danken können! „Was nun unsere Freundschaft hieß," fährt Voß fort, „war nicht mehr jene von Agnes erneute Bundes=

Stolberg: Briefe.   29

treue, sondern, bei herzlichem Wohlwollen, freundlich behutsame Mittheilung über meist äußere Verhältnisse."

Stolbergs „Winterlied" erschien im Musenalm. 1788 S. 205 (Ges. W. II, S. 3, im „Inhalt" fälschlich in das Jahr 1786 gesetzt).

Der von Stolberg gerügte Vers (Strophe V, 2) erhielt schon im Musenalm. die Fassung: „Und schmaust mit uns auf grobem Zwilch,"

Über Goekingk vgl. S. 446.

Von Jacobi enthält der Musenalm. 1788 nichts.

Die „Feier der Schöpfung," eine chorische Dichtung, bildet den Schluß der „Insel".

Seite 190. kalmeusern verdrossen grübeln (vgl. Voß' Briefe I, S. 17).

120.

Nur in der „Bestätigung" (S. 181).

121.

Das Gedicht „Die Sterne" erschien im Musenalm. 1788, S. 214 („Werke" 1835 S. 172), „Das Landmädchen" ebenda S. 166 (Sauer S. 369).

Über die „Elegie an Käthchen" vgl. S. 446. Die angezogene Stelle lautet (Schlußvers):

„. . und auf Abendrot wallet der segelnde Schwan."

Seite 191. Von Gleim brachte der Musenalm. 1788 sechszehn Gedichte, darunter: „Abschied von den väterlichen Fluren. Den 6. Juny 1787" (S. 151) und (S. 200) das ironische Epigramm „Auf einen von den Herausgebern unsrer Musenalmanache" [Schmid, vgl. oben S. 335].

Klopstock ist vertreten mit „An die Übersetzer der Ausländer. Ode" (S. 182). Stolberg spielt auf folgende Stellen an: III, 3: „Unglükliche sind uns heilig! . . . .

IV, 4: [Der Fremde] Verachtet euch,

   V Weil ihr ihn vorzieht! Faßt ihr nun,
      Daß wir auf euch voll Mitleid sehn?
      Ergründet ihr nun, daß ihr unglüklich,
      Uns heilig seib?"

Von Johann Gaudenz von Salis=-Seewis (1762—1834) brachte der Musenalm. 1788 drei Gedichte. „Wenn du an Salis schreibst," bittet Voß am 8. Sept. 1789 Miller, „so erinnere ihn, mich reichlicher mit Beiträgen zum Almanach zu unterstützen. Er scheint mir der auferstandene Hölty" (Voß' Briefe II, S. 121).

Von Halem brachte der Musenalm. fünf Beiträge (vgl. oben S. 448).

Birgilische Übersetzung vgl. S. 447.

Cyklopentanz Anspielung auf Horat. satir. I, 5, 63.

Stolbergs „Danklied" (Musenalm. 1789, S. 7, Ges. W. II, S. 6) nennt Voß in dem Briefe vom 21. Sept. 1787 an Miller „ein vortrefliches moralisches Lied . . . von der Art, wie ich so gerne selbst welche machen möchte" (Briefe III, 2, S. 122). „Es töne zu der Saite Klang" Fassung des Musenalm.

„Die verdrängten" Gedichte Voßens sind: „Der Rund= gesang beim Punsche" (vgl. zu S. 192) und wahrscheinlich das „Dröscherlied" (Musenalm. 1789 S. 82, Sauer S. 277).

Von Pfeffel enthält der Musenalm. 1788 fünf Beiträge, darunter: „Der Philosoph und die Wahrheit" (S. 139) mit dem Schluß:

> „. . . . . laß dir bedeuten
> Daß schon seit vielen Jahren her
> Die Philosophen alle reiten."

Holmer (vgl. S. 187). Voß scheint sich erboten zu haben, seinen ältesten Sohn zu sich zu nehmen.

122.

Seite 192. „Weichliche Chineser Thee als Weih= nachtsgeschenk.

„Der Rundgesang beim Punsche" erschien im Musen= alm. 1789, S. 26 mit der Komposition von Schulz („Werke" 1835, S. 168).

Seite 193. Über den Chirurgus Bach vgl. S. 240.

Heyne hatte für seine Vergilausgabe durch Boie von Voß handschriftliche Anmerkungen erbeten und erhalten. Es

wurde das aber Anlaß zu einem neuen Streite (vgl. Voß'
Briefe III, S. 168, II, S. 216, Herbst II, 1, S. 98).

Georgica vgl. S. 447.

Von Voß' Jlias=Übersetzung erschienen drei Proben
aus dem 3., 18. und 12. Gesang im Musenalm. 1789, S. 164 ff,
184 ff, 208 ff, der 9. Gesang im Neuen Deutsch. Muf. 1790,
II, S. 1 ff; die ganze Übersetzung erschien erst in „Homers
Werke übersetzt. Die Jlias neu, die Odyssee umgearbeitet"
(Altona 1793).

Christian Felix Weisse (1726—1804) gab damals die
„Neue Bibliothek der schönen Wissenschaften und der freyen
Künste" (Leipzig 1765—1806) heraus, an der u. a. auch Jo=
hann Karl Wezel (1747—1819) mitwirkte.

Die „Insel" erschien bei Göschen in Leipzig.

Der Carlsruher Nachdrucker ist Christian Gottlieb
Schmieder, welcher in seiner umfangreichen „Sammlung der
besten deutschen prosaischen Schriftsteller und Dichter" alle neu
erscheinenden Werke von Bedeutung, soweit sie nicht besonders
geschützt waren, nachdruckte.

Die I. Auflage der Äschylus=Ausgabe (3 Bände) von
Chr. G. Schütz erschien 1782—1794 (Halle). Mehr als die
genannten vier Dramen hat Stolberg übrigens von Äschylus
nicht übersetzt, auch den „Agamemnon nicht (vgl. S. 411).

Der „Numa" ist auch nicht erschienen.

Über die Hoffnungen vgl. S. 446.

Seite 194. Ἠστι ꝛc. („Auch in eitlen Küssen liegt süßes
Entzücken" Theocrit. III, 20.

Danklied vgl. S. 451.

Voß' Georgika=Ausgabe wurde in der That von Voß
dem Landesherrn (welchen auch Voß „für Poesie nicht gestimmt"
nennt, Briefe II, S. 358) gewidmet. „Der Bischof ist mir ge=
wogen," schreibt Voß am 21. Oct. 1789 an Gleim, „aber an
eine Verbesserung [der Stelle] denkt er wol nicht ... Durch
den Grafen Holmer ist die Frage an mich gelangt, was mir
als Ehrengeschenk für meine Zueignung der Georgica am will=
kommensten wäre: Geld, Kleinod oder Buch. Natürlich war's
ein Buch; ein spanischer Don Quixote" (Briefe II, S. 293).

123.

Am 20. Febr. 1788, früher als man erwartet hatte, wurde Stolberg die zweite Tochter geboren, welche nach ihren Patinnen, seiner Schwester Henriette Katharina, seiner Schwägerin Luise Stolberg und der Gräfin Juliane Reventlow den Namen Henriette Luise Juliane erhielt.

Seite 196. ἔργον 2c („ein Kunstwerk des Hephaistos"), Odyss. IV, 617.

Sophron vgl. S. 438.

Herders „Zerstreute Blätter. Dritte Sammlung" (Gotha 1787) enthielten u. a. die „Bilder und Träume".

Friedrich Burchard Benecken war Kandidat des Predigtamts zu Kloster Weningsen bei Hannover (1790 Prediger zu Ronneberg). Von seinem „Jahrbuche für die Menschheit," zu dem auch Miller Beiträge lieferte, erschienen drei Jahrgänge zu je 12 Stücken, Hannover 1788—90.

Seite 197. Stolbergs „Athenensisches Gespräch" (zwischen Euripides und Ariston, dem Vater des Platon) erschien im Deutsch. Mus. 1788, I, S. 105 ff (Ges. W. X, S. 414).

Die „Oeffentliche Rüge" von „Elias Erdmann" befindet sich im Deutsch. Mus. 1787, II, S 411—24. Am 11. Sept. 1787 schrieb Stolberg an seinen Bruder: „O des elenden Philosophasters und Pädagogen! Ich fand diese Anmerkung [über den Rheinfall und die Kraftgenies, in Campe's „Reise in die Schweiz", Bd. 15 seiner sämtl. Jugendschriften] recht gut gerügt in einem Stück des Museums. Gleichwohl setzte ich schon den Kiel an meinem Manuscript der Insel, um Campe einen Stich en passant zu geben. Aber ich will diesen Dorn nicht in einen Kranz flechten, welchen die Hand der Liebe gewunden hat. Doch soll mir Campe nicht ungestraft den Rhein und die Natur gelästert haben" (Janssen I, S. 192).

Von Schiller war im „Teutschen Merkur" 1788, I, S. 3 ff „Der Abfall der vereinigten Niederlande von der spanischen Regierung" erschienen, welchem ebenda I, S. 136 ff: „Niederländische Rebellion unter Philipp dem Zweiten", und noch in demselben Jahre (Leipzig) die „Geschichte des Abfalls der vereinigten Niederlande" 2c. folgte. Ebenfalls 1788 erschien von Schiller „Die Götter Griechenlands" (Teutsch. Merkur 1788, I, S. 250 ff), gegen welche sich Stolberg bekanntlich in seinen „Gedanken über Hrn. Schillers Gedicht Die Götter Griechenlands" (Deutsch. Muf. II, 1788, S. 97 ff, Gef. W. X, S. 424 ff) wandte.

Sir Warren Hastings (1732—1818), 1773—85 General= gouverneur von Ostindien, wurde 1786 von Edmund Burke der Erpressung angeklagt, aber 1795 freigesprochen.

124.

Seite 198. Zu hohe Gehaltsforderungen Vossens ließen seine Berufung zum ordentlichen Professor der klassischen Litteratur an der Universität Kiel scheitern. Vgl. Herbst II, 1, S. 62.

Gegen das Professorwesen (welchem auch Klopstock nicht hold war, vgl. u. a. Herbst I, S. 294) hatten Stolberg wie Voß noch von Göttingen her einen gewissen Widerwillen (vgl. Herbst I, S. 245 f).

Das Rittergut Hude war nach dem Tode der Eltern in den Besitz des ältesten Sohnes Christoph Ernst von Witzleben (vgl. zu Nr. 130) übergegangen.

Graf Christian Stolberg befand sich bei Bernstorffs in Kopenhagen, bezw. auf Bernstorff (Hennes, Herzog Peter, S. 358 ff).

Seite 199. Graf Friedr. Reventlow befand sich auf Ur= laub in Deutschland.

Auch Ernestine kränkelte damals (vgl. u. a. Voß' Briefe II, S. 114).

125.

· Kätchen hatte Vossens, wie Voß am 12. Jun an Miller schreibt, „vor drei Wochen" besucht. „Wir begleiteten sie", fährt er fort, „nach einigen Tagen nach Plön, wo die jüngere Schwe= ster [Julie, geb. 1759]· wohnt, [seit 1787] die Gemahlin eines [Henning Christoph] von Wizleben, eines Bruders von Gräfin Agnes [welcher, damals Hofchef des geisteskranken Prinzen

Peter Friedrich Wilhelm zu Plön, am 4. Jun. 1790 zum Kammerherrn und erſten Kavalier des genannten Prinzen ernannt wurde]. Das war die erſte Ausfahrt des lieben Hans" (ungedruckt).

Seite 200. Uelzen d. i. der Dichter Herm. Wilh. Franz Uelzen, geb. am 29. Sept. 1759 zu Celle, Mitarbeiter des Göttinger Muſenalm. (in den Jahren 1786—93) 2c. Obgleich man ihn wegen ſeines unſittlichen Lebenswandels vom Predigtamte ausgeſchloſſen hatte, war er zum Nachfolger des (zum Pfarrer in Malent ernannten) Kantors Weiſe an Voſſens Schule auserſehen; aber weil Voß mit Niederlegung ſeiner Stelle drohte, ſo wurde ſtatt ſeiner zunächſt Wolff (vgl. zu S. 207), und dann der Bruder Erneſtinens, Chriſtian Rudolf Boie (geb. 17. Okt. 1757, damals Hauslehrer bei dem ſchon genannten Konferenzrat Carſtens in Kopenhagen) zum Nachfolger Weiſes auserſehen (Voß' Briefe III, 1, S. 48 f. II, S. 290). Uelzen wurde 1790 (laut der 1790 in Celle gedruckten Antrittspredigt, wie mir Reblich mitteilt; bei Goedeke iſt irrtümlich 1786 angegeben) Prediger zu Langlingen bei Celle, wo er am 5. April 1808 ſtarb.

Über die Inſel ſchrieb Voß am 12. Jun. 1788 an Miller: „Ich bin nicht ganz zufrieden [mit ihr], aber vieles iſt ſehr ſchön" (ungedruckt).

Projekt vgl. S. 446.

Seite 201. Führe uns wieder zu einander. Auch Voß ſchrieb am 10. Jun. 1788 an Gleim (Briefe II, S. 286 f): „Könnte ich nur mit meinem Stolberg wieder vereinigt werden! Der arme St. vergeht dort [in Neuenburg] in böſer Luft und Rechtspflege. Jetzt iſt er in Holſtein, ſich zu erholen, und kommt auch auf einige Tage nach Eutin, um Cour zu machen und ein paar Stunden bei mir auszuruhn. .... Ich weiß nicht, wie es der Biſchof mit ſeinen leeren Hofjunkern aushält, da er Stolbergs Geſellſchaft haben könnte."

126.

„**Nachbar mit Rat!**" Auch an Miller wandte ſich Voß am 12. Jun. mit der Bitte um Beiträge, da Goeckingk „als Beleidiger und Mucker" von ihm geſchieden ſei und er nun allein Rat schaffen müsse (Voß' Briefe II, S. 114, ergänzt aus dem Original).

Das 12strophige Liedlein ist „Das Gewitter", Musen= alm. 1789, S. 51 ff (Ges. W. II, S. 11, im Inhaltsverzeichnis fälschlich in das Jahr 1786 gesetzt).

Seite 202. Von Christian Stolberg erschienen im Musen= alm. 1789 zwei Beiträge: „Lied aus einem ungedruckten [un= vollendet gebliebenen] Schauspiel, Wilhelm Tell" („Sanft im Schoß des Thalgefildes," S. 38, Ges. W. II, S. 50) und „An die junge Gräfin Henriette von Baudissin" (S. 111, Ges. W. II, S. 58 mit dem Zusatz: „In ihr Stammbuch").

Claudius hatte am 4. Jul. 1788 seinen am 6. Dec. 1786 geborenen Sohn Matthias verloren.

Über Klopstocks Reise schreibt Voß am 12. Jun. 1788 an Miller: „Der Bischof hat ihn [Klopstock] eingeladen, und er hat versprochen, auf seinem Gaule herzureiten. Ich wünschte, er nähme die Hofschmeicheleien nicht für baares Geld. Im Grunde hat der Bischof kein Gefühl für Werke der Dichtkunst, am wenigsten für Klopstockische" (ungedruckt).

Stolberg schrieb übrigens am 20. Jul. aus Eutin an seinen Bruder: „Es gefällt ihm [Klopstock] und er gefällt sehr." Aber Voß war damals wegen prosodischer Differenzen gegen Klopstock in so hohem Grade verstimmt, daß er sich am 28. Sept. 1788 sogar in folgender Weise über den einst so geprie= senen „Messias" ausließ: „Wie wenige der neuen Dichter kön= nen das Licht der Kritik vertragen! Unser ehmals so gefeierte Messias z. E. der mir auch von der Seite immer anstößiger wird . . . Nicht nur der Plan ist ein wahres Scheusal, sondern auch die Ausführung des Einzelnen . . . oft so verwirrt und dunkel, daß man sich nicht durchfinden kann, und die Fackel will in den dumpfen Todtengrüften nicht brennen. Vom In= halte nichts" (Briefe II, S. 116, ergänzt aus dem Original).

„Quod hic vult, id valde vult" („Was dieser will, das will er sehr"), wie Cäsar von Brutus sagte, war eine Lieb= lingswendung Klopstocks (vgl. u. a. Lappenberg ☞ 378). „Klopstock sagte einmal zu mir: Man kann alles, was man will" schrieb Voß am 22. Okt. 1773 an seine Braut (Voß' Briefe I, S. 259).

127.

Seite 203. Am 20.—23. Jul. war Stolberg mit Klop=
stock, aber ohne Agnes in Eutin gewesen (vgl. Hennes,
Herzog Peter S. 363). Weil „der Herzog es verlangte" (wie
Stolberg am 20. Jul. seinem Bruder schrieb, a. o. O), so reiste
er auf der Rückkehr von Kopenhagen wieder über Eutin, und
brachte hier gegen den 20. Aug. und zwar diesmal „mit Agnes,
einem Engel von Weibe! zwei vergnügte Tage zu," wie Voß
am 28. Sept. 1788 an Miller schreibt (ungedruckt), während der
„erste Aufenthalt zu unruhvoll" gewesen sei. Noch in der
„Bestätigung" (S. 182) nennt Voß jene Tage des Zusammen=
seins „zwei trauliche Tage voll selig schwärmender Aussichten
in die Zukunft." Ernestine berichtet (Briefe III, 1, S. 50):
„Sie [Agnes] fühlte sich schwächer, wie wir sie sonst gesehen
und mußte sich Abends schon frühe zu Bette legen; doch war sie
dann wie gewöhnlich mutwillig, wir Alle durften ein= uud aus=
gehen, sie machte den Küchenzettel, und einer von den Knaben,
den sie, damit kein Streit entstände, selbst wählte, mußte vor
ihrem Bette essen. Ungewöhnlich bewegt war sie am Abschieds=
morgen, wo wir, als die Pferde schon angespannt waren, noch
mit ihr in den Garten gehn und uns neben sie auf die Agnes=
bank setzen mußten. Diese Bank ward uns nun noch mehr
ein Heiligthum und blieb es uns bis zu unserm Abzug
aus Eutin."

Über Boies zweite Ehe vgl. S. 448. Stolbergs Urteil
über dieselbe entspricht den Thatsachen.

Die Dernaths vgl. S. 401.

Seite 204. Wandsbeck vgl. S. 206.

Boies Gedicht erschien mit der Überschrift „Liebe" im
Musenalm. 1789, S. 337, unterzeichnet B. (bei Weinhold, Boie
S. 337); es war von Boie in einem Briefe vom 29. Dec. 1787
an seine spätere zweite Gattin gesandt.

Gleims Gedicht erschien genau mit derselben Überschrift
und in derselben Fassung (nur ohne Einteilung in Strophen)
im Musenalm. 1789, S. 206.

Ebenda S. 42 befindet sich ein Gedicht Gleims „An Frie=
drich Leopold, Grafen zu Stolberg".

128.

Seite 206. Unsere Sache vgl. 446.

Julie von Reventlow wohnte damals auf Wandsbeck
(vgl. S. 359).

Weil v. Halem in Stolbergs Briefen nicht mehr vor=
kommt, so mag hier bemerkt werden, daß es später zwischen
ihm und Stolberg wegen der „Totalverschiedenheit der Denk=
art," wie sich Stolberg selbst ihm gegenüber ausdrückte, zum
förmlichen Bruche kam. Vgl. v. Halems Selbstbiographie.
Briefe, S. 212.

129.

Seite 207. Im Okt. 1788 konnte Voß seinem Schwager
Rudolf Bole melden, daß das Konsistorium ihn als den ein=
zigen empfohlen habe; am 13. Nov. teilte er ihm mit, daß er
ernannt sei und Neujahr als Konrektor (diesen Titel erhielt
hinfort der Inhaber der bisherigen Kantorstelle) einzutreten
habe (Briefe III, S. 182 f).

Wolf [s] vgl. zu S. 235.

Die Veränderung in dem im Musenalm. 1789 S. 197 er=
schienenen mit Psyche unterzeichneten „Wiegenlied" der Gräfin
Agnes (in den Ges. W. nicht wiederholt) kann ich nicht feststellen.

Die von K. Fr. Cramer herausgegebene Zeitschrift
„Menschliches Leben" scheint gemeint, dieselbe erschien aber erst
1791—1797 (Altona und Leipzig).

Seite 208. Nicolai (6. Dec.) also zu Januar ? ? ?

Er Cramer (da das folgende auf den Anfang der Zeit=
schrift nicht paßt).

Graf Johannes Hartwig Ernst Bernstorff († 14. Mai 1791)
nahm als Husarenoffizier (vgl. S. 399) an dem Kriege Ruß=
lands, Dänemarks und Norwegens gegen Gustav III von
Schweden teil (vgl. S. 220. 222).

Frebriksvaern (so ist im Texte statt Friedrichsräen zu
lesen) Festung und Hafen im norweg. Amt Laurvig, am
Skagerack.

Johann Georg Jacobi's „Phädon und Naide, oder der redende Baum. Ein Singspiel in zwey Aufzügen" war vor kurzem erschienen (Leipzig, 1788).

Über Stolbergs Numa schrieb Voß am 28. Sept. 1788 an Miller: „Er schreibt izt einen Numa, der zur Insel gehört und das Gute samt den Fehlern der Insel enthält" (ungedruckt).

130.

Der (wie die fünf folgenden) mit Trauerrand versehene Brief (4°) trägt auf der 4. Seite die Adresse: An den Herrn | Hofrath Voß | in | Eutin |

Über den Tod der Gräfin Agnes siehe Näheres bei Janssen I, S. 208 ff u. Hennes, Herzog Peter S. 375 ff. Sie starb am Geburtstage Lavaters.

Zette 210. Ihre Schwester Tinchen.

Rochus Friedrich Otto von Witzleben, seit März 1782 Kammerjunker, wurde am 25. Dec. 1791 Schloßhauptmann zu Eutin, am 10. Sept. 1800 Kammerherr, erster Kavalier und Hofchef, am 1. Jan. 1824 Hofjägermeister zu Plön, 1825 pensionirt, † c. 1826.

Die Lindelofs 1. Georg Nicolaus v. Lindelof (vermählt mit Sophie geb. v. Römer) war seit 1782 Sekretär bei der Landesvermessungskommission (1. Jan. 1801 Amtsvogt in Zwischenahn, 5. Jan. 1808 Kammerassessor, April 1820 Auctionsverwalter beim Stadt- und Landgericht Oldenburg). 2. Henn Christian Friedrich v. Lindelof war seit 18. Jul. 1780 Hauptmann, † c. 1800.

Voß und Ernestine wurden natürlich von tiefster Betrübnis ergriffen. „Nicht hier" sagt Voß in der „Bestätigung" (S. 182, Fortsetzung der S. 457 mitgeteilten Stelle) „war uns Wiedervereinigung beschieden, sondern dort, wohin die Engelseele, nach kurzer, leicht scheinender Krankheit, am 15. November voranschwebte. Ihr ältester Bruder ... [Christoph] Ernst [von] Witzleben [seit 17. Febr. 1783 Jägermeister, erhielt 1788 die Oberaufsicht über das Schloß ꝛc. zu Eutin, 1793—1811 Schloßhauptmann zu Oldenburg, † c. 1816] lud mich am Morgen zu sich, den mit gestriger Abendpost erhaltenen Gram mir schonend für uns mitzutheilen. Der Lieblingsbruder tröstete den Freund und schloß sich seitdem an uns. Stolbergs Schmerz fand in unserem Schmerze Trost. Der Vereinsamte wußte, daß wir mit wenigen sein verlorenes Glück ermaßen; er empfand, was Agnes unserem Herzen war; er ward wieder ganz unser Stolberg, der herzliche Agnes=Stolberg." — „Mit Agnes gingen uns viele Hoffnungen und Plane fürs Leben zu Grunde," schreibt Ernestine (Briefe III, 1, S. 50). „Welcker", berichtet Bernays S. LXVI, „hat mir mehr als einmal geschil=dert, wie dieser [Voß] ihn vor das verhüllte Bild der längst heimge=gangenen Agnes führte, den Schleier bei Seite zog, mit einem langen Blick auf den lieblichen Zügen weilte und dann Thränen im Auge mit vollem Herzenstone ausrief: „„Sie war ein Engel!""

131.

Stolberg hatte sofort Urlaub genommen. Er begab sich mit seinem nach Neuenburg geeilten Bruder zunächst nach Al=tona zu Graf Friedrich Reventlow, wo auch andere Leid=tragende sich einfanden (vgl. S. 211. — Hennes, Herzog Peter S. 385 ff). Reventlow legte 1789 seinen Gesandtschaftsposten nieder.

132.

Seite 212. Die Frage. Vgl. „Bestätigung" S. 182: „Ja, wir liebten dich, Holdselige, und wurden geliebt. Eines Tages, da ich einsam mit Agnes am Klaviere sang, legte sie mitten im Lied ihre Hand auf die meinige, und fragte: Wie denken Sie sich die künftige Seligkeit? werden Liebende sich wieder=erkennen und fortlieben in geistiger Liebe, die durch Gottes höhere Gnaden immer lauterer und heiliger wird? Es entstand ein andächtig heiteres Gespräch, voll gläubiger Zuversicht, voll seliger Vorahnung."

Seite 213. ihr [!] Schwager Rudolf Boie.

Klopstocks „Das Vaterunser, ein Psalm" entstanden 1789, erschien 1790 (Leipzig) mit der Komposition von Chr. F. Gott=lieb Schwenke.

133.

Seite 214. 2. März. An demselben Tage machte Stolberg auch dem Herzog Mitteilung von dem ihm vertraulich durch Bernstorff gewordenen Antrag, und nachdem er denselben in amtlicher Form erhalten hatte, bat er am 5. März um Entlassung aus dem herzoglichen Dienst, der ihm in der gnädigsten Weise gewährt wurde (Hennes, Herzog Peter, S. 387 ff). Wie Ernestine (Voß' Briefe III, 1, S. 51) schreibt, hatte auch Voß „kräftig mitgewirkt, daß er, was sein erster Plan war, ein völlig unthätiges Leben bei seinem Bruder nicht wählte."

Der von Stolberg sehr geschätzte Justizrat Schröder war sein Beisitzer am Gericht gewesen (vgl. Hennes, Herzog Peter S. 322, 388).

Ernst sein ältester Sohn.

134.

Seite 215. Die kranke Freundin vgl. S. 213.
Säugling vgl. S. 453.
Seite 216. τερπομενοι ꝛc. nach Odyss. XI, 212 („Unser trauriges Herz durch Thränen einander erleichtern [b]." Voß) u. a.

135.

Über den Besuch Stolbergs in Eutin schrieb Voß am 6. April an Schulz (Briefe II, S. 182): „Neulich war Friz Stolberg fünf Tage hier; es traf sich eben, daß Ernestine vom Scharlachfieber aufstand: daher er im Wirtshause vorlieb nehmen mußte. Es war ein trauriges Wiedersehn! Die unvergeßliche war unser ganzes Gespräch, die noch diesen Sommer so fröhlich unter uns war, und nun sich oben nach der Ankunft ihrer Geliebten sehnt. Für Stolbergs starre Schwermut ist es heilsam, daß er in andere, selbst unangenehme Geschäfte, an einen andern Ort gestoßen wird. Wir hatten so schöne Pläne, da wir im Sommer auf dem Saal mit einander schwazten: uns da oder dort wieder zu vereinigen!" — In der „Bestätigung" S. 183 heißt es: „Am 16. Merz 1789 kam Stolberg zu uns. Agnes, Agnes! feierten unsere Thränen, unsere Gespräche

von Vergangenem und Künftigem, unser sinnendes Still=
schweigen." Stolberg selbst schrieb am 23. März 1789 an
v. Halem: „Eutin rief mir tausend selige Erinnerungen bräut=
lichen und ehelichen Glückes zurück, und in dem Hause, aus
welchem ich sie heimholte, hat Voß Jonathansthränen mit mir
geweint" (v. Halems Selbstbiographie. Briefe S. 80).

Flacon. Vgl. „Bestätigung" S. 183: „Wir erbaten aus
Agnes' Nachlaß uns die werthesten Andenken zurück: Ernestine
das Geschenk einer Jugendfreundin, ein Riechfläschchen, wel=
ches ihr Agnes für das ihrige abgeschmeichelt... Das Fläsch=
chen hatte sich in der Tasche der Entschlafenen gefunden."

Aus der Reise Vossens mit Stolbergs Familie nach
Berlin wurde nichts, weil ihn „der Virgil fesselte" (Voß Briefe
III, 2, S. 132).

136.

Seite 217. Am 19. April war Stolberg in Berlin ein=
getroffen. Bernstorff schlug ihm den Urlaub zu einer Reise
nach Holstein ab, sandte aber dafür seinen von Stolberg
sehr geliebten Sohn Johannes nach Berlin (Hennes, Her=
zog Peter S. 394).

Seite 218. Der Anakreontiker Joh. George Scheffner
(1736—1820) aus Königsberg, damals Kriegs= und Steuerrat
a. D., welchen Stolberg bei dem Kapellmeister Reichardt
kennen gelernt hatte, war, wie Stolberg ihm gegen Ende
des Jahres schrieb, derjenige, dem er „in der großen em=
pfindungslosen Stadt zuerst und fast allein seinen Jammer
zeigen konnte" (v. Bippen S. 97). Vgl. sein Gedicht: „An
meinen Freund Scheffner. In ein Exemplar meiner Insel"
Ges. W. II, S. 70.

Die „Lebensläufe" waren übrigens von v. Hippel (vgl.
zu S. 84) allein geschrieben, aber er mußte eben seine Schrift=
stellerei fast vor allen geheim zu halten. Die letzten, mehr von
positivem Christentume durchwehten Teile der „Lebensläufe"
fanden übrigens bei Voß nicht denselben Beifall, wie in der
Stolbergschen Familie, was ihm, wie Ernestine behauptet

(Voß' Briefe III, 1, S. 39), „als Kälte gegen die Religion ausgelegt" wurde.

Das beigelegte Gedicht ist die Ode „Die Bitte" (Musen=alm. 1790. S. 37, Gef. W. II. S. 64).

Hans Voß war damals wieder an „offenen Stropheln" erkrankt (Voß' Briefe II, S. 294).

Seite 219. Die kleinsten Kinder waren anfangs bei ihrer Tante Katharina in Altona geblieben.

137.

Seite 220. Tinchen die Schwester von Agnes.

ingenui pudoris („von edler Scham") nach Juvenal XI, 154.

Die gesandte Ode ist „Die Warnung" („Klage nicht einer, dem des Weibes Liebe," Musenalm. 1790, S. 88. Gef. W. II, S. 67).

138.

„Meine Ermahnung zu männlichem Ausharren wies er mit Unwillen ab [?], am 21. Julius" schreibt Voß in der „Be=stätigung" (S. 184).

Seite 221. Ungestörter am Tago [!] geweint. Er hatte den Wunsch gehabt, als dänischer Gesandter nach Lissabon zu gehn (Janssen I, S. 246).

Über die Kieler Professur vgl. S. 454.

Der Eintritt seines Schwagers Rudolf Boie kam nur der bisher überfüllten zweiten Klasse zu Gute. Voß selbst er=hielt erst durch Wolff (siehe unten) Erleichterung, indem er dadurch von seinen sechs täglichen Stunden die Hälfte und zwar die besonders drückenden Nachmittagsstunden verlor.

Seite 222. Friedrich Ludwig Karl Graf Fink von Fin=kenstein, geb. am 18. Febr. 1745 zu Stockholm, 1777—79 Regierungspräsident in Küstrin, dann wegen des durch das eigenmächtige Eingreifen Friedrichs II bekannten Prozesses wider den Müller Joh. Arnold entlassen, gest. am 18. April 1818 auf seinem Gute Madlitz, ließ erscheinen: „Arethusa, oder die Bukolischen Dichter des Alterthums. Erster Theil." Berlin, Unger 1789. 4. Die „Deutsche Biographie" II, 21 f. giebt nur die „Neue Bearbeitung. 2 Thle. gr. 8. Berlin 1806—10" an. (Den Titel der ersten Ausgabe hat mir Redlich in der „Allg. D. Bibl." 94, 1, 26 nachgewiesen). Veranlaßt war die „Are= thusa" durch zwei von Voß übersetzte Idyllen Theokrits (Voß' Briefe II, S. 120).

Ramlers eigenmächtige Besserungssucht (vgl. zu S. 130) zeigte sich auch in seiner Sammlung „Fabellese" (Leipzig 1788 ff).

noch meines Bruders. Unter den „Gedichten aus dem Griechischen übersetzt von Christian Graf zu Stolberg" (Ham= burg 1782) befinden sich auch neun Idyllen von Theokrit, 2c. (Ges. W. XV).

Seite 223. νηπενθίς ohne Leid, vgl. Odyss. IV, 221.

Über Virgil d. h. die Georgika vgl. S. 447, die Ilias S. 452, die „Bitte" zu S. 218.

Seite 224. „An die elfjährige Henriette Gräfin von Baudissin. Im Sommer 1788" erschien im Musenalm. 1790, S. 139 (Ges. W. II, S. 60; hier in der Überschrift statt „Im Sommer 1788": „In ihr Stammbuch").

χαίρειν und ἔρρωσο vgl. S. 395.

Seite 225. „Die Warnung" vgl. zu S. 220.

In Frankreich hatte am 20. Jun. 1789 der berühmte Eid im Ballspielhaus, am 14. Jul. die Zerstörung der Bastille stattgefunden. Wie so viele seiner Freunde gehörte auch Stol= berg anfangs zu den Bewunderern der Revolution.

Gegenwart des Prinzen vgl. S. 222.

Über den Besuch der Gräfin Katharina berichtet Voß in der „Bestätigung" (S. 183): „Ein wertheres Andenken [als das Flacon 2c.] bracht' uns Kätchen im Julius, unserer Agnes Ebenbild, die vierjährige Marie=Agnes, die wir noch nicht gesehn hatten. Als sie zu uns in den Garten hüpfte, nahm ich mit vordringenden Thränen sie auf den Arm; und das liebliche Kind, als kennt' es den Freund der Mutter, schlang mir die Händchen um den Hals."

139.

Seite 226. Ende September hatte Stolberg eine mehr= wöchentliche Urlaubsreise nach Holstein angetreten.

Seite 227. Der Neffe ist Christian Günther Graf von Bernstorff (1769—1835, der Sohn des Grafen Andreas Peter), welcher Stolberg als Legationssekretär beigegeben wurde, der spätere preußische Minister des Auswärtigen.

Von den „wenigen aber schönen Stunden" in Eutin berichtet Voß in der „Bestätigung" (S. 185) kurz: „Damals zuerst befremdeten mich Laute der Ablichkeit, erzeugt durch Frankreichs 4. August" [den Tag der Verzichtleistung der Abgeordneten des Adels auf alle Feudalrechte 2c.]. Vgl. aber zu S. 240. Im übrigen schrieb Voß am 21. Okt. 1789 an Gleim: „Hätten wir nur unsern verlassenen Stolberg erst wieder in Eutin! Auch ohne Agnes wird er uns Eutin noch lieblicher machen, und wir werden von alten guten Tagen mit einander reden" (Voß' Briefe II, S. 293).

140.

Seite 228. Am 23. Okt. war Solberg mit seinen beiden jüngsten Kindern in Berlin angekommen, und seine Schwester Katharina war ihm am 7. Nov. mit den ältesten gefolgt (Hennes, Herzog Peter S. 402 ff).

Nur Graf Christian und dessen Gattin waren bis dahin in sein Geheimnis eingeweiht; Katharina wurde es erst, damit sie nicht vor der Reise aufgeregt würde, in Berlin, am 9. Nov. (Hennes, Herzog Peter S. 404 f).

Über die erste Bekanntschaft Stolbergs mit seiner späteren zweiten Frau, über ihre Persönlichkeit 2c. vgl. man die zahlreichen einschlägigen Briefe 2c. bei Janssen (welcher demnächst, gestützt auf reiches neues ungedrucktes Material, eine Biographie von ihr herausgeben wird) und Hennes. Hier sei nur kurz bemerkt, daß Gräfin Sophie Charlotte Eleonore von Redern am 4. Nov. 1765 geboren war als die Tochter des am 1. Jul. 1789 verstorbenen preußischen Oberhofmarschalls Grafen Sigmund Ehrenreich von Redern, des Besitzers der freien Standesherrschaft Königsbrück in der sächsischen Oberlausitz (Kr. Bautzen), Herr auf Kosel 2c, Präsident der Königl. preuß. ostindischen Compagnie und Kurator der Akademie der Wissenschaften 2c. Nach dem am 1. Jan. 1788 erfolgten Tode ihrer

Mutter Maria Johanna geb. Gräfin be Horguelin war sie zu ihrer Schwester, der Gemahlin des sarbinischen Grafen Fontana gezogen, bei dem sie Stolberg kennen gelernt hatte.

Seite 230. Illa meos etc. nach Virg. Aen. IV, 28 f, von Voß übersetzt:

> „Er, mein Jugendgemahl, er nahm die Liebe der Gattin
> Mit sich hinweg, er hab' und behalte sie ewig [im Grabe]!"

Über die Bekanntschaft Kätchens mit der Braut Stolbergs vgl. Hennes, Herzog Peter S. 403.

141.

Voß war von Stolbergs Nachricht keineswegs erbaut. „Ein [während Stolbergs Aufenthalt in Holstein] herumfliegendes Gerücht, Stolberg heirate, verachteten wir," schreibt er in der „Bestätigung" (S. 185). „Am 26. Dec. 89 meldete er selbst mit schüchternen Entschuldigungen, Gott hab' ihm ein sehr liebes Mädchen, Sofia Comtesse Reder, zugeführt; der hab' er am 28. August [das Datum in Sperrschrift] seine Hand angetragen, und ein gebrochenes Herz ohne Leidenschaft; sie hab' ihn früher geliebt und im April werde die Hochzeit seyn. Wir wußten nichts gefälliges zu antworten. Durch Kätchen ermahnt, schrieb ich am 2. Febr. 90, was Stolberg am 8. Febr. für genug gelten ließ."

Seite 232. Über die Professur in Kiel und das Professorwesen vgl. S. 454.

Über die Gräfin Julie Reventlow urteilte Voß später ganz anders (vgl. zu S. 470). Nachdem Graf Friedrich Rev. 1789 seinen Londoner Gesandtschaftsposten niedergelegt hatte, lebte er meist auf dem 1787 (nach dem Tode des Vaters) ererbten Gute Emkendorf (Kreis Rendsburg, also nicht weit von Kiel).

Seite 233. Hensler war 1789 Professor in Kiel geworden.

Georg Heinrich Ludwig Nicolovius (1767—1839), welchem bereits als Student der Philosophie und Theologie zu Königsberg die Freundschaft Hamanns zuteil geworden war, hatte nach bestandener Kandidatenprüfung 1789 ein halbes Jahr in England zugebracht und war hier in nähere

Beziehungen zu Schönborn getreten. Nach seiner Rückkehr hatte er die Freundschaft F. H. Jacobis, des Freundes Hamanns, erworben, und durch diesen war er an Stolberg empfohlen worden, dem er am 27. Dec. 1790 den ersten Besuch machte. „Stolberg", schrieb er, „ist der Zweite, den ich je kennen gelernt habe, in dem ein höheres Leben wirkt, als alle Philosophie zu geben vermag. Auf der Stirn trägt dieser θεῖος ἀνήρ jene apokalyptische Anrede: „„ich weiß, daß du die Bösen nicht tragen kannst"" (A. Nicolovius, Denkschrift auf G. H. L. Nicolovius. 1841, S. 18). Er seinerseits gefiel Stolberg in so hohem Grade, daß er ihn zum Hofmeister seiner Kinder machte, welches Amt er im December (vgl. S. 289) antrat und bis Herbst 1793 zur vollsten Zufriedenheit versah.

Der liebe Jüngling natürlich sein Neffe Bernstorff.

142.

Auf dem Lande. Stolberg wohnte seit Mitte April in einem Landhäuschen Namens Martiniken (in Stolbergs und seiner Frau Briefen meistens la Martinique genannt) an der Spree, dem Tiergarten gegenüber, hinter Moabit.

Am 15. Febr. hatte zu Königsbrück die Trauung stattgefunden. Anfangs fiel es, wie auch aus diesem Briefe hervorgeht, der Gräfin Sophie schwer, ihm seine Agnes zu ersetzen. Allmählich aber wurde das Verhältnis ein immer innigeres, beide Teile völlig beglückendes.

„Sein anhaltender Gram bewog mich," schreibt Voß in der „Bestätigung" (S. 185), „ihn an die Pflichten zu erinnern, die jetzt Agnes selbst für die Nachfolgerin, für die Kinder und ihn fodere. Er antwortete, Berlin 5. Jun. 1790" 2c.

Seite 235. Stolbergs Plan, nach Italien zu reisen, erklärt Voß aus einem „dunklen Sehnen nach dem Hauptsitz jener Religion, die ihm immer so ehrwürdig war" (Sophronizon S. 14, vgl. „Bestätigung" S. 185). Wie indessen aus Stolbergs Briefen hervorgeht, führte ihn nach Italien, neben dem Bedürfnis der Erholung, lediglich die „Sehnsucht" nach jenen „Paradiesen", die ihn von seiner Jugend an beseelt hatte (Janssen, I, S. 263). Schon am 5. Jul. 1787 hatte er an

v. Halem geschrieben: „In diesen Tagen habe ich einen jungen Menschen gesehen, der aus Sicilien und Italien zurückkam. Er hat Vieles gesehen, aber mit dem Blicke eines Dilettanten, mit todtem pragmatischem Blick! Ach! dachte ich, warum hattest Du Bücherwurm nicht mein Herz oder ich Dein Glück, das zu sehen?" (v. Halems Selbstbiographie. Briefe S. 60).

„Unser Bischof," schreibt Voß am 23. Sept. 1790 an Miller, „hat mir [unter dem 12. Jun. 1790] 200 Rthl. zugelegt, mit der Erlaubnis, mir einen Gehülfen für die Hälfte der Stunden zu halten. Nun werde ich Eutin niemals verlassen" (Voß' Briefe II, S. 121). Gehilfe (Kollaborator) wurde Friedrich Karl Wolff (1766—1824), ein Sohn des früheren Eutiner Superintendenten, Vossens „Lieblingsschüler, der ihm stets kindliche Anhänglichkeit bewiesen" (Ernestine III, 1, S. 52).

Posten in Eutin vgl. S. 446.

Seite 236. Der Gefahr eines Krieges zwischen Preußen und Östreich machte bekanntlich der Reichenbacher Vertrag vom 27. Jul. 1790 ein Ende.

„Ich hatte dem Verzagenden," schreibt Voß („Bestätigung" S. 186), „wenn es ihm Trost wäre, einen Besuch angeboten. Er antwortete herzlich: ... Doch merkt' ich, daß mein Besuch nicht so nothwendig war, und vielleicht störend." Stolberg mochte wohl fühlen, daß zwischen Sophie und Voß sich nicht dasselbe Verhältnis entwickeln würde, welches zwischen seiner ersten Gattin und dem Freunde bestanden hatte.

taedio vitae „aus Überdruß am Leben."

Seite 237. Stolbergs Ode „Das Sein" erschien im Musenalm. 1791, S. 52, als sein einziger Beitrag zu diesem Jahrgange (Ges. W II, S. 76).

Laußnitz (Lausitz) d. h. nach Königsbrück.

Auch die Claudius betreffende Stelle giebt Voß in der „Bestätigung" (S. 186) wieder, indem er zugleich zu dem Worte „Pension" in einer Fußnote bemerkt „Eine Pension von 200 Thalern, woran er 20 verlor." Dann sagt er weiter: „So eingedenk des guten Claudius waren die reichen und mächtigen Beschützer! Was der gute Voß einnehme; hat Stolberg zehn=

mal gefragt, und zehnmal mit erstaunendem Herregott! ver=
nommen. Wenn Claudius geahnt hätte, daß sein in mysti=
schem Nebel verkannter Freund es war, der von kaltherzigen
Gönnern ihm gebührenden Dank loszueisen umsonst arbeitete!"
Es könnte hiernach scheinen, als sei Claudius damals bloß auf
das ihm im Frühjahr 1785 von dem Kronprinzen und Re=
genten Friedrich von Dänemark (vgl. S. 415) „aus Erkennt=
lichkeit für das Vergnügen, das auch ihm der Asmus gewährt
habe," ausgeworfene Jahresgehalt von 200 Thalern angewiesen
gewesen. Aber bereits 1788 war ihm die Stelle des ersten
Revisors der neu gegründeten Schleswig=Holsteinischen Bank zu
Altona mit einer Besoldung von 800 Rth. (= 2880 Rmk.)
übertragen, womit bloß die Verpflichtung verbunden war,
wenige Wochen im Herbst der Revision der Bankrechnung in
dem nahen Altona beizuwohnen, während er sonst ruhig in
Wandsbeck seiner litterarischen Thätigkeit obliegen konnte.
„Der Haupthebel zu beiden Vergünstigungen aber lag," wie
Herbst (Claudius S. 211) mit Recht bemerkt, „in seinem Ver=
hältnisse zur Schimmelmannschen und Stolbergschen Fa=
milie." Und daß Stolberg noch weniger Voß gegenüber kalt=
herzig war, braucht wohl nicht mehr bewiesen zu werden.

Der tief unter Claudius stehende Publicist und Geschichts=
schreiber Gottlob Benedikt von Schirach (1743—1804) zu Al=
tona war nicht nur geadelt worden, sondern hatte es auch zum
dänischen Legationsrat gebracht.

Andreas' Fieber infolge des Impfens.

143.

„Schon im Julius war Stolbergs Gesundheit so befestigt,"
schreibt Voß in der „Bestätigung" S. 186, „daß er die Reise
nach Italien aufschieben konnte [vgl. aber S. 471]. Er
ging [am 19. Jul. zunächst nach Tremsbüttel, dann] mit der
ganzen Familie nach Dänemark [Kopenhagen, Bernstorff,
Brahetrolleburg], wo er die Stürme der Herbstgleiche abwartete,
und blieb den Winter im rauhwinternden Emkendorf [vgl. S. 466]
jenseit dem Bärenkreise Virgils."

Auf Brahetrolleburg (vgl. S. 376) war Anfangs Dec. 1789 der Leichnam der Gräfin Agnes Stolberg beigesetzt worden (Hennes, Herzog Peter, S. 411).

Knoop vgl. S. 445.

Zeile 238. Schulz vgl. S. 438.

Voß' Gedicht „An den Genius der Menschlichkeit" erschien im Musenalm. 1791, S. 61 (bei Sauer S. 282) mit der Melodie von Reichardt.

144.

Zeile 239. Emkendorf. Über die Besitzer Emkendorffs vgl. Perthes (I, S. 75): „Als Eiferer für das strenge Festhalten an der Augsburger Konfession und als Verfechter des Adels wurde Graf Friedrich von Reventlow vielfach angefeindet [besonders auch, nebst seiner Gemahlin, von Voß, welcher Stolbergs wiederholtem Aufenthalte in der Emkendorfer „Geistesschmiede" zum großen Teile die Schuld an seiner zunehmenden „Unfreiheit" beimaß], aber sein Geist und seine Redlichkeit sowie seine feine Weltbildung erregten überall Bewunderung und seine [auch litterarisch thätige] Gemahlin Julie hatte durch geistvolle Lebendigkeit, anspruchslose Frömmigkeit und freudige Ergebung in schwere körperliche Leiden, sowie durch verständige Sorge für ihre Gutsangehörigen Freunde und Verehrer auch unter denen erworben, die ihre Gesinnung nicht teilten. Besonders häufig fanden Jacobi, die Stolbergs, Claudius, Cramer der Vater, Hensler ꝛc. sich zusammen, und der Ernst und das vornehme Wesen, welches diesem Hause eigen war, hatte keine drückenden Formen und verscheuchte weder die Freude an der Litteratur, noch eine heitere ja fröhliche Geselligkeit."

Der Rufname des neugeborenen Kindes war Julia, nach ihrer Patin Gräfin Julia Reventlow.

Der Eintritt Nicolovius' hatte sich verzögert, vgl. Hennes, Herzog Peter S. 422.

Stolbergs Ode „An Schönborn, welcher mir einen Pindar aus England geschickt hatte. November 1790" erschien im Musenalm. 1792, S. 13 (Ges. W. II, S. 78). Als pensionierter Legationsrat 1802 nach Deutschland zurückgekehrt, lebte Schönborn in den letzten zehn Jahren seines Lebens († 29. Jan. 1817) in jener bekannten seltsamen Lebensgemeinschaft mit der Gräfin Katharina Stolberg.

Die kommentierte Pindarausgabe von Er. Schmid war 1661 (Wittenberg) erschienen.

Seite 240. Das griechische Citat (Pindar Pyth. 7), eine Lieblingsstelle Stolbergs, wird von ihm selbst im 71. Briefe seiner „Reise in Deutschland" ꝛc. (Ges. W. VIII, S. 80) übersetzt:

> „Kinder eines Tages — Was ist Jemand? was ist
> Niemand? Ein Traum von Schatten sind die Menschen!
> Umwallet sie aber ein Glanz, von Zeus gesandt, so besuchet
> Die Menschen ein helles Licht und ein sanftes Leben!"

Die „Ode an die Stärke, von der griechischen Dichterin Erinna" [εἰς Ῥώμην, bekanntlich das einzige uns erhaltene lyrische Gedicht Erinnas] erschien im Musenalm. 1792 S. 70; es fehlt in den Ges. W.

Der Ode „An Schönborn" war im Musenalm. das Schema des Versmaßes vorangestellt.

Schon im Jul. 1790 war die Ernennung Stolbergs zum dänischen Gesandten am Hofe von Neapel „ganz ausgemacht" gewesen, wie er selbst am 6. Jul. 1790 an seinen Bruder schrieb (Hennes, Herzog Peter, S. 423 f), vgl. aber unten.

Die Stelle über Frankreich citiert Voß in der „Bestätigung" S. 187 mit offenbarem Mißvergnügen. Aus andern Briefen Stolbergs aus jener Zeit (Janssen I, S. 259 ff) geht aber hervor, daß es nicht etwa die Aufhebung der Adelsvorrechte war, welche jene Sinnesänderung hervorrief, sondern weil er schon damals Frankreich „aus der Knechtschaft in die Anarchie" fallen sah.

145.

Seite 241. Stolberg, welcher bei Voß anfangs Febr. „einige vergnügte Tage gelebt" hatte (v. Halems Selbstbiographie. Briefe S. 120), scheint vorübergehend die Absicht gehabt zu haben, das am Nordufer des Plöner Sees gelegene herzogl. Gut Witmold (später Hauptsitz der französischen Emigranten) zu pachten oder zu kaufen.

Mein Neffe Graf Christian Bernstorff (vgl. S. 465), welcher ursprünglich Stolbergs Attaché hatte werden sollen.|

ad otia nata Parthenope („zum Müssiggang geschaffenes Neapel") nach Ovid. Met. XV, 711 f.

Seite 242. quod magis ad nos attinet „was mehr für uns von Belang ist."

Die Ansichten H. Swinburnes („Reisen durch beide Sicilien in den Jahren 1777—80", übersetzt und mit Anmerkungen erläutert von Joh. Reinhold Forster. 2 Bde. Hamburg, 1785 f) über den Ursprung der Freimaurerei kenne ich nicht.|

Antiheynische Schrift. Gemeint ist „über des Virgilischen Landgedichts Ton und Auslegung" (Altona 1791).

Friedrich Münter (1761—1830) damals Prof. der Theologie in Kopenhagen, später Bischof von Seeland, der Verfasser der „Nachrichten über beide Sicilien gesammelt auf einer Reise in den Jahren 1785—1786. 2 Thl." (Kopenhagen 1790), war ein Jugendfreund Stolbergs und wurde später auch mit Voß persönlich bekannt (Voß' Briefe II, S. 226).

Kammerrat. Wahrscheinlich handelte es sich um Witmold.

146.

Seite 243. Vir amplissimus natürlich Heyne.

magno optaverit etc. (Verg. Aen. X, 503 f) von Voß übersetzt:

„Schau'n wird Turnus die Zeit, wo teuer er möchte erkaufen Pallas' Leben" . . .

ὁρῶν 2c. (Pind. Pyth. 56) „Sehend den Übermut hochaufgerichteter Esel."

Seite 242. Das Schreiben des Kanton Uri kenne ich nicht.

147.

Über Stolbergs Besuch in Eutin berichtet Voß in der „Bestätigung" S. 187: „Um den Anfang des Mais kam er zu uns mit seiner Sofie, die als unserer Agnes Nachfolgerin sich

gab und herzlich empfangen ward. Seine Hofnung, wieder in
Eutin zu leben, (ach! unserer Agnes langer sehnlicher Wunsch!)
ging in Erfüllung: er ward [unter dem 17. Jun. fürstbischöf=
licher Regierungs= und Kammer=] Präsident [als solcher „der
erste und Chef der Eutinschen Civilbedienten", wie es in der
Bestallungs=Urkunde heißt, bei Hennes, Herzog Peter S. 434]
und das mit verdoppeltem Gehalt [im ganzen etwa 2300 Reichs=
thaler] und einjährigem [später verlängerten] Urlaub zur Reise
nach Italien . . . . Uns rührte die junge Frau durch schwer=
mütige Freundlichkeit. Einst traf ich sie allein im Zimmer,
das Haupt auf den Arm gestützt und weinend. Sie entdeckte
ihr Herz in sanfter Klage dem Kundigen. Fassen Sie Mut,
sagte ich; Sie müssen einmal Stolbergs Agnes sein, gesegnet
von dem verklärten Engel; sein Sies auch uns! [Vgl. der
Gräfin Brief S. 247]. Ich nahm Stolberg ins Feld; er ward
durch meine Vorstellungen erschüttert, und betrug sich lieb=
reicher." Am 31. Dec. 1802 schrieb er sogar an Müller, Stol=
bergs zweite Frau sei „des Reichthums wegen geheirathet, auf
Agnes eifersüchtig [gewesen] und schnöde behandelt" worden
(die Stelle ist in Voß' Briefen II, S. 130 nicht mit gedruckt).
Aber wenn auch Sophie in der allerersten Zeit Agnes nicht
zu ersetzen vermochte, so hat ihr Stolberg doch zweifellos auf=
richtige Zuneigung entgegengebracht, und diese verwandelte sich,
wie schon gesagt, immer mehr in die innigste Liebe. — Auch
die religiösen und politischen Gegensätze der „Freunde" müssen
bei dem Besuche hervorgetreten sein, wenn sie auch noch mög=
lichst im Hintergrund gehalten wurden. „Stolberg," schrieb
Voß am 31. Dec. 1802 an Müller, „ist seit Agnes Tode im=
mer tiefer gefallen [!]. Schon als er mit der italienischen Reise
umging, war in unsern Gesprächen nicht mehr das gewöhnliche
Verständnis. Oft war Anstos, oft gegenseitige Erklärung, oft
die Miene des Verdeckenden, und einmal (der Tag ist mir un=
auslöschbar) erzählte ich meiner Frau: Heute sah ich in Stolbergs
Gesichte, da er auf meine Worte zu achten schien, aber etwas
anderes dachte, einen Zug wie das verzerrte Lächeln eines
Fauns, ich möchte sagen, eines Teufels [!]" (Voß' Briefe II,
S. 129, vgl. „Sophronizon" S. 14, „Bestätigung" S. 25).

148.

Seite 245. Mit diesem Briefe beginnen Stolbergs Reise=
berichte. Auf ihren geographischen, antiquarischen 2c. Inhalt
können wir hier des Raumes wegen ebensowenig eingehen,
wie auf den Einfluß der Reise auf seine Konversion; wir ver=
weisen in erster Beziehung auf seine „Reise in Deutschland,
der Schweiz, Italien und Sicilien in den Jahren 1791 und
1792" (Königsberg und Leipzig 1794, Ges. W. VI—IX), in
letzterer auf die einschlägigen Briefe 2c. bei Janssen. — Am
29. Jun., um dieselbe Zeit, als Voß nach Meldorf zu Boie
reiste, trat Stolberg mit seiner Frau, seinem Sohne Ernst und
Nicolovius von Tremsbüttel aus die Reise nach Italien an.
Am 5. Jul. kamen sie nach Osnabrück, wo sie außer dem Os=
nabrücker Dichter und Historiker Justus Möser (1720—1794,
seit 1783 Geh. Justizrat) auch den mit Jacobi, Hamann, Her=
der, Lavater, Claudius 2c. befreundeten und Nicolovius schon
persönlich bekannten, bibelgläubigen Theologen Joh. Friedr.
Kleuker (1749—1827), damals Rektor in O., 1798 Professor
in Kiel, besuchten. „Was zog ihn," fragt Voß in der „Bestä=
tigung" (S. 26) „zu diesem Kleuker [dem „düstern Kopf", wie
er ihn im „Sophronizon" S. 15 nennt, dem „dunkelnden"
„Zionswächter", wie er ihn in der „Bestätigung" S. 74, Briefe II,
S. 350 bezeichnet]? Früherer Briefwechsel? Empfehlung von
schwülen Mitbrüdern? oder bloß geistliche Wahlverwandtschaft?"

Am 7. Jul. kamen die Reisenden nach Münster. Über
ihren Verkehr daselbst mit dem berühmten Staatsmann Frie=
drich Wilhelm Franz Freiherrn von Fürstenberg (1729—
1810), der Fürstin Amalia von Gallißin (1748—1806), bei
der sie wohnten, „einer Frau, welche an Weltbildung die meisten
und an Geistesbildung alle Zeitgenossen ihres Geschlechtes
überragte und nun mit dem blitzenden Geiste Kindesglauben
verband", und deshalb „einen außerordentlichen Eindruck auf
jede geistige Größe machen mußte" (Perthes I, S. 80), dem
großen Pädagogen Bernhard Overberg (1754—1826) 2c. vgl.
Hennes, Herzog Peter, S. 434 ff, Janssen I, S. 268 ff,
Galland S. 183 f. Der Besuch Münsters, „wo" nach Voß

(„Bestätigung" S. 25) „gründliches Pabsttum mit einem Firnis von Philosophie und Aufklärung schimmerte" und besonders der Fürstin Gallitzin, welcher er nicht mit Unrecht einen großen Einfluß auf Stolbergs Konversion zuschreibt, erregten seinen Ärger und sein Mißtrauen in hohem Grade (vgl. „Briefe" II, S. 130, „Sophronizon" S. 14, „Bestätigung" S 25).

„Drittehalb Tage waren wir in Münster," schreibt Stol= berg am 12. Jul. an seinen Bruder, „und bereuten bald, gleich den ersten Nachmittag Pferde auf den dritten Tag mit dem reisenden Fürsten Gallitzin bestellt und durch ihn uns auf be= stimmte Zeit bei Jacobi gemeldet zu haben" (Hennes, Herzog Peter S. 436). Am 11. Jul. kam Stolberg mit seinen Reise= gefährten bei seinem bis dahin „ungesehenen Freund und Bru= der" (wie er ihn schon am 19. Mai 1789 brieflich anredete) Friedrich Heinrich Jacobi (1743—1819) in Pempelfort bei Düsseldorf, wohin jener sich 1779 als Privatmann zurückge= zogen hatte, an. Wie ihm bei Jacobi und dessen „guten Schwestern" Charlotte und Helene, welche „lebendig an Geist, scharf an Verstand und voll Teilnahme für alle Bewegungen der Litteratur zugleich aufopfernde Sorgsamkeit im Hause [seit dem Tode der Frau Jacobis (1784, vgl. S. 403) dem Bruder den Haushalt führend] wie im Leben bewährten" (Perthes I, S. 67) „sehr wohl" war, so war es auch Jacobi, wie dieser am 21. Aug. an Lavater schreibt, „seit Jahren nicht so wohl gewesen" als in dem „Umgang" mit dem „herrlichen Stol= berg" und seinem „ebenso guten als geistreichen Weibe" (F. H. Jacobis Auserles. Briefwechsel II, S. 62). Am 20. Jul. trafen Fürstenberg, die Fürstin Gallitzin und Overberg ebenfalls auf drei Tage in Pempelfort ein.

Auf der am 30. Jul. angetretenen Weiterreise nahm Stol= berg den zweiten Sohn Jacobis, Georg Arnold (1766— 1845) mit, welcher (mit seinem älteren Bruder Johann Frie= drich) 1778—1780 bei Claudius erzogen worden war. Von ihm erschien später das Stolberg gewidmete Werk „Briefe aus der Schweiz und Italien in das väterl. Haus nach Düssel= dorf geschrieben" (Lübeck u. Leipzig, 1796 f).

Haine natürlich Heyne.

Seite 246. Über J. G. Jacobi und Schlosser vgl. den folgenden Brief.

Gottlieb Konrad Pfeffel (1736—1809) war eine Haupt-stütze des Boßschen Musenalm. geworden.

149.

Seite 247. Im Musenalm. 1793 (S. 164) erschien ein „Frühlingslied", unterzeichnet „Vom seligen Thomas Wize[n]-mann" (1759—1787). Stolberg hat das Grab dieses von Ha-mann, Claudius, der Fürstin Gallitzin und ihm selbst (beson-ders wegen seiner erst nach seinem Tode von Kleuker heraus-gegebenen Schrift „Die Geschichte Jesu nach Matthaeus als Selbstbeweis ihrer Zuverlässigkeit betrachtet," Leipzig, 1789) hochgeschätzten und Jacobi innig befreundeten [bibelgläubigen Theologen bei Mülheim a. Rhein besucht (vgl. den 5. Brief der „Reise", Ges. W. VI, S. 24 f).

Seite 248. Von Johann Georg Jacobi (1740—1814, seit 1784 Professor der schönen Wissenschaften zu Freiburg i. B.) brachte der Musenalm. 1792 (außer zwei andern Gedichten) S. 161: das „Lied für Kinder" (vgl. Stolbergs Nachschrift), außerdem das „Lied von Jacobi und F. L. Stolberg" (S. 185, in den Ges. W. II, S. 99 mit der bloßen Überschrift „Lied" und der Anmerkung „Angefangen von dem Dichter J. G. Jacobi und vollendet von dem Grafen F. L. während ihrer gemeinschaftlichen Anwesenheit in Carlsruhe"; zugleich ist den Ges. Werken in Lithographie das Faksimile des Gedichtes bei-gegeben mit der Überschrift „Carlsruhe am 22. August 1791". Von Jacobi stammen die zehn ersten, von Stolberg die sechs letzten Strophen.

Über Johann Georg Schlosser (1739—1799, seit 1790 Direktor des Hofgerichtes in Karlsruhe), welchen Stolberg schon im Jun. 1775 zu Emmendingen, wo er damals Oberamtmann war, hatte schätzen gelernt, und J. G. Jacobi schreibt er im 7. Brief der „Reise" (Ges. W. VI, S. 49): „Die Freundschaft dieser beiden Männer und der vortrefflichen Schlossern [seiner zweiten Frau Johanna geb. Fahlmer, der Freundin seiner ersten Gattin Cornelia, der Schwester Goethes] rechne ich zu den schönen Blumen, welche mir die Hand Gottes nicht sparsam in den Kranz des Lebens wand." Bekanntlich zog Schlosser, nachdem seine älteste Tochter Luise 1794 die Gattin von Nicolovius geworden war, 1796 nach Eutin, aber zwischen ihm und Voß wollte sich noch weniger ein rechtes Verhältnis entwickeln (Herbst II, 1, S. 189) als zwischen Voß und Jacobi, der 1797 dauernd nach Eutin übersiedelte (Herbst II, 1, S. 187).

150.

Hierzu gehört Nr. 5 der „Beilagen" S. 302.

Adam Friedrich Geisler, der Jüngere (1757—c. 1800), hatte zum Ärger der Haingenossen 1782 jene mangelhafte Hallesche Hölty-Ausgabe veranstaltet, welche Voß und Stolberg zu ihrer Hölty-Ausgabe veranlaßte.

Zeile 249. Millers Schwester vgl. S. 303 f.

Millers Frau vgl. S. 360 f. Hier mag noch bemerkt werden, daß sie am 9. März 1805 starb, worauf Miller bereits am 29. Jul. sich mit seinem Dienstmädchen Bille vermählte und schon im December die ersten Vaterfreuden genoß. Als seine zweite Frau am 2. April 1812 gestorben war, vermählte er sich bereits am 27. Okt. desselben Jahres zum drittenmal, und zwar mit einer Pfarrerswitwe, die ihn überlebte und einen dritten Mann heiratete. Die hier und S. 360 f mitgeteilten genaueren Angaben über Millers Liebesleben verdanke ich Reblich. Ausführliches über seine Liebelei mit Charlotte von Einem teilt Erich Schmidt mit in seiner Abh. „Aus dem Liebesleben des Siegwartdichters," in den „Charakteristiken," Berlin 1868 S. 178 ff).

Stolberg widmet seinem alten Freunde, welcher seit 1783 Münsterprediger war, im 8. Briefe seiner „Reise" (Ges. W. VI, S. 63) die freundschaftlichen Worte: „In Ulm brachten wir einen Tag in der Gesellschaft meines Freundes Miller zu, mit welchem ich ein Jahr in Göttingen gelebt, und den ich vor sechszehn Jahren mit meinem Bruder hier besucht hatte. Enkelinnen werden die edle Einfalt seiner Lieder, und in ihnen das schöne Herz des Dichters lieben. Meine Enkelinnen werden ihren Gespielinnen einst sagen, daß sie von seinem Freunde abstammen."

Im Neckartbale bei Eßlingen entstand Stolbergs „Lied"
(„Wo ich als ein Pilger walle," Musenalm. 1793, S. 18, Ges.
W. II, S. 92 und VI, S. 67).

Seite 250. Hellwach lies Hellwag. Der vielseitige Schrift=
steller Hofrat Dr. Christoph Friedrich Hellwag (1754—1835),
seit 1788 Vossens Hausarzt und zu seinem „engeren Kreis"
gehörend (Voß' Briefe III, 1, S. 36), war zu Calw in Wür=
temberg geboren.

Der Stuttgarter Dichter Gottlob Friedr. Stäublin (1758
—1796) war Herausgeber des Stuttgarter Musenalmanachs.

Aus Vossens Antwort vom 25. Sept. 1791 auf den
(S. 302 f. mitgeteilten) Brief Millers teilen wir folgende cha=
rakteristische Stellen mit: „Ein Brief von Stolberg und dir,
mein trautester Miller, erinnerte mich an alte Bundestage. Wäre
ich doch der Dritte mit euch gewesen!... Mit Stolberg
werd' ich denn künftig wieder beisammen wohnen. Wenn er
nur bey Lavater nicht noch herberen Geist einsaugt! Wenn er
dem Andersdenkenden in seiner Stille nur Ruhe ließe, wie
dieser sie ihm von ganzem Herzen läßt! Wir haben wenig
Gespräche mehr, wo nicht Worte am Gehege der Lippen gemu=
stert werden müssen: über Religionsfreiheit und politische Frei=
heit, über den Adel sogar, ja über Poesie und poetische Kunst....
Die Reise sollte ihn heilen, hofte ich; aber er hat mir ver=
schwiegen, daß er in Lavaters schwülem Dunst sich erlaben
würde. Das fürcht' ich, bringt unheilbare Verschlimmerung.
Seine Briefe athmen einen so kränklichen Geist, daß ich alles
besorge. Schon einmal nahm ich Abschied von ihm für dieses
Leben; er wandte sich, und wir umarmten uns. In voller
Rührung sang ich mein Freundschaftslied, welches — ach Miller!
ich muß es mir gestehn! — er nicht zu fassen scheint. Seine
Freunde der ersten, der zweiten, der dritten Art, scheinen weit
enger um ihn gedrängt, als ich — sein Jonathan, der für
nichts schwärmen kann, was ihm immer mehr und mehr
ausschließend wird" (Voß' Briefe II, S. 122 ff ergänzt aus
dem Original). Miller antwortete im Juni 1792: „O wie
schmerzt es mich, daß grade Ihr, zween der Ersten und
Besten aus der unermeßlich großen Masse der Menschheit ein=

anber misversteht! Denn anders ist es doch wahrlich nichts. Ich habe in Stolberg noch ganz den alten, treuen Bundes= bruder gefunden, dem Wahrheit und Glück der Menschheit über alles geht, auch fand ich ihn voll Liebe für dich. Nur das Einzige klagte er mir, daß du gegen positive Religion und Offenbarung, woran sein Herz von jeher so fest hing und noch hängt, nicht nur eingenommen seist, sondern eine Art von Bitterkeit äußerst, und das thut ihm weh. Das machte dich vielleicht zuweilen etwas intolerant, oder doch hart in Ausdrücken. Wen schmerzt aber nicht die Antastung seines Heiligthums. Nimm sein Temperament und seine ganze In= dividualität hinzu! . . . Es schmerzt mich auch, wenn dagegen zumal mit Bitterkeit und Härte gesprochen wird. Aber so würde mich das nicht aufbringen wie unsern Fritz, weil ich nicht Stolberg bin. Er würde nicht er sein, wenn ihn das nicht bis zum Aufbrausen schmerzte. Nimm ihn also um Gottes willen wie er ist, und sei gegen ihn, der so viel Gutes und Großes an sich hat, tolerant und schonend. Er wird es gewiß auch sein. Die besten Menschen müssen sich nicht trennen, wenn sie auch in zwanzig Dingen in Vorstellungen und Mei= nungen von einander abgehn. Sonst ginge die Menschheit zu Schanden." Nachdem er ihn dann gemahnt, „doch ja auf die Quelle zu sehn, aus welcher bei Stolberg alles, auch der Irrtum fließe, nämlich seine „Liebe für Wahrheit und Mensch= heit", schließt er: „Nein, du und Stolberg, Ihr müßt Freunde bleiben. O, ich weiß und habe Proben, wie er noch bis zu dieser Stunde dich liebt. Liebe du dann wieder, wenn er auch katholisch werden oder sich beschneiden lassen sollte, welches er, so lange er Stolberg und Gott Gott bleibt, nie thun wird" (Voß' Briefe II, S. 124, schon bei Herbst II, 1, S. 155 f aus dem Original ergänzt).

Hierauf erwiderte Voß am 18. Sept. 1792: „Ich erinnere mich nicht mehr, was ich das letztemal alles meinem redlichen Miller in den Busen geschüttet habe. Auf dem weiten Wege verfliegt der Geist. So erkläre ich mir's daß ich deine Ant= wort, unseren Stolberg betreffend, nicht verstehe. Ich muß über seine Unduldsamkeit anderer Vorstellungen von göttlichen

Dingen geklagt haben; wie er über die meinige. Du glaubst, mir zusprechen ¦zu müssen. Guter, lieber Miller! Wenn du wüßtest, wie sehr es seit Jahren mein Bestreben ist, jedem das Seinige hier zu lassen [? Vgl. u. a. oben S. 173]; aber auch mir das Meinige vorzubehalten! Niemals in meinem ganzen Leben hab' ich St. in seinem Glauben gestört, niemals selbst über sein öffentliches Einstimmen in des mir verhaßten Lavaters Meinungen und Urtheile mein Misfallen geäußert [? vgl. u. a. oben S. 173], weil ich niemals gefragt wurde, nicht über den Angrif gegen Schiller einmal ist zwischen uns ein Wort vorgefallen. Aber wohl hat St. durch Agnes und selbst, im feierlichsten Tone, an meiner Seele zu arbeiten gestrebt. Hierüber hab' ich mich gegen ihn selbst beschwert, und habe [es dir, wie ich glaube, aus aufwallendem Herzen geklagt. Ich intolerant! wenn ich äußere, es muß mir freistehn, ein Dreieins nicht zu glauben, wie einem andern, es so oder so zu glauben, und einem andern ein Fünfeins; nur daß keiner den anderen wegen seines Glaubens verabscheue und verfolge. Wir sollen über diese Gegenstände, wovon wir alle nichts wissen, als was der Schöpfer in unsre Seele gelegt hat, ebenso gutmütig hin und her reden und denken, gut und schlecht, als über ein Nordlicht und andere Naturgeheimnisse . . . Unser leztes Gespräch, das mich wahrscheinlich zur Klage gegen dich bewogen, war über meine Georgica. Er kam mir in den Garten nach: Lieber Boß, mir liegt etwas auf dem Herzen, Sie reden im Virgil so häufig über die Religion. — Ich? wo denn? — Da kamen Stellen, wo ich die jüdischen [!] Vorstellungen von Paradies, Gottes Zorn, Abbüßung durch Opfer und Gebräuche, mit ähnlichen griechischen und römischen verglichen hatte. Ich meine, lieber St., hier nicht gegen, sondern für die Religion geredet zu haben . . . Er endlich, mir die Hand reichend: Lassen Sie uns hierüber die geheimsten Herzensgedanken einander mittheilen. Und — indem ich seine Hand drückte — einander dulden! — Dulden, lieber Miller! Über Unduldsamkeit hab' ich nur geklagt; über Unduldsamkeit, die dem Bruder das Herz verschließt. Und nun laß es ungesagt sein; rede weder mir noch meinem geliebten, der mir durch seine Unbiegsamkeit gegen

Andersdenkende oft einen Seufzer auspreßt, zum Frieden."
(In sehr verkürzter Form in Voß' Briefen II, S. 125 f, hier
ergänzt aus dem Original, wie es zum Teil schon bei Herbst
II, 1, S. 157 geschehen ist).

151.

Von seinem vierzehntägigen vertrauten Umgang mit La=
vater, Heß und Pfenniger in Zürich schreibt Stolberg diesesmal
an Voß nichts, ebensowenig von dem gewaltigen Eindruck, wel=
chen der Katholizismus in Italien auf ihn machte.

Seite 251. Nicolovius brachte über 12 Zeichnungen von
italienischen und sicilischen Pflügen mit, welche Voß in der
zweiten Auflage der Georgika (1800) verwertete. Vgl. „Bestä=
tigung" S. 25.

Seite 255. Angelica d. i. Angelika Kauffmann.
Vgl. S. 402.

Das gesandte Gedicht, „Rafael", erschien im Musenalm.
1793, S. 101, ferner im 52. Briefe der „Reise" (Ges. W. VII,
S. 217). Es schließt mit einer Verherrlichung Angelikas.

Statt des herzoglichen Landschlosses Stendorf in dem
gleichnamigen Orte wurde Stolberg das Kavalierhaus des
fürstbischöflichen Schlosses in Eutin als Wohnung für den
Winter 1792/93 überlassen (Hennes, Herzog Peter, S. 459),
bis er sich ein eigenes Haus in der Schloßstraße gekauft und
eingerichtet hatte.

Seite 256. Empusa ein nächtliches Gespenst (griech.).

Schram Eutiner Buchhändler?

Über den portugiesischen Gesandten Grafen von Sousa
vgl. den 53. Brief der „Reise" (Ges. W. VII, S. 222).

Seite 259. Rochus „Ihr Schwager Ernst von Witz=
leben [vgl. S. 459] ist nach Oldenburg versetzt und sein Bruder
Rochus [vgl. S. 459] hat hinwiederum seine Stelle als Schloß=
hauptmann," hatte der Herzog am 15. Jan. 1792 an Stolberg
geschrieben (Hennes, Herzog Peter S. 446).

Stolberg: Briefe.

152.

Seite 262. Marks vgl. S. 410.

Seite 263. Donat. Der Grammatiker Tiberius Clau=
bius Donatus (4. Jahrhundert), von dem wir eine vita Ver-
gilii besitzen.

Joseph Abbison (1672—1719), der bekannte englische
Dichter und Gelehrte.

Philipp. Cluverius (Kluver, 1580—1623), Verfasser der
Werke Sicilia antiqua item Sardinia et Corsica (Leyden, 1619)
und „Italia antiqua" (Leyden, 1624).

Seite 264. Das Gedicht „Michelangelo" erschien im Musen=
alm. 1793, S. 138, ferner im 58. Briefe der „Reise" (Ges. W.
VII, S. 297).

153.

Seite 265. Die Ode „An den Kronprinzen von Dä=
nemark" [vgl. S. 415] erschien mit zwei Anmerkungen im
Musenalm. 1793, S. 167 (Ges. W. II, S. 103).

Das zweite Gedicht ist der „Lobgesang" (Musenalm.
1793, S. 37, Ges. W. II, S. 95), in welchem Voß („Bestä=
tigung" S. 40) bereits den Wunsch erkennen will, „daß alles
sich vereinige zu Fried und Gerechtigkeit, zur Eintracht der all=
gemeinen katholischen Religion."

Seite 267. Adam Levin von Dorgelo (1787 Titular=
Landrat) seit 11. März 1788 „wirklicher Hofmarschall" (c. 1818
pensioniert; † c. 1827).

Rochus v. Witzleben.

Hainz lies Heinze.

154.

noti vetulique columbi („alte befreundete Tauben") nach
Horat. epist. I, 10, 5.

Seite 268. Über den auch Herder befreundeten Taren=
tiner Erzbischof von Capece=Latro vgl. den 80. Brief der
„Reise" (Ges. W. VIII, S. 208).

Seite 270. Das „Verzeichniß einiger aus dem Griechischen

stammenden tarentinischen Worte" bildete die „Beilage" zum 80. Briefe der „Reise" (Ges. W. VIII, 232—235).

Hellbach lies Hellwag.

155.

Seite 272. Über Saverio Landolina Nava vgl. den 92. Brief der „Reise" (Ges. W. IX, S. 192 f), über Sterzinger den 87. Brief (Ges. W. VIII, S. 385).

Seite 273. Der ganze Homer. „Homers Werke übersetzt. Die Ilias neu, die Odyssee umgearbeitet" (Altona, 1793). Über diesen Maler Wagner habe ich nichts ermitteln können.

Seite 274. J. H. Bartel's „Briefe über Calabrien und Sicilien." 3 Thl. (Göttingen 1787—1792) sind gemeint.

Der Malteser Abbate Vella ist später bekanntlich durch Joseph Hager als Fälscher entlarvt worden.

Seite 277. Unpäßlichkeit der Kleinen. Das zweite Kind der Gräfin Sophie, Sibylle Amalie, geb. am 2. April 1792 zu Neapel, starb am 29. Aug. auf der Insel Ischia.

Seite 281. Katharina Stolberg hatte wohl Bernstorffs in Dänemark besucht.

Seite 283. „Hesperiden, meinem Freunde J. A. Ebert gewidmet" erschienen zum 97. Reisebriefe (Ges. W. IX, 332—351). Ebert dankte in dem Sonett: „An den Herrn Grafen F. L. zu Stolberg, wegen der von ihm aus Italien an den Verfasser geschriebenen [3] Episteln, die Hesperiden betitelt. Braunschweig, im Mai 1793" Musenalm. 1794, S. 128).

156.

Ende Januar 1792 war Stolberg nach anderthalbjähriger Trennung in Eutin wieder angekommen; am 28. Febr. nahm er daselbst dauernden Aufenthalt. Als höchster Beamte des Fürstbistums mußte und bei dem großen Reichtum seiner zweiten Frau konnte er jetzt einen ganz anderen Aufwand entfalten als in den „Agnestagen" — er selbst hatte schon am 16. Mai 1791 an Holmer geschrieben, daß er „nicht unter 6000 Rthl. jährlich in Eutin leben" werde, Hennes, Herzog Peter S. 430 — zum Mißvergnügen Vossens, welcher ihm noch im „Sophro-

nixon" (S. 17) eine „für Eutin prunkende Einrichtung, Über=
fluß von Bedienten des Hauses und des Stalls, von Kutsch=
pferden und von Reitpferden, Verschwendung in Küch' und
Keller" vorwirft. Man versuchte noch gegenseitig die alte
Freundschaft fortzuspinnen, aber wie Perthes (I, S. 74) mit
Recht bemerkt, „die Unvereinbarkeit der innersten Gesinnung,
der schroffe Gegensatz in den Ansichten über Adel, Religion,
französische Revolution und vielleicht mehr noch als alles dieses
die verschiedenartigen Lebensstellungen in Eutin hatten die frü=
here Jünglingsfreundschaft unheilbar erschüttert; die Unbefan=
genheit des Umgangs war dahin, überall erblickte Voß gräf=
lichen Stolz, überall religiöse Überspannung, und widrige Zu=
trägereien vermehrten das Unbehagliche der Verhältnisse." Auf
das einzelne können wir im folgenden nur soweit eingehen, als
es das Verständnis der Briefe Stolbergs erheischt. Im übrigen
verweisen wir auf die bekannten Quellen.

In Münster weilte Stolberg vom 23. Okt. bis Anfang
December (seine Gattin war am 5. Nov. nachgekommen), in
Erwiderung der ihm (vgl. unten) gemachten Besuche (vgl. Galland
S. 188 ff, Herbst II, 1, S. 153 f).

Zette 284. Liebe zu meinen Kindern. Ernestine berichtet:
„Er hatte damals einen Hauslehrer [Detlev Friedr. Bielfeld
(1766—1835), seit Jan. 1794 promoviert; „mein halbjähriger
Hörer, nicht Schüler" wird er von Voß in einem Briefe an F. A.
Eschen genannt, Archiv f. Lit.=Gesch. 1887 S. 366], in den er
nicht viel Vertrauen sezen konnte, und wir übernahmen es
gerne, seine beiden Söhne in ihren Freistunden bei unsern
jüngsten Söhnen sein zu lassen. Die dabei erfoderliche Auf=
sicht gehörte mit zu meinem Beruf, und ich schrieb ihm jede
Woche, wie es mit den Knaben und uns ginge. Da ward
denn natürlich auch vom Bruder [Rudolf Boie, vgl. unten]
Bericht gegeben, und von Voßens Thätigkeit bei der Luise.
An beiden war seine Theilnahme groß" (Voß' Briefe III,
1, S. 83 f).

Vossens Heiterkeit. Von seiner im Sommer 1794 un=
ternommenen Halberstädter Reise hatte Voß eine „gründliche
Heiterkeit" mitgebracht (Voß' Briefe III, 1, S. 69).

Das gesandte Lied kann nicht bestimmt werden, da für Voß damals eine „reiche Liederperiode" (Voß' Briefe III, 1, S. 83) angebrochen war (vgl. unten).

Zeite 285. Den Trost, dem an der Schwindsucht hin= siechenden († 16. April 1795) Rudolf Boie die Zeit des lang= samen Abschieds zu versüßen, haben sich Voß und Erne= stine in vollstem Maße verdient. Vgl. u. a. Voß' Briefe III, 1, S. 73 ff. Über Stolbergs Teilnahme dem ihm sonst wegen seines Rationalismus wenig sympathischen R. Boie gegenüber vgl. S. 487

In Holland hausten damals die französischen Generale Pichegru und Jourdan.

Ich ziehe die Hörner wieder ein. Der Musenalm. 1796 enthielt von Stolberg bloß drei, von Voß nicht weniger als 36 Beiträge.

Jacobi hatte bereits einige Tage vor der am 6. Okt. seitens der Franzosen erfolgten Beschießung Düsseldorfs Pem= pelfort verlassen, um nun fast zehn Jahre bei seinen vielen norddeutschen Freunden zuzubringen, bis er sich endlich, wie schon bemerkt, 1797 in Eutin niederließ.

Stolberg war in Eutin besucht worden im Sommer 1793 von der Fürstin Gallitzin (mit ihren Kindern und einer Nichte) und Oberberg, im Spätherbst 1793 von dem Erbdrost des Hochstifts Münster, Adolf Heidenreich Drost Freiherrn von Bischering (1769—1826), seiner jungen, am 1. Aug. 1793 ihm angetrauten (vgl. Stolbergs „Hochzeitslied für" 2c., zuerst in einem Einzeldruck, dann Musenalm. 1794, S. 175, Ges. W. II, S. 126) Gemahlin Antoinette geb. Gräfin von Merveld (1773—1798) und seinem Bruder, dem Freiherrn Caspar Max (1770—1846, 1795 Weihbischof, 1826 Bischof von Münster), im Mai 1794 wiederum vom Freiherrn Caspar Max, seinen jün= geren Brüdern Freiherrn Franz Otto (1771—1826) und Cle= mens August (1773—1845, 1827 Weihbischof von Münster, 1836 Erzbischof von Köln) sowie ihrem geistlichen Erzieher, dem spä= teren Domdechanten Theodor Katerkamp (1764—1834). Vgl. Galland S. 186 ff, Herbst II, 1, S. 142 ff. 153 ff). Anfangs hatten die Münsteraner für Voß viel Anziehendes gehabt (vgl. Herbst II, 1. S. 151 f. 153 f); später aber waren fie ihm nur verächtliche „Einimpfer" („Sophronizon" S. 23) des Katholizismus.

Kirchgang (vgl. S. 397). Am 12. Okt. 1794 war dem Erbdroft der älteste Sohn geboren, Maximilian († 6. Nov. 1849).

Nicolovius wurde Ende 1794 zunächst als Sekretär, dann als Affessor bei der fürftlich lübeckschen Rentenkammer in Eutin angestellt. Später wurde er bekanntlich Direktor im preußischen Kultusministerium, Wirkl. Geh. Oberregierungsrat und Mitglied des Staatsrats († 2. Nov. 1839).

Julia die Schwester Stolbergs.

Die Fürstin Gallitzin kam erst 1797 wieder nach Eutin (Galland S. 205).

157.

Seite 286. Mindestens ein Brief zwischen dem vorigen und diesem scheint verloren gegangen. „Voß," erzählt Ernestine, „sprach bei seiner herzlichen Liebe zu Stolberg gern von der Hofnung, daß die herlichen Agneszeiten noch einmal wieder= kehren könnten, und der Gedanke, daß die Erfüllung möglich sei, machte ihn stets wehmütig heiter. In einer solchen Stunde entstand das Lied an Stolberg [„An Stolberg. 24. Nov. 1794", „Gedichte" 1795 II, S. 265, Sauer S. 300]". Die Schluß= strophe desselben lautet:

> „Wer nahet da so raiches Tritts?
> Komm her zu meinem Wein!
> Komm her, Du lieber alter Friz!
> Wir wollen hier auf Agnes Siz
> Den alten Bund erneun!"

„Er [Voß] fand mich", fährt Ernestine fort, „an Stolberg schreibend, als er herunter kam, es mir vorzulesen. Er ver= suchte zu lesen, aber er war in zu großer Gemütsbewegung; die Stimme versagte ihm. „„Du sollst es ihm mitschicken,"" sagte er nach einem gerührten Gespräch, „„vielleicht hat es jezt einige Wirkung."" Die Antwort kam schnell, denn Stol= berg war schon in Hamburg; aber des Liedes ward nicht er= wähnt. Herzlich theilnehmend sprach er über Voßens Heiterkeit und unfern Leidenden; seine Worte waren: Er wolle uns den traurigen Abschiedsabend versüßen helfen. Und dieses Wort hat er redlich erfüllt" (Boß' Briefe III, 1. S. 84 f). Das warme Gedenken der „Freundin Agnes" und der „Agnes= zeiten", welches den Inhalt des Gedichtes bildet, mußte für die Gräfin Sophie etwas Kränkendes haben, und aus diesem Grunde mag Stolberg auf das Lied nicht zurückgekommen sein. Oder sollte Ernestine sich von ihrem Gedächtnis haben täuschen lassen und den Brief Nr. 156 im Sinn gehabt haben?

Braunschweig. Mitte Mai 1796 hatte Boß mit Erne= stine wieder eine Reise zu Gleim nach Halberstadt angetreten, auf der sich übrigens sein Schwindel und Ohrensausen nicht verloren.

Seine alte Mutter Katharine Dorothee geb. Carstens (1718—1798) hatte Boß nach seines Vaters Tode (1778) zu sich genommen.

Paul v. Nicolay war nach zehnjähriger Abwesenheit am 25. Mai von Eutin aus über Lübeck und von da zu Schiffe zu seinen Eltern zurückgereist (vgl. Herbst II, 2, S. 240. 242).

Seite 287. Mit dem Pfarrer von Grünau (Anspie= lung auf „Luise") ist wohl Boß selbst gemeint, der ihm in Eutin fehlt; auch Gleim schrieb schon am 13. Jun. 1794 an Ernestine: „Wir [Gleim und seine beiden „Hausnichten"] glau= ben, er [Boß] selbst sei der Pfarrer von Grünau" (Boß' Briefe II, S. 393).

Seite 288. Luise die Tochter des Ministers A. P. Bern= storff (vgl. zu S. 294).

Lotte die schon erwähnte Gattin des Grafen Magnus von Dernath (1765—1828), eine Tochter des Ministers Grafen A. P. Bernstorff.

Wasdorf ist mir unverständlich.

Milchen Gräfin Rantzau (vgl. den Anfang von Nr 158).

158.

Karl Emil Graf von Ran(t)zau, Besitzer des Gutes Ascheberg (vgl. S. 445), war vermählt mit Emilie, einer Tochter des Ministers Grafen A. P. Bernstorff.

Die beiden ältesten Mädchen Stolbergs, also Maria (Mariagnes) und Henriette.

Ode. Als Voß und Ernestine von einem von Halberstadt aus unternommenen Ausflug nach der Roßtrappe nach Gleim zurückkehrten, fanden sie, wie Ernestine erzählt (Voß' Briefe III, 1, S. 99) „einen sehr stürmischen [verloren gegangenen] Brief von Stolberg mit der Illuminaten=Ode Kassandra vor, deren Abdruck im Almanach verlangt wurde." Voß sei dadurch in die größte Aufregung geraten, in eine „beständige Furcht eines Sturmes mit Stolberg über die Illuminaten." „Aber Gleim", fährt sie fort, „sorgte väterlich für Vossens Ruhe. Er schrieb an Stolberg und verlangte, die er in seiner Ode als Illuminaten bezeichne, namhaft zu machen, damit sie sich vertheidigen könnten, wenn ihnen Unrecht geschähe" (Voß' Briefe III, 1, S. 103). Auch Ernestine hatte wohl eine „entkräftigende Note" (S. 289) verlangt. Indes schrieb Voß am 22. Aug. an Gleim: „Über die dumme Illuminatengeschichte hab' ich mit Stolberg einige Briefe gewechselt, nach welchen er, wie immer nach einem Strauße, sehr weichherzig ward" (Voß' Briefe II, S. 327), und am 11. Sept.: „Die Stolbergsche Kassandra hab' ich ohne Anmerkung aufgenommen, um meinen verirrten Freund aus den Händen der verruchten Eudämonisten [vgl. unten] zu retten. Ein Gedicht von Ihnen [„Beruhigung"] voll Ergebung in die Vorsicht folgt darauf [S. 202]. .... Ich bin überzeugt worden, Stolberg selbst glaubt nicht an seinen Illuminatenspuk [?]: es scheint ihm nur eine bequeme Einkleidung für seine Gefühle bei der Zeitgeschichte. Was zu viel ist, denkt er, schadet keinem, als mir selbst; und mich will er der guten Sache aufopfern [!]. Es ist mir unbegreiflich, wie so viel Liebe und solche eiserne Verfolgungssucht [!] in Einer Seele sich vertragen" (Voß' Briefe II, S. 328. Vgl. die etwas abweichende Fassung im „Sophronizon" S. 44). So erschien die Ode „Kassandra" zunächst als Einzeldruck (mit dem Datum „Eutin, den 3ten Juny 1796"), ferner im Musenalm. 1797 S. 197 (Ges. W. II, S. 142), dann aber auch trotzdem in der hochkonservativen (1795—1798 in Marburg erscheinenden) Zeitschrift „Eudämonia, oder deutsches Volksglück, ein

Journal für Freunde von Wahrheit und Recht." Vgl. „So=
phronizon" S. 45.

Seite 289. „Doch soll nicht" ꝛc. So lauten die beiden
Schlußverse der „Kassandra," in denen die Illuminaten ähn=
licher Greuel beschuldigt werden, wie in dem Briefe (vgl.
oben S. 448).

Aqua Tofana von einer Sicilianerin Tofana im 17.
Jahrhundert bereiteter Gifttrank.

Seite 291. Konrektor war seit Mai 1795 der Kandidat
Wallroth (vgl. Herbst II, 1, S. 63).

159.

Stolberg war nach Petersburg gesandt worden, um die
Glückwünsche des Fürstbischofs zu der am 17. Nov. 1796 er=
folgten Thronbesteigung Pauls I. darzubringen. Am 15. Febr.
war er in der russischen Hauptstadt angekommen. Die Rück=
reise begann wegen wichtiger diplomatischer Geschäfte und sei=
ner Erkrankung erst am 21. Jun.; am 17. Jul. erfolgte die
Ankunft in Eutin (Hennes, Herzog Peter S. 488—508).

Herrliche Nachrichten von Voß. Voß war am 6. Dec.
1796 lebensgefährlich an einer Gehirnentzündung erkrankt. „In
dieser Noth," erzählt er im „Sophronizon" (S. 47 f), „war
Stolberg meiner schlaflos ausharrenden Ernestine der alte herz=
liche Stolberg mit Rath und That. . . . Am zehnten Morgen,
da meine Frau die Fenstervorhänge aufzog, freute ich mich
laut der Morgenröthe, erkannte Stolberg am Fuß des Bettes,
und bot ihm die lebendige Herzenshand [Die Rechte war ge=
lähmt gewesen]. . . . . Was mir Stolberg in der Genesung
war, das vergelt' ihm Gott! Erquickung brachte mir jezt der
bekannte Fußtritt, das freundliche Gesicht, das traute Gespräch.
. . . In einer seligen Stunde des neuen Lebens sagt' ich dem
Geliebten: Nun wird doch mein Stolberg nie wieder irre wer=
den an mir. Er drückte mir die Hand mit tiefer Rührung, und
schwieg. Wunderbar ward durch diesen Herzensbalsam die Ge=
nesung beschleuniget."

Paul v. Nicolay hatte wohl lange nicht an Voß ge=
schrieben.

Seite 292. Montrepos. Nach der Ermordung des russischen Kaisers Paul (1803) zog sich L. H. Freiherr von Nicolay (seit 1801 Wirkl. Geheimer Rat) gänzlich auf das Landgut Monrepos bei Wiborg in Finnland zurück, wo er am 28. Nov. 1820 starb.

Des seit 1790 Voß befreundeten Dichters Jens Bagge=sen (1764—1826) Frau Sophia geb. Haller, Enkelin des Dich=ters H., vermählt 1790, war von Siechtum befallen. Voß wünschte sie und ihn deshalb aus dem „neblichten Kopenhagen" fort. „Wäre Stolberg nur hier," schreibt er am 30. Jan. 1797 an ihn, „um schnell mitzuwirken, daß ihr unter einem gesunderen Himmel, wenn auch nur in dem lieblichen Holstein, leben könntet!" (Voß Briefe III, 2, S. 155). Doch scheint Stolberg nichts haben ausrichten können. Baggesens Frau starb übrigens noch im kommenden Frühling, vor der Rückkehr Stolbergs.

Wenn Ihr aus seyn werdet. Ende Mai trat Voß mit Ernestine eine Erholungsreise nach Mecklenburg, Berlin, Hal=berstadt rc. an, von der sie erst Anfang August nach Eutin zurückkehrten.

Nico d. h. Nicolovius hatte Stolberg auf der Reise begleitet.

vier Jünglinge Vossens Söhne.

160.

Seite 293. Hüttner. Von „Gleims Hüttchen," wie dieser selbst sein beschränktes Haus nannte, giebt Ernestine eine anmutige Schilderung in Voß' Briefen III, 1, S. 319 ff. Be kanntlich nannte Gleim auch eine für Freunde herausgegebene Auswahl seiner Lieder „das Hüttchen" (Halberstadt 1794), und Voß' „Luise" (1795) trug die Widmung „Vor Gleims Hüttchen".

Ovids Verwandlungen. Trotz des ihn behandelnden Henslers anfänglicher Einrede, hatte Voß gleich bei Beginn der Genesung wieder übersetzt, u. a. Ovids Metamorphosen, wo=mit auch auf der im Juni angetretenen Reise (die Badereise nach Pyrmont wurde nicht nötig, vgl. oben) fortgefahren wurde („Sophronizon" S. 48 f). Die „Verwandlungen nach Publius Ovidius Naso" erschienen 1798 (Berlin).

Garten. „Stolberg war gewohnt, wenn er verreiste, mir seine edelsten Blumen zur Pflege anzuvertrauen," schreibt Ernestine (Voß' Briefe III, 1, S. 133).

Seite 294. Wiederkehr ins Leben. Stolberg war in Petersburg schwer an der Rose erkrankt, vgl. Hennes, Herzog Peter S. 504 ff.

Baggesen der seine Frau verloren (vgl. S. 490).

Graf Cajus Reventlow (1753—1834), auf Altenhof an der Eckernförder Bucht, vermählte sich mit der schon genannten, von Vossens sehr geschätzten („Sophronizon" S. 69, Herbst II, 1, S. 241) Gräfin Luise Bernstorff. Nach dem Tode seines Schwiegervaters (21. Jun. 1797) wurde er dessen Nachfolger.

Der junge Bach wohl Sohn des Chirurgus. Das Gedicht des Heinrich Voß an ihn war nicht zu ermitteln.

Mutternachtigall. Ernestine mußte zum Schmuck von Hausfesten 2c. Hexameter anzufertigen trotz dem Gatten. Hier ist wohl ihr Geburtstagsgedicht (1797) „An Gleim" („Aufsätze von Ernestine Voß" S. 49 ff) gemeint. Vgl. ihr Geburtstagsgedicht an Stolberg (1796) in Voß' Briefen III, 1, S. 94 f.

161.

Am 5. Aug. 1800 hatte Gräfin Katharina Voß und Ernestinen die am 1. Jun. 1800 in der Hauskapelle der Fürstin Gallitzin in Münster erfolgte Konversion Stolbergs und seiner Gattin mitgeteilt. Voß hatte sich nicht sehr darüber gewundert, aber gebeten, er möge ihn nicht eher wieder besuchen, „als bis er von Agnes Freunden ein ruhiges Wort über die Kinder anhören könnte" („Sophronizon" S. 82, vgl. Ernestines Brief an Gleim, bei Herbst II, 1, S. 347). Am 9. Aug. traf Stolberg selbst mit seinem Bruder von Tremsbüttel aus in Eutin ein. „Trotz Jacobi's [welcher bei der bereits am 2. Aug. von der Gräfin Sophie erhaltenen Nachricht erklärt hatte, er wolle Stolberg nicht wiedersehen] Verbot," heißt es im „Sophronizon" (S. 83), „stürmte er gleich in dessen Haus; und als der durch den Garten ihm entwischt war, trotz meiner Bitte, gleich in das unsrige. Er mußte [?], weder Jacobi noch ich würden ihn annehmen; das war ihm recht. Nun konnt' er, als Mär-

tyrer, mit unſerer heidniſchen Hartherzigkeit, mit ſeiner ächt
chriſtlichen Geduld und Demut, einherprangen [!]. Aus Furcht
vor ſo zudringlichem Ungeſtüm, ſaßen wir in meinem Studier=
zimmer; wenn der Graf käme, ſollte man uns verleugnen.
Gleichwohl ſucht' er uns im Garten, in dem ſelbigen Garten,
wo vor zwei Jahren dem Raſenden meine Frau allen Verkehr
aufgekündigt. [Im Herbſt 1798 hatte Stolberg Voſſen Vor=
ſtellungen gemacht wegen ſeines rationaliſtiſchen Unterrichts (vgl.
Herbſt II, 1, S. 70 ff). Eine heftige Scene war die Folge geweſen,
ſodaß Erneſtine erklärt hatte: „Ihr ſollt und müßt euch tren=
nen; Freude habt ihr einander lange nicht mehr gegeben, hört
auf, euch das Leben zu verbittern." Aber Stolberg hatte ein=
gelenkt, und ſo kam es wieder zur Ausſöhnung. „Sophronizon"
S. 62 ff.] Darauf ſandt' ich ihm [durch den Sohn Wil=
helm, „der gewiß ungern dieſe Botſchaft übernahm," wie Stol=
berg in der „Abfertigung" S. 15 meint] das Gedicht, und
ſchrieb dabei, er möchte dann kommen, wann er ruhig genug
wäre, über die evangeliſchen Kinder ein Wort zu hören. Er
ſchrieb zurück: „Es wird ganz" ꝛc.

Ton ihres Gedichts. „Am 8. Auguſt" berichtet Voß
(„Sophronizon" S. 82f) „dichtete ich die Warnung an Stol=
berg, die, nach den Umſtänden überreicht oder geſandt, ihn
zum ernſten Geſpräch über die Kinder von Agnes ſtimmen zu
können ſchien ... Meine Frau glaubte mit mir, Stolbergs
Gefühl würde ſein: Hätt' ich den Schritt nicht ſchon gethan,
ich beſänne mich noch; wenigſtens will ich den evangeliſchen
Kindern freie Wahl laſſen." Die „Warnung An Stolberg"
erſchien in den „Gedichten" 1802, III, S. 235. Sie iſt ſo
charakteriſtiſch, daß wir ſie zum größten Teile (nach Sauer
S. 220) folgen laſſen:

Freies Sinns Aufhellung geſpäht und Wahrheit,
Sonder Scheu, ob Papſt und Tyrann durch Machtſpruch
Geiſtesflug einzwäng'; und geübt mit reiner
    Seele, was recht iſt!

Das allein ſchafft heiteren Blick zur Gottheit:

Str. IV. Keine Ruh', Einschläferung nur mit Angsttraum,
Schafft dir Mönchsablaß und Verdienst des andern,
Augendrehn, Räuchwerk und Kastein, und Bannspruch
Plärrendes Anflehns.

Str. VI. Du verkennst Erbtugend und Schwung zum Äther?
Und, o Schmach! demütigest dich in grauser
Hildebrand' unmenschlichen Fron, dich dumpfem
Glauben verpflichtend,

Pfaffenknecht? Ab schwörest du Licht und Wahrheit?
Am Altarschmaus dann des gebacknen Gottes
Schnaubst du dem, was Menschen vom Tier erhebet,
Haß und Verfolgung?

Hör', o Stolberg; Worte von Gott verkünd' ich
Alter Freund. Mißtraue der Priestersatzung,
Wenn den Abgott auch der Sirene Zauber=
Stimme beschönigt!

Schau', wie dort aufstarrender Pfaffen Chortanz
Um des Abgotts Opferaltar einherhinkt:
„„Gott, allein uns Gott! o gesegn' allein uns,
Fluche den andern!

Unser Schrein, ach! unsre Gelübb' erhör' uns,
Unsres Leibs Blutströme! das Blut Verklärter,
Die für uns abbüßten!" Umsonst! denn ohrlos
Schläft er, und herzlos!

Fleuch, o fleuch, Stolberg, wie des Turbanträgers
Und des knoblauchduftigen Rabbis Messer,
Fleuch geöetabkugelnder Glatzenpfäfflein
Tand und Bethörung!

Man begreift, daß Stolberg diese Ode „mit Abscheu" von
sich warf („Abfertigung" S· 15) und auch sein Bruder „mit ein=
stimmte" (wie Ernestine am 27. Aug. 1800 an Gleim schrieb,
Herbst II, 1, S. 348). In ähnlichem Tone sind übrigens fol=
gende in den nächsten Tagen entstandene, auf Stolberg bezüg=
liche Gedichte Vossens gehalten: „An einen der geprüft zu
haben vorgab" („Gedichte" 1802 V, S. 290, Sauer S. 318),

„An Friedrich Heinrich Jacobi" (Göttinger Musenalm. 1802, S. 130, „Werke" 1835 S. 144), „An Gleim" (Göttinger Musenalm. 1802 S. 157, „Werke" 1835 S. 147). Nachdem Voß den Brief Stolbergs mitgeteilt, fährt er fort (S. 84): „Das einzige Gespräch also, das der alten Freundschaft noch übrig blieb [!], ward abgeschnitten. Nach einigen Tagen schickte ihm meine Frau anvertraute Blumen zurück und ein paar herzliche Zeilen über Ehemals und Jezt. Sie zeigte mir das Blatt; und ich, aus Furcht vor dem gärenden Vulkan, rieth ihr, darunter zu schreiben, er möchte nicht antworten."

162—163.

Nr. 163 war vor Nr. 162 zu setzen!

„Für uns ward Stolbergs Herz noch zweimal bewegt," berichtet Voß im „Sophronizon" S. 88). „Er hatte gegen Dorgelo geklagt, daß Voß und Jacobi ihn „„von sich stießen."" Als er am folgenden Tage die Geburt eines Sohnes [des am 13. Aug. geborenen Alfred Ferdinand] ansagen ließ [Vossens waren eben von ihrer „Flucht" nach Esmarch zurückgekehrt, vgl. „Sophronizon" S. 89], schrieb ich ihm: „Halte den nicht für Unfreund, der seitwärts geht, weil er nicht helfen kann. Segen dem Geborenen." Stolberg antwortete: „Dieses Wort von Ihnen" ꝛc.

„Der Michaelistag," berichtet Voß ferner im „Sophronizon" (S. 90) „war zu St. Abreise bestimmt, und zwar nach Münster... Einige Tage vorher wurden wir von der Gräfin Luise St., Christians Gemahlin, bestürmt, Abschied zu nehmen; zuerst meine Frau in beweglichem Tone der Empfindung, ich am folgenden Tage in rauhem und fast gebietrischem. Wir erklärten, daß wir einer wehmütigen Scene, auch mit einiger Gefahr, uns hingeben wollten, wenn St. sie wünschte; aber in unserem Hause, woher allein freundliche Erinnerungen ihn begleiten könnten [!]. Die Gräfin verlangte es in St. Hause. Auch das, sagte ich, aber in St. Zimmer; gegen die Gemahlin, die nie unsere Freundin war, und die der Fürstin [Gallitzin] Plane begünstigt hat, können wir wohl Vergessenheit üben, aber nicht heuchelnde Höflichkeit [!]. Plötzlich, mit Miene und Laut der Geringschäzung, wandte sie mir den Rücken, und ging." — Ernestine spricht auch von „Christian Stolbergs heftigem Da=zwischentreten," Voß' Briefe III, 1, S. 134. — Stolberg selbst berichtet in der „Abfertigung" S. 16: „Mein Bruder . . . und seine edle, hochgesinnte Frau . . empfanden beide lebhafter, als meine Frau und ich . . die uns widerfahrne Beleidigung. Aber sie handelten christlich. Sie besuchten den ehemaligen Freund ihres Bruders, ihren ehemaligen Freund. Selbst aus der Schmähschrift geht hervor, wie sühnend der Antrag meiner Schwiegerin war, wie er vereitelt ward." — „Das Folgende," fährt Voß im „Sophronizon" fort, „aus dem Briefe meiner Frau an Gleim vom 6. October: „Weiterem Andringen zu entgehn, schrieb ich an St. selbst, wie es mein Herz fühlte; und Voß billigte den Brief. Lesen Sie: „„Ein mündliches Lebewohl müssen wir uns nicht sagen, liebster St., aus Scho=nung für Sie und uns. Es wäre nur eine erschütternde Scene, die keinem wohlthätig, aber leicht einem von uns nach=theilig sein könnte. Sie sehen genug, die über Ihr Losreißen weinen; warum sollen Sie auch uns noch sehn? Ihr eigenes Herz soll für uns zeugen, daß kein Haß und keine Bitterkeit uns zurück hält. Wer kann den alten St. so innig lieben, als wir? wer kann es tiefer fühlen, als wir, daß er nach und nach aufhörte, der alte zu sein? Aber unsre Schuld ist es nicht, wenn wir fest daran glauben, daß der alte der Bessere war. Diesen alten St. werden wir, so lange wir leben, mit der in=nigsten Anhänglichkeit lieben. Wir werden sein Andenken, wie das Andenken eines Geschiedenen, rein in unserm Herzen zu erhalten suchen, und es auch so in den Herzen unserer Kinder fortpflanzen. Wir werden sein oft mit Sehnsucht gedenken; und wann wir uns dort wiedersehen, wo Agnes ist, werden wir ohne Reue, und ohne Scham darüber, daß wir jezt uns zurückziehn, die Augen gegen ihn aufschlagen. Inniger als wir soll sich keiner freuen, wenn Sie da Ruhe finden, wo Sie jezt Sie suchen. Gott lasse Ihre Kinder zu Ihrer Freude gedeihn, lasse Sie wahrhaft gute Menschen werden, lasse sie einst Ihre Asche segnen. Voß fühlt sich jezt wieder gestärkt; er war

vierzehn Tage lang völlig abgespannt; die Reise und Hens=
lers Mittel haben ihn soweit wieder hergestellt, daß er seine
Stunden hält, und sich wohl fühlt, wenn er sich schonet. Daß
Ich nicht wohl bin, kann Ihnen Kätchen sagen. Dies be=
stimmt uns noch mehr, nicht Abschied zu nehmen. Es wäre
ja in jeder Rücksicht der bitterste Abschied, den wir je genommen.
Ihre Blumen sollen mir ein heiliges Andenken sein, ich habe
einige von den besten zurückbehalten. Ist die Moosrose aus
Ihrem Garten noch nicht versagt, so schicken Sie sie mir: sie
soll wie Agnes weißer Busch gepflegt werden. Ich habe mich
diesen Sommer so oft daran gefreut, wie sie so schöne Knospen
trieb. Gott segne Sie und die Ihrigen. Bergessen werden Sie uns
nie, das weiß ich. Wir umarmen Sie mit herzlicher Liebe.""
— Kätchen sagte mir, der Brief habe ihn gerührt; er ließe
uns herzlich grüßen, die Unruhe der lezten Tage hindere ihn
zu antworten. Am lezten Nachmittage brachte mir Kätchen
folgende Antwort: „„Also kein mündliches Lebewohl!"" rc.

Seite 295. Kein Protestant .. sich darum von mir
entfernt hat. Bgl. „Abfertigung" S. 18 ff.

Jacobi der dem Atheisten rc. Bgl. das Urteil des
Freiherrn von Stein (welcher damals Oberpräsident von West=
falen war) in einem Briefe vom 13. Nov. 1802 an Frau von
Berg: „Das Betragen seiner [Stolbergs] litterarischen Freunde
Jacobi und Boß bleibt hart, brutal, einseitig, sie, die mit
Menschen von allen Farben und allen Meinungen
und allen Kopfkrankheiten leben, warum erlauben sie
Stolberg nicht seiner Überzeugung gemäß zu leben? Er glaubt
in der katholischen Religion Ruhe und Bestimmtheit zu finden
... warum ihn mit Wuth und Schimpfen verfolgen?" (Herbst,
Claudius S. 378). Jacobi hat übrigens seine Härte bald be=
reut und die alte Freundschaft erneuert (vgl. „Abfertigung"
S. 19 f).

Ernestine teilt den Brief Stolbergs Gleim a. o. O. mit und
bemerkt dazu: „O wie gut, daß wir mit der mündlichen Un=
terredung verschont blieben, wir Unchristen, denen dieser Christ
die Möglichkeit, selig zu werden wünscht." Ein seltsames Miß=
verstehen offenbar der Stelle „Mögen wir uns" rc.

Noch einmal sahen sich die geschiedenen Freunde. „Eines Nachmittags," erzählt Ernestine (Voß' Briefe III, 1, 134), „da wir durch die Stadt in den Schloßgarten gehn wollten, begegnete er [St.] uns auf der Brücke, mit dem ältesten Sohn ins Feld reitend. Unseren stummen Gruß erwiderte er. . . . Wir sahn ihm gerührt nach, er uns. So schieden wir. Die Kinder wurden uns noch den Abend vor der Abreise geschickt. Die Söhne waren sehr bewegt . . . Voß sagte ihnen wenige, aber eindringliche herzliche Worte, und nannte auch den Namen ihrer Mutter, als er sie auffoderte, ihr ganzes Leben gut zu bleiben."

Über den Tag der Abreise endlich berichtet sie (Voß' Briefe III, 2, S. 3): „Es war an einem Sonntage, als Stolberg Eutin verließ. Lebendig ist mir noch der Eindruck geblieben, welchen das Geläute der Glocken auf Voß machte. Ich fand ihn weinend, als ich ihm sein zweites Frühstück brachte. Er sagte: An Stolberg muß ich mit ganz anderen Gefühlen denken, als an meinen Schulz, der [† 10. Jun. 1800] im Grabe ruht. Indem er in langsamen Zügen ein Glas Wein trank, fügte er hinzu: Gott lasse es ihm wohlgehn! Möge er die Ruhe finden, nach der er sich so lange vergeblich gesehnt, und einen Freund, der es so treu mit ihm meint, als ich mir bewußt bin es mein ganzes Leben gemeint zu haben! Weil ein Glas fehlte, um nach Haussitte bei einem herzlichen Wunsch anzustoßen, reichte er mir freundlich das seinige."

Wäre diese versöhnliche Stimmung von Dauer gewesen! Leider folgte bekanntlich nach fast 20 Jahren ein grausiges Finale.

Beilagen.

1.

Vgl. Nr. 4 S. 9.

Seite 299. Die schöne Ode wohl die „Elegie" (vgl. S. 310 f).

2.

Seite 300. Vgl. Nr. 18 S. 37.

Stolberg: Briefe.   32

Von Lenz erschienen im Göttinger (Dieterichschen) Musen=
alm. 1776 sechs Gedichte (darunter vier Epigramme).

Über Lavater vgl. S. 37 u. 500.

Ballade. Gemeint ist: „Elise von Mannsfeld. Eine
Ballade aus dem zehnten Jahrhundert" (Deutsch. Muf. 1776
I, S. 161, „Gedichte" S. 71. Gef. W. I, S. 62).

„Der ältere Graf hat mir eine Romanze geschickt," schrieb
Boß am 9. Aug. 1775 an Miller, „die mir ganz und gar miß=
fällt" (ungedruckt). „Die langweilige Romanze . . . sollte in
den M. Alm. 1776," heißt es in der „Bestätigung" (S. 140).
„Weg, weg! rief jeder; und Boie nahm sie mitleidig ins Mu=
seum. Ich schrieb damals an Ernestine: „Graf Christian hatte
sie für den Almanach bestimmt, und Schwester Gustchen ließ
mir sagen, sie würde mir böse werden, wenn ich sie nicht ein=
rückte; aber ich blieb unerschüttert."

Boß' Musenalm. 1776 enthält von Christian Stolberg nur
(S. 35) „An meine sterbende Schwester Sophie Magda=
lene 1773" („Gedichte" S. 26, Gef. W. I, S. 23).

Bauernhütte vgl. S. 342.

3.

Vgl. Nr. 38 S. 66.
Zeile 301. Büsch vgl. S. 341.

4.

Vgl. Nr. 98 S. 145.
Zeile 302. lüdgen (niederdeutsch) klein.
Bruder Stolberg Graf Christian.

5.

Vgl. Nr. 150 S. 248.
Zeile 303. Millers Schwester (den Namen kenne ich
nicht) war seit dem 26. Sept. 1780 an J. L. Münster ver=
heiratet.

Mein Weib vgl. S. 361.

Stolbergs gelähmter Kranich (statt Moor lies Meer!)
Anspielung auf die beiden letzten Strophen von Stolbergs
Gedicht „An Schönborn, welcher mir einen Pindar aus Eng-
land geschickt hatte" (vgl. oben S. 239). Dieselben lauten:

„Hoch aus der Luft, mit dem Pfeil des Jünglings
In dem Fittige, sinkt und bleibt trauernd am Ufer stehn
Der gesellige Kranich; der Strom wird ihm Meer,
Bis wieder der Flug reisender Heerschaar
    Seiner Genossen ihm tönt; er hebet
Mit des Muths und der Sehnsucht Kraft wieder den Fittig, fleucht
Durch die weichenden Lüfte mit Klang! — doch er sinkt
Noch oft. Er verbirgt Stahl in dem Fittig."

Seite 304. Köhler. „Bachmeier und Köhler sind meine
Vertrautesten" schrieb Miller am 27. Aug. 1775 an Voß (ungedruckt). Auch an Voß hat Köhler einige Male geschrieben.

Nachträge und Verbesserungen zu den Anmerkungen.

S. 310 Z. 6 v. u.: Statt „im Sept." lies „am 9. Sept."

S. 310 Z. 4 ff v. u.: Zu Voſſens „Elegie" ꝛc. war auf Einleitung S. L ff zu verweiſen.

S. 311 Z. 3 v. u.: Das „Obarion" ſteht mit der Über=ſchrift „Selma, den 25. Oct. 1773" in Voß' Bundes=Stamm=buch S. 112 und iſt nach dem Bundesprotokoll in der Sitzung vom 24. Okt. vorgeleſen.

S. 313 Z. 1 v. o.: „gegenüber" iſt zu ſtreichen.

S. 313 Z. 22 v. o. und S. 319 Z. 6 v. o.: Der „kleine Miller" iſt J. M. Miller, nicht ſein ziemlich langer Vetter Gottlob Dieterich.

Zu S. 315 Z. 6 ff v. o. vgl. Einleitung S. XLVIII.

Zu S. 316 Z. 14 v. o. vgl. S. 324 Z. 14 ff v. u.

S. 326 Z. 14 v. o.: Die „pretty miss" iſt doch wohl Sophie-Hanbury (vgl. S. 342 f.) Das „allerliebſte Mäd=chen" iſt möglichenfalls Gräfin Emilie zu Rantzau, welche ſich 1776 mit dem Grafen Ernſt Heinrich Schimmelmann ver=mählte (vgl. S. 361. 374).

S. 332 Z. 11 v. o.: „[!]" hinter „21ſten" iſt zu ſtreichen, da das wirklich von Stolberg beabſichtigt war, vgl. S. 29 Z. 13 f. v. u.

S. 342 Z. 6 ff v. u.: Die intereſſante hier zum erſtenmal gebrachte Mitteilung über die Perſönlichkeit von Stolbergs „Selinde" verdanke ich Redlich, welcher mit dem ihm eigenen Scharfſinn aus ungedruckten Briefen, Kirchenbüchern, Fa=miliennachrichten ꝛc. ihre Jdentität mit Sophie Hanbury er=mittelt hat.

S. 348 Z. 18 v. o.: Von Lavater iſt nach Redlichs Ver=mutung vielleicht „Der Spötter" im Götting. Muſenalm. 1776 S. 157 (Chiffre: Lr).

Auf S. 348 hätte (zu S. 40 Z. 4 v. o.) auf S. 347 Z. 5 ff v. u. verwiesen werden müssen.

Zu S. 353 Z. 12 v. o. ist jetzt zu vergleichen: Obser, Klopstocks Beziehungen zum Karlsruher Hofe, Zsch. f. Gesch. des Oberrheins N. F. VI, 2, bef. S. 248 f.

S. 394 Z. 7 v. o.: Statt „Schiemeier" lies „Schinmeier".

S. 422 Z. 15 v. o.: Statt „Humphrnu" lies „Humphrey".

S. 436 Z. 19 v. o.: „Den reinen Quell" ꝛc. nach Jerem. 2, 13.

S. 438 Z. 9 v. o.: Mit „Baftinianis griechischem Birgil" meint Stolberg wohl: Georgicorum P. Virgilii Maronis libri IV graeco carmine heroico expressi notisque perpetuis illustrati studio et labore Eugenii de Bulgaris. Petropoli 1786. Von Petersburg eben hatte ihn v. Nicolay zugesandt.

S. 446 Z. 13 v. o.: Statt „geschrieben" lies „gegeben."

S. 447 Z. 10 v. o.: Statt „zum v. Briefe" lies „zur v. Seite."

S. 465 Z. 15 v. o.: Statt „Solberg" lies „Stolberg".

Zu S. 471 Z. 11 ff v. u. vgl. Einleitung S. XL ff.

S. 476 Z. 19 v. o.: Statt „S. 161 „Das Lied für Kinder" lies „S. 178. „An S** [chlossers] Geburtstag, von seinen Kindern zu singen," denn letzteres ist offenbar S. 248 in Stolbergs Nachschrift gemeint.

S. 481 Z. 7 v. o.: Statt „Pfenniger" lies „Pfenninger."

S. 482 Z. 3. v. u.: Statt „Capece" lies „Capecce."

S. 483 Z. 9 v. u.: Statt „1792" lies „1793."

S. 483 Z. 11 v. o.: Statt „Bartel's" lies „Bartels'".

S. 484 Z. 13: Statt „der Verhältnisse" lies „des Verhältnisses".

S. 486 Z. 11 v. o.: Statt „Schwester" lies „Tochter."

S. 488 Z. 4 v. o. und S. 494 Z. 18 v. o.: Statt „nach" lies „zu".

S. 493 Z. 2 v. o.: Statt „und" lies „um".

Personenverzeichnis.

*) Stellen, in denen bloß Grüße gemeldet werden, sind hier nicht vermerkt.

Stolberg: Briefe.

---

*) Stellen, in denen bloß Grüße gemeldet werden, sind hier nicht vermerkt.
**) Vgl. auch unter Voß.
***) Eine Verweisung auf die Anm. geschah bei diesem Abschnitt nur
ausnahmsweise. — Hinsichtlich der Reisen vgl. die Übersicht S. IX ff.

---

*) Stellen, in denen bloß Grüße gemeldet werden, sind hier nicht vermerkt.

---

*) Stellen, in denen bloß Grüße gemeldet werden, sind hier nicht vermerkt.

---

*) Vgl. auch unter Stolberg.
**) Eine Verweisung auf die Anm. geschah bei diesem Abschnitt nur ausnahmsweise.

bed (1779) 369 f, will die „Ber=
liner" geißeln 61 (vgl. „Berhöre"),
Gefahr, in der Elbe zu ertrinken
(1780) 67, fordert Stolberg zur
Umarbeitung der Ilias auf 67,
vgl. 69, wünscht, daß St. nicht
zu Bürgers Musenalm. beisteuert
(1781) 74 (73), Berhandlungen
über die Rektorstelle in Eutin (1782)
74—78, Fieber 79, Übersiedelung
nach Eutin 386, die elende Woh=
nung in Eutin 81, 82, Berhält=
nis zu Eckermann u. dem Super=
intendenten Wolff 81, 100, die Eu=
tiner Agnes=Tage 389 ff, soll der
Gräfin Luise Stolberg eine Tasso=
Ausgabe senden (1783) 83, im
Rathause 84, 96, 97, Berhandlun=
gen wegen des Stolbergschen Hau=
ses 84, 86, 92, 93, 94, 95, 97,
Weihnachten auf Tremsbüttel 84,
85, 93, 98, Auslagen für Stol=
berg 89, 90, 120, 121, 217, 240,
träge im Briefschreiben 89, Zu=
sammenkunft mit Stolberg 89,
soll Recept zurücksenden 90, sen=
det Exemplare der Hölty=Ausgabe
94, Halsweh 95, Einladung
Stolbergs 96, beherbergt Stol=
bergs „Hannchen" (1784) 98,
99, 100, sorgt für die Aufbewah=
rung von Stolbergs Büchern 100,
verkauft 2c. Stolbergs überflüssige
Möbel 100, 101, Geschenk an
Christian Stolberg und dessen
Frau 100, Ausrottung der „or=
thograph. Böcke" in Stolbergs
„Jamben" 102, sein Pfeil gegen
die Bauchpfaffen in Stolbergs
„Jamben" 104, geliebt von Gleim
106, unrechtmäßige Ausgabe sei=
ner „Gedichte" 109, häusliches
Leben in Eutin 111, 137, 191,
träge im Briefschreiben 112, Ag=
nes' Gesinnung für Boß 115,
116, 211, Bekanntschaft mit G.
L. Spalding 117, soll Kutscher u.
Pferde St. entgegensenden 117 f, hat

Agnes Musenalm. geschenkt 118,
über der Brüder Stolberg Dra=
men (1785) 120, 122 f, 124, 126,
127, 130, 131, 152 ff, schweigt
über „Theseus" und „Säugling"
124, kränkelt 125, schickt „Ber=
mischte Gedichte" 126, über die
„Minona" Gerstenbergs 126, über
„Hermanns Tod" von Klopstock 127,
über Sophokles und Euripides
128, Sorge um den Musenalm.
1786 128, über Stolbergs „Rund=
gesang" 130, Wiedersehen 134,
Feilen an Stolbergs „Prome=
theus" 134, verabredet Zusammen=
kunft mit Gleim in Hamburg 136,
erhält P. v. Nicolay als Pensio=
när 138, 142 f, nimmt sich der
Gräfin Agnes während Stolbergs
Abwesenheit an 140, über die
Frau von der Recke 141, Einla=
dung Stolbergs (1786) 142, gegen
Freimaurerei (Briefe an Mumssen)
143, 146, 147, 148, 149 f, 151,
über den Jacobi=Mendelssohnschen
Streit in betreff des Spinozis=
mus Lessings 145, 147, wünscht
von Stolberg Gedichte wie „Helle=
bed" 150, Ernennung zum Hof=
rat 150, 155, 156, kränkelt 154,
155 f, Schmerz über den Tod der
Frau Boie geb. Mejer 159, hatte
Boie besucht 159, Spannung mit
Stolberg wegen Ilias=Übersetzung,
Nicolai und Lavater 160—182,
Ärger über Mitherausgeber Goe=
king! (1787) 166 f, 185, 189,
will in Flensburg Pyrmonter
trinken 169 f, 181, erhält griechi=
schen Birgil 170, zu Stolbergs
„Insel" 174, „Schranken" seiner
poetischen Empfindung 175, sein
Grübeln 179, Ärger über Stol=
bergs Gedicht „An Boß" 179,
Ärger über Stolbergs viele
Freunde 179 f, Wiedersehen
184, teilt St.s Hoffnung auf die
Präsidentenstelle in Eutin 185,

Lightning Source UK Ltd.
Milton Keynes UK
UKHW012150120119
335365UK00007BA/279/P